Praxishandbuch
psychische Belastungen
im Beruf

Dirk Windemuth | Detlev Jung | Olaf Petermann (Hrsg.)

Praxishandbuch
psychische Belastungen im Beruf

vorbeugen | erkennen | handeln

UniversumVerlag uv

Impressum

Prof. Dr. phil. Dirk Windemuth | Priv.-Doz. Dr. med. Detlev Jung | Olaf Petermann (Hrsg.)
Praxishandbuch psychische Belastungen im Beruf
vorbeugen – erkennen – handeln

Universum Verlag GmbH
Taunusstraße 54
65183 Wiesbaden
Telefon: 06 11/90 30 0
Internet: www.universum.de
E-Mail: info@universum.de
Vertretungsberechtigte Geschäftsführer: Siegfried Pabst und Frank-Ivo Lube
Die Verlagsanschrift ist zugleich ladungsfähige Anschrift der im Impressum
genannten Vertretungsberechtigten des Verlags.
Redaktion: Dr. Michael Fritton, Ute Meinert-Kaiser M.A., Wiesbaden
Lektorat: Silvia Hofmann, Hungen; Ute Meinert-Kaiser M.A., Wiesbaden (verantwortlich)
Redaktionsassistenz: Petra Berghäuser, Wiesbaden
Herstellung: Harald Koch, Wiesbaden
Titelfoto: © Bertrand Benoit by Fotolia
Umschlaggestaltung: Karin Neumert-Marutschke, Trashline Studios, Rüsselsheim
Layout, grafische Gestaltung der Abbildungen und Tabellen, Satz:
Format·Absatz·Zeichen, Niedernhausen
Druck und buchbinderische Verarbeitung: Kösel GmbH & Co. KG, Am Buchweg 1,
87452 Altusried-Krugzell

Bei der Fülle des Materials sind trotz sorgfältiger Bearbeitung Fehler nicht völlig auszuschließen. Eine rechtliche Gewähr für die Richtigkeit aller Informationen kann daher vom Verlag nicht übernommen werden.

Stand: November 2009

Dieses Werk einschließlich aller seiner Teile ist urheberrechtlich geschützt.
Jede Verwendung außerhalb der engen Grenzen des Urheberrechtsgesetzes ist ohne Zustimmung des Verlages unzulässig und strafbar. Das gilt insbesondere für Vervielfältigungen, Übersetzungen, Mikroverfilmungen sowie die Einspeicherung und Verarbeitung in elektronischen Systemen.

© 2010 Universum Verlag GmbH, Taunusstraße 54, 65183 Wiesbaden

ISBN 978-3-89869-227-4

Inhalt

Isabel Rothe
Geleitwort. 9

Dirk Windemuth | Detlev Jung | Olaf Petermann
Einleitung der Herausgeber 11

Dirk Windemuth | Detlev Jung | Olaf Petermann
Das Dreiebenenmodell psychischer Belastungen im Betrieb. 13

Äußere Ebene: Überbetriebliche Faktoren

Olaf Petermann
Wirtschaftliche Rahmenbedingungen für Arbeit und Beruf. 16

Detlev Jung | Johannes Jung
Arbeit und ihr Verhältnis zu der Zeit 29

Matthias Kliegel | Ingo Aberle
Demografischer Wandel 44

Marlen Hupke
Vereinbarkeit von Berufstätigkeit und Privatleben 57

Mittlere Ebene: Gruppen psychischer Belastungen

Johannes Siegrist
Stresstheorie: Das Anforderungs-Kontroll-Modell und das Modell beruflicher Gratifikationskrisen. 66

Gabriele Richter
Gesundheitsförderliche Aspekte der Arbeit 76

Reinhold Sochert
Betriebliche Gesundheitsförderung. 86

Belastungen aus der Arbeitsaufgabe

Anne Gehrke | Jörg Weymann
Traumatische Erlebnisse und Notfallpsychologie 95

Yvonne Ferreira
Zeitliche und inhaltliche Bindungen durch die Tätigkeit 103

Belastungen aus der Arbeitsumgebung

Armin Windel
Ergonomie und Gebrauchstauglichkeit 111

Belastungen aus der Arbeitsorganisation

Peter Knauth
Nacht- und Schichtarbeit 119

Barbara Weißgerber | Michael Ertel | Eberhard Pech
Umgang mit Informationsmengen 127

Annekatrin Wetzstein
Change Management 137

Norbert F. Schneider | Silvia Ruppenthal | Heiko Rüger
Berufliche Mobilität 146

Thomas Rigotti
Flexibilität und Selbstorganisation 155

Michael Geiler
**Arbeitswelt, Straßenverkehrsgeschehen und
betriebliche Verkehrssicherheitsarbeit** 166

Belastungen aus psychosozialen Gegebenheiten

Stefanie Wagner
Emotionsarbeit, Emotionale Dissonanz 176

Stefanie Wagner
Rollenkonflikt 181

Dirk Windemuth
Mobbing 186

Anne Gehrke
Konflikte und Gewalt 194

Annegret Elisabeth Schoeller
Sexuelle Belästigung und Diskriminierung 200

Thomas Rigotti
Fairness im Arbeitsleben 210

Sandra Wolf | Annett Hüttges | Julia E. Hoch | Jürgen Wegge
Führung und Gesundheit 220

Belastungen aus betrieblichen Rahmenbedingungen

Katrin Boege
Betriebliche Umstrukturierungen, Personalabbau und Arbeitsplatzunsicherheit . 232

Imke König
Betriebsklima, Personalauswahl und Personalentwicklung 241

Eberhard Ulich
Verantwortung und Gesundheit 252

Claudia Nebel | Sandra Wolf | Peter Richter
Instrumente und Methoden zur Messung psychischer Belastung 261

Dirk-Matthias Rose | Detlev Jung
Die Aufgabe des Betriebsarztes bei der Erfassung und Verhütung psychischer Fehlbelastungen 275

Innere Ebene: Möglichkeiten für den Umgang mit psychischen Belastungen

Sonja Berger
Bewältigung von Belastungen, Aufbau von Ressourcen 282

Günther Mohr
Coaching und Supervision 290

Susanne Brandstetter | Jürgen M. Steinacker
Sport und körperliche Bewegung 304

Jennifer Gunkel
Kreativität und Gesundheit 313

Frank Nestmann
Soziale Unterstützung 324

Mögliche Beanspruchungsfolgen

Dirk Windemuth
Stress 334

Rolf Manz
Angst und Aggression. 341

Frauke Jahn
Absentismus und Präsentismus – zwei Seiten einer Medaille. 355

Rolf Manz
Burnout 364

Stefan Poppelreuter
**Stoffungebundene Süchte in Arbeit und Beruf –
Erkennen, Vermeiden, Vorbeugen** 374

Jürgen Zulley
Montagsmüdigkeit 383

Anhang

Die Herausgeber. 390

Autorenverzeichnis 391

Stichwortverzeichnis 395

Isabel Rothe

Geleitwort

Mit dem *Praxishandbuch psychische Belastungen im Beruf* betreten Herausgeber und Autoren ein Themenfeld, das derzeit von verschiedener Seite häufig und ausführlich diskutiert wird. Dies hat seine Berechtigung angesichts einer Arbeitswelt, in der zwar physische und psychische Belastungen gleichermaßen modelliert werden müssen, gleichwohl jedoch insgesamt eine deutliche Verschiebung typischer Belastungsspektren in Richtung psychischer Belastungen festzustellen ist. Die Relevanz des Themas erschließt sich auch mit Blick auf aktuelle Gesundheitsdaten: dem hohen Anteil von Erkrankungen des Herz-Kreislauf-Systems sowie von Muskel-Skelett-Erkrankungen an den Arbeitsunfähigkeitstagen – beide durch psychische Fehlbelastungen deutlich beeinflusst – oder dem Platz eins, den psychische Störungen bei den vorzeitigen Renteneintritten wegen verminderter Erwerbsfähigkeit einnehmen.

Es ist jedoch zu konstatieren, dass die wichtige und notwendige Diskussion über psychische Belastungen im Beruf häufig unter Einseitigkeiten leidet und jeweils unterschiedliche und vermeintlich allgemeingültige Realitäten postuliert werden. So wird die Verantwortung bisweilen ausschließlich auf die betriebliche Ebene übertragen oder umgekehrt einseitig der privaten Lebensführung zugeschrieben. Thematisiert werden außerdem primär krankmachende Faktoren, nicht jedoch die möglichen positiven Auswirkungen psychisch anforderungsreich gestalteter Arbeit auf die kognitive Leistungsfähigkeit und Gesundheit. Nicht zuletzt werden die Rahmenbedingungen der betrieblichen Arbeitsgestaltung – beispielsweise technologische Entwicklungen, Marktstrukturen oder Innovationszyklen – bisweilen ausgeblendet, obwohl sie Handlungsoptionen auf der betrieblichen Ebene im Positiven wie im Negativen wesentlich beeinflussen.

Mit dem vorliegenden Handbuch werden demgegenüber Verkürzungen gezielt vermieden und die Vielfalt der relevanten Perspektiven bewusst in den Blick genommen. Das Modell der drei Ebenen – der überbetrieblichen Faktoren, der betrieblichen Ebene und der inneren Ebene – erlaubt eine Systematisierung der unterschiedlichen Einflussgrößen.
Die Thematisierung sowohl der positiven, gesundheitsförderlichen als auch negativen, potenziell schädigenden Faktoren erschließt eine differenzierte Sicht auf die komplexen Wechselwirkungen und Wirkzusammenhänge zwischen Arbeits- und Lebensbedingungen und den handelnden Menschen.

Mit dem *Praxishandbuch* wird das wichtige Ziel verfolgt, ein schwieriges Thema zu versachlichen und den Akteuren der Gesundheitsförderung zugänglicher zu machen. Viele interessante Artikel ausgewiesener Fachleute werden dazu einen wesentlichen Beitrag leisten.

Isabel Rothe
Präsidentin der Bundesanstalt für Arbeitsschutz und Arbeitsmedizin

Dirk Windemuth | Detlev Jung | Olaf Petermann

Einleitung der Herausgeber

Psychische Belastungen sind normaler und notwendiger Bestandteil menschlichen Lebens – nicht nur im Beruf oder am Arbeitsplatz. Von den vielen positiven Folgen psychischer Belastungen sind Anregung, Abwechslung, Lernfortschritt und Trainingseffekte besonders wichtig. Als mögliche negative Konsequenzen stehen im Zentrum der Diskussion kurz- und langfristige psychische Fehlbeanspruchungen in körperlicher, psychischer und verhaltensbezogener Hinsicht. Ob es zu negativen Folgen kommt, hängt zum einen vom Ausmaß, also der Intensität und der Dauer der psychischen Fehlbelastungen ab, zum anderen aber auch von den individuellen Möglichkeiten des Beschäftigten, mit psychischen Belastungen umzugehen. Je nach Qualifikation, Übung, sozialer Kompetenz, verfügbaren Bewältigungsstrategien, erfahrener Unterstützung und subjektiv eingeschätzten Kontrollmöglichkeiten in Bezug auf kritische Situationen ist das Ausmaß der Beanspruchungen individuell unterschiedlich ausgeprägt – und damit auch das Ausmaß der positiven oder negativen Folgen.

Für die Prävention bedeutet dies, dass
- psychische Belastungen nicht unbedingt reduziert werden müssen, sondern vielmehr optimiert, im Idealfall mit dem Ziel, die Gesundheit der Beschäftigten nicht nur zu schützen, sondern diese auch zu fördern und
- die Ansatzpunkte präventiven Handelns neben dem Abbau psychischer Fehlbelastungen auch die Verbesserung beziehungsweise Stärkung individueller und sozialer Verarbeitungsmechanismen im Umgang mit psychischen Belastungen sein sollte.

Die Prävention im Arbeitsschutz ist heute nicht mehr allein auf die Prävention von Arbeitsunfällen und Berufskrankheiten beschränkt. Sie hat auch das Ziel, alle berufsbezogenen Risiken für die Gesundheit und das Leben der Beschäftigten zu vermeiden. Rechtlich umgesetzt wurde dieser Ansatz eines erweiterten Präventionsauftrags hauptsächlich durch die Übertragung der EU-Richtlinie 89/391/EWG in das nationale Arbeitsschutzrecht. Dies erfordert von den Betrieben eine möglichst frühzeitige Erfassung aller potenziellen arbeitsbezogenen Gefährdungen und im Bedarfsfalle ein angemessenes Gegensteuern.

Für die gesetzliche Unfallversicherung in Deutschland lautet der im SGB VII definierte Präventionsauftrag „mit allen geeigneten Mitteln für die Verhütung von Arbeitsunfällen, Berufskrankheiten und arbeitsbedingten Gesundheitsgefahren [...]"

zu sorgen. Um dieses Ziel zu erreichen, sind im Betrieb alle mit der Arbeit einhergehenden Gefährdungen und Belastungen, die sich negativ auf die Sicherheit oder Gesundheit der Beschäftigten auswirken können, zu ermitteln und zu reduzieren. Damit sind auch psychische Belastungen Thema der Prävention der gesetzlichen Unfallversicherung. Nach SGB V und SGB VII sind die Unfallversicherungsträger darüber hinaus aufgefordert, in Fragen der betrieblichen Gesundheitsförderung mit den Krankenkassen zusammenzuarbeiten.

Über Möglichkeiten der Prävention wurde in der Literatur bereits viel referiert und diskutiert. Grenzen der betrieblichen Präventionsmöglichkeiten wurden bislang wenig beachtet. Diese ergeben sich unter anderem daraus, dass Betriebe in einem größeren, gesellschaftlichen Kontext stehen und arbeitsbedingte Belastungen durch gesellschaftliche Rahmenbedingungen beeinflusst werden. Grenzen der betrieblichen Prävention resultieren aber auch daraus, dass der Mensch sich unabhängig vom Betrieb in einem sich wandelnden privaten und öffentlich-gesellschaftlichen Kontext befindet, der Veränderungen im Belastungsgeschehen für jeden Einzelnen mit sich bringt.

Das *Praxishandbuch psychische Belastungen im Beruf* bezieht alle Ebenen ein, die bei der Entstehung, der Ausprägung, der Ermittlung und dem Abbau psychischer Belastungen eine Rolle spielen. Diese Ebenen des Individuums, des Unternehmens und der Gesellschaft generieren ihre jeweils spezifischen Belastungen und beeinflussen einander (siehe Kapitel „Dreiebenenmodell").

Zunächst werden gesellschaftliche Rahmenbedingungen, die der Hintergrund vieler Auslöser psychischer Belastungen sind, betrachtet. Auslöser auf der betrieblichen Ebene werden in zwanzig Beiträgen differenziert dargestellt. Dabei werden insbesondere Möglichkeiten der Prävention aufgezeigt und anhand von Praxisbeispielen veranschaulicht. Schließlich werden in der persönlichen Ebene insbesondere die Ressourcen und Kompetenzen, mit psychischen Belastungen umzugehen, dargestellt.

Die abschließenden Kapitel widmen sich den möglichen Folgen psychischer Fehlbelastungen – von der Montagsmüdigkeit bis zum Burnout. Auch hier werden praxisnahe Empfehlungen für die Prävention geboten.

Wir möchten mit dem *Praxishandbuch psychische Belastungen im Beruf*, an dem zahlreiche renommierte Fachautoren mitwirken, eine Hilfe für diejenigen bieten, die mit der Aufgabe des Erkennens und der Prävention psychischer Fehlbelastungen konfrontiert sind. Die Anregungen sind für alle Akteure im Bereich der Verhütung arbeitsbedingter Gesundheitsgefahren geeignet. Wir möchten versachlichen, anregen und ermutigen, dieses schwierige Thema im Betrieb effektiv anzugehen.

Dirk Windemuth   *Detlev Jung*   *Olaf Petermann*

Dirk Windemuth | Detlev Jung | Olaf Petermann

Das Dreiebenenmodell psychischer Belastungen im Betrieb

Das Dreiebenenmodell psychischer Belastungen im Beruf (*siehe Abb. 1, S. 14*) stellt das psychische Belastungsgeschehen in dem Geflecht von Beschäftigtem, Unternehmen und Gesellschaft dar. Der Beschäftigte selbst hat Ressourcen und Kompetenzen mit Belastungen umzugehen. Durch zu starke (Fehl-)belastungen oder nicht ausreichende Bewältigungsmöglichkeiten auf dieser individuellen Personenebene können dann beispielsweise psychische oder körperliche Erkrankungen mit verursacht werden. Zugleich wird in dem Dreiebenenmodell deutlich, dass der beschäftigte Mensch grundsätzlich zwei verschiedenen Belastungsquellen ausgesetzt ist: betrieblichen und außerbetrieblichen Belastungen. Die zweite, die mittlere Ebene ist die der psychischen Belastungen am Arbeitsplatz, also der Gesamtheit der Ereignisse und Gegebenheiten aus dem Arbeitsumfeld einer Person, die von außen psychisch auf ihn einwirken. Diese betrieblichen psychischen Belastungen auf der mittleren Ebene wurden in der Vergangenheit primär diskutiert, wenn es um die Frage der betrieblichen Prävention ging. Dies sind die:
a) Betrieblichen Rahmenbedingungen
b) Arbeitsaufgabe
c) Soziale Arbeitsumgebung
d) Arbeitsorganisation
e) Materielle Arbeitsumgebung.

Außerbetriebliche, äußere Gegebenheiten stellen die dritte, die unterste Ebene dar. Diese haben einen mehr oder weniger starken Effekt auf die betrieblichen Belastungen (mittlere Ebene) und darüber auf den Beschäftigten (oberste Ebene). Überbetriebliche Rahmenbedingungen (Folgen der Globalisierung, die allgemeine Wirtschafts- und die spezielle Auftragslage, tarifliche und gesetzliche Regelungen zu Arbeitszeiten und Löhnen, die Verfügbarkeit qualifizierten Personals usw.) bestimmen Qualität und Quantität der psychischen Belastungen am Arbeitsplatz ebenso wie der demografische Wandel, die gesellschaftlichen Bedingungen, welche die Vereinbarkeit von Familie und Beruf mehr oder weniger ermöglichen und so weiter. Beispielsweise kann eine schlechte nationale oder globale wirtschaftliche Situation mit einer hohen Arbeitslosenquote Konkurrenzdruck unter Kollegen bewirken. Bei gleichzeitig geringer Bereitschaft oder fehlender Möglichkeit zum Arbeitgeberwechsel kann diese Situation für die Beschäftigten vermehrt zu lang anhaltenden Konflikten bis hin zu Mobbing führen. Auf

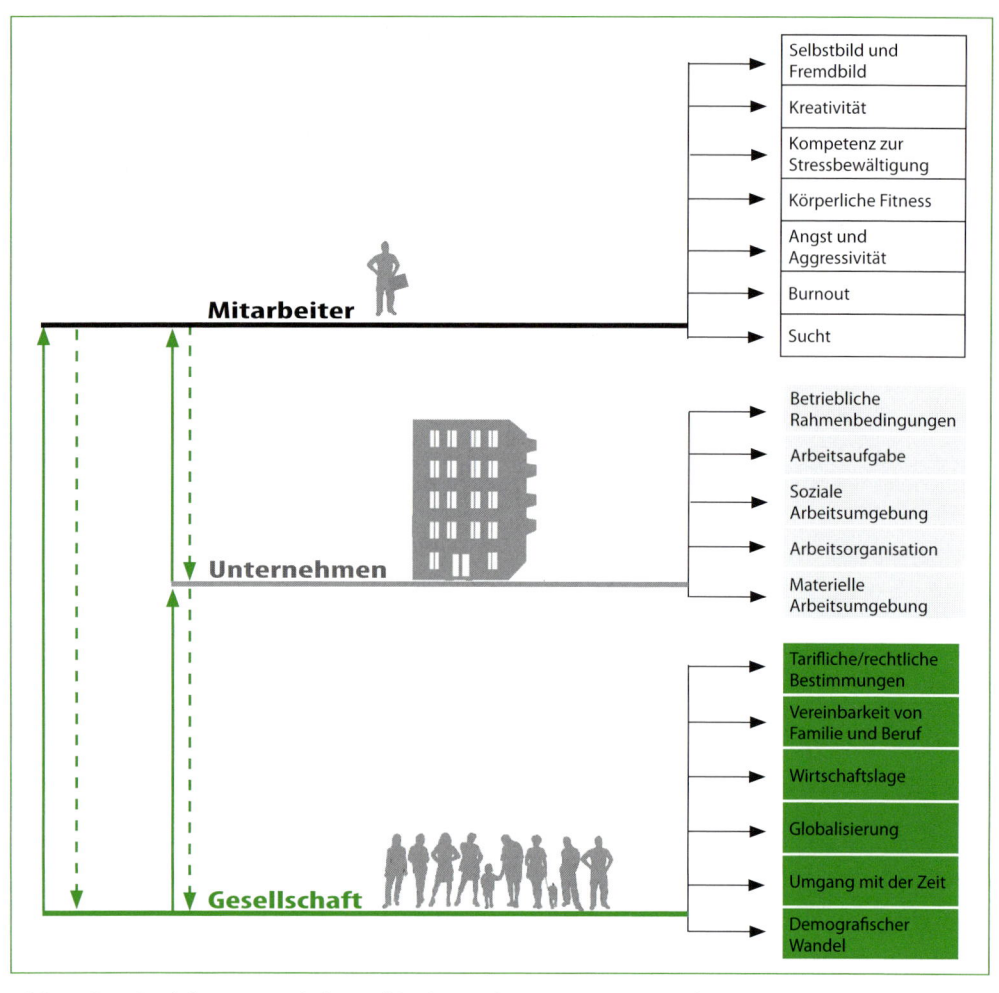

Abb. 1: Das Dreiebenenmodell psychischer Belastungen im Beruf (eigene Darstellung, Motive: Fotolia)

diese überbetriebliche wirtschaftliche Ursache kann der Betrieb aber nur sehr begrenzt – wenn überhaupt – einwirken.

Diese äußeren Gegebenheiten wirken aber auch ohne das konkrete Beschäftigungsverhältnis unmittelbar auf den Menschen ein. Die Globalisierung, die technische Entwicklung, die wirtschaftliche Situation und so weiter haben auch auf die Menschen als Privatpersonen Effekte. Beispielsweise wird das Privatleben schneller, auch dort ist die Informationsdichte angewachsen (neben Radio und Fernseher befinden sich Telefon, Handy, Privatmail, Internet, Mailbox und Anrufbeantworter usw. in der Mehrheit der Privathaushalte in Deutschland). Diese Veränderungen des Lebensstils wirken – unabhängig von Beruf und Betrieb – direkt auf den Menschen ein. Eine ganzheitliche Prävention kann deshalb nicht nur am Arbeitsplatz erfolgen, da damit nur ein Teil der Fehlbelastungen der Prävention überhaupt zugänglich ist. Betriebliche Präventionsmaßnahmen sind darauf beschränkt, auf die (Fehl-)belastungen einzuwirken, die im Betrieb entstehen oder dort als Folge der überbetrieblichen Rahmenbedingungen ankommen.

Dieses Praxishandbuch befasst sich mit allen drei Ebenen: mit der beschäftigten Person, den betrieblichen Bedingungen, soweit sie für das psychische Belastungsgeschehen wichtig sind, und mit den außerbetrieblichen Gegebenheiten, die als gesellschaftliche Faktoren von außen auf Qualität und Quantität der arbeitsbedingten psychischen Belastungen einwirken und zugleich auch außerberufliche Belastungen für den Menschen darstellen können. Hier liegen die Grenzen des Buches. Es wird nicht darauf eingegangen, inwieweit der Beschäftigte selbst wiederum auf die Gesellschaft und die betrieblichen Bedingungen Einfluss nimmt. Dies muss Gegenstand weiterer soziologischer Betrachtungen sein.

Olaf Petermann

Wirtschaftliche Rahmenbedingungen für Arbeit und Beruf

Abstract
Wirtschaftliche Rahmenbedingungen wirken direkt oder indirekt auf die Beschäftigten und können psychische Belastungen erzeugen. Die Qualität und Quantität der psychischen Belastungen am Arbeitsplatz werden bestimmt durch überbetriebliche Rahmenbedingungen wie wirtschaftspolitische Faktoren, allgemeine Wirtschaftslage, Folgen der Globalisierung, rechtliche und gesetzliche Regelungen. Diese werden im Folgenden betrachtet.

Was kennzeichnet unsere heutige wirtschaftliche Situation? Wenn man die Frage unter dem Gesichtspunkt: „psychische Belastungen im Beruf" stellt, fallen folgende Schlagworte: Globalisierung, digitale Revolution, Marktwirtschaft, Arbeitsplatz-Nomadentum. Oder die Situation wird beschrieben als ständiger Wandel in immer kürzerer Zeit.

Auf den ersten Blick bestätigen das die Statistiken nicht. Von der Struktur her entwickelte sich die heutige Wirtschaft in: Handel, Handwerk, Industrie, Dienstleistung, Landwirtschaft, Verwaltung, öffentlicher Dienst. Die Europäische Union unterteilt nach Verordnung 29/2002/EG die Wirtschaft in 17 Zweige (NACE). Darauf baut auch die deutsche amtliche Statistik auf. Nach der Klassifikation der Wirtschaftszweige *(Ausgabe 2008, WZ 2008)* unterscheidet man folgende Wirtschaftszweige:

A. Land- und Forstwirtschaft
B. Fischerei und Fischzucht
C. Bergbau und Gewinnung von Steinen und Erden
D. Verarbeitendes Gewerbe
E. Energie und Wasserversorgung
F. Baugewerbe
G. Handel
H. Gastgewerbe
I. Verkehr und Nachrichtenübermittlung
J. Kredit- und Versicherungsgewerbe
K. Grundstücks- und Wohnungswesen, Vermietung beweglicher Sachen, Erbringung von wirtschaftlichen Dienstleistungen
L. Öffentliche Verwaltung, Verteidigung, Sozialversicherung
M. Erziehung und Unterricht

N. Gesundheits-, Veterinär- und Sozialwesen
O. Erbringung von sonstigen öffentlichen und persönlichen Dienstleistungen
P. private Haushalte mit Personal
Q. exterritoriale Organisationen und Körperschaften.

Die Systematik der Wirtschaftszweige hat sich seit Jahrzehnten nicht wesentlich geändert. Aber es gibt Veränderungen bei der Zahl der Beschäftigten in den verschiedenen Wirtschaftszweigen: Mehr Beschäftigte sind heute im Bereich Handel und Verwaltung tätig, rückläufig ist die Zahl der Beschäftigten im Bergbau und im Baugewerbe, beim verarbeitenden Gewerbe und auch in der Land- und Forstwirtschaft.

In den Statistiken der gewerblichen Berufsgenossenschaften werden die Veränderungen noch deutlicher. Die Berufsgenossenschaften sind branchenorientiert aufgestellt. Jede Berufsgenossenschaft führt einen Gefahrtarif, in dem die Gewerbezweige nach ihren Gefährdungen gegliedert sind. Es existieren über 200 Gefahrtarifstellen bei allen Berufsgenossenschaften. Betrachtet man die Entwicklung der Versichertenzahlen, so ist zunächst festzustellen, dass sich die Gesamtbeschäftigtenzahl nicht wesentlich geändert hat. Von großer Bedeutung sind auch konjunkturelle Schwankungen. Sie erhöhen oder senken kurzfristig die Versichertenzahlen in einer Gefahrtarifstelle. Manchmal werden auch dauerhafte Änderungen eingeleitet.

Ein Trend in der Arbeitswelt fällt auf: In Deutschland hat körperlich schwere Arbeit stark abgenommen. Die Wirtschaftszweige Bergbau, Steine, Erden, Bau und Metall (klassische Metallindustrie) verzeichnen rückläufige Versichertenzahlen. Hierfür verantwortlich ist zum einen die technologische Entwicklung von der Handarbeit zu mehr Industrieprodukten, die automatisiert – ohne Menschenhand – gefertigt werden. Vor allem aber wird körperlich belastende Arbeit ins Ausland verlagert oder sie wird durch ausländische Arbeitskräfte, zum Beispiel auf deutschen Baustellen, durchgeführt.

Die Zahl der Arbeitsplätze in Büro und in kaufmännischen und verwaltenden Dienstleistungen hat nach den Statistiken der gewerblichen Berufsgenossenschaften stark zugenommen. Schätzungsweise sind in Deutschland über 20 Millionen Bildschirmarbeitsplätze entstanden. Zuwachs verzeichnen auch die modernen Industrien, wie zum Beispiel chemische Industrie, feinmechanische und optische Industrie und Elektrotechnik.

Die Arbeitsplätze in diesen Branchen sind nicht mehr durch körperliche Arbeit geprägt, sondern ähneln Büroarbeitsplätzen: Bildschirm und Tastatur sind prägende Arbeitsmittel. Auch im Handwerk hat der Anteil an körperlicher Arbeit abgenommen.

Unverändert erscheint die Relation zwischen Klein- und Mittelbetrieben einerseits und Großbetrieben andererseits. Es ist allerdings ein starker Veränderungsprozess zu beobachten. Wir verzeichnen einerseits eine große Zahl von Fusionen. Es entstehen größere neue Unternehmen. Gleichzeitig ist ein gegenläufiger Prozess zu beobachten, den man unter dem Schlagwort „Outsourcing" zusammenfassen kann. Unternehmen gliedern Betriebsteile samt Personal aus oder übertragen Aufgaben auf Dritte. Viele Unternehmen legen sich eine Konzernstruktur zu. Eine Holding hat rechtlich selbstständige Töchter- und Enkel-Unternehmen, was zu mehr Unternehmen führt.

In der Summe scheint die Relation zwischen Großbetrieben und Kleinbetrieben zwar stabil zu sein, aber es ist ein ständiger Wechsel zu verzeichnen.

Während noch bis in die fünfziger und sechziger Jahre des letzten Jahrhunderts Stabilität der Branchen und Gewerbezweige zu beobachten war, verzeichnen wir heute einen ständigen Wandel.

Arbeit und Beruf in Unternehmen

Arbeit und Beruf werden heute zumeist ausgeübt in gesellschaftlichen Unternehmen wie Aktiengesellschaften, GmbHs, KGs, aber auch in Einzelunternehmen, besonders im Handwerk und im mittelständischen Bereich, sowie in Behörden und anderen Einrichtungen des öffentlichen Dienstes. Die Zahl der abhängig Beschäftigten überwiegt bei weitem die Zahl der Selbstständigen und Unternehmer.

Das abhängige Beschäftigungsverhältnis nach § 75 SGB IV zeichnet sich durch folgende Merkmale aus:

- Der Beschäftigte arbeitet weisungsgebunden. Die Weisungen erteilen der Unternehmer oder der Vorgesetzte. Die Weisungsgebundenheit ist Grundlage für hierarchische Strukturen mit verschiedenen Führungsebenen, insbesondere in Großbetrieben. Es entstehen Weisungsstrukturen, die mit Führungsstrukturen gleichzusetzen sind. Sie werden in Organigrammen dargestellt. Stellenbeschreibungen legen Über- und Unterstellungen fest. Nur ausnahmsweise sind Beschäftigte von der Weisungsgebundenheit freigestellt, so zum Beispiel Sicherheitsfachkräfte und Betriebsärzte, aber nur soweit sie im Rahmen ihrer Fachkunde handeln.
- Als Gegenleistung für seine Arbeitsleistung erhält der Beschäftigte Arbeitsentgelt (früher: Lohn und Gehalt). Weitere Ansprüche sind Entgeltfortzahlung im Krankheitsfall und Urlaubsanspruch.
- Nach dem Arbeitsschutzgesetz und dem SGB VII hat der Beschäftigte Anspruch auf Schutz vor Arbeitsunfällen, Berufskrankheiten sowie arbeitsbedingten Gesundheitsgefahren. Der Schutz vor arbeitsbedingten Gesundheitsgefahren umfasst auch den Schutz vor psychischen Fehlbelastungen durch Arbeit.

Arbeitsverhältnisse unterliegen grundsätzlich dem Privatrecht. Sie bedürfen der gegenseitigen Annahme eines Vertrages. Sie sind frei gestaltbar. Gesetzliche Vorgaben, wie zum Beispiel die Entgeltfortzahlung im Krankheitsfall, müssen jedoch beachtet werden. Die Vorschriften des Arbeitsschutzgesetzes dürfen – selbst bei Einvernehmen von Unternehmer und Beschäftigten – nicht ausgeschlossen werden. Solche Vereinbarungen im Arbeitsvertrag wären unwirksam.

Während sich gesetzliche Vorgaben noch an tayloristischen Vorstellungen orientieren – der Beschäftigte als „Rädchen", nicht selbstständig handelnder Akteur im Betrieb – wird heute immer mehr eigenverantwortliches Handeln von Beschäftigten abverlangt.

Viele Unternehmen delegieren Aufgaben an die Basis und lösen mit Zielvorgaben detaillierte Weisungen ab durch Rahmenvorgaben.

- Tayloristische Strukturen werden durch Teamarbeit und Teamverantwortung abgelöst.
- In vielen Betrieben werden hierarchische Strukturen durch Projektarbeit aufgelockert.

Aus betriebswirtschaftlichen Gründen werden nicht nur Aufgaben und Entscheidungsbefugnisse an die Basis übertragen, sondern auch betriebliche Risiken.

Eigene Arbeitskräfte werden ausgegliedert, aber bleiben zum Beispiel als freie Mitarbeiter, Subunternehmer oder Franchising-Unternehmen gebunden. Das ist legal, soweit es sich nicht um Scheinselbstständigkeit handelt. Das wäre dann der Fall, wenn arbeitnehmerrechtliche Weisungsbefugnis besteht, aber das unternehmerische Risiko auf den dann nur zum Schein Selbstständigen übertragen worden wäre.

„Klassisch" abhängig beschäftigt sind auch Beschäftigte nach dem Arbeitnehmerüberlassungsgesetz (auch Zeitarbeit, Arbeitnehmerleihe oder Personalleasing genannt). Ihre Zahl ist in den letzten Jahren stark angestiegen. Für 2007 gibt die Bundesagentur für Arbeit ihre Zahl mit 731.152 an. Sie werden heute nicht nur bei besonderem Personalbedarf eingesetzt, sondern mehr oder weniger dauerhaft. Das Arbeitnehmerüberlassungsgesetz verpflichtet Entleiher und Verleiher zum Arbeitsschutz wie bei anderen Beschäftigten auch. Die Statistiken der Berufsgenossenschaften weisen allerdings für Leiharbeitnehmer höhere Unfallzahlen aus; die gesundheitliche Gefährdung bei der Arbeit wird als größer eingestuft. Trotz der vermehrten Ausgliederung von Aufgaben und Beschäftigten aus den Unternehmen und dem steigenden Einsatz von Leiharbeitnehmern dominiert in der Volkswirtschaft der Bundesrepublik nach wie vor die abhängige Beschäftigung.

Marktwirtschaft

Eine wichtige Rahmenbedingung für Arbeit und Beruf ist die Marktwirtschaft. Nach ihrem Prinzip funktionieren heute fast alle Volkswirtschaften. Man kann unterschiedliche Formen der Marktwirtschaft, wie die soziale, freie, wohlfahrtsorientierte und andere unterscheiden. Plan- oder Zentralverwaltungswirtschaften sind die Ausnahme, insbesondere, nachdem die Staaten des so genannten Ostblocks (Rat für gegenseitige Wirtschaftshilfe) unter Führung der Sowjetunion nicht mehr existieren.

Die Marktwirtschaft ist dezentral angelegt. Es existieren selbstständige Einheiten (Betriebe, Unternehmen), die unabhängig vom Staat handeln. Sie sind auf Gewinn ausgelegt. Getätigte Ausgaben müssen durch Einnahmen in mindestens gleicher Höhe gedeckt werden. Als maßgebliche Kennzahl wird der Return on Investment ausgewiesen. Unter diesem Gesichtspunkt werden auch Arbeitsplätze betrachtet. Ausgaben für einen Arbeitsplatz müssen durch entsprechende Einnahmen gedeckt werden.

Die Betriebe und Unternehmen sind am Markt tätig. Sie bieten Produkte und Dienstleistungen an. Für ihren Unternehmenszweck werden Produkte und Dienstleistungen eingekauft. Es entsteht ein Kreislauf mit gegenseitiger Abhängigkeit.

Da sich die Situation am Markt ständig ändert, steht die Ausgaben-/Einnahmen-Situation des Betriebes besonders im Blickpunkt. Dies gilt auch für Arbeitsplätze. Die Zahl der Arbeitsplätze muss entweder erhöht oder reduziert werden. Der Inhalt der Arbeit ändert sich unter dem Gesichtspunkt der Produktivität. Es ist ständiges Ziel, die Arbeitsproduktivität zu steigern.

Je nach Wirtschaftsbranche ist der Wandel unterschiedlich. Angebot und Nachfrage sind in manchen Bereichen stabil (z.B. Gesundheitswesen), in anderen eher dynamisch. Besonders konjunkturabhängig ist die Bauwirtschaft, aber auch die Konsumgüterproduktion.

Einfluss auf die wirtschaftliche Lage eines Betriebes haben auch konkurrierende Anbieter, wenn sie billiger anbieten. Auch das wirkt sich auf die Arbeitsplätze und die Arbeit aus. Häufig muss für weniger Lohn und Gehalt mehr gearbeitet werden.

Die Marktwirtschaft beruht auf der Gewerbefreiheit, die im 19. Jahrhundert eingeführt wurde. Marktwirtschaft kann mit

Gewerbefreiheit gleichgesetzt werden: Jedermann kann ein Gewerbe betreiben. Insbesondere gibt es für die Qualifikation des Unternehmers grundsätzlich keine Beschränkungen. Standes- und Berufsordnungen sollten, insbesondere nach Vorstellungen der Europäischen Union, eher die Ausnahme darstellen. Im Interesse eines wirksamen Verbraucherschutzes werden jedoch vor allem bei freien Berufen, zum Beispiel bei Ärzten, Rechtsanwälten und Steuerberatern, vom Staat Qualifikationen vorgeschrieben. Auch im Sinne einer gerechten und funktionierenden Marktordnung werden für bestimmte Unternehmen besondere Qualifikationen gefordert. So ist für die Ausübung von Handwerken nach wie vor die Qualifikation des Meisters erforderlich.

Besonders gefährliche Gewerbe müssen Auflagen zur Sicherheit und für den Umweltschutz erfüllen, zum Beispiel Kraftwerke, chemische Betriebe und Flughäfen.

Soweit berufsständische Vorgaben oder Auflagen zur Gewerbeausübung zum Schutze der Bevölkerung nicht mehr erforderlich sind, muss der Staat sie im Interesse der Gewerbefreiheit abbauen. Die Europäische Union hat sich dies insbesondere bei Handel und Dienstleistungsfreiheit zum Ziel gesetzt. Sie fordert den Abbau von berufsständischen Vorgaben oder Auflagen, die nicht dem Schutz oder der Sicherheit der Bevölkerung dienen, sondern nur dem Schutz vor Konkurrenz und damit der Beeinträchtigung der Gewerbefreiheit.

Trotz starker Dominanz von Marktwirtschaft und Gewerbefreiheit haben sich überall in der Welt Berufe, mehr noch Berufsordnungen und Berufsausbildungen etabliert, sehr häufig mit staatlicher Unterstützung beziehungsweise Vorgabe. Die Unternehmen und Betriebe als Träger der Marktwirtschaft engagieren sich auch in heutiger Zeit für die Berufsausbildung. Der Wandel in der Wirtschaft hat sicherlich dazu geführt, dass bestimmte Berufe besonders im Handwerksbereich nicht mehr oder nur noch selten ausgeübt werden, zum Beispiel Böttcher und Schmied. Neue Berufe sind aber entstanden, zum Beispiel Fachinformatiker in der IT-Branche oder Fachleute im Tourismussektor.

Die Marktwirtschaft kann dazu führen, dass zu wenige Arbeitsplätze in Relation zur Bevölkerung zur Verfügung stehen. Dann entsteht so genannte Arbeitslosigkeit. Häufig ist aber auch zu beobachten, dass Fachkräfte mit bestimmten qualitativen Anforderungen fehlen, so genannter Fachkräftemangel oder sogar allgemein Arbeitskräftemangel. In Konjunkturphasen ist eher Arbeitskräftemangel zu beobachten, bei Rezessionen eher Arbeitslosigkeit.

In einer Volkswirtschaft bestehen bei weitem nicht alle Arbeitsplätze im Bereich der Marktwirtschaft. Staatliche und öffentliche Aufgaben werden vom öffentlichen Dienst wahrgenommen. In der Bundesrepublik umfasst der öffentliche Dienst 4,5 Millionen Beschäftigte (Stand 2007). Anfang der neunziger Jahre waren es noch 6,7 Millionen Beschäftigte. Die Einrichtungen und Unternehmen des öffentlichen Dienstes, zum Beispiel Finanzverwaltung, kommunale Verwaltungen, Polizei und Bundeswehr stehen nicht im marktwirtschaftlichen Wettbewerb zueinander. Für eine staatliche Aufgabe besteht nur eine zuständige Behörde oder sonstige Einrichtung. Alle staatlichen Einrichtungen werden nach den Grundsätzen der Sparsamkeit und Wirtschaftlichkeit verwaltet. Lebenszeit-Anstellungen beziehungsweise Unkündbarkeit sind charakteristisch für die Arbeitsplätze in der öffentlichen Verwaltung. Im Allgemeinen sind hier Löhne und Gehälter niedriger als in der freien Marktwirtschaft. Dem Staat, seinen Behörden und Unternehmen stehen nur begrenzte Mittel zur Verfügung.

Der Staat versucht, durch Privatisierung Aufgaben in die Marktwirtschaft zu geben. Dies dient der Senkung der Staatsausgaben. Es gibt Kernbereiche, die der staatlichen Hoheit und Verwaltung vorbehalten sind (wie z.B. Justiz, staatliche Finanzen, Polizei, Verteidigung). Seit dem Regierungswechsel 2005 ist zu beobachten: Der Trend zur Privatisierung öffentlicher Aufgaben lässt nach. Die globale Finanzkrise in 2008 scheint sogar eher zu einer Stärkung des staatlichen Bereichs zu führen. Ob das eine neue Richtung oder nur ein vorübergehender Trend ist, lässt sich noch nicht feststellen.

Marktwirtschaft und Staat

Staat und Marktwirtschaft existieren nicht unabhängig voneinander. Weltweit betrachtet ist der Einfluss des Staates auf die Wirtschaft und umgekehrt sehr unterschiedlich. In der Europäischen Union gilt das Subsidiaritätsprinzip. Der Staat soll nur in die Gesellschaft und damit auch in die Marktwirtschaft eingreifen, wenn es unbedingt erforderlich ist. Wann und wie weit das geht, darüber sind die Vorstellungen allgemein oder im konkreten Einzelfall sehr differenziert.

Der Staat soll die Ordnung des Wettbewerbs in der Marktwirtschaft sicherstellen. Das ist allgemein anerkannt, aber nur soweit dies erforderlich ist. So soll er Monopole und Kartelle verhindern. Und mit der Schaffung von Infrastruktur, Straßen und anderen Verkehrswegen schafft er die Voraussetzungen für die Marktwirtschaft.

Der Staat hat vor allem eine Schutzfunktion für seine Bürger. Damit kommt er automatisch in einen Interessenkonflikt. Zum einen muss er die Marktwirtschaft schützen. Mit Vorgaben zum Arbeits- und Gesundheitsschutz bis hin zum Schutz vor psychischen Fehlbelastungen am Arbeitsplatz greift er allerdings in die Marktwirtschaft ein. Auch das Arbeitsrecht ist staatlich vorgegeben und modifiziert die Vertragsfreiheit, die eine Grundlage der Marktwirtschaft ist.

Je nachdem, ob die Träger der Staatsgewalt – die Regierungen – Anhänger einer eher freien Marktwirtschaft sind oder sich mehr einer staatsgesteuerten Marktwirtschaft verpflichtet fühlen, richtet sich die Intensität und der Umfang staatlicher Eingriffe.

Juristisch taucht der Begriff „Marktwirtschaft" im Grundgesetz nicht auf. Allerdings formuliert das Grundgesetz eine allgemeine Handlungsfreiheit und schützt das Privateigentum. Unter besonderem Schutz steht auch der eingerichtete und ausgeübte Gewerbebetrieb nach Artikel 14 des Grundgesetzes. Einschränkungen für die Marktwirtschaft enthält das Grundgesetz aber auch. Der Schutz von Leib und Leben der Bürger stellt ein hochwertiges Grundrecht dar, damit auch die Sicherheit und Gesundheit bei der Arbeit. Das Sozialstaatsprinzip schränkt im Ergebnis die Marktwirtschaft ein. Das Recht auf privates Eigentum enthält auch eine Verpflichtung zum gemeinen Wohl. Damit ist die Marktwirtschaft im Grundgesetz verankert, sie unterliegt aber staatlichen Beschränkungen im Interesse der Bürger und des Allgemeinwohls.

Das im Grundgesetz enthaltene Sozialstaatsprinzip bringt für den Staat soziale Verpflichtungen mit sich. Der Staat gewährleistet durch das Sozialversicherungssystem die soziale Sicherheit subsidiär durch den Bereich Sozialhilfe.

Neben der Renten-, Kranken-, Pflege- und Arbeitslosenversicherung gehören die Berufsgenossenschaften zu diesem Bereich. Sie sind besonders dem Arbeitsschutz verpflichtet, wozu der Schutz vor Arbeitsunfällen, Berufskrankheiten und arbeitsbedingten Erkrankungen gehört.

Globalisierung und technischer Fortschritt

Als prägend für das heutige Wirtschaftsleben und die Arbeitswelt wird die Globalisierung empfunden. In der Tat hat der Welthandel nach Angaben der WTO in den letzten Jahrzehnten stark zugenommen. Während er Anfang der fünfziger Jahre einen Umfang von zirka 60 Milliarden Dollar hatte, wird er im Jahr 2007 auf über 10.000 Milliarden Dollar geschätzt. Schwerpunkte sind die Staaten Westeuropas, Nordamerika und Asien. Deutschland ist einer der führenden Exporteure.

Nicht so stark im Bewusstsein der Bevölkerung sind die Auswirkungen des gemeinsamen europäischen Binnenmarktes, den die Europäische Union vorantreibt. Man kann durchaus die Meinung vertreten: Die Auswirkung der Europäisierung in Deutschland ist noch gravierender als die Globalisierung. Es ist ein Markt ohne Zoll und Grenzen entstanden. Europaweit besteht Niederlassungs- und Gewerbefreiheit.

Die Globalisierung ist entstanden, weil sie politisch gewollt ist. Die Internationalisierung des Handels, der Produkt- und Dienstleistungsmärkte wird als Ziel der gesellschaftlichen Entwicklung in den meisten Ländern der Welt gesehen. Man erhofft sich dadurch eine Verbesserung des Lebensstandards der Bevölkerung sowie friedlichere Beziehungen zwischen den Nationen und Kontinenten.

Die Globalisierung ist ein historischer Prozess. Schon im Altertum gab es einen Austausch von Produkten aller Art. Die Globalisierung setzt Liberalisierung und Marktöffnung voraus. Dies geschah überall in der Welt durch Zoll- und Handelsabkommen zwischen den Staaten. Verkannt wird häufig, dass Globalisierung und technischer Fortschritt in einem engen Zusammenhang stehen. Erst der technische Fortschritt bei Mobilität und Kommunikation, von der Dampfmaschine bis zum Flugzeug, vom Telefon bis zum Internet, hat die Globalisierung in heutiger Form ermöglicht.

Voraussetzung für die Globalisierung ist eine verstärkte Mobilität. Mit dem verkehrstechnischen Fortschritt ist nicht nur die Mobilität verbessert worden, sondern auch die Geschwindigkeit des Austauschs von Waren und Dienstleistungen.

Meilensteine waren die Entwicklung des Warenverkehrs auf der Straße, die Schifffahrt und vor allem die Zunahme des Luftverkehrs. Über den Luftverkehr werden heute nicht nur Personen befördert, sondern auch eine Vielzahl von Waren und Produkten. Weiter wichtig war die Verbesserung der Kommunikation durch Telefon, Telex und Telefax, die heute schon Geschichte sind.

Die elektronische Datenverarbeitung beeinflusst die Globalisierung in besonderem Maße. Wichtigster Meilenstein ist hier das Internet, das einen weltweiten Datenaustausch und eine Vernetzung der Systeme ermöglicht.

Die Globalisierung führt zu einer Verschärfung des wirtschaftlichen Wettbewerbs. Produkte und Dienstleistungen werden preiswerter. Wie die globale Finanzkrise 2008 zeigt, wird die Weltwirtschaft eher anfälliger als stabiler. Aufgrund komplexer und wenig durchschaubarer Strukturen ist momentan die Weltwirtschaft nicht beherrschbar.

Kritiker meinen, die Globalisierung führt zu einer verschärften und unkontrollierten Ausbeutung der Ressourcen. Betroffen ist nicht nur die Natur im Allgemeinen, sondern auch der Mensch. Der Wettbewerb in den Betrieben führt insbesondere zu verstärkten psychischen Belastungen und Beanspruchungen am Arbeitsplatz.

Die Präventionspolitik von Staat und Berufsgenossenschaften

Die Handlungsfelder des Staates beim Arbeits- und Gesundheitsschutz
Sichere und gesunde Arbeit ist Ziel staatlicher Präventionspolitik. Der Staat ist nach dem Grundgesetz verpflichtet, die Sicherheit und Gesundheit seiner Bürger zu garantieren. Neben der Freiheitssicherung besteht darin der eigentliche Zweck eines Staates. Schutzpflichten, bezogen auf Sicherheit und Gesundheit, gehen dem Recht auf Eigentum und auf Gewerbefreiheit vor.

Die klassischen Mittel des staatlichen Handelns sind:
- Gesetze, Vorschriften, Regeln
- Aufsicht
- Beratung
- Sanktionen bei Nichteinhaltung von Gesetzen und Anordnungen.

Das Recht zur Gesetzgebung im Arbeitsschutz ist in den letzten Jahren mehr und mehr auf den Bund übergegangen, obwohl die Länder grundsätzlich zur Gesetzgebung befugt sind. Die zentralen Gesetze sind das Arbeitsschutzgesetz und das Arbeitssicherheitsgesetz. Im Arbeitsschutzgesetz werden Betriebe, aber auch Beschäftigte zum Arbeits- und Gesundheitsschutz verpflichtet. Das Arbeitssicherheitsgesetz regelt innerbetriebliche Vorgaben, wie die Bestellung von Sicherheitsfachkräften und Betriebsärzten sowie die Einrichtung eines Arbeitsschutz-Ausschusses.

Ein allgemeines Präventionsgesetz besteht in Deutschland noch nicht. Allerdings regelt das SGB VII seit 1997: Die Träger der Unfallversicherung haben mit allen geeigneten Mitteln Arbeitsunfälle, Berufskrankheiten und arbeitsbedingte Gesundheitsgefahren zu verhüten. Die Träger der Unfallversicherung sollen mit den Trägern der Krankenversicherung bei der Prävention zusammenarbeiten.

Eine wichtige Rolle in der Arbeits- und Gesundheitsschutzpolitik des Staates nimmt die Bundesanstalt für Arbeitsschutz und Arbeitsmedizin ein. Sie versteht sich als Wissensdienstleister und Serviceeinrichtung für Wirtschaft, Politik, Sozialpartner, Bürgerinnen und Bürger. Sie beschäftigt sich auch mit psychischen Fehlbelastungen und Stress bei der Arbeit.

Aufgrund der bundesstaatlichen Ordnung ist die Aufsicht im Arbeits- und Gesundheitsschutz den Ländern übertragen worden. Sie sind originär für polizeiliche Aufgaben und die Gewerbeaufsicht zuständig. In allen Bundesländern gibt es besondere polizeiliche Aufsichtsbehörden für den Arbeits- und Gesundheitsschutz. Es ist allerdings in letzter Zeit zu beobachten, dass diese Einrichtungen an eigenständiger Bedeutung verlieren und teilweise in die allgemeine Staatsverwaltung der Länder eingegliedert werden. Es entsteht der Eindruck, dass die Länder sich aus der Aufsicht im Arbeits- und Gesundheitsschutz zurückziehen.

Zur Verbesserung des Arbeits- und Gesundheitsschutzes wurde eine Nationale Arbeitsschutzkonferenz gegründet und im Arbeitsschutzgesetz und im SGB VII verankert. Akteure sind Bund, Länder und die Träger der Gesetzlichen Unfallversicherung.

Die Gemeinsame Deutsche Arbeitsschutzstrategie (GDA) ist das zentrale Instrument. Ziel ist auch psychische Fehlbelastungen bei der Arbeit zu senken. Viele Projekte beschäftigen sich direkt oder indirekt mit diesem Ziel.

Arbeits- und Gesundheitsschutz durch die Berufsgenossenschaften

Die gewerblichen Berufsgenossenschaften sind wichtiger Bestandteil der gesetzlichen Unfallversicherung. Hierzu gehören auch Unfallkassen von Bund und Ländern sowie landwirtschaftliche Berufsgenossenschaften.

Die Berufsgenossenschaften kommen vom klassischen Arbeitsschutz. Ihre originäre Aufgabe ist die Verhütung und Entschädigung von Arbeitsunfällen. Seit 1925 sind sie auch für Prävention und Entschädigung von Berufskrankheiten zuständig. Von immer größerer Bedeutung ist die Entschädigung von Wegeunfällen beziehungsweise Dienstwegeunfällen. Bis zu 40 Prozent der Entschädigungsleistungen wenden die Berufsgenossenschaften für Unfallfolgen aus dem Straßenverkehr auf.

Auch heute liegt der Schwerpunkt der berufsgenossenschaftlichen Präventionsarbeit in der Verhütung von Arbeitsunfällen. In den letzten Jahrzehnten haben sich die Ursachen für Arbeitsunfälle stark verändert. Selten geworden sind rein technische Unfallursachen, wie zum Beispiel die Explosion von Dampfkesseln, das Versagen von Maschinen und Anlagen aufgrund unzureichender Sicherheitstechnik.

Häufige Unfallursachen stellen heute verhaltensbedingte Einflüsse dar, zum Beispiel nicht genutzte persönliche Schutzausrüstung. Ein Verschulden des Beschäftigten ist jedoch eher die Ausnahme. Zumeist ist der Verhaltensfehler nur vordergründig und die eigentliche Ursache liegt mehr in der Personalführung. Unfallursache kann zum Beispiel eine unzureichende Unterweisung des Beschäftigten sein. Viele Unfälle sind auch auf mangelhafte Organisation des Betriebes und damit der Arbeit zurückzuführen. Die hohen und sich ständig wandelnden Anforderungen an die Betriebe in der Marktwirtschaft setzen einer perfekten Organisation des Betriebes Grenzen.

Die gewerblichen Berufsgenossenschaften sind nach Branchen gegliedert. Trotz veränderter Ursachen für Unfälle und Berufskrankheiten ist die Prävention der Berufsgenossenschaften auch heute noch sicherheitstechnisch und branchenspezifisch ausgerichtet. Letztendlich wurde damit ein hoher Stand der Sicherheitstechnik und damit auch der Unfallverhütung erreicht. Eine weitere Senkung der Unfallzahlen erfordert heute auch die Berücksichtigung von Unfallursachen verhaltensbedingter Art sowie verbesserte Führung und Organisation unter Berücksichtigung des Arbeits- und Gesundheitsschutzes im Betrieb.

Die Berufsgenossenschaften haben den erweiterten Präventionsauftrag an die Unfallversicherungsträger durch das neue Sozialgesetzbuch VII von 1997 angenommen: mit allen geeigneten Mitteln neben der klassischen Unfallverhütung und der Verhütung von Berufskrankheiten ganz besonders auch für die Verhütung von arbeitsbedingten Gesundheitsgefahren aller Art zu sorgen.

Letztendlich hat erst dieser erweiterte Präventionsauftrag das Feld für eine umfassendere Betrachtung durch Berufsgenossenschaften geöffnet. Da arbeitsbedingte Gesundheitsgefahren auch psychische Fehlbelastungen im Betrieb einschließen, können Berufsgenossenschaften Aktivitäten entfalten. Nach dem Wortlaut des Gesetzes müssen sie es sogar.

Die Rolle der Betriebe und Beschäftigten bei der staatlichen und berufsgenossenschaftlichen Prävention

Sicheres und gesundes Arbeiten erfolgt im Betrieb. Nur der Betrieb kann sicherstellen, dass das erreicht wird. Deshalb verpflichten alle staatlichen Gesetze zuerst den Betrieb und den Unternehmer zum Arbeits- und Gesundheitsschutz.

Staat und Berufsgenossenschaften beeinflussen von außen den Betrieb. Die Wirkungen werden häufig überschätzt. So sind häufig Gesetze und Vorschriften nicht bekannt, weil eine unendliche Zahl von Gesetzen und Vorschriften vorhanden ist. Insbesondere durch die europäische Entwicklung hat es immer mehr Regelungen gegeben, die zu einem großen Teil in den Betrieben gar nicht angekommen sind.

Sowohl die staatliche Aufsicht als auch die berufsgenossenschaftlichen Aufsichtspersonen besichtigen die vielen Betriebe seltener. Das rechtfertigt man mit stark zurückgehenden Unfallzahlen. Potenzial und Kapazitäten werden zurückgefahren, insbesondere bei der staatlichen Gewerbeaufsicht. Der Staat setzt andere Schwerpunkte. In den letzten Jahrzehnten hat der Umweltschutz im Vergleich zum Arbeits- und Gesundheitsschutz eine fast gewichtigere Stellung eingenommen.

Auch Deregulierung und Entbürokratisierung haben den Arbeits- und Gesundheitsschutz als Ziel gefunden.

Arbeitsunfälle und Berufskrankheiten werden als seltene Ereignisse wahrgenommen. Gesetze und Regelungen werden nicht immer im Betrieb sowohl von Arbeitgebern als auch Versicherten akzeptiert. Insgesamt ist der Arbeits- und Gesundheitsschutz selten Thema Nummer eins im Betrieb. Viele Betriebe engagieren sich aber nach wie vor im Arbeits- und Gesundheitsschutz. Ein wichtiger Grund ist, dass der Betrieb dazu gesetzlich verpflichtet ist. Viele Betriebe sehen ihre Aktivität im Arbeits- und Gesundheitsschutz aber auch als Ausdruck der Fürsorgepflicht des Arbeitgebers, beziehungsweise betriebswirtschaftlicher formuliert: Gesunde und zufriedene Mitarbeiter leisten mehr. Motivation für guten Arbeits- und Gesundheitsschutz ist auch die Erkenntnis, dass Arbeitssicherheit und Produktsicherheit zusammengehören. Nur ein hoher Stand der Arbeitssicherheit garantiert auch qualitativ hochwertige und sichere Produkte. Arbeits- und Gesundheitsschutz werden zur Imagefrage für das Unternehmen.

Die Unternehmensleitung bestimmt in erster Linie das Niveau des Arbeits- und Gesundheitsschutzes. Häufig sind es im Betrieb aber auch Aktivisten. Da die größeren Betriebe verpflichtet sind, Sicherheitsfachkräfte und Betriebsärzte zu bestellen, ist es meistens dieser Personenkreis, der die Präventionsaktivität im Betrieb stärker als die Unternehmensleitung beeinflusst. Sicherheitsfachkräfte und Betriebsärzte sehen sich nicht nur als Experten, sondern auch als Aktivisten. Auch der Betriebsrat sieht im Arbeits- und Gesundheitsschutz ein Betätigungsfeld, das ihm auch nach dem Betriebsverfassungsgesetz zugewiesen wurde.

Viele Betriebe fordern die staatliche Aufsicht und die Berufsgenossenschaft mehr als Berater, weniger als Aufsicht.

Anders als technische Fehler können psychische Belastungen nicht im Rahmen von Besichtigungen im Betrieb erkannt beziehungsweise entdeckt werden. Technische Aufsichtspersonen können mittels Handlungsanleitung dazu beitragen, dass Betriebe psychische Belastungen erkennen. Schwerpunkte sind daher Beratung, Schulung und Information.

Rechtliche Bestimmungen zum Schutz vor psychischen Belastungen

„Psychische Belastung" und „psychische Beanspruchung" als Rechtsbegriffe
Die Rechtsordnung umfasst zunächst Gesetze. Sie werden durch den Bundestag oder die Landtage beschlossen, wie zum Beispiel das Arbeitsschutzgesetz. Weitere Rechtsvorschriften sind die Rechtsverordnungen durch die Exekutive, zum Beispiel die Bildschirmarbeitsverordnung. Weiter gehören dazu die Satzungen von Körperschaften des öffentlichen Rechts. Im Arbeitsschutz von großer Bedeutung sind Unfallverhütungsvorschriften der Berufsgenossenschaften. Gesetze, Rechtsverordnungen und Satzungen sind bindend für alle, das heißt, die gestellten Anforderungen müssen eingehalten und die Vorgaben im Arbeitsschutz befolgt werden.

Außerdem sind auch Normen und Regelungen von Bedeutung, zum Beispiel DIN-Normen oder technische Regeln (TRGS, TRBS usw.). Sie sind nicht unmittelbar geltendes Recht. Sie haben grundsätzlich empfehlenden Charakter und die Einhaltung ist freiwillig. Im deutschen Recht gilt allerdings eine Besonderheit: Viele Gesetze und Rechtsvorschriften verweisen auf Normen und Regeln. So sind nach § 4 Nr. 3 Arbeitsschutzgesetz Arbeitgeber verpflichtet, bei den Maßnahmen des Arbeitsschutzes den Stand der Technik, Arbeitsmedizin und Hygiene sowie sonstige gesicherte arbeitswissenschaftliche Erkenntnisse zu berücksichtigen. Damit entfallen viele Normen und Regelwerke mittelbar genauso rechtskräftig wie die klassischen Rechtsvorschriften und Gesetze.

Zu beachten ist, dass bei Einhaltung von Normen und Regeln, die dem Stand der Technik entsprechen, ordnungsgemäßes Verhalten und damit keine Fahrlässigkeit anzunehmen ist. Eine ausdrückliche Vermutung, dass der Stand der Technik, Arbeitsmedizin und Hygiene eingehalten werden, enthält § 24 Abs. 5 der Betriebssicherheits-Verordnung, wenn nach formal erlassenen Technischen Regeln für Betriebssicherheit (TRBS) gehandelt wird.

In den Gesetzen und Vorschriften zum Arbeits- und Gesundheitsschutz ist der Begriff „psychische Belastungen" nur selten zu finden. Der Begriff „psychische Beanspruchung" gar nicht. Lediglich § 3 Bildschirmarbeitsplatzverordnung regelt, dass am Bildschirmarbeitsplatz die Arbeitsbedingungen zu ermitteln und zu beurteilen sind, insbesondere hinsichtlich einer möglichen Gefährdung des Sehvermögens sowie körperlicher Probleme und psychischer Belastung.

Dagegen sind in einer Norm sowohl die Begriffe „psychische Belastung" als auch „psychische Beanspruchung" ausführlich und detailliert geregelt. Nach DIN ISO 10.075-1 unter Nummer 3.1. ist eine „psychische Belastung" die Gesamtheit aller erfassbaren Einflüsse, die von außen auf den Menschen zukommen und psychisch auf ihn einwirken. Nach 3.2 ist eine „psychische Beanspruchung" die unmittelbare (nicht die langfristige) Auswirkung der psychischen Belastung auf ein Individuum in Abhängigkeit von seiner jeweiligen überdauernden und augenblicklichen Voraussetzung, einschließlich der individuellen Bewältigungsstrategien. Des Weiteren sind auch die Folgen psychischer Beanspruchung unter Nummer 3.3 beschrieben. Die Norm DIN ISO 10.075-2 beschreibt Gestaltungsgrundsätze zum Schutz vor psychischen Fehlbelastungen. Die Norm DIN ISO 10.075-3 beschreibt die Grundsätze und Anforderungen an Verfahren zur Messung und Erfassung psychischer Arbeitsbelastung. Vollständiger und umfassender kann man das Themengebiet nicht definieren und regeln.

Es ist festzustellen, dass im geltenden Recht sowohl psychische Belastungen als auch psychische Beanspruchungen rechtlich umfassend beschrieben sind, allerdings in einer DIN-Norm. In Gesetzen und Rechtsvorschriften ist lediglich der Begriff „Psychische Belastung" angesprochen.

Präventive Regelungen zu psychischen Belastungen

Nach § 2 Abs. 1 Arbeitsschutzgesetz sind Maßnahmen des Arbeitsschutzes auch Maßnahmen zum Schutz vor „arbeitsbedingten Gesundheitsgefahren". Es ist anerkannt, dass diese Maßnahmen auch den Schutz vor psychischen Fehlbelastungen umfassen. Damit besteht die umfassende Pflicht des Arbeitgebers, zum Schutz vor psychischen Fehlbelastungen an den Arbeitsplätzen seines Unternehmens für seine Beschäftigten tätig zu werden. Welche Maßnahmen er konkret vornehmen muss, steht in einem eher weiten Beurteilungs- und Ermessensspielraum. Dies liegt auch daran, dass die aus den Belastungen folgenden Beanspruchungen sehr individuell sind. Es ist schwer zu beurteilen, ob Maßnahmen richtig oder falsch, ausreichend oder unzureichend, sinnvoll oder sinnlos sind.

Es besteht damit die Gefahr, dass präventive gesetzliche Vorgaben ins Leere laufen. Staatliche Gewerbeaufsicht und Berufsgenossenschaften können dann auch im Rahmen der Aufsicht keine Verstöße feststellen.

Dies ändert aber nichts daran, dass der Arbeitgeber verpflichtet ist, etwas gegen psychische Fehlbelastungen seiner Beschäftigten zu tun.

§ 1 Nr. 1 Sozialgesetzbuch VII regelt, dass die Träger der gesetzlichen Unfallversicherung (Berufsgenossenschaften und Unfallkassen) mit allen geeigneten Mitteln arbeitsbedingte Gesundheitsgefahren, neben Arbeitsunfällen und Berufskrankheiten, zu verhüten haben. Es verpflichtet auch die Träger der gesetzlichen Unfallversicherung, mit allen geeigneten Mitteln zum Schutz vor psychischen Fehlbelastungen der Versicherten tätig zu werden. Wie bereits dargestellt, ist Aufsicht das weniger geeignete Mittel, aber Beratung durch Experten, Schulung von Unternehmern und Versicherten sowie Information an Versicherte und Mitgliedsbetriebe sind geeignete Mittel, um psychische Fehlbelastungen bei Versicherten zu minimieren.

Entschädigungsregelungen für die Folgen von psychischen Fehlbelastungen

Psychische Arbeitsbelastungen können die Ursache von Unfällen und Krankheiten sein. Psychische Belastungen führen zu psychischen Beanspruchungen. Die negativen Folgen von psychischen Beanspruchungen, zum Beispiel Stress, können unmittelbar zu Unfällen mit körperlichen Schäden führen. Des Weiteren ist anerkannt, dass psychische Beanspruchung zur Entstehung einer Vielzahl von Erkrankungen maßgeblich beitragen kann, zum Beispiel Muskel-/Skelett-Erkrankungen, Herz-Kreislauf-Erkrankungen, Erkrankungen im Magen-Darm-Bereich sowie psychische Erkrankungen.

Bleibende Gesundheitsschäden sowie Beeinträchtigung der Erwerbsfähigkeit können Schadensfolge sein. Die Schwierigkeit besteht darin, die Kausalkette von der psychischen Fehlbelastung zur konkreten Erkrankung festzustellen und juristisch zu beweisen. Risikobewertungen reichen nicht aus, sondern naturwissenschaftliche Kausalität im Einzelfall ist gefragt. Besonders das Strafrecht und das Unfallversicherungsrecht stellen auf die Kausalität im Einzelfall ab, im Gegensatz zur gesetzlichen Kranken- und Rentenversicherung.

Folgende Fragen stellen sich:
- Wer ist für die Rehabilitation zuständig?
- Wer muss Schadensersatz leisten?
- Welche Sanktionen kommen in Betracht?

Direkt betroffen ist zuerst der Arbeitgeber. Im Krankheitsfall ist er zur Entgeltfortzahlung verpflichtet. In dieser Zeit bekommt er keine Leistungen vom Beschäftigten. Darüber hinaus werden durch Krankheit, aber auch schon durch negative psychische Beanspruchung, die Arbeits- und Betriebsabläufe gestört. Die Auswirkungen psychischer Arbeitsbelastung werden häufig gerade von Arbeitgebern unterschätzt.

Die gesetzliche Krankenversicherung ist für Erkrankungen aller Art zuständig. Sie übernimmt auch bei psychischen Erkrankungen die erforderlichen und notwendigen Kosten der Rehabilitation und gewährt Krankengeld im Rahmen ihrer Leistungspflicht, soweit Entgeltfortzahlung durch den Arbeitgeber nicht in Betracht kommt. Für den Fall der ganzen und teilweisen Erwerbsunfähigkeit ist zusätzlich die gesetzliche Rentenversicherung leistungspflichtig. Man muss feststellen, dass die Sozialversicherungsträger die Hauptlast der Folgen psychischer Arbeitsbelastung tragen.

Die gesetzliche Unfallversicherung ist zwar präventiv zuständig (Schutz vor arbeitsbedingten Gesundheitsgefahren), aber die Folgen von psychischen Fehlbelastungen stellen keine Berufskrankheiten dar. Es gibt zum Beispiel keine Berufskrankheit: beruflich stressbedingter Gesundheitsschaden.

Soweit psychische Belastungen mitursächlich für einen Arbeitsunfall sind, gewährt die Unfallversicherung Leistungen. Für den schwer zu beweisenden Fall, dass Unternehmer oder Kollegen die psychische Fehlbelastung herbeigeführt haben, schützt die gesetzliche Unfallversicherung auch diese Personen vor Inanspruchnahme, da Haftungsablösung durch die Berufsgenossenschaft Sinn und Zweck der gesetzlichen Unfallversicherung ist. Letztendlich trägt aber die Gemeinschaft der Arbeitgeber die Last, weil sie die gesetzliche Unfallversicherung zu finanzieren hat.

Strafrechtliche Konsequenzen für das Verursachen von psychischen Fehlbelastungen dürften in der Praxis zumeist ausgeschlossen sein, weil die Kausalkette zu Körperschäden nur schwer zu beweisen ist. Allenfalls, wenn psychische Fehlbelastungen direkt Nötigung darstellen, sind strafrechtliche Folgen möglich.

Arbeitsrechtlich und zivilrechtlich betrachtet bestehen gegenüber Verursachern von psychischen Fehlbelastungen Ansprüche auf Unterlassung, wobei es im Einzelfall streitig sein wird, ob eine psychische Fehlbelastung auch eine solche ist. Insbesondere, ob sie als negative Beanspruchung empfunden wird.

Zum Komplex psychische Belastungen und Rechtsfolgen liegt sehr wenig Rechtsprechung vor. Es ist auch sehr zweifelhaft, ob die Problematik der psychischen Belastungen durch Rechtsnormen und Rechtsprechung gelöst werden kann.

→ Change Management (S. 137); Betriebliche Umstrukturierungen, Personalabbau und Arbeitsplatzunsicherheit (S. 232); Stress (S. 334)

Detlev Jung | Johannes Jung

Arbeit und ihr Verhältnis zu der Zeit

Dem arbeitsmedizinischen Lehrer Johannes Konietzko gewidmet

Abstract
„Zeit ist das am meisten Unsrige und doch das am wenigsten Verfügbare" (Blumenberg). Es mutet ungewöhnlich an, wenn in einem Buch über psychische Belastungen die Rede von Gott, Philosophie, Geschichte und dem Sinn des Lebens ist. Wie aber noch zu lesen sein wird, ist das Verständnis von Arbeit, ihrer Notwendigkeit und der durch sie hervorgerufenen psychischen Belastung eng mit den unter diesen Begriffen aufgeworfenen Fragen und dadurch auch mit der Einstellung zu der Zeit verbunden.

Gründe, die es lohnenswert machen, sich unter diesen Aspekten mit dem Thema auseinanderzusetzen, sind:
- Die Ursachen zu beleuchten, warum Menschen mit und in ihrer Arbeit zufrieden oder unzufrieden sind, warum sie damit leben können
- Überlegungen anzustellen, wie die am Arbeitsprozess beteiligten Akteure motiviert oder motivierend sein können
- Leben und Arbeit nicht von vornherein als unvereinbare, voneinander getrennte Entitäten (wie der unglückliche Begriff der work-life-balance leicht suggeriert) anzusehen.

Die Überlegungen am Begriff der Zeit festzumachen, scheint uns eine Möglichkeit zu sein, diesem Spannungsfeld näher zu kommen.

Im Folgenden geben wir zu Anfang einen historisch-philosophischen Abriss der Einstellung des Menschen zu der Zeit wieder. Es geht nicht um den physikalischen Begriff der Zeit, sondern um die vom Menschen empfundene Zeit; ihr Ausmaß, ihre Einbettung und ihre philosophische Betrachtung von Augustinus bis zu Heidegger, Arendt, Blumenberg und Elias. Begriffe wie Ewigkeit, Lebens- und Weltzeit sind zu betrachten. In diesem Zusammenhang wird auf den Sinn des Lebens zu kommen sein, welches Ziel, welche Ziele wir haben und aus welchem Kontext heraus diese stammen beziehungsweise wodurch sie moduliert werden. Insbesondere zu den Lebenszielen werden nicht nur strikt wissenschaftliche, sondern auch literarische Zitate angeführt in der Überzeugung, dass das

Thema gerade dort tiefe und sehr pointiert formulierte Überlegungen erfahren hat. Das Verhältnis des Menschen zur Arbeit in seiner historischen Entwicklung wird unter historischen, theologischen, soziologischen und psychologischen Aspekten diskutiert. Zentral wird dann zu erörtern sein, wo die Begriffe Zeit, Arbeit und Sinn des Lebens ihre Berührungspunkte haben, wo sie miteinander kollidieren. Es wird dargelegt werden, wie diese Kollisionen für die Menschen (einschränkend ist hier zu sprechen von den in mitteleuropäischer Tradition eingebetteten Menschen) immer wieder Auswirkungen auf das Verhältnis zur Arbeit und im Rahmen der Arbeit haben, wie diese Konflikte aber auch umgekehrt anhand dieser Kollisionen anschaulich gemacht werden können. Hier wird die Sprache insbesondere auf die psychischen Belastungen und Beanspruchungen kommen. Die Betrachtung der begrenzten Lebenszeit ist hilfreich für das Verständnis, aber auch für die Verbesserung des zwiespältigen Verhältnisses vieler Menschen zur Arbeit in unserer Zeit.

Geschichte der Relevanz der Zeit

Das Verhältnis des mittelalterlichen Menschen zu der (Lebens-)Zeit ist durch Augustinus geprägt. Dieser ist argwöhnisch gegenüber der menschlichen Freiheit, gegeben durch den Verstand, sie bringt die Bürden von Irrtum und Schuld, von Finsternis und Leiden, von der Trennung von Gott. Für ihn ist der Intellekt nur die Magd der Theologie, das menschliche Dasein in der Welt ist nur im Bezug auf die Ewigkeit von Bedeutung (siehe auch: Exkurs Augustinus). Augustinus richtet das Augenmerk des mittelalterlichen Menschen bezüglich des Lebensziels auf Gott, auf die Ewigkeit *(siehe Kasten 1)*. Die menschliche Lebensspanne auf Erden ist das Jammertal, das durchschritten werden muss; zu Gott gelangt der Mensch nach dem Tod am Ende aller Zeiten. Der Hebräerbrief fasst die Ausrichtung des mittelalterlichen Christenmenschen in Kurzform: „Denn wir haben hier keine bleibende Statt, sondern die zukünftige suchen wir."

Exkurs: Augustinus' Frage nach dem Wesen der Zeit
Augustinus' Ausgangsfrage ist so simpel gestellt wie schwierig zu beantworten: „Was ist Zeit?" Er begreift die Zeit als das Maß von Veränderungen, aber er weiß, dass diese selbst nicht die Zeit sind, wie zum Beispiel die Bewegung der Sonne nicht Zeit ist. Sie werden lediglich mit Hilfe der Zeit gemessen. „Die Bewegung ist also nicht Zeit, sondern sie ist in der Zeit." Die Zeit hat in den Bewegungen oder Veränderungen von Ereignissen nur scheinbar ihr Sein.
Über die Betrachtung der Zeitphasen Vergangenheit, Gegenwart und Zukunft kommt Augustinus zu dem Schluss, dass die Zeit nicht über die Außenwelt, sondern über die menschliche Seele besteht. „In der Gegenwart werden die Zukunft, die an sich noch nicht ist, und die Vergangenheit, die an sich nicht mehr ist, im Geist sichtbar." Was aber ist, muss folglich auch irgendwo seinen Platz haben. Der Ort der Vergangenheit ist im Geist als Erinnern und der Ort der Zukunft als Erwarten existent. Die Seele ist der einende Geist, der die drei Zeiten in einer Zeit umschließt. Hatte Augustinus zu Beginn seiner Überlegungen noch mit dem Problem zu kämpfen, dass die Zeit in der Gegenwart lediglich einen Jetzt-Punkt darstellt, der keine Ausdehnung besitzen konnte, löst sich diese Schwierigkeit durch die Lokalisation der Zeit im Geiste. Das Jetzt als „Grenze zwischen dem Nicht-mehr und dem Noch-nicht" zeigt sich in der distentio animi. Diese distentio animi ist die Erstreckung, die der Geist vollziehen kann, indem er in der Erinnerung und in der Erwartung Punkte fixiert, zwischen denen er messen kann. Da Augustinus

> mit diesen Überlegungen das Sein der Zeit lediglich in der Seele ansiedelt, bedeutet es als Umkehrschluss, dass außerhalb der Seele keine Zeit existiert. „Die Dinge sind in ihrer Dauer, Bewegung und Folge zeitlos. Zeit ist kein Vorhandenes an sich und auch kein Vorhandenes an Vorhandenem." Die Zeiterschaffung des menschlichen Geistes widerspricht nicht Bewegungen „außerhalb der wahrnehmenden Seele, aber nur die Seele vermag diese Bewegung mit der Zeit zu messen".
>
> **Die Ewigkeit bei Augustinus**
> „Die Ewigkeit ist die Daseinsform Gottes, die Zeit ist die Daseinsform des Geschöpfes." „Die Ewigkeit anhand der Zeit zu erklären, gleicht dem Versuch, das Sein mit dem Nicht-Sein zu erklären." Die Ewigkeit ist die ideale Norm, ausgedrückt in ihrer Vollkommenheit, der die Zeit in ihrer Unvollkommenheit, ausgedrückt in ihren flüchtigen Momenten, als das Übel gegenübersteht, welches überwunden werden soll.
> Die Grundeigenschaft der Zeit ist das Nacheinander. „Will die Zeit Zeit sein, dann muss sie im Fluss sein." Die Ewigkeit hingegen ist vollkommen. Sie enthält alles Sein, so nach Augustinus auch die Vergangenheit, Gegenwart und Zukunft, das Ganze ist hier gegenwärtig. Die Sukzession verliert ihren Sinn, in der Ewigkeit ist die Zeit überwunden.
> Gott ist immer derselbe und seine „Jahre kommen und gehen nicht" (XI, 16). Das berühmte Fragment von Heraklit: „Wir steigen und wir steigen nicht in den selben Fluss", trifft somit auf Gott nicht zu. Ist die Zeit wie ein Fluss zu sehen, so kann man sich die Ewigkeit als See vorstellen, unendlich ausgedehnt, ohne Ufer, ohne Grund und ohne Oberfläche. Und Gott steigt nicht in diesen See, sondern er erfüllt in allen Teilen diesen See und der See ist selbst Gott, und Gott ist dieser See.
> Welche Problematiken, welche Konsequenzen entstehen für den Menschen?
> „In der Ausrichtung auf Gottes Ewigkeit muss die Zerrissenheit des menschlichen Daseins in der Zeit überwunden werden." Das Bekennen zu Gott und die Barmherzigkeit von Seiten Gottes können den Menschen zur Seligkeit führen. Da diese Seligkeit gleich zu setzen ist mit der Ewigkeit, bedeutet dies, dass der auf Erden unvollkommene Mensch dann vollkommen wird, wenn er aus der Zeit heraus und in die Ewigkeit eintritt. Dies erfüllt sich im Jüngsten Gericht, aber auch die mystische Versenkung im Hier und Jetzt hat eben dieses Ziel.

Kasten 1: Exkurs Augustinus

Weitere Geschichte der Relevanz der Zeit

Auch Thomas von Aquin wollte die Vernunft, die Erkenntnisfähigkeit (lumen intellectus agentis) in den Dienst Gottes gestellt wissen. Allerdings bereitete er durch die Übernahme der aristotelischen Logik den Boden für die Unabhängigkeit des Geistes. Schon die zeitgenössische Kritik an Thomas von Aquin griff auf, dass, wenn sich philosophisches Denken und religiöser Glaube im Widerspruch befinden, der Geltungsbereich von Vernunft und Wissenschaft außerhalb der Zuständigkeit der Theologie liegen müsse, die Vernunft also von Gott unabhängig sei. Ockham sprach im 14. Jahrhundert von zwei Wirklichkeiten, der Wirklichkeit Gottes in der Offenbarung und der Wirklichkeit der empirischen Welt in der unmittelbaren Erfahrung. Eine Korrespondenzmöglichkeit der beiden Wirklichkeiten sah er nicht. Die Frage nach der Notwendigkeit Gottes wurde allerdings von ihm noch nicht gestellt.

Die Renaissance war geprägt durch die wesentlich auch von der Kirche geförderte Zuwendung zur Diesseitigkeit, zur Natur, zur Kunst und Wissenschaft, zu den klassischen griechischen Denkern. In dieser Epoche veränderte die Erfindung des mechanischen Uhrwerks das Verhältnis des Menschen zu der Zeit grundsätzlich, er koppelte sich damit von den Rhythmen der Natur ab. Dem immensen weltlichen Engagement der Kirche stand die Aushöhlung ihrer Spiritualität gegenüber. Die Reformation betonte erneut diese Spiritualität, hob aber die direkte, die individuelle Beziehung des Menschen zu Gott und damit zur Ewigkeit hervor. Kant schließlich ordnete endgültig den Verstand des Menschen der phänomenologischen Erfassung der Natur und ihren Gesetzen in der Zeit zu. Dem Verstand unzugänglich sei das zeitlose metaphysische Verhältnis zu Gott (nach Tarnas).

Mit den Erfolgen der Naturwissenschaften im 19. und 20. Jahrhundert trat auch die Frage nach Gott und damit nach der Ewigkeit zunehmend in den Hintergrund. Im Rahmen des verstandesbasierten Fortschritts-, Technik- und Wissenschaftsglaubens konnte vermeintlich die Frage nach dem Gottesglauben immer weniger beantwortet werden.

Thomas Mann lässt im Doktor Faustus hierzu Serenus Zeitblom sagen: „Die Orthodoxie selbst beging den Fehler, die Vernunft in den religiösen Bezirk einzulassen, indem sie die Glaubenssätze vernunftgemäß zu beweisen suchte. ... Die liberale Theologie ... setzt das Religiöse zur Funktion der menschlichen Humanität herab." Nietzsche sagt in den Unzeitgemäßen Betrachtungen: „Um eine wissenschaftlich erkannte Religion ist es geschehen, sie ist am Ende." In dieser modernen Geisteshaltung ist der Tod nun nicht mehr der Übergangspunkt zur Ewigkeit, sondern der Endpunkt der individuell zur Verfügung stehenden, begrenzten Lebenszeit. (Seneca sieht dies im Übrigen in der Begrenztheit noch deutlich pointierter: „Denn darin irren wir, dass wir den Tod nur als etwas Zukünftiges erwarten: er ist zum großen Teile schon vorüber; alles, was von unserem Lebensalter hinter uns liegt, hat der Tod in Händen.")

Das Verhältnis des Menschen zu der Zeit
Die Hoffnung auf die Ewigkeit ist verloren gegangen. Der Mensch ist sich seiner beschränkten Zeit und seiner selbst als Individuum in seiner „Ein"samkeit gewahr geworden. Im Rahmen des privaten Raumes (siehe auch Arendt) sucht er jetzt nach dem persönlichen Glück. Er fragt sich nach seinen eigenen Wünschen, seinen individuellen Bedürfnissen, seinen persönlichen Lebenszielen. Er sieht sich der Diskrepanz eines unendlich großen Angebots der Welt und einer endlichen Lebenszeitspanne gegenüber (Blumenberg). Mit der Begrenzung auf die eigene Lebenszeit steht nunmehr auch für das Erreichen des Lebensziels beziehungsweise der Lebensziele nur noch begrenzte Zeit zur Verfügung. Nach Heidegger rechnet das Dasein, also das faktische Schon-sein-in-der-Welt, mit Zeit, weil es in seiner eigenen Endlichkeit für sich Sorge zu tragen hat. Denn angesichts des Todes ergibt sich für den Menschen ein (nur) endlicher Entscheidungsspielraum. Heidegger macht also die „Endlichkeit" zum unmittelbaren und durchdringendsten Inhalt des Bewusstseins (Blumenberg). Ziel des Lebens ist nach wie vor die Überwindung der und die Unabhängigkeit von der Beschränktheit der Zeit und der zugestandenen Lebenszeit. Auf zweierlei richtet sich nun der Fokus: Zum einen darauf, wie möglichst viel Zeit nutzbar gemacht werden kann, zum ande-

ren, wozu sie eigentlich genutzt werden soll, also auf das eigentliche Lebensziel.

Wie vermehre ich den Nutzen meiner Lebenszeit?

Gronemeyer unterteilt bezüglich des ersten Aspektes
- in die Sicherung der Lebensspanne und
- in die Beschleunigung des Lebenstempos.

Ausgehend von Descartes ist der naturwissenschaftliche und soziale Fortschritt darauf angelegt, Sicherheit zu geben, dass die vorauszusehende Lebensspanne auch tatsächlich erreicht wird.

Eine Einschränkung dieser Zeit durch Krankheit oder Unfall mit „verfrühtem" Tod wird als persönlich widerfahrenes Unrecht empfunden. Die Beschleunigung lässt sich in der zunehmenden Schnelligkeit der Fortbewegungsmittel ablesen. „Nutzlose" Wegezeit wird damit verkürzt. Die Kommunikation wird auch über große Entfernungen und für komplexe Inhalte immer einfacher und schneller. Die Zeit wird gemanagt *(siehe Kasten 2, S. 34)*, sie wird mehrfach belegt.

Diese Tendenz ist heutzutage zum Beispiel im Straßenbild an den Mitpassanten und Autofahrern abzulesen, die im Gehen und Fahren das Handy benutzen.

Das grundsätzliche Dilemma bleibt trotzdem bestehen, das der begrenzten Zeit.

Psychische Belastung unter dem Aspekt der Zeit

Das Entstehen psychischer Beanspruchung kann unter den Aspekten betrachtet werden, dass
- die Lebenszeit absolut nicht ausreichend ist und
- dass gegen die eigene Überzeugung von dieser Lebenszeit abgegeben werden muss.

„Zeit ist" – nach Blumenberg – „das am meisten Unsrige und doch am wenigsten Verfügbare." Er beschreibt den ersten Aspekt als das Sich-Öffnen der Zeitschere zwischen Lebenszeit und Weltzeit: „Ein Wesen mit endlicher Lebenszeit hat unendliche Wünsche (nämlich die ganze Welt zu erfahren)." Diese Schere öffnet sich umso mehr in einer Welt, in der sich beschleunigender Fortschritt und immer neue Erkenntnisse im Mittelpunkt stehen und die gleichzeitig über die Kommunikationsmittel verfügt, das Wissen um diesen Fortschritt jedem verfügbar zu machen (und die damit die Sehnsucht, vor allem aber das Bewusstsein von und die Verzweiflung angesichts letztlich nicht stillbarem Verlangen weckt).

Unter dem Aspekt einer limitierten Zeitspanne beim Streben nach einem Lebensziel kann man die Entstehung von Stress definieren: Stress entsteht genau dann, wenn das Gefühl besteht, nicht in der Lage oder daran gehindert zu sein, sein Handeln in der aktuellen Situation auf das eigentliche Lebensziel auszurichten, sodass Zeit tatsächlich verloren geht, einem die Zeit gestohlen wird.

> **Zeitmanagement**
> Obwohl der Mensch erkennen muss, dass das Klaffen der Zeitschere nicht zu verhindern ist, zielt in dieser Situation sein Streben danach, Zeit zu gewinnen. Dieses Streben hat sich zu einer eigenständigen Tätigkeit, dem Zeitmanagement, ausgeweitet. „Der Zeitgewinn (ist) das Radikal aller Wünsche auf Erweiterung und Zugewinn an Lebensrealität" (Blumenberg). Im Zeitmanagement hallt die Sehnsucht nach der Ewigkeit nach. Blumenberg erkennt aber: „Die Welt kostet Zeit. Jede Einlassung auf Mittelbarkeit zur Welt ist ein Kompromiss, der den Verzicht auf die volle Intensität der Erfahrung verbindet mit dem Gewinn an Zeit, um andere Erfahrung – vielleicht wiederum unter dem Zugeständnis der Mittelbarkeit – zu machen. Was man „das Leben" nennt, besteht aus dieser Art von Konzessionen und Arrangements." So fordert das (in vielen Situationen nichtsdestotrotz sicher sinnvolle) Zeitmanagement immer wieder Entscheidungen, bei denen von vornherein klar ist, dass sie auch Verzicht beinhalten.

Kasten 2: Zeitmanagement

Welche Lebensziele haben wir?
Maslow unterteilt in seiner Theorie der Bedürfnishierarchie die menschlichen Bedürfnisse in Defizitbedürfnisse und Wachstumsbedürfnisse. Unter die Defizitbedürfnisse subsumiert er die physiologischen Bedürfnisse (Stillung von Hunger und Durst, Sexualität, Ruhe und Bewegung, Schutz vor den Elementen), die Sicherheitsbedürfnisse (Schutz vor Krankheit, Not, Gewalt etc.). Unter dem Blickwinkel dieser Abhandlung dient das Stillen der Defizitbedürfnisse dem Gewinn von Lebenszeit. Zumindest im heutigen bezüglich der Defizitbedürfnisse in der Regel saturierten Mitteleuropa wird deren Stillung als gegeben vorausgesetzt und nicht weiter geachtet. Die sozialen Bedürfnisse (Zugehörigkeit, Partnerschaft sowie das Gefühl gebraucht zu werden) liegen zwischen Defizit- und Wachstumsbedürfnissen. Zu den Wachstumsbedürfnissen zählen das Geltungsbedürfnis (Selbstachtung durch das Gefühl der Kompetenz, Anerkennung durch andere) und das Selbstverwirklichungsbedürfnis (Wissen, Frieden, ästhetische Erfahrungen, Selbsterfüllung, Einssein mit Gott). Nur die Wachstumsbedürfnisse werden unter den Begriff des „Lebensziels" eingeordnet. Aber jedes dieser Bedürfnisse zu befriedigen benötigt Zeit. So ist auch die Frage nach dem Ziel des Lebens mit der Zeit eng verbunden.

Ein Ansatz, dies zu erreichen, zielt auf die Zeit nach dem eigenen Sein: „Es kann die Spur von meinen Erdentagen nicht in Äonen untergehn" (Goethe). Solche Spuren können eigene Werke, Kunstwerke, Bücher, der Aufbau einer Firma, soziale Taten, aber auch Kinder sein. Besteht nicht die Hoffnung auf ein Ewiges Leben, so wird mit und in der zugeteilten Zeit an der persönlichen Unsterblichkeit gearbeitet, zumindest daran, dass das Gedenken über den persönlichen Tod hinausgeht.

Die Alternative ist unmittelbares Glückserleben. Auch das moderne „Gib Gas, ich will Spaß" findet im Faust sein Gegenstück:

„Werd' ich zum Augenblicke sagen:
Verweile doch! Du bist so schön!
Dann magst Du mich in Fesseln schlagen,
Dann will ich gern zugrunde gehen. …
die Uhr mag stehen, der Zeiger fallen,
Es sei die Zeit für mich vorbei!"

Im Erleben des Glücks verliert die Zeit ihr Sein, nur das Jetzt ist relevant. Die – wenn auch säkularisierte – Ähnlichkeit zur mystischen Versenkung ist unverkennbar.

Geschichte des Verständnisses der Arbeit

Arbeit kann als die Tätigkeit definiert werden, die auf den Erwerb des Lebensunterhalts (und damit auf die Befriedigung der Bedürfnisse) abzielt. Rürup definiert: „Arbeit ist die Summe aller körperlichen und geistigen Tätigkeiten des Menschen zur Herstellung von knappen, das heißt begehrten Gütern und Dienstleistungen. Von Erwerbsarbeit sollte man dann sprechen, wenn diese Tätigkeit gegen Entgelt stattfindet."

Das Verständnis der Arbeit in der mitteleuropäisch-christlichen Kultur hat einen langen Vorlauf, der im Folgenden in seiner historischen Entwicklung kurz beleuchtet wird.

In der Genesis wird dem Menschen nach der Vertreibung aus dem Paradies die göttliche Bestimmung zur Bearbeitung der Erde auferlegt: „Im Schweiße deines Angesichts sollst du dein Brot essen." Dieses allgemeine Arbeitsgebot der Bibel wurde allerdings in unterschiedlichen Kulturkreisen durchaus anders und auch im christlichen Mitteleuropa über lange Zeit schichtenspezifisch interpretiert. Aristoteles beschreibt drei Tätigkeiten, nämlich die poiesis, (= Produktion), die praxis (= Kommunikation), und das energein (= das im Erkennen tätig Sein). Die poiesis, die eigentliche Produktion des Lebensunterhaltes, wurde den niederen Schichten (Sklaven, Handwerkern) zugeordnet, das energein (am ehesten zu vergleichen der Kontemplation) den Führungspersonen. Auch noch im Lehnswesen des Mittelalters war in vergleichbarer Weise die Produktion den unteren Schichten, im Wesentlichen dem Bauernstand, zugeordnet. Weder die Arbeit für sich selbst noch diejenige im Rahmen der Lehensabhängigkeit wurden infrage gestellt. Mit beiderlei Arbeit wurden unmittelbare Grundbedürfnisse, nämlich die der biologischen Erhaltung (durch die Früchte der Arbeit) und die der Sicherheit (über das Lehensverhältnis), zufrieden gestellt. Es bestand keine räumliche, aber auch keine wesentliche inhaltliche (und damit auch keine zeitliche) Trennung zwischen Arbeit und Freizeit; letzterer Begriff war in dieser Form nicht existent.

Erst in der Renaissance kommt es zum Umbruch. Mit dem Übergang des Wirtschaftspotenzials auf die Städte blühen der Handel und damit die Geldwirtschaft auf. Durch die Einführung von Manufakturen, später dann der Fabrikarbeit, erreicht die Geldwirtschaft über die Einführung der Lohn- beziehungsweise Erwerbsarbeit auch die produzierenden Schichten. „Das Tauschmittel Geld, mit dem Arbeit (und auch Zeit) gehandelt wird, wird eingeführt" (Simmel). Der Übergang von der Arbeitstätigkeit zur Erwerbstätigkeit war von eminenter Bedeutung für die Wertschätzung derselben durch den tätigen Menschen. Volpert (1975) beschreibt dies so: „Ich stelle Produkte nicht mehr zur eigenen Bedürfnisbefriedigung, sondern für andere her. Damit verwandelt sich der Zentralbereich menschlicher Existenz, die Arbeitstätigkeit, zu einem Instrument der Bedürfnisbefriedigung für den Restbereich, für das eigentlich ‚lebenswerte Leben'." Arbeit dient jetzt nur zum Erwerb des Arbeitslohns, also des Lebensunterhalts (damit das Leben unterhalten wird, also überhaupt weitergeht). Arbeit orientiert sich jetzt an der Zeit und nicht an der Aufgabe (nach Raehlmann). Hier ist historisch gesehen der Beginn der Trennung von Arbeit und Privatem festzumachen. Die Bewusstwerdung der Individualisierung durch die Gedanken der Renaissance und später der

Aufklärung machen diese Trennung umso evidenter. Das Bewusstsein des Selbst engt im Sinne eines Aktivismus auf die Arbeit ein. Simmel kommt zu dem Schluss: „Aus Streben nach Geld erwächst daher die Unruhe, Fieberhaftigkeit, Pausenlosigkeit des modernen Lebens."

Theologisch-philosophisch erhalten diese Umwälzungen ihren Unterbau wesentlich durch die protestantisch-calvinistische Lehre, insbesondere die der Prädestinations-/Rechtfertigungslehre. Diese gibt einer vita activa eindeutig den Vorrang vor einer vita contemplativa. Arbeitsamkeit, Fleiß, Bestehen im Beruf und geschäftlicher Erfolg gelten als gottgefällige Tugenden, Ausdruck der rechten religiösen Moral und Zeichen göttlicher Gnade. „Ist die Arbeit erfolgreich, darf der Mensch Hoffnung schöpfen." Dementsprechend findet die Arbeit in der bürgerlichen Gesellschaft generell positive Anerkennung, wird der Müßiggang geächtet, wird die Armut zur Schuld (unter anderem beschrieben bei Max Weber und von Norbert Elias).

Im Kapitalismus kommt es dann zur Zuspitzung: Die calvinistische Einstellung zur Arbeit legitimiert dann auch im Rahmen des entstehenden Kapitalismus das Anhäufen von Kapital (bei untadeligem sittlichen Wandel und asketischer Lebensführung) einerseits und den gewissenhaften, an der Arbeit als Lebenszweck klebenden Arbeiter andererseits. Der Lohnarbeiter als der eigentliche Produzent ist befreit von persönlichen Abhängigkeitsverhältnissen und von Produktionsmitteln, er besitzt nur noch seine Arbeitskraft. Weber spricht von der „doppelten Freiheit", frei von der traditionellen Schollenbindung und vogelfrei am Arbeitsmarkt.

Die zunehmende Säkularisierung beschreibt Hegel: „Die Vertreibung (des Menschen) in die Arbeit ist nicht Folge eines Falls und der Erbsünde, sondern notwendig für die Selbstbewusstwerdung des Menschen. In der Moderne wird der Mensch vom Mitwirker des Schöpfers durch Arbeit, wie ihn das Christentum sieht, zum Realisator Gottes selber. Durch seine Arbeit des Begriffs und am Objekt verwirklicht der Mensch erst den werdenden Gott." Nietzsche kritisiert ihn: „Der Erfolg wird zum wahren Gott der Moderne" (in Koslowski).

In der weiteren Folge kann die Entwicklung der (deutschen) Wirtschaftsgesellschaft nach Raehlmann durch eine extensive Phase (das zeitliche Ausmaß, mit der die Arbeit den Menschen in Anspruch nimmt, wird ausgedehnt) bis etwa zum Ersten Weltkrieg beschrieben werden, danach eine Reduktion der Arbeitszeit hin zum 8-Stunden-Tag und zur 40-Stunden-Woche mit gleichzeitiger Intensivierung der Arbeit (intensive Phase, Arbeitszeitverdichtung) hin zur flexiblen Phase (Flexibilisierung der Arbeitszeit, das atmende Unternehmen), die ganz wesentlich 1984 mit Abschluss der Tarifverträge zur 35-Stunden-Woche zum Tragen kam.

Heute

In welcher Zwickmühle wir uns heute in unserem Verhältnis zur Arbeit aufgrund unser Historie befinden, beschreibt sehr pointiert Arendt: „So mag es scheinen, als würde hier durch den technischen Fortschritt nur das verwirklicht, wovon alle Generationen des Menschengeschlechtes nur träumten (nämlich frei von Arbeit zu sein). Aber der Schein trügt: Die Neuzeit hat im siebzehnten Jahrhundert damit begonnen, theoretisch die Arbeit zu verherrlichen, und sie hat zu Beginn unseres (des 20.) Jahrhunderts damit geendet, die Gesellschaft im Ganzen in eine Arbeitsgesellschaft zu verwandeln. ... diese Gesellschaft kennt kaum vom Hörensagen die höheren sinnvollen Tätigkeiten, um deretwillen die Befreiung sich lohnen würde. … Was uns bevorsteht, ist die Aussicht auf eine Arbeitsgesellschaft, der die Arbeit ausgegangen ist." Die calvinistische Prädestinationslehre ist also auch heute noch eine wirkmächtige Motivationsbasis für die Entfaltung des kapitalistischen Geistes, sie liegt nach wie vor unserer Einstellung und unserem Ethos bezüglich des Berufes in weiten Teilen zugrunde. Das Problem ist nur, dass in der Zwischenzeit der Gott verloren gegangen ist.

Heutzutage bestimmt die (Erwerbs-)Arbeit wesentliche Teile des Lebensablaufs. Die Phasen des Lebens werden unter den Blickwinkeln der Zeit der Ausbildung zur Arbeit, der Zeit der Arbeit selbst, und der Zeit der Befreiung von Arbeit (Rente) gesehen. Die Arbeit bestimmt den Aufenthalts- und Wohnort sowie Lage und Ausmaß der übrigen Zeit (Entgrenzung von Arbeit und Privatleben und Priorität der Arbeit durch flexible Arbeitszeit, ständige Erreichbarkeit durch Informations- und Kommunikationstechnik, home office) (Fink, Gottschall).

Es wird aber – jetzt im säkularen Kontext – daran gearbeitet, die Bedeutung von Arbeit neu zu bewerten. Führt Marx noch aus: „Das Reich der Freiheit beginnt in der Tat erst da, wo das Arbeiten, das durch Not und äußere Zweckmäßigkeit bestimmt ist, aufhört; es liegt also der Natur der Sache nach jenseits der Sphäre der eigentlichen materiellen Produktion. … Jenseits desselben beginnt die menschliche Kraftentwicklung, die sich als Selbstzweck gilt, das wahre Reich der Freiheit, das aber nur auf jenem Reich der Notwendigkeit als seiner Basis aufblühen kann. Die Verkürzung des Arbeitstages ist die Grundbedingung.", so sagt Nell-Breuning: „Die Arbeit ist es, die den Menschen ihren Platz anweist in der Gesellschaft." „Berufs- und Erwerbsarbeit besitzen eine so große Bedeutung für den Menschen, weil sie nicht nur dem Broterwerb dienen, sondern mehr noch einen wichtigen Bereich der Selbstverwirklichung des Menschen darstellen, seiner personalen Freiheit, seiner Eigenständigkeit und Unabhängigkeit." Erwerbsarbeit beinhaltet eine feste Zeitstruktur, soziale Kontakte und Erfahrungen, Teilhabe an sozialen Zielsetzungen und kollektiven Anstrengungen, sozialen Status, Identität (Heinichen).

Negt beurteilt Arbeitslosigkeit als einen Gewaltakt, einen Anschlag auf die körperliche und seelisch-geistige Integrität, auf die Unversehrtheit der davon betroffenen Menschen. Es geht um die Rückeroberung der sozialen Dimension der Arbeit. „Wir müssen, auch während wir arbeiten, das Gefühl haben, dass wir leben." (Fink)

Arbeit und Zeit

Der moderne Mensch teilt die als begrenzt erkannte Zeit auf in freie Zeit (Freizeit) und Arbeitszeit. Häufig wird dabei die Freizeit mit frei verfügbarer und daraus folgend mit der Zeit gleichgesetzt, in der man dem Sinn des Lebens näher kommen kann. Die Lohnarbeitszeit hingegen wird in der Regel als fremdbestimmt empfunden. Der Parallelschluss, dass diese Zeit einer anderen Person (dem Arbeitgeber), nicht aber einem selbst zur Sinnstiftung zur Verfügung steht, liegt nahe, ist aber, wie im Weiteren diskutiert werden wird, beileibe nicht zwingend.

Freizeit

Der Begriff der Freizeit ist neu, er ist erst aufgekommen im Rahmen von Individualisierung und der Zunahme der Bedeutung des privaten Lebens (Arendt). Die Freizeit steht zur freien Verfügung; sie wird zumindest dahingehend empfunden, dass die darin ausgeübten Aktivitäten aus dem freien Willen entspringen, und damit auch, dass sie im Einklang mit etwaigen Lebenszielen stehen. Selbst, wenn auch diese Tätigkeiten mühselig und anstrengend sind, so werden sie in der Regel mit hoher Motivation angegangen (z.B. Erziehungs- und Pflegearbeit in der Familie; aber auch Nachbarschaftshilfe beim Hausbau oder die Hilfe bei der Steuererklärung sind in der Regel wesentlich positiver besetzt als dieselbe Tätigkeit im Rahmen der Lohnarbeit als Maurer bzw. einer Angestellten im Büro). Die Freizeit wird als der Teil der Zeit angesehen, in dem man den Lebenszielen näher kommen kann.

Arbeit
Die Grundproblematik: Bei der Lohnarbeit findet ein Tauschhandel von Waren unterschiedlicher Qualität statt. Auf der einen Seite das irgendwie immer wieder beschaffbare Geld und auf der anderen die nach Abgabe unwiderruflich verlorene Lebenszeit. Beschränkt auf diesen Tausch bleibt der Arbeitnehmer unbefriedigt zurück. Es ist daher nach dem Mehrwert für den Arbeitnehmer zu fragen.

Arbeit als Lohnerwerb
Die Arbeit und die in sie investierte Zeit können unter unterschiedlichen Blickwinkeln gesehen werden. Werden sie allein als Investition zur Erlangung von Lohn betrachtet, so werden der Inhalt und das Produkt der Arbeit als sekundär empfunden, da sie ja nur durch die Entlohnung auf den Menschen zurückwirken, das Produkt selbst aber für den Markt bestimmt ist. (Raehlmann: „Arbeit orientiert sich jetzt an der Zeit und nicht an der Aufgabe.") Dem Arbeitnehmer sind Arbeit und Produkt fremd, sie gehen ihn nichts an. Gründe können fehlende Transparenz („Ich weiß nicht, warum ich diese Arbeit verrichte"), fehlende Selbst- oder Fremdwertschätzung („Das, was ich hier am Fließband mache, könnte jeder andere auch tun"), fehlende Identifikation mit dem Produkt („Ich sehe das Produkt als unwichtig, als nutzlos an") oder gar ethische Vorbehalte gegen das Produkt (z.B. Waffenproduktion, Produktion von Überkapazitäten, „Ich will gar nicht wissen, was ich produziere") sein. Bei dieser Einstellung zur Arbeit wird es die Aufgabe des Vorgesetzten sein, dirigistisch die Arbeitsmenge und die Abläufe vorzugeben, also dafür zu sorgen, dass die durch den Lohn angekaufte Produktionsleistung in Quantität (Arbeitszeit) und in Qualität erbracht wird.

Wenn allein der Lohn ins Kalkül gezogen wird, die Arbeit also nur Mühsal, nur Mittel zum Zweck ist, so ergibt sich aus Sicht des produzierenden Arbeiters die logische Maxime des „möglichst viel Lohn für möglichst wenig Arbeitszeit". Die eigentlichen privaten Lebensziele sind wichtiger. Dies spiegelt sich in Tarifverhandlungen/Arbeitskämpfen wider (Arbeitszeitverkürzung, „Am Wochenende gehört mein Papi mir!"). Wilpert stellt hierzu die These auf, dass die Wichtigkeit der Arbeit parallel mit dem Rückgang der Arbeitszeit gegenüber der Wichtigkeit von Freizeit und Familie zurückgeht.

Der Arbeitsinhalt selbst wird mit den Bedürfnissen überhaupt nicht in Verbindung gebracht, der Lohn – beziehungsweise die in den Lohnerwerb investierte Zeit – dienen dazu, Defizitbedürfnisse zu stillen und damit (Lebens-)Zeit zu gewinnen beziehungsweise zu erkaufen; Lebenszeit, die dann den eigentlichen Lebenszielen gewidmet werden kann. Bei dem nur mittelbaren Nutzen des Geldes wird man sich aber jedes Mal fragen, ob tatsächlich

> **Lohn und Zeitgewinn**
> Durch die Betrachtung der Aufteilung des Lohns in Nettolohn und in Sozialabgaben lassen sich die Möglichkeiten des Gewinns an Zeit durch Lohn recht gut analysieren.
> Der Nettolohn wird ausgegeben für die Befriedigung elementarer individueller Bedürfnisse wie Nahrung, Kleidung, Wohnung. Diese Investition wird in der Regel unmittelbar einsichtig sein (ohne Nahrung verliere ich das Leben und damit jegliche mir zur Verfügung stehende Zeit). Die Investition von überschüssigem Nettolohn in Beschäftigungen in der freien Zeit wie zum Beispiel Hobbys wird hier nicht weiter diskutiert.
> Sozialabgaben sind dort sinnvoll, wo die gemeinsame Wirkung einer Gruppe effektiver ist als die Anstrengungen eines jeden Einzelnen (z. B. beim Schutz vor Feinden, bei der Krankenversorgung, bei der Erziehung und bei vielem mehr). Sozialabgaben sind Investitionen in von der Gesellschaft offerierte Sicherheit, aber auch in von ihr angebotene Lebensvereinfachungen (Kommunikation, Mobilität). Bei den Sozialabgaben ist die Abwägung ihrer Sinnhaftigkeit schon schwieriger. Vertraue ich nicht mehr darauf, dass etwa die Zeit, die ich in Lohnerwerb investiert habe, um meinen Beitrag zum Unterhalt der Bundeswehr zu leisten oder um meine Krankenversicherung zu zahlen, sich dahingehend lohnt, dass ich zumindest statistisch vor einem vorzeitigen Ableben (mit einem größeren Verlust an Zeit) durch Krieg oder Krankheit geschützt bin, so werde ich mich gegen die Zahlung solcher Abgaben wenden. Je komplexer und undurchschaubarer die gesellschaftlichen Zusammenhänge werden, desto eher werde ich daran zweifeln, dass es für mich sinnvoll ist, Lebenszeit in solche gesellschaftlichen Konstrukte zu investieren.

Kasten 3: Lohn und Zeitgewinn

der Zeitgewinn die in die Arbeit investierte Zeit erreicht beziehungsweise übersteigt *(siehe Kasten 3)*.

Sieht sich der Arbeitnehmer vom Lohn her gerecht behandelt (dahingehend, dass er mit dem Lohn entsprechend freie Lebenszeit erwerben kann), so wird er als pflichtbewusster Mitarbeiter arbeiten. Das Betriebsziel muss nicht dem individuellen Lebensziel entsprechen. Das eigene Lebensziel wird in der Arbeitszeit zurückgestellt, es gehört nicht hierher.

Einen Sonderfall stellt in diesem Kontext der Konflikt der Lohnarbeit im sozialen Bereich in ihrem Verhältnis zu der Zeit dar *(siehe Kasten 4 auf Seite 40)*.

Arbeit als Sinngebung

Die andere Sichtweise erachtet auch die Wachstumsbedürfnisse als hoch relevant bei der Betrachtung der Arbeit. Wiederum Wilpert, aber auch Hengsbach, betonen hier die Arbeit als persönlich sinnstiftende Funktion wie auch als Weg zur gesellschaftlichen Akzeptanz (ganz im Sinne der calvinistischen Anschauung). Arendt bezeichnet die Arbeit gar als conditio humana, als einen Grundpfeiler menschlichen Seins. Dieser zusätzliche Wert der Arbeit wird am direktesten in der ungewollten Arbeitslosigkeit bewusst.

Tatsächlich ist es nicht einsichtig, weshalb Lebensziele nur im Bereich der Freizeit und nicht auch in der Arbeit liegen sollen. Die Fremdbestimmung bei der Lohnarbeit scheint aber diese Einsicht erheblich zu behindern.

Die zentrale Frage ist daher, wie Ziele des Betriebs und eigene Lebensziele zur Deckung kommen können. S. de Grazia fragt hierzu: „Kann Fremdbestimmtheit aufgehoben werden durch die bewusste Überein-

> **Soziale Tätigkeit als Lohnarbeit und die Zeit**
> Wesentlicher Antrieb der Entwicklung der Warenproduktion ist die Suche nach immer effektiveren Zeit und Personal sparenden Wegen der Herstellung („um den Profit zu maximieren, um wettbewerbsfähig zu bleiben"). Das Wesen der sozialen Tätigkeit, die wie etwa Erziehung, Pflege oder andere soziale Interaktionen wesentlich im privaten Rahmen ihren Ursprung hat, liegt aber in der zeitlichen Zuwendung. Rousseau erläutert als wichtigste und nützlichste Regel jeder Erziehung: „Sie heißt nicht Zeit gewinnen, sondern Zeit verlieren." Auch die Führung von Mitarbeitern durch Vorgesetzte ist ganz eigentlich unter diese sozialen Tätigkeiten zu rechnen. Und soziale Tätigkeit braucht Zeit.
> Die zeitliche Komprimierbarkeit der sozialen Tätigkeit ist begrenzt. Insbesondere unterliegt sie auch nicht dem für die Warenherstellung typischen, unbegrenzt interpolierbaren stetigen Zusammenhang zwischen Produktionszeitverkürzung und Optimierung des Ergebnisses. Trotzdem werden an sie in der modernen Gesellschaft dieselben Kriterien der Rationalisierung angelegt. Der Entschluss, einen sozialen Beruf zu ergreifen, ist aber häufig von genau der Bereitschaft zur sozialen und damit zeitlichen Zuwendung getragen. Diese gerade heute zunehmende Diskrepanz zwischen beruflichem Selbstverständnis und ökonomischen Anforderungen ist wohl eine wesentliche Ursache dafür, dass das Phänomen des Burnout so häufig die sozialen Berufe betrifft.

Kasten 4: Soziale Tätigkeit als Lohnarbeit und die Zeit

stimmung von eigenem und fremdem Willen? (time given – time taken away)."

Der Mitarbeiter als eigener Vorgesetzter
Unabhängig von einem bestehenden externen Vorgesetzten hat das Individuum selbst auch immer einen eigenen wesentlichen Teil an dem Akt der Aufgabenstellung. Es ist – durch die Berufswahl, durch die innere Einstellung – immer auch selbst mit dafür verantwortlich.

Im Idealfall stimmen die Ziele des Arbeitgebers und die der arbeitenden Person überein, das betriebliche Ziel und auch der Weg dorthin entsprechen ihrem eigenen (Lebens-)ziel. Dann wird sie auch bereit sein, ihre Lebenszeit in das Projekt Arbeit zu investieren. Die Situation entspricht in etwa dem: „Ich habe mein Hobby zum Beruf gemacht." Der Mitarbeiter ist sich dann selbst der ideale Vorgesetzte.

Die Aufgaben als Vorgesetzter
Die Situation des eigenmotivierten (wie auch des pflichtbewussten, siehe oben) Mitarbeiters ist in Reinform ganz offensichtlich nicht die Regel. Hier liegen die Aufgaben der Vorgesetzten. Niethammer weist in diesem Zusammenhang dem Arbeitgeber Verantwortung für Erfolg, Unternehmensziele, effektive Arbeitsorganisation, Arbeitsbedingungen, Anerkennung der Leistung, Personalführung und Kommunikation zu. Diese haben entscheidenden Einfluss auf die Erfahrung der Sinnhaftigkeit von Arbeit. Die Arbeit wird dann als sinnvoll erfahren, wenn sie auf ein selbst gestecktes oder bejahend übernommenes Ziel ausgerichtet ist, die Arbeit das Ziel wirksam näher bringt, die Arbeitsbedingungen förderlich sind und Selbstbewusstsein, Freude am Gelingen und soziale Anerkennung gefördert werden. Sie wird als sinnlos erfahren, wenn Unternehmerziele undeutlich sind oder der Ethik des Arbeitnehmers entgegenstehen, der Arbeitsablauf ungünstig ge-

staltet ist oder gar schädliche Arbeitsbedingungen bestehen und wenn der Wert der eigenen Arbeit nicht deutlich wird.

Was bedeutet dies im Konkreten? In der Gesamtstruktur insbesondere eines großen Betriebes ist es oftmals den einzelnen Mitarbeitern nicht möglich, eigenständig ohne die Unterstützung des Arbeitgebers die Betriebsziele zu erfassen. Aufgabe des Vorgesetzten gemeinsam mit dem Mitarbeiter ist es, im Sinne des „Arbeit als ein Lebensziel" die Kongruenz von betrieblichen mit Lebenszielen anzustreben. Gelingt dies, wird der Mitarbeiter bereit sein, motiviert Lebenszeit in die Arbeit hineinzugeben. Dazu sind Erkenntnisprozesse und Transparenz auf verschiedenen Ebenen nötig.

1. Von der Betriebsleitung müssen Betriebsziele plausibel definiert und dann auch glaubhaft gelebt werden. Die besten Ziele verfehlen aber ihre Wirkung auf die Mitarbeiter, wenn sie in ihrem Sinn nicht bei ihnen ankommen. Diese Transparenz muss durchgängig durch alle Hierarchieebenen gewährleistet sein. Jede Hierarchieebene ist in der Lage, die Transparenz zu blockieren. Es ist Aufgabe der Führungsebene, sich der Transparenz zu versichern. Dem Mitarbeiter muss dabei klar werden können, wo seine Aufgabe im Mechanismus des gesamten Arbeitsablaufs der Firma liegt, er muss wissen, was seine konkrete Arbeit zum Erreichen der übergeordneten Ziele beiträgt und warum der Betrieb zum Gelingen des gesamten Vorhabens nicht auf seine konkrete Arbeit verzichten kann. Hierdurch kann erreicht werden, dass die Mitarbeiter die Ziele des Betriebs zu ihren persönlichen Zielen machen (Motivatoren im Sinne von Herzberg).

2. Die Aufgabe des unmittelbaren Vorgesetzten besteht darin, gemeinsam mit den Mitarbeitern eine Struktur der persönlichen wie der kooperativen Arbeit zu erreichen, von der alle überzeugt sind, dass sie die von den Mitarbeitern an den Betrieb verkaufte Zeit optimal nutzt, also nicht verschwendet (Hygienefaktoren im Sinne von Herzberg).

Bei der Strukturierung der persönlichen Arbeit spielen die Aufgabe, die Verfügbarkeit über materielle und personelle sowie immaterielle (Fähigkeiten, Hierarchien) Ressourcen sowie die über die Zeit wesentliche Rollen.

a) Erst, wenn die Einbettung der Arbeitsaufgabe in die Gesamtzielsetzung transparent ist, kann der Arbeitnehmer seine Einzeltätigkeiten bewusst priorisieren. Es entsteht dann nicht das Gefühl, durch falsche Entscheidungen Zeit zu vergeuden.

b) Die materiellen und personellen Ressourcen müssen geeignet sein, die Arbeit durchzuführen und zu einem Ende zu bringen (geeignete Hilfsmittel müssen vorhanden sein; es muss eine Abwägung stattfinden zwischen Eigenproduktion und Annahme/Einkauf fremder Hilfsmittel, „das Rad muss nicht immer wieder neu erfunden werden", es müssen ausreichend Kooperationspartner vorhanden sein).

c) Die Fähigkeiten des Mitarbeiters müssen der Aufgabenstellung adäquat sein (das Gefühl, seine Zeit am richtigen Platz einzubringen). Soweit die Aufgabe hierarchische Tätigkeiten erfordert (etwa zur Durchsetzung von Verhaltensweisen Dritter im Betrieb), müssen die Hierarchieverhältnisse angemessen sein. Fehlen diese und bleibt der Versuch der Aufgabenerfüllung dadurch frustran, so wird dies als Verlust an Zeit erlebt.

d) Die Freiheit, über Zeitpunkt und Zeitdauer einer Arbeit zu bestimmen, ist durch ökonomische Vorgaben limitiert. Innerhalb dieses Rahmens ist dann allerdings der Einbezug des Mitarbeiters in Hinsicht auf die Identifikation mit der Arbeit sinnvoll. Die

Zeitdauer kann aus Sicht des Mitarbeiters modifiziert sein durch die Bedeutung, die er der Arbeit zumisst, aber auch durch das Maß an konkurrierenden Arbeitsaufträgen. Auch Zeitpunkte der Arbeit sind oft nicht frei festlegbar. Bei kooperativen Tätigkeiten müssen ein Zeitplan, gemeinsame Termine (siehe unten) sowie Abgabetermine festlegt werden. Darüber hinaus aber ist es unter dem Aspekt der psychischen Belastung sinnvoll, die Arbeit, soweit dies die Fähigkeiten des Mitarbeiters zulassen, zielorientiert und nicht ablauforientiert zu gestalten. Kann er Zeitpunkte mit dem eigenen Arbeitsrhythmus abstimmen, werden durch diese Autonomie Kollisionen mit sonstigen Terminen (anderen Arbeiten, familiären und privaten Verpflichtungen) vermieden, so führt dieses höhere Maß an Zeitsouveränität zu höherer Übereinstimmung mit den eigenen Grundbestrebungen und damit zu höherer Motivation. Erkauft wird dies allerdings mit höherer Eigenverantwortung.

e) Kooperative Arbeitsabläufe bedürfen der Koordination. Die Terminierung von Besprechungen, Teamsitzungen, Seminaren muss als Ziel ein Minimum an Störung des Terminplans und des Arbeitsrhythmus aller Beteiligten haben. Willkürliche Terminierung auf der Basis formeller und informeller Hierarchieverhältnisse oder auch nur durch Unachtsamkeit wird vom Mitarbeiter als unnötiger (Lebens-)zeitverlust erlebt.

f) Letztlich muss sich auch der direkte Vorgesetzte immer wieder rückversichern, ob die angestrebte Transparenz erreicht wird, die Ziele gesehen und die vom Mitarbeiter eingesetzte Zeit von ihm als lohnend beurteilt werden.

Die Vorgesetzten nehmen über die sorgsame Beachtung der Zeit somit eine Schlüsselstellung ein, ob die Arbeit als ein eigenständiges Lebensziel angesehen wird.

Fazit

Mit dem Verlust der Ewigkeit und dem Zurückgeworfensein auf die beschränkte individuelle Lebensspanne hat sich das Verhältnis des Menschen zu der Zeit, mit der Einführung der Marktwirtschaft sein Verhältnis zur (Lohn)arbeit grundlegend verändert. Sein vorherrschendes Gefühl ist nicht mehr, dass er in ihr lebt, sondern er rechnet und knausert mit ihr. Dies modifiziert auch die Abgabe von Zeit an den Arbeitgeber. Die Lebenszeit wird als verhandelbare Ware, aber auch als rares und einziges im eigentlichen Sinne dem Menschen gehörendes Gut begriffen.

Wird in der Arbeit mehr gesucht als Lohnerwerb, wird in ihr insbesondere auch die Möglichkeit der Erfüllung von Lebenszielen gesehen, so ist unter der Perspektive der Lebenszeit immer wieder die Frage zentral: „Ist der Umgang mit meiner für die Arbeit zur Verfügung gestellten (Lebens-) Zeit korrekt, ist er sorgsam?" Kann diese Frage positiv beantwortet werden, so verliert auch der Begriff der work-life-balance im Sinne des „hier die Arbeit, dort das eigentliche Leben" seine Brisanz.

→ Vereinbarkeit von Berufstätigkeit und Privatleben (S. 57); Bewältigung von Belastungen, Aufbau von Ressourcen (S. 282); Stress (S. 334)

Literatur

Arendt, H.: Vita activa oder Vom tätigen Leben. Serie Piper, Band 217, Piper Verlag, München 1981

Aristoteles: Nikomachische Ethik, Übersetzung: Eugen Rolfes, 1921 (www.textlog.de/aristoteles-ethik.htm)

Augustinus: Die Bekenntnisse des heiligen Augustinus in der Übersetzung von Otto F.

Lachmann (http://gutenberg.spiegel.de/?id=5&xid=115&kapitel=1#gb_found)

Blumenberg, H.: Lebenszeit und Weltzeit, Suhrkamp Verlag, Frankfurt a. M. 2001

Elias, N.: Über die Zeit, Suhrkamp Verlag, Frankfurt a. M. 1988

Fink, U.: Arbeit ist mehr als Broterwerb. In: Hoffmann, H./Kramer, D. (Hrsg.): Arbeit ohne Sinn? Sinn ohne Arbeit? Verlag Beltz Athenäum, Weinheim 1994

Goethe, W. von: Faust. Der Tragödie erster Teil. In: Gesamtausgabe, Insel-Verlag, 1949

Gottschall, K./Voß, G. (Hrsg.): Entgrenzung von Arbeit und Leben, Rainer Hampp-Verlag, München und Mering 2. Auflage 2005

Grazia, S. de: Of Time, Work and Leisure. The Twentieth Century Fund, NY 1962

Gronemeyer, M.: Das Leben als letzte Gelegenheit. Sicherheitsbedürfnisse und Zeitknappheit. Primus-Verlag, Darmstadt 1996

Heidegger, M.: Sein und Zeit. 17. Auflage, Max Niemeyer Verlag, Tübingen 1993

Heinichen, J.: Arbeit und Arbeitslosigkeit: In: Hoffmann, H./Kramer, D. (Hrsg.): Arbeit ohne Sinn? Sinn ohne Arbeit? Verlag Beltz Athenäum, Weinheim 1994

Hengsbach, F.: Arbeit macht stark – Das Beschäftigungsrisiko zersetzt den Willen zur Demokratie. In: Hoffmann, H./Kramer, D. (Hrsg.): Arbeit ohne Sinn? Sinn ohne Arbeit? Verlag Beltz Athenäum, Weinheim 1994

Herzberg, F.: One more time: how do you motivate employees? In: Harvard Business Review 46, 1968, 1, S. 53–62

Koslowski, P.: Überarbeitete und Beschäftigungslose. Sinnverlust der Arbeit durch Übergeschäftigkeit und Unterbeschäftigung. In: Hoffmann, H./Kramer, D. (Hrsg.): Arbeit ohne Sinn? Sinn ohne Arbeit? Verlag Beltz Athenäum, Weinheim 1994

Mann, T.: Doktor Faustus. Fischer Verlag

Marx, K.: Kapital III, MEW 25, 828 (www.mlwerke.de/me/default.htm)

Maslow, A. H.: A Theory of Human Motivation Originally Published in Psychological Review, 1943, 50, S. 370–396

Negt, O.: Lebendige Arbeit, enteignete Zeit: Politische und kulturelle Dimensionen des Kampfes um die Arbeitszeit. Frankfurt/New York 1984. In: Rösch, L: Hauptsache Arbeit. In: Hoffmann, H./Kramer, D. (Hrsg.): Arbeit ohne Sinn? Sinn ohne Arbeit? Verlag Beltz Athenäum, Weinheim 1994

Niethammer, F.: Verantwortung des Arbeitgebers in der Arbeitswelt. In: Hoffmann, H./Kramer, D. (Hrsg.): Arbeit ohne Sinn? Sinn ohne Arbeit? Verlag Beltz Athenäum, Weinheim 1994

Nietzsche, F. W.: Unzeitgemäße Betrachtungen (http://gutenberg.spiegel.de/?id=5&xid=1956&kapitel=1#gb_found)

Raehlmann, I.: Zeit und Arbeit, Eine Einführung. Verlag für Sozialwissenschaften, Wiesbaden 2004

Rousseau, J.: Emile oder über die Erziehung, Ferdinand Schöningh Verlag, Paderborn 1971

Rürup, B.: Arbeit der Zukunft – Zukunft der Arbeit. In: Hoffmann, H./Kramer, D. (Hrsg.): Arbeit ohne Sinn? Sinn ohne Arbeit? Verlag Beltz Athenäum, Weinheim 1994

Seneca: Vom glückseligen Leben. Aus den Briefen an Lucilius. Über den Wert der Zeit, Kröner Verlag, Stuttgart 1978

Simmel, G.: Über das Wesen der Sozialpsychologie (1908). Bd. 8 der Simmel-Gesamtausgabe, Suhrkamp Verlag, Frankfurt a. M. 1993

Tarnas, R.: Idee und Leidenschaft. Die Wege des westlichen Denkens, DTV Verlag, 1999

Volpert, W.: Die Lohnarbeitswissenschaft und die Psychologie der Arbeitstätigkeit. In Großkurth, P./Volpert, W.: Lohnarbeitspsychologie, Fischer Verlag, Frankfurt a. M. 1975

Weber, M.: Die protestantische Ethik und der Geist des Kapitalismus, J.C.B. Mohr, Tübingen 1920

Wilpert, B.: Vergeht den Deutschen die Arbeitslust. In: Hoffmann, H./Kramer, D. (Hrsg.): Arbeit ohne Sinn? Sinn ohne Arbeit? Verlag Beltz Athenäum, Weinheim 1994

Matthias Kliegel | Ingo Aberle

Demografischer Wandel

Abstract
Die durch den demografischen Wandel bedingte alternde Belegschaft stellt Betriebe und Personalverantwortliche vor eine große Herausforderung. Die Problematik ist bekannt, aber bisher werden nur wenige Maßnahmen ergriffen, dieser auch konstruktiv entgegenzutreten. Das in der Gesellschaft vorherrschende Bild der nachlassenden Leistungsfähigkeit von älteren Menschen ist dabei nicht zutreffend. Zum einen kommt es nicht in allen Bereichen der kognitiven Entwicklung zu Abnahmen und zum anderen können durch geeignete Schritte geistige Fähigkeiten noch bis ins hohe Alter aufrechterhalten und sogar gesteigert werden. Mit dem zunehmenden Anteil älterer Arbeitnehmer nehmen außerdem altersheterogene Arbeitsgruppenkonstellationen zu. Daraus entstehen Chancen, aber es kann auch zu problematischen Prozessen kommen. Hierbei zu berücksichtigende Faktoren sind die Wahrnehmung von und der Umgang mit älteren Mitarbeitern, was bei negativem Personalmanagement in Altersdiskriminierung resultieren kann.

Thematische Eingrenzung und Definition

Zitat: „2050 doppelt so viele ältere wie jüngere Menschen" *(11. koordinierte Bevölkerungsvorausberechnung, StBA, 2006)*

Der Begriff demografischer Wandel beschreibt die zunehmend alternde Gesellschaft in den westlichen Industriestaaten. Die früher vorherrschende Bevölkerungs-„Pyramide", mit einer breiten Basis an jungen Menschen und einer stetigen relativen Bevölkerungsabnahme mit zunehmendem Alter, hat sich im Laufe der letzten hundert Jahre in einen Bevölkerungs-„Pilz" verkehrt. Diese Entwicklung wird sich in den kommenden Jahrzehnten verschärfen. Der Großteil der Bevölkerung setzt sich nun nicht mehr aus jungen Menschen zusammen, sondern wird aus älteren Bevölkerungsschichten gebildet.

Die Gründe für die zunehmende Alterung der Gesellschaft sind vielfältig. Hierzu zählen:
- Niedrige Geburtenrate
- Steigende Lebenserwartung
- Zu- und Abwanderung.

Zur Finanzierung der vorliegenden Sozialversicherungssysteme könnte ein Arbeitsleben über die 70 hinaus bald Realität werden (Vaupel/Loichinger, 2006). Im Gegensatz zu diesem demografischen Trend bestand bis in die 1990er-Jahre des letzten Jahrhunderts jedoch sogar eher die Tendenz zu einer rückläufigen Beteiligung älterer Arbeitnehmer am Erwerbsleben. Primär über betriebliche Frühverrentungsprogramme erfolgte flächendeckend eine Freisetzung des Alters in der Arbeitswelt, wobei dies in den seltensten Fällen aus altersbedingten Gründen erfolgte. Die Nachwirkungen dieser Praxis kennzeichnen den deutschen Arbeitsmarkt. Internationale Studien machen deutlich, dass Deutschland im europäischen Vergleich eine deutlich geringe Quote von älteren Arbeitnehmern aufweist. In der Altersspanne von 55-59 Jahren beträgt die Quote Erwerbstätiger in Deutschland 61 Prozent, während im europäischen Ausland in der gleichen Altersgruppe noch 75-80 Prozent beschäftigt sind. Mit einem Alter von 60-64 Jahren sind in Deutschland sogar nur noch ein Viertel der möglichen Arbeitskräfte erwerbstätig, während über 70 Prozent bereits nicht mehr aktiv am Arbeitsleben teilnehmen. Im Gegensatz hierzu ist in der Schweiz in dieser Altersspanne noch jeder Zweite aktiv im Berufsleben eingebunden. In Norwegen sind gar annähernd 60 Prozent der 60- bis 64-Jährigen noch erwerbstätig.

Weiterhin ist die Beteiligung Älterer am Erwerbsleben in Deutschland sehr gebietsspezifisch, so sind ältere Arbeitnehmer in hohem Maße in eher weniger innovativen Wirtschaftsbereichen tätig (z. B. öffentliche Verwaltung).

Es wird somit deutlich, dass in Deutschland mit den Folgen des demografischen Wandels noch nicht angemessen umgegangen wird. Ein zunehmendes Einbinden der älteren Arbeitnehmer in den Wertschöpfungsprozess ist notwendig – unsere europäischen Nachbarn machen uns vor, dass dies möglich ist.

Art der Belastung und Belastungsbedingungen

Der demografische Wandel als überbetrieblicher Einflussfaktor verstärkt die Notwendigkeit, in allen Wirtschaftszweigen die Dauer des Erwerbslebens zu erhöhen, ältere Arbeitnehmer länger zu halten und gegebenenfalls sogar neu einzustellen. Dieser Trend ist jedoch nicht unproblematisch, denn durch die körperliche und geistige Entwicklung im höheren Erwachsenenalter kann es zu spezifischen physischen und psychischen Belastungen kommen. Aus arbeits- und gerontopsychologischer Sicht stellt sich hierbei vor allem die Frage der Leistungsfähigkeit im höheren Lebensalter und damit einhergehend die Möglichkeit, diese zu erhalten oder zu fördern. Grundsätzlich gilt hierbei, dass psychische Beanspruchungen infolge eines kognitiven, sozialen, emotional-motivationalen und körperlichen Mismatch von Fähigkeiten und Anforderungen am Arbeitsplatz entstehen. Die Forschung zu Altersstereotypen zeigt hierbei deutlich, dass schon alleine die (eigene und fremde) Wahrnehmung von älteren Arbeitnehmern die Leistungsfähigkeit beeinträchtigen kann. Wer sich selbst „zum alten Eisen" zählt, wird auch sein Arbeitsverhalten entsprechend anpassen. Dabei zeigen wissenschaftliche Ergebnisse, dass statistisch kein direkter Zusammenhang zwischen kalendarischem Alter und Produktivität besteht (McEvoy/Cascio, 1989). Weiterhin kann die zunehmende Altersheterogenität bei Gruppenarbeit ebenfalls zu einer Quelle von psychischen Belastungen werden. Folgen der angesprochenen psychischen Belastungen können sich dabei sowohl positiv als auch negativ auswirken. Negative Folgen von schlecht gestalteter Erwerbstätigkeit von älteren Arbeitnehmern können bei diesen sein:

- Leistungseinbußen auf Grund von kognitiven Veränderungen
- Geringere Arbeitsmotivation
- Sinken des Selbstwertes
- Körperliche Beschwerden (z.B. Kopfschmerzen, hoher Blutdruck, Schlafstörungen)
- Psychische Beschwerden (z.B. depressive Symptome, Angststörungen).

Die Belastungsfolgen schlagen sich bei älteren Arbeitnehmern zum Teil in einem höheren Krankheits- und Qualifizierungsrisiko (d. h. geringere Teilnahme an Qualifizierungsmaßnahmen) nieder (Naegele, 1992). Arbeitnehmer über 40/45 Jahre berichten über die meisten subjektiv wahrgenommenen Arbeitsbelastungen mit gesundheitlichen Auswirkungen. Besonders psychische Erkrankungen nehmen einen großen Anteil der berichteten Beschwerden ein. Weiterhin nehmen ältere Arbeitnehmer in deutlich geringerem Ausmaß an betrieblichen Qualifikationen teil (vgl. Bellmann, 2003). Gründe hierfür sind einerseits im mangelndem Selbstvertrauen und Interesse der Arbeitnehmer zu suchen, andererseits durch Ausbleiben von angemessenen und vor allem niedrigschwelligen Angeboten seitens der Betriebe. Die Notwendigkeit einer lebenslangen Qualifikation wird in den seltensten Fällen erkannt und umgesetzt.

Die Folgen des demografischen Wandels im Berufsalltag führen allerdings nicht nur zu negativen Belastungsfolgen. Positive Folgen von gut gestalteter Erwerbstätigkeit bei älteren Menschen sind:
- Förderung der kognitiven Leistungsfähigkeit
- Hohe Motivation
- Aufrechterhaltung des Selbstwertes
- Förderung der körperlichen Leistungsfähigkeit
- Hohe Zufriedenheit.

Es wird deutlich, dass die positiven und negativen Belastungsfolgen zwei Seiten derselben Medaille sind. Eine erfolgreiche Integration von älteren Arbeitnehmern in den Arbeitsfluss führt in den gleichen Bereichen zu einer positiven Entwicklung, welche bei einer unzureichenden Integration problematisch werden können. Erlebt sich ein älterer Arbeitnehmer an seinem Arbeitsplatz als effektiv und leistungsfähig und wird seine Leistung anerkannt, so hat dies die oben genannten positiven Folgen. Negative Erfahrungen hingegen haben den gegenteiligen Effekt.

Entstehung und Relevanz des Themas

Eine grundlegende Erkenntnis in Bezug auf die kognitive Leistungsfähigkeit im Alter ist die Tatsache, dass Veränderung nicht nur im höheren Erwachsenenalter stattfindet (für einen Überblick siehe Martin/Kliegel, 2008). Entwicklung ist über die gesamte Lebensspanne zu beobachten, erhebliche Leistungsunterschiede können sich in bestimmten Bereichen beispielsweise auch schon zwischen dem 30. und dem 50. Lebensalter ergeben (Salthouse, 2004). Die Entwicklungsverläufe für verschiedene Ressourcenbereiche (z.B. Intelligenz, Wissen, Gedächtnis) zeigen eine multidimensionale und multidirektionale Entwicklung (siehe z.B. Bialystok/Craik, 2006). Während einige Bereiche mit zunehmendem Alter beständig abnehmen, bleibt die Leistungsfähigkeit in anderen Bereichen mit geringen Abstrichen bis ins sehr hohe Alter erhalten. Besonders hervorzuheben sind hierbei Befunde zur sogenannten „Plastizität" kognitiver Funktionen, welche darauf hinweisen, dass Lernen beziehungsweise Verbesserungen der kognitiven Leistungsfähigkeit bis ins hohe Lebensalter möglich sind (Kliegl/Smith/Baltes, 1989). Die Binsenweisheit „Was Hänschen nicht lernt,

lernt Hans nimmermehr" ist somit wissenschaftlich eindeutig nicht haltbar. Auch bei älteren Arbeitnehmern ist das Lernen von neuen Fähigkeiten durchaus möglich (Kliegel/Jäger, 2007). Für zwei zentrale Bereiche sollen Veränderungen im höheren Lebensalter kurz dargestellt werden: Intelligenz und Gedächtnis.

Intelligenz kann in zwei Hauptkomponenten unterschieden werden: fluide Intelligenz und kristalline Intelligenz (Baltes, 1990). Die „fluide Intelligenz" bezieht sich auf grundlegende, universelle Informationsverarbeitungsmechanismen, wie zum Beispiel manche Leistungen des Gedächtnissystems, des Problemlösens oder der räumlichen Orientierung. Kognitive Leistungen, die der fluiden Intelligenz zuzuordnen sind, nehmen im mittleren und höheren Erwachsenenalter typischerweise linear oder sogar exponentiell ab. Hingegen bezeichnet die „kristalline Intelligenz" angehäuftes Wissen, das durch Erfahrung geprägt worden ist. Kognitive Leistungen der kristallinen Intelligenz, wie zum Beispiel Sprache, soziale Intelligenz, Wortschatz oder semantisches Wissen beziehungsweise Gedächtnis, nehmen im Alter entweder gar nicht oder nur schwach ab. Teilweise zeigen sich sogar fortlaufende Verbesserungen.

Neuere Forschungen zeigen, dass diese Differenzierung auch für den Bereich des Gedächtnisses vorzunehmen ist. Das sogenannte „retrospektive Gedächtnis" bezeichnet hierbei das Erinnern früherer Erfahrungen und Episoden – sei es kurzzeitig oder langzeitig. Werden ältere Menschen nach zuvor neu zu lernenden Informationen gefragt, kommt es im Alter oft zu deutlichen Leistungseinbußen (Salthouse, 2004). So kann zum Beispiel ein älterer Arbeitnehmer schlechter feine Details über ein neues Produkt behalten; es sei denn, das neue Produkt ist Teil seines jahrelangen Erfahrungskontextes. Werden Informationen allerdings indirekt abgerufen, zeigen sich diese Leistungseinbußen nicht. So zeigen ältere Mitarbeiter geringe Unterschiede in gelernten (auch neu gelernten) Abläufen, wenn die einzelnen Schritte nicht explizit abgefragt werden, sondern sie diese „einfach tun" müssen. Vom retrospektiven Gedächtnis wird das „prospektive Gedächtnis" unterschieden. Dieses bezeichnet das selbstständige Erinnern von Absichten/Aufträgen in der Zukunft (Kliegel/McDaniel/Einstein, 2008). Es wird also nicht nur vorher gelernte Information abgefragt, sondern es muss sich zu einem geeigneten Zeitpunkt erinnert werden, eine bestimmte Handlung auszuführen, ohne dass einen jemand daran direkt erinnert; zum Beispiel, wenn ein Pilot daran denken muss, das Fahrwerk vor einer Landung auszufahren, oder ein Arbeiter eine bestimmte Sequenz von Teilschritten zu Ende bringen muss, wenn er in der Mitte dieser Sequenz unterbrochen wurde. Obwohl sich die arbeitspsychologische Forschung hiermit bislang kaum beschäftigt hat, wird diese Gedächtnisart im Arbeitsalltag effektiv häufiger benötigt als das retrospektive Gedächtnis. Abfallende prospektive Leistung im Alter zeigt sich hierbei vor allem, wenn die Handlung nach einem bestimmten Zeitraum oder zu einem bestimmten Zeitpunkt durchgeführt werden soll (Einstein/McDaniel, 1990). Soll die Handlung aber bei Erscheinen eines Hinweises ausgeführt werden, sind Leistungsdefizite deutlich geringer. Die Durchführung einer Aufgabe, welche nach 12 Minuten erledigt werden soll, wird dementsprechend zu schlechteren Leistungen bei älteren Arbeitnehmern führen. Wird jedoch nach 12 Minuten zusätzlich ein Hinweis gegeben (z. B. ein Fenster öffnet sich auf dem Bildschirm, ein akustisches Signal erklingt), dann kommt es bei älteren Mitarbeitern zu geringen oder gar keinen Leistungseinbußen. Es hat sich sogar gezeigt, dass ältere Erwachsene häufig über Alltagsroutinen und ausgebildete Strategien verfügen, mit welchen sie altersbedingte Defizite ausgleichen können.

Bezüglich der Ursachen für nachlassende kognitive Leistungsfähigkeit bestehen mehrere Annahmen. Zum einen wird eine Verlangsamung der Geschwindigkeit, mit der Informationen aufgenommen und verarbeitet werden können, angenommen (Salthouse, 1991). Dies kann bei einer Aufgabe mit mehreren Teilschritten dazu führen, dass infolge einer verlangsamten Informationsverarbeitungsgeschwindigkeit die ersten Arbeitsschritte nur unzureichend gelöst werden und so deren Zwischenergebnisse teilweise nicht mehr zur Verfügung stehen. Weiterhin wird angenommen, dass eine verminderte Fähigkeit, aufgabenrelevante Informationen zu fokussieren und irrelevante Informationen zu unterdrücken, für viele kognitive Altersdefizite verantwortlich ist (Hasher/Zacks, 1988). Somit treten bei einem Arbeitsplatz mit einem sehr hohen Informationsaufkommen eher Leistungseinbußen auf, da die wichtigen Informationen nicht angemessen wahrgenommen werden, während unwichtige Informationen verarbeitet werden.

Zusammengefasst wird deutlich, dass die kognitive Leistungsfähigkeit nicht per se geringer wird. Bestimmte Bereiche unterliegen altersbedingten Abnahmen, während andere bis ins hohe Alter konstant bleiben. Auf Basis von bisherigen Annahmen über mögliche Mechanismen, die für Leistungseinbußen verantwortlich sind, können Arbeitsbedingungen entsprechend gestaltet werden, um altersbedingte Defizite zu minimieren und somit negative Belastungsfolgen zu reduzieren.

Neben den kognitiven Aspekten der psychischen Entwicklung im Alter sind vor allem die sozialen Aspekte von großer Bedeutung für die optimale Gestaltung der Arbeitswelt. Altersgemischte Tandems („mentoring") und altersgemischte Teams werden hierbei besonders häufig empfohlen, um die Sicherung des vorhandenen Know-hows zu gewährleisten, die Altersdiskriminierung zu verhindern und eine altersgerechte Arbeitsaufteilung zu ermöglichen (Buck/Schletz, 2002). Eine altersheterogene Gruppe kann allerdings ebenso zu Konflikten innerhalb des Teams führen. Entgegen den allgemeinen Annahmen zeichnen Studien bisher ein eher negatives Bild von altersgemischten Teams. Hohe Altersunterschiede innerhalb eines Teams scheinen zu einem schlechteren Gruppenklima, weniger Kommunikation, einer höheren Fluktuationsrate und allgemein schlechteren Leistungen zu führen (siehe Roth/Wegge/Schmidt, 2007, für einen Überblick). Daher stellt sich die Frage, wieso eine gemischte Alterszusammensetzung eines Teams häufig eher unerwünschte Folgen hat. Zwei Mechanismen nehmen dabei eine zentrale Rolle ein:
- Wahrnehmung der Altersheterogenität
- Aufgabenart.

Je nachdem, wie diese Faktoren zusammenspielen, wird ein altersheterogenes Team als belastend erlebt oder nicht, mit den skizzierten Folgen.

Der erste Faktor, der die Gruppeneffektivität beeinflusst, ist die Wahrnehmung der Altersheterogenität innerhalb der Gruppe. Wird diese nur in geringem Maße thematisiert, so hat sie keinen Einfluss auf das Teamklima. Sollte jedoch dem Altersunterschied eine hohe Aufmerksamkeit zukommen, so kann sich dies auf zweifacher

Weise auf das Teamklima niederschlagen. Wird die Altersheterogenität des Teams als störend und negativ bewertet, so führt dies zu einem schlechten Teamklima. Dies wiederum kann Konflikte zur Folge haben, die vor allem auf Grund der Altersspanne entstehen, jedoch wenig mit dem eigentlichen Arbeitsgebiet zu tun haben. Beispiele hierfür sind, dass ältere Teammitglieder von jüngeren Mitarbeitern als konservativ und bremsend erlebt werden, während ältere Mitarbeiter junge Teammitglieder als unerfahren und impulsiv werten. Wird hingegen die Altersdifferenz der Teammitglieder als positiv gewertet oder ist dies überhaupt kein Thema, so können emotionale Konflikte vermieden werden und die Gruppe kann die Aufmerksamkeit auf die eigentlich zu bearbeitende Problematik richten (kognitive Konflikte) (siehe auch van Knippenberg/Haslam, 2003). Handelt es sich dabei um einfache Routineaufgaben, so kann ein Altersgefälle innerhalb des Teams eher hinderlich sein. Unterschiedliche Herangehensweisen an Aufgaben und Lösungsstrategien, die bei den verschiedenen Altersgruppen unterschiedlich eingesetzt werden, können zu Konflikten führen, die die Gruppeneffektivität verringern. Zwar kommt es auch hier zu negativen psychischen Belastungen der Gruppenmitglieder, diese sind jedoch nicht so gravierend wie bei einem emotionalen Konflikt, da sie sich eher auf einer sachlichen Ebene bewegen. Handelt es sich bei der Aufgabe jedoch um eine neue, komplexe Problematik, so gibt es noch keinen vorgezeichneten Weg zu dessen Lösung. In diesem Fall kann es auf Grund der unterschiedlichen Perspektiven und Wissensbestände von älteren und jüngeren Teammitgliedern zu wünschenswerten Synergie-Effekten kommen, die letztendlich im Sinne einer Lösung der kognitiven Konflikte die Gruppeneffektivität steigern (vgl. Bowers/Pharmer/Salas, 2000). In diesem Fall wirken sich die Altersunterschiede innerhalb des Teams positiv für die einzelnen Teammitglieder aus.

Somit stellt sich die Frage, wieso mögliche positive Effekte der Altersheterogenität in der Praxis oft doch nicht eintreten. Zum einen zeigt sich, dass leistungshemmende emotionale und leistungsfördernde kognitive Konflikte zusammenhängen (De Dreu/Weingart, 2003). Dies bedeutet, dass neben den wünschenswerten inhaltlichen Auseinandersetzungen immer auch die Altersunterschiede eines Teams thematisiert werden. Klare Konzepte, wie dieser Zusammenhang entkoppelt werden kann, bestehen noch nicht, allerdings deutet sich an, dass die Verknüpfung schwächer ist, wenn man sich im Team Vertrauen entgegenbringt (Yang/Mossholder, 2004). Daneben kommt es oft in der Praxis zu einer Überschätzung der positiven Effekte von Sachkonflikten. Die Konzeption bei einer Teamzusammenstellung steht vorrangig unter dem Gedanken, mögliche Synergieeffekte der Zusammenarbeit von verschiedenen Altersgruppen zu nutzen, emotionale Konflikte auf Grund von Altersunterschieden finden hingegen selten Beachtung. Schließlich kommt es innerhalb des Teams häufig nicht zu einer ausreichenden Nutzung altersbedingter Informationsheterogenität in der Gruppe. Bei der Teamarbeit wird meistens mit dem kleinsten gemeinsamen Nenner gearbeitet (welche Methode kennen alle Teammitglieder etc.), sodass die vorhandenen Erfahrungen und Expertisen der einzelnen Gruppenmitglieder nicht genutzt werden. Weitere Prozesse, die verhindern, dass altersheterogene Gruppen ihren Informationsvorteil nutzen, sind Konformitätsdruck oder die höhere Glaubwürdigkeit sozial validierter Informationen (Kerschreiter/Mojzisch/Schulz-

Hardt/Brodbeck/Frey, 2003). Interessanterweise zeigt sich, dass bei komplexen Aufgabenanforderungen die Altersdiversität nicht mit Gesundheitsbeeinträchtigungen verknüpft ist (Wegge/Roth/Neubach/Schmidt/Kanfer, 2008). Somit kann also der gezielte Einsatz von altersheterogenen Teams die Gruppeneffektivität erhöhen und zu positiven Belastungsfolgen bei älteren und jüngeren Arbeitsnehmern führen.

Überbetriebliche Einflussfaktoren

Die Unternehmenskultur kann in großem Maß Einfluss nehmen, wie mit den Anforderungen des demografischen Wandels verfahren wird. So kann ein verantwortungsvoller Umgang mit den unvermeidlichen personellen Veränderungen, welche im Rahmen des zunehmenden Alterns der Bevölkerung auf die Unternehmen zukommen, zu positiven Auswirkungen sowohl für das Unternehmen als auch für die Angestellten führen. Der bereits dargestellte geringe Anteil von älteren Arbeitnehmern in Deutschland lässt auf ein bisher mangelhaftes Management des zunehmend altersheterogenen Personals in Organisationen schließen – möglicherweise sind dies Anzeichen einer Altersdiskriminierung in Deutschland. Grundsätzlich bestehen gegenüber älteren Arbeitnehmern positive sowie negative stereotype Vorstellungen. Positive Stereotype über ältere Mitarbeiter sind deren höhere Erfahrung, eine größere Loyalität zum Betrieb, mehr Verantwortungsbewusstsein sowie mehr generelle Weisheit. Demgegenüber stehen negative stereotype Vorstellungen über ältere Mitarbeiter, so sollen sie krankheitsanfälliger sein, in geringerem Maße anpassungsfähig sowie nicht mehr lernfähig. Außerdem bestimmt die Vorstellung einer generellen Leistungsabnahme (Wahrnehmung, Schnelligkeit, Gedächtnis etc.) im Alter das Bild des alternden Mitarbeiters. Untersuchungen haben gezeigt, dass die negative Sichtweise im Allgemeinen überwiegt (Kite/Stockdale/Whitley/Johnson, 2005). Es kommt also zu einer Diskriminierung von älteren Arbeitnehmern auf Grund der negativen Wahrnehmung dieser, welche jedoch zunächst nur durch eine Art „Common Sense" zustande kommt. Ursachen dieser Diskriminierung sind vielfältig, zum Beispiel:
- Vorurteilsbehaftete Bewertung
- Negative Merkmale nicht im Alterungsprozess begründet
- Verzerrungen der Darstellungen Älterer.

Vorurteilsbehaftete Bewertung der Leistung älterer Mitarbeiter, wie die bereits vorgestellte, ist weit verbreitet. Dies trifft insbesondere bei Jüngeren und Vorgesetzten (hier jedoch jeden Alters) zu (Bird/Fisher, 1986; Kite u.a., 2005). Weiterhin sehen jüngere Mitarbeiter negative Merkmale des Alters oft in der älteren Person und nicht im Alterungsprozess selbst begründet. Mögliche Veränderungen werden also personengebunden bewertet und nicht im Rahmen des Alterns, welches letztendlich auch die jüngeren Arbeitnehmer betrifft (Kluge/Krings, 2007). Eine weitere Ursache für Altersdiskriminierung ist eine verzerrte Darstellung Älterer in den Medien. Es kommt zu einer verzerrten Wahrnehmung, da zum Beispiel in den Medien häufig ein verfremdetes Bild von gesunden und reichen Alten in typischen Geschlechtsrollen gezeigt wird (Kessler/Rakoczy/Staudinger, 2004). Demgegenüber steht das Allgemeine Gleichbehandlungsgesetz (AGG), welches seit dem 18.08.2006 in Deutschland in Kraft getreten ist. Hierin ist das Alter, neben zum Beispiel Geschlecht oder Religion, ein „verpöntes" Differenzierungsmerkmal, welches bei der Behandlung eines Arbeitnehmers nicht Einfluss nehmen sollte (Kocher, 2005). Dennoch zeigte sich bei einer aktuellen Befragung von 70.000 Personen aus 28 Nationen, dass „Alter" die größte Hürde bei der Arbeitssuche ist. 27 Prozent der Befragten gaben an, dass sie sich wegen des Alters diskriminiert fühlen. Deutschland belegt hierbei einen Platz im hinteren Mittelfeld (Platz 20), was auf eine eher häufige Diskriminierung hindeutet. Zum Vergleich, nur 9 Prozent der Befragten gaben an, dass eine Diskriminierung auf Grund des Geschlechts stattfinden würde, beziehungsweise empfanden nur 7 Prozent eine Diskriminierung durch ihre Nationalität. Somit stellt Altersdiskriminierung einen wesentlichen Belastungsfaktor im Arbeitsalltag dar. Weiterhin schlägt sich dies bei der Stellensuche, dem Stellenwechsel und der Weiterbildung nieder. Belastungsfolgen von Altersdiskriminierung sind grundsätzlich von negativer Natur, weshalb dem Auftreten von Diskriminierung älterer Arbeitnehmer mit allen Mitteln entgegengewirkt werden sollte.

Präventionsmöglichkeiten

Die Prävention von Belastungen, die durch den demografischen Wandel mitbedingt sind, kann nur gelingen, wenn sie an dem skizzierten Grundmechanismus ansetzt: Psychische Beanspruchungen entstehen infolge eines kognitiven, sozialen, emotional-motivationalen und körperlichen Mismatch von Fähigkeiten und Anforderungen am Arbeitsplatz. Hierbei gilt es im konkreten Kontext des demografischen Wandels daher, zunächst präzise und individuell das altersassoziierte psychologische und physische Fähigkeits- und Anforderungsprofil der betreffenden Person *und* des betreffenden Arbeitsplatzes (einschließlich der Organisationsebene) zu bestimmen. In einem zweiten Schritt sind dann die Bereiche zu identifizieren, in denen eine fehlende Passung besteht oder für die sich eine solche abzeichnet. In einem dritten Schritt ist dann an einer oder an beiden Schnittstellen zu intervenieren, an denen sich ein Mismatch ergibt *(siehe Abb. 1, S. 52)*. So kann zum Beispiel bei einem Mismatch zwischen den kognitiven Ressourcen einer Person und den Anforderungen des Arbeitsplatzes an die kognitive Leistungsfähigkeit der Person entweder ein kognitives Training erfolgen oder/und der Arbeitsplatz so umstrukturiert werden, dass die vorhandenen kognitiven Ressourcen der Person ausreichen (entsprechende präventive *kognitive* Test- und Trainingsprogramme sind allerdings in der Praxis noch selten und werden von den Autoren des Beitrages an der TU Dresden aktuell entwickelt und evaluiert). Je früher diese fehlende Passung in ihrer Entwicklung entdeckt und abgestellt wird, desto erfolgversprechender die Präventionsmaßnahme.

Wie in der Abbildung deutlich wird, sind konkrete Problembereiche hierbei vielfältig. Im Folgenden werden daher mögliche Schritte zu drei ausgewählten Problembereichen skizziert:

- Verringerung von Altersdiskriminierung (Organisationsebene)
- Optimierung von altersheterogenen Teams (Arbeitsplatzebene)
- Vermeidung altersbedingter kognitiver Defizite (Personebene).

Um Altersdiskriminierung zu vermeiden (bzw. zu verringern) gilt es, aktiv personale und situative Faktoren zu minimieren, die die Diskriminierung auslösen. Hierbei sollte an vorderster Stelle der Einfluss von Altersstereotypen bei Personalentscheidungen verringert werden. Werden Entscheidungen nicht auf Grund von Stereotypen getroffen, sondern auf Grund objektiver Kriterien, wird Diskriminierung

Äußere Ebene: Überbetriebliche Faktoren

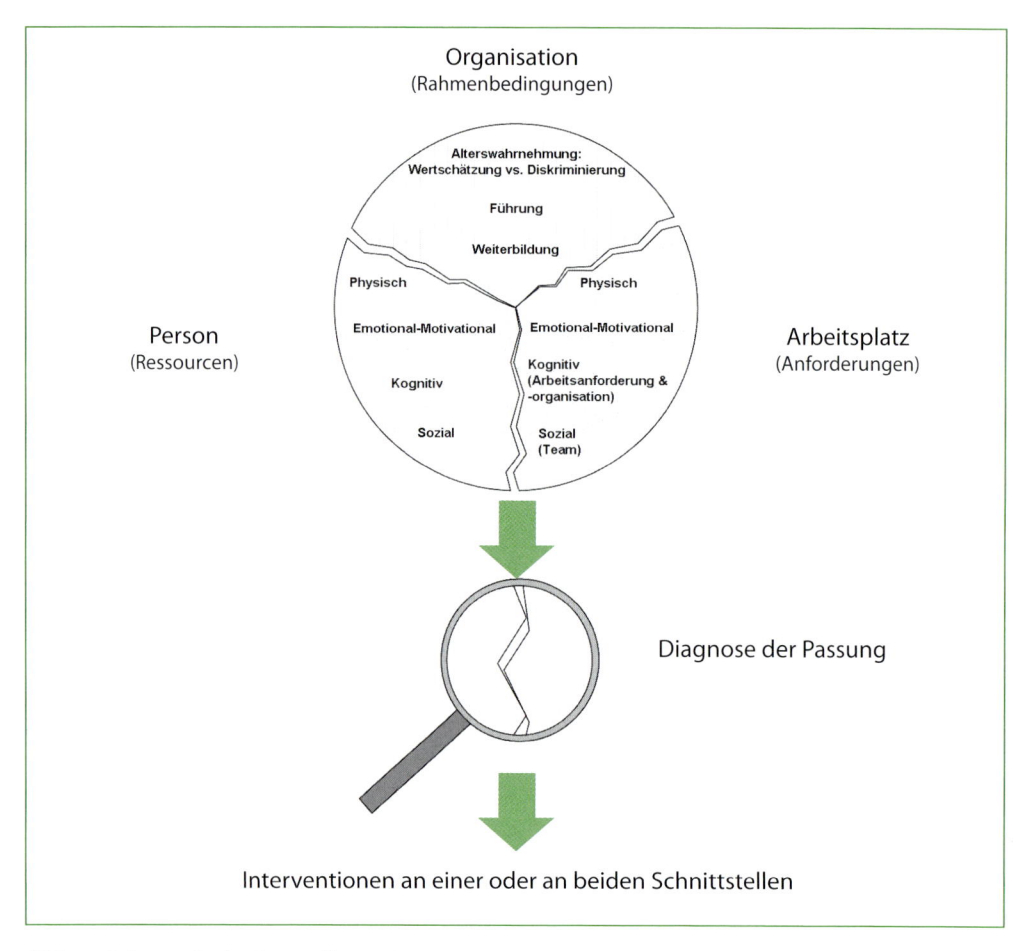

```
                    Organisation
                 (Rahmenbedingungen)

                Alterswahrnehmung:
              Wertschätzung vs. Diskriminierung
                       Führung
                     Weiterbildung
            Physisch          Physisch
  Person    Emotional-Motivational  Emotional-Motivational   Arbeitsplatz
(Ressourcen)                                              (Anforderungen)
            Kognitiv          Kognitiv
                           (Arbeitsanforderung &
                              -organisation)
            Sozial            Sozial
                              (Team)

                    ↓
                 Diagnose der Passung
                    ↓
      Interventionen an einer oder an beiden Schnittstellen
```

Abb. 1: Schematische Darstellung des Präventionsprozesses (eigene Darstellung)

von älteren Arbeitnehmern verringert. Dies kann zum einen durch die Auswahl von Personen für Personalentscheidungen geschehen, die mit geringeren Vorurteilen gegenüber Älteren behaftet sind. Ein weiterer Faktor ist die Vermeidung von Zeitdruck: Durch eine solche Maßnahme wird ebenfalls das Risiko für die Verwendung von ungeeigneten Stereotypen reduziert. Des Weiteren ist bei Personalentscheidungen eine Kombination von altersrelevanten mit aufgabenrelevanten Informationen über eine Person hilfreich. Durch die Verknüpfung mit Informationen, die für eine erfolgreiche Aufgabenausführung notwendig sind, wird

durch die Anreicherung mit weiteren Informationen der Einfluss von Altersstereotypen verringert. Ebenfalls hilfreich sind Trainings für Vorgesetzte, welche mögliche Tendenzen der Altersdiskriminierung aufdecken und helfen diese zu vermeiden (z.B. Age-Awareness-Workshops). Zusammenfassend gilt, dass das Bewusstwerden von Altersstereotypen im Entscheidungsprozess und die Bedeutung des Faktors Alter gefördert werden sollte, um Alterdiskriminierung zu verringern.

Negative Belastungen infolge von altersheterogenen Teams können durch aufgabengerechte Gruppenzusammensetzung mit Blick auf das Alter und die Erfahrung der Beschäftigten verringert werden. Hierbei ist die der Teambildung zu Grunde liegende Aufgabe zu beachten. Handelt es sich um eine neue und/oder komplexe Problematik, so können sich altersheterogene Teams als effizient zeigen und eine geringe Belastung auf Grund der Altersdifferenz tritt auf. Handelt es sich jedoch um Routineaufgaben oder wird die Zusammensetzung des Teams zum Diskussionsgegenstand, so hat eine unterschiedliche Alterszusammensetzung eher negative Folgen, sowohl mit Blick auf die Effektivität als auch durch negative Belastungsfolgen. Somit gilt es vorher genau zu überprüfen, wie sich die Aufgabe für das Team darstellt. Van Knippenberg und Haslam (2003) argumentieren, dass auch bei kritischen Bedingungen eine übergeordnete Gruppenidentität mit gemeinsamen Werten und Zielen einen positiven Ausgang ermöglichen kann.

Schließlich können auch altersbedingte Einbußen in Bereichen der kognitiven Leistungsfähigkeit durch gezielte Maßnahmen aufgefangen oder deutlich reduziert werden. Fehlbeanspruchungen, die mit Einbußen der kognitiven Leistungsfähigkeiten einhergehen, werden somit minimiert beziehungsweise es kann sogar zu positiven Folgen kommen. Hierzu gibt es verschiedene Ansatzpunkte:

(1) Expertise. Es zeigt sich, dass in Bereichen, in denen ältere Arbeitnehmer bereits Expertise erworben haben (d.h. ein großes Ausmaß an Erfahrung in einem spezifischen Gebiet besitzen), die Aufrechterhaltung und der Ausbau bestimmter kognitiver Leistungen bis ins hohe Alter möglich ist (z.B. bleibt Geschwindigkeit des Schreibmaschinenschreibens bei Sekretärinnen bis ins hohe Alter konstant, obwohl sich andere kognitive Funktionen gleichzeitig verschlechterten, siehe Salthouse, 1984). Entsprechend können ältere Arbeitnehmer in ihnen vertrauten Arbeitsgebieten gleich bleibende Leistungen erbringen oder diese durch den Einsatz kompensatorischer Strategien sogar steigern.

(2) Lebenslanges Lernen. Durch lebenslange geistige Aktivität, entsprechend dem Sprichwort „Use it or lose it!", kann eine Reduktion von kognitiver Leistungsfähigkeit vermindert werden (Kliegel/Rott/Zimprich, 2004). Dabei sollte bereits sehr früh in der Erwerbsbiografie eine angemessene Lernkultur gefördert werden, in der beständiges, lebenslanges Lernen als selbstverständlich begriffen wird. Dazu gehört, dass einerseits der Betrieb angemessene Angebote unterbreitet, auf der anderen Seite der Lerner in seinem beständigen Lernen bestärkt wird. Belastungen können deutlich reduziert werden, wenn jüngere und ältere Arbeitnehmer erkennen, dass die Lernphase mit Beendigung der Berufsausbildung nicht abgeschlossen ist und auch spätere Weiterbildungen geeignet sind, um die Arbeits- und Leistungsfähigkeit zu erhalten.

(3) Kognitive Trainings. Die mentale Leistungsfähigkeit kann auch im hohen Alter durch adäquate kognitive Trainings verbessert werden. Wichtig ist allerdings zu beachten, dass Trainingmaßnahmen meist bereichsspezifische Verbesserungen bewirken. Insofern sind direkt auf den Arbeitsbereich zugeschnittene Trainings sinnvoller als sehr breite und unspezifische Maßnahmen (Stichwort Gehirnjogging). Generell gilt, dass sich positive Effekte nicht auf alle Bereiche der kognitiven Leistung auswirken, sondern hauptsächlich diejenigen Aufgabensituationen betreffen, die eine gewisse Ähnlichkeit mit den Tätigkeiten haben, in denen trainiert wurde (Kramer/Willis, 2002).

(4) Körperliche Fitness. Als letzter Punkt sei noch erwähnt, dass sich körperliche Fitness auf die kognitive Leistungsfähigkeit positiv auswirkt. Dabei kann die körperliche Leistungsfähigkeit in vielen Bereichen durch präventive Übungen bis ins hohe Alter stabil gehalten werden (Ilmarinen/Tempel, 2002). Zusammenfassend kann gesagt werden, dass Veränderung und Verbesserung der kognitiven Leistungsfähigkeit durch Expertise, lebenslanges Lernen und kognitives oder physisches Training bis ins extrem hohe Alter prinzipiell möglich sind, allerdings nur eingeschränkt und teilweise nicht mehr im selben Ausmaß wie in jüngeren Lebensphasen.

Praxisbeispiele

In der Praxis können altersbedingte körperliche und kognitive Belastungen in erheblichem Maße durch eine bessere Gestaltung beziehungsweise Altersanpassung des Arbeitsplatzes reduziert und teilweise verhindert werden. Beispiele hierfür sind:

- Eingeschränkte Beweglichkeit und Belastbarkeit: Vermeidung ungewöhnlicher Körperhaltung, Anpassung von Maschinenarbeitsplätzen an geänderte Bedingungen
- Nachlassende körperliche Kraft: Unterweisung in korrekten Hebe-/Tragetechniken, längere Pausen einplanen, schweres Heben et cetera vermeiden
- Verminderte physische funktionelle Kapazität: Aufgaben mit erhöhtem Energieaufwand sollten einen Sauerstoffverbrauch von 0,7 l/min bei Männern und 0,5 l/min bei Frauen nicht überschreiten
- Verminderte Wahrnehmungsfähigkeit: Besser lesbare Anweisungen, lautere Signalgeräusche, Aufgaben, die auf Erfahrungswissen zurückgreifen
- Verminderte Hitze-/Kältetoleranz: Optimierung der Temperatur am Arbeitsplatz, Schwankungen und Extreme vermeiden

Im Folgenden werden exemplarisch einige Praxisbeispiele dargestellt, wie dem demografischen Wandel und damit verbundenen Belastungen entgegengewirkt werden kann:

- Altershomogene Fortbildungsmaßnahmen (z.B. SAP-Einführung), um die Geschwindigkeit und Erklärungsansätze an die Altersgruppe anzupassen. Wichtig hierbei ist allerdings, die Gruppenzusammensetzung abzuklären, damit nicht der Anschein der Ausgrenzung älterer Mitarbeiter entsteht.
- Horizontale Karriere: Erfahrene Mitarbeiter aus der Produktion werden aus der Taktung herausgenommen und in einen flexiblen Mitarbeiterpool integriert. Diese Gruppe wird eingesetzt, um neue Fertigungsstraßen oder neue Maschinen mit aufzubauen, wobei Expertise mit eingebracht werden kann.
- Führungskräftetraining, in dem bisheriges Führungsverhalten älteren Mitarbeitern gegenüber hinterfragt wird, zum Beispiel, dass derjenige, der dem eigenen Älterwerden negativ gegenübersteht (z.B. bei Alter nur an Krankheit und nachlassende Vitalität denkt), im Umgang mit älteren Mitarbeitern schwerlich unbefangen sein wird
- Polyvalenzlohnsysteme, die neben der Leistung auch die Qualifikation und die Qualifikationsbereitschaft sowie die innerbetriebliche Einsatzflexibilität honorieren.

→ Wirtschaftliche Rahmenbedingungen für Arbeit und Beruf (S. 16); Betriebliche Gesundheitsförderung (S. 86); Ergonomie und Gebrauchstauglichkeit (S. 111); Führung und Gesundheit (S. 220)

Literatur

Baltes, P. B.: Entwicklungspsychologie der Lebensspanne: Theoretische Leitsätze. In: Psychologische Rundschau 41, 1990, S. 1–24

Bellmann, L.: Datenlage und Interpretation der Weiterbildung in Deutschland. Schriftenreihe der Expertenkommission Finanzierung Lebenslangen Lernens 2, Bielefeld 2003

Bialystok, E./Craik, F. I. M. (Hrsg.): Lifespan cognition: Mechanisms of change. Oxford, UK 2006

Bird, C. P./Fisher, T. D.: Thirty years later: Attitudes toward the employment of older workers. In: Journal of Applied Psychology 71, 1986, S. 515–517

Bowers, C. A./Pharmer, J. A./Salas, E.: When member homogeneity is needed in work teams: A metaanalysis. Small Group Research 31, 2000, S. 305–327

Buck, H./Schletz, A.: Sensibilisierungs- und Beratungskonzepte für eine altersgerechte Arbeits- und Personalpolitik. In: Projektverbund Öffentlichkeits- und Marketingstrategie demographischer Wandel (Hrsg.): Handlungsanleitungen für eine altersgerechte Arbeits- und Personalpolitik – Ergebnisse aus dem Transferprojekt. Stuttgart 2002, S. 9–14

Craik, F. I. M./Byrd, M.: Aging and cognitive deficits: The role of attentional resources. In Craik, F. I. M./Trehub, S. (Hrsg.): Aging and cognitive processes. New York 1982, S. 191–211

De Dreu, C. K. W./Weingart, L. R.: Task versus relationship conflict and team effectiveness: A meta-analysis. In: Journal of Applied Psychology 88, 2003, S. 741–749

Einstein, G. O./McDaniel, M. A.: Normal aging and prospective memory. In: Journal of Experimental Psychology: Learning, Memory, and Cognition 16, 1990, S. 717–726

Hasher, L./Zacks, R. T.: Working memory, comprehension, and aging: A review and new view. In Bower, G. H. (Hrsg.): The psychology of learning and motivation: Advances in research and theory. New York 1988, S. 193–225

Ilmarinen, J./Tempel, J.: Arbeitsfähigkeit 2010 – Was können wir tun, damit Sie gesund bleiben? Hamburg 2002

Kessler, E.-M./Rakoczy, K./Staudinger, U. M.: The portrayal of older people in prime time television series: the match with gerontological evidence. In: Aging and Society 24, 2004, S. 531–552

Kite, M. E./Stockdale, G. D./Whitley, B. E./Johnson, B. T.: Attitudes toward younger and older adults: An updated meta-analytic review. In: Journal of Social Issues 61, 2005, S. 241–266

Kliegl, R./Smith, J./Baltes, P. B.: Testing-the-limits and the study of age differences in cognitive plasticity of a mnemonic skill. In: Developmental Psychology 25, 1989, S. 247–256

Kliegel, M./Jäger, T.: Wie entwickeln sich kognitive Ressourcen im mittleren und höheren Erwachsenenalter? In: Gesellschaft für Arbeitswissenschaften (Hrsg.): Die Kunst des Alterns, Dortmund 2007, S. 45–55

Kliegel, M./McDaniel, M.A./Einstein, G.O. (Hrsg.): Prospective memory: Cognitive, neuroscience, developmental, and applied perspectives, Mahwah 2008

Kliegel, M./Zimprich, D./Rott, C.: Life-long intellectual activities mediate the predictive effect of early education on cognitive impairment in centenarians: A retrospective study. In: Aging and Mental Health, 8, 2004, S. 430–437

Kluge, A./Krings, F.: Altersdiskriminierung – (k)ein Thema in der deutschsprachigen Arbeits- und Organisationspsychologie? In: Zeitschrift für Arbeits- und Organisationspsychologie 51, 2007, S. 180–189

Kocher, E.: Das europäische Recht zur Alterdiskriminierung – Konsequenzen für das deutsche Arbeitsrecht. In: Arbeit 14, 2005, S. 305–321

Kramer, A. F./Willis, S. L.: Enhancing the cognitive vitality of older adults. In: Current Directions in Psychological Science 11, 2002, S. 173–177

Martin, M./Kliegel, M.: Psychologische Grundlagen der Gerontologie (2. Auflage). Kohlhammer Verlag, Stuttgart 2008

McEvoy, G./Cascio, W.: Cumulative Evidence of the Relationship Between Employee Age and Job Performance. In: Journal of Applied Psychology 74, 1989, S. 11–17

Naegele, G.: Zwischen Arbeit und Rente. Gesellschaftliche Chancen und Risiken älterer Arbeitnehmer, Maro, Augsburg 1992

Roth, C./Wegge, J./Schmidt, K.-H.: Konsequenzen des demographischen Wandels für das Management von Humanressourcen. In: Zeitschrift für Personalpsychologie 6, 2007, S. 99–116

Salthouse, T. A.: Effects of age and skill in typing. In: Journal of Experimental Psychology: General 13, 1984, S. 345–371

Salthouse T. A.: Theoretical Perspectives on Cognitive Aging, Hillsdale 1991

Salthouse, T. A.: What and when of cognitive aging. In: Current Directions in Psychological Science 13, 2004, S. 140–144

van Knippenberg, D./Haslam, S. A.: Realizing the diversity dividend: Exploring the subtle interplay between identity, ideology and reality. In: Platow, M./Ellemers, N. (Hrsg.): Social Identity at Work: Developing Theory for Organizational Practice. New York 2003, S. 61–77

Vaupel, J. W./Loichinger, E.: Redistributing work in aging Europe. In: Science 5782, Jahrgang 312, 2006, S. 1911–1913

Wegge, J./Roth, C./Neubach, B./Schmidt, K. H./Kanfer, R.: Age and gender diversity as determinants of performance and health in a public organization: The role of task complexity and group size. In: Journal of Applied Psychology 93, 2008, S. 1301–1313

Yang, J./Mossholder, K. W.: Decoupling task and relationship conflict: The role of intragroup emotional processing. In: Journal of Organizational Behavior 25, 2004, S. 589–605

Marlen Hupke

Vereinbarkeit von Berufstätigkeit und Privatleben

Abstract
Das Verhältnis von Berufstätigkeit und Privatleben unterliegt, wie viele andere Lebensbereiche auch, ständiger Veränderung. Eine besonders wichtige Rolle spielen hier die Erhöhung quantitativer und qualitativer Arbeitsanforderungen vor dem Hintergrund der Globalisierung und die zunehmende Berufstätigkeit von Frauen. Diese ist in Deutschland aber noch immer verhältnismäßig schwierig, sobald Kinder oder Angehörige zu betreuen sind. Unter diesen Umständen entstehen Konflikte zwischen beruflichen und privaten Zielen und den Ressourcen, die dafür zur Verfügung stehen. Das vorliegende Kapitel liefert einen Überblick über den aktuellen Stand der Forschung zur Vereinbarkeit von Berufstätigkeit und Privatleben und zeigt praktische betriebliche Ansätze auf, die Arbeitgeber und Beschäftigte in dem Bemühen unterstützen, ein ausgewogenes Verhältnis zwischen den Lebensbereichen herzustellen.

Thematische Eingrenzung und Definition

Die Vereinbarkeit von Berufstätigkeit und Privatleben wird auch in der deutschen Literatur vor allem unter dem Begriff der Work-Life-Balance diskutiert. Work-Life-Balance bezeichnet dabei einen Zustand der Ausgewogenheit von Berufstätigkeit und Privatleben (Michalk und Nieder, 2007). Das Privatleben umfasst neben Arbeit im Haushalt oder für die Familie auch Weiterbildung, die nicht als Arbeitszeit angerechnet wird, ehrenamtliche Tätigkeit, aber auch Aktivitäten, die der physischen und psychischen Erholung dienen. Clark (2000) definiert Work-Life-Balance als „Zufriedenheit und gute Funktionalität bei der Arbeit wie auch zu Hause mit einem Minimum an Rollenkonflikten". Ähnlich argumentiert das Bundesministerium für Familie, Senioren, Frauen und Jugend (2005). Demnach soll mit Work-Life-Balance-Maßnahmen allen Beschäftigten ermöglicht werden, dass Phasen der Qualifizierung, der Familiengründung, gegebenenfalls karitative und ehrenamtliche Tätigkeiten, Auslandsaufenthalte und so weiter mit einer kontinuierlichen Erwerbsarbeit vereinbar bleiben und sich diese unterschiedlichen Schwerpunktsetzungen von Arbeits- und Lebenszielen nicht wechselseitig ausschließen.

Andere Ansätze definieren Work-Life Balance eher pathogenetisch. Nach Badura und Vetter (2004) zeichnet sich eine gestörte Work-Life-Balance durch einen Konflikt zwischen den verschiedenen Rollen einer Person aus, bei dem „der Erwartungsdruck aus dem einen Lebensbereich unvereinbar mit dem des anderen ist". Die hohen Anforderungen der Arbeitsrollen erschweren oder verhindern beispielsweise die Ausübung der Familienrolle oder umgekehrt.

Der Begriff der Balance zwischen Arbeit und Privatleben wird von einigen Autoren als zu oberflächlich und einfach kritisiert, um die vielfältigen Verflechtungen zwischen den Lebensbereichen abzubilden (Gambles/Lewis/Rapoport, 2006; Schobert, 2007). Es sollte also von einem zu bildhaften Verständnis des Konzepts Abstand genommen und beachtet werden, dass es nicht um ein einfaches Aufwiegen beider Bereiche gegeneinander geht. In diesem Beitrag wird daher der Begriff der Vereinbarkeit von Berufstätigkeit und Privatleben genutzt, der aber im Wesentlichen mit Work-Life-Balance identisch ist. Damit werden nicht nur die Vereinbarkeit von Berufstätigkeit und Familie, sondern auch andere private Zielstellungen mit in die Betrachtung einbezogen.

Art der Belastung und Belastungsbedingungen

Können Ziele der Arbeit und des Privatlebens nicht in Einklang gebracht werden, entstehen Konflikte. O'Driscoll, Brough und Kalliath (2006) bieten eine Übersicht über die Folgen solcher Konflikte.

Fehlzeiten

Konflikte zwischen Anforderungen der Arbeit und dem Privatleben stehen im Zusammenhang mit der Erhöhung von Fehlzeiten betroffener Mitarbeiter. Dabei sind Fehlzeiten vor allem mit Anforderungen aus Familie und Privatleben, weniger mit Arbeitsanforderungen verbunden (Badura/Vetter, 2004).

Zufriedenheit

Zufriedenheit mit der Arbeit sowie auch mit dem Leben im Allgemeinen wird durch Konflikte zwischen beziehungsweise der Unvereinbarkeit von Beruf und Privatleben beeinflusst. Besonders stark ist der Zusammenhang zwischen solchen Konflikten und der allgemeinen Lebenszufriedenheit. Für die Arbeitszufriedenheit spielen offenbar vor allem Konflikte eine Rolle, bei denen sich Bedingungen aus dem Privatleben ungünstig auf den Beruf auswirken. So führt beispielsweise die Pflege eines Angehörigen dazu, dass für die Arbeit nicht mehr genügend Geduld und Kraft zur Verfügung stehen und die Arbeitszufriedenheit sinkt.

Psychisches Wohlbefinden und mentale Gesundheit

Konflikte zwischen Berufstätigkeit und Privatleben gehen mit einer Abnahme psychischen Wohlbefindens und der psychischen Gesundheit einher. Die Konflikte können zu einer Erhöhung von Stresserleben, zu Depressivität oder auch zu Burnout führen. Das Erleben von Stress oder anderen Formen negativer psychischer Beanspruchung kann aber selbst auch wiederum solche Konflikte auslösen beziehungsweise verstärken.

Physische Gesundheit

Konflikte zwischen Arbeit und Privatleben können auch zu Einschränkungen der körperlichen Gesundheit führen. Die klassische Doppelbelastung in Beruf und Familie ist dabei vor allem mit physiologischen Stressreaktionen wie Gewichtsabnahme,

Kopfschmerzen, und Schlafstörungen verbunden. Auch koronare Erkrankungen, verminderter Appetit, verstärkte Müdigkeit, Anspannung und Ängstlichkeit sowie eine Erhöhung des Cortisolspiegels und somatische Beschwerden können sich aus einer solchen Belastungssituation entwickeln.

Ambitionen für einen Berufswechsel
Die Ambition, den Job zu wechseln, wird ebenfalls durch schlechte Vereinbarkeit von Berufstätigkeit und Privatleben infolge von Bedingungen bei der Arbeit beeinflusst. Die Beziehung ist aber nur schwach bis moderat ausgeprägt, sodass andere Aspekte, wie Bezahlung oder Arbeitsinhalte, eine größere Rolle bei der Entscheidung spielen, den Arbeitgeber zu wechseln.

Entstehung und Relevanz des Themas

Seit den 1980er-Jahren sind eine Reihe von Modellen entstanden, die Wechselwirkungen zwischen Arbeit und Privatleben beschreiben, dabei aber von unterschiedlichen Annahmen über den Einfluss ausgehen, den beide Bereiche aufeinander ausüben (Rothbard/Dumas, 2006). Edwards und Rothbard (2000) haben in einer Analyse der Literatur zum Thema solche Modellansätze zusammengestellt.

Kompensation
Defizite in Beruf oder Privatleben werden im jeweils anderen Bereich ausgeglichen. Unzufriedenheit bei einer aktuellen Arbeitsaufgabe wird also beispielsweise durch positive Erlebnisse im Privatleben gelindert.

Segmentation
Beruflicher und privater Bereich beeinflussen sich überhaupt nicht systematisch, da eine bewusste Trennung beider Lebensbereiche vorgenommen wird.

Übertragung (Spillover)
Positive oder negative Erfahrungen, die in einem Bereich gemacht werden, wirken sich auf Erfahrungen und Verhalten im anderen Bereich aus. Stimmungen, Werte, Fähigkeiten und Verhalten werden von einer Rolle auf eine andere übertragen.

Kongruenz
In den beiden Bereichen werden ähnliche Erfahrungen gemacht und Verhaltensweisen gezeigt. Es wird aber hier von weiteren Variablen ausgegangen, die stark genug sind, um die Erfahrungen in verschiedenen Rollen ähnlich zu beeinflussen. Das können vor allem persönliche Eigenschaften sein.

Ressourcen-Erschöpfung
Die Ressourcen, die für einen Bereich beziehungsweise eine Rolle in Anspruch genommen werden, stehen für die andere Rolle nicht mehr zur Verfügung. Beide Bereiche konkurrieren also um Ressourcen.

Konflikte zwischen Arbeit und Privatleben
Die Verantwortung, die aus der Rolle im Beruf oder der Rolle im Privatleben erwächst, kann zum Konflikt mit der jeweils anderen Rolle führen. Dabei wird unterschieden, ob Bedingungen der Arbeit oder Bedingungen aus dem Privatleben einen solchen Konflikt verursachen.

Für alle diese Ansätze lassen sich empirische Belege finden. Übertragungseffekte (Spillover) sind dabei besonders intensiv untersucht worden. Es ist aber anzunehmen, dass es sehr von der individuellen Situation und den Ressourcen eines Menschen abhängt, welches der Modelle aktuell oder dauerhaft eher zutrifft. Ein solcher integrativer Ansatz wird in der Border-Theorie von Clark (2000) verfolgt.

Border-Theorie
Der Theorie entsprechend unterscheiden sich Menschen im Grad, mit dem sie die Grenzen zwischen den Lebensbereichen ziehen. Je nachdem wie ähnlich Problemstellungen in den verschiedenen Lebensbereichen sind, ist es sinnvoll diese Grenzen stärker oder schwächer zu gestalten, um erwünschte Übertragungseffekte zu nutzen und unerwünschte zu verhindern.

Konflikte bei der Vereinbarkeit von Berufstätigkeit und Privatleben sind also einerseits Folge von Bedingungen und Anforderungen in beiden Lebensbereichen. Bei der Entstehung solcher Konflikte sind aber andererseits auch persönliche Voraussetzungen betroffener Mitarbeiter von Bedeutung. So führt eine überhöhte psychische Identifikation mit der Arbeit oder der Familie beispielsweise häufig zu familiären Problemen (Frone/Yardley/Markel, 1997) beziehungsweise auch wieder zu Problemen bei der Arbeit.

Überbetriebliche Einflussfaktoren

In der Einleitung zu diesem Kapitel wurden mit den steigenden Anforderungen an die Beschäftigten in vielen Branchen und der zunehmenden Berufstätigkeit von Frauen bereits zwei überbetriebliche Einflussfaktoren genannt, die an die Vereinbarkeit von Berufstätigkeit und Privatleben aktuell neue Anforderungen stellen. Diese und weitere Gründe sollen näher beleuchtet werden.

Entwicklung der Arbeitszeit
Zwischen 2001 und 2006 hat sich die durchschnittliche Arbeitszeit von Vollzeitbeschäftigten, die in Deutschland 71 Prozent aller Erwerbstätigen ausmachen, von 39,9 auf 40,3 Stunden pro Woche erhöht (Kümmerling/Jansen/Lehndorf, 2008). Die quantitative Arbeitsbelastung steigt also für diese Gruppe von Beschäftigten und somit bleibt im Durchschnitt weniger Zeit, sich um die Familie und sonstige private Verpflichtungen zu kümmern. Durch die Flexibilisierung von Arbeitsverhältnissen, beispielsweise mit Befristungen oder flexiblen Schichtsystemen, sind außerdem viele Arbeitnehmer und vor allem Selbstständige mit starken Schwankungen in der täglichen beziehungsweise wöchentlichen Arbeitszeit über ein Berufsjahr konfrontiert. Für Vereinbarkeit von Berufstätigkeit und Privatleben entstehen somit immer wieder neue Schwierigkeiten.

Arbeitsanforderungen
Das Bundesministerium für Familie, Senioren, Frauen und Jugend (2005) gibt einen Überblick über aktuelle Trends bezüglich der Anforderungsaspekte der Arbeitsaufgabe.

Demnach sind für heutige Arbeitsverhältnisse folgende Aspekte typisch:
- Eine **Beschleunigung** aller Geschäftsprozesse, von der Ideengenerierung über die Produktentwicklung bis hin zur Unikatfertigung und Dienstleistungserbringung
- Eine stärkere **Kundenorientierung,** die sich ebenfalls in kurzen Reaktionszeiten, Rund-um-die-Uhr-Service und einer Garantie störungsfreier Abläufe ausdrückt
- Die **Dezentralisierung** von Arbeitsaufgaben und -gestaltung, die im Wesentlichen zu einer stärkeren Verantwortungsübernahme und höheren Selbststeuerungsanforderungen aller Prozessbeteiligten führt
- Eine **Vermarktlichung** der Unternehmensbeziehungen, die eine Vielzahl von betrieblichen Funktionen in Konkurrenz mit internen und externen Wettbewerbern setzt

- Eine **Ganzheitlichkeit** in der Aufgabengestaltung und -wahrnehmung, die in der Regel mit positiven Folgen für das Beanspruchungsempfinden verbunden ist, aber mitunter auch hohe Anforderungen an die Fähigkeit zur Selbstorganisation stellt.

Diese erhöhten Anforderungen führen bei einer Vielzahl von Beschäftigten mit hoher Wahrscheinlichkeit zu einer Verringerung von Ressourcen für private Verpflichtungen.

Erhöhte Frauenerwerbsquote und mangelhafte Betreuungsangebote

2006 lag der Anteil der Frauen zwischen 15 und 64 Jahren, die in Deutschland einer Erwerbsarbeit nachgingen, bei 61,5 Prozent. Vor allem verheiratete Frauen mit Kindern arbeiten heute aber wieder weniger Stunden pro Woche als noch 2001 und insgesamt deutlich weniger als Männer. Die mangelhaften Möglichkeiten, Berufstätigkeit und Familie zu vereinbaren, beispielsweise wegen des Mangels an Betreuungsangeboten für Kinder oder wegen pflegebedürftiger Familienangehöriger, spielen hier eine bedeutsame Rolle (Kümmerling/Jansen/Lehndorf, 2008).

Präventionsmöglichkeiten

Um die Vereinbarkeit von Berufstätigkeit und Privatleben zu verbessern, können sowohl der Arbeitgeber als auch der Beschäftigte einen Beitrag leisten. Während der Arbeitgeber organisationsseitig Angebote zur Verbesserung der Vereinbarkeit vorhalten sollte, liegt es beim Beschäftigten, Belastungen in seinem Privatleben nur in einem moderaten Umfang zuzulassen, vor allem soweit es sich dabei nicht um zwingende familiäre oder sonstige Verpflichtungen handelt. In diesem Beitrag sollen aber vor allem Möglichkeiten des Unternehmens im Fokus stehen, die Vereinbarkeit von Berufstätigkeit und Privatleben zu verbessern, da sich in Studien zeigen lässt, dass der stressrelevante Einfluss der Arbeit auf das Privatleben deutlich größer ist als der des Privatlebens auf die Berufstätigkeit (Badura/Vetter, 2004).

Organisationale Maßnahmen

Organisationale Maßnahmen, die die Vereinbarkeit von Berufstätigkeit und Privatleben für die Beschäftigten erleichtern, sollten nicht nur dann eine Rolle spielen, wenn es gilt, hoch qualifiziertes Personal anzuziehen. Vielmehr sollten sie für alle Mitarbeiter verfügbar sein. Das Engagement und die Bindung aller Mitarbeiter an das Unternehmen können dadurch erhöht und ein positiver Einfluss auf den Unternehmenserfolg erzielt werden. Die Umsetzung eines solchen Gesamtkonzepts setzt eine hohe Akzeptanz bei allen Beteiligten für die Notwendigkeit der Veränderungen voraus. Vor allem Führungskräfte müssen dafür sorgen, dass die Nutzung solcher Maßnahmen im Kollegenkreis nicht als ein Mangel an Engagement interpretiert wird, sondern familiäres oder ehrenamtliches Engagement hohe Anerkennung erfahren und diese Wertschätzung selbstverständlicher Bestandteil der Unternehmenskultur ist.

Flexible Arbeitszeiten sind die wichtigste und am häufigsten angebotene betriebliche Maßnahme, die allerdings oft auch ein Überdenken der Arbeitsorganisation und der betrieblichen Abläufe erfordert. Die Einführung von Teilzeit garantiert beispielsweise nicht automatisch eine bessere Vereinbarkeit von Berufstätigkeit und Privatleben. Oft können passende Regelungen nur durch individuelle Absprachen mit dem Mitarbeiter gefunden werden. Höhere Flexibilität führt gene-

Exkurs: Die Potenziale der Teleheimarbeit
Das wesentliche Ziel der Teleheimarbeit ist eine bessere Vereinbarkeit von Arbeit und Familie. Collins (2005) fand in einer Studie, dass Beschäftigte, die zumindest Teile ihrer Arbeit als Teleheimarbeit absolvieren, eine bessere Work-Life-Balance erlebten, und Madsen (2003) konnte in einer Studie zeigen, dass bei Teleheimarbeitern weniger Beanspruchung durch den Konflikt von Beruf und Privatleben entstand. Gleichzeitig sind bei der Teleheimarbeit aber die Grenzen zwischen Arbeit und Privatleben weniger klar und es kann leichter zu Übertragungseffekten kommen. Die ständige Erreichbarkeit zu Hause und die geringe Abgrenzung zur Arbeit führen oft auch zu einer Erhöhung der täglichen Arbeitszeit gegenüber der Zeit, die an einem anderen Arbeitsort gearbeitet wird (Hill u. a., 1998). Diese Effekte unterscheiden sich in Abhängigkeit davon, welchen Anteil Teleheimarbeit an der gesamten Arbeitszeit hat, sowie auch nach Geschlecht. Für die Umsetzung von Telearbeit wird empfohlen, zu Hause örtliche Gegebenheiten zu schaffen, die helfen, eine Trennung zwischen Beruf und Privatleben aufrechtzuerhalten und Arbeits- und Freizeit konsequent zu trennen (BMAS/BMWI/BMBF, 2001).
Um Mitarbeiter mit Kindern zu unterstützen, können regelmäßige Betreuungsangebote (Betriebs- oder Belegkindergärten) oder zumindest eine Notfallbetreuung im Unternehmen angeboten werden. Auch Unterstützungsangebote bei haushaltsnahen Tätigkeiten können Entlastung für Mitarbeiter bringen, besonders wenn beispielsweise neben der Arbeit Angehörige gepflegt werden. Hier können vom Unternehmen auch Beratung und Information zur Verfügung gestellt werden beziehungsweise Interessengruppen gegründet werden.
Für Mitarbeiter, die auf Grund von Elternzeit oder der Pflege Angehöriger zeitweise nicht im Unternehmen tätig sind, kann der Wiedereinstieg durch eine gezielte Qualifikation beziehungsweise auch durch gelegentliche Hospitationsmöglichkeiten während oder nach der Ausfallzeit erleichtert und auch für das Unternehmen kostengünstiger gestaltet werden.
Gesundheitsförderliche Maßnahmen können helfen, dass Mitarbeiter mit beruflichen Anforderungen besser umgehen, sie können aber auch dazu beitragen, dass sich Mitarbeiter in ihrer Freizeit keinen Gesundheitsrisiken aussetzen, die wiederum einen negativen Einfluss auf die Arbeit erzeugen. In vielen Unternehmen haben sich dafür Fitnessangebote und Betriebssport, Programme zur Förderung gesundheitlicher Kompetenzen, Gesundheitschecks oder Aktionstage bereits etabliert. Persönliche Gesundheit und Vermeidung privater Risikosituationen können aber auch Thema von Mitarbeitergesprächen sein. Hier kann auch eine mögliche Überidentifikation mit der Arbeit oder mit privaten Verpflichtungen angesprochen werden. Ein solches Gespräch darf aber nicht dazu führen, dass sich der Mitarbeiter gezwungen fühlt, Veränderungen in seinem Privatleben vorzunehmen. Entsprechend können solche Themen nur in einer vertrauensvollen Atmosphäre besprochen werden und sollten lediglich als Hilfestellung von Seiten des Arbeitgebers beziehungsweise Vorgesetzten zu verstehen sein.

Exkurs: Audit Beruf und Familie (Hertie-Stiftung)
Das Audit unterstützt Unternehmen dabei, Strukturen zu etablieren, die besonders die Vereinbarkeit von Berufstätigkeit und Familie begünstigen. Im Rahmen des Audits wird eine Bestandsanalyse zur Familienfreundlichkeit der Arbeitsplätze durchgeführt und auf dieser Basis werden dann mögliche Maßnahmen abgeleitet. Am Ende eines solchen Prozesses erfolgt eine Zertifizierung.

Kasten 1: Potenziale der Teleheimarbeit sowie Audit Beruf und Familie rell zu einer etwas besseren Bewertung der Vereinbarkeit von Berufstätigkeit und Privatleben bei Arbeitnehmern (Parent-Thirion/Fernández Macías/Hurley/Vermeylen, 2007). Ein Paradox stellt der Befund dar, dass die Arbeitnehmer mit der höchsten Flexibilität, also solche, die ihre Arbeit vollkommen frei einteilen können (Selbstständige, Teleheimarbeiter), die größte Unzufriedenheit im Bezug auf die Vereinbarkeit von Arbeitszeit und Privatleben angeben. Grund dafür ist wahrscheinlich eine gleichzeitige hohe Arbeitsbelastung, wie sie sich vor allem bei Selbstständigen beobachten lässt, die die Vorteile der Flexibilität wieder aufhebt (Parent-Thirion u.a., 2007).

Möglichkeiten der Arbeitszeitflexibilisierung können zum Beispiel die Verteilung der Arbeitszeit im Lebensverlauf (Beispiele: vorübergehende Teilzeit, Sabbatical (ein Jahr Aus- oder Teilzeit)), die Flexibilisierung von Zeit und Ort der Leistungserbringung (z.B.: Gleitzeitmodelle, Telearbeit, unterschiedliche Modelle der Arbeitseinsatzplanung, Mitsprache bei der Dienstplanbestimmung) oder auch die Bindung von Mitarbeitern durch individuelle Laufbahnplanung (z.B. Gleitzeit, Arbeitszeitkonten, Job-Sharing, Telearbeit, teilautonome Teams, Personaleinsatzpool) sein.

Praxisbeispiele

In der *Tabelle 1* auf Seite 64 werden stichpunktartig die Initiativen einiger Unternehmen vorgestellt, die das Ziel verfolgen, die Vereinbarkeit von Berufstätigkeit und Privatleben für ihre Mitarbeiter zu verbessern.

Qualifizierung als Präventionsmaßnahme: Kriterien für die Seminarauswahl

Qualifizierungsmaßnahmen zum Thema Vereinbarkeit von Berufstätigkeit und Privatleben sind in der Datenbank *www.sophia24.com* (hier bitte auch das Stichwort Work-Life-Balance eingeben) in großer Zahl von öffentlichen wie privaten Anbietern zu finden. Viele dieser Angebote konzentrieren sich aber auf eine rein individuelle Auseinandersetzung mit dem Thema und berücksichtigen keine betrieblichen Ansätze. Vielfach wird das Thema in Veranstaltungen zu Themen wie Stress- oder Selbstmanagement eingebunden.

Weiterbildungsmaßnahmen, die den betrieblichen Kontext berücksichtigen, sollten folgende Punke enthalten:

- Analyse aktueller überbetrieblicher Trends bei Arbeitsbedingungen
- Analyse von Belastung und Beanspruchung bei Konflikten zwischen Berufstätigkeit und Privatleben
- Vorstellung allgemeiner Handlungsansätze
- Übungen zur Ableitung individueller Handlungsansätze für die eigene Organisation.

→ Wirtschaftliche Rahmenbedingungen für Arbeit und Beruf (S. 16); Bewältigung von Belastungen, Aufbau von Ressourcen (S. 282)

Unternehmen	Maßnahmen → Konsequenzen (soweit genannt)
Commerzbank: Kids & Co. – Flexible Kinderbetreuung in Ausnahmefällen (BMFSFJ, 2005)	Notfallservice für Kinder von 0 bis 12 Jahren von 7–19 Uhr, kostenfrei für Eltern, außerdem Zuschüsse zur Kinderbetreuung, kostenfreie Beratungs- und Vermittlungsleistungen → deutliche reduzierte Ausfallzeiten
Vattenfall Europe AG (BMFSFJ, 2005)	Ganztagsbeschäftigung bei reduzierten Wochenarbeitstagen → erhält Wahrnehmung als vollwertige Arbeitskräfte
Voith AG (BMFSFJ, 2005)	verschiedene Informations- und Bildungsmaßnahmen zum Ende der Elternzeit, mit breitem Spektrum von Themen und Qualifikationsangeboten (Informationsabend, PC-Training, Informationen zu aktuellen Entwicklungen in der Voith-Organisation, die Bearbeitung unternehmensbezogener Aufgabenstellungen) → geringere Kosten für den Wiedereinstieg
ConSol Software GmbH (INQA-Datenbank)	bei Zielvereinbarung wird der individuelle Arbeitsrhythmus festgelegt, Arbeitszeit richtet sich nach aktuellem Arbeitsaufkommen, interne Weiterbildung in der Elternzeit
Ford-Werke GmbH (Pohl/Dittebrandt/Neborg, 2007)	Bildung einer Mitarbeiter-Interessengruppe Arbeiten und Pflegen, Ziele: Hilfe und Unterstützung für pflegende Mitarbeiter, Sensibilisierung des Managements, Vermittlung von Ansprechpartnern

Tab. 1: Unternehmen, die das Ziel verfolgen, die Vereinbarkeit von Beruf und Privatleben für Mitarbeiter zu verbessern (eigene Darstellung)

Literatur

Badura, B./Vetter, C.: Work-Life-Balance – Herausforderung für die betriebliche Gesundheitspolitik und den Staat. In: Badura, B./Schellschmidt, H./Vetter, C. (Hrsg.): Fehlzeitenreport, Springer Verlag, Berlin 2003, S. 1–17

Bundesministerium für Familie, Senioren, Frauen und Jugend (BMFSFJ): Work-Life-Balance als Motor für wirtschaftliches Wachstum und gesellschaftliche Stabilität, 2005

Bundesministerium für Arbeit und Sozialordnung, Bundesministerium für Wirtschaft und Technologie, Bundesministerium für Bildung und Forschung: Teleheimarbeit. Leitfaden für flexibles Arbeiten in der Praxis, 2001

Clark, S.C.: „Work/family border theory: A new theory of work/life balance". Human Relations, 53, 2000, S. 747–770

Collins, M.: The (Not so Simple) Case for Teleworking: A Study at Lloyd's of London. New Technology, Work and Employment, 20, 2005, S.115–132

Edwards, J. R./Rothbard, N. P.: Mechanisms linking work and family: Clarifying the relationship between work and family constructs. Academy of Management Review, 25, 2000, S. 178–199

Frone, M. R./Yardley, J. K./Markel, K. S.: Developing and testing an integrative model of the work-family interface. In: Journal of Vocational Behavior 50, 1997, S. 145–167

Gambles, R./Lewis, S./Rapoport, R.: The Myth of Work-Life Balance: The Challenge of Our Time for Men, Women and Societies, Wiley, Chichester 2006

Hill, E. J./Miller, B. C./Weiner, S. P./Colihan, J.: Influences of the virtual office on aspects of work and work/life balance. In: Personnel Psychology, 51, 1998, S. 667–683

Kümmerling, S./Jansen, A./Lehndorf, A.: Immer mehr Frauen sind erwerbstätig – aber mit kürzeren Wochenarbeitszeiten. IAQ-Report 4, 2008

Madsen, S. R.: The effects of home-based teleworking on work-family conflict. Human Resource Development Quarterly, 14, 2003, S. 35–58

Michalk, S./Nieder, P.: Erfolgsfaktor Work-Life-Balance, Wiley-VCH, Weinheim 2007

O'Driscoll, M./Brough, P./Kalliath, T.: Work-family conflict and facilitation. In: Jones, F./Burke, R.J./Westman, M. (Hrsg.): Work-Life-Balance. A Psychological Perspective, Psychology Press, New York 2006

Parent-Thirion, A./Fernández Macías, E./Hurley, J./Vermeylen, G.: European Foundation for the Improvement of Living and Working Conditions, Fourth European survey on working conditions – 2007, Office for Official Publications of the European Communities, Luxembourg 2007 (www.eurofound.europa.eu/pubdocs/2006/98/en/2/ef0698en.pdf)

Pohl, E./Dittebrandt, C./Neborg, K.: Eine Chance für Arbeitgeber und Arbeitnehmer: Die Mitarbeiter-Interessengruppe Arbeiten & Pflegen der Ford-Werke GmbH in Köln. In: Esslinger/Schobert (Hrsg.): Erfolgreiche Umsetzung von Work-Life Balance in Organisationen, Deutscher Universitäts-Verlag, Wiesbaden 2007

Rothbard, N. P./Dumas, T. C.: Research perspectives: managing the work-home interface. In: Jones, F./Burke, R.J./Westman, M. (Hrsg.): Work-Life Balance. A Psychological Perspective, Psychology Press, New York 2006

Schobert, D. B.: Grundlagen zum Verständnis von Work-Life-Balance. In: Esslinger/Schobert (Hrsg.): Erfolgreiche Umsetzung von Work-Life Balance in Organisationen, Deutscher Universitäts-Verlag, Wiesbaden 2007

Hertie-Stiftung (www.beruf-und-familie.de)

INQA-Datenbank (www.inqa.de/Inqa/Navigation/Gute-Praxis/datenbank-gute-praxis.html)

Johannes Siegrist

Stresstheorie: Das Anforderungs-Kontroll-Modell und das Modell beruflicher Gratifikationskrisen

Abstract
Psychosoziale Belastungen in der modernen Arbeitswelt stellen eine wichtige, durch neuere Forschungen bezüglich erhöhter damit einhergehender Gesundheitsrisiken auch praktisch relevante Thematik dar. Zu ihrer wissenschaftlichen Analyse werden Messinstrumente benötigt, die auf theoretischen Modellen aufbauen. Zwei solche in der internationalen Forschung oft getestete Modelle, das Anforderungs-Kontroll-Modell und das Modell beruflicher Gratifikationskrisen, werden vorgestellt. Danach wird ihre Erklärungskraft bei verschiedenen arbeitsbedingten Gesundheitsgefahren erörtert unter Einbeziehung überbetrieblicher Einflussgrößen. Anschließend werden Folgerungen für die Prävention diskutiert.

Gegenstandsbereich
Mit der modernen wirtschaftlichen und technologischen Entwicklung verlagern sich Tätigkeiten der Erwerbsbevölkerung in größerem Umfang vom industriellen zum Dienstleistungssektor, von manuellen zu nicht-manuellen Tätigkeiten der Informationsbearbeitung, Kontrolle sowie der persönlichen Beratung und Hilfe. Zugleich zeichnen sich demografische und strukturelle Änderungen in der Zusammensetzung der Erwerbsbevölkerung ab, indem der Anteil weiblicher Beschäftigter sowie der Anteil Älterer wachsen, aber auch, indem Flexibilität und Instabilität der Beschäftigung, häufig in Kombination mit einer Segmentierung des Arbeitsmarktes, zunehmen. Damit ändern sich auch die Beziehungen zwischen Arbeit und Gesundheit, da die von der industriellen Produktion ausgehenden physischen beziehungsweise physikalisch-chemischen Einwirkungen auf die Gesundheit der Arbeitenden zurückgedrängt werden, während psychomentale und sozio-emotionale Anforderungen und Belastungen (nachfolgend „psychosoziale Belastungen" genannt) unter quantitativen und qualitativen Gesichtspunkten in den Vordergrund treten. Von ihnen gehen längerfristig Fehlbeanspruchungen mit negativen Folgen für die Gesundheit von Beschäftigten aus. Daher stellt sich für die Arbeitsmedizin die wichtige Frage, wie diese „neuen" arbeitsbedingten Gesundheitsgefahren erkannt und

beurteilt werden können, und welche Präventions- beziehungsweise Interventionsansätze zu ihrer Verhütung oder Abschwächung zur Verfügung stehen.

Einordnung der Thematik

Psychosoziale Belastungen in der modernen Arbeitswelt resultieren vorwiegend aus bestimmten Tätigkeitsmerkmalen, aus unterschiedlichen Formen der Arbeitsorganisation und der sozialen Interaktionen sowie aus kritischen arbeitsvertraglichen Bedingungen. Die wissenschaftliche Analyse von Beziehungen zwischen diesen Belastungen und den daraus folgenden psychischen und physischen Beanspruchungen arbeitender Personen stellt eine Herausforderung dar, da sie theoretische und methodische Kenntnisse der Soziologie und Psychologie ebenso voraussetzt wie biomedizinische Kenntnisse der Krankheitsentstehung und -verhütung. Eine Schlüsselrolle kommt hierbei der sogenannten Stressforschung zu, deren Aufgabe darin besteht, die Wirkungen bestimmter Umweltgegebenheiten auf zentralnervöse Prozesse der Informationsbewertung und -verarbeitung sowie auf Emotionen, Motivationen und physiologische Regulationen einzelner Organsysteme zu analysieren (Rensing u. a., 2006).

Nachfolgend wird daher der vieldeutige Terminus „Stress" genauer definiert, um auf dieser Basis sodann gesundheitsrelevante psychosoziale Belastungen der Arbeitswelt zu bestimmen. Hierzu werden zwei in der jüngeren internationalen Forschung besonders häufig untersuchte theoretische Modelle erläutert, und es wird zusammenfassend die verfügbare wissenschaftliche Evidenz zu gesundheitlichen Folgen skizziert. Abschließend werden neue Herausforderungen für die Prävention benannt, die sich aus diesen Erkenntnissen ergeben.

Genauere Beschreibung des Gegenstandsbereichs
Stressoren und Stressreaktionen

Was ist unter dem Begriff „Stress" in einem wissenschaftlich anspruchsvollen Sinn zu verstehen? Zunächst ist festzuhalten, dass dieser Begriff einen Prozess zusammenfasst, der bestimmte Reize (**Stressoren**) mit bestimmten Reaktionen der zentralnervösen Bearbeitung durch die exponierte Person sowie mit ihren Folgen für physiologische Aktivierung, Emotion, Motivation und Verhalten (**Stressreaktionen**) verbindet. Stressoren sind zumeist extrinsische, überwiegend der sozialen Umwelt entstammende Reize, die aufgrund ihrer Qualität und Intensität in Form von Herausforderung oder Bedrohung die Person zu besonderen Anpassungsleistungen bewegen. Stressoren werden bezüglich ihrer Neuartigkeit, Dauer, Gefährlichkeit und Bewältigbarkeit bewertet. Immer dann, wenn sie als bedeutsam und zugleich als potenziell oder aktuell bedrohlich eingeschätzt werden, evozieren sie bei der exponierten Person sogenannte Stressreaktionen. Auf der Ebene von Wahrnehmung und Erleben manifestieren sich Stressreaktionen als drohender oder realer Verlust der Handlungskontrolle. Auf der Ebene neuronaler beziehungsweise neuroendokriner Reaktionen werden über sogenannte Stressachsen exzessive physiologische Aktivierungen ausgelöst.

In der Arbeitswelt sind chronische Stressoren von besonderem Interesse, da die physiologischen Stressreaktionen erst nach langer Expositionsdauer **krankheitswertige Folgen** zeitigen. Mehrheitlich resultieren chronische Stressoren der Arbeitswelt aus der Quantität und Qualität der an die Person gestellten Anforderungen, aus Beschränkungen bei der Bewältigung von Anforderungen oder aus antizipierten negativen Folgen der Leistungen, die zu ihrer Bewältigung erbracht werden. Aufgrund des hohen, in der Regel stark reglementierten sozialen Erwartungsdrucks, der mit der Bewältigung von Arbeitsaufgaben verbunden ist, spielen passive Muster der Stressreaktion (Vermeiden, Aufgeben von Bewältigungsversuchen) gegenüber **aktiven Formen der Bewältigung** (Kontrollversuche mit ungewissem Ausgang) eine untergeordnete Rolle, und Gleiches gilt für Unterforderungen im Vergleich zu erlebten Überforderungen.

Arbeitsstressmodelle
Angesichts der Vielfalt möglicher psychosozialer Stressoren der Arbeitswelt und angesichts der Komplexität der Beziehungen zwischen Arbeitssituation und arbeitender Person, ihren Fähigkeiten und ihren Bewältigungsstilen ist es sehr schwierig, arbeitsbedingte Gesundheitsgefahren auf einer allgemein gültigen Ebene zu identifizieren. Dies zu leisten vermag am ehesten ein theoretisches Modell. Einem **theoretischen Arbeitsstress-Modell** kommt die Funktion zu, auf einer allgemeinen, abstrakten Ebene Merkmale belastender Arbeitsbedingungen zu definieren, die auf eine Vielzahl unterschiedlicher Arbeitsplätze und Beschäftigungsverhältnisse anwendbar sind und die zugleich Erklärungskraft im Hinblick auf unterschiedlich verteilte Erkrankungsrisiken in der Erwerbsbevölkerung besitzen. Mit einem solchen Modell werden bestimmte Merkmalskombinationen selektiv aus der Komplexität des Beziehungsgeflechts von Arbeitssituation und Person herausgefiltert und als ausschlaggebend für das Auslösen krankheitswertiger Stressreaktionen betrachtet. Die Entwicklung solcher Modelle stellt eine heuristisch-analytische Leistung der Wissenschaft dar, die einerseits riskant ist, weil das Modell an der Empirie scheitern kann, die andererseits vielversprechend ist, weil sie einen Schlüssel zu neuen Erkenntnissen bilden kann. Je größer der **Verallgemeinerungsgrad der Erkenntnisse** ist, die aus einem theoretischen Modell abgeleitet werden können, und je öfter ein Modell durch **empirische Überprüfung** bestätigt wird, umso wichtiger ist seine Verwendung in Forschung und Praxis.

Man kann sich leicht vorstellen, dass angesichts der skizzierten Komplexität des Gegenstandsbereichs eine Vielzahl psychologischer und soziologischer Arbeitsstress-Modelle vorgeschlagen und untersucht worden sind. Neuere Übersichten über den aktuellen Forschungsstand finden sich beispielsweise bei Cartwright/Cooper (2008), Schnall u. a. (2009) oder Antoniou/Cooper (2005). Die nachfolgende ausführliche Darstellung zweier Modelle der psychosozialen Arbeitsstressforschung, des Anforderungs-Kontroll-Modells und des Modells beruflicher Gratifikationskrisen, orientiert sich an den Kriterien der Verallgemeinerbarkeit von Erkenntnissen und des Umfangs empirischer Bestätigung. Die Tatsache, dass beide Modelle einen für sozialwissenschaftliche Theorien vergleichsweise hohen Verallgemeinerungsgrad an Erkenntnissen erzeugen, hängt möglicherweise damit zusammen, dass sie auf zwei fundamentale, für Wohlbefinden und Gesundheit bedeutsame psychische Erlebnisqualitäten arbeitender Personen abzielen: die Erfahrung von gelingender beziehungsweise misslingender **Selbstwirksamkeit** bei der Bewältigung beruflicher Anforderungen (Anforderungs-Kontroll-Modell) und die Erfahrung von gelingendem oder misslingendem **Selbstwertgefühl** angesichts erbrachter beruflicher Leistungen (Modell beruflicher Gratifikationskrisen; siehe unten). Bezüglich des Umfangs ihrer empirischen Testung zeichnen sich die beiden Modelle dadurch aus, dass jedes von ihnen in weit mehr als hundert Studien in verschiedenen Ländern, bei verschiedenen Berufsgruppen und im Rahmen unterschiedlicher Studiendesigns getestet worden ist und dass in der Mehrzahl dieser Studien die entsprechenden Hypothesen entweder zum Teil oder in vollem Umfang bestätigt werden konnten.

Das **Anforderungs-Kontroll-Modell** (Karasek/Theorell, 1990), auch „job strain" genannte Modell, konzentriert sich auf Aspekte der Arbeitsorganisation und der Tätigkeitsinhalte als Auslöser chronischer Stresserfahrungen. Arbeitsaufgabenprofile, die sich durch hohe psychische und physische Anforderungen und zugleich durch einen geringen Grad an Entscheidungsspielraum und Kontrolle über die Ausführung der Tätigkeit charakterisieren lassen, rufen chronische Stressreaktionen hervor und erhöhen dadurch langfristig das Risiko stress-assoziierter Erkrankungen. Dabei wird der Quantität der Anforderungen besondere Beachtung geschenkt (Zeitdruck). Tätigkeiten mit geringem Entscheidungsspielraum führen zum Erleben von Monotonie und behindern Erfahrungen der Selbstwirksamkeit. Klassisches Beispiel eines stressinduzierenden Arbeitsplatzes nach diesem Modell ist die Fließbandarbeit in der industriellen Fertigung, aber auch verschiedene einfache Dienstleistungsberufe lassen sich diesem Typus zuordnen. Verschärft werden Stresserfahrungen an solchen Arbeitsplätzen, wenn ein potenzieller Schutzfaktor, erfahrener sozialer Rückhalt bei der Arbeit, wegfällt (z.B. bei in Isolation durchgeführten Tätigkeiten). Das Anforderungs-Kontroll-Modell ist aufgrund der herausragenden stresstheoretischen Bedeutung der Dimension „Kontrolle" bedeutsam. Das **Modell beruflicher Gratifikationskrisen** (Siegrist, 1996) geht von der im Arbeitsvertrag angelegten sozialen Reziprozität der Tauschbeziehung zwischen Leistung und Belohnung aus, wonach für erbrachte Arbeitsleistungen angemessene Gratifikationen in Form von Lohn oder Gehalt, beruflichem Aufstieg beziehungsweise Sicherheit des Arbeitsplatzes sowie Anerkennung und Wertschätzung gewährt werden. Ausgeprägte Stressreaktionen sind nach diesem Modell dort zu erwarten, wo einer fortgesetzt hohen Verausgabung keine angemessenen Belohnungen gegenüberstehen, das heißt in Situationen, die für Erwerbstätige durch hohe Kosten bei niedrigem Gewinn gekennzeichnet sind (Gratifikationskrisen). Im Modell werden drei Bedingungen spezifiziert, unter denen dies mit hoher Wahrscheinlichkeit der Fall ist: erstens bei fehlender Arbeitsplatzalternative (z.B. aufgrund geringer Qualifikation oder eingeschränkter Mobilität), zweitens bei ungünstigen Arbeitsverträgen, die aus strategischen Gründen über einen längeren Zeitraum aufrechterhalten werden (z.B. zum Zweck der Erzielung prospektiver Wettbewerbsvorteile in hoch kompetitiven Berufen), und drittens bei Vorliegen eines spezifischen psychischen Bewältigungsmusters angesichts von Leistungssituationen, das durch eine distanzlose, übersteigerte Verausgabungsneigung gekennzeichnet ist. Das Modell berücksichtigt somit die Interaktion zwischen Merkmalen der Arbeitssituation und Merkmalen des Bewältigungshandelns arbeitender Personen. Ferner trägt es durch das Einbeziehen von Aspekten des Arbeitsmarktes Entwicklungen des Erwerbslebens Rechnung, die sich im Zeitalter der Globalisierung durch hohe, häufig erzwungene Mobilität, erwerbsbiografische Diskontinuität, Arbeitsmarktsegmentierung und erhöhte Risiken eines Arbeitsplatzverlusts kennzeichnen lassen. Die vom Modell ausgewählte Merkmalskombination spielt eine entscheidende Rolle bei der Generierung beziehungsweise Gefährdung positiver Selbstwertgefühle.

Beide Modelle ergänzen sich eher, als dass sie in Konkurrenz zueinander stehen. Sie unterscheiden sich hinsichtlich der analytischen Schwerpunkte, der stresstheoretischen Verankerung (eingeschränkte Handlungskontrolle im Anforderungs-Kontroll-Modell; verletzte soziale Reziprozität im Gratifikationskrisenmodell) sowie hinsichtlich der praktischen Folgerungen für die betriebliche und überbetriebliche Gesundheitsförderung (siehe unten). Bezüglich des Dreiebenenmodells psychischer Belastungen und Beanspruchungen ist das Anforderungs-Kontroll-Modell der **zweiten Ebene** zuzuordnen, während das Modell beruflicher Gratifikationskrisen die erste mit der zweiten Ebene verbindet. Beide Modelle weisen aber auch direkte Bezüge zur **dritten Ebene, den überbetrieblichen Rahmenbedingungen** (siehe unten) auf. Zur **Messung von Arbeitsstress** gemäß den beiden Modellen sind standardisierte, psychometrisch gut charakterisierte Fragebögen entwickelt worden, der sogenannte Job-Content-Questionnaire zur Messung des ersten Modells (Karasek u.a., 1998) und der Fragebogen zu beruflichen Gratifikationskrisen zur Messung des zweiten Modells (Siegrist u.a., 2004). Zu beiden Messverfahren liegen ausführliche Informationen bezüglich Reliabilität und Validität sowie der Anwendung in verschiedenen Sprachen vor (siehe Literaturverzeichnis).

Wissenschaftliche Evidenz

Zur Überprüfung der Erklärungskraft stresstheoretischer Modelle bezüglich arbeitsbedingter Gesundheitsgefahren stehen unterschiedliche Untersuchungsansätze zur Verfügung. Am wichtigsten ist der methodische Ansatz der **prospektiven epidemiologischen Beobachtungsstudie,** da hierbei die Erfassung der Exposition der Krankheitsmanifestation stets zeitlich vorgelagert ist (Ursache-Wirkungs-Beziehung) und da die Stärke der statistischen Assoziation (relatives Risiko) unter Berücksichtigung des Einflusses konfundierender Variablen quantifiziert werden kann. Ergänzend liefern experimentelle und quasi-experimentelle Studien unter kontrollierten Bedingungen Hinweise auf mögliche Mechanismen, die für krankheitswertige Folgen der Exposition verantwortlich sind. In der **Stressforschung** stehen dabei psychobiologische Marker des autonomen Nervensystems, des endokrinen Systems und des Immunsystems im Vordergrund. Experimentelle Studien in Form von Interventionen sind schließlich für die Krankheitsursachenforschung von besonderer Bedeutung, da eine Senkung des Erkrankungsrisikos als Folge einer gezielten Intervention als starker Hinweis auf eine kausale Beziehung betrachtet werden kann.

Die beiden Arbeitsstressmodelle sind in prospektiven epidemiologischen Studien im Hinblick auf ihre Vorhersagekraft angesichts der **Inzidenz kardiovaskulärer Krankheiten** sowie von affektiven Störungen mit besonderer Intensität getestet worden. Bezüglich des Job-Strain-Modells zeigt sich auf der Basis von mehr als einem Dutzend Untersuchungen, dass das relative Risiko einer koronaren Herzkrankheit bei Arbeitenden mit hohen Anforderungen und niedrigem Entscheidungsspielraum im Durchschnitt um 80 Prozent erhöht ist, im Gegensatz zu denjenigen ohne entsprechende Stressbelastung. Auch die anhand des Modells beruflicher Gratifikationskrisen gemessenen Belastungen führen zu einer knappen Risikoverdoppelung tödlicher und nicht-tödlicher koronarer Ereignisse, allerdings bei bisher geringerer Anzahl durchgeführter prospektiver Studien (Kivimaki u.a., 2006, Siegrist/Dragano, 2007). Es ist wichtig, darauf hinzuweisen, dass beide Modelle kardiovaskuläre Ereignisse unabhängig voneinander vorhersagen (Bosma u.a., 1998, Kivimäki u.a., 2002) und dass bei gleichzeitiger Exposition das Erkrankungsrisiko steigt (Peter u.a., 2002). Einzelne wichtige biomedizinische Risikofaktoren (Hypertonie, Typ 2 Diabetes) sind ebenfalls mit den genannten chronischen Arbeitsstresserfahrungen assoziiert (Schnall u.a., 2000, Chandola u.a., 2006, Kumari u.a., 2004), und Gleiches gilt vereinzelt für gesundheitsschädigende Verhaltensweisen (Siegrist/Rödel, 2006). Bei Männern sind die untersuchten Zusammenhänge im Allgemeinen stärker ausgeprägt als bei Frauen, und sie finden sich häufiger bei Mitgliedern niedrigerer sozialer Schichten beziehungsweise entfalten dort ungünstigere gesundheitliche Wirkungen (Siegrist/Theorell, 2008). Erste Studien zeigen überdies, dass auch Reinfarktereignisse nach überstandenem erstem Infarkt von den genannten Arbeitsbelastungen beeinflusst werden (Aboa-Eboulé u.a., 2007).

Ähnlich gut gesichert sind wissenschaftliche Belege zum Einfluss von Arbeitsstress auf die Entwicklung **affektiver Störungen** (Stansfeld u.a., 2006). Aus einem Dutzend prospektiver Datensätze lässt sich zusammenfassend festhalten, dass für Männer wie für Frauen konsistente, statistisch signifikante relative Risikoerhöhungen in einer Größenordnung von 50 bis 250 Prozent bei Vorliegen chronischer Stresserfahrungen beobachtet wurden.

Der Beitrag der genannten Arbeitsstressmodelle zur Erklärung eingeschränkter Gesundheit ist nicht auf Herz-Kreislauf-Krankheiten und depressive Störungen begrenzt. Vereinzelt zeigen sich analoge Zusammenhänge zu Alkoholabhängigkeit (Head u.a., 2004), zur Inzidenz muskuloskelettaler Beschwerden (Rugulies/Krause, 2008), zu Schlafstörungen (Rugulies u.a., 2009), zu eingeschränktem Funktionsvermögen (Stansfeld u.a., 1998) und zu betrieblichen Fehlzeiten (Head u.a., 2007). Interessant ist ferner, dass **Erfahrungen bedrohter Kontrolle und enttäuschter Belohnungserwartungen** nicht nur der Entwicklung stress-assoziierter Krankheiten Vorschub leisten, sondern auch die **Arbeitsmotivation** schwächen, bis hin zu ‚innerer Kündigung', Berufswechsel und vorzeitiger Berufsaufgabe (Karasek/Theorell, 1990, Hasselhorn u.a., 2004, Siegrist u.a., 2007).

Obwohl bedrohte Kontrolle in herausfordernden Situationen, in denen **Selbstwirksamkeitserfahrungen** blockiert werden, und enttäuschte Belohnung in Beziehungen, in denen das grundlegende Prinzip sozialer Reziprozität und damit das **Selbstwertgefühl** verletzt wird, in verschiedenen Bereichen gesellschaftlicher Wirklichkeit ihre krankmachende Wirkung entfalten, sind diese Wirkungen nach den bisher vorliegenden Befunden im Arbeitsleben am stärksten. Für die Universalität pathogener Effekte, bedrohter Kontrolle und enttäuschter Belohnung in der Arbeitswelt spricht auch die Beobachtung, dass die referierten Zusammenhänge nicht nur in modernen westlichen Gesellschaften beobachtet wurden, sondern ebenso in fernen Kulturkreisen wie denjenigen Japans (Tsutsumi/Kawakami, 2005), Chinas und Südostasiens (Li u.a., 2006). Ferner stützen experimentelle Studien, welche psychobiologische Indikatoren unter kontrollierten Bedingungen untersuchen, die epidemiologisch ermittelten Assoziationen (Steptoe, 2008).

Überbetriebliche Einflussfaktoren

Sowohl das Ausmaß der bei der Arbeit geforderten Verausgabung wie auch die Kontroll- und Belohnungschancen werden durch überbetriebliche Faktoren in starkem Maße beeinflusst. Anforderungsverdichtungen in Folge standortübergreifender Rationalisierungsmaßnahmen und steigende Arbeitsplatzunsicherheit infolge wirtschaftlicher Globalisierung stellen bisher besonders gut untersuchte Verstärker von Wirkungen psychosozialer Arbeitsbelastungen auf die Gesundheit von Beschäftigten dar. So sind beispielsweise Synergieeffekte von erfahrenem Personalabbau und beruflichen Gratifikationskrisen auf physische und psychische Beschwerden nachgewiesen worden (Dragano u.a., 2005). Und ausgeprägte Erfahrungen von Personalabbau erhöhen selbst bei denjenigen, die weiterhin beschäftigt bleiben, das prospektive Mortalitätsrisiko in einem 10-Jahres-Beobachtungszeitraum (Vahtera u.a., 2004). Ferner sind branchenspezifische Hochrisikogruppen für beide Arbeitsstressmodelle identifiziert worden (Dragano, 2007, Siegrist/Dragano, 2008).

Präventionsmöglichkeiten

Letztlich besteht ein zentrales Anliegen dieser Forschung in dem Nachweis, dass durch den Abbau von Arbeitsbelastungen positive gesundheitliche Effekte erzielt werden können. Bisher liegen aufgrund der großen methodischen Schwierigkeiten, eine Interventionsstudie nach den Regeln der Kunst durchzuführen, erst wenige Ergebnisse zu Gesundheitsindikatoren aus qualitativ hochwertigen **Interventionsstudien** vor. Ein frühes Beispiel stammt aus Schweden, wo anhand des Anforderungs-Kontroll-Modells Arbeitsaufgaben systematisch erweitert und Angestellte einer Organisation in eine verbesserte Arbeitsorganisation einbezogen wurden. Als Ergebnis zeigten sich nicht nur signifikante subjektive Verbesserungen, sondern auch signifikant niedrigere Blutfettwerte, und dadurch ein geringeres Atheroskleroserisiko (Orth-Gomer u.a., 1994). In einer britischen Interventionsstudie führte die Erhöhung von Autonomie und Kontrolle beim Arbeitsablauf zu verbesserter psychischer Gesundheit und verringerten Fehlzeiten (Bond/Bunce, 2001).

Verbessertes Führungsverhalten bei Vorgesetzten, eine Komponente von Gratifikationserfahrungen, kann, wie gezeigt wurde, die Stresshormonausscheidung (Cortisol) bei abhängig Beschäftigten reduzieren (Theorell u.a., 2001). Auf einer Kombination aus Erkenntnissen beider Stressmodelle basiert eine neue Interventionsstudie beim ärztlichen und pflegerischen Personal in zwei kanadischen Krankenhäusern. Erste Ergebnisse weisen auf eine Verringerung subjektiv wahrgenommener Arbeitsbelastungen und arbeitsbezogener Erschöpfungssymptome hin (Bourbonnais u.a., 2006).

Legt man das Dreiebenenmodell psychischer Belastungen zugrunde, so orientieren sich präventive Maßnahmen zur Vermeidung arbeitsbedingter Gesundheitsgefahren in erster Linie an der zweiten, der betrieblichen Ebene. Hier können **Maßnahmen der Organisations- und Personalentwicklung,** die sich nach dem Anforderungs-Kontroll-Modell richten, beispielsweise den Handlungsspielraum von Tätigkeitsprofilen erweitern, die Anforderungsdichte reduzieren, die Mitbestimmung beziehungsweise Mitgestaltung von Arbeitsabläufen und Arbeitszeiten erhöhen und die Hierarchien verflachen. Auf das Modell beruflicher Gratifikationskrisen können unter anderem Regelungen Bezug nehmen, welche die Angemessenheit von

Leistung und Gegenleistung vertraglich sowie informell sicherstellen, welche besondere Erschwernisse und berufsbiografische Investitionen bei der Lohnfindung berücksichtigen und Formen der Gewinnbeteiligung gewährleisten. Qualifikationsgerechte Aufstiegsmöglichkeiten und nichtmonetäre Belohnungsanreize einschließlich eines Angebots betriebsinterner Dienstleistungen (z. B. Betriebskindergarten für berufstätige Mütter) ergänzen diese Maßnahmen (Siegrist/Dragano, 2007, Ulich/Wülser, 2004).

Die dargestellten wissenschaftlichen Erkenntnisse bieten darüber hinaus Ansatzpunkte der Prävention auf interpersoneller und personeller Ebene. Erstere beinhalten beispielsweise eine Verbesserung des Führungsverhaltens sowie die Förderung der Teamarbeit, letztere schließen Maßnahmen der individuellen Stressbewältigung (z. B. Abbau übersteigerter Verausgabungsneigung) mit ein. Allerdings werden weitreichende gesundheitsförderliche Effekte in größerem Umfang erst zu erreichen sein, wenn es gelingt, die neuen Erkenntnisse bei betriebswirtschaftlichen, tarifpolitischen sowie sozial- und arbeitsmarktpolitischen Entscheidungen zu berücksichtigen.

Ausblick

In diesem Kapitel sind die negativen Auswirkungen der **Erwerbsarbeit** auf die menschliche Gesundheit stärker betont worden als ihre positiven Folgen. Dies hängt nicht zuletzt mit der Zielgruppe zusammen, an die sich diese Publikation wendet, den mit Diagnostik, Beurteilung, Beratung und Prävention befassten Betriebsärzten beziehungsweise arbeitsmedizinisch tätigen Gesundheitsberufen. Es ist jedoch deutlich geworden, dass die Einsicht in krankmachende Bedingungen der Arbeit zugleich den Blick auf ihre **gesundheitsfördernden Aspekte** öffnet. So können wir aus dem Gesagten folgern, dass unter günstigen Bedingungen zumindest drei für Wohlbefinden und Gesundheit zentrale psychische Bedürfnisse im Medium beruflicher Arbeit ihre Erfüllung finden können: fortgesetzte Erfahrungen der Selbstwirksamkeit, ein gesichertes positives Selbstwertgefühl und ein Gefühl der Zugehörigkeit zu nahestehenden, Anerkennung gewährenden Menschen.

Auch können wir genauer beschreiben, wie solche günstigen Bedingungen der Erwerbsarbeit aussehen sollen. Zumindest zählen zu ihnen

- ein anspruchsvolles, nicht überforderndes Arbeitsaufgabenprofil mit hoher Autonomie und reichhaltigen Lern- und Entwicklungschancen; angemessene Erfahrungen von Erfolg und sozialer Anerkennung sowie materielle Gratifikationen für erbrachte Leistungen,
- ein vertrauensvolles Klima der Zusammenarbeit sowie des fairen und gerechten Umgangs,
- eine aus Sicht der Arbeitenden sinnerfüllte und gesicherte Perspektive der Leistungserbringung.

Angesichts der skizzierten Herausforderungen moderner Erwerbsarbeit im Zeitalter der Globalisierung ist es geboten, in Forschung und Praxis zu einer Stärkung gesundheitsfördernder Arbeitsverhältnisse beizutragen.

→ Das Dreiebenenmodell psychischer Belastungen im Betrieb (S. 13); Führung und Gesundheit (S. 220); Stress (S. 334)

Literatur

Aboa-Éboulé, C./Brisson, C./Maunsell, E./Mâsse, B./Bourbonnais, R./Vezina, M./Milot, A./Théroux, P./Dagenais, G.R.: Job strain and risk of acute recurrent coronary heart disease events. In: Journal of the American Medical Association 298, 2007, S. 1652–1660

Antoniou, A. S./Cooper, C. (Hrsg.): Research companion to organizational health psychology. Cheltenham 2005

Bond, F. W./Bunce, D.: Job control mediates change in work organization intervention for stress reduction. In: Journal of Occupational Health Psychology 6, 2001, S. 290–302

Bosma, H./Peter, R./Siegrist, J./Marmot, M.: Two alternative job stress models and the risk of coronary heart disease. In: American Journal of Public Health, 88, 1998, S. 68–74

Bourbonnais, R./Brisson, C./Vinet, A./Vézina, M./Lower, A.: Development and implementation of a participative intervention to improve the psychosocial work environment and mental health in an acute care hospital. In: Occupational and Environmental Medicine 63, 2006, S. 326–334

Cartwright, S./Cooper, C. C. (Hrsg.): The Oxford handbook of organizational well-being. Oxford 2008

Chandola, T./Brunner, E./Marmot, M.: Chronic stress at work and the metabolic syndrome: prospective study. In: British Medical Journal, 332, 2006, S. 521–525

Hasselhorn, H. M./Tackenberg, P./Peter, R.: Effort-reward imbalance among nurses in stable countries and in countries in transition. In: International Archives of Occupational and Environmental Health 10, 2004, S. 401–8

Head, J./Stansfeld, S. A./Siegrist, J.: The psychosocial work environment and alcohol dependence: a prospective study. In: Occupational and Environmental Medicine, 61, 2004, S. 219–24

Head, J./Kivimäki, M./Siegrist, J. u.a.: Effort-reward imbalance and relational injustice at work predict sickness absence: the Whitehall II study. In: Journal of Psychosomatic Research 63, 2007, S. 433–40

Karasek, R. A./Brisson, C./Kawakami/Houtman, I./Bongers, P./Amick, B.: The Job Content Questionnaire (JCQ): An instrument for internationally comparative assessments of psychosocial job characteristics. In: Journal of Occupational Health Psychology 3, 1998, S. 322–355

Karasek, R. A./Theorell, T.: Healthy work. Stress, productivity and the reconstruction of working life, Basic Books, New York 1990

Kivimäki, M./Leino-Arjas, P./Luukonen, R. u.a.: Work stress and risk of cardiovascular mortality: prospective cohort study of industrial employees. In: British Medical Journal 325, 2002, S. 857–61

Kivimäki, M./Virtanen, M./Elovainio, M./Kouvonen, A./Väänänen, A./Vahtera, J.: Work stress in the etiology of coronary heart disease – a meta analysis. In: Scandinavian Journal of Work, Environment & Health 32, 2006, S. 431–442

Kumari, M./Head, J./Marmot, M.: Prospective study of social and other risk factors for incidence of type II diabetes in Whitehall 2 study. In: Annals of Internal Medicine, 164, 2004, S. 1873–80

Li, J./Yang, W./Cho, S.: Gender differences in job strain, effort-reward imbalance, and health functioning among Chinese physicians. In: Social Science and Medicine 62, 2006, S. 1066–1077

Orth-Gomér, K./Eriksson, I./Moser, V./Theorell, T./Fredlund, P.: Lipid lowering through work stress reduction. In: International Journal of Behavioral Medicine 1, 1994, S. 204–14

Peter, R./Siegrist, J./Hallqvist, J./Reuterwall, C./Theorell, T. and the SHEEP Study Group: Psychosocial work environment and myocardial infarction: improving risk estimation by combining two alternative job stress models in the SHEEP Study. In: Journal of Epidemiology and Community Health 56, 2002, S. 294–300

Rensing, L./Koch, M./Rippe, B./Rippe, V.: Mensch im Stress, Spektrum Akademischer Verlag, München 2005

Rugulies, R./Krause, N.: Effort-reward imbalance and incidence of low back and neck injuries in San Francisco transit workers. In: Occupational and Environmental Medicine. Doi: 10.1136/oem.2007.035188., 2008

Rugulies, R./Norborg, M./Sorensen, T.S./Knudson, L.E./Burr, H.: Effort-Reward Imbalance at Work and Risk of Sleep Disturbances. Cross sectional and prospective results from the Danish Work Environment Cohort Study. In: Journal of Psychosomatic Research 66, 2009, S. 75–83

Schnall, P. L./Belkic, K./Landsberg, S. B./Baker, D. (Hrsg.): The Work Place and Cardiovascular Disease. Occupational Medicine: State of the Art reviews 15, 2000, S. 1–334

Schnall, P. L./Dobson, M./Rosskam, E. (Hrsg.): Unhealthy Work: Causes Consequences and Cures. Amityville N.Y. 2009

Siegrist, J.: Soziale Krisen und Gesundheit. Hogrefe Verlag, Göttingen 1996

Siegrist, J./Starke, D./Chandola, T./Godin, I./Marmot, M./Niedhammer, I./Peter, R.: The measurement of effort-reward imbalance at work: European comparisons. In: Social Science and Medicine 58, 2004, S. 1483–1499

Siegrist, J./Rödel, A.: Work stress and health risk behavior. In: Scandinavian Journal of Work, Environment and Health 32, 2006, S. 473–81

Siegrist, J./Wahrendorf, M./Knesebeck, O.v.D./Jürges, H./Boersch-Supan, A.: Quality of work, well-being, and intended early retirement of older employees. Baseline results from the SHARE study. In: European Journal of Public Health 17, 2007, S. 62–68

Siegrist, J./Dragano, N.: Psychosoziale Belastungen und Erkrankungsrisiken im Erwerbsleben: Befunde aus internationalen Studien zum Anforderungs-Kontroll-Modell und zum Modell beruflicher Gratifikationskrisen. Bundesgesundheitsblatt 2008

Siegrist, J./Theorell, T.: Sozioökonomischer Status und Gesundheit: die Rolle von Arbeit und Beschäftigung. In: Siegrist, J./Marmot, M. (Hrsg.): Soziale Ungleichheit und Gesundheit: Erklärungsansätze und gesundheitspolitische Folgerungen. Huber, Bern 2008, S. 99–130

Stansfeld, S./Candy B.: Psychosocial work environment and mental health – a meta-analytic review. In: Scandinavian Journal of Work, Environment & Health 32, 2006, S. 443–462

Stansfeld, S. A./Bosma, H./Hemingway, H./Marmot, M.: Psychosocial work characteristics and social support as predictors of SF-36 functioning: the Whitehall II Study. In: Psychosomatic Medicine 60, 1998, S. 247–55

Steptoe, A.: Psychobiologische Prozesse als Bindeglieder zwischen sozialem Status und Gesundheit. In: Siegrist, J./Marmot, M. (Hrsg.) Soziale Ungleichheit und Gesundheit: Erklärungsansätze und gesundheitspolitische Folgerungen. Huber, Bern 2008, S. 131–162

Theorell T./Emdad, R./Arnetz, B./Weingarten, A. M.: Employee effects of an educational program for managers at an insurance company. Psychosomatic Medicine, 63, 2001, S. 724–33

Tsutsumi, A./Kawakami, N.: A review of empirical studies on the model of effort-reward imbalance at work: reducing occupational stress by implementing a new theory. In: Social Science and Medicine, 59, 2004, S. 2335–59

Ulich, E./Wülser, M.: Gesundheitsmanagement in Unternehmen. Gabler, Wiesbaden 2004

Vahtera, J./Kivimaki, M./Pentti, J. u.a.: Organisational downsizing, sickness absence, and mortality: 10-town prospective cohort study. In: British Medical Journal 328, 2004, S. 555

Institut für Medizinische Soziologie der Heinrich Heine Universität Düsseldorf (www.uni-duesseldorf.de/medicalsociology)

The Job Content Questionnaire Center, University of Massachusetts (www.jcqcenter.org)

Gabriele Richter

Gesundheitsförderliche Aspekte der Arbeit

Abstract
Gesundheitsförderliche Aspekte der Arbeit umfassen die Gestaltung von Ressourcen. Sie können durch bestimmte Merkmale von Tätigkeiten, wie zum Beispiel Widerspruchfreiheit beziehungsweise eine salutogene Gestaltung der Arbeit, erreicht werden. In der Studie „Was ist gute Arbeit?" wurde ermittelt, dass nur jeder zehnte Beschäftigte eine derartige Arbeit hat. Die Beispiele „Guter Praxis" und die Gewinner im Wettbewerb „Deutschlands Beste Arbeitgeber" zeigen, dass es sich lohnt, über eigene Strukturen nachzudenken. Die umgesetzten Maßnahmen sind keine Vision, sondern gelebte Unternehmenspraxis.

Thematische Eingrenzung und Begriffe

Mit dem Erhalt und der Förderung der Gesundheit der Beschäftigten bei der Arbeit, wie es im Arbeitsschutzgesetz formuliert ist, wurde der klassische Arbeitsschutz um eine wichtige Säule erweitert. Der Strukturwandel und die rasante Entwicklung – insbesondere im Bereich der Informationstechnik – haben zu anderen Belastungskonstellationen geführt. Zum Beispiel sind in vielen Arbeitsbereichen an die Stelle von schwerer körperlicher Arbeit Prozesse der Informationsaufnahme, -verarbeitung und -weitergabe getreten. Bei ungünstiger Gestaltung können sie die Sicherheit, vor allem aber die Gesundheit der Beschäftigten beeinträchtigen.

Die demografische Entwicklung, durch die zunehmend ältere Beschäftigte die hohen und sich schnell wandelnden Anforderungen der Arbeitswelt bewältigen müssen, steigert den Bedarf an gesundheitsförderlicher Arbeitsgestaltung.

Nach der Ottawa-Charta (1986) umfasst Gesundheitsförderung einen Prozess, der allen Menschen ein höheres Maß an Selbstbestimmung über ihre Gesundheit ermöglicht und sie damit zur Stärkung ihrer Gesundheit befähigt. Die WHO geht davon aus, dass ein guter Gesundheitszustand eine wesentliche Bedingung für die soziale, ökonomische und persönliche Entwicklung ist und ein entscheidender Bestandteil der Lebensqualität.

„Qualitativ hochwertige Produkte und Dienstleistungen können ohne leistungsfähige und leistungsbereite Beschäftigte nicht erbracht werden. Immer mehr Unternehmen betreiben daher eine aktive und systematische betriebliche Gesundheitsförderung beziehungsweise ein betriebliches Gesundheitsmanagement" (BDA, 2008).

Maßnahmen der Gesundheitsförderung dienen dem Aufbau sowohl äußerer als auch innerer Ressourcen.

Ressourcen
Ressourcen sind die einer Person zur Verfügung stehenden, von ihr genutzten oder beeinflussten gesundheitsschützenden und -fördernden äußeren Handlungsmöglichkeiten und inneren Kompetenzen. Es wird zwischen äußeren, situativen und inneren, personalen Ressourcen unterschieden (Becker, 1997; Richter/Hacker 1998). Sie stehen in wechselseitiger Abhängigkeit (Ducki, 2006): Hohe berufliche Entscheidungsspielräume hängen oft mit einem höheren Bildungsniveau zusammen und führen zu höheren Einkommen. Gering Qualifizierte haben nicht nur eine schlechtere Ausgangsposition, sondern kommen auch seltener in den Genuss einer Fort- und Weiterbildungsmaßnahme.

Die *Tabelle 1* enthält Beispiele für beide Ressourcenbereiche (Udris/Frese, 1999).

„Eine gesundheitsförderliche integrative Arbeitsgestaltung nutzt die belastungsreduzierende Wirkung von Ressourcen der Gestaltung der Arbeitsaufgabe, ihren Ausführungsbedingungen und der Arbeitsorganisation" (Zimolong/Elke/Bierhoff, 2008).

Grundmerkmale gesundheitsförderlicher Arbeit
Als fester Kanon grundlegender Merkmale gesundheitsförderlicher Arbeit haben sich nach Ulich (2005) in verschiedenen Studien folgende Merkmale herauskristallisiert: Anforderungsvielfalt, Ganzheitlichkeit, Sinnhaftigkeit, Autonomie, Lern- und Entwicklungsmöglichkeiten, Möglichkeiten der sozialen Interaktion, Zeitelastizität und stressfreie Regulierbarkeit.

Mit dem Konzept der vollständigen Tätigkeit (Hacker, 1995) wird ein wichtiger Rahmen für die Gestaltung gesundheitsförderlicher Arbeit skizziert. Tätigkeiten sind gesundheitsförderlich, wenn sie

- verschiedene Arten von Denkprozessen erfordern, wie zum Beispiel automatisierte versus kreativ-schöpferische,
- neben der Bearbeitung die Möglichkeit bieten, die eigene Tätigkeit selbst vorzubereiten, zu organisieren und zu kontrollieren.

In vielen arbeitspsychologischen Untersuchungen konnten negative Auswirkungen auf die Gesundheit der Beschäftigten durch widersprüchliche Arbeitsanforderungen nachgewiesen werden. Wenn sie an einem Arbeitsplatz vorhanden sind, lösen sie in der Regel das Erleben psychischer Ermüdung und bei fehlenden zeitlichen Freiheitsgraden das Erleben von Stress aus. Arbeit ist gesundheitsförderlich, wenn Widersprüche vermieden werden.

Äußere, situative Ressourcen		Innere Ressourcen
Organisationale	Soziale	Personale
- Aufgabenvielfalt - Vollständige Tätigkeiten - Partizipationsmöglichkeiten	- Positives Betriebsklima - Mitarbeiterorientiertes Vorgesetztenverhalten - Soziale Unterstützung	- Fachliche und soziale Kompetenzen - Stressbewältigungskompetenzen

Tab. 1: Beispiele für äußere und innere Ressourcen (Quelle: Udris/Frese, © 1999 BELTZ Psychologie in der Verlagsgruppe Beltz, Weinheim/Basel)

Ressourcen werden häufig im Zusammenhang mit dem Konzept der Salutogenese diskutiert:

Die Salutogenese geht davon aus, dass Menschen mehr oder weniger gesund beziehungsweise mehr oder weniger krank sind. Der Gesundheits- oder Krankheitszustand hängt nach Antonovsky (1987) von der allgemeinen Grundhaltung eines Individuums gegenüber der Welt, der Arbeit und dem eigenen Leben ab. Die psychische Gesundheit wird gefördert, wenn Prozesse verständlich, handhabbar und sinnvoll sind.

Ein stark ausgeprägtes Kohärenzgefühl führt dazu, dass ein Mensch flexibel auf Anforderungen reagieren kann, da er gleichzeitig in der Lage ist, die für die Situation angemessenen Ressourcen zu aktivieren.

Was ist gute Arbeit?

Die Initiative Neue Qualität der Arbeit (INQA) wurde 2002 vom BMAS gestartet. In der Studie „Was ist gute Arbeit?" wollte INQA (Fuchs, 2006) eine breite gesellschaftliche Diskussion zur Qualität der Arbeit anregen. Im Mittelpunkt der umfangreichen, schriftlich-postalischen Befragung zur aktuellen Arbeits- und Lebenssituation von abhängig Beschäftigten und selbständig Tätigen standen Fragen wie „Wie beschreiben Menschen ihre berufliche und außerberufliche Arbeitssituation?", „Was belastet sie derzeit und womit sind sie zufrieden?".

Die Befragten wurden außerdem aufgefordert, Erwartungen und Wünsche bezüglich der Arbeitsbedingungen zu äußern. Deren Vergleich mit der Ist-Situation sollte die Grundlage für die Entwicklung eines neuen Leitbildes „Guter Arbeit" bilden. An der Befragung haben sich über 5.400 Personen aus unterschiedlichen Branchen und Arbeitsverhältnissen beteiligt. Die Hitliste der Anforderungen wird von dem Wunsch nach einer sicheren Einkommens- und Arbeitssituation angeführt. Die Arbeitnehmer heben anspruchsvolle Tätigkeiten, gute soziale Beziehungen zu den Vorgesetzten und Kollegen, die Einbeziehung in Entscheidungen als auch eigene Entwicklungsmöglichkeiten als wichtige Bereiche hervor. Die meisten Ressourcen geben die Arbeitnehmer im Bereich der sozialen Unterstützung durch Kollegen und Vorgesetzte, positive Rückmeldungen durch den Arbeitsinhalt und die Arbeitsergebnisse an. Handlungsbedarf besteht im Hinblick auf die Einfluss- und Entwicklungsmöglichkeiten, die abwechslungsreiche Arbeitsgestaltung und im Bereich der betrieblichen Weiterbildung.

Im Spektrum der Fehlbelastungen stehen Merkmale der:
- Arbeitsorganisation, wie zum Beispiel Unterbrechungen der Arbeit
- Arbeitsintensität, wie zum Beispiel Arbeitshetze/Zeitdruck
- Komplexität, wie zum Beispiel durch die gleichzeitige Erledigung mehrerer Aufgaben
- Arbeitsplatzunsicherheit, die von den Arbeitnehmern/-innen als besonders belastend erlebt werden.

Was unterscheidet gute und schlechte Arbeit?

In der Studie wurden aus dem Verhältnis von Ressourcen und Fehlbelastungen verschiedene Arbeitsplatztypen ermittelt. In der *Tabelle 2* werden die Anzahl und die Ausprägung von Ressourcen und Fehlbelastungen von guter Arbeit (Typ 1) und schlechter, ressourcenarmer Arbeit (Typ 5) gegenübergestellt.

Typ 1: „Gute Arbeit"		Typ 5: „Schlechte, ressourcenarme Arbeit"	
Ressourcen	Angaben in Prozent	Ressourcen	Angaben in Prozent
Unterstützung durch Kollegen	83	Unterstützung durch Kollegen	62
Positive Rückmeldung	83	Positive Rückmeldung	32
Unterstützung durch Vorgesetzte	77	Unterstützung durch Vorgesetzte	23
Einfluss	61	Einfluss	6
Möglichkeiten für Abwechslung	48	Hilfreiche Weiterbildung	5
Hilfreiche Weiterbildung	27	Möglichkeiten für Abwechslung	2
Entwicklungsmöglichkeiten	20		
Fehlbelastungen		**Fehlbelastungen**	
Unsicherheit	19	Unsicherheit	70
Körperliche Belastungen	14	Körperliche Belastungen	60
Unter-/Überforderung	11	Unter-/Überforderung	53
Zu hohe Komplexität	6	Mangelnde Entwicklungsmöglichkeiten	50
Arbeitszeit	5	Hohe Komplexität	49
Arbeitsorganisatorische Probleme	3	Einflussmangel	48
Zu hohe Verantwortung	2	Arbeitsorganisatorische Probleme	45
Zeitdruck	2	Vorgesetzte	43
Emotionale Belastungen	2	Zeitdruck	40
Belastende Umgebung	1	Belastende Umgebung	35
Vorgesetzte	1	Arbeitszeit	34
		Emotionale Belastungen	34
		Widersprüchliche Anforderungen	33
		Kollegen	14
		Hohe Verantwortung	13

Tab. 2: Vergleich Anzahl und Ausprägung von Ressourcen und Fehlbelastungen bei guter Arbeit und schlechter, ressourcenarmer Arbeit (Quelle: Fuchs, 2006)

Der Typ 1 „Gute Arbeit" kommt relativ selten vor. Nur knapp jeder zehnte abhängig Beschäftigte (9 %) berichtet, eine solche Arbeit zu haben. Eine hohe Anzahl und Ausprägung von Ressourcen steht einer geringen Anzahl und Ausprägung von Fehlbelastungen gegenüber.

Der Typ 5 „Schlechte, ressourcenarme Arbeit" kommt häufiger vor. 17 Prozent der abhängig Beschäftigten gaben die Arbeitsmerkmale an.

Die Anzahl und die Ausprägung der Ressourcen sind bei schlechter, ressourcenarmer Arbeit wesentlich geringer, dafür sind die Anzahl und die Ausprägung der Fehlbelastungen deutlich höher.

Die Anzahl der Ressourcen bei der Arbeit hat Auswirkungen auf die berichtete Arbeitszufriedenheit (*siehe Abb. 1*).

Von den Befragten, die bei ihrer Arbeit „Ressourcen in bis zu drei Dimensionen" haben, ist fast ein Drittel „fixiert unzufrieden". Ein weiteres Drittel ist „resigniert zufrieden". Im Vergleich dazu sind bei den Befragten, die „Ressourcen in sechs bis sieben Dimensionen" haben, etwa 35 Prozent „progressiv zufrieden". Diese Zufriedenheit stärkt nicht nur das Kohärenzgefühl und erhält gesund, sondern wirkt sich positiv auf das Innovationspotenzial und die Wirtschaftlichkeit von Unternehmen aus.

Interventionswege

Prinzipiell gibt es zwei Möglichkeiten, um gesunde Arbeit zu erreichen: bedingungsbezogen oder personenbezogen. Im Arbeitsschutz werden die Wege auch Verhältnis- und Verhaltensprävention genannt.

Bedingungsbezogene Interventionen dienen der Schaffung salutogener Arbeitsstrukturen. Fehlbelastungen sollen reduziert und Ressourcen aufgebaut werden. Sie können im Rahmen der gesundheitsförderlichen Gestaltung von Arbeit verschiedene Inhalte und unterschiedliche Reichweiten haben (Bamberg/Metz, 1998): Gestaltung der Arbeitsumgebungsbedingungen, der Ausführungsbedingungen oder der Aufgabeninhalte. Sie können auf einer oder mehreren organisationalen Ebenen in einem Unternehmen stattfinden oder überbetriebliche Faktoren einbeziehen.

Bei bedingungsbezogenen Interventionen sind die individuellen Ansprüche und Voraussetzungen, die individuelle Erholungsfähigkeit sowie die objektiv und subjektiv erlebten Möglichkeiten, sich von der Arbeit zu distanzieren, zu berücksichtigen.

Ansatzpunkte von personenbezogenen Maßnahmen sind zum Beispiel (Bamberg/Metz, 1998):

- Gesundheitsbezogenes (Risiko-)Verhalten, wie Rauchentwöhnung, gesunde Ernährung, Entspannung, Sport, sicheres und gesundes Arbeiten

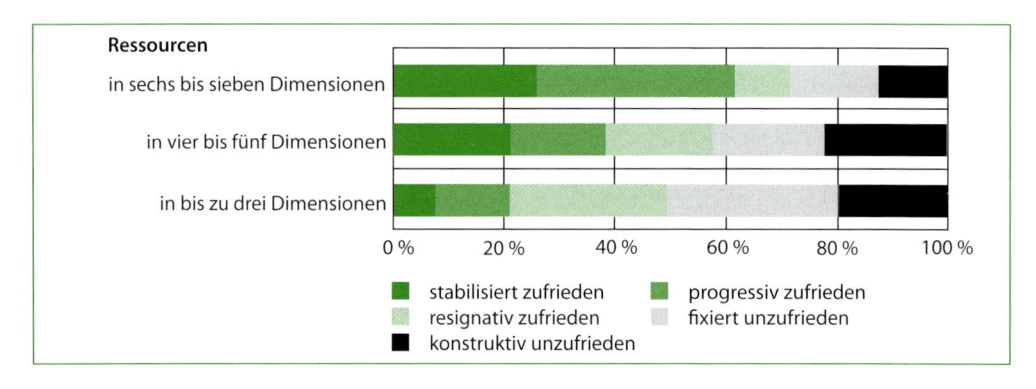

Abb. 1: Auswirkungen der Anzahl der Ressourcen bei der Arbeit auf die berichtete Arbeitszufriedenheit (Quelle: Fuchs, 2006)

- Internale Ressourcen, wie Erweiterung sozialer Kompetenzen, Problemlösung, Zeit- und/oder Stressmanagement
- Externe Ressourcen, wie Möglichkeiten zur sozialen Unterstützung, Handlungsspielraum.

Die Beispiele zeigen, dass personenbezogene Interventionen verschiedene Ziele verfolgen. Im Vordergrund steht oft, über Belastungen und Ressourcen bei der Arbeit zu informieren, Problembewusstsein zu schaffen und für Verhaltensänderungen zu motivieren und diese beizubehalten. Dafür werden bekannte Methoden angewendet, wie Information und Aufklärung, Instruktion und Unterweisung, Methoden zur Verhaltensmodifikation, Beratung und Coaching, Seminare oder Trainingskurse.

Betriebliche Problemlösegruppen, wie Gesundheits- oder Qualitätszirkel, haben im Rahmen der Betrieblichen Gesundheitsförderung einen besonderen Stellenwert, da sie die aktive Einbeziehung der Mitarbeiter ermöglichen. Nicht immer ist es bei Zirkelarbeit möglich und sinnvoll, zwischen bedingungs- und personenbezogenen Interventionen deutlich zu unterscheiden. Besser ist es, sie miteinander zu verzahnen, um einerseits externe Ressourcen als Handlungsmöglichkeiten zu schaffen und andererseits diese Möglichkeiten im individuellen und kollektiven Verhalten zu realisieren. Erst auf dieser Basis wird eine human gestaltete Arbeit für die Beschäftigten langfristig wirksam und nutzbar (Bamberg/Metz, 1998).

In Studien zur Prävention von Stress am Arbeitsplatz (Walter u. a., 2006; Bamberg/Busch, 2006) ist immer wieder die Dominanz personenbezogener Interventionen in den Betrieben und der wissenschaftlichen Evaluation erkennbar. Personenbezogene Interventionen lassen sich leichter implementieren und haben meist keine strukturellen Veränderungen im Unternehmen zur Folge. Die Erfolge bedingungsbezogener Interventionen sind später und schwieriger nachweisbar, trotzdem wird ihnen eine höhere Nachhaltigkeit beschieden.

Die Initiative Gesundheit und Arbeit, kurz iga, ist eine Gemeinschaftsinitiative vom Bundesverband der Betriebskrankenkassen (BKK) und der Deutschen Gesetzlichen Unfallversicherung (DGUV). Im Rahmen der Projektarbeit wurde 2004 eine Befragung von Arbeitsschutzexperten: „Ausmaß, Stellenwert und betriebliche Relevanz psychischer Belastungen bei der Arbeit" durchgeführt (Paridon, Bindzius, Windemuth, Hanßen-Pannhausen, Boege, Schmidt, Bochmann, 2004). Als gravierendste Probleme wurden Arbeitsbedingungen und -organisation, Führungsstil und kommunikative Defizite genannt. Verschiedene Maßnahmen der Arbeits- und Organisationsgestaltung sowie der Personalentwicklung sollen hier Abhilfe schaffen. Beispiele sind die Schaffung einer hohen Transparenz, zum Beispiel durch die Schaffung klarer Aufgaben- und Verantwortungsbereiche, und ein gelebter partizipativer Führungsstil.

Wirkungen gesundheitsförderlicher Arbeitsgestaltung

Nach der Umsetzung von Maßnahmen zur Gesundheitsförderung im Betrieb werden nachweislich positive Effekte erzielt (AOK, 2005), zum Beispiel:
- Höhere Dienstleistungs- und Beratungsqualität
- Mehr Zeit für Kunden, gesteigerte Kundenzufriedenheit
- Verbesserte Kommunikation
- Größere Zufriedenheit der Mitarbeiter
- Belastungsabbau

- Effizientere Besprechungen
- Verbesserte Planbarkeit und Termintreue
- Besseres Vorgesetzen- und Mitarbeiterverhältnis
- Niedrigere Krankenquote, weniger Lohnfortzahlungskosten
- Reduzierung von Arbeitsunfällen.

Angestellte mit hoher Selbstbestimmung bei der Arbeit profitieren stärker von Stressinterventionen als Angestellte mit geringer Selbstbestimmung. Organisatorische Interventionen, zum Beispiel durch die Umgestaltung der Arbeit oder die Veränderung der organisatorischen Strukturen, erhöhen die Wahrscheinlichkeit, dass mehr Beschäftigte von der Intervention „profitieren" (Walter u.a., 2006).

Fritz (2005) hat die Effekte für ausgewählte betriebliche Maßnahmen der Gesundheitsförderung berechnet (s. *Tab. 3*). Maßnahmen des Arbeitsschutzes, die Einführung von Führungsleitlinien und die Gestaltung der Arbeitsabläufe schneiden am besten ab. Bei personenbezogenen Maßnahmen, wie Weiterbildung und Rückenschule, wurde ein ungünstiges Kosten-Nutzen-Verhältnis ermittelt. Fuchs (2006) nennt auf der Grundlage der Ergebnisse der repräsentativen Studie „Was ist gute Arbeit?" Gründe für das schlechte Abschneiden von Weiterbildungsmaßnahmen. Sie sind in vielen Fällen darauf zurückzuführen, dass die Maßnahmen am konkreten Bedarf vorbeigehen oder unsystematisch erfolgen. Das so genannte „Gießkannenprinzip" bei der Vergabe von Weiterbildungen bleibt wirkungslos beziehungsweise führt zur Frustration bei den Beschäftigten, da das Gelernte nicht oder nur teilweise im betrieblichen Alltag umgesetzt werden kann. Die Motivierung der Beschäftigten, an weiteren Weiterbildungsmaßnahmen teilzunehmen, sinkt. Das schränkt die

Betriebliche Maßnahmen	Kosten	1 € bringt	Kosten 3 %	1 € bringt	Kosten 5 %	1 € bringt	K. mit Evaluation	1 € bringt
Arbeitsabläufe	Keine Kostenangabe							
Mitarbeiterinformation	26.000	11,20	25.193	11,59	24.689	11,85	33.923	8,35
Schichtbesprechung	132.504	1,03	127.361	1,11	124.144	1,17	140.427	0,91
Zufriedenheitszirkel	25.453	8,02	25.027	8,17	24.756	8,27	33.376	5,88
COQ-Projekte	Keine Kostenangabe							
Weiterbildung	240.000	-0,82	233.080	-0,81	228.752	-0,81	247.923	-0,82
Umgebungseinfluss	Keine Kostenangabe							
Verb. Sozialräume	148.300	0,36	144.230	0,39	141.673	0,42	156.223	0,29
Mobiliar/Arbeitsmittel	111.500	6,35	107.273	6,64	104.626	6,84	119.423	5,87
Gesundheitsmaßnahmen (Rückenschule)	34.107	0,20	33.497	0,22	33.115	0,23	42.030	-0,03
Führungsleitlinien	62.000	12,55	59.956	13,02	58.673	13,32	69.923	11,02
Arbeitssicherheit	54.000	18,31	52.271	18,95	51.192	19,37	61.923	15,84

Tab. 3: Ergebnisse der Kosten-Nutzen-Analyse II, mit Diskontsätzen und Evaluationskosten (Quelle: Fritz, 2005)

Möglichkeiten des lebenslangen Lernens ein, was aber angesichts der steigenden Anforderungen in der Arbeitswelt auch für älter werdende Belegschaften unbedingt notwendig wäre.

Praxisbeispiele

Beispiele aus der Praxis wurden unter anderem in die INQA-Datenbank „Gute Praxis" aufgenommen. Neben der Beschreibung der Projekte oder Angebote finden sich dort auch Ansprechpartner, Literaturhinweise und weitere nützliche Links im Internet.

Außerdem wurden in den INQA-Berichten Nr. 14 und 35 (Müller, 2005 und 2008) „Gute Lösungen in der Pflege" beschrieben. Ein beeindruckendes Beispiel stellt das Projekt „Arbeitslogistik in der Altenhilfe – Samariterstift Zuffenhausen" dar (Müller, 2005). 2001 wurde das Projekt mit Unterstützung der Berufsgenossenschaft für Gesundheitsdienst und Wohlfahrtspflege (BGW) in der Einrichtung durchgeführt. Ein wesentliches Ziel war der Abbau von Arbeitsspitzen. Über die Erfassung der Schichtverläufe wurde schnell klar, zu welchen Zeiten an das Personal zu hohe Anforderungen gestellt wurden. Unter Einbeziehungen der Wohnbereichsleitungen und der Mitarbeiter wurden Maßnahmen entwickelt. Eine Maßnahme bestand darin, den Bewohnern individuelle Aufsteh- und Wachzeiten zu ermöglichen. Vor allem in der Frühschicht konnten auf diese Weise Arbeitsspitzen abgebaut werden. Eine Befragung der Mitarbeiter nach dem Projekt hat ergeben, dass sich die allgemeine Stimmung und das Arbeitsklima wesentlich verbessert haben. Durch die Vermeidung der zeitlichen Überlastung konnte der Informationsfluss verbessert werden, insgesamt gab es mehr Möglichkeiten für gegenseitige Absprachen. Die Mitarbeiter arbeiteten engagierter und waren in der Lage, mehr Verantwortung zu übernehmen. In der ersten Projektphase kam es im Pilotbereich zur Verringerung der Krankheitstage um 20 Prozent. Die Umgestaltung der Arbeitsabläufe hat sich auch positiv auf die Bewohner ausgewirkt. So reduzierten sich deutlich die Abwehrhaltungen bei der morgendlichen Pflege. Die Bewohner waren insgesamt zufriedener.

Der Wettbewerb „Deutschlands Beste Arbeitgeber" um die besten, qualifiziertesten und motiviertesten Arbeitnehmer hat im vergangenen Jahr weiterhin an Bedeutung gewonnen. Bereits jetzt zeichnet sich in Deutschland für Arbeitgeber ab, dass es immer schwieriger wird, ausreichend qualifizierte Arbeitnehmer zur Deckung des Personalbedarfs zu finden. Klare Vorteile haben hier diejenigen Einrichtungen, denen es gelingt, besonders interessante Arbeitsplätze für ihre Mitarbeiterinnen und Mitarbeiter zu schaffen und sich auf dem Personalmarkt und in der Öffentlichkeit als attraktiver Arbeitgeber zu präsentieren.

Unter den fünfzig besten Arbeitgebern hat sich neben namhaften Firmen aus der IT-Branche 2006 die „Alten- und Pflegeheime St. Josef gGmbH" aus Heinsberg-Waldenrath platziert. In den fünf Einrichtungen von St. Josef werden alte, pflegebedürftige und behinderte Menschen beraten, betreut, gepflegt und versorgt. Das wichtigste Kapital im St. Josef sind motivierte Mitarbeiter. Durch einen kooperativen Führungsstil werden die Mitarbeiter in die Entscheidungen mit eingebunden. Teamarbeit wird als Grundlage des Handelns angesehen. Bei der täglichen Arbeit werden vor allem folgende Aspekte berücksichtigt und „gelebt":

- Förderung und Unterstützung der Leitungskräfte hinsichtlich des Verantwortungsbewusstseins für ihren Tätigkeits-

bereich sowie für das Unternehmen als Ganzes
- Anerkennung der Kompetenzen und Fachkenntnis eines jeden Mitarbeiters
- Förderung der Eigeninitiative und der persönlichen Entwicklung eines jeden Mitarbeiters, ungeachtet des Aufgabenbereichs
- Vornehmen einer vorausschauenden Personalplanung
- Schaffung des Angebots regelmäßiger beruflicher Fort- und Weiterbildungen
- Regelmäßige Kommunikation und Information aller Mitarbeiter
- Bildung von Qualitätszirkeln, wodurch eine häuserübergreifende Zusammenarbeit geschaffen und die Mitarbeiter somit in die betrieblichen Prozesse und Entscheidungen mit eingebunden werden.

Die genannten Aspekte führten in den Einrichtungen von St. Josef zu einem sehr geringen Krankenstand von 1,5 Prozent. Hinzu kommt, dass es in den letzten Jahren kaum Fluktuation von Mitarbeitern in andere Pflegeheime gab.

Fazit und Ausblick

Gesundheitsförderung und Prävention sind wichtige Strategien für den Erhalt und die Förderung der Gesundheit der Beschäftigten bei der Arbeit. In den Unternehmen führt die Umsetzung entsprechender Maßnahmen zu positiven Ergebnissen.

Die beschriebenen guten Lösungen in der Pflege sind auch auf andere Tätigkeiten, andere Betriebe und Branchen übertragbar.

Die Merkmale „Guter Arbeit" sind geeignete Zielvorgaben für die Schaffung gesunder Arbeit, die in Prozessen der Neu- und Umgestaltung erreicht werden können.

Seit 2007 gibt es den Wettbewerb „Beste Arbeitgeber im Gesundheitswesen". In Kooperation mit der BGW ist die Erstellung von Unternehmensportraits von ausgewählten Gewinnern geplant. Aus den Beschreibungen können Personalverantwortliche und Führungskräfte anderer Betriebe Ideen für Projekte und Maßnahmen gewinnen. Außerdem bestätigen die Gewinner, dass es sich lohnt, über eigene Strukturen nachzudenken und sie bei Bedarf zu verändern. Die Einbeziehung der Mitarbeiter und die Anerkennung ihrer Kompetenzen motivieren und halten gesund.

→ Betriebliche Gesundheitsförderung (S. 86); Führung und Gesundheit (S. 220); Soziale Unterstützung (S. 324); Stress (S. 334)

Literatur

Alter und Gesundheit – Spezialanalyse 2004. AOK Rheinland – die Gesundheitskasse (BGF 2005)

Antonovsky, A.: Salutogenese. Zur Entmystifizierung der Gesundheit. dgvt-Verlag, Tübingen 1997

Bamberg, E./Busch, C.: Stressbezogene Interventionen in der Arbeitswelt. In: Zeitschrift für Arbeits- und Organisationspsychologie 50, 2006 (N.F. 24) 4, S. 215–226

Bamberg, E./Metz, A.-M.: Interventionen. In: Bamberg, E./Ducki, A./Metz, A.-M.: Handbuch Betriebliche Gesundheitsförderung. Arbeits- und organisationspsychologische Methoden und Konzepte. Hogrefe, Göttingen 1998, S. 177–210

BDA: Betriebliche Gesundheitsförderung, www.bda-online.de, 2008

Becker, P.: Prävention und Gesundheitsförderung. In: Schwarzer, R. (Hrsg.): Gesundheitspsychologie. Hogrefe, Göttingen 1997, S. 517 ff.

Ducki, A.: Anforderungen in der Arbeitswelt und ihre Auswirkungen auf die Gesundheit. In: KKH (Hrsg.): Stress? Ursachen, Erklärungsmodelle und präventive Ansätze (Weißbuch Prävention 2005/2006). Springer Medizin Verlag, Heidelberg 2006, S. 141–147

Ducki, A.: Ressourcen, Belastungen und Gesundheit. In: Bamberg, E./Ducki, A./Metz, A.-M.: Handbuch Betriebliche Gesundheitsförderung. Arbeits- und organisationspsychologische Methoden und Konzepte. Hogrefe Verlag für Psychologen, Göttingen 1998, S. 145–154

Fritz, S.: Ökonomischer Nutzen „weicher" Kennzahlen. (Geld-)Wert von Arbeitszufriedenheit und Gesundheit. (MTO-Band Nr. 38). vdf Hochschulverlage AG an der ETH Zürich, Zürich 2005

Fuchs, T.: Was ist gute Arbeit? Anforderungen aus Sicht der Erwerbstätigen. INQA-GS (Hrsg.), INQA-Bericht Nr. 19. Wirtschaftsverlag NW, Bremerhaven 2006

Müller, B.: Gute Lösungen in der Pflege. INQA-Bericht Nr. 14, Dortmund, Dresden 2005

Müller, B.: Gute Lösungen in der Pflege II. INQA-Bericht Nr. 35, Dortmund, Dresden 2008

Paridon, H./Bindzius, F./Windemuth, D./Hanßen-Pannhausen, R./Boege, K./Schmidt, N./Bochmann, F.: Ausmaß, Stellenwert und betriebliche Relevanz psychischer Belastungen bei der Arbeit: Ergebnisse einer Befragung von Arbeitsschutzexperten. HVBG, BGAG und BKK BV, IGA Report 5, Dresden und Essen 2004

Udris, I./Frese, M.: Belastung und Beanspruchung. In: Hoyos, Graf C./Frey, D. (Hrsg.): Arbeits- und Organisationspsychologie. Psychologie Verlag Union, Weinheim 1999, S. 429–445

Walter, U./Plaumann, M./Busse, A./Klippel, U.: Prävention von Stress am Arbeitsplatz: Ergebnisse einer systematischen Literaturrecherche. In: KKH (Hrsg.): Stress? Ursachen, Erklärungsmodelle und präventive Ansätze. Weißbuch Prävention 2005/2006. Springer Medizin Verlag, Heidelberg 2006, S. 148–162

Zimolong, B./Elke, G./Bierhoff, H.-W.: Den Rücken stärken – Grundlagen und Programme der betrieblichen Gesundheitsförderung. Hogrefe, Göttingen 2008

Berufsgenossenschaft für Gesundheitsdienst und Wohlfahrtspflege (www.bgw-online.de)

Bundesanstalt für Arbeitsschutz und Arbeitsmedizin (www.baua.de)

Bundesvereinigung Deutscher Arbeitgeberverbände (www.bda-online.de)

Deutsche Gesetzliche Unfallversicherung (www.dguv.de)

Deutschlands Beste Arbeitgeber (www.greatplacetowork.de)

ergo-online (www.ergo-online.de)

IG Metall (www.igmetall.de)

Initiative Gesundheit und Arbeit (www.iga-info.de)

Initiative Neue Qualität der Arbeit (www.inqa.de)

Prävention online (www.praevention-online.de)

Sozialnetz Hessen (www.sozialnetz.de)

Reinhold Sochert

Betriebliche Gesundheitsförderung

Abstract
Die betriebliche Gesundheitsförderung in Deutschland blickt auf eine mehr als 20-jährige Geschichte zurück. Sie bietet methodisch und pragmatisch geeignete Konzepte zur Analyse und Verhütung arbeitsbedingter, insbesondere psychosozialer Gesundheitsgefahren an. Ihre Schubkraft erhielt sie durch das Auftreten der Krankenkassen im Feld arbeitsweltbezogener Prävention, die sich seit den 1980er-Jahren schnell zu wichtigen Handlungsträgern in diesem Bereich entwickelten. Heute werden Maßnahmen zur betrieblichen Gesundheitsförderung systematisch in zirka 20 Prozent aller Betriebe und Verwaltungen durchgeführt, mit nachweisbaren betriebswirtschaftlichen und gesundheitlichen Effekten. Zu den wesentlichen Herausforderungen für die Zukunft zählen die transparente Koordination und Vernetzung der Vielzahl unterschiedlicher Aktivitäten, die weitere Gewinnung und Verbreitung der Erkenntnisse über ihre Wirksamkeit sowie der Aufbau und die Pflege eines einfachen und robusten Kennzahlensystems, das die betriebliche Steuerung der Aktivitäten ermöglicht.

Gesundheitspolitischer Hintergrund und thematische Eingrenzung

Die betriebliche Gesundheitsförderung in Deutschland blickt auf eine mehr als 20-jährige Geschichte zurück. Sie steht im Schnittpunkt insbesondere von drei Entwicklungen und Herausforderungen, die für ihren Attraktivitätsgewinn maßgebend sind: Die von der Weltgesundheitsorganisation (WHO) 1986 verabschiedete Ottawa-Charta, die Reformdiskussion über den traditionellen Arbeits- und Gesundheitsschutz sowie das Auftreten der gesetzlichen Krankenkassen als institutioneller Akteur im Feld arbeitsweltbezogener Prävention.

Ausgehend von neu entwickelten Konzepten der WHO/Regionalbüro für Europa (1984) und insbesondere der Ottawa-Charta (1986) konnten mit dem Ziel der Schaffung gesunder Lebensumwelten (Setting-Ansatz) verstärkt auch der Arbeitsplatz beziehungsweise der Betrieb und die dort vorfindbaren gesundheitsförderlichen und -belastenden Bedingungen in einem neuen Zusammenhang thematisiert werden. Im Kern geht es dabei um die Rolle und das Verständnis psychosozialer Faktoren für Krankheit und Gesundheit.

In der Diskussion über die Reform des traditionellen Arbeits- und Gesundheits-

```
┌─────────────────────────────────────────────────────────────────────┐
│                   Betriebliche Gesundheitsförderung (BGF)           │
│                                                                     │
│   ┌──────────────┐    ┌──────────────────────┐   ┌───────────────┐  │
│   │     WHO      │    │ Defizite des trad.   │   │ Krankenkassen │  │
│   │ Ottawa-Charta│    │   Arbeitsschutzes    │   │ als Akteur BGF│  │
│   └──────┬───────┘    └──────────┬───────────┘   └───────┬───────┘  │
│          ▼                       ▼                       ▼          │
│  Sozio-psycho-somatisches   Normen- und           Leistungen zur    │
│  Gesundheitsverständnis     expertenzentriert     primären Prävention│
│          ▼                       ▼                       ▼          │
│   Arbeits- und           Naturwissenschaftlich-   Leistungen zur    │
│   Lebensweisenkonzept    technische              betrieblichen      │
│                          Betrachtungsweise       Gesundheitsförderung│
│          ▼                       ▼                       ▼          │
│   Autonomie/             Vernachlässigung         Verhütung         │
│   Kontrollkompetenz/     psychosozialer           arbeitsbedingter  │
│   soz. Unterstützung/    Belastungen              Gesundheitsgefahren│
│   Partizipation                                                     │
└─────────────────────────────────────────────────────────────────────┘
```

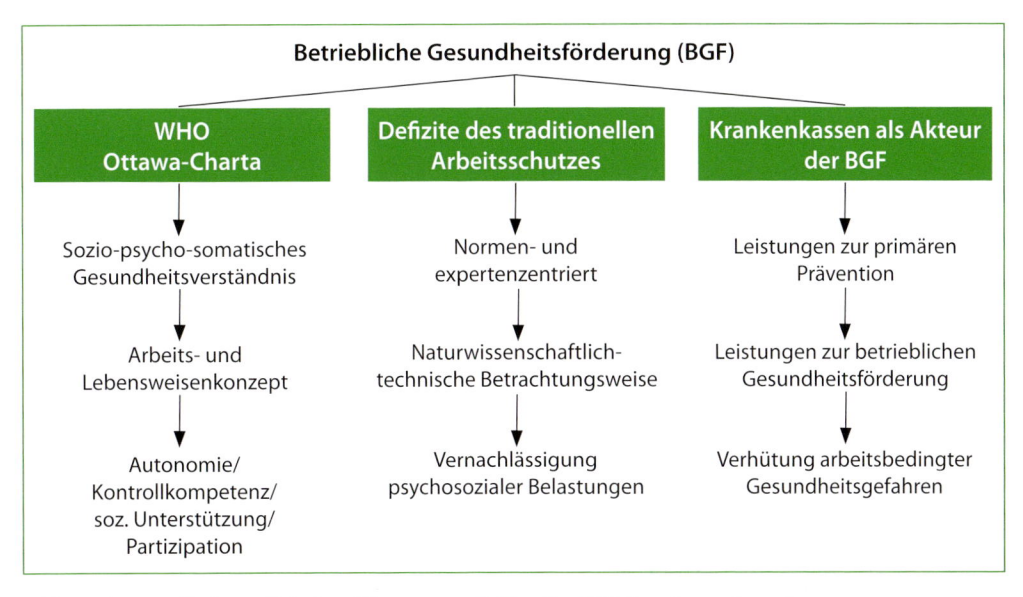

Abb. 1: Gesundheitspolitischer Hintergrund (Quelle: BKK Bundesverband)

schutzes wurden und werden eine Reihe verschiedener Kritikpunkte angeführt, die in der Konsequenz eine Erweiterung der Methoden und Verfahren des Arbeitsschutzes erfordern. Diese Kritik begründet sich vor allem in der Ansicht, der traditionelle Arbeits- und Gesundheitsschutz sei vorschriften- und expertenzentriert und blockiere tendenziell die aktive Mitwirkung seitens der Beschäftigten (primär naturwissenschaftlich-technische Betrachtungsweise, klassisches Kausalitätsdenken, Fixierung auf physikalisch-stoffliche und Unfallrisiken, Untersuchungsmedizin). Insbesondere trifft eine solche expertenorientierte Praxis bei der Prävention psychosozialer Arbeitsbelastungen, die durch den sozio-technischen Wandel relativ und absolut an Bedeutung gewonnen haben, auf große Schwierigkeiten. Zur Erfassung psychosozialer Belastungen und Beanspruchungen sind sozialwissenschaftliche Indikatoren – „wahrgenommene" Belastungen und Beanspruchungen – heranzuziehen.

Dafür ist die Einbeziehung der Beschäftigten eine unabdingbare Voraussetzung.

Ihre eigentliche Schubkraft erhielt die betriebliche Gesundheitsförderung in Deutschland durch das Auftreten neuer institutioneller Akteure im Feld arbeitsweltbezogener Prävention: den gesetzlichen Krankenkassen, die sich schnell zu wichtigen Handlungsträgern in diesem Bereich entwickelten. Der Durchbruch kam 1989, als mit der Einführung des § 20 im Sozialgesetzbuch die Gesetzliche Krankenversicherung einen eigenen Handlungsauftrag auf dem Gebiet der Prävention und Gesundheitsförderung erhielt. Danach sollen die Krankenkassen Leistungen zur primären Prävention erbringen und den Arbeitsschutz ergänzende Maßnahmen der betrieblichen Gesundheitsförderung durchführen.

Ferner arbeiten die Krankenkassen bei der Verhütung arbeitsbedingter Gesundheitsverfahren mit den Trägern der gesetzlichen Unfallversicherung zusammen.

Konzepte und Praxis

Bei der Beantwortung der offenen Fragen nach methodisch und pragmatisch geeigneten Konzepten und Verfahrenswegen zur Analyse und Verhütung arbeitsbedingter, insbesondere psychosozialer Gesundheitsgefahren, konnte sowohl auf solide wissenschaftliche Erkenntnisse als auch auf Erfahrungen aus verschiedenen Aktivitäten und Modellvorhaben zurückgegriffen werden, die man bereits im Laufe der 1980er-Jahre gesammelt hatte. Hierzu zählen Ergebnisse aus der Arbeitsschutz- und Stressforschung sowie Forschungen zur betrieblichen Epidemiologie zum Auffinden arbeitsbedingter Gesundheitsrisiken. Für die betriebliche Gesundheitsförderung erlangten vor allem zwei Ansätze praktische Relevanz:

- Das Integrierte Verfahren zur Analyse arbeitsbedingter Krankheiten (Ferber/Slesina, 1981 und 1987)
- Die Entwicklung von Gesundheitszirkelkonzepten (Slesina/Beuels/Sochert, 1998; Friczewski/Jenewein/Westermayer, 1990).

Das **Integrierte Verfahren zur Analyse arbeitsbedingter Krankheiten** wurde zwischen 1978 und 1983 am Institut für Medizinische Soziologie der Universität Düsseldorf entwickelt. Es stellt ein betriebsepidemiologisches Verfahren dar und ermöglicht es, jene Arbeitsbereiche eines Betriebs herauszufiltern, wo erhöhte Arbeitsbelastungen und erhöhte Erkrankungsraten zusammentreffen. Die Vorgehensweise gliedert sich in zwei Datenerhebungen, deren Ergebnisse in einem dritten Schritt zusammengeführt werden:

- Belastungsprofile: Durch Befragung von Beschäftigten mit einem standardisierten Fragebogen werden die wahrgenommenen Belastungen an den Arbeitsplätzen des Betriebs erhoben. Die Arbeitsplätze mit gleichartigen Aufgaben und Belastungen werden zu „belastungshomogenen Gruppen" zusammengefasst (z.B. Kranfahrerarbeitsplätze). Für jede Arbeitsplatzgruppe wird das Belastungsprofil erstellt.
- Krankheitshäufigkeit: Durch Auswertung der anonymisierten Arbeitsunfähigkeitsdaten (AU-Daten) der Krankenversicherung werden die Fälle (chronischer) Erkrankungen ermittelt. Sodann wird für die belastungshomogenen Arbeitsplatzgruppen die Häufigkeit des Auftretens (Prävalenz) der Krankheiten bestimmt.
- Die Belastungsprofile und die Prävalenzen werden integriert ausgewertet.

In den 1980er-Jahren sind zwei unterschiedliche **Gesundheitszirkelkonzepte** entwickelt worden: Das **Düsseldorfer Modell** entstand aus der Beschäftigung mit Problemen und Lücken, die bei der Umsetzung des Auftrags zur Prävention arbeitsbedingter Erkrankungen (nach dem Arbeitssicherheitsgesetz) zu verzeichnen waren. Die Wurzeln lagen somit innerhalb der Arbeitsschutzforschung. Betont wird ein eher verhältnis- beziehungsweise gestaltungsorientierter Ansatz. Es sollten technische, organisatorische und verhaltensbezogene Vorschläge zur Verringerung beziehungsweise Beseitigung als gesundheitlich beeinträchtigend erlebter Arbeitsbelastungen erarbeitet und umgesetzt werden. Kennzeichnend für das Düsseldorfer Konzept ist eine interdisziplinäre, hierarchieübergreifende Zusammensetzung. Der Gesundheitszirkel bildet einen Querschnitt durch das betriebliche Positionsgefüge. Er umfasst Vorgesetzte und unterstellte Mitarbeiter eines Arbeitsbereichs, Arbeitsschutzexperten, Management und Interessenvertretung der Arbeitnehmer.

Betriebliche Gesundheitsförderung

Düsseldorfer Modell	**Berliner Modell**
Ziel: Verringerung arbeitsbedingter Gesundheitsgefahren	Ziel: Verringerung stressbedingter Gesundheitsgefahren
Lösungsansatz: Verhältnis-/Gestaltungsorientiert: Gesundheitsgerechte Arbeitsgestaltung	Lösungsansatz: Verhaltens-/Befähigungsorientiert: Erlernen neuer Bewältigungsmuster

Externe Moderation

Düsseldorfer Modell: Direkter Vorgesetzter, 6–8 Beschäftigte, Betriebsarzt/-ärztin, Betriebs-/Abteilungsleiter, Betriebs-/Personalrat, FASI/Ergonom – Interdisziplinäre/hierarchieübergreifende Zusammensetzung

Berliner Modell: Beschäftigte (mehrere) – Homogene Zusammensetzung einer Hierarchiestufe

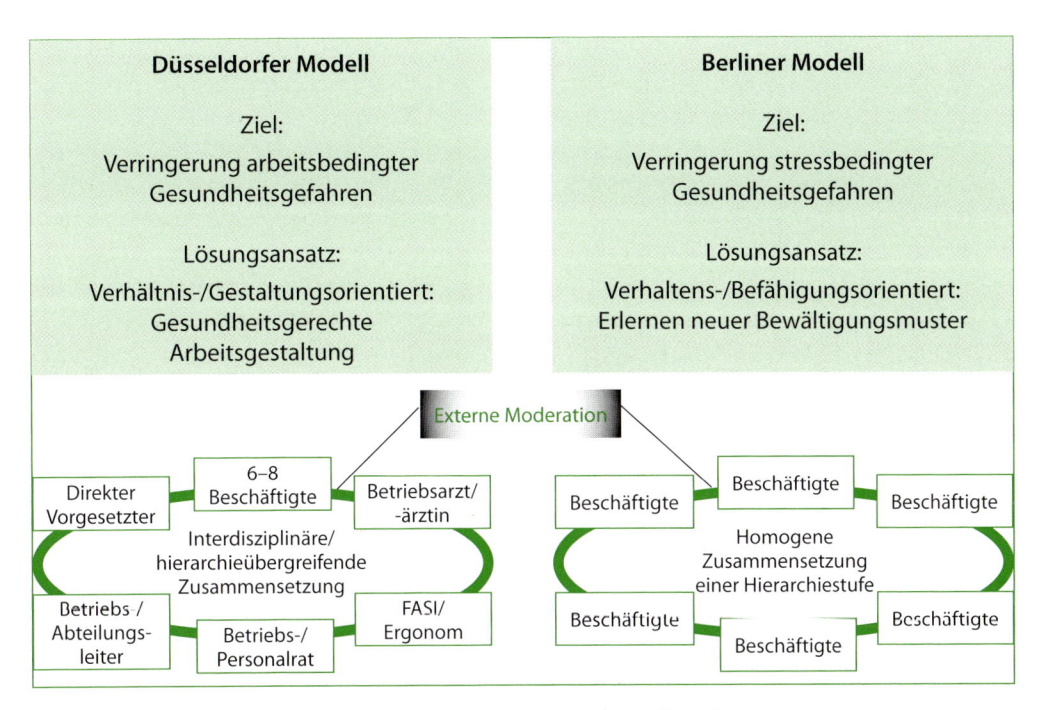

Abb. 2: Gesundheitszirkel: Konzepte (Quelle: BKK Bundesverband)

Demgegenüber wurde an der Universität Berlin das **Berliner Modell** entwickelt. Es bezieht seine Wurzeln aus der Stressforschung und verfolgt einen eher verhaltens- beziehungsweise befähigungsorientierten Ansatz. Es wurde erstmalig mit einer Gruppe von mehr als zehn Meistern erprobt. Vorschläge und Methoden zum Erlernen neuer Bewältigungsmuster standen im Zentrum der Aufmerksamkeit. Es zeichnet sich durch eine homogene Zusammensetzung aus einer Hierarchiestufe aus. Ohne Vorgesetzte, Management, Interessenvertretung und andere Experten, unterstützt nur von einem externen Moderator, macht sich eine Gruppe von 10 bis 15 Mitarbeitern eines Arbeitsbereichs daran, ihre Arbeitssituation auf ihre gesundheitlichen Aspekte zu untersuchen und nach Verbesserungs- beziehungsweise Entlastungsmöglichkeiten zu suchen.

Mit dem integrierten Verfahren zur Analyse arbeitsbedingter Erkrankungen und mit dem Konzept der Gesundheitszirkel waren wissenschaftliche Grundsteine gelegt worden, die durch die Weiterentwicklung und Umsetzung in ein **praxistaugliches Verfahren** einen „Quantensprung" für die betriebliche Gesundheitsförderung in Deutschland bedeuteten. Die Grundlage hierfür wurde vor allem durch die Verwendung von routinemäßig dokumentierten AU-Daten erreicht, die für die Analyse zur Verfügung stehen, ohne dass teure und aufwendige Primärerhebungen erforderlich sind. Schließlich gelang es mit dem Verfahren, sich aus der Umklammerung einzelner Forschungsprojekte zu lösen und Krankenkassen und Unternehmen als Akteure und Manager des Verfahrens zu gewinnen. Dies gelang nur dadurch, dass der Zielkonflikt zwischen wissenschaftlichem –

und damit in der Regel aufwendigem – Anspruch und der betriebspraktischen Notwendigkeit, mit möglichst geringem Aufwand valide und reliable Informationen zeitnah zur Verfügung zu haben, zufriedenstellend gelöst werden konnte.

Die Krankenkassen verfeinerten die genannten Ansätze, entwickelten sie für die betriebliche Gesundheitsförderung zum Teil in eigenen Forschungsvorhaben weiter und passten sie für den Routinegebrauch praxisgerecht an. Die avancierteren Ansätze sind – bei allen Unterschieden im Detail – durch folgende Grundmerkmale gekennzeichnet:

- Die Planung, Steuerung und Entscheidung der Gesundheitsförderungsaktivitäten findet unter Beteiligung aller relevanten Funktions- und Entscheidungsträger des Betriebs in einem **Arbeitskreis Gesundheit oder Gesundheitsforum** statt.
- **Betriebliche Gesundheitsberichte** (AU-Daten der Krankenkassen, Mitarbeiterbefragungen, Expertenbeurteilungen) dienen als informationslogistisches Analyseinstrument für die Diskussion betrieblicher Gesundheitsprobleme.
- Konkrete Hinweise auf belastende Arbeitsprobleme sowie diesbezügliche Veränderungsbedarfe und Verbesserungsmöglichkeiten werden basisnah, gestützt auf die Wahrnehmungen, Erfahrungen und Lösungskompetenzen der Beschäftigten, in **Gesundheitszirkeln** erarbeitet.
- Die Interventionsmaßnahmen betrieblicher Gesundheitsförderung umfassen sowohl strukturelle Gestaltungsmaßnahmen der **Verhältnisprävention** als auch **verhaltenspräventive** Angebote. Sie richten sich an Führungskräfte ebenso wie an Beschäftigte aller anderen Hierarchiestufen.
- Die betriebliche Gesundheitsförderung ist durch projektförmiges Vorgehen gekennzeichnet und zielt darauf ab, die Fähigkeit der betrieblichen Akteure zu eigenständiger Problemidentifizierung und Problemlösung zu erhöhen und kollektive Selbstveränderung anzuregen (**Organisationsentwicklung**).

Zunehmend treten nun ganzheitliche „Gesundheitsmanagementsysteme" in den Vordergrund. Diesen Systemen zugrunde liegt die Erfahrung, dass „Gesundheit" eine funktionsübergreifende Aufgabe ist, die sich über die gesamte Wertschöpfungskette erstreckt. Damit ist das Gesundheitsmanagement sowohl Führungsaufgabe als auch Querschnittsfunktion.

Ein an den genannten Merkmalen orientiertes Vorgehen war und ist in der be-

Projektsteuerung	Arbeitskreis Gesundheit
Analysen	Gesundheitsbericht (AU-Daten, Befragung, Expertenbeurteilung)
Maßnahmen erarbeiten	Gesundheitszirkel
Maßnahmen umsetzen	Verhältnis-/Verhaltensprävention (Ergonomie, Organisation, Kommunikation, Führung)
Evaluation	Prozess-/Ergebnisevaluation
Kommunikation	Information (AK Gesundheit, Management, Mitarbeiter)

Abb. 3: Vorgehen der Betrieblichen Gesundheitsförderung (Quelle: BKK Bundesverband)

trieblichen Gesundheitsförderungspraxis in Deutschland aber keineswegs die Regel. Anhand verschiedener Studien zur Verbreitung betrieblicher Gesundheitsförderung lässt sich derzeit das folgende Bild skizzieren (Hollederer 2007 und Präventionsbericht 2007):

- Betriebliche Gesundheitsförderung findet in zirka 20 Prozent der Betriebe und Verwaltungen in Deutschland statt.
- Individuen- beziehungsweise verhaltensbezogene Maßnahmen besitzen in der Praxis ein deutliches Übergewicht.
- Verhältnispräventive Maßnahmen spielen demgegenüber eine wesentlich geringere Rolle. Dies gilt insbesondere für Veränderungen der Arbeitsorganisation und Erweiterungen von Handlungs- und Entscheidungsspielräumen.
- Es existiert eine unverhältnismäßig starke Konzentration der Maßnahmen auf größere Betriebe, insbesondere des verarbeitenden Gewerbes. Die Ausweitung des Dienstleistungssektors spiegelt sich nur unterdurchschnittlich wider.
- Eine Verstetigung und Integration der betrieblichen Gesundheitsförderung in die „normalen" betrieblichen Entscheidungsstrukturen und Organisationsabläufe (Gesundheitsmanagement) wird häufig nicht realisiert.

Der Beitrag betrieblicher Gesundheitsförderung zum Unternehmenserfolg

Für die Akzeptanz von Maßnahmen der betrieblichen Gesundheitsförderung ist deren Wirksamkeit gemessen an der Verbesserung des Unternehmenserfolgs und der Gesundheit der Beschäftigten maßgebend. Abgesehen von einer Reihe von Einzelbeispielen (Sochert, 1999 und Lenhardt, 2003) liegt bisher nur eine Zusammenschau und Beurteilung von Maßnahmen betrieblicher Gesundheitsförderung im Sinne der „Evidence based Medicine" in Deutschland vor. Es handelt sich dabei um eine Zusammenstellung von Bewertungen und Ergebnissen aus 40 wissenschaftlich geprüften Übersichtsartikeln, in denen rund 1000 Studien überwiegend aus den USA von der Initiative Gesundheit und Arbeit (iga) untersucht wurden (Kreis/Bödeker, 2003 und Sokoll/Kramer/Bödeker, 2008).

Macht sich betriebliche Gesundheitsförderung bezahlt?

Insgesamt zehn Übersichtsartikel der iga-Studie beschäftigen sich mit dem ökonomischen Nutzen betrieblicher Gesundheitsförderung. Alle kommen zu dem Urteil, dass Unternehmen langfristig auch aus wirtschaftlicher Sicht von den Maßnahmen profitieren. Zur Veranschaulichung der Einsparungen durch betriebliche Gesundheitsförderung werden in der Regel die Zielgrößen Absentismus (krankheitsbedingte Fehlzeiten) und Krankheitskosten herangezogen. Die erzielbaren Kosten-Nutzen-Verhältnisse (Return on Investment, ROI) werden mit Werten zwischen 1:2,5 und 1:10,1 für Absentismus beziehungsweise 1:2,3 und 1:5,9 für medizinische Kosten beziffert. Für jeden investierten Dollar konnten also bei den Fehlzeiten mindestens 2,50 Dollar, bei den medizinischen Kosten mindestens 2,30 Dollar eingespart werden.

Wie hoch das volkswirtschaftliche Potenzial der durch Prävention am Arbeitsplatz vermeidbaren Gesundheitskosten insgesamt einzuschätzen ist, damit beschäftigten sich zwei Forschungsvorhaben des Institutes für Prävention und Gesundheitsförderung an der Universität Duisburg-Essen (Bödeker/Friedel/Röttger/Schröer, 2002 und Bödeker/Friedel/Friedrichs/Röttger, 2007). In Deutschland sind danach die Kosten arbeitsbedingter Erkrankungen und Frühverrentungen mit mindestens 39 Mrd. Euro zu veranschlagen. Diese Mindestkosten ergeben sich auf Grund von körperlichen Belastungen und Belastungen durch geringen Handlungsspielraum. Sie setzen sich aus 17 Mrd. Euro direkten (Krankheitsbehandlung) und 22 Mrd. Euro indirekten Kosten (Verlust an Erwerbsjahren durch Arbeitsunfähigkeit) zusammen. Bereits durch die Verringerung der Spitzen körperlicher und psychischer Belastungen ließen sich potenziell 4,5 Mrd. Euro der Kosten arbeitsbedingter Erkrankungen und Frühinvalidität einsparen.

Lassen sich Gesundheitsrisiken durch betriebliche Gesundheitsförderung verringern?
Diese Frage lässt sich generell mit einem „Ja" beantworten. Der iga-Studie zufolge sprechen die Ergebnisse aus kontrollierten Studien zu acht verschiedenen Interventionsbereichen (Bewegung, Ernährung, Tabak, Alkohol, Gewichtskontrolle, Gesundheitszirkel, umfassende Mehrkomponenten-Programme, ergonomische Maßnahmen mit partizipativer Komponente) für eine Minderung bekannter Risikofaktoren bei Beschäftigten. Beispielsweise konnte bestätigt werden, dass verhaltenspräventive Bewegungsprogramme die körperliche Aktivität erhöhen. Gleiches gilt für verhältnispräventive Maßnahmen, wie zum Beispiel die Schaffung von Sportmöglichkeiten vor Ort. Auch Maßnahmen, die die psychische Gesundheit fördern, sind wirksam. So sind zum Beispiel kognitiv-verhaltensbezogene Interventionen für beschwerdefreie Personen und Beschäftigte mit hohem Risiko für psychische Erkrankungen von Nutzen. Durch den Aufbau persönlicher Fähigkeiten zur Bewältigung helfen diese Maßnahmen, depressive Symptome und krankheitsbedingte Fehlzeiten zu reduzieren.

Die nachhaltigsten Effekte lassen sich mit Hilfe umfassend angelegter Mehrkomponenten-Programme erzielen, die mehrere Risikofaktoren berücksichtigen und verhaltens- mit verhältnisbezogenen Maßnahmen kombinieren. Betriebliche Gesundheitsförderungsmaßnahmen leisten somit nachweislich einen Beitrag zur Verbesserung der allgemeinen wie auch speziell der psychischen und körperlichen Gesundheit.

Ausblick
Trotz aller nach wie vor bestehenden Defizite scheint es aus heutiger Sicht dennoch gerechtfertigt, von einem Prozess zunehmender Systematisierung und Professionalisierung im Bereich der betrieblichen Gesundheitsförderung in Deutschland zu sprechen. Dafür sprechen die folgenden Indikatoren und Entwicklungen:

- Mittlerweile sind drei wichtige Bausteine der Qualitätssicherung im Bereich arbeitsweltbezogener Prävention vorhanden: Eine für alle Krankenkassen verbindliche Handlungsanleitung zur betrieblichen Gesundheitsförderung; eine jährlich veröffentlichte Dokumentation zu Leistungen der Primärprävention und der betrieblichen Gesundheitsförderung; eine einheitliche Evaluation der Aktivitäten zur betrieblichen Gesundheitsförderung ist in Arbeit.
- Unlängst haben die Spitzenverbände der Krankenkassen beschlossen, Ziele für Gesundheitsförderung und Prävention zu entwickeln. Für den Bereich der arbeitsweltbezogenen Prävention hat die GKV die Reduktion psychischer Erkrankungen und Verhaltensstörungen zum Oberziel gewählt (Bödeker, 2008).
- Als ein Ansatz zur Verstetigung der gesetzlich geforderten Zusammenarbeit von Kranken- und Unfallversicherung

hat sich die Initiative Gesundheit und Arbeit (iga) dauerhaft etabliert.
- Auf Initiative der Bertelsmann Stiftung und der Hans-Böckler-Stiftung nahm im Jahre 2001 eine Expertenkommission zur „Zukunft einer zeitgemäßen betrieblichen Gesundheitspolitik" die Arbeit auf. In ihr haben Fachleute aus Politik, Wirtschaft, Sozialversicherung und Wissenschaft eng zusammengearbeitet mit dem Ziel, Anforderungen an eine zukunftsfähige betriebliche Gesundheitspolitik zu formulieren und entsprechende Reformen anzustoßen (Bertelsmann Stiftung/Hans Böckler-Stiftung, 2004).
- Es existieren eine Reihe relevanter Netzwerkaktivitäten zur betrieblichen Gesundheitsförderung, um die nach wie vor bestehende Fragmentierung mit Blick auf Strategie- und Politikentwicklung und Wissenstransfer beziehungsweise -management zu überwinden. Besonders hervorzuheben sind in diesem Zusammenhang das Deutsche Netzwerk für Betriebliche Gesundheitsförderung (DNBGF) und die von der Bundesregierung ins Leben gerufene Initiative Neue Qualität der Arbeit (INQA), aber auch das Unternehmensnetzwerk Unternehmen für Gesundheit e.V. sowie die internationalen Netzwerke Enterprise for Health (EfH) und das Europäische Netzwerk für Betriebliche Gesundheitsförderung (ENWHP).

Zukünftig wird es darauf ankommen, die Vielzahl der unterschiedlichen Aktivitäten noch transparenter zu koordinieren beziehungsweise zu vernetzen. Nur durch eine für alle Beteiligten zufriedenstellende Koordination und Vernetzung der unterschiedlichen Aktivitäten können die anstehenden Aufgaben bewältigt und vor allem aufwendige Doppelarbeiten vermieden werden.

Zu den wesentlichen Herausforderungen für die Zukunft zählen die weitere Gewinnung und Verbreitung der Erkenntnisse über die Wirksamkeit der betrieblichen Gesundheitsförderung in Betrieben und Verwaltungen, der Aufbau und die Pflege eines einfachen und robusten Kennzahlensystems, das die betriebliche Steuerung der Aktivitäten ermöglicht, und die bessere „Vermarktung" der Angebote an die Endkunden, das heißt die Beschäftigten im Betrieb. Im Hinblick auf die bessere Verbreitung und Vermarktung soll auch ein allgemein anerkanntes Gütesiegel zur betrieblichen Gesundheitsförderung in Deutschland beitragen, an dessen Entwicklung der BKK Bundesverband derzeit arbeitet und einen Vorschlag hierzu in naher Zukunft vorstellen wird.

→ Gesundheitsförderliche Aspekte der Arbeit (S. 76); Stress (S. 334)

Literatur

Arbeitsgemeinschaft der Spitzenverbände der Krankenkassen: Gemeinsame und einheitliche Handlungsfelder und Kriterien der Spitzenverbände der Krankenkassen zur Umsetzung von § 20 Abs. 1 und 2 SGB V

Bertelsmann Stiftung/Hans-Böckler-Stiftung (Hrsg.): Zukunftsfähige betriebliche Gesundheitspolitik, Vorschläge der Expertenkommission. Gütersloh 2004

BKK Bundesverband/Hauptverband der gewerblichen Berufsgenossenschaften (Hrsg.): Erkennen und Verhüten arbeitsbedingter Gesundheitsgefahren. Ergebnisse aus dem Kooperationsprogramm Arbeit und Gesundheit (KOPAG). Essen/Sankt Augustin 1998

BKK Bundesverband (Hrsg.): Nutzung und Fortentwicklung der KOPAG – Ergebnisse. Wirtschaftsverlag NW, Bremerhaven 1999

BKK Bundesverband (Hrsg.): Qualitätskriterien für die betriebliche Gesundheitsförderung. Essen 1999

BKK Bundesverband (Hrsg.): Kriterien und Beispiele guter Praxis betrieblicher Gesundheitsförderung in Klein- und Mittelunternehmen. Essen 2001

Bödeker, W.: Ziele der Gesetzlichen Krankenversicherung für die primäre Prävention und Gesundheitsförderung. In: Die BKK, 3, 2008

Bödeker, W./Kreis, J.: Evidenzbasierung in Gesundheitsförderung und Prävention. Wirtschaftsverlag N.W., Bremerhaven 2006

Bödeker, W./Friedel, H./Friedrichs, M./Röttger, C.: Kosten der Frühberentung. Abschätzung des Anteils der Arbeitswelt an der Erwerbs- und Berufsunfähigkeit und der Folgekosten. Wirtschaftsverlag N.W., Dortmund/Berlin 2007

Bödeker, W./Friedel, H./Röttger, C./Schröer, A.: Kosten arbeitsbedingter Erkrankungen in Deutschland, Bremerhaven 2002

Ferber, L. von/Slesina, W.: Integriertes Verfahren zur Analyse arbeitsbedingter Krankheiten (IVAAK). In: Zeitschrift für Arbeitswissenschaft, Jahrgang 35 (7 NF), 1981, S. 112–123

Friczewski, F./Jenewein, R./Westermayer, G.: Betriebliche Gesundheitszirkel, Forschungsbericht an das Bundesministerium für Forschung und Technologie. Berlin 1990

Kreis, J./Bödeker, W.: Gesundheitlicher und ökonomischer Nutzen betrieblicher Gesundheitsförderung und Prävention. Zusammenstellung der wissenschaftlichen Evidenz. IGA-Report 3, Essen 2003

Hollederer, A: Betriebliche Gesundheitsförderung in Deutschland – Ergebnisse des IAB-Betriebspanels 2002 und 2004. In: Gesundheitswesen 2007, S. 63–76

Lenhardt, U.: Bewertung der Wirksamkeit betrieblicher Gesundheitsförderung. In: Zeitschrift für Gesundheitswissenschaft, 11. Jahrgang, 2003, S. 18–37

Lenhardt, U.: Betriebliche Gesundheitsförderung durch Krankenkassen. Rahmenbedingungen – Angebotsstrategien – Umsetzung. Sigma, Berlin 1999

Medizinischer Dienst der Spitzenverbände der Krankenkassen e.V. (Hrsg.): Leistungen der Primärprävention und der Betrieblichen Gesundheitsförderung. Dokumentation 2007 (Präventionsbericht 2007), Essen 2008

Meggeneder, O./Pelster, K./Sochert, R.: Betriebliche Gesundheitsförderung in kleinen und mittleren Unternehmen. Hans Huber Verlag, Bern 2005

Orfeld, B./Sochert, R.: 50 Models of Good Practice – Betriebliche Gesundheitsförderung in europäischen Klein- und Mittelunternehmen, Bremerhaven 2002

Slesina, W.: Arbeitsbedingte Erkrankungen und Arbeitsanalyse, Enke Verlag, Stuttgart 1987

Slesina, W./Beuels, F.-R./Sochert, R.: Betriebliche Gesundheitsförderung. Entwicklung und Evaluation von Gesundheitszirkeln zur Prävention arbeitsbedingter Erkrankungen. Juventa, München 1998

Slesina, W./Ferber, C. von: Das integrierte Belastungs-Beanspruchungs-Konzept – eine Herausforderung an die Soziologie, zur gesundheitsgerechten Arbeitsgestaltung beizutragen. In: Zeitschrift für Arbeitswissenschaft, 43. Jahrgang. (15 NF) 1989, S. 16–22

Sochert, R.: Gesundheitsbericht und Gesundheitszirkel. Evaluation eines integrierten Konzepts betrieblicher Gesundheitsförderung, Schriftenreihe der Bundesanstalt für Arbeitsschutz und Arbeitsmedizin (Fb 827), Wirtschaftsverlag N. W., Dortmund/Berlin 1999

Sokoll, I./Kramer, I./Bödeker, W.: Wirksamkeit und Nutzen betrieblicher Gesundheitsförderung und Prävention. Zusammenstellung der wissenschaftlichen Evidenz 2000–2006. IGA-Report 13. Essen 2008

Weltgesundheitsorganisation, Regionalbüro für Europa: Gesundheitsförderung. Eine Diskussionsgrundlage über Konzept und Prinzipien, Kopenhagen 1984

Deutsches Netzwerk für Betriebliche Gesundheitsförderung (DNBGF) (www.dnbgf.org)

Initiative Gesundheit und Arbeit (iga) (www.iga-info.de)

Initiative Neue Qualität der Arbeit (INQA) (www.inqa.de)

Europäisches Netzwerk für Betriebliche Gesundheitsförderung (ENWHP) (www.enwhp.org)

Europäisches Netzwerk Unternehmen für Gesundheit (EfH) (www.enterprise-for-health.org)

Deutsches Netzwerk Unternehmen für Gesundheit (UfG) (www.netzwerk-unternehmen-fuer-gesundheit.de)

Anne Gehrke | Jörg Weymann

Traumatische Erlebnisse und Notfallpsychologie

Abstract
Schwere Unfälle, Überfälle oder das Erleben von Gewalt können nicht nur zu körperlichen Verletzungen, sondern auch zu psychischen Beeinträchtigungen führen. Nicht selten leiden darunter die Lebensqualität und die Arbeitsfähigkeit der Betroffenen. Posttraumatische Reaktionen sind daher in den vergangenen Jahren zu einem wichtigen Arbeitsschutzthema geworden. Die psychischen Folgeerscheinungen nach Extremerlebnissen können durch eine angemessene Betreuung reduziert werden. Betreuungsmaßnahmen, welche die Betroffenen bei der Aufrechterhaltung beziehungsweise Wiedererlangung ihres seelischen Gleichgewichts und ihrer Arbeitsfähigkeit unterstützen, sind ein Teilbereich der Notfallpsychologie. Sie beschäftigt sich mit dem Erleben und Verhalten während und nach traumatisierenden Situationen und kann so wertvolle Ansätze zur Prävention liefern.

Thematische Eingrenzung und Definition

Ereignisse, die Menschen traumatisiert haben, hat es immer gegeben. Eine erste Begriffsbestimmung geht auf den englischen Chirurgen Eric Erichsen zurück. Er stellte 1866 die These auf, dass die psychischen Folgen von Eisenbahnunfällen körperlich verursacht seien. Er nahm an, dass molekulare Veränderungen des Rückenmarkes infolge der Erschütterung der Wirbelsäule zu Konzentrationsschwierigkeiten, Entsetzen beim Anblick der Eisenbahn, Nervosität oder auch Alpträumen führen („railway-spine-syndrom"). 1889 prägte dann der deutsche Neurologe Hermann Oppenheim den Begriff „traumatische Neurose" als psychische Auswirkung eines erlebten Traumas. Die intensive wissenschaftliche Auseinandersetzung mit den Konsequenzen einer psychischen Traumatisierung ist jedoch noch relativ jung. Die psychischen Störungen, die sich im Anschluss an traumatische Ereignisse zeigen können, sind erst seit 1980 im Diagnostischen Manual Psychischer Störungen (DSM) und seit 1992 in der Internationalen Klassifikation der Krankheiten und verwandter Gesundheitsprobleme (ICD) klassifiziert.

Potenziell traumatisierende Ereignisse sind außergewöhnlich, das heißt, sie liegen außerhalb der normalen Erfahrungswelt und weichen von der alltäglichen Belastung ab. Es sind Ereignisse, bei denen eine Person mit dem tatsächlichen oder dem drohenden Tod, einer ernsthaften Verletzung oder der Gefahr der körperlichen Unversehrtheit der eigenen Person oder anderer Personen konfrontiert ist. Im Arbeitsleben sind dies zum Beispiel Raubüberfälle in einer Bank oder im Einzelhandel, schwere Unfallereignisse bei Berufskraftfahrern oder auch Gewalterlebnisse im Pflegebereich. Verbunden mit den Extremereignissen sind Reaktionen intensiver Furcht, Hilflosigkeit oder Entsetzen.

Mit den Möglichkeiten der Prävention und Behandlung von psychischen Beeinträchtigungen, die infolge von Arbeitsunfällen auftreten, beschäftigt sich die Notfallpsychologie. Sie umfasst die Prävention, Akutintervention und die Nachsorge nach traumatisierenden Ereignissen und verfügt über Behandlungskonzepte, die bei der Gesundung und der Wiederherstellung der Arbeitsfähigkeit erfolgreich sind (Boege/Gehrke, 2005).

Maßnahmen der Prävention sind vor allem Schulungen und Information zur Vorbereitung von Personen auf Notfallsituationen. Dieses enthält unter anderem das Wissen um mögliche Folgen eines Traumas und die Tatsache, dass bestimmte Symptome normale Reaktionen auf ein außergewöhnliches Ereignis darstellen. Ebenso gehört dazu die Ausbildung von Erstbetreuern, die in der Lage sind, während und nach Notfällen psychologische Erste Hilfe (Erstbetreuung) zu leisten.

Die Intervention umfasst die psychologische Betreuung und Maßnahmen am Ort des Einsatzgeschehens und in den Stunden danach zur psychischen Stabilisierung. Unter Psychologischer Erstbetreuung versteht man (ähnlich wie unter der medizinischen Ersten Hilfe) die grundlegende Erstversorgung in Form von 1-zu-1-Gesprächen direkt nach dem belastenden Ereignis. Auch Zeugen und Helfer, die nicht direkte Opfer des Unfalls sind, können aufgrund der massiven emotionalen Belastung notfallpsychologischer Betreuung bedürfen.

Die notfallpsychologische Nachsorge bezieht sich auf Maßnahmen wie die Weiterbetreuung der Betroffenen, deren Wiedereingliederung in den Arbeitsalltag (z.B. Arbeitserprobung) oder auch eine eventuell notwendige psychologische Behandlung.

Der Umfang, in dem Nachsorgemaßnahmen notwendig sind, unterscheidet sich von Fall zu Fall und von Person zu Person.

Art der Belastung und Belastungsbedingungen

Ein Arbeitsunfall erfasst begrifflich sowohl körperliche als auch psychische Gesundheitsstörungen als Reaktion auf ein unfreiwilliges zeitlich begrenztes äußeres Ereignis.

Nach einem psychischen Trauma kann es zu unterschiedlichen psychischen Beeinträchtigungen kommen: Manche sind sofort zu beobachten und klingen relativ schnell wieder ab. Andere treten erst nach einigen Tagen, Wochen oder Monaten auf und können von unterschiedlich langer Dauer sein. Einige der häufigsten psychischen Störungen, die nach traumatischen Ereignissen auftreten können, sind die Akute Belastungsreaktion, die Posttraumatische Belastungsstörung und die Anpassungsstörung.

Die **Akute Belastungsreaktion** gehört zu den Störungen, die sofort nach dem belastenden Ereignis auftreten, aber auch innerhalb von Stunden oder Tagen wieder abklingen. Es handelt sich hierbei um eine vorübergehende Störung von beträchtlichem Schweregrad, die sich als Reaktion auf eine außergewöhnliche körperliche oder seelische Belastung entwickelt. Spezifische Symptome sind unter anderem die Einengung der Aufmerksamkeit, der Rückzug von sozialen Interaktionen, Desorientierung, Verzweiflung oder Hoffnungslosigkeit, Überaktivität und verbale Aggression. Obwohl bei den meisten Betroffenen die Symptome nach kurzer Zeit wieder abklingen, ist es empfehlenswert, psychische Unterstützung anzubieten, da andernfalls das Risiko einer Chronifizierung erhöht ist.

Die **Posttraumatische Belastungsstörung (PTBS)** ist eine verzögerte Reaktion auf ein belastendes Ereignis oder auf eine Situation außergewöhnlicher Bedrohung. Als „verzögert" wird sie bezeichnet, weil die Symptome mindestens vier Wochen lang auftreten müssen, damit die Diagnose gestellt werden kann. Die zentralen Symptome sind sich aufdrängende Erinnerungen (Flashbacks), Vermeidungsverhalten und Übererregung. Bei Flashbacks erlebt der Betroffene das traumatische Ereignis in all seinen Details mit Bildern, Gerüchen oder Geräuschen wieder, ohne dass er diese Erinnerung beeinflussen oder gar kontrollieren könnte. Teil des Vermeidungsverhaltens bei einer PTBS ist es, nicht über das traumatische Ereignis sprechen zu wollen. Deshalb werden zum Beispiel bei einer Arztkonsultation häufig nur die Schlaflosigkeit, Konzentrationsschwierigkeiten oder eine allgemeine Unruhe als Symptome genannt. Die Übererregung kann sich zum Beispiel in Ein- und Durchschlafstörungen, Reizbarkeit, erhöhter Schreckhaftigkeit oder Konzentrationsschwierigkeiten zeigen.

Zu weiteren möglichen Störungsbildern zählt die **Anpassungsstörung**. Sie kann nach einer einschneidenden Lebensveränderung oder nach einem belastenden Ereignis eintreten und ist durch vorübergehende depressive Reaktionen, Angst, Sorgen und Anspannung gekennzeichnet. Die Symptome der Anpassungsstörung dauern in der Regel nicht länger als sechs Monate nach Ende der Belastung an.

Nach traumatischen Ereignissen können ebenfalls **komorbide** (also begleitende oder nachfolgende) **Störungen** auftreten, die mit dem Erlebten in direktem oder indirektem Zusammenhang stehen. Dazu gehören beispielsweise Depressionen, Suizidalität, Substanzmissbrauch (Alkohol, Nikotin, Drogen, Medikamente) und allgemeine körperliche Beschwerden.

Entstehung und Relevanz des Themas

Etwa 10–20 Prozent der Unfallopfer entwickeln eine Posttraumatische Belastungsstörung (Nyberg, 2001). Erwähnenswert ist in diesem Zusammenhang, dass auch Unfallopfer ohne physische Verletzungen das Symptombild einer Posttraumatischen Belastungsstörung entwickeln können, wenn sie das Ereignis als lebensbedrohend empfunden haben und während der Unfallsituation große Angst und Hilflosigkeit verspürten.

Präventionsmöglichkeiten

Psychologische Vorbereitung, Schulungen über psychische Folgewirkungen sowie Psychologische Erstbetreuung für Betroffene oder auch psychologische Nachsorgemaßnahmen können das Risiko von Traumafolgeerkrankungen deutlich reduzieren (Wilk/Wilk, 2007). Die Präventionsmöglichkeiten unterscheiden sich je nach Ergebnis der Gefährdungsbeurteilung sowie in Abhängigkeit von der Größe des Unternehmens erheblich. Großunternehmen können innerbetriebliche Lösungen erarbeiten (interne Lösung), während dies in Klein- und Mittelunternehmen (KMU) kaum möglich ist. Hier empfiehlt es sich, auf Netzwerke oder überbetriebliche Anbieter zurückzugreifen (externe Lösung).

Praxisbeispiele

Mitarbeiter im Fahrdienst von Straßenbahnen und Linienbussen müssen bei ihrer Tätigkeit unvermeidbar mit dem Risiko leben, in Verkehrsunfälle verwickelt zu werden. Bei Verkehrsunfällen mit schweren Personenschäden oder tödlich Verletzten können für die Fahrerinnen und Fahrer daraus besondere psychische Belastungen mit langfristigen gesundheitlichen Folgen erwachsen, häufig ohne körperliche Verletzungen davonzutragen. Daraus kann ein Verlust der Fahrdiensttauglichkeit resultieren und die Mitarbeiter müssen außerhalb des Fahrdienstes eingesetzt werden oder sind auf Dauer berufsunfähig.

Allen Situationen ist gemeinsam, dass die Belastungssituation sehr plötzlich und unerwartet auftritt und sie meistens nicht vorhersehbar ist. Obwohl die Fahrdienstmitarbeiter bereits in der Ausbildung auf diese Situationen so gut wie möglich vorbereitet werden, zeigt die Erfahrung, dass die Reaktion der Menschen auf derartige Ereignisse sehr unterschiedlich ausfällt. Insbesondere bei Fahrern von Schienenbahnen im Öffentlichen Personennahverkehr, also bei Straßen- und Stadtbahnen, U-Bahnen und S-Bahnen, wirkt ein Faktor besonders belastend, der bei gelenkten Fahrzeugen nicht auftritt: Schienenbahnen haben aufgrund der Masse der Fahrzeuge und der Bremseigenschaften sehr lange Anhaltewege. Die Fahrdienstmitarbeiter können deshalb in einigen Fällen die Entwicklung eines Unfalles sekundenlang vorhersehen, ohne den Ausgang der Unfallsituation in irgendeiner Weise beeinflussen zu können. Die Beeinflussungsmöglichkeit liegt ausschließlich in der Einleitung einer Notbremsung und in der Abgabe eines Warnsignals. Besonders verstärkt wird die Belastung, wenn bei Suizidfällen vor dem Ereignis noch ein Blickkontakt zustande kommt. Bei den manchmal sekundenlang vorher erkennbaren Unfallsituationen ohne eigene Handlungsmöglichkeit ist das Gefühl der Hilflosigkeit besonders ausgeprägt.

Eine systematische Gefährdungsbeurteilung aller Arbeitsplätze im Verkehrsunternehmen, die aufgrund des Arbeitsschutzgesetzes durchzuführen ist, führt aber zur Feststellung, dass auch an anderen Arbeitsplätzen vergleichbare Bedingungen für eine Traumatisierung vorliegen können. Bei Verkehrsbetrieben – wie generell bei allen Dienstleistungsunternehmen – trifft es beispielsweise auf Mitarbeiter zu, die wegen der Kundenkontakte Übergriffen durch Dritte ausgesetzt sein können. Besonders gefährdet sind neben Busfahrern die Fahrausweisprüfer, Mitarbeiter im Sicherheits- und Ordnungsdienst, aber auch Mitarbeiter in Kunden- und Servicecenter. Weiterhin können Mitarbeiter gefährdet sein, die Automaten warten und die Einnahmen entnehmen oder Geldtransporte durchführen.

Für Mitarbeiter mit diesen Tätigkeiten wurden Maßnahmen der betrieblichen Prävention entwickelt, die hier am Beispiel eines Verkehrsunternehmens dargestellt werden. Mit Verweis auf betriebsspezifische Lösungen aus anderen Verkehrsunternehmen wird das Spektrum der Praxisbeispiele erweitert.

Das Konzept beinhaltet Maßnahmen der betrieblichen Betreuung sowie weitergehende Maßnahmen für die ärztliche und psychologische Betreuung.

Mit der Umsetzung des Konzeptes sind erhebliche organisatorische Maßnahmen verbunden, die im Unternehmen diskutiert und als Betriebsvereinbarung verabschiedet worden sind.

Die Umsetzung des betrieblichen Betreuungskonzeptes für den Fahrdienst enthält die folgenden drei Elemente:

- Betreuung unmittelbar nach dem Unfallereignis
- Betreuung durch den Betriebsarzt und Psychologen in Absprache mit dem Unfallversicherungsträger
- Nachsorgephase im Unternehmen.

Dieses Konzept wird durch präventive Schulungsmaßnahmen zur Vorbereitung auf Belastungssituationen ergänzt, indem dieses Thema bei den Vorgesetzten in Weiterbildungsmaßnahmen aufbereitet und bei den Fahrern in die Ausbildung integriert wird. Das Konzept selbst sowie betriebliche organisatorische Maßnahmen wurden durch Hinweise in der Betriebszeitung oder auf Betriebs-/Personalversammlungen bekanntgemacht.

Betreuung unmittelbar nach dem Unfallereignis

Die Betreuung von Mitarbeitern wird unmittelbar nach dem traumatisierenden Ereignis eingeleitet. Verkehrsunternehmen haben dafür eine günstige Voraussetzung, da jedes Ereignis zuerst bei der personell ständig besetzten Verkehrsleitstelle des Unternehmens gemeldet wird. Hier werden dann – nach festgelegten Alarmplänen – die notwendigen Maßnahmen umgehend eingeleitet. Die innerbetriebliche Diskussion, bei welchen konkreten Ereignissen der Erstbetreuer alarmiert werden soll, ist schwieriger zu führen. In der Praxis hat man sich auf schwere Verkehrsunfälle mit Verletzten beschränkt und Unfälle mit Sachschäden herausgenommen. In anderen Verkehrsunternehmen liegt es in der Verantwortung der Leitstelle aufgrund eigener Beurteilung der Lage, eine Alarmierung zu veranlassen.

Die Erstbetreuung wird von besonders geschulten und eingewiesenen Mitarbeitern des Unternehmens übernommen (interne Lösung). Die Auswahl der Erstbetreuer ist wegen der Anforderungen an die Persönlichkeit, der Bereitschaft zur Übernahme der Funktion sowie wegen der notwendigen zeitlichen und örtlichen Verfügbarkeit schwierig. Es wurden deshalb Verkehrsmeister als Erstbetreuer ausgewählt, die für den Betriebsablauf auf der Strecke verantwortlich sind und mit Funkwagen während der gesamten Betriebszeit im Einsatz sind. Bei einem Ereignis wird dann ein zweiter Verkehrsmeister alarmiert, der dann in Absprache mit dem zuerst eintreffenden Kollegen vor Ort, der die Unfallabsicherung und Unfallaufnahme durchführt, die Erstbetreuung des Fahrers übernimmt.

In anderen Verkehrsunternehmen sind Werkstattmitarbeiter ausgewählt worden, oder es werden Bereitschaftsdienste von einem kleinen Kreis von Fahrdienstmitarbeitern freiwillig geleistet. Hier sind dann aber Fragen hinsichtlich einer Aufwandsentschädigung bei Einsätzen, der Verfügbarkeit und der betrieblichen Unterstützung beispielsweise durch ein Fahrzeug und weitere Ausrüstung zu klären.

Im Allgemeinen wird von den Verkehrsunternehmen eine Erstbetreuung durch eigene Mitarbeiter bevorzugt, was den Vorteil hat, dass die Erstbetreuer mit der Arbeitssituation und mit betrieblichen Randbedingungen vertraut sind. Mit einer internen Lösung wird auch deutlich, dass sich das Unternehmen mit den Problemen der Mitarbeiter identifiziert. Dies führt oft zu einer Verbesserung des Betriebsklimas.

In anderen Verkehrsunternehmen wird die Erstbetreuung durch qualifizierte externe Rettungskräfte übernommen (externe Lösung). Diese Lösung vereinfacht die Organisation für den Betrieb erheblich. Außerdem sind diese Kräfte besonders auf die Betreuung schockverletzter Personen spezialisiert. Sie kennen jedoch selten die Verhältnisse am Arbeitsplatz der Betroffenen.

Aufgabe der Erstbetreuer ist es, als Kollege und Mensch dem Fahrer parteilich zur Seite zu stehen, indem sie sich ausschließlich um den Betroffenen kümmern. Dieser emotionale Beistand hat große Bedeutung und wird von Betroffenen akzeptiert und positiv aufgenommen. Erstbetreuer lösen die Betroffenen zunächst aus der Unfallsituation heraus, sorgen für eine beruhigende Umgebung, wenden sich ihm vollständig zu und schirmen ihn gegen Neugierige, aufgebrachte Unfallbeteiligte, Zeugen und Journalisten ab. Es wird darauf geachtet, dass nur notwendige Auskünfte, aber keine selbstbelastenden Angaben zum Unfallablauf gemacht werden. Weiterhin kümmert er sich um die persönlichen Sachen des Betroffenen, informiert bei Bedarf die Angehörigen und begleitet ihn zum Durchgangsarzt oder nach Hause.

Betreuung durch den Betriebsarzt und Psychologen in Absprache mit dem Unfallversicherungsträger

Parallel zur Erstbetreuung werden Betriebsarzt, Sozialberatung, Vorgesetzte und Betriebs- oder Personalräte von dem Unfall informiert. Eine besondere Rolle kommt dabei dem Betriebsarzt zu, der neben der arbeitsmedizinischen Betreuung des Versicherten insbesondere auch dessen weitere Fahrdiensttauglichkeit zu beurteilen hat. Der Betriebsarzt kennt den Mitarbeiter aus den regelmäßigen Untersuchungen der Fahrdiensttauglichkeit, kennt den Arbeitsplatz und die Unfallsituation, sodass er die notwendigen Maßnahmen zur weiteren Betreuung veranlassen kann.

Wenn der Betriebsarzt von der Leitstelle über Ereignisse informiert wird, nimmt er schon in den ersten Tagen nach einem Unfallereignis mit dem Betroffenen Kontakt auf. Er untersucht den Betroffenen und beobachtet ihn in seinem Verhalten. Wenn er zum Schluss kommt, dass die akute Belastungsstörung nicht abklingt, kann er in Absprache mit dem zuständigen Unfallversicherungsträger, hier die VBG (Verwaltungs-Berufsgenossenschaft), direkt Maßnahmen einleiten. Mit den Mitgliedsunternehmen besteht eine Übereinkunft, dass die Betriebsärzte in Absprache mit der Berufsgenossenschaft für die Betroffenen direkt einen Termin bei einem Psychologen mit Kostenzusage vereinbaren können. Hier bestehen feste Vereinbarungen mit dem auf diese Fälle spezialisierten Psychologen, sodass die Betroffenen innerhalb einer Woche einen ersten Termin erhalten.

Diese Vorgehensweise sichert eine schnelle Entscheidung hinsichtlich Hilfsmaßnahmen und führt zu einer guten Versorgung der Betroffenen. Der Betriebsarzt nimmt bei diesem Verfahren die Funktion eines Durchgangsarztes ein, der das weitere Verfahren steuert und überwacht. Die Vorstellung bei einem Durchgangsarzt kann alternativ erfolgen, wobei der Betrieb aufgrund der Verantwortlichkeit für die Fahrtauglichkeit das weitere Verfahren noch beeinflusst.

Die berufliche Wiedereingliederung des Betroffenen in den Fahrdienst erfolgt dann in enger Abstimmung mit dem Unternehmen. Noch während der Therapiephase wird bei Bedarf eine diagnostische Probefahrt des Mitarbeiters in Begleitung des Psychologen und eines Lehrfahrers durchgeführt.

Nachsorgephase im Unternehmen

Wenn der Betriebsarzt die Fahrdiensttauglichkeit des Mitarbeiters nach Abschluss der Behandlung bestätigt hat, kann der Mitarbeiter seine Tätigkeit wieder aufnehmen. Eventuell werden bestimmte Auflagen festgelegt, zum Beispiel Arbeitszeitbegrenzungen oder einzelne Routen.

In einer Nachsorgephase kann dann in Gesprächen mit Kollegen, Vorgesetzten und eventuell dem Betriebsarzt eine weitere Stabilisierung erreicht werden. Auch betriebliche Selbsthilfegruppen können hier einen wichtigen Beitrag leisten.

Eine detaillierte Auswertung aller Ereignisse der Jahre 2000 bis 2007 mit der Unfallart „Schock" ergab eine stetig steigende jährliche Gesamtzahl von 490 auf über 800 derartiger Ereignisse. Dies entspricht jetzt einem Anteil von acht Prozent aller meldepflichtigen Arbeitsunfälle der ehemaligen BG BAHNEN (jetzt VBG). Die frühzeitige Intervention nach einem traumatisierenden Ereignis hat aber zu einer deutlichen Verkürzung der Erkrankungsdauer geführt. So kehrt heute etwa die Hälfte der Betroffenen nach einer Woche in ihre Tätigkeit im Fahrdienst zurück, was eine deutliche Verbesserung gegenüber früher ist. Das spiegelt sich auch darin, dass trotz der stark gestiegenen Fallzahlen die Rehabilitationskosten für den Unfallversicherungsträger nahezu stabil geblieben sind.

Qualifizierung als Präventionsmaßnahme: Kriterien für die Seminarauswahl

In den Empfehlungen der Deutschen Gesetzlichen Unfallversicherung (DGUV) zur Prävention und Rehabilitation von psychischen Störungen nach Arbeitsunfällen sind folgende Kriterien für die Qualifizierung aufgelistet:

Anforderungen an die Ausbildung zum Betrieblichen Psychologischen Ersthelfer
Zeitlicher Rahmen:
Die Grundausbildung beträgt idealerweise 16 Stunden (internationaler Standard). Für Personen mit einschlägiger Ausbildung/ Berufserfahrung, zum Beispiel Sanitäter, Ärzte, Sozialberater, Psychologen, kann die Ausbildung verkürzt werden.

Eine Fortbildung ist alle zwei Jahre erforderlich. Der zeitliche Rahmen sollte mindestens vier Stunden betragen und die Inhalte denen der Ausbildung entsprechen.

Neben der Vermittlung theoretischer Inhalte stehen praktische Übungen und Simulationsszenarien im Vordergrund. Handlungshilfen für den konkreten Einsatzfall sollen den Teilnehmern zur Verfügung gestellt werden (Notfallflyer etc.).

Anforderungen an Referenten und Ausbildungsinstitutionen
Ausbilder für die Psychologische Erstbetreuung müssen über einschlägige Vorerfahrungen aus dem Einsatzbereich verfügen. Sie müssen darüber hinaus eine fachbezogene Ausbildung in einem psychologischen oder medizinischen Beruf aufweisen und über einschlägige pädagogische Fähigkeiten und Erfahrungen verfügen.

→ Arbeitswelt, Straßenverkehrsgeschehen und betriebliche Verkehrssicherheitsarbeit (S. 166)

Literatur

American Psychiatric Association: Diagnostic and Statistical Manual of Mental Disorders (DSM-III). American Psychiatric Press, Washington DC 1980

Boege, K./Gehrke, A.: Posttraumatische Belastungsstörungen von Katastrophenhelfern – notfallpsychologische Betreuungsmaßnahmen und persönliche Bewältigungsstrategien. In: Bundesarbeitsblatt 2, 2005, S. 8-11

Empfehlungen der gesetzlichen Unfallversicherung zur Prävention und Rehabilitation von psychischen Störungen nach Arbeitsunfällen des FA WIRK/AK Gewalt am Arbeitsplatz und Opferbetreuung, AK Trauma und Psyche

Erichsen, J. E.: On railway and other injuries of the nervous system. Walter & Moberly, London 1866

Nyberg, E. Posttraumatische Belastungsstörungen

und andere psychische Störungen nach schweren Verkehrs- und Arbeitsunfällen. Eine prospektive Studie. Dissertation an der Albert-Ludwigs-Universität, Freiburg im Breisgau 2001

Oppenheim, H.: Die traumatischen Neurosen. Hirschwald, Berlin 1889

Weltgesundheitsorganisation (WHO): Internationale Klassifikation der Krankheiten und verwandter Gesundheitsprobleme, 10. Revision (ICD-10). Huber, Bern 1992

Wilk, W.W./Wilk, M.: Psychologische Erste Hilfe bei Extremereignissen am Arbeitsplatz. Erich Schmidt Verlag, Berlin 2007

Weitere Literaturangaben sind bei den Autoren erhältlich.

Yvonne Ferreira

Zeitliche und inhaltliche Bindungen durch die Tätigkeit

Abstract
Die arbeitswissenschaftliche Betrachtung des **Arbeitstaktes** ist untrennbar verbunden mit Fließarbeit oder Fließfertigung. Arbeitstakt bezeichnet eine zeitliche Vorgabe (Taktzeit), innerhalb derer eine Arbeitsaufgabe erledigt werden muss. Häufig kann der arbeitende Mensch die Zykluszeiten nicht beeinflussen, da sie mit einer (meist) automatisierten Zuführung der Arbeitsobjekte und -mittel verbunden sind.
Der vorgegebene Arbeitstakt steht in engem Kontext mit weiteren arbeitsbezogenen Merkmalen der Tätigkeit, wie **Zeitbindung, Zeitdruck, Repetitivarbeit, Monotonie** und **Handlungsspielraum**. Zunächst werden diese Begrifflichkeiten näher beschrieben, um anschließend eine umfangreiche Betrachtung der resultierenden psychischen Belastung zu ermöglichen. Im Anschluss werden Präventionsmöglichkeiten und Beispiele guter Praxis aufgezeigt.

Gegenstandsbereich und Definitionen

Arbeitstakt geht immer einher mit einer mehr oder weniger rigiden **Zeitbindung**. Zeitbindung bezeichnet Fristen und Zeitpunkte, innerhalb derer ein Auftrag(steil) bearbeitet beziehungsweise fertig gestellt sein muss. Diese Fristen werden entweder aus technischen oder aber aus arbeitsorganisatorischen Gründen festgelegt und können von den arbeitenden Menschen in der Regel gar nicht oder nur minimal beeinflusst werden. Zu unterscheiden ist die Zeitbindung vom **Zeitdruck**. Zeitdruck entsteht dann, wenn die Zeitintervalle, die für einen Arbeitsschritt vorgegeben sind, so knapp berechnet sind, dass mit gleich bleibend hoher Geschwindigkeit gearbeitet werden muss.

Arbeitstakt ist häufig mit **Repetitivarbeit** verbunden. Repetitivarbeit bezeichnet solche Tätigkeiten, bei denen die auszuführende Arbeit einen (sehr) hohen Wiederholungsgrad aufweist. Die Tätigkeit umfasst ständig wiederkehrende, gleichartige Arbeitsaufgaben. Häufig sind solche Tätigkeiten beispielsweise in der (End-)Montage zu finden. Prinzipiell sind Repetitivarbeiten nicht an einen Transportmechanismus gebunden, wie zum Beispiel das Fließband. Auch an Einzelarbeitsplätzen (z.B. Vormontage, Prüfarbeitsplätze) sind Repetitivarbeiten anzutreffen. Repetitivarbeit muss nicht unbedingt unter einem vorgegebenen Arbeitstakt erfolgen, jedoch ist dies relativ häufig der Fall. Sie kann durch zu einfache oder zu wenige Anforderungen **Monotonie** hervorrufen. Monotonie kann einen Zustand herabgesetzter Aktivierung hervorrufen, der vom Erleben von Müdigkeit und Schläfrigkeit begleitet ist.

Besonders interessant im Zusammenhang mit getakteten Tätigkeiten ist die Frage nach dem **Handlungsspielraum,** der als die Möglichkeiten zum unterschiedlichen aufgabenbezogenen Handeln definiert wird. Die Arbeitsaufgabe bestimmt nicht das konkrete Handeln und damit die Lösungsmöglichkeit der Zielerreichung, sondern nur den äußeren Rahmen, in dem der Handelnde selbstständig und schöpferisch sein kann. Die Möglichkeit Verfahren, Mittel und zeitliche Organisation selbst zu wählen, bestimmt dementsprechend das Ausmaß des Handlungsspielraumes.

Belastungen aus zeitlichen und inhaltlichen Bindungen

Die beschriebenen arbeitsbezogenen Merkmale der Tätigkeit rufen unterschiedliche Belastungsbilder hervor. Der Begriff der Belastung ist prinzipiell nicht negativ zu werten, denn der menschliche Organismus bedarf bestimmter Anforderungen, um gefordert und gefördert zu werden. Nur ein Zuviel an Belastungen, auch unter Berücksichtigung der Belastungsdauer, ist als negativ anzusehen. Das Bestreben, Belastungen hinsichtlich ihrer Erträglichkeit zu beurteilen, führte zur Definition von Dauerleistungsgrenzen in einigen Bereichen der menschlichen Arbeit. Für psychische Belastungen, wie beispielsweise Zeitdruck, Angst vor Arbeitsplatzverlust oder Arbeitskomplexität, gibt es bisher keine fest definierten Grenzen, was eine Beurteilung schwierig gestaltet.

Ein vorgegebener **Arbeitstakt** erzwingt in Abhängigkeit von der **Zeitbindung** ein bestimmtes Arbeitstempo. Somit kann der arbeitende Mensch nur minimal das Arbeitstempo modifizieren. In der Regel ist damit auch die Vorgabe der Folge von einzelnen Arbeitsgängen verbunden. Mit erhöhten Beanspruchungen ist zu rechnen, wenn das Tempo für den individuellen Menschen, aber auch tagesrhythmisch bedingt, zu hoch ist und dadurch beispielsweise Zeitdruck initiiert wird. Hierdurch können unter anderem die Konzentration beeinträchtigt werden, Fehlhandlungen eintreten oder vermehrte Schulter-Nacken-Beschwerden auftreten. Aber auch, wenn das Tempo dauerhaft zu niedrig ist, können erhöhte Beanspruchungen die Folge sein, wie zum Beispiel verringerte Wahrnehmung der Selbstkontrolle oder erhöhtes Frustrationserleben.

Psychische Belastungen durch die **Repetitivarbeit** sind vor allem die geringen Qualifikationsanforderungen, die es dem arbeitenden Menschen nicht ermöglichen, die eigenen Fähigkeiten und Kenntnisse einzusetzen und zu erweitern. Häufig findet Repetitivarbeit auch unter Zeitdruck (Akkordarbeit) und sozialer Isolation sowie weiteren flankierenden Belastungsfaktoren (physikalische Einflüsse, organisationale Einflüsse) statt. Es können Unzufriedenheit, Demotivation, Fehlzeiten und mangelnde Identifikation des arbeitenden Menschen mit dem Unternehmen die Folge sein.

Die Beurteilung von Monotonie ist individuell unterschiedlich. Nicht selten werden von außen als monoton erscheinende Arbeitsbedingungen durch die Beschäftigten als abwechslungsreich beurteilt. Nimmt der arbeitende Mensch jedoch die Monotonie wahr, so steigt die Unfallgefahr aufgrund nachlassender Aufmerksamkeit und Konzentrationsstörungen. Dauernde Monotonie kann zu Unterforderung führen und damit die Anpassungsfähigkeit der Beschäftigten langfristig reduzieren.

Arbeitstakt, Zeitbindung, Repetitivarbeit und monotone Arbeitsbedingungen gehen in der Regel mit einem eingeschränkten Handlungsspielraum einher. Vor allem bei hoher Arbeitsintensität, wie dies in der Regel bei getakteten Tätigkeiten vorliegt, führen zu kleine Handlungsspielräume zu unerwünschten Beanspruchungen. Die Folge kann eine breite Palette psychosomatischer Beschwerden sein, wie Depressivität oder Gereiztheit, Erschöpfung, Herzprobleme und Kopfschmerzen.

Statistiken und Entwicklungen

Der festgelegte **Arbeitstakt** ist bei der Fließarbeit nach wie vor eine hocheffiziente und dominierende Form der Arbeitsorganisation. Aufgrund arbeitswissenschaftlicher Überlegungen zu den geringen Arbeitsumfängen und den hoch repetitiven Tätigkeiten führte beispielsweise VOLVO in den 1980er-Jahren eine Automobilproduktion ohne Fließarbeit ein. Dieser Vorstoß hatte jedoch keinen Initialcharakter, ist doch das Ziel eines vorgegebenen Arbeitstaktes, eine hohe Auslastung der einzelnen Arbeitsplätze zu erreichen und Leerlaufzeiten zu minimieren.

Unter anderem führt der allgemeine Wettbewerbsdruck dazu, dass ein Drittel der in Deutschland beschäftigten Männer oft oder immer in Arbeitssituationen tätig sind, in denen eine **Zeitbindung** vorliegt, also Stückzahl, Leistung und/oder Zeit vorgegeben sind. 43,0 Prozent der Betroffenen fühlen sich durch diese Arbeitsbedingung belastet. Von den beschäftigten Frauen sind nur 28 Prozent betroffen, wobei sich 48 Prozent hierdurch belastet fühlen. Unter Leistungs- und Zeitvorgaben arbeiten mehr jüngere Beschäftigte als ältere, wobei sich die älteren durch diese Vorgaben belasteter fühlen als die jüngeren. (BAuA 2005). Am häufigsten treten Leistungs- und Zeitvorgaben bei Beschäftigten im produzierenden und im Baugewerbe auf.

In der Statistik der Bundesanstalt für Arbeitsschutz und Arbeitsmedizin (BAuA) 2005 werden folgende Zahlen zu **Zeitdruck** angegeben: Etwa 58 Prozent der in Deutschland tätigen Männer und 48 Prozent der Frauen sind von starkem Termin- und Leistungsdruck betroffen. Beide Geschlechter fühlen sich hierdurch belastet, wobei Frauen eine höhere Belastung angeben.

Neben dem beim Arbeitstakt auftretenden Zeitbindungen und Zeitdruck ist die **Repetitivarbeit** einzubeziehen. Für Deutschland gibt die BAuA (2005) an, dass rund 45 Prozent der Männer und 59 Prozent der Frauen repetitive Arbeit vornehmen. 16 Prozent der Männer fühlen sich dadurch belastet, während es bei den Frauen etwa 13 Prozent sind. Etwas mehr ältere Beschäftigte leisten repetitive Arbeit als jüngere, wobei sich die jüngeren Beschäftigten etwas belasteter fühlen als die älteren.

Über das Vorkommen von **monotonen Arbeitsbedingungen** gibt es keine konkreten statistischen Aussagen, da es keine eindeutige Klassifizierung gibt. Ob eine Tätigkeit als monoton erlebt wird, hängt von zahlreichen Faktoren ab, wie beispielsweise der beruflichen Vorbildung oder den erlebten Regulationsanforderungen. Für den sich ergebenden **Handlungsspielraum** gibt es statistische Aussagen (BAuA 2005). Hiernach ist bei 22,6 Prozent der männlichen Beschäftigten und bei 23,3 Prozent der weiblichen Beschäftigten oft oder immer die Arbeitsdurchführung in allen Einzelheiten vorgeschrieben.

Auswirkungen überbetrieblicher Rahmenbedingungen

Die arbeitsbezogenen Merkmale Arbeitstakt, Zeitbindung, Zeitdruck, Repetitivarbeit, Monotonie und Handlungsspielraum müssen vor dem Hintergrund überbetrieblicher Gegebenheiten betrachtet und beurteilt werden. Beispielsweise sind dies der demografische Wandel, die Globalisierung der Märkte sowie aktuell die Wirtschaftskrise. Gäbe es keine entsprechenden Steuerungen der Arbeitsbedingungen durch diese überbetrieblichen Rahmenbedingungen, so könnte sowohl aus arbeitswissenschaftlicher als auch -psychologischer Sicht eindeutig Stellung bezogen werden gegen Zeitdruck auslösende Zeitbindungen und Arbeitstakte, gegen Repetitivarbeit, Monotonie und zu geringe Handlungsspielräume. Es lohnt sich jedoch, einen genauen Blick auf beeinflussende Rahmenbedingungen zu werfen, um Möglichkeiten der Reduzierung von Beanspruchungen aufzeigen zu können.

Ein vorgegebener **Arbeitstakt** verhindert ungenutzte Leerlaufzeiten und ermöglicht es dadurch, präzise auf Lieferzeiten und Terminwünsche der Kunden einzugehen. Dies verbessert ohne Zweifel die Wettbewerbsfähigkeit eines Unternehmens. Allerdings kann die Taktzeit nicht beliebig erhöht werden, da sonst beispielsweise mit chronischen Erkrankungen des Bewegungsapparates zu rechnen ist. Dieser Aspekt wird auch unter dem Gesichtspunkt interessant, dass die arbeitende Bevölkerung immer älter wird. So rechnet beispielsweise Audi damit, dass 2015 das Durchschnittsalter der Mitarbeiter auf 45 Jahre steigen wird. Die Taktzeit mit Rücksicht darauf zu reduzieren, wäre eine wirtschaftlich wenig sinnvolle Maßnahme. Deshalb haben sich verschiedene deutsche Automobilhersteller zur Durchführung von Programmen zur Verbesserung und zum Erhalt der Beschäftigungsfähigkeit älterer Beschäftigter entschieden. Dies wird es auf Dauer ermöglichen, die gewünschten Taktzeiten beizubehalten, da die Fähigkeiten der Beschäftigten gezielt geschult und verbessert werden können. So können auch die Qualifikationen der Beschäftigten für den Betrieb erhalten bleiben.

Nicht nur der Arbeitstakt bei der Fließproduktion ist gerade für ältere Beschäftigte an eine hervorragende ergonomische Gesamtgestaltung gebunden, sondern auch **Zeitbindungen** ohne Fließproduktion (z. B. Akkordarbeit) oder generell **Zeitdruck,** der sowohl im Industrie- als auch im Dienstleistungsbereich auftreten kann. Oftmals unterliegen sensomotorische Tätigkeiten Zeitbindungen und werden unter Zeitdruck ausgeführt (z. B. Montagetätigkeiten oder Dateneingaben). Jedoch nehmen sowohl die sensomotorischen Fähigkeiten als auch die Fähigkeit, mit hoher Geschwindigkeit zu arbeiten, mit dem Alter ab, sodass gezielte und rechtzeitige Förderung der arbeitenden Menschen notwendig ist.

Gerade bei der Akkordarbeit spielt eine erfolgsorientierte Vergütung eine große Rolle. Können die Beschäftigten die notwendigen Leistungen nicht mehr unter den gegebenen Arbeitsgestaltungsmaßnahmen erbringen (und hierbei ist ein ansteigendes Alter nur ein möglicher Grund), ergeben sich zusätzliche Belastungen. Hierzu gehört, dass die Sicherheit der materiellen Lebensgrundlage sinkt.

Auch die **Repetitivarbeit** zielt darauf ab, möglichst geringe Verluste bei der Durchführung der Arbeitstätigkeit zu haben, indem hoch spezialisierte Arbeitskräfte für eben diese eine Tätigkeit ausgebildet und eingesetzt werden. Diese verlustfreie Arbeitsteilung kann die Wettbewerbsfähigkeit des Betriebes erhöhen und zu geringeren Stückkosten führen. Nicht nur bei diesen Tätigkeiten ist jedoch mit **Monotonie** zu rechnen, sondern auch bei Tätigkeiten, die aufgrund des sich kontinuierlich ausweitenden Maschinen- und Computereinsatzes auftreten, wie beispielsweise Überwachungstätigkeiten an Leitwarten.

Neben der Berücksichtigung des Alters der arbeitenden Menschen ist – vor allem auch bei der Betrachtung des **Handlungsspielraumes** – das Geschlecht mit einzubeziehen, denn hier macht sich die Geschlechtertrennung der Arbeitswelt deutlich bemerkbar. Vor allen Dingen Frauen sind häufiger an Arbeitsplätzen mit geringem Handlungsspielraum eingesetzt und damit aufgrund der gegebenen gesellschaftlichen aber auch betriebsspezifischen Hierarchie stärker den resultierenden psychischen Belastungen ausgesetzt. Frauen sind eher bereit als Männer, monotone Tätigkeiten mit geringem Handlungsspielraum auszuführen, um die Vereinbarkeit von Familie und Beruf ermöglichen zu können. Auch Belastungen aus Teilzeittätigkeiten können aber gesundheitliche Schäden nach sich ziehen.

Möglichkeiten der Prävention

Trotz der geschilderten überbetrieblichen Rahmenbedingungen bleiben dem einzelnen Unternehmen zahlreiche Möglichkeiten der ergonomischen Gestaltung, um überhöhten Belastungen und gesundheitsschädigenden Beanspruchungen entgegenwirken zu können. Für den Bereich der hier angesprochenen Aspekte der zeitlichen Gestaltung der Tätigkeit (Arbeitstakt, Zeitbindung, Zeitdruck) kann generell die Empfehlung gegeben werden, nur solche Zeitvorgaben zu wählen, die keinen Zeitdruck entstehen lassen. Zeitdruck mag für eine kurze Dauer bei manchen Beschäftigten motivierend wirken, führt aber über längere oder gar lange Einwirkungszeiten zu schlechten Arbeitsergebnissen und erhöhten Beanspruchungen.

Bei der Festlegung von Zeiten für den Arbeitstakt sollte die Taktabstimmung auf einer vorher durchzuführenden Zeitanalyse basieren. Die Taktbindung kann gelockert werden, indem zwischen den Arbeitsplätzen ein Vorratsspeicher (so genannte Puffer) eingerichtet wird. Bei der Fließarbeit gibt es weitere Möglichkeiten der Arbeitsgestaltung zur Reduzierung überhöhter psychischer Belastungen, wie beispielsweise das Anbieten von Füllarbeiten oder der Einsatz von Springern. Außerhalb der Fließfertigung kann eine zu starke Zeitbindung durch die Hinzunahme von Auftragsarten, die eine längere Bearbeitungsfrist benötigen, verringert werden. Die Zeitbindung sollte auf ganze Aufträge abzielen, nicht auf Auftragsteile.

Für den Bereich der inhaltlichen Gestaltung der Tätigkeit (Repetitivarbeit, Monotonie, Handlungsspielraum) können die folgenden Anregungen gegeben werden.

Vor allem im Bereich der Gestaltung monotoner Arbeitsbedingungen, aber auch zur besseren Gestaltung von Repetitivarbeit sollten Kommunikationsmöglichkeiten zwischen den arbeitenden Menschen und damit die Möglichkeit zur sozialen Interaktion gegeben werden. Generell sollte über mögliche Arbeitsstrukturierungsmaßnahmen nachgedacht werden, wie beispielsweise den Arbeitsplatzwechsel. Hierdurch können einseitige Arbeitsbelastungen verringert und das Anforderungsspektrum erweitert werden. Weiterhin kommt die Erweiterung der Arbeitsinhalte in Betracht, indem die Tätigkeit beispielsweise durch

Planungs-, Kontroll- oder Wartungstätigkeiten ergänzt wird. Die zu bewältigende Arbeitsaufgabe sollte nicht in allen Details festgelegt sein, um dem arbeitenden Menschen die Möglichkeit der individuellen Einflussnahme zu geben. Gerade bei monotonen oder repetitiven Tätigkeiten kann die Möglichkeit zur körperlichen Aktivität angeboten werden. Wünschenswert ist, dass der arbeitende Mensch sich für seine Aufgabe verantwortlich fühlt und erkennen kann, welchen Einfluss seine Leistung auf das Arbeitsergebnis hat, sodass er unmittelbar Erfolge, aber auch Misserfolge erkennen kann.

Beispiele guter Praxis

Bei einer Warte, die hauptsächlich Überwachungs- und Steuerungstätigkeiten notwendig machte, traten immer wieder längere Zeitabschnitte auf, die kein Eingreifen des hoch qualifizierten Personals (Ingenieure und Techniker) erforderten. Die Steuerstände konnten in der Zeit jedoch nicht verlassen werden, da jederzeit mit einem nötigen Eingreifen gerechnet werden musste. Die aufgrund der monotonen Arbeitsabschnitte entstandenen psychischen Belastungen wurden von den Beschäftigten negativer eingeschätzt als die von höchster Konzentration und dringendem Handlungsbedarf gekennzeichneten Situationen. Daher wurden gemeinsam mit den Beschäftigten sinnvolle Nebenbeschäftigungen erarbeitet, die in den ruhigen Phasen bearbeitet werden konnten. Dies sind so genannte Jahresprojekte, die im Laufe eines Jahres von einem oder mehreren Beschäftigten zu erledigen waren. Hierbei handelte es sich beispielsweise um die Erstellung von Nachschlagewerken zur optimalen Bedienung der Warte oder um Intranetseiten. Durch die erfolgreiche Abarbeitung eines Jahresprojektes konnten die Beschäftigen außerdem eine Prämie erhalten.

Ergebnisse von Evaluationen betrieblicher Umsetzung in der Praxis

Im Jahr 1974 startete ein Aktionsprogramm der Bundesregierung mit dem Titel „Humanisierung des Arbeitslebens (HdA)". Es wurden Projekte finanziell gefördert, die zum einen zu einer kontinuierlichen Verbesserung der Arbeitsverhältnisse und zum anderen zu einer Entfaltung der Produktivkraft Arbeit beitragen. Die Ergebnisse dieser Forschungsprojekte und die in der Praxis erprobten Modelle haben heute noch Gültigkeit und dienen als Vorlage für Organisationsveränderungen (beispielsweise Leitregeln zum Handlungsspielraum oder zur Qualifizierung).

Einem dieser Praxisprojekte ist die folgende Aussage eines Experten zum Thema Entkopplung der Fließarbeitsplätze entnommen: „Von den 20.000 gefertigten Fahrzeugen, die wir bisher in dieser Serie gefertigt haben, sind lediglich 40 wegen dieses Aggregats reklamiert worden. Das gab es noch nie. Eine solche Qualität kann man am Taktband auch mit Facharbeitern nicht erreichen" (Altmann u.a., 1981). Es zeigten sich in den Projekten erhebliche Erfolge bei der Durchführung von Qualifizierungsmaßnahmen, wie zum Beispiel Selbststudienhefte bei VW oder nutzergruppenspezifische Lernkonzepte bei Siemens AG. Es konnte nachgewiesen werden, dass mit zunehmendem Lernfortschritt die gebotenen Freiheitsgrade der Tätigkeit genutzt werden konnten.

Im Rahmen des vom Bundesministerium für Bildung und Forschung (BMBF) geförderten Projektes AKTIV (Arbeitswissenschaftliche Konzepte, Erfolgsfaktoren und Transfermechanismen für die Entwicklung und Verbreitung ganzheitlicher Innovationsprozesse in der Güterproduktion und den produktionsnahen Dienstleistungen) wurden Projekte zur Arbeitsgestaltung hinsichtlich ihrer humanitären und wirtschaftlichen Erfolge bilanziert. Hierbei wurden auch zahlreiche HdA-Projekte einbezogen. Ziel von AKTIV war die Identifizierung herausragender Konzepte und Modelle der Arbeitsgestaltung, der Arbeits- und Unternehmensorganisation sowie des Vorgehens bei der Umsetzung und Realisierung von Veränderungsprozessen. Als Kenngrößen für die Projektevaluation wurden Humanität, Wirtschaftlichkeit, volkswirtschaftliche Wirkung, soziale Akzeptanz, ökologische Nachhaltigkeit, Beschäftigungswirksamkeit bestimmt. Im Vordergrund standen die Aspekte Humanität und soziale Akzeptanz, die Zielkriterien einer menschengerechten Arbeitsgestaltung und -organisation sind. Insbesondere die Anpassung der Arbeitsbedingungen im Bereich Fertigung und Montage an die Bedürfnisse und Interessen der Beschäftigten bei gleichzeitigem Verlangen nach Wirtschaftlichkeit waren angestrebte Ziele. Zusammenfassend wird beschrieben, dass sich erfolgreiche Projekte auszeichnen durch:

- Gute ergonomische Gestaltung der Arbeitsplätze (z. B. Möglichkeit von Belastungswechsel)
- Reduzierung der in der klassischen Linien- oder Bandfertigung engen Zeit- und Platzbindung durch Puffer
- Gestaltung der Arbeitsaufgaben mit größeren Arbeitsumfängen
- Integration von Prüf- und Dispositionstätigkeiten
- Organisationskonzepte, die flexible Arbeitsstrukturen und Qualifizierungen ermöglichen.

Möglichkeiten der Qualifizierung als Maßnahme der Prävention

Die hier angesprochenen Empfehlungen zur Gestaltung der inhaltlichen und zeitlichen Aspekte der Tätigkeit (Repetitivarbeit, Monotonie, Handlungsspielraum sowie Arbeitstakt, Zeitbindung, Zeitdruck) basieren hauptsächlich auf der Erweiterung oder Bereicherung der Arbeitsaufgaben und/oder der Einführung von Gruppenarbeit und damit aus der Übernahme weiterer Verantwortung für Menge, Qualität und Termine. Dies erfordert jedoch eine breite Kommunikations- und Kooperationsfähigkeit, wie beispielsweise Krankheits- und Urlaubsvertretung, Kontaktaufnahme zu Kunden und anderen Abteilungen, Arbeitsplanung und so weiter. Demnach erhöhen sich die Anforderungen an die fachlichen, methodischen sowie kommunikativ-sozialen Fähigkeiten. Fachliche Fähigkeiten beziehen sich auf die Erweiterung der auszuführenden Aufgabe. Die methodischen Fähigkeiten sind notwendig beispielsweise zur Termin- und Materialplanung, aber auch zur Entwicklung von neuen Lösungswegen oder zur Bearbeitung von Problemstellungen. Die kommunikativ-sozialen Fähigkeiten benötigen die Beschäftigten beispielsweise bei internen Abstimmungen. Hier sind insbesondere auch Fähigkeiten zur Bewältigung von Konflikten angesprochen, aber auch solche zur Kooperation und Kommunikation, wie beispielsweise das Akzeptieren von Anregungen und Kritik, aber auch das Einbringen des eigenen Wissens.

Messinstrumente

Es gibt zahlreiche Messinstrumente zur Erhebung von Arbeitstakt, Zeitbindung, Zeitdruck, Repetitivarbeit, Monotonie und Handlungsspielraum. Alle besprochenen Aspekte werden mit dem Tätigkeitsbewertungssystem (TBS) (Hacker u.a., 1983) bearbeitet, welches jedoch eine sehr intensive Einarbeitung in die Messmethodik voraussetzt. Mit dem Screening-Instrument zur Bewertung und Gestaltung von menschengerechten Arbeitstätigkeiten (Windel u.a., 2002) können Arbeitstakt, Zeitbindung, Zeitdruck, Monotonie und der Handlungsspielraum erfasst werden. Für Zeitbindung, Zeitdruck und Handlungsspielraum kommt das Instrument zur Stressbezogenen Tätigkeitsanalyse (ISTA) in Frage (Semmer, 1984), ebenso der Leitfaden zur Kontrastiven Aufgabenanalyse (KABA), der auch noch die Repetitivarbeit und Monotonie abdeckt.

→ Wirtschaftliche Rahmenbedingungen für Arbeit und Beruf (S. 16); Demografischer Wandel (S. 44)

Literatur

Altmann, N. u.a.: Bedingungen und Probleme betrieblich initiierter Humanisierungsmaßnahmen. Technologische Forschung und Entwicklung, Forschungsbericht HA81-007, 1981

BAuA: Sicherheit und Gesundheit bei der Arbeit 2005 – Unfallverhütungsbericht Arbeit, 1. Auflage. Dortmund: Bundesanstalt für Arbeitsschutz und Arbeitsmedizin 2007. Verfügbar unter www.baua.de/nn_11598/de/Publikationen/Fachbeitraege/Suga-2005,xv=vt.pdf?

Hacker, W./Iwanowa, A./Richter, P.: Tätigkeitsbewertungssystem (TBS). Psychodiagnostisches Zentrum, Berlin 1983

Landau, K. (Hrsg.): Lexikon Arbeitsgestaltung. Gentner Verlag, Stuttgart 2007

Semmer, N.: Stressbezogene Tätigkeitsanalyse. Beltz, Weinheim und Basel 1984

Windel, A./Salewski-Renner, M./Hilgers, S./Zimolong, B.: Screening-Instrument zur Bewertung und Gestaltung von menschengerechten Arbeitstätigkeiten – SIGMA. Handbuch, Ruhr Universität, Bochum 2002

Weitere Literaturangaben sind bei der Autorin erhältlich.

Armin Windel

Ergonomie und Gebrauchstauglichkeit

Abstract
Zur Prävention von psychischen Fehlbelastungen spielt die ergonomische Gestaltung des Arbeitssystems eine wichtige Rolle: Durch die Reduzierung von Fehlbelastungen, die aus der Arbeitsumgebung oder der Gestaltung der Arbeitsmittel resultieren, soll der Mensch dazu in die Lage versetzt werden, seine Arbeitsaufgabe möglichst optimal ausführen zu können. Gleichzeitig trägt die ergonomische Arbeitssystemgestaltung dazu bei, auf die Gesundheit der Beschäftigten nicht negativ einzuwirken, im günstigsten Fall wirkt sie sogar förderlich. Der Beitrag gibt einen Überblick darüber, wie die ergonomische Gestaltung der Arbeitsumgebung sowie eine gebrauchstaugliche Gestaltung von Produkten bereits bei der Einrichtung von Arbeitsplätzen sowie bei der Konstruktion von Arbeitsmitteln wesentlich dazu beitragen können, die psychische Belastungssituation der Beschäftigten optimal zu beeinflussen.

Thematische Eingrenzung und Definition

Der Begriff der ergonomischen Arbeitssystemgestaltung folgt in diesem Beitrag der Definition der International Ergonomics Association (IEA), wonach neben den klassischen, umgebungsbezogenen Faktoren wie Lärm, Klima und Beleuchtung auch die ergonomische Gestaltung von Arbeitsmitteln einbezogen wird. Diese umfasst sowohl die eher körperbezogenen Gestaltungsfaktoren, die sich an der Anatomie, Anthropometrie, Physiologie und Biomechanik orientieren, als auch die kognitive Ergonomie. Mittels dieses Begriffs werden mentale Prozesse wie Wahrnehmung, Gedächtnis und die Verarbeitung von Informationen einbezogen.

Unter der Arbeitsumgebung versteht man die Gesamtheit der physikalischen Umwelt des Menschen, die am Arbeitsplatz auf ihn einwirkt. Aus dem Bereich der ergonomischen Arbeitsumgebungsgestaltung werden dabei als wesentliche Gestaltungsfaktoren berücksichtigt:

- Lärm
- Vibrationen
- Beleuchtung
- Farbe
- Klima.

Anforderungen im Bereich der ergonomischen Arbeitsmittelgestaltung haben sich in den letzten Jahren auf Grund der stetig steigenden Komplexität der Interaktion zwischen Mensch und Maschine/Rechner deutlich verändert. Früher standen hauptsächlich maßliche Anforderungen, die aus anthropometrischen und biomechanischen Grundlagen abzuleiten waren, im Vordergrund der ergonomischen Bewertung von Arbeitsmitteln. In den letzten Jahren hat demgegenüber die Bewertung der Eignung eines Arbeitsmittels in Relation zur vorgesehenen Arbeitsaufgabe unter Berücksichtigung der den Menschen zur Verfügung stehenden Eigenschaften, Fähigkeiten und Fertigkeiten zunehmend an Bedeutung gewonnen. Diese werden im Konzept der sogenannten Gebrauchstauglichkeit (Usability) zusammengefasst.

In der weiteren Strukturierung dieses Beitrags wird auf die beiden wesentlichen Aspekte der ergonomischen Arbeitsumgebungsgestaltung sowie der gebrauchstauglichen Arbeitsmittelgestaltung eingegangen: Im nachfolgenden Abschnitt werden die Relevanz der wichtigsten Arbeitsumgebungsfaktoren sowie das jeweilige präventive Potenzial beschrieben. Die mit dem Konzept der Gebrauchstauglichkeit verbundenen Teilaspekte der ergonomischen Arbeitsmittelgestaltung sowie deren Bedeutung für die Prävention von psychischen Fehlbelastungen werden im darauf folgenden Teil des Beitrags erläutert.

Zum präventiven Potenzial der ergonomischen Arbeitsumgebungsgestaltung

Seit langem ist die Bedeutung des Einflusses der ergonomischen Arbeitsumgebungsgestaltung auf die Prävention von physischen Belastungsaspekten des Menschen (z. B. nicht körpergerecht gestaltete Arbeitssitze, ungünstige Körperhaltungen bei der Arbeit, Vibration und Erschütterungen am Arbeitsplatz) bekannt. Noch immer wird jedoch zu wenig beachtet, dass die ergonomische Gestaltung der Arbeitsumgebung auch einen wesentlichen Einfluss auf die psychische Belastungssituation des Menschen ausübt. Hierbei geht es zum einen um die Vermeidung von solchen Belastungen, die sich schädigend auf die Gesundheit der Beschäftigten auswirken können und darüber hinaus auch die Leistungserstellung am Arbeitsplatz vermindern. Weiteres Ziel ist aber auch die Minderung von Belästigungen, Störungen oder Behinderungen, um Leistungserstellung und Gesundheit der Mitarbeiterinnen und Mitarbeiter optimal zu gestalten und im günstigen Fall sogar zu fördern. An dieser Stelle ist zu betonen, dass die Einhaltung von gesetzlichen Regelungen und Grenzwerten als Mindestvoraussetzung für die ergonomische Gestaltung der Arbeitsumgebung anzusehen ist. Zur Förderung von Gesundheit, Wohlbefinden und Leistungsfähigkeit ist darüber hinaus der jeweilige aktuelle Stand der arbeitswissenschaftlichen Erkenntnisse zu berücksichtigen, der an dieser Stelle im Überblick zu den wichtigsten physikalischen Umgebungsfaktoren dargestellt wird.

Der Großteil der heutigen Tätigkeiten stellt an die Beschäftigten hohe Anforderungen an die akustische Informationsaufnahme, -verarbeitung und die Konzentration. Solche Schallereignisse, die belästigend, störend oder sogar gesundheitsgefährdend sein können, werden als **Lärm** bezeichnet und stellen zu vermeidende Belastungen dar, die sich insbesondere psychisch vermittelt als Stress – zumeist additiv, das heißt zusätzlich zu weiteren Belastungen am Arbeitsplatz – auswirken können. Lärm als hörbare Form der mechanischen Schwingungen am Arbeitsplatz wirkt sich je nach Schwere und

Intensität in einer subjektiv empfundenen Belästigung, in einer Behinderung der Kommunikation am Arbeitsplatz und gegebenenfalls sogar in Form von physiologisch nachweisbaren Funktionsveränderungen im Menschen aus.

Zur Prävention von psychischen Belastungen, die auf Lärm am Arbeitsplatz beruhen, bieten sich drei Möglichkeiten an: Konstruktive Lärmbekämpfungsmaßnahmen setzen an der Beschaffenheit der verwendeten Produkte am Arbeitsplatz an. Dies bedeutet, dass die Lärmbekämpfung bereits bei der Planung und Gestaltung technischer Arbeitsmittel einsetzt. Die hierbei verwendeten Methodiken sind vielfältig und reichen von der Verwendung alternativer Materialien, zum Beispiel mit hoher innerer Dämpfung, bis hin zur Verwendung alternativer Technologien (beispielsweise hydraulische statt mechanische Kraftübertragung). Eine solche Vermeidung oder Reduzierung von Lärm an der Entstehungsquelle, die auch als primäre Lärmbekämpfung bezeichnet wird, ist, sofern technologisch machbar, im Vergleich zu nachträglichen Maßnahmen meist die wirtschaftlichere Alternative. Schalldämmende und schalldämpfende Maßnahmen, die auch als sekundäre Lärmbekämpfung bezeichnet werden, sind dann vorzunehmen, wenn die Lärmentstehung bei der Konstruktion des Arbeitsmittels nicht verhindert werden kann. Während die Schalldämmung in der Behinderung der Schallausbreitung zum Beispiel durch Verwendung geeigneter Materialen aus Beton, Stahl oder auch von Erdwellen besteht, wird bei der Schalldämpfung die Schallenergie in Wärmeenergie umgewandelt. Typische Beispiele von nachträglich angebrachten sekundären Lärmbekämpfungsmaßnahmen sind sogenannte Schallschutzkabinen in der Produktion oder beispielsweise auch Kapselungen von Druckern im Bürobereich. Nicht unerwähnt bleiben soll an dieser Stelle, dass die dritte Form der Lärmbekämpfung, die sogenannten personenbezogenen Schutzmaßnahmen, insbesondere zur Vermeidung von psychischen Belastungen, eine zwar gegebenenfalls erforderliche ist, dennoch als möglichst zuletzt eingesetzte Maßnahme der lärmbezogenen Umgebungsgestaltung angewendet werden sollte. Die Verwendung zum Beispiel von Gehörschutzwatte/-stöpsel oder -schutzkappen stellt für die meisten Beschäftigten nicht nur eine Einschränkung des persönlichen Komforts, sondern auch eine Reduzierung der Verständigungsmöglichkeiten am Arbeitsplatz dar, die in Kombination mit anderen Aspekten der Arbeitstätigkeit und Arbeitsumgebung die psychische Belastungssituation negativ beeinflussen kann.

Niederfrequente **mechanische Schwingungen** (Vibration) im Frequenzbereich von 0,01 und 100 Hz, also im in der Regel für den Menschen nicht hörbaren Bereich, werden in der Regel als psychische *und* als physische Belastung wahrgenommen. Neben einer Beeinträchtigung des Komfortempfindens treten bei stärkeren Vibrationen auch Ermüdungserscheinungen auf, die die Leistungsfähigkeit beeinflussen und bei längerer Exposition sogar die physische Gesundheit der Beschäftigten schädigen können (insbesondere das Muskel-Skelett-System des Menschen). Ähnlich wie beim Lärm ist zur Prävention von Vibrationen am Arbeitsplatz die Kenntnis der Amplitude und der Frequenz erforderlich. Zusätzlich sind bei der Vibration allerdings auch die Einwirkungsrichtung, das heißt die Frage, in welcher Ebene und in welcher Richtung die Vibration auf den Menschen einwirkt, sowie die betroffenen Körperteile von Bedeutung. Präventive

Maßnahmen zur Vibrationsbekämpfung sind in der Regel technischer Art, lassen sich jedoch nur bedingt verallgemeinern, da Schwingungsproblematiken selten einander gleichen und daher Einzelfallanalysen erforderlich machen. Betont werden muss jedoch, dass organisatorische Maßnahmen, die der Vibrationsreduzierung dienen sollen (Pausenregelungen, Job-Rotation) nur dann in Frage kommen können, wenn andere Formen der Vibrationsbekämpfung nicht möglich waren.

Da das Auge das dominante Sinnesorgan des Menschen darstellt, spielt die **Beleuchtung** eine herausragende Rolle, um eine optimale Informationsaufnahme zu gewährleisten. Hervorzuheben ist zunächst, dass Tageslicht unter der Voraussetzung der Dosierungsmöglichkeit nicht nur für das Wohlbefinden, sondern auch für die Leistungserstellung von Vorteil ist. Unter Dosierung ist sowohl die Regelung der Beleuchtungsstärke als auch die Vermeidung von Direkt- und Reflexblendungen zu verstehen (z.B. durch Verwendung von außenliegenden Verschattungsmöglichkeiten oder innenliegenden Lamellenstores). Neben der Beleuchtungsstärke spielt die sogenannte Leuchtdichte am Arbeitsplatz eine wichtige Rolle. Die Leuchtdichte gibt die Lichtstärke pro Fläche an. Sie berücksichtigt damit die Beschaffenheit der beleuchteten Fläche, was für die Gestaltung von Wänden oder den Oberflächeneigenschaften von Arbeitsmöbeln und Arbeitsmitteln (Farbe, Textur, Reflexionsgrad) bedeutsam ist. Hinsichtlich der psychischen Belastungen ist die sogenannte Leuchtdichteverteilung im Raum besonders hervorzuheben, womit die vorhandenen Leuchtdichteunterschiede und die daraus resultierenden Kontraste bezeichnet werden. Ohne an dieser Stelle auf Details eingehen zu können, gilt das Prinzip des gleichmäßigen Ausleuchtens von Arbeitsräumen: Zu hohe Beleuchtungsstärken ohne Kontraste oder Schatten sollten vermieden werden, da in diesem Fall der visuelle Raum als monoton empfunden wird. Punktförmige Ausleuchtungen zum Beispiel des Arbeitsplatzes im engeren Sinne können hier in Kombination mit einer guten Allgemeinbeleuchtung zu einem positiven Komfortempfinden der Beleuchtungssituation beitragen.

Im Bereich der **nichtoptischen Strahlung** muss zwischen nichtionisierender Strahlung (z.B. Infrarotstrahlung, hochfrequente Felder, Mikrowellenfelder, niederfrequente Felder, elektrische und magnetische Felder) und ionisierender Strahlungen (z.B. Gammastrahlung, Röntgenstrahlung und kurzwellige Ultraviolettstrahlung) unterschieden werden. Ionisierende Strahlungen, die von außen in den Organismus eindringen, sind in jedem Fall zu vermeiden beziehungsweise zu begrenzen. Die Wirkung von nichtionisierender Strahlung basiert nach bisherigem Wissen vorwiegend auf thermischen Effekten, teilweise auch auf veränderten chemischen Reaktionen des Organismus. Ihr Einfluss als psychische Belastung ist ungesichert, nach einzelnen Erkenntnissen ist momentan jedoch von geringen direkten Wirkungen auf den Menschen (physischer und psychischer Art) auszugehen.

Im engen Zusammenhang zur Beleuchtung des Arbeitsraumes steht die Verwendung von **Farbe**. Die verwendete künstliche Beleuchtung sollte eine tageslichtähnliche Lichtfarbe aufweisen. Bei der Verwendung von Farben für die Gestaltung von Arbeitsräumen gilt, dass ein Kompromiss gefunden werden muss zwischen Monotonie (Eintönigkeit) und zu starken Kontrasten im Gesichtsfeld. Allgemein gilt, dass Farben des mittleren Spektralbereichs zu bevorzugen sind. Für dieses Farbspektrum ist die Helligkeitsempfindlichkeit des Auges optimal. Zudem liegen in diesem Spektralbereich die Farben, die als eher beruhigend und warm empfunden werden (etwa braun-beige, gelb, grau, zum Teil auch grün, sowie Pastellfarben und Mischungen). Weil das Auge für Farben unterschiedlicher Wellenlängen unterschiedlich empfindlich ist, sind Farben am Ende des Spektralbereichs, zum Beispiel gesättigtes Rot, gesättigtes Blau oder Violett zu vermeiden. Zur Reduzierung von psychischen Belastungen ist zudem hervorzuheben, dass das Auge in blauen Umgebungen tendenziell kurzsichtig, in roten tendenziell weitsichtig reagiert. Der Einsatz von Komplementärfarben (rot – blau – gelb) ist zu vermeiden, weil hierdurch das visuelle System belastet wird.

Das **Klima** stellt einen weiteren wichtigen Einfluss auf die Leistungsfähigkeit und die Gesundheit der Beschäftigten dar. Zum Teil können selbst geringe Abweichungen einzelner Klimawerte von den Idealwerten zu massiven Beeinträchtigungen führen. Das für den Arbeitsplatz jeweils optimale Klima lässt sich nur in Abhängigkeit von den Anforderungen, die eine Arbeit an die Beschäftigten stellt, und unter Berücksichtigung des individuellen Komfortempfindens bestimmen. Zu beachten sind in jedem Fall neben der Raumtemperatur auch die relative Luftfeuchtigkeit und die Luftgeschwindigkeit. Bei der Raumtemperatur ist nicht nur die Lufttemperatur maßgeblich, sondern auch gegebenenfalls Abweichungen von Fußboden-, Wand- oder Oberflächentemperaturen, die nur geringe Differenzen von der mittleren Raumtemperatur aufweisen sollten. Eine optimale Luftfeuchtigkeit (zwischen 40 und 60 Prozent relative Luftfeuchtigkeit) ist erforderlich, um die Schleimhäute der Atemwege vor dem Austrocknen zu bewahren. Unberücksichtigt bleibt oft, dass insbesondere bei Bildschirmarbeit eine geringe Luftfeuchtigkeit das Auftreten von Beeinträchtigungen, zum Beispiel von Augenrötungen und Hautreaktionen, begünstigt. Zu betonen ist ferner, dass persönliche Schutzmaßnahmen wie zum Beispiel Schutzkleidung, insbesondere wenn sie Kopf- und Gesichtsschutz umfasst, zu massiven psychischen Belastungen der Beschäftigten führen kann. Aus diesem Grund sind auch in diesem Bereich der Arbeitsumgebung technische Maßnahmen bevorzugt zu realisieren.

Zusätzlich zu den physischen Faktoren der Arbeitsumgebung ist abschließend zu betonen, dass auch ungünstige, im Extremfall erzwungene **Körperhaltungen** als psychische Belastungen wirksam werden. Daher sind bei der maßlichen Gestaltung des Arbeitsplatzes ausreichende Bewegungsflächen zu berücksichtigen. Ungünstige Anordnungen der Arbeitsmöbel und zu geringe Verstellmöglichkeiten insbesondere von Arbeitstisch und Arbeitsstuhl müssen unbedingt vermieden werden. Zur Ausschöpfung des präventiven Potenzials im Bereich der Bemaßung des Arbeitsplatzes hat es sich als vorteilhaft erwiesen, den Beschäftigten Handlungsspielräume bei der Anordnung zu ermöglichen und die Einstellbarkeit aller Arbeitsmöbel nach anthropometrischen Erfordernissen sicherzustellen.

Zum präventiven Potenzial der ergonomischen Gestaltung von Arbeitsmitteln

Psychische Belastungen resultieren auch aus einer nicht ergonomischen Gestaltung der Arbeitsmittel. Ursache hierfür ist vor allem die fortschreitende Komplexität heutiger Arbeitsmittel: Durch Integration verschiedener, nicht immer zusammengehörender Funktionen, die Verwendung von

Softwaremenüs zur Steuerung des Arbeitsmittel und den Trend zur Miniaturisierung steigt die Bedeutung, die schlecht gestaltete Arbeitsmittel an der psychischen Belastung von Beschäftigten haben. So hat die flächendeckende Verwendung und Vernetzung von PCs im Büro ohne Zweifel maßgeblich zu einer Vereinfachung und Beschleunigung geistiger Arbeit beigetragen, auf der anderen Seite sind aber auch neue Formen von psychischen Belastungen entstanden, wie beispielsweise das als Informationsflut bezeichnete Phänomen der E-Mail-Be- und -Verarbeitung zeigt.

Um psychischen wie physischen Belastungen durch schlecht gestaltete nicht ergonomische Arbeitsmittel präventiv zu begegnen, sollten Produkte möglichst eine hohe **Gebrauchstauglichkeit** aufweisen. Dieser verhältnismäßig junge wissenschaftliche Begriff bezeichnet eine Produkteigenschaft und meint das Ausmaß, in dem ein Produkt durch bestimmte Benutzer in einem bestimmten Nutzungskontext verwendet werden kann, um ein angestrebtes Ziel effektiv, effizient und mit Zufriedenheit zu erreichen. An dieser Definition wird deutlich, dass sich Gebrauchstauglichkeit deutlich vom Begriff der Ergonomie unterscheidet: Wurde früher von einem ergonomischen Produkt gesprochen, so meinte man in der Regel eine allgemeingültige Eigenschaft des Produktes, dessen Gestaltung den abstrakten Zielen der Gesundheit, des Wohlbefindens und der Leistungsfähigkeit des Menschen nicht entgegenstehen durfte. Die Frage, ob ein Produkt gebrauchstauglich gestaltet ist, lässt sich demgegenüber nur dann beantworten, wenn Kenntnisse über den Verwendungszweck, die Eigenschaften, Fähigkeiten und Fertigkeiten des vorgesehenen Benutzers sowie über die Umgebung, in der das Produkt genutzt wird, bekannt sind. Diese Faktoren werden in Summe als Nutzungskontext bezeichnet. Die Berücksichtigung des Nutzungskontextes impliziert, dass Hersteller, Konstrukteur oder Inverkehrbringer von Produkten Aussagen zur vorgesehenen Benutzergruppe und zum bestimmungsgemäßen Verwendungszweck treffen müssen, was zumeist in den Bedienungsanleitungen erfolgt. Im Gegensatz zum eher allgemeinen Begriff der Ergonomie benennt die Gebrauchstauglichkeit konkretere Ziele (Effektivität, Effizienz und Zufriedenheit), die beim Einsatz des Produktes gefördert werden sollen, wodurch der steigenden Komplexität von Produkten besser entsprochen wird.

In Analogie zum Überblick über die Umgebungsfaktoren am Arbeitsplatz werden nachfolgend die wichtigsten Faktoren dargestellt, die an gebrauchstaugliche Produkte zu stellen sind. Ihre Berücksichtigung führt im Sinne einer produktorientierten Gestaltung zur Prävention psychischer Belastungen am Arbeitsplatz.

Mit dem Begriff der **Anthropometrie** wird die Wissenschaft von den Maßverhältnissen und deren exakter Bestimmung am menschlichen Körper bezeichnet. Eine der Basisanforderungen der Gebrauchstauglichkeit ist, dass das Produkt an die Körperform des Nutzers angepasst werden soll, um vorwiegend physische Belastungen zu vermeiden oder soweit wie möglich zu reduzieren. Zur Erleichterung der Anwendung stehen eine Reihe von anthropometrischen Datensammlungen zur Verfügung, die, differenziert nach Altersgruppen und nach Geschlecht, für sehr viele unterschiedliche Körperteilsysteme direkt anwendbare statische wie dynamische (das heißt in Bewegung erhobene) Maße enthalten.

Im engen Zusammenhang mit der Anthropometrie stehen die Anforderungen, die sich aus der Berücksichtigung von **Kör-**

perkräften ergeben. Auch hierzu liegt eine Reihe von Untersuchungsergebnissen vor, die dem Konstrukteur Körperkräfte für verschiedene Arbeitshaltungen zur Verfügung stellen.

Bei vielen Produkten des Arbeits- wie Privatlebens zeigt sich, dass die **Körperhaltung,** das heißt die Stellung des Körpers und der Körpergelenke zueinander, bereits in der Konstruktionsphase zu wenig Beachtung findet. Dabei ist es verhältnismäßig einfach, durch Simulationen ungünstige Haltungen bei der Verwendung des späteren Produktes auszuschließen. Der Körperhaltung kommt zusätzlich die Bedeutung zu, dass sich die Körperkräfte je nach Stellung des Körpers beziehungsweise einzelner Körperteile verändern. Dies zeigt den direkten Einfluss auf die Leistungsfähigkeit.

Den drei vorgestellten, vorwiegend physischen Anforderungen an die Produktgestaltung ist gemeinsam, dass sie sich mittelbar auch auf die psychische Belastungssituation der Beschäftigten auswirken. So trägt ein schlecht gestaltetes Produkt direkt zu vorzeitiger Muskelermüdung, zu einem erhöhten, unproduktiven Energieeinsatz, zu einer vermehrten Kreislaufbeanspruchung aber auch zur Reduzierung der Leistungsfähigkeit und der Leistungsbereitschaft der Beschäftigten bei. Neben den negativen gesundheitlichen Folgen steigt auch die Wahrscheinlichkeit von Fehlern und von Unfällen. Die Kompensation, die viele Beschäftigte aufbringen, um der nicht ergonomischen Gestaltung von Produkten entgegenzuwirken, macht sich insbesondere bei summarischer Betrachtung über den Arbeitstag/die Arbeitswoche als erhöhte psychische Belastung und der daraus resultierenden höheren Beanspruchung bemerkbar.

Zur **Informationsaufnahme** und **Informationsverarbeitung** sind Grundkenntnisse über die Wahrnehmung von haptischen, akustischen und vor allem optischen Sinnesreizen sowie deren Verarbeitung erforderlich. Sie bilden die Grundlage der Gestaltung von Anzeigen (optischer und akustischer Art), der Stellteilgestaltung sowie der Griff- und Greifflächen am Produkt. Selbst unbewusste Reize hinterlassen beim Benutzer ein Vorstellungsbild vom verwendeten Produkt. Daher ist es wichtig, dieses so zu gestalten, dass die anschließende Weiterverarbeitung der aufgenommenen Reize, also das Verarbeiten von Informationen zu Handlungen, unter genauer Kenntnis der Spezifika der Sinnessysteme erfolgt. Anschaulich wird dies am Beispiel sogenannter kritischer Informationen oder Warnungen, für die nicht nur eine optische Anzeige verwendet werden sollte. Da der Mensch nicht in der Lage ist, visuelle Reize länger zu behalten, sollte hierzu zusätzlich auch eine akustische Anzeige verwendet werden, da sich dieser Sinneseindruck deutlich länger einprägt. Mit einer solchen sogenannten redundanten Anzeigengestaltung lässt sich die psychische Belastungssituation der Benutzer im Fall von kritischen Informationen oder Warnungen deutlich optimieren, da die Gefahr des Übersehens vermieden wird.

Zusammenfassend sollten Anzeigen zur Reduktion psychischer Belastungen so gestaltet sein, dass sie die folgenden charakteristischen Eigenschaften erfüllen:

- Klarheit
- Unterscheidbarkeit
- Kompaktheit
- Konsistenz (insbesondere Nutzung mehrerer Sinneskanäle)
- Erkennbarkeit

- Lesbarkeit (bei optischen Anzeigen)
- Verständlichkeit.

Da immer mehr Produkte menügesteuert sind, die Interaktion zwischen Nutzer und Produkt also durch einen Softwaredialog gestaltet wird, gewinnt die Gestaltung der Software zunehmend an Bedeutung. In der DIN EN ISO 9241-110: 2006 sind die wesentlichen Prinzipien der Dialoggestaltung wie folgt benannt:

- Aufgabenangemessenheit
- Selbsterklärungsfähigkeit
- Steuerbarkeit
- Erwartungskonformität
- Fehlerrobustheit
- Anpassbarkeit
- Erlernbarkeit.

Ohne an dieser Stelle auf die einzelnen Kriterien eingehen zu können, wird deutlich, dass eine gebrauchstaugliche Dialoggestaltung sowohl die Art der Arbeitsaufgabe berücksichtigt (Kriterium der Aufgabenangemessenheit) als auch im Hinblick auf die Fähigkeiten, Fertigkeiten und Eigenschaften des Benutzers angepasst sein muss (Kriterien der Anpassbarkeit und Erlernbarkeit). Verstöße gegen diese Prinzipien führen in der Regel zu höheren psychischen Belastungen, etwa wenn die Software anders reagiert als es der Benutzer von der Menüführung her erwartet hätte (Kriterium der Erwartungskonformität) oder wenn Fehlermeldungen ausgegeben werden, die für den Nutzer unverständlich sind oder keine Handlungsoptionen eröffnen (Kriterium der Fehlerrobustheit).

Die in diesem Beitrag lediglich im Überblick darstellbaren Anforderungen an eine ergonomische Gestaltung von Arbeitsmitteln werden ausführlich in den unten angegebenen Normen (insb. der DIN EN ISO 9241) sowie der Literatur zur Gebrauchstauglichkeit erläutert.

→ Umgang mit Informationsmengen (S. 127); Stress (S. 334)

Literatur

DIN EN ISO 6385: Grundsätze der Ergonomie für die Gestaltung von Arbeitssystemen, 2004

DIN 33402 Teil 1: Körpermaße des Menschen; Begriffe, Messverfahren, 1978

DIN EN 894 Teil 1: Sicherheit von Maschinen – Ergonomische Anforderungen an die Gestaltung von Anzeigen und Stellteilen – Teil 1: Allgemeine Leitsätze für Benutzer-Interaktion mit Anzeigen und Stellteilen, 1997

DIN EN ISO 9241 Teil 11: Ergonomische Anforderungen für Bürotätigkeiten mit Bildschirmgeräten – Teil 11: Anforderungen an die Gebrauchstauglichkeit, 1999

DIN EN ISO 9241 Teil 110: Ergonomie der Mensch-System-Interaktion – Teil 110: Grundsätze der Dialoggestaltung, 2006

Adler, M./Herrmann, H.-J./Koldehoff, M./Meuser, V./Scheuer, S./Müller-Arnecke, H./Windel, A./Bleyer, T.: Kompendium zur Anwendung der Ergonomie und Prüfung der Gebrauchstauglichkeit von Produkten (BAuA-Forschungsbericht, Projekt F2116). Bundesanstalt für Arbeitsschutz und Arbeitsmedizin, Dortmund 2008

Bundesamt für Wehrtechnik und Beschaffung (Hrsg.); Schmidtke, H. (Verf.): Handbuch der Ergonomie mit ergonomischen Konstruktionsrichtlinien (HdE). Loseblatt-Ausgabe, Band 1 bis 5. Koblenz: seit 1989

Lange, W./Windel, A.: Kleine Ergonomische Datensammlung. TÜV-Media, Köln 2009

Peter Knauth

Nacht- und Schichtarbeit

Abstract
Arbeit „zu wechselnder Tageszeit" (z. B. Früh-, Spät-, Nachtschicht) oder zu „konstant ungewöhnlicher Zeit" (z. B. Dauernachtschicht, Dauerspätschicht) bezeichnet man als „Schichtarbeit". Nach Angaben des Statistischen Bundesamtes arbeiteten 2003 15,5 Prozent der Erwerbstätigen in Schichtarbeit.

Integratives Belastungs-Beanspruchungskonzept für Schichtarbeit
Mit Hilfe des „integrativen Belastungs-Beanspruchungskonzeptes" (Knauth, 2007) kann modellhaft erläutert werden, warum verschiedene Menschen unterschiedlich auf Schichtarbeit reagieren. Als wichtigste Arbeitsbelastung für Schichtarbeiter ist die Tatsache zu nennen, dass diese zeitverschoben zur Circadianrhythmik wichtiger Körperfunktionen arbeiten und schlafen müssen. Hinzu kommen positiv oder negativ wirkende Belastungen aus der Arbeitsaufgabe, der Arbeitsorganisation, der Arbeitsumgebung sowie von den Vorgesetzten und Kollegen.

Ob diese Belastungen kurzfristig zu Störungen des Wohlbefindens, zu Schlafstörungen, Appetitstörungen und Leistungsminderungen sowie langfristig sogar zu Erkrankungen führen oder nicht, hängt auch wesentlich von individuellen Ressourcen (z. B. Arbeitsfähigkeit, Alter, Schichterfahrung, Gesundheit) sowie externen, nicht arbeitsbezogenen Anforderungen, Risiken und Ressourcen (z. B. Kinderbetreuung, Leben gegen den Rhythmus des sozialen Umfeldes, Wohnsituation, Unterstützung durch die Familie) ab.

Psychische Beanspruchungen
Die psychischen Beanspruchungen der Schichtarbeiter sind nicht direkt messbar, aber zu den im Folgenden diskutierten kurz- und langfristigen Beanspruchungsfolgen liegen zahlreiche Untersuchungen vor.

Schlafstörungen
Bei Tagarbeitern ist die Circadianrhythmik physiologischer Funktionen so programmiert, dass der Körper nachts „auf Erholung" und tags „auf Leistung" geschaltet ist. Innerhalb einer Nachtschichtwoche schafft es der Körper nicht, alle biologischen Tagesrhythmen vollständig an Nachtarbeit anzupassen. Eine unvollständige Anpassung der Circadianrhythmik des Nachtar-

beiters bedeutet auch, dass der Schlaf nach der Nachtschicht zu einer Tageszeit stattfinden muss, zu der der Körper nicht auf Erholung geschaltet ist.

Der Schlaf nach den Nachtschichten ist daher in der Regel kürzer und qualitativ schlechter als der normale Nachtschlaf (Knauth, 1983; Sallinen u.a., 2005; Doi, 2005). Auch der Schlaf vor Frühschichten kann bei frühem Frühschichtbeginn verkürzt sein (Folkard/Barton, 1993; Ingre u.a., 2007). Dies erklärt auch den Befund, dass Schlafprobleme in Zusammenhang mit Nacht- und Frühschichten einer der Haupteinflussfaktoren für die Zufriedenheit der Schichtarbeiter mit ihrer Arbeitszeit sind (Nilsson u.a., 2005).

Smith und Iskra-Golec (2007) verglichen die Schlafqualität von Personen, die 1 Prozent bis 32 Prozent ihres Berufslebens Schichtarbeit erlebt hatten, mit denen, die 33 bis 76 Prozent Schichtarbeit geleistet hatten, in vier Altersklassen. Außer für die Altersklasse 31 bis 40 Jahre (kein Unterschied) war in allen anderen Altersklassen die Schlafqualität bei hoher Exposition deutlich schlechter. Dumont u.a. (1997) fanden, dass Schichtarbeiter, die jahrelang in Dauernachtschicht gearbeitet hatten und in Tagschicht wechselten, auch danach noch fortdauernde Schlafstörungen hatten.

Schläfrigkeit, Müdigkeit

Aufgrund des Tagesganges der Müdigkeit (*siehe Abb.1*) und der dargestellten Schlafprobleme klagen Schichtarbeiter vor allem in der Nachtschicht, aber auch in der Frühschicht über erhöhte Schläfrigkeit und Müdigkeit (Keklund/Åkerstedt, 1995; Knauth/Hornberger, 1997). Bei einem Wechsel von langsam und rückwärts rotierenden Schichten zu einem schnell und vorwärts rotierenden Schichtsystem verringerte sich die Müdigkeit beziehungsweise die Schläfrigkeit der Schichtarbeiter (Hakola/Härmä, 2001; Viitasalo u.a., 2007).

In einer Studie von Sasaki u.a. (2007) führte eine verkürzte Schlafdauer (weniger als sieben Stunden pro Tag) zu erhöh-

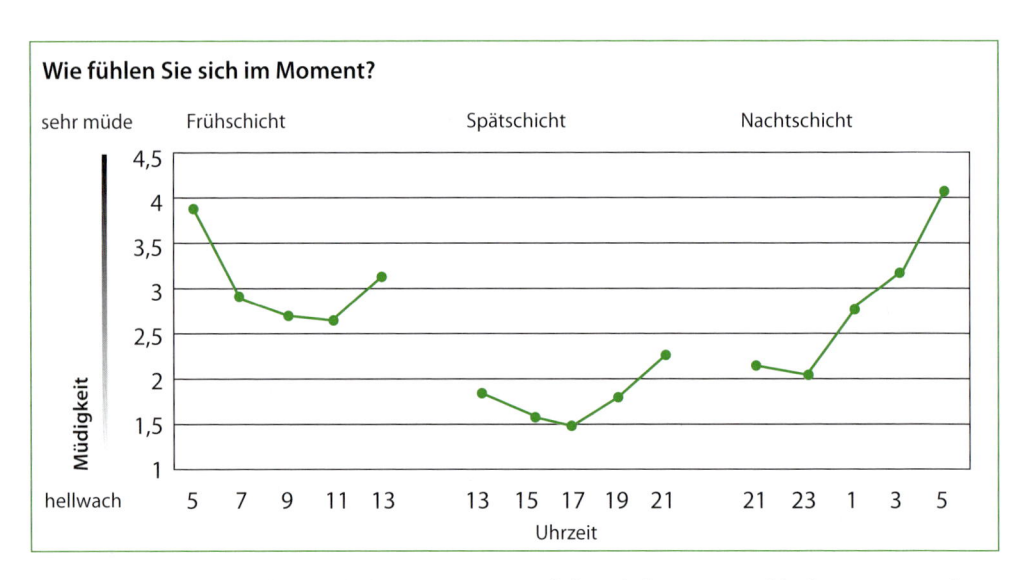

Abb. 1: Durchschnittliche Müdigkeit (4.796 ausgefüllte Skalen, von Stahlarbeitern in Früh-, Spät- und Nachtschichten; Frühschichtbeginn 5.20 Uhr) (Quelle: Knauth, 2007)

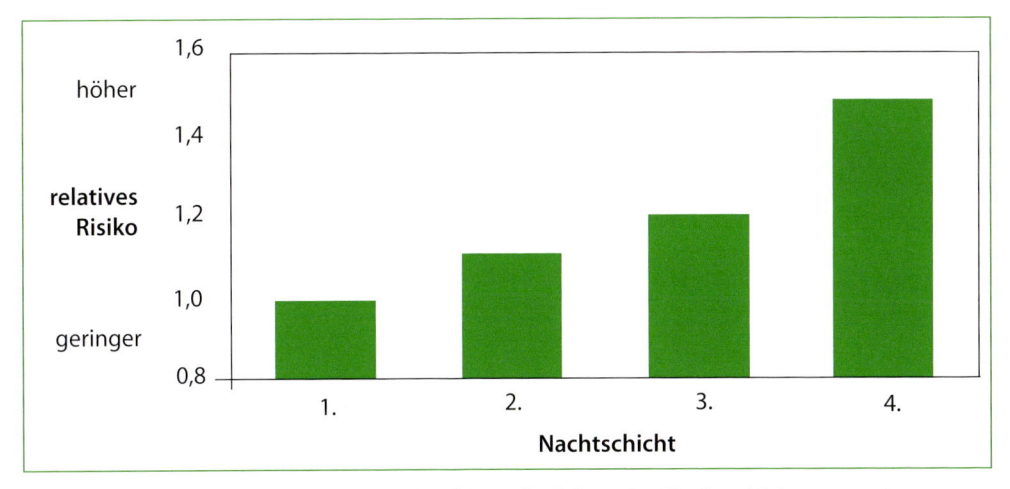

Abb. 2: Relatives Unfallrisiko während aufeinanderfolgender Nachtschichten aus vier Studien (Quelle: in Anlehnung an Knauth, 1995 und Folkard, 1996)

ter Tagesschläfrigkeit, mehr Müdigkeit und vermehrt depressiven Symptomen. Takahashi u. a. (2005) kamen nach einer dreijährigen Längsschnittstudie zu dem Schluss, dass eine niedrige Arbeitszufriedenheit und hohe Ausprägung depressiver Symptome als Prädiktor für erhöhte Tagesschläfrigkeit von Schichtarbeitern dienen können.

Leistung, Fehler, Unfälle
Um den Effekt von Müdigkeit auf die Leistung zu quantifizieren, führten Roach u.a. (2001) Laborstudien am Zugsimulator durch. Es zeigte sich, dass die Sicherheitsverschlechterung durch Müdigkeit den Wirkungen eines moderaten Alkoholkonsums entsprach. In einer Reihe von Studien wurde ein erhöhtes Risiko für Fehler und Unfälle in der Frühschicht bei einem frühen Beginn der Frühschicht gefunden (Wild/Theis, 1967; Hildebrandt u.a., 1974; Pokorny u.a., 1981a, b; Folkard/Totterdell, 1992; Kecklund, 1996; Tucker u.a., 1998). Bei der Auswertung von vier Studien fanden Folkard und Hill (2000) ein zunehmendes Unfallrisiko von der Früh- über die Spät- bis zur Nachtschicht. Dabei nahm das Unfallrisiko im Laufe mehrerer hintereinanderliegender Nachtschichten zunächst leicht und nach der dritten Nachtschicht deutlich zu (*siehe Abb.2*).

Gesundheitliche Beschwerden und Erkrankungen
Nachtarbeit führt nicht zwangsläufig zu einer Entwicklung spezifischer Erkrankungen. Vielmehr wird angenommen, dass Nachtarbeit in Kombination mit weiteren ungünstigen Faktoren in Bezug auf die Arbeitswelt, auf die Umwelt sowie auf das Individuum und seine Bewältigungsfähigkeit langfristig zur Entwicklung multifaktoriell bedingter Erkrankungen führen kann (Wussow u.a., 2003, 2006).

Die Destabilisierungstheorie geht davon aus, dass Schichtarbeit den gesamten Lebensrhythmus verändert und damit auch familiäre und soziale Beziehungen beeinflusst, das heißt, nicht nur während der Arbeitszeit wirkt (Kundi, 2000). Zur Aufrechterhaltung der regulatorischen und kompensatorischen Funktionsfähigkeit des menschlichen Organismus muss ein dynamisches Gleichgewicht zwischen den Bereichen „Arbeit", „Erholung" sowie „familiäre und soziale Beziehungen" bestehen. Solange das Gleichgewicht erhalten bleibt, können nach dieser Theorie die Anforderungen und Risiken der Schichtarbeit weitgehend aufgefangen werden. Erst wenn es durch ein dauerndes Ungleichgewicht zu einem Zusammenbruch der Kompensationsfähigkeit kommt, kann es entweder direkt oder durch Beeinflussung anderer Risikofaktoren zu gesundheitlichen Beschwerden und Erkrankungen kommen. Schichtarbeit ist demnach ein unspezifischer und desynchronisierender Faktor, der gerade die Möglichkeiten zur Bewältigung dieser Belastungen stört.

Es gibt eine Reihe von Studien, die eine erhöhte Häufigkeit von Magen-Darm- und Herz-Kreislauf-Erkrankungen bei Schichtarbeitern vor allem im Zusammenhang mit Nachtarbeit gefunden haben (Übersichten: Costa/Pokorski, 2000; Knutsson, 2000; Seibt u. a., 2006).

Für einen möglichen Zusammenhang zwischen Nachtarbeit und Brust- beziehungsweise Prostatakrebs gibt es zwar mit Vorsicht zu interpretierende Hinweise (Übersicht siehe Kolstad, 2008), es fehlen aber methodisch sorgfältige Längsschnittstudien.

Eine Reihe von Autoren fand bei Schichtarbeitern mehr psychovegetative Beschwerden und Erkrankungen als bei Tagarbeitern (Übersicht siehe Knauth/Hornberger, 1997).

Die von Costa u. a. (1981) durchgeführte retrospektive Längsschnittstudie erbrachte die folgenden Häufigkeiten für psychische Erkrankungen:
- 64,4 Prozent Dauernachtschichtarbeit
- 22,1 Prozent Dreischichtarbeit
- 9,4 Prozent Zweischichtarbeit
- 3,9 Prozent Tagarbeit.

In der retrospektiven Längsschnittstudie von Koller (1983) differierten die Erkrankungsraten von Schicht- und Tagarbeitern bei streng definierten depressiven Syndromen nicht signifikant. Allerdings ergaben sich bei Schichtarbeitern mehr allgemeine psychische Störungen. Scott u. a. (1997) berichten von einer Pilotstudie, in der die Prävalenz depressiver Erkrankungen bei Schichtarbeitern bis zu einer Schichtarbeitsexposition von zwanzig Jahren zunahm. Danach kam offensichtlich durch Selektion der „healthy worker effect" zum Tragen.

Störungen des sozialen Lebens

Da Schichtarbeiter gegen den Rhythmus ihres sozialen Umfeldes leben, können sich zahlreiche Probleme ergeben. Der Nutzwert von freien Stunden am Abend und am Wochenende wird von den meisten Menschen besonders hoch eingeschätzt. Daher kollidieren Spätschichten, Nachtschichten und Wochenendarbeit mit diesen Wertvorstellungen. Für Schichtarbeiter ist es schwer bis unmöglich, an regelmäßigen abendlichen Freizeitveranstaltungen (z.B. Kegelabend, Weiterbildung, Sportveranstaltungen) teilzunehmen. Schwierig ist auch die Haushalts- und Freizeitorganisation, wenn beide Partner in Schichten arbeiten. Den größten Stress und den geringsten Schlaf haben unter anderen Schichtarbeiterinnen mit kleinen Kindern (Estryn-Behar u. a., 1978).

Die Möglichkeit, soziale Kontakte zu pflegen, ist generell sehr stark von der Art des Schichtsystems abhängig. Presser (2000) wertete Befragungsdaten von 3.476 verheirateten Paaren aus. Bei Männern, die weniger als fünf Jahre verheiratet waren und Kinder hatten, waren Trennung oder Scheidung bei Dauernachtarbeitern sechsmal wahrscheinlicher als bei Tagarbeitern.

Bei Frauen, die mehr als fünf Jahre verheiratet waren und Kinder hatten, war die entsprechende Wahrscheinlichkeit bei Dauernachtarbeiterinnen dreimal höher als bei Tagarbeiterinnen.

Bei der Diskussion von sozialen Problemen der Schichtarbeiter muss berücksichtigt werden, dass die psychosozialen Aspekte nicht unabhängig von den Störungen der biologischen Rhythmik zu betrachten sind. So können zum Beispiel Störungen der Circadianrhythmik die Fähigkeit der Schichtarbeiter, ihr soziales Leben in der gewünschten Form zu gestalten, beeinträchtigen (Gadbois, 2004). Umgekehrt können Anforderungen aus dem Privatleben eine zusätzliche Belastung sein. Ob eine Person Schichtarbeit besser oder schlechter verträgt, hängt daher auch sehr stark von ihren Bewältigungsstrategien und der Unterstützung durch den Partner ab.

Präventive und kompensatorische Maßnahmen für Schichtarbeiter

Der traditionelle Ansatz, die Erschwernisse der Schichtarbeiter nur über finanzielle Zuschläge „auszugleichen", ändert nichts an der Müdigkeit, den Schlafproblemen sowie den Problemen im familiären und sozialen Bereich.

Zielführender sind andere Maßnahmen (Knauth, 2007), zum Beispiel:
- Schichtplangestaltung nach arbeitswissenschaftlichen Erkenntnissen
- Einfluss der Schichtarbeiter auf die Gestaltung ihrer Arbeitszeit (z.B. Wahlarbeitszeit)
- Gestaltung der Arbeitsbedingungen, so dass ein Arbeiten bis zum 67. Lebensjahr möglich ist
- Unterstützung der Schichtarbeiter durch Vorgesetzte
- Adäquate Gestaltung des Schlafraums für einen möglichst ungestörten Tagschlaf nach der Nachtschicht (Lärm, Licht, Klima)
- Unterstützung durch die Familie und das soziale Umfeld
- Persönliche Maßnahmen zur Gesunderhaltung
- Ärztliche Betreuung und Beratung durch den betriebsärztlichen Dienst.

Dabei wird die Bedeutung der Schichtplangestaltung nach arbeitswissenschaftlichen Erkenntnissen in Zukunft wegen der alternden Belegschaften deutlich zunehmen. In *Abbildung 3 auf Seite 124* ist ein Beispiel für einen kontinuierlichen Schichtplan dargestellt, der erstens den arbeitswissenschaftlichen Empfehlungen zur Schichtplangestaltung (z.B. schnell und vorwärts rotierende Schichten) entspricht und der zweitens dem einzelnen Schichtarbeiter die Wahl zwischen verschiedenen Wochenarbeitszeiten erlaubt. Da mit zunehmendem Alter die interpersonelle Streuung der Arbeitsfähigkeit zunimmt, ist eine generelle Reduktion der Arbeitszeit nicht sinnvoll. Dagegen können Schichtarbeiter, deren Arbeitsfähigkeit beeinträchtigt ist oder die aus privaten Gründen weniger arbeiten möchten, bei „Wahlarbeitszeit" eine kürzere Wochenarbeitszeit wählen.

→ Demografischer Wandel (S. 44); Soziale Unterstützung (S. 324)

Gruppe	Woche	Mo	Di	Mi	Do	Fr	Sa	So	Mo	Di	Mi	Do	Fr	Sa	So
A	1+2	F	F	S	S	N	N	N					F	F	F
B	3+4	S	S	N	N						F	F	S	S	S
C	5+6	N	N						F	F	S	S	N	N	N
D	7+8					F	F	F	S	S	N	N			
E	9+10			F	F	S	S	S	N	N					

		Kombination	Arbeitszeit pro Woche	Länge des Jahresurlaubs	Anzahl der Zusatz-schichten pro Jahr
F	Frühschicht	1. Vollzeit	37,5 Stunden	30	22
S	Spätschicht	2. Vollzeit	37,5 Stunden	25	17
N	Nachtschicht	3. Teilzeit	35,0 Stunden	30	14
	frei	4. Teilzeit	35,0 Stunden	25	9
		5. Teilzeit	33,6 Stunden	30	0

Abb. 3: Kontinuierliches Schichtsystem mit Wahlarbeitszeit (Quelle: Knauth u. a., 2003)

Literatur

Costa, G./Pokorski, J.: Effects on health and medical surveillance of shiftworkers. In: Marek, T./Oginska, H./Pokorski, J./Costa, G./Folkard, S. (Hrsg.): Shiftwork 2000 – Implications for science, practice and Business, Kraków 2000, S. 71-97

Costa, G./Apostoli, P./D'Andrea, F./Gaffuri, E.: Gastrointestinal and neurotic disorders in textile shift workers. In: Reinberg, A./Vieux, N./Andlauer, P. (Hrsg.): Night and Shiftwork. Biological and Social Aspects. Pergamon Press, Oxford 1981, S. 215-221

Doi, Y.: An Epidemiologic Review on Occupational Sleep Research among Japanese Workers. In: Industrial Health, 2005, 43, S. 3-10

Dumont, M./Montplaisir, J./Infante-Rivard, C.: Sleep quality of former night-shift workers. In: International Journal of Occupational and Environmental Health 3, 3, 1997, S.10-14

Estryn-Behar, M./Gadbois, C./Vaichere, E.: Effects du travail de nuit an equips fixes sur une population feminine. Résultats d´une enquête dans le secteuer hospitalier. Archives des Maladies Professionelles et de Medecine du Travail 39, 1978, S. 531-535

Folkard, S.: The use of limitations to improve shift systems. In: 25th International Congress on Occupational Health, Stockholm 1996, S. 16-22

Folkard, S./Barton, J. : Does the ‚forbidden zone' for sleep onset influence morning shift sleep duration? Ergonomics 1-3, 36, 1993, S. 85-91

Folkard, S./Hill, J.: Shiftwork and accidents. In: Marek, T./Oginska, H./Pokorski, J./Costa, G./Folkard, S. (Hrsg.). Shiftwork 2000 – Implications for science, practice and Business, Kraków 2000, S. 11-28

Folkard, S./Totterdell, P.: Circadian variations in performance, Implications for abnormal work hours, Abstract: International Symposium on ‚Shiftwork and Job Demands', Paris, 11.-12. July 1991, S. 10-14

Gadbois, C.: Les discordances psychosociales des horaires postés: questions en suspens. Le travail humain, 1, 67, 2004, S. 62-82

Hakola, T./Härmä, M.: Evaluation of a fast forward rotation shift schedule in the steel industry with a special focus on ageing and sleep. In: Journal of Human Ergology, 1, 2, 30, 2001, S. 315-319

Hildebrandt, G./Rohmert, W./Rutenfranz, J.: 12 and 24 h rhythms in error frequency of locomotive drivers and the influence of tiredness. In: International Journal of Chronobiology, 2, 1974, S. 175-180

Ingre, M./Kecklund, G./Akerstedt, T.: Individual Differences in Sleep length During Morning Shifts in an Irregular Shift Schedule. Shiftwork International Newsletter, 2, 24, 2007, S. 63

Kecklund, G.: Sleep and alertness: effects of shift work, early rising, and the sleep environment. States Institut För Psykisocial Miljömedicin (IPM), Stress Research Report No. 2523, Stockholm 1996

Kecklund, G./Akerstedt, T.: Effects of timing of shifts on sleepiness and sleep duration. In: Journal of Sleep Research, 4, 2, 1995, S. 47-50

Knauth, P.: Ergonomische Beiträge zu Sicherheitsaspekten der Arbeitszeitorganisation. Fortschr.-Ber. VDI-Z., 1983, Reihe 17, Nr. 18, VDI-Verlag, Düsseldorf

Knauth, P.: Speed and direction of shift rotation. In: Journal of Sleep Research, 4, 2, 1995, S. 41-46

Knauth, P.: Schichtarbeit. In: Letzel, S./Nowak, D. (Hrsg.): Handbuch für Arbeitsmedizin, 5. Erg.Lfg. 12/07, B IV-2, S. 1-29. ecomed Medizin, Verlagsgruppe Hüthig, Jehle Rehm GmbH, Landsberg/Lech 2007

Knauth, P./Hornberger, S.: Schichtarbeit und Nachtarbeit. Probleme – Formen – Empfehlungen. Bayerisches Staatsministerium für Arbeit und Sozialordnung, Familie, Frauen und Gesundheit, München 1997

Knauth, P./Hornberger, S./Scheuermann, G.: Wahlarbeitszeit für Schichtarbeiter. In: Landau, K. (Hrsg.): Good Practice, Ergonomie und Arbeitsgestaltung. Ergonomie Verlag, Stuttgart, 2003, S. 387-395

Knutsson, A.: Association between shiftwork and coronary heart disease: a review of recent findings and mechanisms of action. In: Marek, T./Oginska, H./Pokorski, J./Costa, G./Folkard, S. (Hrsg.): Shiftwork 2000 – Implications for science, practice and Business, Kraków 2003, S. 99-117

Koller, M.: Health risks related to shift work. In: International Archives of Occupational and Environmental Health 53, 1983, S. 59-75

Kolstad, H. A.: Nightshift work and risk of breast cancer and other cancers – a critical review of the epidemiologic evidence. In: Scandinavian Journal of Work Environmental Health, 1, 34, 2008, S. 5-22

Kundi, M.: A destabilization model of shiftwork health effects. In: Marek, T./Oginska, H./Pokorski, J./Costa, G./Folkard, S. (Hrsg.): Shiftwork 2000 – Implications for science, practice and Business, Kraków, 2000, S. 119-135

Nilsson, J. P./Akerstedt, T./Kecklund, G./Axelsson, J.: Predicting tolerance to shift work – sleep dominates. Shiftwork International Newsletter, 2, 22, 2005, S. 115

Pokorny, M. L. I./Blom, D. H. J./van Leeuwen, P.: Analysis of traffic accident data (from busdrivers) – an alternative approach (I). In: Reinberg, A./Vieux, N./Andlauer, P. (Hrsg.): Night and shift work. Biological and social aspects. Pergamon Press, Oxford 1981, S. 271-278

Pokorny, M. L. I./Blom, D. H. J./van Leeuwen, P.: Analysis of traffic accident data (from busdrivers) – an alternative approach (II). In: Reinberg, A./Vieux, N./Andlauer, P. (Hrsg.): Night and shift work. Biological and social aspects. Pergamon Press, Oxford 1981, S. 279-286

Presser, H. B.: Nonstandard Work Schedules and Marital Instability. In: Journal of Marriage and the Family, 1, 62, 2000, S. 93-110

Roach, G. D./Dorrian, J./Fletcher, A./Dawson, D.: Comparing the effects of fatigue and alcohol consumption on locomotive engineers' performance in a rail simulator. In: Journal of Human Ergology, 1, 2, 30, 2001, S. 125-130

Sallinen, M./Härmä, M./Mutanen, P./Ranta, R./Virkkala, J./Müller, K.: Sleepiness in Various Shift Combinations of Irregular Shift Systems. In: Industrial Health, 43, 2005, S. 114-122

Sasaki, T./Iwasaki, K./Otsuka, Y./Mori, I.: Association of sleeping hours with sleepiness, fatigue, and depression among Japanese workers. In: Shiftwork International Newsletter, 2, 24, 2007, S. 93

Scott, A.J./Monk, T.H./Luann, L.B.: Shiftwork as a risk factor for depression. A pilot study. In: International Journal of Occupational Environmental Health 2, 3, 1997, S. 2-9

Seibt, A./Knauth, P./Griefahn, B.: Arbeitsmedizinische Leitlinie der Deutschen Gesellschaft für Arbeitsmedizin und Umweltmedizin e.V., Nacht- und Schichtarbeit, Arbeitsmedizin – Sozialmedizin – Umweltmedizin (ASU), 8, 41, 2006, S. 390-397 (http://www.dgaum.med.uni-rostock.de/leitlinien/Nacht_uSchichtarbeit%20280205.pdf)

Smith, L./Iskra-Golec, I.: Age-related shiftwork exposure effects. In: Shiftwork International Newsletter, 2, 24, 2007, S. 98

Takahashi, M./Nakata, A./Haratani, T./Ohtsuka, Y./Kaida, K./Fukasawa, K.: Psychosocial work factors predicting daytime sleepiness in day and shift workers. In: Shiftwork International Newsletter, 2, 22, 2005, S. 147

Tucker, P./Smith, L./Macdonald, I./Folkard, S.: The impact of early and late shift changeovers upon sleep, health and wellbeing in 8- and 12-

hour shift systems. In: Journal of Occupational Health Psychology, 3, 3, 1998, S. 265-275

Viitasalo, K./Kuosma, E./Laitinen, J./Härmä, M.: Effects of a rapidly forward and a flexible backward rotating shift systems on employees' day time alertness and cardiovascular risk factors. In: Shiftwork International Newsletter, 2, 24, 2007, S. 107

Wild, H. W./Theis, H.: Der Einfluss des Schichtbeginns auf die Unfallhäufigkeit. Glückauf, Bergmännische Zeitschrift 103, 1967, S. 833-838

Wussow, A./Kiel, B./Weiler, S. W./Spallek, M./Birkle, J./Kessel, R.: Auswirkungen von Schichtarbeit auf die Beschäftigten im Automobilbau unter modernen Arbeitsbedingungen. In: Scheuch/Haufe (Hrsg.): Dokumentationsband über die 43. Jahrestagung der Deutschen Gesellschaft für Arbeitsmedizin und Umweltmedizin e. V. in Dresden. Rindt-Druck, Fulda 2003, S.166-170

Wussow, A./Weiler, S. W./Spallek, M./Scheuerer, B./Groneberg, D. A./Kessel, R.: Ernährung – ein Risikofaktor für den Gesundheitszustand von Nacht- und Schichtarbeitern? In: Brüning/Harth/Zaghow (Hrsg.): CD-ROM-Dokumentation zur 45. Jahrestagung der Deutschen Gesellschaft für Arbeitsmedizin und Umweltmedizin e. V. in Bochum. Gentner Verlag, Stuttgart 2006, S. 130-133

Barbara Weißgerber | Michael Ertel | Eberhard Pech

Umgang mit Informationsmengen

Abstract
Die wachsende Durchdringung des Arbeits- und Alltagslebens mit elektronischer Kommunikation in zunehmend auch mobiler Form ist ein Kennzeichen moderner Gesellschaften und für viele Menschen inzwischen auch unverzichtbar. Allerdings mehren sich Hinweise darauf, dass der Umgang mit Informationen gerade auch in der Arbeitswelt zu einem zunehmenden Problem wird und damit auch Fragen für den Arbeits- und Gesundheitsschutz aufwirft. So hat nach aktuellen Erhebungen zirka ein Drittel der Beschäftigten im Büro das Gefühl aufgrund von E-Mails mit Informationen überflutet zu werden. Damit in Verbindung stehen häufige Unterbrechungen und das Phänomen des Multitasking. Von Bedeutung sind außer der Quantität Fragen der Informationsqualität, womit die Informationskultur im Unternehmen angesprochen ist. Zur Vermeidung von Überforderungssymptomen der Beschäftigten und zur Förderung einer guten Arbeitsqualität sollte durch Kommunikationssoftware die effektive Bearbeitung von E-Mails erleichtert werden. Durch gezielte Maßnahmen sollte ferner die Qualität der E-Mails verbessert sowie deren Menge und Umfang verringert werden. Dies schließt eine gezielte Schulung der Mitarbeiter zur Verbesserung der individuellen Medienkompetenz und zur Vermittlung geeigneter Arbeitsstrategien ein.

Information stellt eine zentrale Größe im modernen, durch steigende kognitive und kommunikative Anforderungen geprägten Arbeitsleben dar. Im Zuge der zunehmenden informationstechnischen Vernetzung von Arbeitsprozessen und des stetigen Wachstums der verfügbaren Information haben sich die Anforderungen an die Informationsaufnahme, -verarbeitung, -bereitstellung und -verteilung für den Menschen im Arbeitsprozess in Richtung einer zunehmenden Beschleunigung und Arbeitsverdichtung geändert. Diese Entwicklung wirft eine Reihe von Fragen auf, die auch mögliche gesundheitliche Auswirkungen der zunehmenden „Informatisierung" auf die Beschäftigten betreffen. So machte das Finnische Institut für Arbeitsmedizin bereits vor über zehn Jahren auf die Herausforderungen der sich entwickelnden Informationsgesellschaft für die Gesellschaft und speziell für die Arbeitswelt aufmerksam (Bundesanstalt für Arbeitsschutz und Arbeitsmedizin, 1997).

Während bislang ein klassisches Problem der Arbeitswissenschaften im Allgemeinen und der Arbeitspsychologie im Besonderen der **Mangel** an Information am Arbeitsplatz war (Moser u.a., 2002, S. 13), ist mittlerweile ein Übermaß an Informationen zu einem ernstzunehmenden Stressfaktor für viele Beschäftigte geworden[1] und wird daher zunehmend auch als neues wissenschaftliches Thema aufgegriffen.

Dieser Beitrag stellt quantitative Aspekte des Umgangs mit Informationsmengen in den Mittelpunkt; gleichwohl umfasst der damit verbundene „kommunikative Stress" (Krömmelbein, 2004) eine Reihe von weiteren Problemen, die davon nicht zu trennen sind, zum Beispiel die ständige Erreichbarkeit, die damit verbundenen Schwierigkeiten des Abschaltens von der Arbeit, wie auch spezifische Belastungen, die mit der Schnelligkeit der computervermittelten Interaktion und der „in dem Medium symbolisierten Erwartung einer prompten Reaktion" (Krömmelbein, 2004, S. 210) verbunden sind. Die Kommunikationswissenschaftlerin Miriam Meckel (2008, 2009) weist darauf hin, dass der „Einzelne nicht nur immer mehr Informationen bewältigen (muss), er muss sie auch immer schneller aufnehmen und bearbeiten, und es bleibt ihm immer weniger Zeit für die gedankliche Auseinandersetzung damit".

Für die nachfolgenden Ausführungen soll der Begriff der Information eingeengt werden auf Mitteilungen, die den Adressaten in Verbindung mit seiner Arbeit erreichen und die eine – zumindest zu vermutende – Relevanz für seine Tätigkeitsbewältigung haben. Entsprechend dem Stand der Technik liegt der Schwerpunkt auf Informationen, die der Beschäftigte über elektronische Kommunikationsmedien, insbesondere E-Mail, Intranet und Internet empfängt.

Zur Überlastung durch Informationen kommt es, wenn Informationsmengen, die dem Empfänger zur Aufnahme und Verarbeitung angeboten werden, seine Möglichkeiten zur Informationsaufnahme und -verarbeitung überschreiten (Kittl, 2008).

Für diese Situation ist der Begriff der „Informationsüberflutung" geprägt worden (den zuerst der US-amerikanische Schriftsteller und Zukunftsforscher Alvin Toffler bereits 1970 eingeführt hatte). Im englischen Sprachraum ist dafür der Begriff „Information Overload"[2] gebräuchlich.

Dass Informationsüberflutung zu einem Massenphänomen geworden ist, wurde vielfach belegt. So deklarierte das Beratungs- und Forschungsunternehmen Basex die Überlastung durch ein Übermaß an Informationen am Arbeitsplatz zum Topthema 2008 und darüber hinaus. Moser und andere (2002) fanden bei einer Befra-

---

1 So heißt es in einem Artikel in Spiegel-online (*www.spiegel.de/wirtschaft* vom 26.7.2007) von Anne Seith unter der Überschrift „Bürowahnsinn kostet Unternehmen Milliarden", die nie endende Informations- und Datenflut überfordere Arbeitnehmer zunehmend. Die US-Wissenschaftlerin Gloria Mark habe den Alltag der Büroangestellten zweier Hightech-Firmen protokolliert und als Zeitspanne, in der ihre Versuchspersonen ungestört an einer Arbeit sitzen konnten, bevor sie abgelenkt wurden, im Durchschnitt gerade einmal elf Minuten gefunden. „Nach der Unterbrechung beschäftigten sie sich zunächst mit mehreren anderen Themen. Erst nach 25 Minuten kehrten sie zu ihrer ursprünglichen Aufgabe zurück."
2 Beller, S.: „I'm defining information overload as a state of having more information available that one can readily assimilate, that is, people have difficulty absorbing the information into their base of knowledge. This hinders decision-making and judgement by causing stress and cognitive impediments such as confusion, uncertainty and distraction." [*http://curinghealthcare.blogspot.com*, „Information Overload and Health Decision-Making Part 1", Sept. 11, 2006]

gung von 195 computererfahrenen Probanden mit gutem Ausbildungs- und Berufshintergrund, dass 81 Prozent der Befragten konstatierten, dass die Menge der Informationen, die sie erhielten, durch die elektronischen Kommunikationsmedien zugenommen habe, und dass sich rund zehn Prozent der Befragten am Arbeitsplatz von Informationen überflutet fühlten.

Diese Aussagen decken sich mit Ergebnissen einer Erhebung, die vom Bundesverband Informationswirtschaft, Telekommunikation und neue Medien e.V. (BITKOM) im September 2008 vorgestellt wurde. Danach sehen sich insbesondere Ältere (50-64-Jährige) häufig oder manchmal von einer Informationsüberflutung betroffen (79 %).

Informationsangebot, -nachfrage und -bedarf im Unternehmen sind Kategorien, die sich in der Regel nur teilweise decken. Das **Angebot** ist die Gesamtheit der Informationen, die für den Mitarbeiter verfügbar sind. Die Nachfrage stellt den Pool der vom Mitarbeiter als erforderlich betrachteten Informationen dar. Der **Bedarf** ist definiert als die tatsächlich erforderliche Information. In der schwarz dargestellten Schnittmenge decken sich die drei Bereiche (*siehe Abb. 1*). Moser und andere (2002, S. 18) gehen davon aus, dass die angebotene, aber nicht durch Bedarf gerechtfertigte Informationsmenge – in der Abbildung grün getönt – hauptsächlich zur Informationsüberflutung am Arbeitsplatz beiträgt. Gleichzeitig verdeutlicht die Abbildung, dass es auch einen „Mangel im Überfluss" geben kann, dass also bei einem umfangreichen Informationsangebot tatsächlich ein Informationsmangel vorliegen kann, da die **tätigkeitsrelevanten** Informationen nicht im erforderlichen Umfang verfügbar sind. Darüber hinaus kann es im Rahmen von hierarchischen Kommunikations- und Kooperationsstrukturen unter den Bedingungen von Konkurrenzdruck und bei einem schlechten Betriebsklima dazu kommen, dass für den Arbeitsprozess erforderliche Informationen zurückgehalten oder gar verfälscht werden (Krömmelbein, 2004, S. 207). Dies berührt die „Informationsgerechtigkeit" („informational justice"), ein Konzept, das seit einigen Jahren verstärkt im Zusammenhang mit Stress am Arbeitsplatz diskutiert wird, das heißt „the extent to which employees receive timely and accurate information about the decision-making processes, or the outcomes of these processes" (Noblet/Rodwell, 2008, S. 283); eine Komponente von „organisational justice".

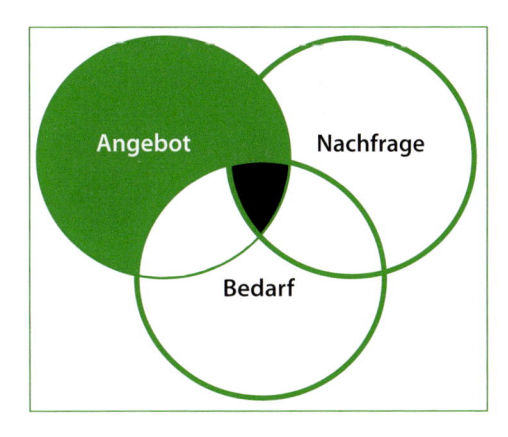

Abb. 1: Informationsangebot, -nachfrage und -bedarf (Quelle: Moser u. a. 2002)

Art der Belastung und Belastungsbedingungen

Beim Umgang mit einem übergroßen Informationsaufkommen, insbesondere durch elektronische Kommunikationsmedien, lassen sich als negative Belastungsfaktoren feststellen:

- **Zeitdruck und Überforderungserleben**, wenn die große Informationsmenge in der verfügbaren Zeit nicht zu bewältigen ist und dadurch die Aufgabenerfüllung in Frage gestellt wird. Auslöser sind zum Beispiel eine zu große Anzahl von E-Mails, zu umfangreiche E-Mails (lange Texte oder Datei-Anhänge) oder umfangreiche, unübersichtliche Rechercheergebnisse (Moser u.a., 2002, S. 25). Die Folge ist ausgeprägtes Stresserleben.

- **Arbeitsunterbrechungen und Ablenkung,** wenn ankommende neue Informationen zur Unterbrechung, gegebenenfalls zu einer Umstrukturierung und Neuorganisation begonnener Arbeitsabläufe veranlassen oder wenn der Beschäftigte sich gezwungen sieht, mehrere Arbeitsabläufe parallel zu bewältigen.

Nach Erhebungen der Beratungsfirma Basex muss an einem US-amerikanischen Arbeitsplatz durchschnittlich alle elf Minuten mit einer Unterbrechung durch eingehende Informationen gerechnet werden, die häufig unwichtiger Natur sind. Die Kosten aufgrund dieser unnötigen Arbeitsunterbrechungen beziffert Basex in den USA auf 650 Milliarden US-Dollar (420 Milliarden Euro). Die Störung des Arbeitsflusses bedeutet einen Stressor für den Beschäftigten. Nach Angaben des Fachverbandes BITKOM bekommt in Deutschland jeder zweite Berufstätige mehr als fünf dienstliche E-Mails pro Tag, neun Prozent sogar mehr als 20 E-Mails. Spam, also unerwünschte Massen-Mails, sind hier nicht eingerechnet. Führungskräfte bekommen an manchen Tagen E-Mails in dreistelliger Anzahl (Shenk, 1997).

Häufig ist der Beschäftigte gezwungen, in einem Multitasking-Modus zu arbeiten (also sich mehreren Arbeitsaufgaben gleichzeitig zuzuwenden), was wiederum zur Überforderung führen kann. Akzentuiert wird diese Problematik bei räumlich, zeitlich und aufgabenbezogen flexiblen Arbeitsformen wie Telearbeit, deren Verbreitung durch die rasante Entwicklung der Kommunikationstechnik gefördert wird. Insbesondere bei Telearbeit im häuslichen Umfeld ist die Abgrenzung von Arbeits- und Privatsphäre kritisch (Ertel/Maintz/Ullsperger, 2008), wodurch das Problem des Multitasking verschärft wird.

- **Reaktives Arbeiten statt Planungssicherheit,** da in der Nutzung der elektronischen Kommunikationsmedien
  - keine definierten und voraussehbaren Zeitfenster für den Informationseingang bestehen, sondern der Nutzer permanent erreichbar ist,
  - aufgrund der Schnelligkeit der Neuen Medien auch eine umgehende Reaktion des Empfängers auf Nachrichten, Anfragen, Aufträge erwartet wird (sogenanntes „instant messaging", siehe Crovitz, 2008). „Das kann dazu führen, dass sich die selbstbestimmte Planung des Arbeitstages auflöst und der Beschäftigte sich stattdessen in einen Arbeitsstil hineindrängen lässt, der auf außenbestimmtes kurzfristiges Reagieren hinausläuft." (Weißgerber, 2005)

- **Negative Reaktionen auf der Beziehungsebene,** wenn insbesondere im Falle von E-Mails, die meist unbedenklicher verfasst werden als Briefe, der Empfänger den „Ton" der Nachricht als unangemessen empfindet (z.B. kommandierend statt unterbreitend) und sich in seiner Person nicht respektiert sieht (z.B. Weglassen korrekter Anredeformeln, Fehler in der Namensschreibung).

Während im persönlichen Kontakt solche Unstimmigkeiten rasch aus der Welt geschafft werden können, entfällt im schriftlichen Kontakt die Möglichkeit des unmittelbaren Feedbacks und Korrigierens.

Auswirkungen auf das Befinden

Der technologische Fortschritt hat die Gewinnung und Verbreitung von Informationen technisch stark vereinfacht und in ökonomischer Hinsicht erheblich effizienter gemacht. Das wirkt sich jedoch auf Standards der Qualitätssicherung von Informationen vor deren Veröffentlichung aus. Im Ergebnis ist eine Explosion häufig irrelevanter, unklarer und ungenauer Daten-(Fragmente) zu beobachten, sodass es für Nutzer immer schwieriger wird, Wesentliches von Unwesentlichem beziehungsweise Richtiges von Falschem zu unterscheiden. Dieses Phänomen beschreibt Shenk (2008) als „Data Smog".

In der oben genannten Untersuchung von Moser und anderen (2002) wurden Zusammenhänge zwischen der Informationssituation am Arbeitsplatz und Indikatoren für Belastung und Stress analysiert. Es zeigte sich, dass mit

- der Menge qualitativ schlechter, undurchschaubarer Informationen,
- der Menge bedeutsamer Informationen, die aufzunehmen und zu bearbeiten waren,
- der selbst wahrgenommenen Belastung durch die Neuen Medien,
- dem Eindruck der Informationsüberflutung, der erlebten Beeinträchtigung der Arbeit durch die Neuen Medien (Störungen durch eingehende E-Mails, reaktives Arbeiten, Oberflächlichkeit) psychosomatische Probleme zunahmen, eine negative psychische Befindlichkeit zu konstatieren war und die Arbeitszufriedenheit zurückging. Bemerkenswert war auch der klare Zusammenhang, der sich zwischen der selbst wahrgenommenen psychischen Belastung und der Anzahl der Krankheitstage in den letzten drei Monaten nachweisen ließ (Moser u.a. 2002).

Bereits 1997 wurden Ergebnisse des Reuter Reports „Dying for Information? An Investigation into the Effects of Information Overload in the US and Worldwide" zu Folgen der Überforderung durch Information veröffentlicht. Der Autor zweier Studien, die auf Auswertungen des Reuter Reports beruhen, David Shenk (1997), prägte den Begriff des „Informations-Ermüdungs-Syndroms" (Information Fatigue Syndrome) für Befindlichkeitsstörungen wie Angst, Entscheidungsschwierigkeiten, Störungen des Erinnerungsvermögens und reduzierte Aufmerksamkeit, die bei Studienteilnehmern mit hoher Informationsbelastung häufiger beobachtet wurden.

Entstehung und Relevanz des Problems (einschließlich überbetrieblicher Einflussfaktoren)

Das Problem der Informationsflut am Arbeitsplatz wurde ganz wesentlich durch die neuen elektronischen Medien befördert, die zu einer anderen Qualität der Informations- und Kommunikationsprozesse auch in der Arbeitswelt führten. Das rasante Anwachsen einer in unterschiedlichen Formen verfügbaren Informationsmenge in Verbindung mit den aufgrund der technologischen Entwicklung zunehmend orts- und zeitunabhängigen Möglichkeiten auf diese Informationen leicht zugreifen oder mit anderen austauschen zu können, gehört zu den wesentlichen Merkmalen der Wissensgesellschaft. Jüngste Beispiele für diese zunehmende Verknüpfung von „Informatisierung" und Mobilisierung sind die massenhafte Verbreitung von Smartphones und Netbooks, die jederzeit und an jedem Ort, an dem ein geeignetes Netz verfügbar ist, Zugriffe auf Informationen aus lokalen Netzen oder aus dem Internet und den Austausch elektronischer Post erlauben. Mit dem Übermaß an Information gehen häufig Störungen des Arbeitsablaufes (Regulationshindernisse) durch Unterbrechungen einher, was im Hinblick auf allgemein steigende Arbeitsanforderungen einen zusätzlichen Belastungsfaktor darstellt.

So informierte kürzlich der Bundesverband Informationswirtschaft, Telekommunikation und neue Medien e.V. (BITKOM) darüber, dass nach Recherchen des New Yorker Beratungs- und Forschungsunternehmens Basex ein typischer IT-Angestellter 2007 in den USA fast ein Drittel seiner Arbeitszeit damit verbrachte, ständig per Telefon, E-Mail oder Instant Messages eingehende und häufig unwichtige Nachrichten zur Kenntnis zu nehmen und gegebenenfalls selbst auf diese zu reagieren.

Computerarbeitsplätze mit Internet- und Intranetnutzung sowie E-Mail-Funktion sind heute die Norm – nicht nur in der Verwaltung, sondern auch im produzierenden und dienstleistenden Bereich. Sowohl die aktive Informationssuche (Recherchen) als auch der Informationsaustausch (elektronische Kommunikation) lassen sich dadurch weitaus schneller, vielfältiger und unkomplizierter gestalten als mit traditionellen Techniken.

Der Wegfall von Barrieren hat aber auch die auf den Einzelnen einströmende Informationsmenge erhöht. Zudem stellt sich am Arbeitsplatz oft die schwierige Aufgabe, aus der Fülle der zur Verfügung stehenden Informationen die jeweils passenden herauszusuchen, was die Frage nach effizienten Suchstrategien aufwirft.

Wie für den Bereich der E-Mail-Kommunikation nachgewiesen werden konnte, fand nicht einfach eine Verlagerung des Informationsaustausches statt – weg von traditionellen Wegen wie Briefpost oder Fax und hin zum elektronischen Medium –, sondern eine Zunahme, unabhängig von den jeweiligen Übertragungswegen (Moser u.a., 2002).

Die Ursachen für informationellen Stress sollen nun am Beispiel der E-Mail-Kommunikation erläutert werden.

Gegenüber herkömmlichen Postsendungen lassen sich E-Mails schneller, billiger und aufwandsärmer verschicken und Texte, Bilder et cetera können als bearbeitungsfähige Dateien übermittelt werden. Gegenüber dem Telefon sind E-Mail-Nachrichten dokumentierbar und sie bleiben dem Empfänger erhalten, auch wenn er bei Eingang der Nachricht nicht anwesend ist (Weißgerber, 2005).

Mit diesen Vorzügen, die niemand mehr missen möchte, sind aber auch Probleme verknüpft.

- **Erhöhte Informationsmenge durch Wegfall von Filtern**
  Für Nutzungseinschränkungen, die bei herkömmlichen Kommunikationsmitteln den Informationsfluss eindämmen, wurde von Moser und anderen (2002) der Begriff der Filter geprägt. **Zeitliche Filter** (z.B. benötigte Laufzeit von Poststücken, festgelegte Zustellzeiten) und **räumliche Filter** (z.B. grenzüberschreitender Versand) bewirken Verzögerungen beziehungsweise Erschwerungen im Informationsaustausch. Diese müssen einkalkuliert werden und können auch dafür sorgen, dass der Austausch unterbleibt, weil er nicht sinnvoll zu realisieren ist. Bei E-Mails werden so gut wie keine zeitlichen oder räumlichen Filter wirksam. **Organisatorische Filter** „finden sich im herkömmlichen dienstlichen Postweg. So übernehmen die Posteingangsstelle und die Abteilungssekretärin Sortierungen, in deren Ergebnis der einzelne Mitarbeiter die für ihn zutreffenden, gültigen, spezifischen Informationen als Filtrat erhält. Dieser Postweg entfällt bei der

E-Mail-Zustellung." (Weißgerber, 2005) **Ökonomische Filter** werden durch Portokosten und die Aufwendungen des Versandfertigmachens gesetzt. Sie sorgen dafür, dass unnötige Sendungen unterbleiben. Bei E-Mails dagegen ist es aus Kostensicht unerheblich, wie groß der Kreis der Adressaten gezogen wird oder wie umfangreich die Sendungen geraten (z. B. ganze Bücher im pdf-Format).

- **Qualitätsmängel und Oberflächlichkeit**
Nach allgemeiner Einschätzung haben E-Mails einen geringeren Stellenwert in der Kommunikation als Briefe. Deshalb werden E-Mails oftmals flüchtiger verfasst und vor dem Absenden weniger gründlich auf Richtigkeit und Vollständigkeit geprüft. Resultierende Qualitätsmängel können aber beim Empfänger als Belastungsfaktoren auf der Aufgabenebene und auf der Beziehungsebene wirksam werden (Weißgerber, 2005).

- **Unerwünschte Informationseingänge: Spam**
Marktforscher von der International Data Corporation (ICD) schätzten Mitte 2007 das **tägliche** Spam-Aufkommen auf 40 Milliarden unerwünschte Mails (*http://portal.gmx.net*). Auch diese E-Mail-Eingänge tragen zum Anwachsen der Informationsflut für den Nutzer bei.

Präventionsmöglichkeiten

Präventionsmöglichkeiten gegen Informationsüberflutung liegen im Bereich der Informationstechnik, in der betrieblichen Organisation sowie in Schulung und Training für den kompetenten Umgang mit Informationsmengen vor. Diese speziellen Maßnahmen der Arbeitsgestaltung dürften wirksamer sein, sofern sie in übergreifende Ansätze der Stressprävention eingebettet werden.

Die nachfolgend dargestellten konkreten Maßnahmen und Präventionsansätze betrachten das Feld der E-Mail-Nutzung (Weißgerber, 2005, Faltblatt Informationsflut am Arbeitsplatz).

a) Nutzerfreundliche Software-Funktionen

Kommunikationssoftware soll mittels geeigneter Funktionen die effektive Verwaltung und Bearbeitung von E-Mails erleichtern. Solche Funktionen sind zum Beispiel:

- Adressbuch
- Einrichten eigener Ordner, in die der Postein- und -ausgang einsortiert werden kann
- Suchfunktionen
- Signaturen
- Selbstdefinierte Verteilerlisten
- Filter
- „Flags" zur Kennzeichnung einzelner Nachrichten, zum Beispiel über den Bearbeitungsstand.

Im Umfang unterschiedlicher E-Mail-Programme bestehen hinsichtlich der angebotenen Funktionen deutliche Unterschiede. Komplexere Programme bieten einen höheren Nutzen und Komfort für den Anwender, fordern aber auch einen höheren Einarbeitungsaufwand. Bei der Auswahl des geeigneten Programms sollte es daher nicht um einen maximalen, sondern einen optimalen Leistungsumfang der Software gehen.

Untersuchungen zeigten, dass aus Unkenntnis die Hilfestellungen, die die Kommunikationssoftware bietet, häufig nicht ausgeschöpft werden. Wo sie bekannt waren und beherrscht wurden, wurden sie auch als nützlich eingeschätzt (Moser u. a., 2002).

Diese Ergebnisse sprechen für Nutzerschulungen (siehe c), damit technische Vorzüge tatsächlich in der täglichen Arbeit wirksam werden.

b) Organisation des Informationsflusses im Unternehmen

Im Rahmen einer betrieblichen „Informationskultur" lassen sich mannigfaltige Möglichkeiten nutzen, um die Informationsflut einzudämmen und Fehlbelastungen der Mitarbeiter zu vermeiden. Betriebliche Übereinkünfte können zwar auf die von außen einströmende Post nur wenig Einfluss nehmen, desto mehr aber auf den innerbetrieblichen Informationsaustausch. Zu einer guten Unternehmenskultur gehört es dabei auch, dass den Prinzipien der „Informationsgerechtigkeit" (Noblet/Rodwell, 2008) Rechnung getragen wird.

- **Verbesserung der Qualität von E-Mails**
  Regeln hierfür sind unter anderem (Weißgerber, 2005):
  - Handlungsrelevanz für den Empfänger ausweisen, um Unsicherheiten und aufwendige Rückfragen zu verhindern (z.B.: Rückäußerung erforderlich? Bis wann? An wen? In welcher Form?)
  - Priorität ausweisen, um die Strukturierung bei der Abarbeitung des Postaufkommens zu unterstützen.
  Prioritäten müssen im Unternehmen aber nach vergleichbaren Maßstäben zugeordnet werden, damit sie ihren Ordnungswert behalten.
  - Informationen kurz, prägnant und übersichtlich darstellen, auch im Hinblick auf die optische Erfassbarkeit am Bildschirm.
- **Verringerung der Menge von E-Mails**
  Regeln hierfür sind unter anderem (Weißgerber, 2005):
  - Mehrfachübermittlungen ein und derselben Information (z.B. von unterschiedlichen betrieblichen Instanzen oder über unterschiedliche Kommunikationsmittel – Fax, Brief, E-Mail) durch organisatorische Vereinbarungen ausschließen
  - Verteilerlisten eingrenzen auf der Basis geklärter Zuständigkeiten im Unternehmen
  - Optionen, die zusätzliche E-Mail-Eingänge erzeugen (wie Sende- und Lesebestätigung für versandte Mails, Newsletters), nur im begründeten Bedarfsfall einsetzen
  - „Absicherungsmentalität" abbauen
    „Eine Vielzahl von E-Mails wird weniger aus sachlicher Notwendigkeit heraus verschickt als vielmehr aus dem Motiv heraus, sich rückzuversichern, mit der Information auch Mitverantwortung breit zu streuen." (Weißgerber, 2005) Hier liegt eine Schnittstelle zwischen Informations- und Unternehmenskultur.
  - Informationen auf zugänglichem Speicher bereitstellen, statt sie zu verschicken.
  Diese Regel betrifft die Unterscheidung von „Pull-Informationen", die der Nutzer bei Bedarf aus einem ihm zugänglichen Speicher herausziehen kann, und „Push-Informationen", die direkt ins Postfach des Nutzers geschoben werden (Moser u.a., 2002). Dazu sind betriebliche Vereinbarungen erforderlich.
  Mit „Pull-Informationen" wird der Nutzer in seinem Informationseingang entlastet, ohne dass das verfügbare Informationsangebot für ihn beschnitten wird. Er entscheidet selbst, ob und wann er auf diese Informationen zurückgreifen will.

- **Verringerung des Umfangs der E-Mails**
  Regeln hierfür sind (Weißgerber, 2005):
  - Dateianhänge in ihrer Größe begrenzen, um nicht die Bearbeitungskapazität des Empfängers und den Speicherplatz seines Postfachs zu überfordern.
  - Auf endlose Weiterleitungs- oder Antwortketten nach Möglichkeit verzichten, Signaturen begrenzen, um die Übersichtlichkeit der Nachricht zu erhalten.

c) Gezielte Schulung der Mitarbeiter
Die Schulung sollte die folgenden Bereiche betreffen:
- **Verbesserung der individuellen Medienkompetenz,** besonders im Hinblick auf hilfreiche, aber oft unbekannte Software-Funktionen.
  Um die Funktionen professioneller Kommunikationssoftware auszuschöpfen, reicht ein intuitives Herangehen oder das Zurückgreifen auf Vorerfahrungen aus der privaten E-Mail-Nutzung nicht. Die Qualifizierung der Mitarbeiter ist, da Kompetenz in der Mediennutzung zum Stressabbau beiträgt und gleichzeitig die Arbeitseffektivität fördert, eine sinnvolle Investition.
- **Vermittlung geeigneter Arbeitsstrategien:**
  - Arbeitsorganisation beim Umgang mit großen Informationsmengen
  - Zeitmanagement.
- **Schulung zur „Netiquette",**
  das heißt im „Knigge" für die elektronische Kommunikation.

Zu bezweifeln bleibt allerdings, ob sich das zur Verbesserung der innerbetrieblichen Kommunikation vorgesehene vorübergehende Verbot der Nutzung von E-Mail (für zwei Tage im Monat), wie dies kürzlich von einem Unternehmen in Hamburg berichtet wurde, auf breiter Front durchsetzen wird (*www.welt.de/webwelt/article1850322/Hamburger_Unternehmen_testet_E_Mail_Verbot.html*).

→ Stress (S. 334)

Literatur

Bundesanstalt für Arbeitsschutz und Arbeitsmedizin (Hrsg.): Informationsgesellschaft (Information Society). Übersetzung Newsletter of the Finnish Institute of Occupational Health, Special Issue, 30 June 1996. Schriftenreihe der BAuA, Übersetzung 8, Dortmund/Berlin/Dresden 1997

Crenshaw, D.: The Myth of Multitasking. Jossey-Bass, San Francisco 2008

Crovitz, G. L.: The information age: Unloading Information overload, Wall Street Journal (Eastern Edition), New York, N.Y. July 7th 2008, S. A.11

Ertel, M./Maintz, G./Ullsperger, P.: Telearbeit – gesund gestaltet. Tipps für gesundheitsverträgliche Telearbeit. 9. aktualisierte Auflage, Bundesanstalt für Arbeitsschutz und Arbeitsmedizin (Hrsg.), Dortmund/Berlin/Dresden August 2008

Informationsflut am Arbeitsplatz. Faltblatt der Bundesanstalt für Arbeitsschutz und Arbeitsmedizin

Kittl, M.: Informationsstress am Arbeitsplatz – Ursachen und Bewältigung. VDM Verlag Dr. Müller, 2008

Krömmelbein, S.: Kommunikativer Stress in der Arbeitswelt. Zusammenhänge von Arbeit, Interaktion und Identität. Edition Sigma, Berlin 2004

Meckel, M.: Wann wird aus viel Information zu viel Information? (Verlagsbeilage „Bildung & Karriere" der Frankfurter Allgemeinen Zeitung vom 21.5.2008, Seite B 8)

Meckel, M.: Das Glück der Unerreichbarkeit: Wege aus der Kommunikationsfalle. Goldmann, München 2009

Moser, K./Preising, K./Göritz, A. S./Paul, K.: Steigende Informationsflut am Arbeitsplatz: belastungsgünstiger Umgang mit elektronischen Medien (E-Mail, Internet). Schriftenreihe der Bundesanstalt für Arbeitsschutz und Arbeitsmedizin, Fb 967, Wirtschaftsverlag N.W., Dortmund/Berlin/Dresden 2002

Noblet, A. J./Rodwell, J. J.: The Relationship between Organisational Justice and Job Stress: Insights, Issues and Implications. In: Houdmont, J./Leka, S. (Hrsg.): Occupational Health Psychology. European Perspectives on Research, Education and Practice, Vol. 3. University Press, Nottingham 2008, S. 281-312

Shenk, D.: Data Smog: Surviving the Information Glut. Harper, San Francisco 1997

Shenk, D.: Data smog. Harper Collins Publishers, NY 1997

Soucek, R.: Informationsüberflutung: E-Mails im Beruf. In: Weber, A./Hörmann, G. (Hrsg.): Psychosoziale Gesundheit im Beruf. Gentner Verlag, Stuttgart 2007, S. 291-298

Weißgerber, B.: Belastungsgünstige E-Mail-Nutzung im Betrieb. Teil 1: In: Sicherheitsingenieur, 11, 2005, S. 20–25; Teil 2: In: Sicherheitsingenieur, 12, 2005, S. 34–37

Basex – Knowledge. Analysis. The Right Decisions for your business (www.basex.com)

Information Overload? Moderne Kommunikation – und wie wir mit der Informationsflut umgehen. Statement von Prof. Dr. August-Wilhelm Scheer, Präsident des Bundesverbandes Informationswirtschaft, Telekommunikation und neue Medien e.V. Pressekonferenz Berlin, 11. September 2008 (www.bitkom.org)

Heise-Online, 14.06.2008 (www.heise.de) Beitrag: Der Kampf gegen die Flut der Spam-Mails (http://portal.gmx.net/de/themen/digitale-welt/internet/5391748-Der-Kampf-gegen-die-Flut-der-Spam-Mails,cc=000007148100053917481KNm5Y.html)

Annekatrin Wetzstein

Change Management

Abstract
Change Management ist ein Meta-Begriff, unter dem verschiedene Konzepte von geplanten betrieblichen Veränderungsprozessen subsumiert sind. Change Management ist eine psychische Belastung aus der Arbeitsorganisation, da es oftmals strukturelle, personelle und strategische Veränderungen kombiniert. Betriebliche Veränderung wird durch unternehmensinterne oder überbetriebliche Faktoren notwendig. Im Change Management lassen sich verschiedene Dimensionen unterscheiden, die auch darüber bestimmen, ob Change Management als Herausforderung oder als Bedrohung wahrgenommen wird. Die am häufigsten in der Literatur beschriebene Reaktion ist Veränderungswiderstand mit typischen Merkmalen. Durch präventives Herangehen lassen sich im Change Management alle Ebenen kombinieren und Fehlbeanspruchungen verringern oder vermeiden.

In der Literatur gibt es eine Vielzahl von Definitionen für Change Management mit unterschiedlicher Schwerpunktsetzung. Nahezu inflationär verwendet, wird mitunter jede betriebliche Veränderung als Change Management bezeichnet. Neben dem Change Management findet man in der Literatur eine Reihe von verwandten Begriffen wie Veränderungsmanagement, Wandel, Organisationsentwicklung, Veränderungsberatung, betriebliche oder organisationale Veränderungsprozesse. Es gibt wenig Einheitlichkeit, vielmehr sollte Change Management als eine Art Meta-Begriff angesehen werden, dessen Bedeutung sich am besten anhand von verschiedenen Dimensionen beschreiben lässt.

Ganz allgemein gesprochen, verbirgt sich hinter dem Change Management die Gestaltung und Steuerung von Veränderungsprozessen in Organisationen.

Von Greif, Runde und Seeberg (2004) stammt eine Unterscheidung dieser Veränderungen in Veränderungsprojekte und -programme. Dabei wird die Dimension der Komplexität einer Veränderung angesprochen. Veränderungsprojekte haben einen festgelegten Start- und Endzeitpunkt. Beispiele dafür wären die Installation einer neuen Software oder eine Mitarbeiterbefragung. Unter einem Veränderungsprogramm wird häufig eine nicht endende, kontinuierliche oder zyklisch wiederkehrende und sehr umfassende Veränderung verstanden, wie die Einführung eines Total Quality Managements oder eines Integrierten Managementsystems.

Eine weitere Dimension bezieht sich auf den Umfang der Betroffenheit der Organisation von der Veränderung. Veränderungen können einzelne Organisationsmitglieder (z. B. Arbeitsstrukturierungsmaßnahmen), bestimmte definierte Bereiche der Organisation (z. B. Qualitätszirkel) oder auch die gesamte Organisation betreffen (z. B. Lean Management).

Hinsichtlich des Inhalts der Veränderung unterscheidet Reiß (1997) Strategieveränderungen, Ressourcenveränderungen und Strukturveränderungen. Strategieveränderung meint eine tief greifende strategische Neuorientierung, beispielsweise Internationalisierungsstrategien, Strategien der verstärkten Kundenorientierung (Stichwort: Customer-Relationship-Management) oder die Konzentration auf die Kerngeschäfte. Ressourcenveränderungen können sich auf die Humanressourcen, die technologischen oder ökologischen Ressourcen beziehen. Hier wäre zum Beispiel die Neueinführung von Kommunikations- und Informationstechnik oder die Qualifizierung von Mitarbeitern zu nennen. Strukturveränderungen führen zu einer Gestaltung von Ablauf- und Aufbaustruktur. Das können zum einen Produkt- und Prozessveränderungen sein, zum anderen aber auch fusionsbedingte strukturelle Änderungen.

Bezogen auf die Oberziele einer Veränderung können einerseits eher wirtschaftliche Ziele wie Verbesserung der Produkt- oder Prozessqualität, Verkürzung der Durchlaufzeiten oder Senkung der Kosten im Vordergrund stehen. Andererseits können eher mitarbeiterzentrierte Ziele wie Senkung der Arbeitsbelastung, Förderung von Gesundheit und Wohlbefinden oder Qualifizierung von Mitarbeitern Oberziele sein.

Oftmals werden beide Zielrichtungen gemeinsam verfolgt oder müssen gemeinsam angepackt werden.

Hinsichtlich der Dimension des Auslösers für einen geplanten Wandel muss zum einen die Ebene der Organisation betrachtet werden. Anlässe können hier sein: hoher Krankenstand und Fehlbeanspruchungen (z. B. Stress, Ermüdung), häufige Unfälle und Havarien, Qualitätsmängel, Notwendigkeit zur Zeit- und Kostenverringerung, hohe Fehlerhäufigkeit. Zum anderen sind häufig auch die überbetrieblichen Rahmenbedingungen (siehe Dreiebenenmodell) eines Unternehmens Auslöser für Veränderungen, um am globalen Markt zu bestehen. Das können zum Beispiel Anforderungen der Kunden, die Beziehung zu Lieferanten, die Änderung der Marktlage oder die Notwendigkeit zur Fusion sein.

Kostka und Mönch (2002) verstehen unter Change Management einen Prozess der kontinuierlichen Planung und Realisierung von tief greifenden Veränderungen, die von Menschen vollzogen werden müssen. Mit dieser Definition wird der aktive Charakter von Führungskräften und Mitarbeitern im Wandel hervorgehoben. Dies erfordert Lernen, Offenheit und Veränderungsbereitschaft auf allen Ebenen.

Den Ursprung hat das Change Management in den Gedanken der Organisationsentwicklung, speziell der Aktionstheorie von Kurt Lewin. Organisationsentwicklung (OE) ist eine Veränderungsstrategie, die seit Anfang der vierziger Jahre des letzten Jahrhunderts existiert. Veränderung geschieht demnach durch das Lernen neuer Verhaltensweisen. Dieser Prozess besteht nach Lewin (1946) aus drei Phasen, die er erstens Unfreezing (Auftauen), zweitens Moving (Verändern) und drittens Refreezing (Stabilisieren) nennt. In der Auftauphase werden alte Werte, Vorgehensweisen, Prinzipien, Gewohnheiten infrage gestellt und neu diskutiert. Vorschläge zur Verbesserung des Arbeitsprozesses werden gemacht. Die Phase der Veränderung ermöglicht der Organisation, neue Verhaltensweisen, neue Arbeitsstrukturen, Arbeitsabläufe, Inhalte und Kommunikationsmuster auszuprobieren. Sie können für gut befunden oder verworfen werden. In der Stabilitätsphase werden neue Muster übernommen, offiziell getragen und „gelebt". Aktionsforschung ist das Modell, das den meisten Veränderungen zugrunde liegt. Sie wird als ein sich ständig wiederholender Prozess beschrieben, der aus Aktion und ihrer Bewertung besteht und mit Daten-Rückmeldung (survey-feedback) an die Betroffenen arbeitet.

Im Unterschied zu Lewins Zeiten wird von wettbewerbsfähigen Unternehmen heute vor allem durch die überbetrieblichen Rahmenbedingungen permanente Veränderung gefordert. Stabilität einer Unternehmensorganisation, wie sie vor 20 Jahren noch existierte, ist heute eher die Seltenheit. Das hat erhebliche Auswirkungen auf die Beschäftigten der Organisation, die Ebene der Person, und stellt damit eine psychische Belastung dar.

Art der Belastung und Belastungsbedingungen

Ein afrikanisches Sprichwort sagt: „Wenn Du zum anderen Ufer des Flusses gelangen willst, wirst Du nass werden!" Übertragen auf Unternehmen bedeutet das, dass ein geplanter Wandel im Unternehmen als Belastungsfaktor auf die davon betroffenen Personen einwirkt und zu einer Beanspruchung, mitunter auch Fehlbeanspruchung, führt. Betriebliche Veränderungen lösen oftmals Sorgen und Ängste aus, führen dazu, dass vermehrt Druck empfunden wird, machen unzufrieden oder resultieren sogar in Arbeitsplatzunsicherheit.

Die Veränderung wird in diesen Fällen als Bedrohung wahrgenommen. Reaktionen darauf sind sowohl seelischer als auch körperlicher Art. Auf der psychischen Ebene können das Konzentrationsstörungen, Pessimismus, Selbstzweifel sein; auf der körperlichen Ebene Schlafstörungen, Kopfschmerzen, Alkoholkonsum, Verdauungsstörungen. Doch ob eine nahende Veränderung als Bedrohung oder aber als Herausforderung empfunden wird, hängt im Wesentlichen erstens von der eigenen Einschätzung der Kompetenzen und Bewältigungsmöglichkeiten sowie der sozialen Unterstützung von Kollegen und Familie ab, zweitens von der Zufriedenheit mit der derzeitigen beruflichen Situation (Status, Position, Arbeitsaufgabe) und drittens vom wahrgenommenen Risiko durch den Wandel. Wird eine betriebliche Veränderung als Herausforderung angesehen, wird der geplante Wandel in der Regel unterstützt (commitment to change). Es besteht für den Einzelnen die Chance zur Qualifikation beziehungsweise Weiterentwicklung. Bei wahrgenommener Bedrohung folgen entweder Resignation, Rückzug oder Widerstand.

Widerstand, genauer Veränderungswiderstand, ist die am häufigsten in der Literatur behandelte Reaktion auf betriebliche Veränderungen (Maxwell, 2005; Doppler/Lauterburg, 2005; Cacaci, 2006). Veränderungswiderstände sind bemerkbar, aber nicht immer offen und direkt. Widerstände können sich zum Beispiel ausdrücken in Entscheidungsverzögerung, Dienst nach Vorschrift, Anstieg von Fehltagen. Widerstände können die Umsetzung einer betrieblichen Veränderung behindern, insbesondere wenn sie sich in defensiver Weise äußern. Die Ursachen für Veränderungswiderstände sind vielfältig. Beispiele sind mangelnde Information, wenig Partizipation, Angst vor Arbeitsplatzverlust oder neuen Anforderungen. Sowohl das geplante Vorgehen im Veränderungsprozess als auch das Verhalten der Unternehmensleitung und Führungskräfte beeinflussen sehr stark, welche Formen der Beanspruchung und welche Reaktionen sich bei den Beschäftigten zeigen.

Entstehung und Relevanz des Themas

Der tatsächliche Ablauf von betrieblichen Veränderungsprozessen lässt sich in fünf Schritten darstellen (u.a. Graf/Jordan, 2002):
1. Konzeptions- und Planungsphase
2. Vorbereitungsphase
3. Umsetzungsphase
4. Stabilisierungsphase
5. Abschlussphase.

Die zweite Phase ist eine sehr entscheidende Phase für das Gelingen und die Akzeptanz der Veränderungsmaßnahmen. Ab hier müssen die Betroffenen partizipativ in den Prozess einbezogen werden. In direkter Kommunikation und mit viel Zeit sollten die Führungskräfte den Fragen, Sorgen, Überlegungen, Ideen der Beschäftigten zuhören und diese ernst nehmen.

Häufig beobachtete psychische Reaktionen der Beschäftigten im Verlauf einer betrieblichen Veränderung beschreibt Roth (2000) in sieben Phasen:
1. Die Vorahnung – Es entsteht Sorge, wenn man bemerkt, dass sich eine Veränderung anbahnt. Sie wird als Störung des herkömmlichen Ablaufs mit möglichen Risiken wahrgenommen. Begleitend kann Ungewissheit über die Zukunft auftreten.
2. Der Schock – Es entsteht Schreck durch die öffentliche Bekanntgabe des Veränderungsvorhabens. Alle Hoffnungen aber auch Befürchtungen sind präsent.
3. Abwehr – Es entsteht Ärger sowie ein Mangel an Akzeptanz für die Notwendigkeit der Veränderungsmaßnahme. Betroffene versuchen Sicherheit zu gewinnen, indem sie das Ausmaß der Veränderungen verleugnen. Das kann kurzfristig zu Produktivitätsanstieg führen, um zu zeigen, dass Veränderungen nicht notwendig sind.
4. Rationale Akzeptanz – Es entsteht Frustration und die Einsicht, dass sich doch etwas verändern muss, wobei dennoch der Wunsch nach schneller Beendigung der unangenehmen Situation besteht.
5. Emotionale Akzeptanz – Es entsteht Trauer beim Verabschieden vom Alten, denn es gibt keinen Weg zurück. Diese Phase ist die Schwelle zum Neuanfang.
6. Die Öffnung – Es entsteht Neugier, verbunden mit einer grundlegenden Neuausrichtung der Selbst-, Team- und Unternehmensdefinition. Neue Ziele wollen angegangen werden.
7. Die Integration – Es erweckt Selbstvertrauen, denn die Mehrung der Wahlmöglichkeiten führt zur Bereicherung des Erlebens und Handelns.

Emotionales Change Management erkennt die Bedeutung und Signalwirkung der ablaufenden Reaktionen. Jede Reaktionsform hat eine spezifische Bewältigungsfunktion für die Betroffenen und erfordert Sensibilität der „Change Agents".

Überbetriebliche Einflussfaktoren

Bedingt durch die immer kürzer werdenden Produkt-Lebenszyklen, eine zunehmende Variantenzahl innerhalb der Produktpalette, das Eintreten neuer Anbieter in angestammte Märkte und die steigenden Anforderungen an die Kundenorientierung ist auch die Wettbewerbssituation auf dem Markt in den letzten Jahren einem rasanten

Wandel unterworfen. Für Unternehmen verstärken sich Preis- und Kostendruck, Terminzwang sowie die Notwendigkeit, um erfolgreich zu sein, ständig neue beziehungsweise veränderte Produkte zu entwickeln und abzusetzen (West, 1999). Der Druck zur Innovation hat zugenommen.

Auf diesen Druck reagieren viele Unternehmen mit strategischen, ressourcenorientierten oder strukturellen Veränderungen. Unternehmenserfolg hängt stark von der schnellen Umsetzung neuer Technologien in neue Produkte und einer termingerechten und kurzfristigen Auslieferung der Produkte an die Kunden sowie marktfähigen Preisen ab. Die Einhaltung von Kosten, eine hohe Qualität der Produkte oder Dienstleistungen und kurze Prozesszeiten (KQZ-Trias) sind erfolgsbestimmende Kriterien für das Bestehen am globalen Markt. Die ausgeprägte Orientierung an Kundennutzen und Kundenbindung und eine reibungslose Kooperation mit Lieferanten sind dabei in hohem Maße erforderlich.

Doppler und Lauterburg (2005) benennen prägnant fünf Punkte als Auslöser für den Boom des Change Managements:
- Innovationssprünge in der Informatik und Telekommunikation
- Verknappung der Ressource Zeit durch Beschleunigung der Geschäftsabläufe
- Interkulturelle Zusammenarbeit in einer globalen Ökonomie
- Verknappung der Ressource Geld
- Dramatische Steigerung der Komplexität.

Präventionsmöglichkeiten

Prävention im Rahmen von Change Management bedeutet, dass beim geplanten Wandel bestimmte Grundregeln im Verhalten und im Prozess zu beachten sind, damit der Wandel für das Unternehmen erfolgreich und für die Mitarbeiter beanspruchungsoptimal wird.

Schon Kurt Lewin hatte vier Prämissen für betriebliche Veränderungsprozesse formuliert, die im Sinne der Prävention besonders bezüglich der Ebene der Person für einen erfolgreichen Wandel sorgen:

1. Der Wandlungsprozess hat bei den Mitarbeitern anzusetzen und ihre individuellen Fähigkeiten zu berücksichtigen (Partizipation).
2. Die Veränderungsziele können sich nicht allein aus theoretischen Vorüberlegungen ergeben, sondern durch den Dialog mit den Mitarbeitern (Kommunikation).
3. Veränderungsprozesse sind am ehesten erfolgreich, wenn sie als gemeinsame Aufgabe begriffen und angegangen werden (Interaktion).
4. Ob die Veränderungen auch die gewünschten sind, lässt sich durch die wiederholte Bewertung und Diskussion der Ergebnisse ermitteln (Reflexion).

Doppler und Lauterburg (2005) benennen folgendes präventives Herangehen mit dem Ziel, das Veränderungskonzept in die Struktur, die Prozesse und zu den Menschen zu transferieren:
- Zielorientiertes Management
- Keine Maßnahme ohne Diagnose
- Ganzheitliches Denken und Handeln
- Beteiligung der Betroffenen
- Hilfe zur Selbsthilfe
- Prozessorientierte Steuerung
- Sorgfältige Auswahl der Schlüsselpersonen
- Lebendige Kommunikation
- Wahl eines unabhängigen und kompetenten Moderators, Change Agents oder Beraters.

Um die psychische Fehlbelastung für die Mitarbeiter im Rahmen eines Veränderungsprozesses zu reduzieren, sollten sie so früh wie möglich in den Veränderungsprozess einbezogen und bei Entscheidungen beteiligt werden. Motto: Verändern macht mehr Spaß als Verändert-Werden. Die interne Kommunikation sollte intensiviert und in geeigneter Form erfolgen. Dazu gehören Sprechen von Angesicht zu Angesicht, Dialog-Veranstaltungen, Infomärkte, interaktive Formen. Entscheidend sind Besprechungen im großen Kreis und nicht entlang der Hierarchie top-down. So können alle das Gleiche hören, Fragen stellen und Informationen aus erster Hand erhalten. Ganz wichtig ist es, Zeit für den Veränderungsprozess einzuräumen, denn sowohl das Verständnis, dass eine Veränderung nötig ist, als auch die Umsetzung dieser kostet Zeit. Das kann sogar zeitweise zu einer Leistungsverminderung bei der Ausführung der Aufgaben führen. Anerkennung zu geben und das Gefühl zu vermitteln, dass Fehler erlaubt sind, können Verunsicherung und Anspannung schnell auflösen.

Bei betrieblichen Veränderungen, gleich welcher Komplexität, sollte die Organisation immer unter drei Gesichtspunkten betrachtet werden. Das sind die Strukturen (Aufbau- und Ablauforganisation, Führungssysteme), das Verhalten (Motivation und Identifikation, Kommunikation und Kooperation) und die Kultur (geschriebene und ungeschriebene Gesetze, Spielregeln, Belohnungs- und Sanktionsprinzipien). Nach Sonntag (2003) wird eine offensive präventive Förderung organisationaler, personaler und sozialer Ressourcen erforderlich. Hier kann jeweils präventiv angesetzt werden.

Praxisbeispiele
Veränderung als moderierter Gruppenprozess mit zwei Abteilungen eines Fertigungsunternehmens in der Halbleiter-Herstellung (Wetzstein, 2004)
Eine Abteilung, bestehend aus Fertigungsarbeitern und Prozess-/Produktionsingenieuren, ist bei ihrer Arbeit in starkem Maße von internen Dienstleistern, insbesondere der IT-Abteilung, abhängig. Die in der Abteilung vorgefundene Situation lässt sich folgendermaßen beschreiben: Die Kommunikation und Koordination innerhalb der Abteilung wird als unzureichend eingeschätzt. Die Arbeitsabläufe der Fertigung sind unklar und nicht transparent. Von Problemen in der Fertigung wird nur vage berichtet. Der wechselseitige Informationsfluss weist Lücken auf. Besonders viele Schwierigkeiten bestehen mit der IT-Unterstützung des Fertigungsprozesses. Eine große Anzahl an zeitaufwendigen Arbeitsschritten, insbesondere händischen IT-Befehlen, ist notwendig. Das verursacht lange Prozess- und Wartezeiten. Die Beziehung zwischen den beiden Abteilungen ist angespannt. Probleme in den Arbeitsabläufen werden in der großen Anzahl von Informationstools gesehen. Zum Teil fehlen Arbeitsmittel, und Zuständigkeiten sind unklar beziehungsweise sehr eng definiert. Die Arbeitsplätze sind so gestaltet, dass die Fertigungsarbeiter lange Wege zurücklegen müssen. Dadurch kommt es zu Zeitverlusten sowie zu starker körperlicher Beanspruchung, welche noch durch Zusatzaufgaben wie das Anfertigen von Dokumentationsprotokollen verstärkt wird.

In dieser Problemsituation wurde eine Veränderungsmaßnahme als moderierter Gruppenprozess eingesetzt. Zielstellung in diesem Fertigungsunternehmen war eine Verbesserung der Arbeitsabläufe innerhalb der Fertigungsabteilung und der IT-Unterstützung sowie der Kooperation mit der IT-Abteilung. Über einen Zeitraum von einem halben Jahr wurden neun Treffen einer Kleingruppe von jeweils zwei Stunden Dauer in einem Abstand von zwei bis drei Wochen durchgeführt.

In den Treffen kamen Fertigungsarbeiter, Produktionsingenieure, Führungskräfte der Fertigungsabteilung und Mitarbeiter der IT-Abteilung zusammen. Während des Prozesses bestanden ebenfalls Kontakte mit Leitern vor- beziehungsweise nachgelagerter Bereiche (Prozesstechnik).

Im Rahmen des Gruppenprozesses arbeiteten die Teilnehmer sechs große Problembereiche heraus, denen 43 Teilprobleme zugeordnet wurden. Für diese Teilprobleme wurden insgesamt 50 Lösungen erarbeitet. 71 Prozent der entwickelten Lösungen zur Verbesserung der Arbeitssituation wurden bereits drei Monate nach Beendigung des Veränderungsprozesses umgesetzt. Weitere 10 Prozent der Lösungen wurden in anderen Arbeitskreisen bearbeitet und umgesetzt, wobei lediglich 10 Prozent der Lösungen nicht umgesetzt werden konnten. Im Ergebnis wurden deutliche Effekte der Veränderungsmaßnahme auf Abschnitte des Produktionsprozesses festgestellt. Sowohl Wartezeiten als auch Durchlaufzeiten konnten verringert werden (um 22 Prozent beziehungsweise um 12 Prozent). Die Anzahl fehlerfreier Produkte pro Woche wurde erhöht (um 43 Prozent). Arbeitsschritte wurden vermindert (um 24 Prozent). Einzelne Lösungen betrafen beispielsweise das automatische Ausfüllen verschiedener Eingaben, das Benennen von Ansprechpartnern, Änderungen am IT-System, die Verkürzung von Wegen, eine Aufgabenerweiterung für Fertigungsmitarbeiter oder das Anschaffen von Arbeitsmitteln. Eine wesentliche Verbesserung entstand durch den wechselseitigen Austausch zwischen Fertigungsabteilung und IT. Es wurden nicht nur Wünsche und Erwartungen des anderen bekannt, sondern konkrete und verbindliche Vereinbarungen für die weitere Zusammenarbeit getroffen.

Einführung eines Customer-Relationship-Management (CRM)

Im Rahmen der Initiative Gesundheit und Arbeit (iga) wurde in einem Projekt untersucht, welche Auswirkungen Managementstrategien, wie das CRM, auf die Arbeitsaufgabe und die Gesundheit der Beschäftigten haben (Schmidt, in Druck). Der Kerngedanke des CRM ist die Steigerung des Unternehmenswertes durch das systematische Management der bestehenden Kunden. Ziel ist der Aufbau dauerhafter und profitabler Kundenbeziehungen, wobei die Wertschöpfung des Unternehmens gesteigert werden soll. Hierzu ist die Kundenzufriedenheit von entscheidender Bedeutung, denn nur durch sie kann Kundenbindung gewährleistet werden. Für die Beschäftigten stellt die Einführung einer neuen Managementstrategie eine Belastung dar, die mit positiver Beanspruchung, aber auch mit Fehlbeanspruchung einhergehen kann. Strukturell wurden selbstständig handelnde Teams im Kundenservice eingeführt sowie die Informationstechnologie erneuert. Zudem wurden die Mitarbeiter qualifiziert, um schnell und qualitätsorientiert die Kundenwünsche zu bearbeiten.

Die Befragung der Beschäftigten zeigte, dass durch die Veränderungen der Entscheidungsspielraum gestiegen ist. Durch die im Unternehmen durchgeführten fachlichen und EDV-bezogenen Qualifizierungsmaßnahmen erweiterte sich zudem das Qualifikationsprofil der Beschäftigten. Auch das Sozialklima und die soziale Unterstützung wurden von den Beschäftigten überwiegend positiv eingeschätzt. Auf der anderen Seite fühlte sich ein Drittel der Kundenbetreuer quantitativ stark belastet. Knapp zwei Drittel der Befragten empfanden nun hohen Leistungsdruck in der Arbeit und durch die Arbeit im Großraumbüro eine starke Lärmbelästigung.

Das Beispiel zeigt, welche Beanspruchung durch eine Form des Change Managements entsteht und an welchen Stellen Gestaltungsbedarf besteht.

Qualifizierung als Präventionsmaßnahme: Kriterien für die Seminarauswahl

Es gibt eine Vielzahl von Seminaren für Berater in Veränderungsprozessen. Eine Übersicht zum Aus- und Weiterbildungsangebot hinsichtlich der Themen, des Zeitrahmens, des Kostenaufwands, der regionalen Verteilung gibt Fuschini (2006). Folgende Themen sollten in einem hochwertigen Seminarangebot enthalten sein:

- Differenzierung der Veränderungsprozesse
- Phasen im Change Management
- Kommunikation mit unterschiedlichen Ebenen
- Formen der Partizipation
- Besonderheiten im Verhalten der Führungskräfte
- Betrachtung der Perspektive des Unternehmens sowie der Führungskräfte *und* der Mitarbeiter
- Rolle des Beraters
- Erfolgsmaßnahmen und Hürden im Change Management
- Evaluation und Monitoring während des gesamten Prozesses
- Prävention möglicher Fehlbeanspruchungen bei den Beschäftigten.

→ Führung und Gesundheit (S. 220); Betriebliche Umstrukturierungen, Personalabbau und Arbeitsplatzunsicherheit (S. 232)

Literatur

Cacaci, A.: Change-Management – Widerstände gegen Wandel: Plädoyer für ein System der Prävention. Deutscher Universitätsverlag, Wiesbaden 2006

Doppler, K./Lauterburg, Ch.: Change-Management: den Unternehmenswandel gestalten. Campus-Verlag, Frankfurt 2005

Fuschini, R.: Das Aus- und Weiterbildungsangebot für Berater in Veränderungsprozessen. In: Bamberg, E./Schmidt, J./Hänel, K.: Beratung, Counseling, Consulting. Hogrefe, Göttingen 2006, S. 121–135

Graf, G./Jordan, G.: Implementierung einer neuen Organisationsform. Change Management bei organisationalen Veränderungen – Ein Fallbeispiel zur Neuausrichtung eines Konzernbereichs. In: Zeitschrift Führung und Organisation, 4, 71, 2002, S. 233–243

Greif, S./Runde, B./Seeberg, I.: Erfolge und Misserfolge beim Change Management. Hogrefe, Göttingen 2004

Kostka, C./Mönch, A.: Change Management. Hanser, München 2002

Kraus, G./Becker-Kolle, C./Fischer, T.: Handbuch Change-Management: Steuerung von Veränderungsprozessen in Organisationen. Cornelsen, Berlin 2006

Kuhnert, J./Teuber, S. (Hrsg.): Praxishandbuch Change-Management: Einsatzfelder, Grenzen und Chancen. Vahlen, München 2008

Lewin, K.: Action research and minority problems. In: Journal of Social Issues 2, 34–64, 1946

Maxwell, P. D.: Resistance to Change and Change Management. In: Borkowski, N. (Hrsg.): Organizational behavior in health care, Jones and Bartlett Publishers, Boston 2005, S. 379–411

Reiß, M.: Change Management als Herausforderung. In: Reiß, M./von Rosenstiel, L./Lanz, A. (Hrsg.): Change Management – Programme, Projekte und Prozesse. Schäeffer-Poeschel Verlag, Stuttgart 1997

Roth, S.: Emotionen im Visier: Neue Wege des Change Managements. In: Organisationsentwicklung, 2, 19, 2000, S. 14–21

Schmidt, N.: Ressourcen und Belastungen von Beschäftigten im Kontext einer neuen Managementstrategie – eine Fallstudie. I-punkt. In Druck

Sonntag, K.: Ressourcenorientiertes Change Management – Erfolgsfaktoren der Führung bei

Veränderung. In: Luczak, H. (Hrsg.): Kooperation und Arbeit in vernetzten Welten. Ergonomia, Stuttgart 2003, S. 91–101

West, M. A.: Innovation und Kreativität. Praktische Wege und Strategien für Unternehmen mit Zukunft. Beltz Verlag, Weinheim 1999

Wetzstein, A.: Unterstützung der Innovationsentwicklung – Einfluss von wissensbasierter Interaktion, insbesondere im kooperativen Problemlösen, und fragenbasierter Reflexion. Roderer, Regensburg 2004

Die Umsetzungsberatung
(www.umsetzungsberatung.de)

Die Change Management-Studie von Capgemini
(www.de.capgemini.com/m/de/tl/Change_Management-Studie_2008.pdf)

Norbert F. Schneider | Silvia Ruppenthal | Heiko Rüger

Berufliche Mobilität

Abstract
Die Mobilitätsanforderungen haben in den letzten beiden Jahrzehnten deutlich zugenommen. In Deutschland hat bereits jeder Zweite im Alter zwischen 25 und 54 Jahren im Verlauf seines Erwerbslebens Erfahrungen mit beruflich bedingter räumlicher Mobilität gemacht. Die Menschen sind dabei in sehr unterschiedlichen Formen, etwa als tägliche Fernpendler, Dienstreisende oder Umzugsmobile unterwegs. Diese und weitere Befunde, die in dem Beitrag präsentiert werden, basieren auf einer europäischen Studie, für die in sechs Ländern insgesamt 7.220 Personen befragt wurden. Der Beitrag befasst sich neben der empirischen Verbreitung und Vielfalt von berufsbedingter Mobilität vor allem mit den gesellschaftlichen Ursachen und individuellen Konsequenzen beruflicher Mobilität, vor allem im Hinblick auf das Stresserleben. Hierbei zeigen sich insbesondere Fern- und Wochenendpendler sowie Umzugsmobile, deren Umzug erst vor kurzem erfolgte, vermehrt einem erhöhten Belastungsrisiko ausgesetzt. Für die betriebliche Praxis werden in dem Beitrag zwei Konsequenzen diskutiert: Wie können die Mobilitätskompetenzen der Mitarbeiter verbessert werden, und welche Möglichkeiten bestehen zur Reduktion mobilitätsinduzierter Belastungen?

Ausmaß beruflicher Mobilität in Deutschland und Europa
Jeder fünfte Vollerwerbstätige in Deutschland ist derzeit aus beruflich veranlassten Gründen räumlich mobil. Deutschland weist damit im Vergleich zu anderen europäischen Ländern zwar eine erhöhte Mobilitätsdynamik auf, jedoch sind die Unterschiede zwischen den Ländern eher gering. Werden auch frühere Mobilitätserfahrungen mit berücksichtigt, wird erkennbar, dass jeder zweite Deutsche im Alter zwischen 25 und 54 Jahren Erfahrungen mit Mobilität hat. Mobilität ist also ein weit verbreitetes Phänomen. Die Daten zeigen auch, dass die beruflichen Mobilitätserfordernisse in den letzten zwanzig Jahren spürbar zugenommen haben. So verfügen die heute 30-Jährigen bereits über mehr Mobilitätserfahrungen als die 50-Jährigen. Diese Befunde entstammen einer europäischen Studie, die unter dem Titel „Job Mobilities and Family Lives in Europe" in sechs europäischen Ländern durchgeführt worden ist. Im Rahmen der Studie wurden 7.220 Personen zwischen 25

und 54 Jahren im Sommer 2007 zu ihren beruflichen Mobilitätserfahrungen und den subjektiv wahrgenommenen Folgen befragt (Schneider/Meil, 2008).

Vielfalt und Formen beruflich veranlasster räumlicher Mobilität

Beruflich veranlasste räumliche Mobilität tritt in zwei sehr unterschiedlichen Formen auf – punktuell als *residenzielle* Mobilität oder relativ dauerhaft als *zirkuläre* Mobilität. Residenzielle Mobilität kann als Fernumzug innerhalb eines Landes, grenzüberschreitend als Migration oder als längere Auslandsentsendung durch den Arbeitgeber erfolgen (Umzugsmobile). Zirkuläre Mobilität lässt sich dahingehend differenzieren, ob die Mobilität regelmäßig oder unregelmäßig auftritt und ob häufiges Übernachten an den Arbeitsorten stattfindet. Typisch für regelmäßig erfolgende Mobilität ohne außerhäusliche Übernachtung ist tägliches Fernpendeln (d. h. für die Wegstrecke zwischen Wohnort und Arbeitsplatz wird mindestens eine Stunde benötigt); typische Formen von Mobilität, die mit häufigen Abwesenheiten über Nacht verbunden sind, sind Wochenendpendeln, häufige längere Dienstreisen, Saisonarbeit oder „mobile Berufe", wie etwa im Fall von Fernfahrern, Flugpersonal oder Wartungsingenieuren.

Bei einer Betrachtung der verschiedenen Mobilitätsformen in Europa wird erkennbar, dass rund 75 Prozent der Mobilität auf zirkuläre und nur ein Viertel auf residenzielle Formen der Mobilität entfallen. Das heißt, die Europäer, und das gilt auch ganz besonders für die Deutschen, sind wenig umzugsbereit, aber als Pendler hoch mobil.

Warum ist Mobilität belastend?

Mobilität ist ein ambivalentes Phänomen – für viele die einzige Möglichkeit, um die Berufstätigkeit beider Partner und die Familie in akzeptabler Weise zu verbinden oder um an einem attraktiven Wohnort zu leben. Für andere ist unterwegs sein per se attraktiv und es wird als Chance gesehen, Neues kennen zu lernen. Für die Mehrzahl aber ist Mobilität wenig attraktiv, für einige sogar bedrohlich und belastend. Besonders Menschen mit langen Umzugskarrieren sowie Fern- und Wochenendpendler sind besonderen mobilitätsbedingten Risiken ausgesetzt. Aus früheren Studien ist bekannt (Schneider u.a., 2002), dass Mobilität Stress erzeugt. Stress, der das körperliche und psychische Wohlbefinden der mobilen Person selbst und das seines Partners beziehungsweise seiner Partnerin beeinträchtigen kann. In Abhängigkeit von der Mobilitätsform wirken verschiedenartige Stressoren und entstehen unterschiedliche Belastungen. Insbesondere einige zirkuläre Mobilitätsformen können das Wohlbefinden und die Lebenszufriedenheit der Menschen in erheblicher Weise langfristig mindern.

Untersucht man mobile und nicht mobile erwerbstätige Personen in Deutschland hinsichtlich ihres subjektiven Stresserlebens (*vgl. Tab. 1, S. 148*), erweist sich das nach Geschlecht, Alter und Bildung adjustierte Risiko einer starken Stressbelastung für Fernpendler, Wochenendpendler sowie für Umzugsmobile, deren Umzug erst vor kurzem (innerhalb der vergangenen 1,5 Jahre) erfolgte, als mindestens zweifach erhöht gegenüber erwerbstätigen Personen, die in ihrem Leben bislang noch nicht mit Mobilitätsanforderungen konfrontiert wurden und noch nie aus beruflichen Gründen mobil waren (Referenzgruppe). Dieser Befund fällt für die Wochenendpendler be-

Mobile und nicht mobile Lebensformen	Adjustiertes Odds Ratio*	95 %- Konfidenzintervall	Signifikanz
Unchallenged[a] (Referenz)	1	–	–
Tägliche Fernpendler	2,0	1,3–3,1	0,00
Wochenendpendler (Shuttlers)	2,7	0,6–10,9	0,17
Umzugsmobile (Umzug vor max. 1,5 Jahren)	2,1	1,1–4,0	0,02
Umzugsmobile (Umzug vor 1,5 bis 3 Jahren)	1,0	0,6–1,8	0,97
Vari-Mobile[b]	0,8	0,4–1,5	0,53
Multi-Mobile[c]	0,9	0,5–1,6	0,69
Fernbeziehungen[d]	0,8	0,3–2,1	0,70
Experienced[e]	0,9	0,6–1,2	0,35
Rejectors[f]	1,1	0,6–1,9	0,78

Anmerkungen: Datenquelle: „JobMob-and-FamLives 2008", binär-logistische Regression; generelles Stresserleben in letzten drei Wochen, 1 („nicht belastet") bis 10 („sehr stark belastet"), cut-off-Punkt = 7; ungewichtete Daten; N = 1352
* adjustiert nach Geschlecht, Alter und formaler Schulbildung
a: Bislang noch nie mit beruflichen Mobilitätsanforderungen konfrontiert und nie beruflich mobil gewesen
b: „Mobile Berufe" mit wechselnden Arbeitsorten, längeren Dienstreisen und häufigen Abwesenheiten von zuhause (mind. 60 Übernachtungen pro Jahr)
c: Kombination mindestens zweier Mobilitätsformen
d: Partnerschaften mit getrennten Haushalten aus beruflichen Gründen, Entfernung der Haushalte ≥ 1 Stunde
e: Mobilitätserfahrungen in der Vergangenheit in mindestens einer Mobilitätsform
f: Zurückweisung von Mobilitätsanforderungen und keinerlei Mobilitätserfahrungen in der Vergangenheit

Tab. 1: Adjustiertes Risiko* eines erhöhten subjektiven Stresserlebens mobiler und nicht mobiler Erwerbstätiger in Deutschland (eigene Darstellung)

sonders deutlich aus, erlangt aufgrund einer vergleichsweise geringen Fallzahl jedoch keine statistische Signifikanz.

Das Belastungserleben der übrigen Mobilitätsformen, einschließlich der vor längerer Zeit (vor 1,5 bis 3 Jahren) Umgezogenen, unterscheidet sich nicht wesentlich von dem der genannten Referenzgruppe. Für Umzugsmobile scheint sich damit der erwartete Effekt einer kurzfristigen Stressspitze mit anschließender Abnahme des Stressniveaus zumindest für den deutschen Kontext zu bestätigen. Stellt man die Befunde in einen größeren europäischen Kontext, zeigt sich ein Sonderstatus Deutschlands in zweifacher Hinsicht. Zum einen überrascht das vergleichsweise geringe Belastungserleben der übrigen Mobilitätsformen, zum anderen ist der beschriebene Effekt hoher Stressspitzen mit anschließend abnehmender Stressbelastung bei Umzugsmobilen in dieser Deutlichkeit lediglich für Deutschland zu beobachten. Als ein länderübergreifendes Muster kann allerdings die signifikant erhöhte Belastung von Fernpendlern sowie von Wochenendpendlern angesehen werden, wobei sich dies für die Fernpendler auch in einer erhöhten gesundheitlichen Belastung ausdrückt.

Dabei betreffen die mobilitätsbedingten Folgen nicht nur das Privatleben und die Gesundheit der mobilen Person. Es gibt Hinweise, dass Mobilität auch die Produktivität am Arbeitsplatz beeinträchtigen kann. Hervorgerufen werden diese möglichen Begleiterscheinungen hauptsächlich durch zwei mobilitätsbedingte Stressoren:

(1) Belastungen, die direkt durch die Mobilität hervorgerufen werden. Mobilitätsbedingte Belastungen entstehen dabei unmittelbar im Zusammenhang mit der täglichen oder wöchentlichen Fahrt zwischen Wohn- und Arbeitsort. Das Stressempfinden und die wahrgenommenen Belastungen sind unter anderem abhängig von der gewählten Verkehrsform, der Dauer und der Häufigkeit der Mobilität und von den vorhandenen Bewältigungsstrategien. Aus einschlägigen Studien ist bekannt, dass das Stresserleben unabhängig von der Verkehrsform bei Kontrollverlust rapide ansteigt. Verspätungen im Zugverkehr oder unvorhergesehene Verkehrsstaus erzeugen regelmäßig ein extrem hohes Stressempfinden. Bei der Fahrt zum Arbeitsplatz ist dies besonders ausgeprägt, wenn starre Arbeitszeiten oder fixe Termine keine Spielräume für Verspätungen lassen. Mehr noch als die Fahrtdauer, die sich vornehmlich auf die berichtete Lebenszufriedenheit auswirkt, ist die Häufigkeit der Mobilität eine entscheidende Einflussgröße auf das Belastungserleben. Bei Fern- und Wochenendpendlern sinkt die mobilitätsbedingte Belastung deutlich, wenn sie einen Tag pro Woche auch zuhause arbeiten können.

(2) Belastungen, die durch chronische Zeitknappheit hervorgerufen werden. Diese tritt vor allem im Zusammenhang mit zirkulären Mobilitätsformen auf. Sie führt auf vielfältige Weise zur Beeinträchtigung der Lebensqualität. So können soziale Beziehungen nicht wie gewünscht gepflegt werden, die Zeit, die mit der Familie verbracht werden kann, wird als zu gering erlebt und es fehlt oftmals die Möglichkeit, sich ausreichend Zeit für die eigene Gesundheitsvorsorge zu nehmen. Daraus erwachsen erhöhte gesundheitliche Risiken und es entstehen Empfindungen der Ausgrenzung und Entfremdung vom sozialen Umfeld, die wiederum erhöhte Belastungen hervorrufen können.

Der erfolgreiche Umgang mit mobilitätsbedingten Stressoren setzt geeignete Bewältigungsstrategien voraus. Insbesondere dann, wenn die Mobilität unfreiwillig entsteht, etwa infolge der Verlagerung des Produktionsstandortes einer Firma. Gerade in solchen Fällen sind betriebliche Maßnahmen anzuraten, die die Mobilitätskompetenzen und das Wohlbefinden der Beschäftigten fördern und damit auch deren Leistungsfähigkeit.

Mobilität ist also dann besonders belastend, wenn sie gleichsam als erzwungen erlebt wird, mit häufigem Kontrollverlust verbunden ist, wenn geeignete Bewältigungsstrategien fehlen und wenn starre Arbeitszeiten keine eigenen Gestaltungsspielräume offen lassen.

Gesellschaftliche Ursachen und individuelle Entstehungsumstände beruflicher Mobilität

Die gegenwärtige Mobilitätsdynamik wird zu Recht vielfach mit den Veränderungen des Arbeitsmarktes in Verbindung gebracht. Infolge der raschen Intensivierung der weltweiten Handelsbeziehungen, der Verlagerung der Produktionsstätten in Niedriglohnländer und der Internationalisierung der meisten Großkonzerne entsteht die Notwendigkeit für zahlreiche Beschäftigte, ihre Tätigkeit an unterschiedlichen Orten auszuüben. Zusätzliche Dynamik erhalten die Mobilitätserfordernisse dadurch, dass viele relativ dauerhafte und an einen konkreten Ort gebundene Beschäftigungsverhältnisse, die das Verständnis von Arbeit bis heute verbreitet prägen, zunehmend durch befristete Engagements an wechselnden Orten abgelöst werden. Der Anteil befristeter Beschäftigungsverhältnisse an der Gesamtbeschäftigung ist in Deutschland laut Zahlen des Instituts für Arbeitsmarkt- und Berufsforschung (IAB) zwischen 1996 und 2006 von unter vier Prozent auf über sechs Prozent angestiegen. Im Jahr 2006 waren 43 Prozent der abgeschlossenen Arbeitsverträge befristet. Demnach sind über zwei Millionen Menschen in befristeten Arbeitsverhältnissen tätig (Hohendanner, 2008). Immer mehr Beschäftigte sehen sich gegenwärtig damit konfrontiert, mehrmals in ihrem Leben den Arbeitgeber, den Beruf und den Arbeitsort zu wechseln. Ein Umzug an den neuen Arbeitsort unterbleibt häufig, wenn Arbeitsverhältnisse befristet sind oder aufgrund der wirtschaftlichen Situation keine langfristige Perspektive versprechen. Eine Intensivierung des Pendelgeschehens ist die Folge.

Das Mobilitätsgeschehen wird durch zwei weitere Entwicklungen, die außerhalb des Arbeitsmarktes anzusiedeln sind, weiter beschleunigt. Mobilität entsteht auch als Folge des Wandels von Familie und Partnerschaft. Die gewandelten Rollenverständnisse und die gestiegene Erwerbsbeteiligung von Frauen sind dabei bedeutsam. Frauen unterliegen immer häufiger selber beruflichen Mobilitätsanforderungen oder können nicht, wie früher, einfach mit dem Partner mitziehen, da sie ihren Arbeitsplatz nicht aufgeben wollen oder können. Paare nutzen in dieser Situation oftmals zirkuläre Mobilitätsformen wie Wochenendpendeln oder Fernpendeln, um Partnerschaft und die Berufstätigkeit beider Partner zu verbinden. Schließlich entstehen viele Formen des Pendelns infolge der sich wandelnden Wohnbedingungen und der sich ändernden Ansprüche an eine gute Wohnumgebung. Vor allem jüngere Familien ziehen aufs Land, weil sie sich nur dort den Traum vom Haus im Grünen verwirklichen können, behalten aber ihren Arbeitsplatz in der Stadt. Dadurch entsteht eine intensive Pendeldynamik im Umfeld vieler Großstädte.

Mobilität und die Folgen – prinzipielle Präventionsmöglichkeiten

Die Bewältigung der Folgen räumlicher Mobilität gelingt umso besser, je größer die Mobilitätskompetenzen und je angemessener die Problembewältigungsstrategien sind (Schneider, 2007). Erfolgreiche Strategien zur Problembewältigung setzen eine positive Grundeinstellung gegenüber der Mobilität voraus. Mobile, die ihre Situation ablehnen und als unveränderbar erleben, werden in der Regel stärker darunter leiden als solche, die ihre Situation aktiv zu gestalten versuchen, auch positive Folgen erkennen und für sich nutzbar machen. Die gezielte Entwicklung von Kompetenzen im Umgang gerade mit zirkulärer Mobilität kann einen wesentlichen Beitrag darstellen, um die gesundheitlichen Risiken zu reduzieren.

Im Fall von Wochenendpendlern scheinen Einsamkeitsgefühle und Empfindungen der Entfremdung vom Partner durch regelmäßige Kommunikation mit dem Partner in Zeiten der Abwesenheit vermindert werden zu können. Dabei kann man sich wechselseitig über den Alltag informieren, Probleme gemeinsam zu bewältigen versuchen, Nähe und Vertrautheit herstellen und Entscheidungen besprechen. Vielfach hat es sich aus Sicht von Paaren als hilfreich erwiesen, wenn gemeinsame Rituale geschaffen werden, etwa jeden Abend miteinander zu telefonieren oder via E-Mail zu kommunizieren. Dies strukturiert den Alltag und kann als Höhepunkt des Tages in dessen Ablauf integriert werden.

Zu erfolgreichen Bewältigungsstrategien gehört auch, die mobile Situation möglichst angenehm und möglichst effizient zu gestalten. Fahrgemeinschaften beispielsweise senken nicht nur die Kosten, sie können in ihrer Form als gemeinschaftliche Unternehmung auch Stressspitzen vermeiden und so zu einer Belastungsminderung beitragen. Allerdings sind auch gegenteilige Effekte nachweisbar. Das Fahren zusammen mit anderen im Auto kann als Beeinträchtigung der Privatsphäre empfunden werden und dadurch belastend wirken.

Die Intensität des Stresserlebens wird auch dadurch beeinflusst, in welcher Situation sich die mobile Person befindet und welche Kompetenzen sie entwickelt, ihre Rahmenbedingungen in günstiger Weise zu beeinflussen: So wäre zu prüfen, ob alle Möglichkeiten, die Arbeitszeiten zu flexibilisieren, ausgeschöpft wurden oder ob die heimische Kinderbetreuung in optimaler Weise gestaltet ist. Oft sind es hier vermeintliche Kleinigkeiten, die zu einer erheblichen Belastungsreduktion beitragen können. Zielführend ist, die Situation adäquat zu evaluieren und so Ansatzpunkte für eine angemessene Umgestaltung zu erkennen und richtig umzusetzen. Bei dieser Evaluierung können Betriebe gezielt unterstützend wirken, indem sie Programme entwickeln und anbieten, die es den Mobilen ermöglichen, ihre Situation besser bewältigen zu können.

Handlungsebenen – Was können Betriebe tun?

Betrieblich wird der Zusammenhang zwischen Arbeitsweg, Fehlzeiten und Leistungsfähigkeit bisher nur selten hergestellt. Weder ist den meisten Unternehmen etwas über die Arbeitswege ihrer Beschäftigten bekannt, noch haben Arbeitgeber auf die spezifische Situation zirkulär mobiler Beschäftigter in nennenswertem Umfang reagiert. Grundsätzlich können Arbeitgeber einen erheblichen Beitrag zur Belastungsreduktion ihrer mobilen Mitarbeiter leisten. Zentral sind hierfür primär flexible Arbeitszeiten, die verhindern, dass Tagespendler bei kleineren Verspätungen mit nachteiligen Konsequenzen rechnen müssen. Als hilfreich haben sich Arbeitszeiten erwiesen, die mit den Fahrplänen abgestimmt werden können und ein möglichst großes Maß an individueller Gestaltbarkeit offerieren. Ein großes Problem für Fernpendler sind Überstunden. Länger im Betrieb zu bleiben kann für sie dann zum Problem werden, wenn sie Gefahr laufen, den letzten Zug zu verpassen. In diesen Fällen kann der Arbeitgeber unterstützend wirken, wenn er Übernachtungsmöglichkeiten anbietet, die nach unseren Erfahrungen von den Beschäftigten gerne in Anspruch genommen werden, oder Fahrtmöglichkeiten schafft beziehungsweise die Kosten für die späte Heimfahrt übernimmt. Damit kann in erheblichem Umfang Stress- und Konfliktpotential auf Seiten der Beschäftigten und der Arbeitgeber vermindert werden.

Eine weitere Strategie zur Reduzierung mobilitätsbedingter Belastungen kann die Möglichkeit zur Telearbeit bieten oder die Option, die Arbeitszeit so zu gestalten, dass eine Anwesenheit im Betrieb nur an vier Tagen notwendig ist. Arbeitgeber, die ihren Beschäftigten in dieser Weise entgegenkommen, leisten einen wichtigen Beitrag zur Senkung gesundheitlicher Risiken, ohne dass ihnen dadurch Kosten entstünden. Allerdings stehen viele Arbeitgeber diesen Alternativen noch sehr distanziert gegenüber, da sie befürchten, zuhause arbeitende Beschäftigte seien aufgrund fehlender Kontrolle weniger produktiv.

Eine weitere Handlungsebene vor allem in größeren Unternehmen sind betriebsärztliche Unterstützung und Förderung der Mobilitätskompetenzen der Mitarbeiter. Betriebliche Schulungen und Kurse, die darauf abzielen, mobilitätsbedingte Belastungen der Mitarbeiter zu reduzieren und deren Bewältigungsstrategien zu optimieren, können ebenfalls zu einem besseren Mobilitätsmanagement beitragen.

Zeitknappheit entsteht bei mobilen Beschäftigten oftmals auch dadurch, dass die Möglichkeiten zum Einkauf des Alltagsbedarfs sehr eingeschränkt sind. Gerade in ländlichen Regionen sind die Geschäfte bei der Rückkehr bereits geschlossen und am Morgen noch nicht geöffnet. Bei fehlender Unterstützung durch die Familie, zum Beispiel wenn auch der Partner mobil ist, kann es zu erheblichen Belastungen kommen. Abhilfe können hier zum Beispiel betriebliche Concierge-Dienste bieten, die den Mitarbeitern Teile des Einkaufs abnehmen. Praxisbeispiele zeigen auch, dass die Vermittlung von Entspannungstechniken und deren Umsetzung oder das Aufzeigen von sinnvollen Möglichkeiten der Nutzung von Reisezeiten auf positive Resonanz stoßen und die Beschäftigten entlasten.

Unter bestimmten Umständen können schließlich auch finanzielle Hilfen, die die teilweise immense, durch das Pendeln verursachte finanzielle Belastung abmildern, die Lebenssituation der Pendler verbessern helfen.

Unternehmen müssen bei ihren Bestrebungen nicht auf sich allein gestellt bleiben. Zielführender kann es sein, ein überbetriebliches Mobilitätsmanagement unter Einbeziehung anderer lokaler Unternehmen zusammen mit der Kommune zu betreiben. Die Gestaltung von Fahrplänen regionaler Verkehrsbetriebe oder die Einrichtung betriebsnaher Haltestellen können zu einer wesentlichen Verbesserung für Pendler beitragen. Auch können neue oder verbesserte Angebote zur Kinderbetreuung mobile Beschäftigte mit kleinen Kindern erheblich entlasten. Wenn sie räumlich günstig gelegen und die Öffnungszeiten auf die Betriebszeiten abgestimmt sind, kann das Zeitmanagement der Beschäftigten wesentlich erleichtert werden, wodurch ebenfalls gesundheitsrelevante Auswirkungen entstehen können.

Diese Überlegungen verdeutlichen, dass es zahlreiche Interventionsmöglichkeiten für eine mobilitätsorientierte Personalpolitik gäbe – und manche Unternehmen verfolgen auch sehr erfolgreich solche Strategien. In den meisten Fällen sieht die Realität jedoch anders aus. Bei unseren Befragungen wurde erkennbar, dass Beschäftigte befürchten, als Berufsmobile unattraktiv für Arbeitgeber zu sein und aus Angst um ihren Arbeitsplatz keine Forderungen nach Entlastungsmöglichkeiten oder Sonderrechten stellen. Der einzige Wunsch dieser Personen besteht darin, dass Arbeitgeber die zirkuläre Mobilität bei der Personalauswahl nicht als Nachteil bewerten.

Hinweise für gute Praxis

Ist mobilitätsorientierte Personalpolitik im Alltagsgeschäft der meisten Unternehmen und Behörden gar kein oder nur ein Randthema, ändert sich dies zwangläufig, wenn Umstrukturierungsmaßnahmen oder Standortverlagerungen große Teile der Belegschaft zur Mobilität zwingen. In einer solchen Situation geht es darum, die Arbeits- und Leitungsfähigkeit der Belegschaft zu erhalten und möglichst wenig eingearbeitetes Personal zu verlieren. Hierfür müssen die internen betrieblichen Abläufe und Strukturen sowie die für die Beschäftigten entstehenden Veränderungen in den Blick genommen werden. Eine geplante und mit zeitlichem Vorlauf installierte mobilitätsorientierte Personalpolitik erspart unnötige Reibungsverluste und Unmut über den bevorstehenden Umzug.

Zunächst können die bestehenden Optionen der Beschäftigten geklärt werden. Ist der neue Standort noch durch Fernpendeln erreichbar, werden einige Mitarbeiter diese Option ergreifen. Aufklärung über die dadurch entstehenden andauernden Belastungen kann Entscheidungshilfe zu einem Umzug sein. Die Entscheidung für den Umzug wird von mehreren Faktoren bestimmt, etwa durch die Attraktivität des Zielortes selbst, die familiäre Situation – etwa Kinder im schulpflichtigen Alter, einen berufstätigen Partner – oder den Besitz von Wohneigentum in der Herkunftsregion. Umzugsbarrieren können nicht für jeden Beschäftigten reduziert werden, dennoch bestehen Möglichkeiten, den Umzug für Beschäftigte zu erleichtern. Informationen zum Zielort, zu Schulen, Wohnmöglichkeiten, beruflichen Alternativen für den Partner oder die aktive Unterstützung bei der Stellensuche des Partners sind neben Umzugshilfen nur einige der denkbaren betrieblichen Unterstützungsleistungen. Daneben bieten sich die bereits erwähnten Maßnahmen für Fernpendler und Wochenendpendler an. Flexible Arbeitszeiten, gute Verkehrsanbindungen, Telearbeitsplätze, Übernachtungsmöglichkeiten, Kinderbetreuung oder haushaltsnahe Dienste erleichtern es den Beschäftigten, besser mit den mobilitätsbedingten Belastungen umzugehen, und stärken ihre Leistungsfähigkeit am Arbeitsplatz. Werden Beschäftigte von Beginn an informiert und in die Vorbereitung der Umstrukturierung eingebunden, ist zusätzlich ein Motivationseffekt durch das Gefühl gemeinsamer Problembewältigung zu erwarten.

Handlungsziele: Mobilitätskompetenzen stärken und Mobilitätserfordernisse reduzieren

Mobilitätskompetenzen stärken: Unternehmen können durch Schulungen aktiv dazu beitragen, die Mobilitätskompetenzen ihrer Mitarbeiter und Mitarbeiterinnen zu erhöhen. Auch können sie dadurch einen Beitrag zur Verbesserung von deren Copingstrategien leisten. Durch solche Angebote kann eine Prävention gesundheitlicher Beeinträchtigungen mobiler Beschäftigter erreicht werden.

Mobilitätserfordernisse reduzieren: Mit Blick auf die gesundheitlichen und betrieblichen Folgen erhöhter Mobilität sind die Unternehmen gehalten, sich auch mit der Frage auseinanderzusetzen, wie viel Mobilität den Menschen zugemutet werden kann. Steigende Mobilitätserwartungen seitens der Arbeitgeber ohne Rücksichtnahme auf die familiären Verpflichtungen der Beschäftigten können deren Produktivität am Arbeitsplatz reduzieren. Mitarbeiter, die unter gesundheitlichen oder unter Familienproblemen leiden, sind weniger leistungsfähig. Sind diese Probleme betrieblich mit verursacht, etwa weil Maßnahmen für eine bessere Vereinbarkeit von Familie und Beruf fehlen, könnten Unternehmen durch die Einführung solcher Maßnahmen auch die Produktivität im Betrieb steigern.

Reduktion mobilitätsinduzierter Belastungen: Durch erweiterte Angebote von Flextime, Telearbeit und haushaltsnahen Dienstleistungen können wichtige Beiträge im Rahmen der Prävention geleistet werden. Dabei handelt es sich nicht in erster

Linie um Sozialleistungen, die man sich nur in wirtschaftlich günstigen Zeiten leisten will, sondern um zukunftsweisende Investitionstätigkeiten.

Insgesamt gilt: Bessere Mobilitätskompetenzen, reduzierte Mobilitätserfordernisse und gezielte Maßnahmen zur Verringerung mobilitätsbedingter Belastungen können die gesundheitlichen Risiken der Beschäftigten mindern, den wahrgenommenen Stress reduzieren und dadurch auch die Produktivität am Arbeitsplatz erhöhen.

→ Wirtschaftliche Rahmenbedingungen für Arbeit und Beruf (S. 16); Arbeitswelt, Straßenverkehrsgeschehen und betriebliche Verkehrssicherheitsarbeit (S. 166); Betriebliche Umstrukturierungen, Personalabbau und Arbeitsplatzunsicherheit (S. 232); Stress (S. 334)

Literatur

Hohendanner, C.: Befristet Beschäftigte: Gut positioniert mit Hoffnung auf Anschluss. In: IAB-Forum, 2008, Nr. 1, S. 26–31

Schneider, N. F.: Berufliche Mobilität und psychosoziale Gesundheit. In: Andreas Weber und Georg Hörmann unter Mitarbeit von Yvonne Ferreira (Hrsg.): Psychosoziale Gesundheit im Beruf. Mensch-Arbeitswelt-Gesellschaft. Gentner Verlag, Stuttgart 2007, S. 299–309

Schneider, N. F./Limmer, R./Ruckdeschel, K.: Mobil, flexibel, gebunden. Familie und Beruf in der mobilen Gesellschaft. Campus Verlag, Frankfurt am Main 2002

Schneider, N. F./Meil, G. (Hrsg.): Mobile Living Across Europe. Volume I: Relevance and Diversity of Job-Related Spatial Mobility in Six European Countries. Budrich, Opladen 2008

Weitere Literaturangaben sind bei den Autoren erhältlich.

Thomas Rigotti

Flexibilität und Selbstorganisation

Abstract

Flexibilität von Organisationen wie von Beschäftigten wird als ein zentraler wirtschaftlicher Erfolgsfaktor gesehen. Der Trend zur Auflösung des Normalarbeitsverhältnisses (abhängige, unbefristete Vollzeitbeschäftigung) hat in den letzten Jahren zu einer Verantwortungsverschiebung geführt. Selbstorganisation oder Selbstmanagement gewinnt dadurch nicht nur für die Planung und Durchführung der täglichen Arbeitsaufgaben an Bedeutung, sondern auch im Hinblick auf die langfristige Berufs- und Karriereplanung. Flexibilitätsanforderungen sind nicht per se als psychische Belastung zu verstehen, wenn ausreichende Planbarkeit, Zeit- und Handlungsspielräume sowie geringe Unsicherheit gegeben sind. In diesem Beitrag werden verschiedene Formen von Flexibilität und damit verbundene theoretische Modelle präsentiert. Präventionsansätze zur Vermeidung einer Überforderung durch Flexibilitätsansprüche sind: Gesunde Führung, Qualifikation, vollständige Tätigkeiten, Partizipation, Ressourcen schonen und stärken.

Thematische Eingrenzung und Definition

Der Begriff **Flexibilität** beschreibt Anpassungs- und Strapazierfähigkeit und ist gleichsam selbst überstrapaziert. Flexibilität ist eine der am häufigsten verwendeten Anforderungsbeschreibungen in Stellenanzeigen, oft gepaart mit Belastbarkeit. Dabei können verschiedene Ebenen sowie unterschiedliche Flexibilitätsformen unterschieden werden. Flexibilität hat je nach Betrachtungsebene eine unterschiedliche Bedeutung. Es können die Makro- (Gesellschafts- und politische Ebene), Meso- (Organisationale Ebene) oder Mikroebene (Arbeitnehmer) betrachtet werden. Dieser Beitrag wird sich vorrangig mit der Meso- und Mikroebene beschäftigen. Hierbei lassen sich wiederum verschiedene Formen unterscheiden.

Auf der Ebene der organisationalen Flexibiliät (Mesoebene) können nach Reilly (1998) folgende Formen unterschieden werden:

Numerisch: Zahl der Beschäftigen und/oder deren Arbeitszeit kann erhöht oder reduziert werden, in Abhängigkeit der Auftragslage (z.B. Teilzeitarbeit, Vertragsbefristungen, Zeitarbeit).

Funktional: Beschäftigte werden geschult, vielfältige, unterschiedliche Aufgaben/Positionen zu erfüllen (z.B. Polyvalenzprinzip, job enrichment: Erweiterung der Tätigkeiten auf höherem Anforderungs-/Qualifikationsniveau, Teilautonome Gruppenarbeit).

Zeitlich: Die geleistete Arbeitszeit kann variiert werden (z.B. Schichtarbeit, Teilzeitarbeit, Saisonarbeit, Überstunden).

Örtlich: Die technologische Entwicklung erlaubt es, dass viele Arbeitsaufgaben an jedem Ort – und zu jeder Zeit – erfüllt werden können (z.B. Virtuelle Arbeitsgruppen, Heim-/Telearbeit).

Finanziell: Die Vergütung wird abhängig gemacht vom Erfolg der Organisation (z.B. leistungsabhängige Lohnanteile, Lohnkürzungen zur Sicherung von Arbeitsplätzen).

Auf der individuellen Ebene (Mikroebene) stellt Flexibilität im Arbeitsleben zuvorderst eine Bereitschaft dar, die Arbeitszeit den Erfordernissen (oder aber auch eigenen Bedürfnissen) anzugleichen (**zeitlich**), für einen Job umzuziehen, zu pendeln oder in manchen Berufen ständig unterwegs zu sein (**örtlich**) sowie durch die Aneignung von Wissen, Fähig- und Fertigkeiten sich neuen Herausforderungen zu stellen und Verantwortung zu übernehmen (**intellektuell**). Flexibilität kann dabei in Abhängigkeit der Rahmenbedingungen, der Freiwilligkeit und Planbarkeit (auch Planungssicherheit) sowie der individuellen Kompetenzen sowohl Chancen als auch Risiken beinhalten. Vorteile können sich durch eine bessere Vereinbarkeit von Erwerbsarbeit und anderen Lebensbereichen (Kindererziehung, Pflege von Angehörigen, Partnerschaft, Hobbys etc.), durch Kompetenzzuwachs (und damit erweiterten Chancen auf dem Arbeitsmarkt) sowie die persönliche Beeinflussbarkeit des Verdienstes ergeben. Die Risiken liegen unter anderem in der häufigen Paarung von flexiblen und prekären Beschäftigungsverhältnissen, einer vermehrten (Arbeitsplatz-)unsicherheit, in einer Intensivierung der Arbeit (erhöhter Zeitdruck) sowie in der Gefahr der Selbstüberforderung.

Unter dem Begriff Selbstorganisation seien hier individuelle (Handlungs-)kompetenzen im Sinne eines Selbstmanagements verstanden und nicht die Selbstorganisation von Systemen oder sozialen Gruppen. Wiese (2008) definiert Selbstmanagement als „[...] das Setzen berufsbezogener Ziele sowie den Einsatz von Handlungsmitteln zur Verfolgung dieser Ziele, einschließlich der Beobachtung und Bewertung von Zielfortschritten" (S. 153). Darüber hinaus kann der Begriff Selbstmanagement von Selbstregulation abgegrenzt werden. Während Selbstregulation eher emotionale Bewältigungsstrategien, vor allem Entspannungstechniken, beinhaltet, bezieht sich Selbstmanagement eher auf problemorientierte (kognitive) Lösungen. Selbstmanagement ist nicht nur in der täglichen Arbeitsplanung und dem individuellen Zeitmanagement eine zunehmend wichtige Kompetenz, sondern auch im Hinblick auf die langfristige Karriere- und Berufsplanung, als „selbstverantwortliches Laufbahnmanagement" (Gasteiger, 2007).

Art der Belastung und Belastungsbedingungen

Wie es zu psychischen Belastungen durch Flexibilitätsanforderungen kommt, kann unter anderem (1) durch Rollen- und Zielkonflikte, (2) durch Unsicherheit, also fehlende individuelle Kontrollmöglichkeiten, und (3) durch mangelnde Ressourcen erklärt werden.

1) Rollen- und Zielkonflikte

Ziele können als gedankliche Vorwegnahme eines (gewünschten) Zustandes aufgefasst werden. Rollen- und Zielkonflikte können als psychische Belastung verstanden werden, da diese einen Ungleichgewichtszustand zwischen Bedürfnissen und deren Befriedigung hervorrufen.

In der Rollen-Theorie von Katz und Kahn (1966) werden folgende Konflikttypen unterschieden: Widersprüchliche Erwartungen

(a) eines Senders (Intra-Sender-Konflikt): zum Beispiel inkonsistente Anweisungen einer Führungskraft

(b) verschiedener Sender (Inter-Sender-Konflikt): zum Beispiel Anforderungen an Qualität und Quantität der Arbeit von verschiedener Seite

(c) verschiedener Sender aus unterschiedlichen Rollen (Inter-Rollen-Konflikt): zum Beispiel die Erwartung eines Arbeitgebers Überstunden zu leisten und die Erwartung des Partners oder der Familie einen gemeinsamen Abend zu verbringen

(d) eines oder verschiedener Sender und eigenen Rollenerwartungen (Intra-Rollen-Konflikt): zum Beispiel beinhaltet die Definition der Rolle als Altenpfleger/in, dem zu pflegenden Menschen Zeit und emotionale Zuneigung zu schenken – dies steht im Konflikt mit klaren Zeitvorgaben eines einzuhaltenden Pflegeplanes.

Insbesondere bei Zeitarbeitsverhältnissen mit kurzen Verweildauern in der Entleihfirma müssen Rollen ständig neu definiert und ausgehandelt werden. Hohe zeitliche Flexibilitätsanforderungen und damit geringe Planbarkeit der Freizeit befördern Inter-Rollen-Konflikte.

2) Unsicherheit als psychische Belastung
Die mit Veränderungen verbundene Unsicherheit kann als zentraler Faktor der Belastungsbedingung durch Flexibilitätsüberforderung gesehen werden. Studien konnten zeigen, dass die Antizipation eines möglichen Arbeitsplatzverlustes oder -wechsels mit stärkeren psychischen Beanspruchungen einhergeht, als ein tatsächlich eintretender Verlust, solange die Situation nicht klar vorhersehbar ist. Aktuelle Metaanalysen belegen substantielle Zusammenhänge erlebter „Arbeitsplatzunsicherheit" unter anderem mit Arbeitszufriedenheit, Leistungsbereitschaft und psychischer Gesundheit (Cheng/Chang, 2008; Sverke/Hellgren/Näswall, 2002).

3) Mangelnde Ressourcen in der Selbstorganisation
Selbstorganisation beginnt mit der Setzung von Zielen und erfordert deren Überwachung.

In einem aktuellen Überblick zum Thema Selbstorganisation nennt Wiese (2008) unter anderem folgende Theorien, die zur Erklärung selbstorganisierten Handelns herangezogen werden können.

- Verhaltensbasierte Lerntheorien
  Durch positive Verstärkung (z.B. Lob) beziehungsweise negative Verstärkung (z.B. sich einer unangenehmen Situation bewusst nicht auszusetzen) werden Handlungsmuster gefestigt.
- Kontrolltheoretische Ansätze (Kybernetische Modelle)
  Diese Theorien gehen davon aus, dass Handeln stets eine Reaktion auf Abweichungen zwischen Soll- und Ist-Zustand ist.
- Sozial-kognitive Theorien
  Nach diesen Theorien kann Handeln entweder reaktiv diskrepanzreduzierend sein oder proaktiv diskrepanzerzeugend durch das Setzen neuer Ziele.
- Arbeitspsychologische Handlungsregulationstheorie
  Die Handlungsregulationstheorie, die in ersten Zügen bereits in den 1960er-Jahren in Dresden von Winfried Hacker konzipiert wurde und durch zahlreiche Beiträge (Übersichten z.B. bei Hacker, 1998; Matern, 1983; Volpert, 1980) zu

einem komplexen Modell angewachsen ist, kann heute, zumindest im deutschsprachigen Raum, als Kernstück arbeitspsychologischer Methodik angesehen werden (siehe auch Frese/Zapf, 1994). *Abbildung 1* zeigt eine Übersicht handlungsregulationstheoretisch begründeter Beschreibungselemente von Tätigkeiten, die im Folgenden kurz erläutert werden.

Regulationsanforderungen
Der Begriff Regulation bezieht sich dabei auf den psychischen (kognitiven) Aufwand, der zur Ausführung einer Tätigkeit geleistet werden muss. Dabei können nach Hacker drei Ebenen unterschieden werden: Die **automatisierte** Regulationsebene wird durch nichtbewusstseinsfähige Stereotypien/Routinen (Fertigkeiten) beschrieben; die **perzeptiv-begriffliche** Ebene durch bewusstseinsfähige Handlungsschemata und die **intellektuelle** Regulationsebene durch bewusstseinspflichtige Heuristiken, Strategien und Pläne (Hacker, 1998, S. 244). Vollständiges Handeln „[...] ist vor allem gekennzeichnet durch selbständiges Setzen relativ komplexer Handlungsziele, eigenständige Handlungsplanung auf der Basis eines differenzierten operativen Abbildsystems sowie selbständige Ziel-Mittel-Entscheidungen." (Rosenstiel/Molt/Rüttinger, 1995; S.102).

Regulationsmöglichkeiten
Karasek (1979) konstatiert in seinem „demand-control-model", dass bei ausreichendem Tätigkeitsspielraum auch hohe Anforderungen nicht zu gesundheitskritischen Beanspruchungen führen. Hierbei ist jedoch ein nichtlinearer Zusammenhang von Anforderungen und Handlungsspielraum anzunehmen, da ab einem bestimmten Punkt keine Verbesserung mehr erwartet werden kann (Vitaminmodell; Warr, 1987).

Regulationsprobleme
Regulationsprobleme entstehen zum einen durch Unterbrechungen von Handlungsabläufen (z.B. Computer stürzt ab, Telefon klingelt, Störung durch Personen). Solche Ereignisse werden Regulationshindernisse genannt. Von Regulationsunsicherheit spricht man, wenn Unsicherheit über die Erreichung von Handlungszielen besteht. Dies kann unter anderem auch durch ungenügendes oder zu spätes Feedback auftreten. Regulationsüberforderungen hingegen entstehen nicht durch vereinzelte Ereignisse, sondern auf längere Sicht durch das Überschreiten menschlicher Kapazitätsgrenzen (dazu können gezählt werden: monotone Arbeitsbedingungen, Zeitdruck und unspezifische Überforderungen, vgl. Lüders, 1999). Es sprechen einige Befunde dafür, dass in den letzten Jahren in einigen Berufen (im Mittel) zwar die Regulationsanforderungen zugenommen haben, jedoch gleichzeitig die Regulationsmöglichkeiten sich kaum verbessert (oder sogar verschlechtert) haben und auch vermehrt Regulationsprobleme auftreten.

Die in der Zielsetzungstheorie nach Locke und Latham (1990) geforderten Aspekte zur Setzung externer Ziele, welche häufig in der Praxis bei Zielvereinbarungen in Mitarbeitergesprächen zum Einsatz kommen, lassen sich im Prinzip auch auf die internale Setzung von Zielen übertragen: Ziele sollten demnach spezifisch, herausfordernd und persönlich relevant sein. Das Erreichen herausfordernder Ziele trägt zur Entwicklung einer positiven Selbstwirksamkeitserwartung bei (Bandura, 1977). Hindernisse bei der Zielerreichung stellen einen Stressor und psychische Be-

Arbeitsbedingungen

Aufgabe → Regulationsanforderungen (Komplexität, Vollständigkeit, Variabilität); Regulationsmöglichkeiten (Handlungsspielraum, Zeitspielraum)

Umgebung → Regulationsmöglichkeiten (Handlungsspielraum, Zeitspielraum); Regulationsprobleme (Regulationshindernisse, Regulationsunsicherheit, Regulationsüberforderung)

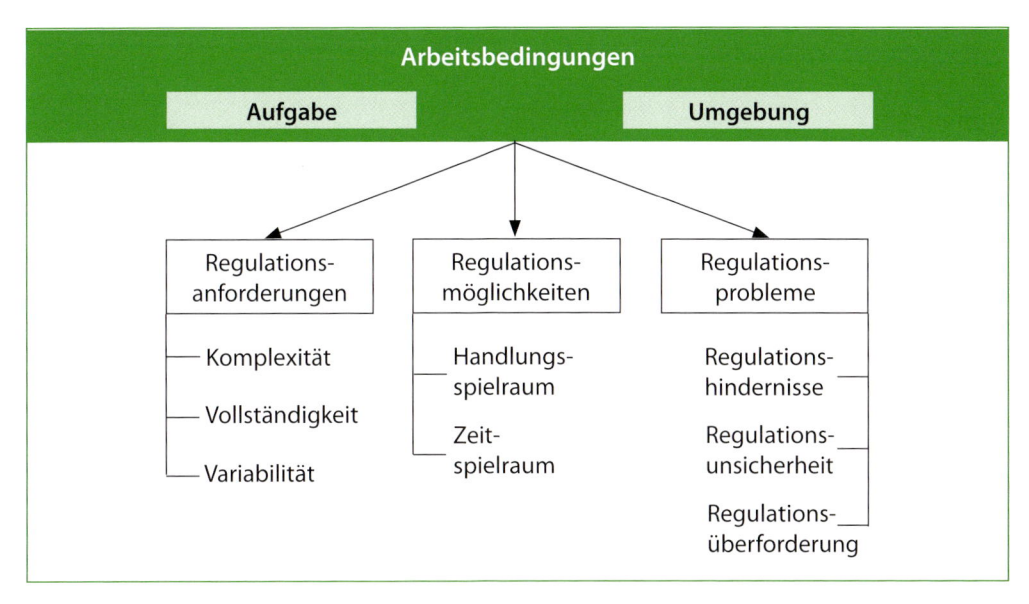

Abb. 1: Handlungsregulationstheoretische Beschreibung von Arbeitstätigkeiten
(Quelle: modifiziert nach Zapf, 1991)

lastung dar (vgl. Semmer, 1996). Im schulpädagogischen Kontext ist schon lange bekannt, dass Leistungsverbesserungen eher durch Leistungsvergleiche einer Person über die Zeit als durch Vergleiche zwischen Personen erzielt werden können, da diese die Selbstwirksamkeitserwartung erhöhen (vgl. Rheinberg, 2000). Wichtig ist dabei eine Passung zwischen den Zielen der persönlichen Umsetzungskompetenz und den Umwelteinflüssen.

Entstehung und Relevanz des Themas

Studien zum Einfluss flexibler oder auch atypischer Beschäftigungsverhältnisse auf die Gesundheit stellen in der Regel Vergleiche zwischen Arbeitnehmern in verschiedenen Beschäftigungsgruppen an. Zwar gibt es, vor allem in repräsentativen Befragungen, klare Befunde zur benachteiligten Situation Beschäftigter in atypischen (z.B. befristeten) Arbeitsverhältnissen, in kleineren Feldstudien wurden jedoch sehr unterschiedliche Befunde berichtet (für eine Übersicht zum Vergleich befristet und unbefristet Beschäftigter siehe De Cuyper u.a., 2008). Es scheint weniger die Vertragsform an sich zu sein, sondern die oftmals einhergehenden negativen Begleiterscheinungen atypischer Beschäftigung, die zu einer höheren psychischen Belastung und damit auch gesundheitlichen Folgewirkungen beitragen. Dazu können beispielsweise gezählt werden: geringere Partizipationsmöglichkeiten, weniger betriebliche Qualifikation, Arbeitsplatzunsicherheit, Arbeitsorganisations- und Tätigkeitsbedingungen, geringere Löhne. Rigotti (2007) nennt eine Reihe von möglichen Problemen von Vergleichsstudien mit verschiedenen Beschäftigungsgruppen: **(1) Selektions- und Sozialisationseffekte:** Die Wahrscheinlichkeit von Flexibilitätsanforderungen und damit verbundenen Unsicherheiten ist nicht auf alle Berufe und Branchen gleich verteilt und abhängig von der Qualifikation (Selektion); Sozialisationsprozesse können zu einer Verschiebung des Anspruchsniveaus führen. **(2) Vernachlässigung der Vertragsvielfalt:** Ein einfacher Vergleich zwischen zum Beispiel befristet und unbefristet Beschäftigten wird der Vielfalt von Vertragsbedingungen nicht gerecht. **(3) Individuelle Einstellung:** Die Freiwilligkeit flexibler Beschäftigungsbedingungen stellt einen zentralen Faktor dar, in Verbindung mit Alternativen auf dem Arbeitsmarkt. **(4) Soziale Vergleichsprozesse:** Insbesondere bei subjektiven Angaben zu Zufriedenheit ist unklar, welche soziale Referenz herangezogen wird. **(5) Versteckte Kosten** für jene in „Normalarbeitsverhältnissen" (häufiger Wechsel von Kollegen, Zeitaufwand für Einarbeitung, Arbeitsplatzunsicherheit).

Marler u.a. (1998) schlugen eine Typologie zur Unterscheidung befristet Beschäftigter vor, die in *Abbildung 2* im Hinblick auf flexible Arbeitsformen generalisiert dargestellt wird und auf den beiden Dimensionen Qualifikation und Freiwilligkeit beruht. Silla u.a. (2005) konnten zeigen, dass diejenigen, die unfreiwillig in befristeter Beschäftigung und mit wenig Alternativen auf dem Arbeitsmarkt sind (traditionell in der Typologie) im Vergleich zu den anderen Gruppen die geringste Lebenszufriedenheit und das geringste subjektive Wohlbefinden berichten.

In vielen Organisationen kam es in den letzten Jahren zu einer Entbürokratisierung und zu einer Verflachung der Hierarchien. Damit einhergehend sind höhere Entscheidungs- und Handlungsfreiräume, eigenverantwortliches Handeln gewinnt an Bedeutung. Westermayer und Stein (2006) stellten dazu fest: „Mit der Situation der ,kontrollierten Autonomie' geht eine spezifische Desorientierung im Erleben von Mitarbeitern einher. Diese kann bei Ar-

Hoch	• Mittleres Gehalt • Kein anderes Einkommen • Organisationsspezifische Tätigkeit • Wenig Jobalternativen **Vorübergehend**	• Hohes Gehalt • Andere Einkommen • Spezialisierte Tätigkeit • Viele Jobalternativen **Ungebunden**
Qualifikation	• Geringes Gehalt • Kein anderes Einkommen • Routinetätigkeit • Wenig Jobalternativen **Traditionell**	• Geringes Gehalt • Anderes Einkommen • Routinetätigkeit • Viele Jobalternativen **Freiwillig**
Niedrig	niedrig Freiwilligkeit der Flexibilität hoch	

Abb. 2: Verschiedene Typen atypisch Beschäftigter (Quelle: modifiziert nach Marler u.a., 1998)

beitnehmern dazu führen, dass sie nicht mehr zwischen privaten und betrieblichen Interessen, zwischen Arbeit und Freizeit, zwischen persönlichen Lebensperspektiven und langfristigen betrieblichen Strategien unterscheiden können" (S. 34).

Überbetriebliche Einflussfaktoren

Die globale Ausdehnung der Märkte und Handlungsfelder von Organisationen und damit verbundene vermehrte Konkurrenz; Kommunikationsmedien, die eine ständige Verfügbarkeit ermöglichen, sowie kürzere Produktzyklen und Produktivitätssteigerungen durch technische Fortschritte sind die zentralen überbetrieblichen Einflussfaktoren, welche von Organisationen eine hohe Flexibilität abverlangen. Aber auch individuelle Veränderungen von Normen und Werten in unserer Gesellschaft, die Auflösung traditioneller Familienstrukturen, eine zunehmende Freizeitmobilität, Ansprüche an Dienstleistungen (24 h-Gesellschaft) tragen zu erhöhten Flexibilitätsanforderungen bei. Die aktuelle Entwicklung des Arbeitsmarktes bringt auch eine zunehmende Individualisierung von Beschäftigungsverhältnissen mit sich und somit auch eine Veränderung des psychologischen Vertrages zwischen Mitarbeiter und Arbeitgeber (Raeder/Grote, 2003). Gewerkschaften verlieren dadurch an Einflussmöglichkeiten. Deutschland zählt zu den am stärksten regulierten Ländern im Hinblick auf Arbeitnehmerrechte (Schömann/Schömann, 2001). Dabei scheinen selbst die seit den achtziger Jahren bestehenden Bemühungen zur Deregulierung bisher eher zu einem Zuwachs an Regularien geführt zu haben. Unter dem Stichwort Flexicurity werden derzeit in der Europäischen Union länderübergreifend politische Konzepte diskutiert, die zum einen Organisationen ein hohes Maß an Flexibilität (flexibility) ermöglichen, zum anderen den Arbeitnehmern eine soziale Absicherung gewährleisten (security). Im internationalen Vergleich zeigt sich hier, dass Flexibilität nicht zwangsläufig durch prekäre Arbeitsverträge erkauft werden muss (Walwei, 2003). Trotz der anhaltenden Erosion des sogenannten Normalarbeitsverhältnisses (abhängige unbefristete Vollzeitbeschäftigung) ist aufgrund des demografischen Wandels und langfristiger Arbeitsmarktprognosen jedoch eine Stagnation dieses Trends und vielleicht sogar eine rückläufige Entwicklung auch in Deutschland möglich.

Präventionsmöglichkeiten

Rasche Anpassungsfähigkeit an sich schnell entwickelnde und sich verändernde Märkte stellt einen klaren Wettbewerbsvorteil dar. Das Ziel sollte sein, Flexibilitätsüberforderungen zu verhindern. Dies kann zum einen mit Organisations- und Arbeitsgestaltung, zum anderen mit der Stärkung personaler Kompetenzen der Selbstorganisation geschehen. Wobei im Hinblick auf Kosten, Nachhaltigkeit und Effizienz die Verhältnisprävention klar im Vorteil ist. Ideal sind systemisch-partizipative Ansätze, die sowohl als Interventionsziel als auch -methode beide Präventionsansätze einschließen (vgl. Bamberg/Busch, 2006). Neben der klassischen Einteilung in Verhältnis- und Verhaltensprävention führte Wieland (2006) den Begriff der „kulturellen Prävention" ein. Dazu gehört eine gesundheitsbewusste Unternehmens- und Führungskultur. Die Aufrechterhaltung und Förderung der Gesundheit und damit auch Leistungsfähigkeit der Mitarbeiter sollte ein zentraler Bestandteil unternehmerischen Handelns sein.

Verhältnisprävention

Aus arbeitswissenschaftlicher Sicht sind Ansätze funktionaler Flexibilität der numerischen Flexibilität klar überlegen (s. o.). Tätigkeiten sind dann lernförderlich und damit auch kompetenzfördernd, wenn sie vollständig und beanspruchungsoptimal sind. Vollständige Tätigkeiten beinhalten nach Schuler (1998, S. 189):

- Das selbstständige Setzen von Zielen, die in übergeordnete Ziele eingebettet werden können
- Selbstständige Handlungsvorbereitung im Sinne der Wahrnehmung von Planungsfunktionen
- Auswahl der Mittel einschließlich der erforderlichen Interaktionen zur adäquaten Zielerreichung
- Ausführungsfunktion mit Ablauffeedback zur allfälligen Handlungskorrektur
- Kontrolle mit Resultatfeedback und der Möglichkeit, Ergebnisse der eigenen Handlungen auf Übereinstimmung mit den gesetzten Zielen zu überprüfen.

Gesundheitsförderliche Aufgaben- und Organisationsgestaltung umfasst auch die Gestaltung des Entscheidungsspielraumes und der Kontrolle hinsichtlich der Arbeitszeit, der Arbeitsaufgaben und der Sozialkontakte. Des Weiteren zählen hierzu ausreichende Möglichkeiten zur sozialen Interaktion, die Anerkennung von Leistung basierend auf transparenten Kriterien, die wahrgenommene Sinnhaftigkeit der Tätigkeit sowie demokratische Strukturen, welche Mitarbeiter in Entscheidungsprozesse einbeziehen (vgl. Bamberg/Metz, 1998; Wieland, 2006).

In Bezug auf flexible Arbeitszeitmodelle kann an dieser Stelle nur eine kleine Auswahl an Hinweisen gegeben werden. Ein zentrales Element von Arbeitszeitgestaltung ist die Möglichkeit der Partizipation bei der Planung. Bei flexiblen Arbeitszeiten sind Modelle mit Kernarbeitszeiten im Vorteil, aufgrund besserer Kommunikations- und Kooperationsmöglichkeiten. Auch bei flexibler Arbeitszeit oder hohen Mobilitätserfordernissen sind Erholungspausen einzuplanen. Zur Verhältnisprävention kann auch eine vorausschauende Personalplanung gezählt werden. Zusätzliche Arbeitskräfte sollten nicht erst bei einer Überforderung der Stammbelegschaft eingestellt werden. Die vermeintlich gesparten Personalkosten können langfristig durch Kosten aufgrund höherer krankheitsbedingter Fehlzeiten und früheren Ausscheidens aus dem Erwerbsleben übertroffen werden.

Verhaltensprävention

Individuelle Kompetenzen im Umgang mit Stress, beispielsweise durch Entspannungsverfahren, können nachgewiesenerweise zu einer Beanspruchungsverminderung beitragen – verfehlen aber langfristig ihre Wirkung, wenn an den Stress verursachenden Bedingungen nichts verändert wird. Trainingsansätze zur Steigerung der Selbstmanagementkompetenz zielen direkter auf die Verbesserung der Handlungskompetenz. König und Kleinmann (2004) stellten eine Liste typischer „Zeitmanagement"-Probleme zusammen. Dazu gehören unter anderem: a) die Abwertung (Abdiskontierung) von in der Zukunft liegenden Zielzuständen. Dies führt zu einem Aufschieben der Handlung, b) unklare Ziele und Prioritäten, c) Unterschätzung der Aufgabendauer und Überschätzung der eigenen Fähigkeiten sowie d) Erinnerungsprobleme. Diese Probleme bieten Ansatzpunkte für die Verhaltensprävention. Vereinzelte Evaluationsstudien berichten über positive Effekte von Selbstmanagementtrainings. Ein umfassender metaanalytischer Vergleich fehlt jedoch bisher (für einen kurzen Überblick siehe Wiese, 2008). In Längsschnittstudien konnte ein Zusammenhang zwischen beruflicher Selbstregulationskompetenz und Berufserfolg nachgewiesen werden (Abele, 2004).

Aber auch die Qualifikation hinsichtlich der beruflichen Fach-, Methoden-, Sozial- und Selbstkompetenz sind zur Verhaltensprävention zu zählen.

Praxisbeispiele
Als eine in Deutschland relativ neue und innovative Form des Umgangs mit Flexibilitätsansprüchen seien hier Arbeitgeberzusammenschlüsse als ein möglicher Weg unter vielen vorgestellt. In Frankreich haben Arbeitgeberzusammenschlüsse eine lange Tradition. In Deutschland gibt es bisher nur vereinzelte Modellprojekte (z.B. Arbeitgeberzusammenschluss Jena, *www.agz-jena.de*, Spreewaldforum GmbH, *www.spreewaldforum.com*). In Form von Arbeitgebergenossenschaften teilen sich mehrere Unternehmen Fachkräfte. Diese haben so eher die Chance auf eine unbefristete Vollzeitstelle, welche ihnen ein Unternehmen allein nicht bieten könnte.

Qualifizierung als Präventionsmaßnahme: Kriterien für die Seminarauswahl
Die Inhalte möglicher Qualifizierungsmaßnahmen sind so vielfältig, dass hier kaum spezifische Hinweise möglich erscheinen. Die Einführung neuer Arbeits- und Organisationsformen, wie etwa teilautonomer Gruppenarbeit, sollte immer auch mit einer entsprechenden fachlichen Qualifikation einhergehen. Die Schulung von Führungskräften kann eine wichtige Schnittstelle zwischen Verhältnis-, Verhaltens- und kultureller Prävention sein – allerdings nur dann, wenn auch eine Qualifizierung der Mitarbeiter erfolgt. Viele auf dem Markt angebotene Trainingsprogramme insbesondere zu sogenannten Schlüsselqualifikationen, „soft skills" oder gar Persönlichkeitstrainings arbeiten mit wissenschaftlich fragwürdigen Persönlichkeitstypologien (z.B. Myers-Briggs-Typen-Indikator, Farbtypologien). Es gibt jedoch weder einen nachgewiesenen Zusammenhang zwischen Persönlichkeit und den Facetten der beruflichen Kompetenz, noch (in den meisten Fällen) Evaluationsstudien dieser Trainings (vgl. Frieling, 2000). Im Hinblick auf Seminare zum Selbst- oder „Zeitmanagement" weisen Evaluationsstudien darauf hin, dass individualisierte Interventionen im Vorteil sind (Klein u.a., 2003). Als zentrales Steuerelement nachhaltiger Personalentwicklung können Bildungsbedarfanalysen (siehe hierzu z.B. das Kasseler-Kompetenz-Raster [KKR], Kauffeld, 2000) angesehen werden, welche in ein nachhaltiges Weiterbildungskonzept integriert sein sollten.

Generell gilt natürlich auch hier, dass Übungen und Inhalte der Seminare möglichst nah am Arbeitsalltag ausgerichtet sein sollten und der Transfer gesichert und überprüft wird.

→ Stresstheorie (S. 66); Bewältigung von Belastungen, Aufbau von Ressourcen (S. 282)

Literatur
Abele, A. E.: Selbstregulationskompetenzen und beruflicher Erfolg. In: Wiese, B. (Hrsg.): Individuelle Steuerung beruflicher Entwicklung. Kernkompetenzen in der modernen Arbeitswelt. Campus Verlag, Frankfurt 2004, S. 61–89

Bamberg, E./Busch, C.: Stressbezogene Interventionen in der Arbeitswelt. In: Zeitschrift für Arbeits- und Organisationspsychologie 50, 2006, S. 215–226

Bamberg, E./Metz, A.: Intervention. In: Bamberg, E./Ducki, A./Metz, A. (Hrsg.): Handbuch Betriebliche Gesundheitsförderung. Hogrefe Verlag, Göttingen 1998, S. 177–209

Bandura, A.: Self-efficacy: toward a unifying theory of behavioral change. In: Psychological Review 84, 1977, S. 191–215

Cheng, G. H. L./Chang, D. K.-S.: Who suffers more from job insecurity? A meta-analytic review. In: Applied Psychology: An International Review 57, 2008, S. 272–303

De Cuyper, N./De Jong, J./De Witte, H./Isaksson, K./Rigotti, T./Schalk, R.: Literature review of theory and research on the psychological impact of temporary employment: Towards a conceptual model. In: International Journal of Management Reviews, 10, 2008, S. 25–51

Frese, M./Zapf, D.: Action as the core of work psychology: A German approach. In: Triandis, H. C.H./Dunnette, C. M. u.a. (Hrsg.): Handbook of industrial and organizational psychology, Band 4 (2. Auflage). Palo Alto, CA, USA 1994, S. 271–340

Frieling, E.: Kompetenzentwicklung – ein urwüchsiger Prozess? In: Frieling, E./Kauffeld, S. u.a. (Hrsg.): Flexibilität und Kompetenz: Schaffen flexible Unternehmen kompetente und flexible Mitarbeiter? Waxmann, Münster 2000, S. 11–19

Gasteiger, R. M.: Selbstverantwortliches Laufbahnmanagement: Das proteische Erfolgskonzept, Hogrefe, Göttingen 2007

Hacker, W.: Allgemeine Arbeitspsychologie. Hans Huber, Bern 1998

Karasek, R. A.: Job demands, job decision latitude and mental strain: Implications for job redesign. In: Administration Science Quarterly 24, 1979, S. 285-308

Katz, D./Kahn, R. L.: The social psychology of organizations, New York 1966

Kauffeld, S.: Das Kasseler-Kompetenz-Raster (KKR) zur Messung der beruflichen Handlungskompetenz. In: Frieling, E./Kauffeld, S. u.a. (Hrsg.): Flexibilität und Kompetenz: Schaffen flexible Unternehmen kompetente und flexible Mitarbeiter? Münster 2000, S. 33–48

Klein, S./König, C. J./Kleinmann, M.: Sind Selbstmanagement-Trainings effektiv? Zwei Trainingsansätze im Vergleich. In: Zeitschrift für Personalpsychologie 2, 2003, S. 157–168

König, C. J./Kleinmann, M.: Zeitmanagement im Beruf: Typische Probleme und ihre Lösungsmöglichkeiten. In: Wiese, B. (Hrsg.): Individuelle Steuerung beruflicher Entwicklung. Kernkompetenzen in der modernen Arbeitswelt,

Campus Verlag, Frankfurt 2004, S. 109–127

Locke, E. A./Latham, G. P.: A theory of goal setting and task performance. Englewood Cliffs, NJ 1990

Lüders, E.: Analyse psychischer Belastungen in der Arbeit: Das RHIA-Verfahren. In: Dunkel,, H. (Hrsg.): Handbuch psychologischer Arbeitsanalyseverfahren, vdf-Hochschulverlag, Zürich 1999, S. 365–396

Marler, J./Milkovich, G./Barringer, M.: Boundaryless Organizations and Boundaryless Careers: An Emerging Market of High-Skilled Temporary Work. Paper presented at the Academy of Management Annual Conference, San Diego, August 1998

Matern, B.: Spezielle Arbeits- und Ingenieurspsychologie in Einzeldarstellungen. Lehrtext 3, Psychologische Arbeitsanalyse. Deutscher Verlag der Wissenschaften, Berlin 1983

Raeder, S./Grote, G.: Psychologische Verträge im Zeichen zunehmender Flexibilität. In: Wirtschaftspsychologie 1, 2003, S. 110–111

Reilly, P. A.: Introduction: Flexibility for the Individual, Organization and Society. In: European Journal of Work & Organizational Psychology 7, 1998, S. 1–6

Rheinberg, F.: Motivation. Kohlhammer, Stuttgart 2000

Rigotti, T.: Bis dass der Vertrag Euch scheidet? Ergebnisse und Erklärungen zum Unterschied zwischen befristet und unbefristet Beschäftigten. In: Psychosozial 109, 2007, S. 29–38

Rosenstiel, L. v./Molt, W./Rüttinger, B.: Organisationspsychologie. Kohlhammer, Stuttgart 1995

Schömann, I./Schömann, K.: In Search of a New Framework of Flexibility: (De)regulation of Non-Standard Employment Relationships in the EU. Tinbergen Institute Discussion Paper 86, 2001

Schuler H.: Lehrbuch Organisationspsychologie, Bern 1998

Semmer, N.: Individual differences, work stress and health. In: Schabracq, M. J./Winnubst, J. A. M./Cooper, C. L. (Hrsg.): Handbook of Work and Health Psychology. Wiley, Chichester 1996, S. 83–120

Silla, I./Garcia, F.J./Peiró, J.M.: Job Insecurity and Health-Related Outcomes among Different Types of Temporary Workers. In: Economic and Industrial Democracy 26, 2005, S. 89–117

Sverke, M./Hellgren, J./Näswall, K.: No security:

A meta-analysis and review of job insecurity and its consequences. In: Journal of Occupational Health Psychology 7, 2002, S. 242–264

Volpert W.: Einleitung: Psychologische Handlungstheorie – Anmerkungen zu Stand und Perspektive. In: Volpert, W. (Hrsg.): Beiträge zur Psychologischen Handlungstheorie. Huber, Bern 1980

Walwei, U.: Wandel der Erwerbsformen – mehr Flexibilität als Chance oder Risiko? In: Wirtschaftspsychologie 1, 2003, S. 14–16

Warr, P. B.: Work, unemployment, and mental health. Oxford University Press, Oxford 1987

Westermayer, G./Stein, B. A.: Produktivitätsfaktor betriebliche Gesundheit, Hogrefe, Göttingen 2006

Wieland, R.: Gesundheitsförderliche Arbeitsgestaltung – Ziele, Konzepte und Maßnahmen. In: Wieland, R. (Hrsg.): Wuppertaler Beiträge zur Arbeits- und Organisationspsychologie, 1, Wuppertal 2006, S. 2–45

Wiese, B.: Selbstmanagement im Arbeits- und Berufsleben. In: Zeitschrift für Personalpsychologie 7, 2008, S. 153–169

Zapf, D.: Arbeit und Wohlbefinden. In: Abele-Brehm, A./Becker, P. (Hrsg.): Wohlbefinden. Theorie – Empirie – Diagnostik. Juventa, Weinheim 1991, S. 227–244

Initiative Neue Qualität der Arbeit (www.inqa.de)

Deutsches Netzwerk für Betriebliche Gesundheitsförderung (www.dnbgf.de)

Institut für Arbeitsmarkt- und Berufsforschung (www.iab.de)

Initiative Gesundheit und Arbeit (www.iga-info.de)

Bundesanstalt für Arbeitsschutz und Arbeitsmedizin (www.baua.de)

Michael Geiler

Arbeitswelt, Straßenverkehrsgeschehen und betriebliche Verkehrssicherheitsarbeit

Abstract
Dieser Beitrag erörtert Zusammenhänge zwischen der Arbeitswelt und dem konkreten Verkehrsverhalten beziehungsweise dem Unfallgeschehen. Ferner werden Maßnahmen dargestellt, die Unternehmen zur Verbesserung der Verkehrssicherheit ihrer Mitarbeiter ergreifen können.

Der Straßenverkehr als System

Das gesamte Verkehrsgeschehen, aber auch das Verhalten des Einzelnen, ist als Systemgeschehen zu verstehen. Im Mittelpunkt des Systems steht der Mensch als Verkehrsteilnehmer. Andere Systemkomponenten sind: Verkehrsmittel, Verkehrsregelung und Verkehrswege. Wörtlich übersetzt (das Wort stammt aus dem Griechischen) bedeutet System das Zusammengesetzte, das Zusammengehörende, das aus Einzelteilen gebildete Ganze. Dieses Ganze wird dadurch zu einem System, dass die Elemente, Komponenten oder Teile in (geordneter) Wechselbeziehung zueinander stehen. Die Systemkomponenten beeinflussen sich gegenseitig. Veränderungen in der einen können zu – auch unerwünschten – Veränderungen in anderen Komponenten führen. Ein Beispiel: Der großzügige Ausbau einer Straße kann – wenn sie den Verkehrsteilnehmern jetzt „sicher" erscheint – zu höheren Fahrgeschwindigkeiten und Unfallzahlen führen.

Man spricht in diesem Zusammenhang von „Risikokompensation" beziehungsweise „Adaptation" (s. Pfafferott/Huguenin, 1991).

Das System Straßenverkehr ist als Subsystem in ein umfassenderes Umweltsystem integriert. Dabei lassen sich die natürliche Umwelt, die vom Menschen geschaffene künstliche Umwelt sowie die soziokulturelle Umwelt voneinander unterscheiden. Wesentliche Teile der soziokulturellen und der künstlichen Umwelt sind das Wirtschaftssystem und die Arbeitswelt. Die hier bestehenden Bedingungen (z.B. Dynamik, Einstellungen, Verhaltensnormen, Gewohnheiten, „soziales Klima") schlagen auf das System Straßenverkehr durch und wirken sich dort aus.

Wirtschaftliche Entwicklung und Straßenverkehrsunfälle

Zwischen der Wirtschaftsentwicklung eines Landes und seinem Unfallaufkommen bestehen sehr enge Beziehungen. Wilde und Simonet (zit. nach Trimpop, 2001) ermittelten für industrialisierte Länder eine Korrelation von > 0,85 zwischen Bruttosozialprodukt und Unfallzahlen. Tanaboriboon und Satiennam (2005) zeigten für Thailand, dass die Unfallzahlen in Phasen ökonomischer Rezession konstant blieben beziehungsweise leicht zurückgingen, um in Zeiten des wirtschaftlichen Aufschwunges stark anzusteigen. Außerdem fanden sie deutliche Zusammenhänge zwischen Kraftstoffverbrauch und Unfallraten. Wirtschaftlicher Aufschwung bewirkt eine Zunahme der Verkehrsbeteiligung (Exposition) der Bevölkerung. Der Umfang von Gütertransporten steigt. Außerdem dürfte in Wachstumszeiten eine höhere Risikobereitschaft bestehen und der Zeitdruck im Lebensalltag eine größere Bedeutung erhalten. Straßenverkehrsunfälle stellen gewissermaßen eine „Wohlstandskrankheit" dar. Mit wachsendem Wohlstand der Bevölkerung steigen Motorisierungsgrad und Anzahl der Getöteten. Dies ist besonders drastisch in Schwellenländern des asiatischen Raumes, aber zum Beispiel auch in Osteuropa beobachtbar (z.B. Hussain u.a., 2005; Buttler, 2005). Die Weltgesundheitsorganisation befürchtet, dass mit zunehmender wirtschaftlicher Entwicklung Straßenverkehrsunfälle in der Rangreihe der Todesursachen weltweit vom neunten (1990) auf den dritten Platz (2020) steigen könnten (WHO, 2004).

Zwischen wirtschaftlicher Entwicklung und Mortalität im Straßenverkehr bestehen offensichtlich aber auch noch andersartige Beziehungen. Analysen der Daten aus den Jahren 1962 bis 1990 zeigen, dass in den meisten industrialisierten Ländern die Anzahl der Getöteten mit zunehmendem Wohlstand anstieg, mit weiter wachsender Wirtschaftsblüte aber wieder abfiel (van Beeck u.a., 2000). Erreicht der Lebensstandard in einem Land eine bestimmte kritische Marke, dann werden Ressourcen und Maßnahmen gegen die in der Gesellschaft nicht (mehr) akzeptierten hohen Mortalitätsraten eingesetzt. Noland (2004) nennt in diesem Zusammenhang den Aufbau des Rettungswesens und die Verbesserung der medizinischen Versorgung Unfallverletzter. Auch der „Import" sicherheitserhöhender Technologien (z.B. Verkehrsinfrastruktur), gesetzlicher und regelnder Eingriffe oder edukativer Ansätze aus anderen Staaten ist zu erwähnen. Die in einigen europäischen Staaten formulierte „Vision Zero" stellt ebenfalls eine gesellschaftliche Antwort auf die Mortalität im Straßenverkehr dar.

Allgemeine Bedingungen der Arbeitswelt und Belastungen bei der Verkehrsteilnahme

Wirtschaftssystem und Arbeitswelt haben Auswirkungen nicht nur auf gesellschaftlicher Ebene, sie betreffen unmittelbar auch den einzelnen Menschen als Verkehrsteilnehmer. Die Vorgaben der Arbeitswelt (z.B. Festlegung von Terminen, Reisezielen, Verkehrsmitteln, Fahrtrouten) beeinflussen Verkehrsverhalten und -erleben und können zu spezifischen Belastungen führen. Auf folgende miteinander zusammenhängende Aspekte wird näher eingegangen: Arbeitswelt als Verkehrsverursacher, reduzierte Verhaltensspielräume, Zeitdruck und Müdigkeit.

Die Arbeitswelt als Verkehrsverursacher

Berufstätige legen im täglichen Durchschnitt mehr Kilometer zurück und sie halten sich länger im Verkehr auf als andere Bevölkerungsgruppen (voll berufstätig = 55,6 km; Hausfrau-/mann, arbeitslos = 27,8 km; Rentner = 28,4 km) (BMVBS, 2007). Insgesamt entfallen etwa 40 Prozent der im deutschen Straßen- und Schienennetz von Inländern erbrachten Kilometer und zirka 30 Prozent der im Verkehr verbrachten Zeit auf den Wirtschaftsverkehr (Geiler/Pfeiffer, 2007). Darunter sind alle Wege zu verstehen, die im Zusammenhang mit beruflicher Tätigkeit zurückgelegt werden. Im Regelfall ist Erwerbstätigkeit ohne Verkehrsteilnahme nicht möglich. 96,5 Prozent der Erwerbstätigen haben einen Weg im öffentlichen Verkehrsraum zurückzulegen, um zu ihrer Arbeitsstätte zu gelangen. Die Höhe der auf Arbeitswegen erlebten Beanspruchung hängt – unabhängig vom genutzten Verkehrsmittel – in erster Linie von seiner Dauer ab (Geiler/Musahl, 2003; Stadler u.a., 2000). Pkw-Fahrer mit langen Arbeitswegen (> 45 Min.) leiden häufiger an psychosomatischen Beschwerden als Fahrer mit kurzen Wegen. Außerdem geht hohe Beanspruchung durch die Fahrt zur Arbeit mit geringer Motivation und verschlechterter Stimmungslage zu Arbeitsbeginn einher (Stadler u.a., 2000). Berufliche Vielfahrer (z.B. Außendienstmitarbeiter) und Fernpendler (einfacher Weg > 1 Stunde) empfinden die Mobilität oft als Belastung, unter anderem, weil weniger Zeit für soziale Kontakte und die Familie zur Verfügung steht (Strobel/Lehnig, 2003; Schneider u.a., 2002).

Reduzierte Verhaltensspielräume

Vorgaben aus der Arbeitswelt reduzieren Spielräume für Mobilitätsentscheidungen (z.B. über Art und Umfang der Verkehrsteilnahme, den Zeitpunkt, die Streckenwahl usw.). Anders als in anderen Verkehrssegmenten (z.B. Freizeitverkehr) ist die im beruflichen Kontext stehende Verkehrsteilnahme weniger „selbstgetaktet". Die Möglichkeiten des Einzelnen, schwierige Verkehrssituationen wegen Leistungseinbußen im Bereich von Wahrnehmung, Kognition und Handlung zu vermeiden, sind drastisch eingeschränkt. Hiervon betroffen sind besonders ältere Erwerbstätige – vor allem, wenn sie in Verkehrsberufen tätig sind. Üblicherweise stellen sich ältere Fahrer auf altersbedingte Leistungseinbußen in der Regel gut ein (z.B. Holte/Albrecht, 2004; Jansen, 2001). Sie kompensieren in unterschiedlicher Weise, zum Beispiel, indem sie seltener bei Dunkelheit und schwierigen Witterungsbedingungen fahren. So vermeiden sie belastende Verkehrssituationen. Im Wirtschaftsverkehr sind derartige Vermeidungsstrategien nur begrenzt anwendbar. Dies scheint sich auch im Unfallgeschehen niederzuschlagen: Ab dem 65sten Lebensjahr nimmt der Anteil der Lkw-Fahrer, die von der Polizei als Hauptverursacher eingeschätzt werden (Unfallverursachungsrate), zu, und es ist ein Anstieg von Fehlverhaltensweisen (z.B. Vorfahrts-/Vorrangfehler) zu beobachten (Fastenmeier u.a., 2008).

Zeitdruck

In unserer Gesellschaft und besonders in der Arbeitswelt gilt Pünktlichkeit als hoch bewertete Tugend. Erlebter Zeitdruck stellt eine zentrale Einflussgröße zum Beispiel für das Geschwindigkeitsverhalten dar. Weil er mit einem höheren psychophysiologischen Erregungsniveau einhergeht, ist er ein fruchtbarer Boden für Gereiztheit und Ärger. Das Schwanken zwischen Hoffen und Bangen senkt die Frustrationstoleranz und erschwert die emotionale Selbstkontrolle. Erlebter Zeitdruck ist die häufigste Ursache für rücksichtsloses Fahrverhalten (Ellinghaus/Steinbrecher, 1994). Er geht signifikant häufiger mit einem „konfrontativen Fahrstil" einher (Strohbeck-Kühner u.a., 2008). Diese Fahrweise ist aggressiv, tempoorientiert und auf Durchsetzung bedacht. Vor allem stellt er einen großen Stressor dar. „Zeitdruck auf Grund wichtiger Termine" steht nach „extrem dichtem Verkehr" an zweiter Stelle in der Rangreihe von Situationen, die von Pkw-Fahrern als belastend erlebt werden (Strohbeck-Kühner/Kief, 2006). Außendienstmitarbeiter nennen Termindruck (entstanden z.B. durch Staus) als den häufigsten Stressauslöser (Strobel/Lehnig, 2003). Lkw-Fahrer und Lieferwagenfahrer äußern sich in ähnlicher Weise: Störungen im Verkehrsfluss (dichter Verkehr, Staus) und Termindruck sind (neben langen Lenkzeiten, häufigen Nachtfahrten, schlechter Witterung, körperlichen Arbeiten) die stärksten Belastungsfaktoren (Fastenmeier u.a., 2002). Obwohl sich „Zeitdruck" in keiner amtlichen Unfallstatistik findet, ist davon auszugehen, dass er sich Unfall begünstigend auswirkt. Auf dem Hinweg zur Arbeit wird Zeitdruck in stärkerem Maße erlebt als auf dem Rückweg (Schlutter, 1998; Rabe u.a., 2006). Vermutlich ist dies mit ein Grund dafür, dass auf Hinwegen mehr Wegeunfälle geschehen als auf Heimwegen. Ermittelt wurden Relationen von 1 zu 1,2 bis 1 zu 1,6 (Geiler u.a., 2007; Schlutter, 1998; Musahl/Bendig, 2005; Löffler u.a., 2007). Auch die für Fahrer von Schutz- und Rettungsfahrzeugen errechneten hohen Risikokennwerte (Geiler u.a., 2007) dürften mit Zeitdruck und den spezifischen Bedingungen von Einsatzfahrten zu tun haben. Zeitdruck kann seinen Ursprung auch außerhalb der Arbeitswelt haben und zum Beispiel aus familiären Verpflichtungen resultieren. Eltern junger Kinder äußern vergleichsweise häufiger, auf dem Arbeitsweg unter Zeitdruck zu stehen (Rabe u.a., 2006). Mehr Frauen (33,4%) als Männer (22,8%) haben nach eigenen Angaben auf dem Weg zwischen Wohnung und Arbeitsplatz noch andere Dinge zu erledigen wie zum Beispiel einkaufen, Kinder holen (Geiler/Musahl, 2003). Eventuell stehen Frauen dadurch stärker unter Zeitdruck und größerer Belastung, was zu ihrem erwiesenermaßen höheren Verletzungsrisiko beitragen könnte. In einer in Arztpraxen durchgeführten Studie (Kirkcaldy/Trimpop, 2002) gehörten Frauen, die in der Mittagspause Erziehungspflichten zu erledigen hatten, zur höchsten Risikogruppe für Wegeunfälle.

Müdigkeit

Bei beruflich bedingter Verkehrsteilnahme spielt ferner die Müdigkeitsthematik eine prominente Rolle. Dass sie in den letzten Jahren in der Sicherheitsforschung zunehmend an Bedeutung gewann, ist sicherlich auch eine Folge der Entwicklung hin zu einer „Rund-um-die-Uhr-Ökonomie" (24/7). Müdigkeit ist in vielen Untersuchungen als eine wesentliche Unfallursache ermittelt worden. So kommt zum Beispiel das US Department of Transportation zu der Einschätzung, dass bei 20 bis 40 Prozent der Unfälle im gewerblichen Transport Müdigkeit eine wesentliche Unfallursache darstellt. In 24 Prozent der tödlichen Unfälle auf bayerischen Autobahnen war der Fahrer eingeschlafen (Langwieder u.a., 1994). 18,5 Prozent der im Kölner Raum befragten Unfallverursacher gaben an, Müdigkeit sei die Hauptunfallursache gewesen (ten Thoren/Gundel, 2003). Müdigkeit und die durch sie bedingte Leistungsreduktion der Handelnden spielte auch bei Großunfällen (z.B. Tanker Exxon Valdez, Kernkraftwerk Tschernobyl) und in 21 Prozent der kritischen Ereignisse in der Luftfahrt eine entscheidende Rolle (Transport Canada, 2005). Müdigkeit als Unfallursache findet sich vor allem bei Nachtunfällen: 42 Prozent der nächtlichen Unfälle waren ursächlich auf Müdigkeit zurückzuführen. Bei den Unfällen zwischen 14 und 17 Uhr waren es 11 Prozent (Evers/Auerbach, 2005). Müdigkeit stellt vor allem für Lkw-Fahrer ein Problem dar. Etwa die Hälfte der von Ellinghaus und Steinbrecher (2002) befragten Fahrer schwerer Lkw gab an, beim Fahren schon einmal fast eingeschlafen zu sein. Bei auf einer Autobahnraststätte durchgeführten Messungen der unwillkürlichen Schwankungen des Pupillendurchmessers – der Pupillenunruheindex gilt als Maß für die Tagesschläfrigkeit – zeigten sich bei 23 Prozent der Lkw-Fahrer pathologische Werte (bei Pkw-Fahrern waren es 6 Prozent): Es bestand eine extrem starke Einschlafneigung (Weeß u.a., 2001).

Oftmals halten Lkw-Fahrer die erforderlichen Ruhepausen nicht ein. Aus Sicht der Fahrer sind dafür schlechte Organisation durch Unternehmer und fehlende Parkmöglichkeiten verantwortlich (Fastenmeier u.a., 2008). Knapp 50 Prozent der Fahrer berichten von Schwierigkeiten, einen freien Parkplatz zu finden (Ellinghaus/Steinbrecher, 2002). Schätzungen gehen von einem Bedarf von 15.000 bis 18.000 zusätzlichen Stellplätzen entlang der bundesdeutschen Autobahnen aus (Grünert, 2008). Müdigkeit betrifft auch Pkw-Fahrer. In entsprechenden Befragungen in Ontario gaben 14,5 Prozent der Fahrer zu, im Verlauf des letzten Jahres am Steuer eingeschlafen oder „eingenickt" zu sein (Vanlaar u.a., 2008). Daten aus den USA liegen in ähnlicher Größenordnung: 8 Prozent der Fahrer sind eigenen Angaben zufolge innerhalb der letzten 6 Monate beim Fahren eingenickt oder eingeschlafen (NHTSA, 2003).

Spezielle betriebliche Bedingungen, Merkmale der Arbeitstätigkeit und Verkehrsunfallrisiko

Auch betriebsspezifische Bedingungen und konkrete Merkmale der Arbeitstätigkeit haben Einfluss auf das Verkehrsunfallrisiko. Neben der Betriebsgröße (in kleineren Betrieben fand sich eine höhere Wahrscheinlichkeit für einen Wegeunfall – s. Genz, 1999; Musahl/Bendig, 2005) erwiesen sich die Faktoren Arbeitsstress, Arbeitsklima sowie Partizipations- und Einflussmöglichkeiten als bedeutsam. Rabe und andere (2006) bezeichnen den „erlebten Arbeitsstress" als einen Hauptprädiktor für Wege- und betriebliche Verkehrsunfälle. Ungünstige Arbeitszeitregelungen (z.B. geteilte Schichten, unflexible Arbeitszeiten) und hohe emotionale und kommunikative Arbeitsanforderungen vergrößern die Unfallquote. Auch Probleme mit Kollegen oder Vorgesetzten können das Unfallrisiko erhöhen, weil sie mit in den Straßenverkehr geschleppt werden. Die um unbewältigte Probleme und Konflikte kreisenden Gedanken können die Konzentration auf die Fahraufgabe reduzieren. Des Weiteren spielt die Arbeitsdauer eine Rolle: Es zeigte sich praktisch durchgehend ein exponentieller Anstieg des Risikos, einen Arbeitsunfall zu erleiden, nach der 9. Arbeitsstunde (z.B. Nachreiner u.a., 2000). Oft war ein Risikoanstieg nach einer Fahrtzeit von 9 bis 10 Stunden beobachtbar (ETSC, 2001). Aus den USA wird von einer Verdoppelung des Verkehrsunfallrisikos nach achtstündiger Fahrtätigkeit (verglichen mit dem Risiko nach ein- bis zweistündiger Fahrtzeit) berichtet (Insurance Institute for Highway Safety, 1997). Folkard (1997) fand ein erhöhtes Unfallrisiko bereits nach zwei- bis vierstündiger Lenktätigkeit. Die zum Teil uneinheitlichen Befunde lassen den Schluss zu, dass das Verkehrsunfallrisiko keine reine Funktion der Fahrt-/arbeitsdauer ist, sondern zum Beispiel auch Tageszeit, zirkadianer Rhythmus und äußere Verkehrsbedingungen eine Rolle spielen. Geiler und andere (2007) ermittelten einen Index für das Verletzungsrisiko auf dem Nachhauseweg von der Arbeit in Abhängigkeit von den zuvor geleisteten Arbeitsstunden. Ab der vierzehnten Arbeitsstunde stieg das Risiko nahezu exponentiell an. Mit hohem Risiko einher gingen auch extrem kurze (0 bis 3 Stunden) und 6- bis 8-stündige Arbeitszeiten. Es fanden sich Hinweise auf einen Geschlechtereffekt: Bis zur 8. Arbeitsstunde ist der Anteil der Frauen – sie haben wie gesagt ein höheres Risiko, durch einen Verkehrsunfall verletzt zu werden – unter den Heimfahrern mit 61,6 Prozent höher als der der Männer. Nach der 8. Stunde stellen Frauen nur noch 33,2 Prozent der Heimfahrer.

Auch starke körperliche Belastungen und Monotonie scheinen eine Rolle zu spielen. Personen mit einem Wegeunfall bewerteten die Vielseitigkeit ihrer Arbeit geringer als Mitarbeiter ohne Unfall. Außerdem gaben sie häufiger an, Wirbelsäule/Bewegungsapparat seien durch die Arbeit stark belastet. Bei gewerblichen Mitarbeitern fanden sich relativ mehr Wegeunfälle als bei Angestellten. Bei Fließbandarbeitern zeigte sich ein doppelt so hohes Verhältnis von Verunglückten zu Nicht-Verunglückten im Vergleich zu Produktionsmitarbeitern, die nicht am Fließband tätig waren (Löffler u.a., 2007). Möglicherweise führen derartige Arbeitsmerkmale zu höherem Zeitdruck beziehungsweise zu Müdigkeit/Konzentrationsmangel und schlechter Stimmung auf Arbeitswegen. Diese Befindlichkeitsmerkmale können mit problematischen Einstellungen zum Fahren und zur Verkehrssicherheit einhergehen (hohe Risikobereitschaft, geringe Normorientierung, Bereitschaft zu Regelverletzungen).

Betriebliche Verkehrssicherheitsarbeit

Zu nennen ist an erster Stelle die Etablierung einer ganzheitlichen, integrativ-partizipativen Verkehrssicherheitsarbeit im Betrieb. Ein solcher Ansatz ist unter dem Namen „Betriebsberatung: Verkehrssicherheit und Arbeitswelt" beim Deutschen Verkehrssicherheitsrat (DVR) erschienen. Er basiert auf folgenden Prinzipien (Falkenberg u.a., 2002; Geiler, 1994; Kalveram u.a., 2000):

- Ganzheitlichkeit: Sie kommt unter anderem darin zum Ausdruck, dass eine ganzheitliche Sichtweise vom Menschen zugrunde gelegt wird. Der Mitarbeiter ist nicht nur Mitarbeiter, sondern Träger einer Vielzahl weiterer sozialer Rollen und Funktionen. Dies ermöglicht eine Ausweitung von Ansätzen der Prävention. Außerdem wird Verkehrssicherheitsarbeit als Teil einer umfassenderen Zielsetzung (z.B. Reduzierung betrieblicher Störfaktoren) betrachtet und ist daher integriert in das System des betrieblichen Arbeits- und Gesundheitsschutzes.
- Partizipation: Betroffene werden zu Beteiligten. Die Mitarbeiter werden in die Gefährdungsanalyse, in die Erarbeitung von Lösungsansätzen und deren Umsetzung einbezogen. Dies geschieht zum Beispiel, indem in Workshops Wissen und Kompetenzen der Mitarbeiter mobilisiert werden.
- Kontinuität: Das Programm ist auf zeitliche Kontinuität hin angelegt. Dies kommt darin zum Ausdruck, dass entwickelte Problemlösungen in bestehende Sicherheitskonzepte integriert werden.

Punktuelle „Feuerwehr-Aktionen" haben allenfalls den Sinn, dass sie manchmal helfen können, eine längerfristig angelegte Vorgehensweise zu etablieren.

In Wirksamkeitsuntersuchungen (Kalveram u. a., 2000; Rabe u. a., 2007) zeigten sich bei den Workshopteilnehmern sicherheitsdienliche Veränderungen auf der Einstellungs- und Verhaltensebene (z. B. geringere Risikobereitschaft, weniger Geschwindigkeitsverstöße). Dass Gruppendiskussionen eine wirksame Maßnahme darstellen, geht auch aus einer in Schweden durchgeführten experimentellen Studie (Gregersen u. a., 1996) hervor.

Weit verbreitet sind Fahrsicherheitstrainings. Sie sind insbesondere dann als sinnvoll einzuschätzen, wenn sie durch psychologisch-pädagogische Methoden eine realistischere Gefahreneinschätzung der Teilnehmer fördern. Bewährt haben sich vor allem Ökonomie-Fahrtrainings, weil sie einen defensiven und Risiko vermeidenden Fahrstil vermitteln (Geiler/Kerwien, 2008). Angeboten werden weitere Fortbildungsveranstaltungen und Seminare für (Lkw-)Fahrer, auf denen Gesundheits- und Sicherheitsthemen behandelt werden. Zum Themenspektrum gehören zum Beispiel „gesunde Ernährung" und „Ladungssicherung". Für den Umgang mit Stress am Fahrerarbeitsplatz wurden für Fahrer von Linienbussen und Straßenbahnen Computer Based Trainings (CBT) und begleitende Seminarbausteine entwickelt.

Verkehrssicherheitsarbeit des Betriebes muss auch die Veränderung organisatorischer Aspekte umfassen. Sicherheitsförderliche Konsequenzen hat zum Beispiel der Abbau von Arbeitsstress und Zeitdruck. Die Einführung entsprechender flexibler Arbeitszeitmodelle kann ein probates Mittel zur Verminderung von Zeitdruck darstellen. Dort, wo gleitende Arbeitszeiten möglich sind, trüge eine Abschaffung von Kernzeiten zur Belastungsreduktion bei. Um den Zeitdruck beim Fahren abzubauen, ließen sich (ganz abgesehen von verbesserter Planung von Touren/Arbeitsabläufen durch z. B. Führungskräfte/Disponenten) belastungsreduzierende Strukturen schaffen. Der Betrieb könnte Verärgerung bei Kunden/Geschäftspartnern „abfangen" und sich solidarisch „hinter" seinen Beschäftigten stellen, indem er die Verzögerung/Verspätung seines Mitarbeiters telefonisch mitteilt. Der zum Beispiel von Außendienstmitarbeitern oft beklagte Stressor „Sandwich-Position" ließe sich dadurch mildern. Es wäre auch wichtig, Strukturen zu schaffen, die es ermöglichen, Konflikte mit Vorgesetzten und Kollegen zu lösen, damit Beschäftigte ihren Heimweg konfliktfrei antreten können. Wünschenswert wäre es, den Arbeitstag so ausklingen zu lassen, dass die Fähigkeit der Beschäftigten gestärkt wird, „abzuschalten" und sich auf die Verkehrssituation zu konzentrieren. Da besonders Eltern oft Zeitdruck erleben, sollten flexible Formen der Kinderbetreuung eingeführt werden. Sie sollten vom Betrieb dabei unterstützt werden, berufliche Anforderungen und familiäre Aufgaben besser „unter einen Hut" zu bringen.

Für Beschäftige, die in besonderer Weise von der Müdigkeitsproblematik betroffen sind (Nachtarbeiter, Beschäftigte mit ausgedehnten Bereitschaftsdiensten, Schichtarbeiter) sind Maßnahmen vorzusehen, die das Einschlafen am Steuer verhindern. Sie umfassen neben kommunikativen und edukativen Ansätzen Veränderungen in der Arbeitsumgebung (hellere Beleuchtung und abgesenkte Temperaturen während der Nachtschicht) und zum Beispiel auch die Bereitstellung von Sportgeräten sowie Ruheplätzen, die vor Antritt der Heimfahrt für einen Kurzschlaf genutzt werden können. Vor allem in Fuhrparks ist eine Fortbildung von Vorgesetzten, Disponenten und Fahrern (u. a. zum Thema Müdigkeit) wichtig. Es gibt solche Seminarkonzepte mit entsprechenden Informationsmaterialien beim Deutschen Verkehrssicherheitsrat (CBT Programm „Todmüde? Ohne mich!") und beim Deutschen Zentrum für Luft- und Raumfahrt („Wach am Steuer"; ten Thoren, 2006). Dass derartige Programme die angestrebten Wissens- und Verhaltensänderungen bewirken können, wurde in Wirksamkeitsstudien gezeigt (Gander u. a., 2005; Rönicke, 2005).

→ Wirtschaftliche Rahmenbedingungen für Arbeit und Beruf (S. 16); Berufliche Mobilität (S. 146)

Literatur

BMVBS – Bundesministerium für Verkehr, Bau- und Stadtentwicklung (Hrsg.): Verkehr in Zahlen 2007/2008. DVV Media Group, Hamburg 2007, S. 232

Buttler, I.: Road Accidents in Poland. In: IATSS Research, 1, 29, 2005, S. 102–105

Ellinghaus, D./Steinbrecher, J.: Die Autobahn – Verkehrsweg oder Kampfstätte? Eine Untersuchung über Konflikte und Unfallgeschehen auf Autobahnen. Uniroyal-Verkehrsuntersuchung Nr. 19, Köln/Hannover 1994

Ellinghaus, D./Steinbrecher, J.: Lkw im Straßenverkehr. Eine Untersuchung über die Beziehungen zwischen Lkw- und Pkw-Fahrern. Uniroyal-Verkehrsuntersuchung Nr. 27, Köln/Hannover 2002

ETSC (European Transport Safety Council): The Role of Driver Fatigue in Commercial Road Transport Crashes, Brüssel 2001

Evers, C./Auerbach, K.: Verhaltensbezogene Ursachen schwerer Lkw-Unfälle. Berichte der Bundesanstalt für Straßenwesen, Reihe Mensch und Sicherheit, Heft M 174. Wirtschaftsverlag NW, Bremerhaven 2005

Falkenberg, L./Geiler, M./Vierboom, C.: Betriebsberatung. Verkehrssicherheit und Arbeitswelt. Deutscher Verkehrssicherheitsrat (Hrsg.), Bonn 2002

Fastenmeier, W./Gstalter, H.,/Kubitzki, J./Degener, S./Huth, V.: Der ältere Lkw-Fahrer – ein Problem der Zukunft? In: Zeitschrift für Verkehrssicherheit Nr. 3, 54, 2008, S. 124–127

Fastenmeier, W./Gwehenberger, J./Finsterer, H.: Lkw-Fahrer-Befragung. Ein Beitrag zur Analyse des Unfallgeschehens. Bericht 0212. Institut für Fahrzeugsicherheit im Gesamtverband der Deutschen Versicherungswirtschaft (GDV e. V.), München 2002

Gander, P. H./Marshall, N. S./Bolger, W./Gierling, I.: An Evaluation of Driver Training as a Fatigue Countermeasure. In: Transportation Research. 1, 8, 2005, S. 47–58

Geiler, M./Kerwien, H.: Wirksamkeitsstudie zu einem Training ökonomischen Fahrens. In: Zeitschrift für Verkehrssicherheit Nr. 3, 54, 2008, S. 138–145

Geiler, M./Musahl, H.-P.: Zwischen Wohnung und Arbeitsplatz – Eine Studie zum Arbeitsweg und zum Wegeunfallgeschehen. Asanger Verlag, Kröning 2003

Geiler, M./Pfeiffer, M./Hautzinger, H.: Das Unfallgeschehen im Wirtschaftsverkehr. Eine Studie zu Verletzungsrisiken bei beruflich bedingter Verkehrsteilnahme. Asanger Verlag, Kröning 2007

Geiler, M./Pfeiffer, M.: Verletzungsrisiken im Wirtschaftsverkehr. In: Bärenz, P./Metz, A.-M./Rothe, H.-J. (Hrsg.): Psychologie der Arbeitssicherheit und Gesundheit. Arbeitsschutz, Gesundheit und Wirtschaftlichkeit. 14. Workshop 2007 – Ergänzungsbeiträge. Asanger Verlag, Kröning 2007, S. 3–6

Geiler, M.: Prinzipien ganzheitlicher Sicherheitsarbeit. In: Die BG – Fachzeitschrift für Arbeitssicherheit, Gesundheitsschutz und Unfallversicherung, 11, 1994, S. 690–693

Genz, H.: Berufsgenossenschaftliche Maßnahmen zur Integration von Arbeitsorganisation und Arbeits- und Gesundheitsschutz/Verkehrssicherheit. In: Musahl, H.P./Eisenhauer, T. (Hrsg.): Psychologie der Arbeitssicherheit. Beiträge zur Förderung von Sicherheit und Gesundheit in Arbeitssystemen. 10. Workshop 1999, S. 511–516. Asanger Verlag, Kröning 2000

Gregersen, N. P./Brehmer, B./Moren, B.: Road Safety Improvement in Large Companies. An Experimental Comparison of Different Measures. In: Accident Analysis and Prevention, 28, 1996, S. 297–306

Grünert, Ch.: Belastungen und Beanspruchung von Lkw-Fahrern (www.gesundheitsamt-bw.de/servlet/PB/show/1251800/hellwach.pdf)

Holte, H./Albrecht, E.: Verkehrsteilnahme und -erleben im Straßenverkehr bei Krankheit und Medikamenteneinnahme. Berichte der Bundesanstalt für Straßenwesen. Reihe Mensch und Sicherheit, Heft M 162. Wirtschaftsverlag NW, Bremerhaven 2004

Hussain, H./Ahmad Farhan, M.S./Radin Umar, R.S./Dadang, M.M.: Key Components of a Motorcycle Traffic System – A Study Along the Motorcycle Path in Malaysia. In: IATSS Research, 1, 29, 2005, S. 50–56

Insurance Institute for Highway Safety: More than 8 Hours behind the Wheel? Twice the Risk. Status Report, 1–2, 22, 1997, Arlington

Jansen, E.: Ältere Menschen im künftigen Sicherheitssystem Straße/Fahrzeug/Mensch. Berichte der Bundesanstalt für Straßenwesen, Reihe Mensch und Sicherheit, Heft M 134. Wirtschaftsverlag NW, Bremerhaven 2001

Kalveram, A./Trimpop, R./Lau, J.: DVR-Programm Verkehrssicherheit und Arbeitswelt. Zusammenfassung der Wirkungsmessung. Deutscher Verkehrssicherheitsrat (Hrsg.), Bonn 2000

Kirkcaldy, B./Trimpop, R.: Arbeitsstress und Unfälle. In: Musahl, H.P./Eisenhauer, T. (Hrsg.): Psychologie der Arbeitssicherheit. Beiträge zur Förderung von Sicherheit und Gesundheit in Arbeitssystemen. 10. Workshop 1999. Asanger Verlag, Kröning 2000, S. 517–522

Langwieder, K./Sporner, A./Hell, B.: Struktur der Unfälle mit Getöteten auf Autobahnen im Freistaat Bayern im Jahr 1991. HUK-Verband, Büro für Kfz-Technik, München 1994

Löffler, K.I./Husemann, B./Röhrig, B./Völter-Mahlknecht, S./Letzel, S.: Risiko Arbeitsweg – zielgruppenorientierte Risikofaktoren von Wegeunfällen und mögliche Präventionsstrategien. In: Arbeitsmedizin, Sozialmedizin, Umweltmedizin 42, 11, 2007, S. 580–587

Musahl, H.P./Bendig, M.: Von der Wohnung zur Arbeit und zurück. Eine Studie zu Arbeitswegen und zum Wegeunfallgeschehen. Abschlussbericht 3, 2005. Universität Duisburg-Essen, Campus Duisburg. Im Auftrag der Norddeutschen Metall -Berufsgenossenschaft

Nachreiner, F./Ackermann, S./Händcke, K.: Fatal Accident Risk as a Function of Hours into Work. In: Hornberger, S. u.a. (Hrsg.): Shift Work in the 21 Century, Lang, Frankfurt/M. 2000, S. 19-24

NHTSA (National Highway Traffic Safety Administration): National Survey of distracted and drowsy driving attitudes and behaviour. Washington D.C. 2003

Noland, R.B.: A Review of the Impact of Medical Care and Technology in reducing Traffic Fatalities. In: IATSS Research, 2, 28, 2004, S. 6–12

Pfafferott, I./Huguenin, R.D.: Adaptation nach Einführung von Sicherheitsmaßnahmen – Ergebnisse und Schlussfolgerungen aus einer OECD-Studie. In: Zeitschrift für Verkehrssicherheit 37, 1991, Nr. 2, S. 71–83

Rabe, S./Gericke, G./Trimpop, R.: Angestrengt, abgelenkt, aufgefahren? Eine Analyse von Gefährdungsfaktoren auf Arbeitswegen und bei Wegeunfällen. In: Zeitschrift für Verkehrssicherheit 52, 2006, Nr. 3, S. 125–129

Rabe, S./Kalveram, A.B./Trimpop, R./Lau, J.: Die Wirkung integrativ-partizipativer Sicherheitsarbeit in Betrieben auf die Einhaltung von Verkehrsregeln. In: Zeitschrift für Verkehrssicherheit 53, 2007, Nr. 4, S. 178–183

Rönicke, J.: Abschlussbericht zum Forschungsvorhaben „Müdigkeit und Verkehrssicherheit – Entwicklung und Bewertung von neuen Instrumenten für die betriebliche Präventionsarbeit der Berufsgenossenschaften". Deutsches Zentrum für Luft- und Raumfahrt e.V., Köln 2005

Schlutter, B.: Statistische Analyse des Wegeunfallgeschehens unter besonderer Berücksichtigung der äußeren Ursachen und der persönlichen Verfassung der Betroffenen. Fortschritt-Berichte VDI Reihe 12 Nr. 364. VDI Verlag, Düsseldorf 1998

Schneider, N. F./Limmer, R./Ruckdeschel, K.: Berufsmobilität und Lebensform. Sind berufliche Mobilitätserfordernisse in Zeiten der Globalisierung noch mit Familie vereinbar? Bundesministerium für Familie, Senioren und Jugend (Hrsg.). Kohlhammer, Stuttgart 2002

Stadler, P./Fastenmeier, W./Gstalter, H./Lau, J.: Beeinträchtigt der Berufsverkehr das Wohlbefinden und die Gesundheit von Berufstätigen? Eine empirische Studie zu Belastungsfolgen durch den Berufsverkehr. In: Zeitschrift für Verkehrssicherheit 2, 46, 2000, S. 56–66

Strobel, G./Lehnig, O.: Beschäftigte im Außendienst: Defizite und Gestaltungsmöglichkeiten der psychosozialen Arbeitsbedingungen. Schriftenreihe der Bundesanstalt für Arbeitsschutz und Arbeitsmedizin. Forschung Fb 1002. Wirtschaftsverlag NW, Dortmund, Berlin, Dresden 2003

Strohbeck-Kühner, P./Kief, S./Mattern, R.: Bewältigungsstrategien und Fahrverhalten. In: Berichte der Bundesanstalt für Straßenwesen, Reihe Mensch und Sicherheit, Heft M 195. Kongressbericht 2007 der Deutschen Gesellschaft für Verkehrsmedizin e.V., Wirtschaftsverlag NW Bremerhaven, 2008, S. 58–61

Strohbeck-Kühner, P./Kief, S.: Abschlussbericht zum Forschungsprojekt „Belastungen im Straßenverkehr". Institut für Rechtsmedizin und Verkehrsmedizin der Ruprecht-Karls Universität Heidelberg. Im Auftrag des Allgemeinen Deutschen Automobilclubs e.V. (ADAC), Heidelberg 2006

Tanaboriboon, Y./Satiennam, T.: Traffic Accidents in Thailand. In: IATSS Research, 1, 29, 2005, S. 88–100

ten Thoren, C./Gundel, A.: Müdigkeit als Unfallursache im Stadtbereich – eine Befragung von Unfallbeteiligten. In: Somnologie, 7, 2003, S. 1–9

ten Thoren, C.: Wach am Steuer! Müdigkeits-Management-Training für Lastkraftwagen-Fahrer. Ein Leitfaden für Moderatoren. Deutsches Zentrum für Luft- und Raumfahrt e.V. (Hrsg.), Köln 2006

Transport Canada: Fatigue Management Guide for Canadian Pilots (www.tc.gc.ca/innovation/tdc/publication/tp 13959e.htm)

Trimpop, R.M.: Betriebliche Verkehrssicherheitsarbeit: Ein Überblick. In: Zeitschrift für Verkehrssicherheit Nr. 3, 47, 2001, S. 97–103

US Department of Transportation. Research and Special Programs Administration: Commercial Transportation Operator Fatigue Management Reference, 2003

van Beeck, E. F./Borsboom, G.J.J./Machenbach, J. P.: Economic development and traffic accident mortality in the industrialized world, 1962–1990. In: International Journal of Epidemiology, 29, 2000, S. 503–509

Vanlaar, W./Simpson, H./Mayhew, D./Robertson, R.: Fatigued and drowsy driving: A survey of attitudes, opinions and behaviors. In: Journal of Safety Research, 3, 39, 2008, S. 303–309

Volkard, S.: Black Times: Temporal Determinations of Transport Safety. In: Accident Analysis and Prevention, 29, 1997, S. 417–430

Weeß, H. G./Binder, R./Grellner, W./Lüdke, H./Wilhelm, B./Steinberg, R.: Verkehrsgefährdung infolge Schläfrigkeit am Steuer – Eine Untersuchung auf einer deutschen Bundesautobahn. In: Somnologie, 5 (Suppl. 2), 2001, S. 58

WHO (World Health Organisation): World Report On Road Traffic Injury Prevention, Genf 2004

Stefanie Wagner

Emotionsarbeit, Emotionale Dissonanz

Abstract
Der Begriff der Emotionsarbeit wurde durch die Soziologin Arlie Russel Hochschild geprägt. In ihrem Buch „Das gekaufte Herz" beschreibt sie 1983 die besonderen emotionalen Anforderungen im Bereich der auf Personen bezogenen Dienstleistung. Im Dienstleistungsbereich, bei der Arbeit mit Kunden, Klienten, Patienten, Schülern et cetera sind bei den Interaktionen von Mensch zu Mensch Emotionen im Spiel, die von einer hohen Befriedigung bis zur Burnout-Symptomatik des Dienstleisters führen können. Somit muss bei Ausbildung und Weiterbildung in diesen Berufen auf die fachliche Kompetenz wie auch auf die zu leistende Emotionsarbeit eingegangen werden.

Thematische Eingrenzung und Definition

Die emotionale Dissonanz beschreibt eine Situation, in der man die tatsächlich empfundene Emotion nicht zeigen kann/darf. Es wird Ärger gefühlt, aber Freundlichkeit gezeigt (surface acting). Bei der Arbeit mit Kunden spielen Emotionen eine große Rolle. Ein Teil der Arbeitsanforderungen besteht darin, während der Interaktion mit Kunden bestimmte Emotionen auszudrücken. So wird von Mitarbeitern erwartet, dass sie zum Beispiel Freundlichkeit, Mitgefühl oder Bedauern ausdrücken, auch wenn dies im Gegensatz dazu steht, wie sie sich selbst gerade fühlen (emotionale Dissonanz) (Dormann u.a., 2002).

Art der Belastung und Belastungsbedingungen

Die einwirkenden Gefühle können positiv wie auch negativ gefärbt sein, auch die daraus folgende Emotionsarbeit kann positive wie negative Auswirkungen haben. Morris und Feldmann (Morris u.a., 1996) haben deshalb vorgeschlagen, unterschiedliche Aspekte von Emotionsarbeit zu differenzieren. Zapf (Zapf u.a., 2002) unterscheidet die in der *Tab. 1, Seite 177* dargestellten Aspekte von Emotionsarbeit. Es ist sinnvoll, zwischen positiven und negativen Emotionen zu unterscheiden. Für Erzieher zum Beispiel ist es notwendig, auch negative Emotionen auszudrücken, um die Kinder zu steuern. Hier führt die Anforderung, negative Emotionen auszudrücken, nicht zur emotionalen Dissonanz, es sind dadurch keine negativen gesundheitlichen Folgen zu erwarten. In anderen Bereichen wie zum Beispiel dem Hotelgewerbe ist das Ausdrücken negativer Emotionen ein Ausdruck misslungener Interaktion von Problemen

Aspekte der Emotionsarbeit	
Ausdruck positiver Gefühle	Beispiel: Kommt es bei Ihrer Tätigkeit vor, dass Sie angenehme Gefühle gegenüber Ihren Kunden zum Ausdruck bringen müssen?
Ausdruck negativer Gefühle	Beispiel: Kommt es bei Ihrer Tätigkeit vor, dass Sie unangenehme Gefühle gegenüber Kunden zum Ausdruck bringen müssen?
Wahrnehmung von Gefühlen anderer	Beispiel: Ist es für Ihre Tätigkeit von Bedeutung zu wissen, wie sich Kunden momentan fühlen?
Interaktionsspielraum	Beispiel: Inwieweit können Sie selbst entscheiden, wann Sie ein Gespräch mit einem Kunden beenden?
Emotionale Dissonanz	Beispiel: Wie oft kommt es an Ihrem Arbeitsplatz vor, dass man nach außen hin angenehme Gefühle (z. B. freundlich lächeln) zeigen muss, während man innerlich gleichgültig ist? Beispiel: Wie oft kommt es bei Ihrer Tätigkeit vor, dass man nach außen Gefühle zeigen muss, die nicht mit dem übereinstimmen, was man momentan gegenüber dem Kunden fühlt?

Tab. 1: Aspekte der Emotionsarbeit (Quelle: Zapf u. a.: Emotionsarbeit in Organisationen und psychische Gesundheit)

mit dem Kunden. Sie werden daher eher auch gesundheitliche Folgen für den Mitarbeiter nach sich ziehen.

Ein weiterer Aspekt ist das Wahrnehmen der Gefühle des Gegenübers: Eine Pflegekraft muss zum Beispiel im Umgang mit einem schwerkranken Patienten wahrnehmen: Braucht er gerade Ruhe, das Gespräch, Aufmunterung? In einem solchen Fall kann keine Routine angewendet werden. Es bedeutet eine hohe Sensitivitätsanforderung. Gelingt diese soziale Interaktion, wird sich ein hohes Gefühl der Leistungserfüllung bei der Pflegekraft einstellen (Zapf u. a., 2002).

Entstehung und Relevanz des Themas

Während kognitive und motivationale Anforderungen im Arbeitsprozess bereits viel Interesse gefunden haben, ist die „Emotionsarbeit" in der arbeitspsychologischen Forschung bisher weniger berücksichtigt worden. Die emotionalen Anforderungen spielen aber vor allem im Dienstleistungsbereich eine große Rolle. Dienstleistungsberufe sind in der Arbeits- und Organisationspsychologie erst seit etwa 15 Jahren in den Fokus gerückt. Die Mitarbeiterzahlen, die in den Dienstleistungsberufen beschäftigt sind, steigen stetig. Das Spezifische an den Dienstleistungsberufen ist die Interaktion mit Kunden und die Arbeitsanforderungen, die sich daraus ergeben. Diese sind nicht nur kognitiver, sondern vor allem sozialer und emotionaler Natur. Bestimmte Arbeitsplätze, zum Beispiel die Betreuung von Kindern in Tagesstätten, Kranken- und Altenpflege, jede Art von Kundenkontakt oder Lehrtätigkeit in Schulen, stellen besondere emotionale Anforderungen an den Arbeitnehmer. So müssen Flugbegleiter (auch unfreundliche) Gäste freundlich behandeln oder Krankenpflegepersonal den Patienten gegenüber Mitgefühl zeigen, auch wenn sie anders empfinden. Die emotionalen Anforderungen können sehr unterschiedlich und vielfältig sein und hängen von der Arbeitsaufgabe ab.

Arlie Hochschild hat 1990 dazu das Konzept der Emotionsarbeit eingeführt und erstmals an Flugbegleiterinnen der Delta-Airline untersucht. Das Lächeln der Flugbegleiter, das Ausdruck der Freundlichkeit, des Willkommen-Seins für den Kunden bedeutet, ist in diesem Fall nicht ein Produkt des individuellen Arbeitsstils, sondern wird vom Unternehmen erwartet. Diese gleich bleibende Freundlichkeit ist eine Arbeitsanforderung und liegt nicht im Ermessen des Mitarbeiters. Sie entspricht gutem Service und gibt dem Kunden das Gefühl, alle Aufmerksamkeit und Interesse zu haben und somit bestmöglich bedient zu werden. Diesen dienstlich geforderten Emotionen können die tatsächlich vorhandenen gegenüberstehen, die etwa durch private Belastungen entstehen, die man nicht beim Verlassen der Haustür „abstreifen kann". Sie können entstanden sein durch Sorgen bei Erkrankungen naher Angehöriger, schulische Sorgen wegen der Kinder, finanzielle Sorgen und vieles andere mehr. Man ist nicht fröhlich, in Gedanken nicht beim Kunden und muss trotzdem immer zugewandt sein und lächeln. Die emotionale Dissonanz führt zu emotionaler Erschöpfung und Depersonalisation ohne das Gefühl zu vermitteln, etwas leisten zu können. Es zeigen sich Zusammenhänge mit psychosomatischen Beschwerden und mangelnder Arbeitszufriedenheit (Zapf u.a., 1999).

Präventionsmöglichkeiten

Im Rahmen der Gefährdungsermittlung muss erhoben werden, welchen Stellenwert die Emotionsarbeit und damit auch die emotionale Dissonanz am Arbeitsplatz hat. Hierfür sind die von Zapf und anderen entwickelten Frankfurter Skalen zur Emotionsarbeit FEWS (Frankfurt Emotion Work Scales) (Zapf u.a., 1999) geeignet. Sie sind in der Toolbox zur Erhebung psychischer Belastungen der BAuA zu finden *(www.baua.de/de/Informationen-fuer-die-Praxis/Handlungshilfen-und-Praxisbeispiele/Toolbox/Toolbox.html?-nnn=true&nnn=true).*

Typische Fragestellungen dieser Skalen sind:
- Die gesundheitlichen Auswirkungen der Emotionsarbeit, insbesondere die Beziehung zur Burnout-Symptomatik
- Die Bewältigung von Emotionsarbeit
- Persönlichkeitsfaktoren, die mit der Emotionsarbeit in Zusammenhang stehen
- Kundenorientierung, Dienstleistungsklima und Emotionsarbeit.

Folgende Aspekte spielen bei der Prävention gesundheitlicher Folgen durch emotionale Dissonanz eine besondere Rolle.

Dienstleistungen und Dienstleistungsverhältnis definieren

Für den Mitarbeiter muss klar sein, welche Aufgaben er hat, in welcher Form und in welcher Servicequalität sie von ihm erledigt werden sollen. Diese Zielsetzungen müssen klar kommuniziert werden, für alle in gleicher Weise gelten und von den Führungskräften mitgetragen werden. Die Mitarbeiter sollten auf die Notwendigkeit der Emotionsregulation hingewiesen werden und Strategien erlernen, mit ihr umzugehen. Sie sollten um die Auswirkungen von positiven und negativen Emotionen wissen und im Umgang mit den Kunden und ihren Anliegen geschult sein.

Handlungsspielräume und angemessene Arbeitsgestaltung ermöglichen

Tätigkeiten in Callcentern sind mit besonders belastenden Faktoren verbunden. In diesen Bereichen ist die dienstliche Notwendigkeit, vorgegebene und regulierte Emotionen zu zeigen, aufgrund der Rahmenbedingungen besonders häufig mit negativen Auswirkungen in Form von Stress und emotionaler Dissonanz verbunden. Dies ist vor allem auf den besonders geringen „Entscheidungs- und Handlungsspielraum" der Callcenter-Agentinnen und -Agenten zurückzuführen. Mitarbeiter von Callcentern (im gewerblichen Bereich) leiden unter deutlich mehr psychosomatischen Beschwerden als Angestellte in anderen Arbeitsbereichen (vgl. Isic/Dormann/Zapf, 1999). Durch Schichtarbeit tauchen zusätzliche Probleme auf, da Schichtarbeit per se einen Stressor darstellt und weitere Bewältigungsstrategien erfordert (s. d.).

Es wird folglich empfohlen, darauf zu achten, dass hinreichende „Entscheidungs- und Handlungsspielräume" geschaffen werden. Die Mitbestimmung und Autonomie der Beschäftigten im Arbeitsprozess sollte verbessert werden. Durch Schulungen sind Kompetenzen dergestalt zu vermitteln, dass Gespräche ohne strikte Vorgabe des Verlaufs, aber mit klarer Zielvorgabe abgearbeitet werden können. Bei der individuellen Umsetzung müssen hinreichende Spielräume für Emotionen gewährt werden.

Zusätzlich sollten auch angemessene Zeiträume für die Nachbearbeitung und emotionale Verarbeitung von Gesprächen/Kundenkontakten zur Verfügung stehen. Sinnvoll ist es zudem, im Sinne eines Job-Enrichments Front-Office und Back-Office sowie auftragsvorbereitende und -nachbereitende Tätigkeiten zu variieren (Isic/Dormann/Zapf, 1999).

Geeignete Personalauswahl
Folgende Kompetenzen und Fähigkeiten zeichnen einen für die Dienstleistungsanforderungen geeigneten Mitarbeiter aus:

- Hohe Belastbarkeit (Stressresistenz oder gute Stressbewältigung)
- Empathie
- Management von Gefühlen und Emotionen
- Servicementalität
- Kommunikationskompetenz, Fähigkeit und Lust zur Kommunikation
- Die Fähigkeit persönliche Angriffe aushalten, sich abgrenzen zu können
- Selbstbewusstsein.

Qualifizierung, Trainings, Supervision
Die Qualifizierung der Mitarbeiter richtet sich auf die fachlichen Anforderungen, den technischen Umgang mit den Kommunikationsgeräten und die betrieblich erwünschte Kommunikationsstrategie. Trainings zu Stressbewältigungsverfahren und Entspannungsübungen versetzen die Mitarbeiter in die Lage, besser mit der emotionalen Belastung umzugehen und somit der emotionalen Erschöpfung vorzubeugen. Supervisionsgruppen lassen einen Austausch unter den Mitarbeitern zu und bieten damit auch eine Hilfestellung zur Verarbeitung von Stress und Belastungen (Isic/Dormann/Zapf, 1999).

Unterstützung durch den Arbeitgeber bei privaten Problemen des Mitarbeiters
Die Unterstützung des Arbeitgebers bei privaten Problemen und Sorgen (z.B. die Möglichkeit der Kinderbetreuung, eine Unterstützung bei Schulden) berücksichtigt die außerbetrieblichen Ursachen der emotionalen Dissonanz und erleichtert damit die Emotionsarbeit für die Mitarbeiter.

Praxisbeispiele
„Emotionale Tankstelle"
Die Bodenmitarbeiter der Deutschen Lufthansa haben Kontakt zum Kunden beim

Einchecken, beim Abgeben des Gepäcks, beim Einsteigevorgang in das Flugzeug, bei der Gepäckermittlung, wenn Gepäck verloren gegangen ist, beim VIP Service und in den Lounges, bei der Sonderbetreuung von allein reisenden Kindern und Hilfe bedürftigen Passagieren. Dieser Kundenkontakt ist durch die jeweilige Arbeitsaufgabe geprägt, erfordert aber in den meisten Fällen besondere Emotionsarbeit. Vor einigen Jahren wurde diese Belastung erkannt und als ein unterstützendes Hilfeangebot die „emotionale Tankstelle" eingerichtet. Hier konnten die Mitarbeiter in der Arbeitszeit in Gruppen- oder Einzelgesprächen mit einer Psychotherapeutin über die emotionalen Belastungen sprechen und erkennen, dass es auch den Kollegen ähnlich ergeht, Lösungsstrategien austauschen und Entlastung finden. Diese Möglichkeit der emotionalen Stabilisierung trug dazu bei, dass sie weiter den Anforderungen ihrer Arbeit mit Kunden gewachsen waren. Diese Leistungs- und Einsatzfähigkeit ist für die Mitarbeiter eines solchen reinen Dienstleistungsunternehmens essentiell.

Informationen und Unterstützungsangebote

Universitär haben sich in Deutschland wohl Zapf und Mitarbeiter (Fachbereich Arbeits- und Organisationspsychologie, Universität Frankfurt/Main) am intensivsten mit der Erhebung und der Prävention von emotionalen Belastungen und emotionaler Dissonanz befasst. Sie bieten eine systematische betriebliche Unterstützung an *(http://web.uni-frankfurt.de)*.

Solche Angebote bestehen auch kommerziell (z.B. Ver-T-icall insbesondere für Callcenter des öffentlichen Dienstes *www.ver-t-icall.de/18.htm)*.

Die Verwaltungs-Berufsgenossenschaft hat eine sehr umfassende Broschüre mit Check-Listen zusammengestellt *(www.ccall.de/download_dat/emotionsarbeit.pdf)*.

Informationen für die Emotionsarbeit im Lehrberuf sind nachzulesen unter (Krause u.a., 2008).

→ Stresstheorie (S. 66); Betriebsklima, Personalauswahl und Personalentwicklung (S. 241); Stress (S. 334)

Literatur

Dormann/Zapf/Isic: Emotionale Arbeitsanforderung und ihre Konsequenzen bei Call Center Arbeitsplätzen. In: Zeitschrift für Arbeits- und Oganisationspsychologie 46, 2002, 201–215

Hochschild, A. R.: Das gekaufte Herz. Zur Kommerzialisierung der Gefühle. Campus, Frankfurt/M.: 1990

Isic/Dormann/Zapf: Belastungen und Ressourcen an Call-Center-Arbeitsplätzen. In: Zeitschrift für Arbeitswissenschaft, 53, 1999, S. 202–208

Krause u.a.: Arbeitsort Schule, Gabler Verlag, Kap. 12, 2008, S. 309–334

Morris, J. A./Feldmann, D. C.: The dimensions, antecedents and consequences of emotional labor. Academy of Management Journal, 21, 1996, S. 989–1010

Zapf/Seifert/Merini, Voigt/Holz/Isic/Schmutte: Emotionsarbeit in Organisationen und psychische Gesundheit. In: Musahl, H.-P/Eisenhauer, T. (Hrsg.): Psychologie der Arbeitssicherheit. Beiträge zur Förderung von Sicherheit und Gesundheit in Arbeitssystemen. Asanger, Heidelberg 2002, S. 99–106

Zapf u.a: Frankfurter Emotion Work Scales FEWS – aktuelle Version FEWS 4.0 (2000)

Johann-Wolfgang-Goethe-Universität Frankfurt a. M., Arbeits-und Organisationspsychologie, (http://web.uni-frankfurt.de)

Internetportal ver-t-icall (www.ver-t-icall.de/18.htm)

Arbeitsschutzgesetz (www.gesetze-im-internet.de/bundesrecht/arbschg/gesamt.pdf)

Stefanie Wagner

Rollenkonflikt

Abstract
Ein Rollenkonflikt entsteht, wenn unvereinbare Erwartungen unterschiedlicher Bezugsgruppen an einen Akteur gerichtet werden. Gibt es beständige Konflikte, die nicht bearbeitet werden können, führen sie zu emotionaler Erschöpfung und Burnout-Symptomatik. Rollen sind vergleichbar mit Normen, unterschiedlich definiert nach Kulturkreis, nach Geschlecht, nach individueller Ausgestaltung, sie können im Beruf auch firmenspezifisch ausgelegt werden.

Thematische Eingrenzung und Definition

Wir alle nehmen im Laufe unseres Lebens, aber auch im täglichen Geschehen, verschiedene Rollen ein: Sohn oder Tochter, Freund, Kunde, Mutter oder Vater, Besucher oder Rollen im Beruf wie Mitarbeiter, Vorgesetzter oder Kollege. In diesen Rollen werden bestimmte Erwartungen an uns gestellt. Auch wir selbst stellen Erwartungen an uns, wie diese Rollen zu erfüllen sind. Es ist verständlich, dass diese Erwartungen konkurrieren und kollidieren und so zu Konflikten führen können.

Die Bearbeitung solcher Konflikte kann in verschiedener Weise geschehen:
- Man entscheidet sich (für einen bestimmten Aspekt). Hierbei wird oft eine Bezugsgruppe in ihren Erwartungen enttäuscht. Oft werden die Erwartungen derer erfüllt, von denen ansonsten die größten negativen Sanktionen zu erwarten sind.
- Rollenerwartungen werden gemeinsam mit den Akteuren im Umfeld modifiziert, sodass weniger Konflikte auftreten.
- Man akzeptiert für sich selbst, dass es unmöglich ist, die Erwartungen aller zu erfüllen.

Art der Belastung und Belastungsbedingungen

Man unterscheidet zwischen Intra-, Inter- und Personenrollenkonflikten *(http://stangl.eu/psychologie/definition)*.

Ein **Intrarollenkonflikt** entsteht immer dann, wenn in derselben Rolle verschiedene Erwartungen austariert werden müssen, wenn zum Beispiel ein Kind zwischen den Erwartungen der Mutter und den davon differierenden des Vaters entscheiden muss oder wenn ein Mitarbeiter in einem

Dienstleistungsunternehmen zwischen den Wünschen des Kunden und den Anforderungen des Unternehmens entscheiden muss (Hillmann/Feldmann).

Beispiel: Ein Stadtbusfahrer ist aufgrund eines Staus verspätet und versucht diese Verspätung aufzuholen. Er hat bereits die Türen an der Haltestelle geschlossen, als ein Fahrgast im Laufschritt angespurtet kommt. Wie entscheidet sich der Busfahrer? Wartet er auf den Gast und öffnet seine Türen nochmals, oder versucht er den Vorgaben seines Arbeitgebers nach Pünktlichkeit zu folgen und fährt los?

Der **Interrollenkonflikt** entsteht, wenn eine Person in verschiedenen Rollen agieren muss und die Anforderungen in diesen Rollen unterschiedlichen Erwartungen folgen (Hillmann).

Beispiel: Eine Mitarbeiterin in einer Bank bedient einen Kunden. Ihre Arbeitszeit ist jedoch schon beendet und ihre kleine Tochter wartet in fünf Minuten vor dem Kindergarten darauf, von ihr abgeholt zu werden.

Ein **Personenrollenkonflikt** besteht, wenn eine Person, von der ein anderes Verhalten erwartet wird, sich nicht konform verhält.

Beispiel: Von einer Krankenschwester wird Mitgefühl und Zuwendung erwartet. Wenn sie aber Ablehnung und Gleichgültigkeit einem Patienten gegenüber zeigt, entspricht sie nicht der gesellschaftlich gestellten Erwartung.

Entstehung und Relevanz des Themas

Besteht ein Rollenkonflikt über längere Zeit, so kann er in die emotionale Erschöpfung bis hin zum Burnout-Syndrom führen.

Eine Rollenüberforderung (overload) oder eine Rollenambiguität können Stressfaktoren im betrieblichen Alltag werden.

Eine Rollenüberforderung tritt immer dann ein, wenn eine Person mit Verpflichtungen konfrontiert ist, die das, was sie zu leisten imstande ist, übersteigen. Rollenambiguität beschreibt die Mehrdeutigkeit an Erwartungen, die an eine Rolle gestellt werden. An Führungskräfte wird zum Beispiel die Erwartung gestellt, dass sie ein wirtschaftlich gutes Ergebnis erzielen, aber auch, dass sie der Fürsorgeverpflichtung ihren Mitarbeitern gegenüber nachkommen. Diese beiden Anforderungen können zu Konflikten führen, wenn zum Beispiel Mitarbeiter gesundheitliche Einschränkungen haben, die die Leistungen und Einsetzbarkeit mindern und sich so auf das wirtschaftliche Ergebnis auswirken können *(www.grin.com/e-book/83246/widerspruechlichkeiten-in-der-rolle-von-fuehrungskraeften-dilemma-oder)*.

Rollenvorschriften sind nicht alle im selben Maße verpflichtend. Es wird zwischen MUSS-, SOLL- und KANN-Erwartungen unterschieden. Es gibt Dinge, die ein Rollenträger tun *muss*, sonst verliert er seine Position, andere, die er tun *soll*, weil sie zu seinen Pflichten gehören, und gewisse Dinge, die er tun *kann*, auf die die Gruppe/der Kunde neutral oder sogar erfreut reagiert.

Reaktionsmöglichkeiten auf Rollenkonflikte:

1. Der Mitarbeiter passt sich den Erwartungen desjenigen Rollensenders (= jemand, der die Inhalte der Rolle vorgibt – z. B. Arbeitgeber) an, der über die schwerwiegendsten Sanktionen verfügt. Die Folgen sind: Angst und Schuldgefühle anderen Rollensendern gegenüber.

Beispiel: Eine Mitarbeiterin muss um eine bestimmte Uhrzeit ihren Mann abholen. Sie hat jedoch ein Kundengespräch, das sie nicht unterbrechen kann, da es sich um einen Kunden handelt, der von der Geschäftsleitung als besonders wichtig angesehen wird. Sie entscheidet sich ihren Mann warten zu lassen, erfüllt damit die Erwartungen des Arbeitgebers. Da es regnet, hofft sie, dass ihr Mann sich unterstellen kann, hat aber Schuldgefühle und Angst, dass er sich erkältet.

2. Der Mitarbeiter versucht sein tatsächliches Verhalten gegenüber einer Kontrolle abzuschirmen. Die Folgen sind: „Doppelleben", Furcht vor Entdeckung.

Beispiel: Ein Mitarbeiter soll aus gesundheitlichen Gründen nicht rauchen. Seine Frau wacht über dieses „Rauchverbot". Er raucht aber mit seinen Kollegen, da die Rauchpausen der Integration in die Gruppe dienen.

3. Der Mitarbeiter erlebt den Konflikt als persönliches Unvermögen und übersieht, dass widersprüchliche Erwartungen nicht alle erfüllt werden können. Die Folgen sind: Müdigkeit, Burnout-Syndrom.

Beispiel: Ein Fluggast kommt zum Abfluggate zu einem Zeitpunkt, an dem die Tür bereits geschlossen ist, das Flugzeug aber noch am Einsteigefinger steht, und bittet darum, noch mitfliegen zu können. Er hat wichtige Gründe, warum er zu spät gekommen ist, und ebenso wichtige, warum er schnell zu seinem Ziel muss. Der Check-in-Mitarbeiter versteht die Gründe des Kunden, hat aber Arbeitsanweisung, unter allen Umständen eine Verspätung der Maschine zu verhindern. Die Lösung dieses Konflikts liegt nicht im Entscheidungsbereich des Mitarbeiters. Er hat zwei widersprüchliche Erwartungen, die nicht gleichzeitig erfüllt werden können.

Überbetriebliche Einflussfaktoren

Rollen sind – ähnlich wie Normen – durch Erwartungen der Gruppe an das Verhalten des Einzelnen geprägt. Während Normen für alle Gruppenmitglieder gültig sind, richten sich Rollenvorschriften nur an die Inhaber bestimmter Positionen. Rollenanforderungen können differieren nach verschiedenen Firmenanforderungen, nach verschiedenen Kulturkreisen, nach verschiedenen Erwartungen, die vom Rollensender an den Rollenempfänger gerichtet werden, sie sind gesellschaftlichen Normen unterworfen, sind häufig auch geschlechtsstereotyp. Von weiblichen Führungskräften wird eine maskulin geprägte Dominanz erwartet und gleichzeitig eine feminine Freundlichkeit. Für Männer in Leitungspositionen ist die Situation einfacher: Status- und Geschlechterrolle stimmen miteinander überein. Werden unerfreuliche Entscheidungen getroffen und von den weiblichen Führungskräften sachlich ohne Empathie kommuniziert, werden die Entscheidungen als tendenziell unfair und die Führungskraft als aversiv empfunden. Bei männlichen Chefs würde das gleiche Verhalten als annähernd adäquat akzeptiert *(www.coaching-report.de/news.php?id=403)*.

Präventionsmöglichkeiten

Rollenkonflikte treten immer wieder auf. Jeder ist gezwungen Entscheidungen zu treffen, die zum Vorteil des Einen und gleichzeitig zum Nachteil des Anderen sind. Man kann jedoch lernen die Konflikte rational zu managen, indem man Informationen für die Entscheidung einholt. So hat man auch Erklärungen für den bereit, für den die Entscheidung keinen Vorteil bedeutet.

Je besser wir unsere verschiedenen Rollen erkennen und lernen, mit den diversen Erwartungen umzugehen, desto besser kommen wir auch mit den entstehenden Konflikten zurecht.

Individuelle Lösungsmöglichkeiten bestehen darin:

- Seine Rolle zu klären (Wer hat welche Erwartungen an mich?)
- Rollenkonflikte zu akzeptieren (sie sind nicht vermeidbar).

Betriebliche Unterstützung besteht darin:
- Die Rolle zu klären (klare Formulierung der Erwartungen an die Mitarbeiter)
- Rollenerwartungen zu klären und zu erklären sowie darin zu schulen (Mitarbeitern klar mitteilen, welche Erwartungen gestellt werden)
- Dass bei negativen Entscheidungen für einen Kunden Unterstützung durch den Vorgesetzten erfahren wird
- Dass Rollenkonflikte in Rollenspielen geübt werden, um die besten Lösungen des Konfliktes zu erarbeiten.

Praxisbeispiele
Rollenkonflikt bei Studierenden mit Erwerbstätigkeit

In einer Erhebung der Universität Göttingen wurde das Ausmaß der Erwerbstätigkeit bei Studierenden untersucht mit der Frage, ob es dadurch zu Interrollenkonflikten kommt. Zwei Drittel der Studierenden gaben eine Erwerbstätigkeit an. In der Untersuchung wurde besonders beachtet, wie die allgemeine Jobsituation war, wie viel Zeit aufgewendet werden musste für Studium und Erwerbstätigkeit, wie hoch die Flexibilität der aufgewendeten Zeit war und wie ähnlich sich die verschiedenen Rollen waren. Vier Fälle eines Interrollenkonfliktes wurden durch Interview näher untersucht.

Eine zentrale Aussage war: Erwerbstätigkeit bei Studierenden ist die Regel und führt dabei mehrheitlich zum Rollenkonflikt.

Es wurde herausgefunden, dass die Rollen (Studium versus Erwerbstätigkeit) umso leichter miteinander vereinbar waren, je höher die Rollenähnlichkeit war. So hatte die Studentin, die als Hilfswissenschaftlerin jobbte, keine großen Wege zwischen ihren beiden Aufgabengebieten zu bewältigen und die Ähnlichkeit der Themen erforderte keine großen Umstellungen. Je flexibler die Zeiteinteilung in allen Rollen möglich war, desto leichter und konfliktfreier ließen sie sich kombinieren. Die Studentin, die gleichzeitig Mutter und Krankenschwester war, hatte die größten Probleme, da sie zeitlich in allen Rollen am meisten reglementiert war. Je mehr soziale Unterstützung dem Rolleninhaber gegeben wurde, desto besser war alles zu regulieren. Wenn der Arbeitsmarkt viele verschiedene Möglichkeiten der Beschäftigung bot, konnte leichter die zum Studium passende Erwerbstätigkeit gefunden werden. Diese Untersuchung verdeutlicht, mit welchen Überlegungen und Maßnahmen Rollen konfliktfreier kombiniert werden können *(http://stangl.eu/psychologie/definition/)*.

Qualifizierung als Präventionsmaßnahme: Kriterien für die Seminarauswahl

Das Internetportal *www.sophia24.com* bietet zum Thema alleine 45 Fortbildungsveranstaltungen unterschiedlicher Anbieter für verschiedene (überwiegend betriebliche) Zielgruppen an.

Für die betriebliche Arbeit sind einige Punkte wichtig, die die Fortbildungen beinhalten sollten. Diese sind insbesondere:
- Die Versachlichung des Themas durch eine in Betrieben für alle akzeptable Gegenstandsbestimmung
- Das Üben von Gesprächen in verschiedenen Rollenkonstellationen, wobei die Teilnehmer sich in unterschiedliche Rollen begeben müssen, um damit die Perspektivenübernahme zu erproben
- Konkretisierung und Übung von Präven-

tion und Intervention. Eine theoretische Erörterung genügt keinesfalls, da der zu erwartende Lerntransfer dann gering ist.
- Betonung und Vermittlung juristischer Aspekte, woraus sich die Konsequenz ergibt, dass im Seminar immer ein Psychologe (oder vergleichbare Profession) und ein Jurist als Dozent vertreten sein sollten.

→ Flexibilität und Selbstorganisation (S. 155); Soziale Unterstützung (S. 324); Burnout (S. 364)

Literatur

Feldmann, K.: Soziologie kompakt. Eine Einführung, Westdeutscher Verlag GmbH, Wiesbaden 2000

Hillmann, K.-H.: Wörterbuch der Soziologie. Alfred Körner Verlag, Stuttgart 1994

Coaching News (www.coaching-report.de/news.php?id=403)

Psychologische Begriffsbestimmungen (http://stangl.eu/psychologie/definition)

Internetportal sophia24 (www.sophia24.com)

Haselbröck, M.: Widersprüchlichkeiten in der Rolle von Führungskräften – Dilemma oder Voraussetzung? (www.grin.com/e-book/83246/widerspruechlichkeiten-in-der-rolle-von-fuehrungskraeften-dilemma-oder)

Weitere Literaturangaben sind bei der Autorin erhältlich.

Dirk Windemuth

Mobbing

Abstract
Nur wenige Begriffe im Arbeitsschutz sind so überstrapaziert wie der Begriff Mobbing. Das Bestreben, Schlagzeilen zu produzieren, war und ist bei der Berichterstattung in den Medien zu dem Thema oftmals wichtiger als der seriöse Umgang damit. Eine Versachlichung der Diskussion ist erforderlich. Sie stellt zugleich eine erste wichtige Präventionsmaßnahme dar, denn sowohl Arbeitgeber als auch Arbeitnehmer sind in der Regel an der Vermeidung von echtem Mobbing im Betrieb interessiert. Mobbing ist eine psychische Belastung aus den sozialen Gegebenheiten im Betrieb. Sowohl die demografische Entwicklung und die Globalisierung als auch die volkswirtschaftliche Situation und die Vereinbarkeit von Familie und Beruf sind überbetriebliche Rahmenbedingungen, die auf das Mobbinggeschehen im Betrieb einwirken. Auch bei der Auswahl von Qualifizierungsmaßnahmen sollte die Versachlichung des Themas im Vordergrund stehen, ebenso wie das Einüben von Gesprächstechniken in verschiedenen Rollen.

Thematische Eingrenzung und Definition

Das Thema Mobbing ist seit einigen Jahren aktuell. Der Vorwurf des Mobbings steht in Betrieben schnell im Raum. Auch in Fachkreisen wird oft von Mobbing gesprochen, obwohl im konkreten Kontext etwas anderes gemeint ist. Zeitungen berichten in Schlagzeilen immer wieder davon, und die in den Berichten angegebenen aktuellen Opferquoten erreichen enorme Werte.

Populärwissenschaftliche Artikel beginnen regelmäßig damit, dass festgestellt wird, dass es keine allgemeingültige Mobbing-Definition gäbe (was nur teilweise stimmt, denn über wesentliche Kriterien, die für Mobbing gelten, ist sich die Mehrheit der Wissenschaftler einig). Eine klare Definition ist aber erforderlich, wenn eine effektive Prävention und ein wirksames korrigierendes Eingreifen möglich sein sollen. Deshalb wird im Folgenden etwas mehr Raum für die Entwicklung einer Definition verwendet, die aus der wissenschaftlichen Literatur abgeleitet ist und mit der in Betrieben bereits erfolgreich gearbeitet wird.

Im Jahr 2002 wurde der Mobbing-Report herausgegeben (Meschkutat/Stackelbeck/Langenhoff, 2002). Ziel der Studie, die dem Report zugrunde liegt, war unter anderem die Ermittlung der Quote der Erwerbstätigen, die schon einmal Mobbing-Opfer waren oder es aktuell sind. Gefragt wurde: „Unter Mobbing ist zu verstehen, dass jemand am Arbeitsplatz häufig über einen längeren Zeitraum schikaniert, drangsaliert oder benachteiligt und ausgegrenzt wird. – Sind Sie derzeit oder waren Sie schon einmal in diesem Sinne von Mobbing betroffen?" Darauf antworteten 2,7 Prozent der Befragten, dass sie aktuell gemobbt werden. Andere Befragungen anderer Institute kamen sogar auf Opferquoten von bis zu 70 Prozent. In einer „Studie" zum Beispiel wurden verschiedene Fragen gestellt. Sobald eine davon mit „ja" beantwortet wurde, war das Kriterium für Mobbing erfüllt. Eine dieser Fragen war: „Mussten Sie schon mal Tätigkeiten weit unter Ihrem Können erledigen?" Tatsächlich hat die Antwort auf diese Frage mit Mobbing nichts zu tun. Diese „Studie" hatte das Ziel, eine hohe, medienwirksame Quote zu erzielen.

Eine eindeutige Definition von Mobbing verhindert den Missbrauch des Begriffs in Veröffentlichungen und in Betrieben, in denen oft schon kleine Konflikte oder Ermahnungen durch den Vorgesetzten als Mobbing bezeichnet werden. Somit ist eine versachlichende Definition bereits eine erste Maßnahme der Prävention. Ein verschwommener Begriff dient niemandem, auch nicht den Beschäftigten: Wird inflationär von Mobbing gesprochen, besteht im Falle eines Vorwurfs kein notwendiger Handlungsbedarf, denn es kann sich bei dem zugrunde liegenden Sachverhalt durchaus um eine Lappalie handeln.

Windemuth, Paridon und Kohstall (2003) haben die internationale wissenschaftliche Literatur aufgearbeitet, um auf dieser Basis folgende Definition abzuleiten:

„Mobbing ist eine konflikthafte Kommunikation am Arbeitsplatz unter Kollegen oder zwischen Vorgesetzten und Mitarbeitern, bei der

(1) eine Person von einer oder einigen Personen
(2) systematisch
(3) oft (mindestens einmal pro Woche) und
(4) während längerer Zeit (mindestens über sechs Monate)
(5) mit dem Ziel des Ausstoßes aus dem Arbeitsverhältnis
(6) direkt oder indirekt angegriffen wird.

Kurzzeitige Unterbrechungen durch Betriebsabwesenheit eines oder mehrerer Beteiligter (Urlaub, Krankheit, Dienstreisen) bleiben bei den Kriterien Häufigkeit und Dauer (Kriterien 3 und 4) unberücksichtigt."

Diese Definition ist sehr eng. Zwei Punkte sind besonders zu beachten:

- Auch andere Konflikte, die nicht die Kriterien der Definition erfüllen, können der betrieblichen Intervention bedürfen. Das Herausfallen anderer Konflikte aus der Definition bedeutet nicht automatisch, dass nicht gehandelt werden muss.
- Diese eng gefasste Definition schützt sowohl Arbeitgeber als auch Arbeitnehmer. Der Arbeitgeber wird vor unberechtigten Vorwürfen, in seinem Betrieb gäbe es Mobbing, geschützt; der Arbeitnehmer vor der Banalisierung eines zu Recht vorgebrachten Vorwurfs.

Durch das Kriterium der Zielgerichtetheit wird zum Beispiel schlechtes Führungsverhalten von Mobbing abgegrenzt – eine ungeeignete Führungskraft greift zwar gelegentlich auch unterstellte Mitarbeiter an; ihr Ziel ist es aber nicht unbedingt, den Mitarbeiter aus dem Arbeitsprozess auszuschließen. Diese Unterscheidung ist wichtig, denn einem schlechten Führungsverhalten muss anders begegnet werden als Mobbing. Ferner werden kurzfristige Konflikte zwischen Beschäftigten durch diese Definition ausgeschlossen (Kriterium 4).

Auch gelegentliche Attacken von Personen, die mit dem attackierten Kollegen nur selten zu tun haben, fallen aus der Definition heraus (Kriterium 3). Diese Trennung ist ebenfalls wichtig, denn bei seltenen Angriffen bieten sich zur Korrektur andere, zum Beispiel organisatorische Maßnahmen an.

Art der Belastung und Belastungsbedingungen

Mobbing ist nur möglich, wenn Menschen zusammenarbeiten. Konflikte, die Beschäftigte mit Kunden haben, sind definitionsgemäß kein Mobbing („konflikthafte Kommunikation am Arbeitsplatz unter Kollegen oder zwischen Vorgesetzten und Mitarbeitern"). Das mindert die Bedeutung der Konflikte mit Externen keinesfalls; diese sind aber anderen Problemfeldern zuzuordnen (*siehe Beitrag „Konflikte und Gewalt"*).

Während Konflikte zwischen Kollegen oder zwischen Vorgesetzten und unterstellten Mitarbeitern durchaus positiv auf alle Beteiligten wirken können (z.B. regen sie zu einer konstruktiven Konfliktlösung und dadurch zu Innovationen an), ist dies bei Mobbing für das Opfer und den Betrieb keinesfalls so. Mobbing ist immer destruktiv und auf Beschädigung einer Person angelegt. Dementsprechend ist Mobbing immer eine psychische Belastung mit negativen Folgen. Typische Folgen für Betroffene und für das Unternehmen sind umso drastischer, je länger die Konfliktsituation andauert und je intensiver das Mobbing betrieben wird. Mögliche (auch gesundheitliche) Beeinträchtigungen des Betroffenen sind Folge chronisch negativer psychosozialer Belastungen und Beanspruchungen am Arbeitsplatz. Hierzu zählen zum Beispiel:
- Leistungs- und Denkblockaden
- Konzentrationsstörungen
- Angst und Verunsicherung
- Schlafstörungen
- Verspannungen und Kopfschmerzen
- Magenbeschwerden, Essstörungen
- Alkohol- und Medikamentenmissbrauch
- Depressionen bis hin zu Selbstmordgedanken.

Entsprechend mehren sich im Verlauf der Mobbingphasen (siehe unten) die krankheitsbedingten Ausfallzeiten des Opfers. Das Zustandekommen dieser Folgen ist unabhängig von der Persönlichkeit des Opfers. Lediglich das Ausmaß der Folgen kann leicht durch Persönlichkeitsmerkmale und besonders durch den persönlichen Hintergrund Betroffener mitbestimmt sein (z.B. Möglichkeiten des Ausgleichs durch das soziale Umfeld).

Entstehung und Relevanz des Themas

Bis hin zum Mobbing entwickeln sich Konflikte in der Regel in vier Phasen (Leymann, 1993). Der Prozess des Mobbings beginnt durch einen ersten, meistens alltäglichen Konflikt, in dem das spätere Mobbing-Opfer zum Schuldigen erklärt wird. Hier kann tatsächliches Fehlverhalten vorliegen, jemand kann aber auch unverschuldet oder als Sündenbock in diese Rolle geraten.

Die Aktionen der Täter gewinnen in der zweiten Phase an Systematik. Die Aktionen gegen den Beschäftigten bekommen feindliche Züge. Die betroffene Person bekommt zu diesem Zeitpunkt ein Gefühl dafür, dass irgendetwas nicht stimmt, ohne dieses Gefühl genauer beschreiben zu können. Häufig stellt sie nur fest, dass Kollegen sie meiden. Die Isolierung des Opfers beginnt. Wenn es versucht, die Situation zu hinterfragen oder zu klären, scheitert es dabei, konfliktlösende Gespräche untereinander sind nicht mehr möglich.

In der dritten Phase ist die Situation festgefahren oder sie schaukelt sich noch weiter hoch. Maßnahmen der Vorgesetzten werden erforderlich. Auch ein Nicht-Reagieren ist aus kommunikationspsychologischer Sicht eine Reaktion, denn die betrieblichen Vorgesetzten signalisieren damit, dass sie das Geschehen tolerieren. Die Reaktion erfolgt jedoch häufig in die falsche Richtung: Vorgesetzte schließen sich der Meinung der Mehrheit, also den Tätern, an, denn dem Opfer sind inzwischen aufgrund der zugespitzten Situation tatsächlich Fehler unterlaufen. Es wird nun auch vom Vorgesetzten für „schuldig" erklärt, zum Beispiel, weil es sich nicht in das Team integriert. Betriebliche Maßnahmen werden zum Beispiel aufgrund fachlicher Fehler (durch Verunsicherung des Opfers), durch Arbeitsunfähigkeit oder aggressive Gegenwehr des Opfers erforderlich.

Die vierte Phase wird als Ausstoßungsphase bezeichnet. Die Sanktionen der Vorgesetzten werden häufiger und intensiver. Während am Anfang meistens noch verbale Ermahnungen stehen, folgen später örtliche Versetzungen (z.B. aus gemeinsamen Büroräumen), Abmahnungen und Kündigungen oder Eigenkündigungen. Das Opfer gibt zur Kündigung oft ausreichend Anlass, denn durch die lang anhaltende Schikane häufen sich Fehler und krankheitsbedingte Fehlzeiten.

Die vier Phasen werden meistens komplett durchlaufen, wenn nicht an einem möglichst frühen Punkt effektiv eingegriffen wird. Die Dauer der Phasen und des Prozesses insgesamt sind unterschiedlich und können sich in Abhängigkeit vom Vorgesetztenverhalten, der Personalfluktuation im Betrieb, der Widerstandsfähigkeit des Opfers und so weiter über viele Jahre hinziehen.

Knorz und Zapf (1996) listen die häufigsten Mobbinghandlungen auf, sie werden im Folgenden wiedergegeben:

- Hinter dem Rücken des Betroffenen wird schlecht über ihn gesprochen
- Abwertende Blicke oder Gesten
- Kontaktverweigerung durch Andeutungen
- Falsche oder kränkende Beurteilung der Arbeitsleistung
- Gerüchte werden verbreitet
- Vorgesetzte schränken die Äußerungsmöglichkeiten des Opfers ein
- Entscheidungen des Opfers werden in Frage gestellt
- Das Opfer bekommt Arbeitsaufgaben weit unter seinem Können zugeteilt
- Das Opfer wird lächerlich gemacht, man spricht nicht mehr mit ihm
- Das Opfer wird ständig unterbrochen, wenn es etwas sagt
- Man lässt sich vom Opfer nicht ansprechen
- Anschreien, lautes Schimpfen
- Verdächtigung, das Opfer sei psychisch krank
- Mündliche Drohungen gegen das Opfer
- Zuteilung sinnloser Arbeitsaufgaben
- Ständig neue Arbeiten werden dem Opfer zugeteilt
- Zuteilung kränkender Arbeitsaufgaben
- Kollegen wird das Ansprechen des Opfers verboten
- Angreifen der politischen Einstellung des Opfers
- Ständige Kritik am Privatleben des Opfers.

Bei der Betrachtung dieser Handlungen muss noch einmal darauf verwiesen werden, dass die gelegentliche Ausübung einzelner Handlungen zwar verwerflich ist und ihr innerbetrieblich massiv begegnet werden muss, es sich aber insgesamt nicht um Mobbing handelt, wenn nicht alle Kriterien der obigen Definition erfüllt sind.

Überbetriebliche Einflussfaktoren

Das Auftreten von Mobbing ist eng verbunden mit volkswirtschaftlichen Gegebenheiten, insbesondere der Arbeitslosigkeit in einer Gesellschaft. Aber auch die Vereinbarkeit von Familie und Beruf, Globalisierungsprozesse und der demografische Wandel sind wichtige Einflussfaktoren.

Mobbing ist in Zeiten der Vollbeschäftigung ein selteneres Phänomen. Dies liegt darin begründet, dass Arbeitskräftemangel seitens der Arbeitgeber ein höheres Maß an Personalpflege bewirkt; den Opfern ist in der Phase der Eskalation ein Arbeitgeberwechsel viel leichter möglich. Dieser erleichterte Arbeitgeberwechsel wiederum versetzt auch alle Beschäftigten in die Pflicht zum sorgsameren Umgang miteinander, denn das Ausscheiden eines Kollegen kann für die eigene Arbeit und das gesamte Unternehmen längerfristig unangenehm sein, wenn die frei werdende Stelle nicht mit qualifiziertem Personal besetzt werden kann. Da die Angst um den eigenen Arbeitsplatz in wirtschaftlich guten Zeiten geringer ist, können Konflikte auch angstfreier und lockerer angesprochen werden.

Die Lösung von und der Umgang mit einfachen oder schon leicht verschärften Konflikten ist besonders schwierig, wenn eine oder mehrere beteiligte Personen schon aus privaten Gründen stark emotional belastet sind. In diesem Falle ist der Konflikt am Arbeitsplatz ein zusätzlicher Stressor, der zum Beispiel eine sachliche Situationsanalyse und die nötige innere Ruhe bei der Konfliktlösung kaum noch ermöglicht. Umgekehrt bedeutet die Vereinbarkeit von Familie (oder Privatleben insgesamt) und Beruf, dass Beschäftigte persönliche Ressourcen aufbauen können, die dann wiederum als Puffer dienen, wenn negative psychische Belastungen am Arbeitsplatz auftreten.

Globalisierung und demografische Veränderungen (älter werdende Belegschaften) bewirken veränderte Zusammensetzungen von Belegschaften und Arbeitsgruppen. In beiden Veränderungen liegen für den Betrieb zahlreiche Chancen. Als ein Merkmal, das die Wahrscheinlichkeit, Mobbing-Opfer zu werden, leicht erhöht, ist aber die Andersartigkeit eines Beschäftigten im Vergleich zu den Kollegen beschrieben (z. B. Dialektsprecher im dialektfreien Raum). Eine Folge der Globalisierung ist eine multikulturelle Zusammensetzung von Belegschaften. Hierin liegen zwar große Potenziale für Unternehmen; wenn die Integration am Arbeitsplatz jedoch nicht ausreichend gefördert und von allen Beteiligten vorangetrieben wird, darf unter anderen Problemen auch die größere Wahrscheinlichkeit für Mobbing nicht übersehen werden.

Dies gilt ebenso für die Alterszusammensetzung von Arbeitsgruppen und Belegschaften, die mit unterschiedlichen Kompetenzen von jungen und älteren Beschäftigten einhergehen. Diese Kompetenzen zu erkennen und zu nutzen ist die Chance für Betriebe; eine Konzentration auf die spezifischen Defizite von Jung und Alt dagegen heizt (eskalierende) Konflikte an.

Präventionsmöglichkeiten

In der Literatur werden viele verschiedene Präventionsmaßnahmen vorgeschlagen. Hier seien nur einige wichtige exemplarisch erläutert.

Entscheidungen haben immer eine Inhalts- und eine Beziehungsebene. Wird zum Beispiel einem unterstellten Mitarbeiter aufgrund seiner spezifischen Erfahrungen (Sachebene) eine besonders verantwortungsvolle Aufgabe übertragen, können andere Mitarbeiter den Eindruck gewinnen, der Vorgesetzte würde ihnen diese

Aufgabe nicht zutrauen (Beziehungsebene). Durch klare Transparenz der Gründe für die Entscheidung können Konflikte unter den Kollegen vermieden werden. Das Einbeziehen von Mitarbeitern in den Planungs- und Entscheidungsprozess ist darüber hinaus eine gute Führungsstrategie, empfundene Ungerechtigkeiten und dadurch eskalierende Konflikte erst gar nicht aufkommen zu lassen.

Mobbing zum Thema zu machen, ist eine in der Industrie und in öffentlichen Verwaltungen in den vergangenen Jahren häufig praktizierte und effektive Präventionsmethode. Erst dadurch wird vielen Beschäftigten die Konsequenz ihres Handelns deutlich. Dazu gehören Maßnahmen wie Betriebsvereinbarungen, Abteilungs- und Mitarbeiterversammlungen, Artikel in Betriebszeitungen, Aushänge, Rundschreiben, Fortbildungsmaßnahmen zum Thema, besonders auch für Führungskräfte und so weiter. Nur wenn das Thema Mobbing kein Tabu ist, können Betroffene handeln, sind Beobachter sensibilisiert und der Weg zur Unterstützung der Betroffenen ist erleichtert (hierfür ist aber eine scharfe Definition – siehe oben – erforderlich).

Weitere Möglichkeiten der Prävention sind zum Beispiel:
- Die Installation eines innerbetrieblichen Ansprechpartners für Mobbing
- Die Einführung von Schlichtungsmodellen
- Der Einsatz von Paten für Anfänger im Betrieb.

Insbesondere innerbetriebliche Ansprechpartner haben sich bewährt und werden seit einiger Zeit in großen Betrieben häufiger im Rahmen von Betriebsvereinbarungen gewählt.

Praxisbeispiele
Beratung eines Unternehmens bei der Einführung einer Betriebsvereinbarung
In einem norddeutschen Großunternehmen wurde die Personalabteilung mit Mobbing-Vorwürfen aus der Belegschaft und dem Betriebsrat konfrontiert. Die Personalabteilung wandte sich mit der Bitte um Unterstützung an die Berufsgenossenschaften. Vertreter der Deutschen Gesetzlichen Unfallversicherung nahmen Kontakt zur Personalabteilung auf und gemeinsam mit dem Betriebsrat wurde ein Vorgehen abgestimmt. Dieses Vorgehen beinhaltete als wesentliches Element die Klärung, was überhaupt unter Mobbing verstanden wird, um den Umgang mit dem Thema zu versachlichen: Während die Belegschaft den Begriff eher schnell verwandte, war die Personalabteilung eher zurückhaltend im Gebrauch dieses Begriffes. Da der Begriff Mobbing inflationär gebraucht wurde, sah man keine Notwendigkeit zum Handeln.

Eine Bestandsaufnahme einiger Fälle, die als Mobbing bezeichnet wurden, erbrachte das erwartete Ergebnis. Teilweise war der Vorwurf völlig berechtigt, teilweise war er aber auch überzogen. Einigkeit bestand jedoch darin, dass bei den berechtigten Vorwürfen dem Betrieb massiver Schaden entstand.

Darauf aufbauend wurde mit Personalabteilung und Betriebsrat getrennt voneinander eine Begriffsbestimmung auf der Basis der obigen Definition erarbeitet. Die Personalabteilung war recht schnell bereit, diese Definition zu akzeptieren und sagte spontan zu, dass sie – wenn man sich auf diese Definition einigen könne – sofortige Maßnahmen zum Schutze der Opfer zusagen würde, denn der betriebliche Schaden sei dann offensichtlich groß. Dem Betriebsrat wurde diese Definition vorgestellt. Zwar wurde sie von dieser Seite als sehr eng angesehen – auf der anderen Seite war man bereit, sie zu akzeptieren, wenn das sofortige Eingreifen der Personalabteilung zugesichert würde.

Im nächsten Schritt wurden Personalabteilung und Betriebsrat wieder zusammengeführt und die getrennt voneinander erarbeiteten Vorschläge wurden vorgestellt. Durch den Kompromiss der beteiligten Gruppen gelang zum einen eine dringend erforderliche Versachlichung im Umgang mit dem Thema. Mitarbeiter und Vorgesetzte wurden vor unberechtigten Mobbing-Vorwürfen geschützt. Zum anderen wurden tatsächliche Mobbing-Opfer aber ebenfalls geschützt, weil sie sich der Unterstützung durch die Personalabteilung sicher sein konnten. Die gemeinsame Begriffsbestimmung und die Handlungszusage der Personalabteilung waren zudem die Grundlage für eine Betriebsvereinbarung, die Personalabteilung und Betriebsrat in der Folge der Beratung erstellen und mit Leben füllen wollten.

Beratung einer kleinen Filiale eines Großunternehmens

In einem Verkaufsbüro mit sieben Mitarbeiterinnen in einer Filiale wurde der Vorwurf des Mobbings an die Unfallversicherung herangetragen. Eine Situationsanalyse im Rahmen eines Gespräches mit allen Beschäftigten verdeutlichte schnell, dass in dem Büro zahlreiche Konflikte bestanden und es täglich zu Streitereien zwischen den Mitarbeiterinnen kam. Diese eskalierten so weit, dass gelegentlich die Eingangstür für Kunden kurzzeitig geschlossen werden musste, da die Arbeit in der Filiale nicht mehr möglich war. Zugleich wurde deutlich, dass eine unzureichende Software in der Filiale und ein ungerechtes Prämiensystem wesentliche Streitursachen waren.

In dieser Filiale bestanden massive Konflikte, Mobbing lag jedoch nicht vor. In der Folge wurde eine standardisierte Mitarbeiterbefragung durchgeführt, die zusammen mit der Situationsanalyse eine gute Grundlage für organisatorische und persönliche Maßnahmen darstellten.

Dieses Beispiel verdeutlicht, dass durch die Abgrenzung des Konflikts von Mobbing der Weg frei wurde für Maßnahmen, die im Falle von Mobbing wirkungslos gewesen wären.

Qualifizierung als Präventionsmaßnahme: Kriterien für die Seminarauswahl

Zum Thema Mobbing werden zahlreiche Qualifizierungsmaßnahmen angeboten. Das Internetportal *www.sophia24.com* bietet zum Thema alleine 45 Fortbildungsveranstaltungen unterschiedlicher Anbieter für verschiedene (überwiegend betriebliche) Zielgruppen an.

Für die betriebliche Arbeit sind einige Punkte wichtig, die Fortbildungen beinhalten sollten. Diese sind insbesondere:

- Die Versachlichung des Themas durch eine in Betrieben für alle akzeptable Gegenstandsbestimmung
- Das Üben von Gesprächen zwischen Opfern, Tätern, Arbeitnehmer- und Arbeitgebervertretern in verschiedenen Rollenkonstellationen, wobei die Teilnehmer sich in unterschiedliche Rollen begeben müssen, um damit die Perspektivenübernahme zu erproben
- Konkretisierung und Übung von Prävention und Intervention. Eine theoretische Erörterung genügt keinesfalls, da der zu erwartende Lerntransfer dann gering ist.
- Betonung und Vermittlung juristischer Aspekte, woraus sich die Konsequenz ergibt, dass im Seminar immer ein Psychologe (oder vergleichbare Profession) und ein Jurist als Dozent vertreten sein sollten.

→ Vereinbarkeit von Berufstätigkeit und Privatleben (S. 57); Konflikte und Gewalt; (S. 194); Fairness im Arbeitsleben (S. 210); Angst und Aggression (S. 341)

Literatur

Kistner, T.: Mobbing – wo andere leiden, hört der Spaß auf, Frankfurt 1997

Knorz, C./Zapf, D.: Mobbing – eine extreme Form sozialer Stressoren am Arbeitsplatz. In: Zeitschrift für Arbeits- und Organisationspsychologie, 40, 1996, S. 12–21

Leymann, H.: Mobbing, Reinbek 1993, S. 21

Meschkutat, B./Stackelbeck, M./Langenhoff, G.: Der Mobbing-Report. Repräsentativstudie für die Bundesrepublik Deutschland (BAuA-Report Fb 951), Wirtschaftsverlag NW, Bremerhaven 2002

Windemuth, D./Paridon, C.M./Kohstall, T.: Grundlagen der Definition von Mobbing. In: Die BG, 2, 2003, S. 59–62

Arbeitshilfen zum betrieblichen Umgang mit Mobbing werden im Internet insbesondere für die Erstellung von Musterlösungen für Dienst- und Betriebsvereinbarungen zur Verfügung gestellt, zum Beispiel:

Universität Marburg: Dienstvereinbarung zum Schutz der Mitarbeiterinnen und Mitarbeiter gegen Mobbing am Arbeitsplatz (http://web.uni-marburg.de/personalrat/dienstver/mobbing.html)

Finanzministerium Baden-Württemberg: Dienstvereinbarung über partnerschaftliches Verhalten am Arbeitsplatz (www.dstg-bw.de/dateien/dvmo.pdf)

Weitere Literaturangaben sind beim Autor erhältlich.

Anne Gehrke

Konflikte und Gewalt

Abstract
Konflikte sind menschlich, der konstruktive Umgang damit ist jedoch nicht immer gegeben. Wenn Konflikte eskalieren, können Aggressionen und Gewalt die Folgen sein. Gewalt am Arbeitsplatz kann jeder Beschäftigte erfahren, der im Rahmen seiner Tätigkeit direkten Kontakt zu anderen Menschen hat. Diese Erfahrungen haben psychische Auswirkungen, die bis hin zu einer Traumatisierung reichen können. Es gilt, dementsprechend Präventionsmaßnahmen auszuwählen und umzusetzen, welche die Entstehung von Gewalt am Arbeitsplatz verhindern beziehungsweise eine Beeinträchtigung der Beschäftigten durch Gewalterfahrungen vermeiden oder zumindest verringern helfen.

Thematische Eingrenzung und Definition

Konflikte gehören zum Arbeitsleben und sind menschlich. Ein positiver Umgang damit ist jedoch nicht immer selbstverständlich. Eine konstruktive Konfliktkultur stellt einen wichtigen Beitrag für eine gesundheits- und persönlichkeitsförderliche Gestaltung der Arbeit dar.

Aggression und Gewalt resultieren oft aus der Eskalation eines Konfliktgeschehens. Konflikte sollten jedoch ohne Gewalt ausgetragen werden. Wer gewalttätige Auseinandersetzungen vermeiden will, muss demnach Konflikte angemessen bewältigen können.

Der Begriff Konflikt lässt sich ableiten aus dem Lateinischen „confligere" und bedeutet soviel wie zusammenstoßen, zusammentreffen oder in Kampf geraten. Nach Berkel (2002) spricht man von einem Konflikt, „wenn zwei Elemente gleichzeitig gegensätzlich oder unvereinbar sind". Berkel gibt an, dass der „neutrale und gleichzeitig umfassende Ausdruck Elemente" verdeutlichen soll, dass ein Konflikt die verschiedensten Inhalte haben kann: Gedanken, Wünsche, Verhaltensweisen, Absichten, Beurteilungen, Bewertungen, Personen oder Gruppen. Dabei lässt sich zwischen dem Konflikt selbst, der Konflikteinstellung (z.B. Wut) und dem konkreten Konfliktverhalten (z.B. tätliche Aggression) unterscheiden. Die Konfliktforschung untersucht die Entstehung und den Verlauf von Konflikten und entwickelt Lösungsstrategien, um das Handeln in Konflikten positiv zu verändern beziehungsweise die negativen Auswirkungen eines Konfliktes begrenzen zu können.

Eine negative Folge von Konflikten am Arbeitsplatz kann Gewalt sein.

Die International Labour Organization (ILO) definiert Gewalt am Arbeitsplatz als: „Jede Handlung, Begebenheit oder von angemessenem Benehmen abweichendes Verhalten, wodurch eine Person im Verlaufe oder in direkter Folge ihrer Arbeit schwer beleidigt, bedroht, verletzt, verwundet wird." Die Definition der Europäischen Agentur für Sicherheit und Gesundheitsschutz am Arbeitsplatz (2002, Factsheet 24) ist ähnlich. Nach dieser beinhaltet Gewalt am Arbeitsplatz in der Regel physische Gewalt sowie verbale Beleidigungen, Bedrohungen, die von Außenstehenden (z.B. Kunden) gegenüber Personen bei der Arbeit ausgesprochen beziehungsweise ausgeübt werden, wobei Gesundheit, Sicherheit und Wohlbefinden der Beschäftigten gefährdet werden.

Aggressive und gewalttätige Handlungen können laut der Europäischen Agentur für Sicherheit und Gesundheitsschutz am Arbeitsplatz folgende Formen annehmen:
- Unhöfliches Verhalten – mangelnder Respekt gegenüber anderen
- Körperliche oder verbale Gewalt – Absicht, jemanden zu verletzen
- Überfälle, Übergriffe Dritter – Absicht, jemanden zu schädigen

Art der Belastung und Belastungsbedingungen

Gewalt am Arbeitsplatz kann jeden Beschäftigten betreffen, der im Rahmen seiner Tätigkeit direkten Kontakt zu anderen Menschen hat. Die Europäische Agentur für Sicherheit und Gesundheitsschutz am Arbeitsplatz benennt das Gesundheitswesen und den Einzelhandel als besonders gefährdete Branchen. Dies leitet sich unter anderem aus den Risikofaktoren für Beschäftigte ab, die von der Agentur aufgelistet wurden:

- Umgang mit Waren, Bargeld oder Wertsachen (z.B. in Geschäften, Tankstellen oder Banken)
- Einzelarbeitsplätze (z.B. im Bus oder Taxi)
- Kontakt mit bestimmten Kunden (z.B. Patienten mit Krankheiten, die mit Gewalt einhergehen)
- Allgemeine Autoritätsfunktionen, Kontrolle oder Überwachung (z.B. bei der Fahrausweisprüfung oder im Wachdienst)
- Schlecht organisierte Unternehmen und Behörden, bei denen es zum Beispiel zu Rechnungsfehlern kommt oder bei denen die Personalressourcen nicht angemessen sind.

Gewalterfahrungen am Arbeitsplatz haben psychische Auswirkungen, die bis hin zu einer Traumatisierung reichen können. Je nach Schwere des Ereignisses bedarf es daher einer entsprechenden psychologischen Unterstützung.

Entstehung und Relevanz des Themas

Nach Esser (2005) entsteht ein sozialer Konflikt, wenn die folgenden drei Bedingungen erfüllt sind:
1. Schadenserleben
2. Schuldzuweisung
3. Behauptungswille.

1. Schadenserleben („Aua!")

Von Schadenserleben spricht man, wenn eine Person eine Gefährdung, Beeinträchtigung oder Verletzung wesentlicher eigener Bedürfnisse, Interessen, Ansichten oder des sozialen Status wahrnimmt. Zum Ausbruch eines Konflikts genügt es, wenn eine Seite sich benachteiligt fühlt.

2. Schuldzuweisung („Das hat der mit Absicht gemacht!")

Von Schuldzuweisung spricht man, wenn

eine Person die wahrgenommene Beeinträchtigung dem Verhalten, den Plänen oder Vorhaben anderer Menschen zuschreibt.

3. Behauptungswille („Das lass ich mir nicht bieten!")

Behauptungswille meint, dass die betroffene Person bereit ist, die Lage zu eigenen Gunsten zu verändern und dabei auftretende Widerstände auszuschalten. Der Wille sich zu behaupten hängt von der Bewertung des Schadens und den eigenen Interessen ab. Bewerten wir den Schaden als nicht bedeutsam („Halb so schlimm ...") oder gehen wir davon aus, dass unser Gegenüber nicht absichtlich so gehandelt hat, so muss es trotz Schadenserleben nicht zu einem Konflikt kommen.

Die Eskalation eines Konfliktgeschehens kann jedoch in Aggression und Gewalt münden.

Möchte man die Entstehung von gewalttätigen Auseinandersetzungen erklären, so muss man beachten, dass mindestens zwei Arten von Gewalt unterschieden werden können. Unterschiedliche Formen von Gewalt lassen sich wiederum auf unterschiedliche Ursachen zurückführen.

Zum einen gibt es die aggressive, das heißt die bewusste Form der Gewaltausübung. Zum anderen kann Gewalt auch als Symptom einer Erkrankung verstanden werden oder infolge von Substanzmissbrauch auftreten.

Das Hauptmerkmal für die aggressive Form der Gewaltausübung ist das Handeln einer Person mit dem Ziel, eine andere Person zu schädigen. Dies wäre bei einem eskalierten Konflikt der Fall. Für diese Art der Gewalt gibt es mehrere Erklärungsansätze. Vertreter der Frustrations-Aggressions-Hypothese gehen davon aus, dass Aggression eine Folge von Frustrationserlebnissen ist. Das Gefühl der Frustration entsteht, wenn eine Person sich etwas wünscht oder ein Ziel setzt, dieses dann aber nicht erreicht.

Dieser Erklärungsansatz ist jedoch nicht hinreichend, da nicht jede Frustration zu Aggression führt und nicht jeder Aggression eine Frustration vorausgeht. So können auf eine Frustration auch andere Reaktionen wie Weinen oder Teilnahmslosigkeit folgen. Es wird nun angenommen, dass Frustration eine Bereitschaft für Aggression schafft. Ob eine Person aber tatsächlich auch aggressives Verhalten zeigt, hängt von zusätzlichen Bedingungen ab.

So geht man unter anderem davon aus, dass Frustration dann zu Aggression führt, wenn diese es ermöglicht, ein bestimmtes Ziel zu erreichen. Auf Frustration kann auch dann Aggression folgen, wenn die Umwelt uns Hinweisreize gibt, die eine aggressive Bedeutung haben (z. B. Waffen oder eine aggressive Körperhaltung). Diese Erklärung ist sehr nützlich, wenn es um Deeskalation geht: Das Verhalten des Gegners und auch das eigene Verhalten dienen als Hinweisreize. Somit kann sich eine Gewaltspirale entwickeln, diese aber auch durch deeskalierende Strategien unterbrochen werden.

Überbetriebliche Einflussfaktoren

In unserer Gesellschaft ist, durch Kriminalstatistiken belegt, eine zunehmende Gewaltbereitschaft festzustellen. Steigende Arbeitslosigkeit und gesellschaftlicher Abstieg beeinflussen das Verhalten von Kunden. Auch die Arbeitswelt unterliegt einem gesellschaftlichen Wandel. War früher die körperliche Arbeit vorrangig, so rückt heute der Dienstleistungssektor in den Vordergrund und damit die Belastungen, die sich aus sozialen Interaktionen und der Forderung nach mehr Kundenorientierung ergeben können. Weißgerber und Schatte (2003) berichten, dass es immer häufiger zu Problemen in Kundenbeziehungen bis hin zu massiver Aggression und Gewalt am Arbeitsplatz kommt. Statistiken belegen, dass trotz einer generellen Abnahme meldepflichtiger Arbeitsunfälle der Anteil von Arbeitsunfällen im Zusammenhang mit Aggressionshandlungen gestiegen ist.

Präventionsmöglichkeiten

Im Bereich der Gewaltprävention existieren eine Vielzahl unterschiedlicher Ansätze und Theorien. Ebenso vielschichtig ist die Diskussion, mit welchen Maßnahmen die Entstehung von Gewalt am Arbeitsplatz verhindert werden kann. Grundsätzlich soll sich die Auswahl der Präventionsmaßnahmen an der Maßnahmenhierarchie im Arbeitsschutz orientieren. Im ersten Schritt werden hierzu Gefährdungsbeurteilungen durchgeführt, um Risiken zu ermitteln, zu bewerten und gegebenenfalls vorbeugende Maßnahmen einleiten zu können. Im Rahmen der Gewaltprävention kommt dem Faktor „Gefährdung durch Personen" hierbei besondere Bedeutung zu.

Zu den Maßnahmen der Gewaltprävention gehört zum einen alles, was im Rahmen der Verhältnisprävention das Auftreten gewalttätiger Handlungen verhütet oder zumindest deren Auftreten verringert.

Folgende Präventionsmaßnahmen können ergriffen werden (beispielhaft):

Arbeitsumfeld:
- Bauliche Maßnahmen, zum Beispiel Notausgänge oder Schutzwände
- Technische Maßnahmen, zum Beispiel Zugangskontrollen oder Notrufsysteme.

Arbeitsorganisation:
- Vermeidung von Einzelarbeitsplätzen beziehungsweise ausreichendes Personal
- Regelmäßiges Fortschaffen von Bargeld oder Nutzung bargeldloser Alternativen
- Klare Regelungen der Zuständigkeiten.

Ebenso gehören aber auch Maßnahmen der Verhaltensprävention dazu, welche die Konfliktfähigkeit, insbesondere die Frustrationstoleranz und die Kommunikationsfähigkeit der Mitarbeiter stärken:

Information und Qualifikation des Personals:
- Unterweisung und Einhaltung von Sicherheitsvorschriften
- Vermeidung von Stresssituationen und emotionale Kontrolle
- Bewältigung schwieriger und bedrohlicher Situationen mit Kunden
- Deeskalationsseminare.

Die wichtigste Voraussetzung der Konfliktfähigkeit ist, dass die Konfliktsituation als solche erst einmal wahrgenommen wird. Strategien der konstruktiven Konfliktbewältigung sind zum Beispiel die argumentative Trennung von Person und Sache (Konfliktgegenstand), die Bereitschaft für gewaltfreie Lösungsansätze und die Fertigkeit den Konflikt so zu lösen, dass sich keiner als Verlierer fühlt und schon gar nicht das Gesicht verliert.

Die beschriebenen Maßnahmen der Verhältnisprävention zielen darauf ab, Konfliktsituationen, die zu Gewalt führen können, gar nicht erst entstehen zu lassen beziehungsweise im Falle der Konfliktentstehung deeskalierend einwirken zu können.

Praxisbeispiele

Arbeitsunfälle, die durch Tätlichkeiten oder direkte Gewaltanwendung gegenüber Beschäftigten verursacht werden, sind ein Schwerpunkt im Unfallgeschehen. Die Auswertung der Unfalldaten zeigt, dass Handlungsbedarf besteht. So ist zum Beispiel jeder zehnte Unfall im Bereich des öffentlichen Personennahverkehrs durch Übergriffe Dritter auf die Versicherten bedingt.

Eine Vielzahl der Versicherten der ehemaligen BG BAHNEN (jetzt VBG) haben während des Dienstes Kontakt zu Fahrgästen und sonstigen Dritten, zum Beispiel Verkehrsteilnehmern. Durch den Kontakt zu diesen Personen können Konflikte entstehen, die in bestimmten Situationen eskalieren und zu körperlicher Gewalt führen können.

Untersuchungen haben gezeigt, dass die Ursachen für die Übergriffe der Fahrgäste aber nicht nur in der wachsenden Gewaltbereitschaft der Fahrgäste begründet sind, sondern auch vom Verhalten und dem Auftreten des Personals diesen gegenüber abhängig sind. Großen Einfluss auf das Verhalten der Mitarbeiter haben Art und Umfang der Vorbereitung auf ihre Tätigkeit sowie die persönliche Einstellung zu ihrer Aufgabe.

In einem von der Initiative Gesundheit und Arbeit (iga) geförderten Kooperationsprojekt hat das Institut für Arbeit und Gesundheit der Deutschen Gesetzlichen Unfallversicherung (IAG) beispielsweise in Zusammenarbeit mit der BG BAHNEN (jetzt VBG) ein branchenspezifisches Multiplikatorentraining entwickelt, erprobt und evaluiert. Die Multiplikatoren werden im Rahmen der Schulung befähigt, ihren Mitarbeitern präventive Maßnahmen zur Früherkennung und Vorbeugung von Konflikteskalationen und Gewalt zu vermitteln.

In einem Folgeprojekt ist ein ergänzendes Computer Based Training (CBT) zur Prävention von Gewalt durch Übergriffe Dritter entwickelt worden.

Qualifizierung als Präventionsmaßnahme: Kriterien für die Seminarauswahl

Seminare zu den Themen Konfliktbewältigung und Gewaltprävention finden sich bei vielen Anbietern. Ein entscheidender Anhaltspunkt bei der Auswahl sollte sein, dass die Qualifizierungsmaßnahmen branchenspezifisch angeboten beziehungsweise auf das Unternehmen oder die Institution zugeschnitten werden. Ebenso muss definiert sein, in welchen Rahmen die Inhalte eingeordnet sind, zum Beispiel ob Techniken der Selbstverteidigung einen Bestandteil darstellen oder nicht. Die Schulung von Selbstverteidigungstechniken sollte nur in Ausnahmefällen erwogen werden, da hierdurch eine Gefährdung der Beschäftigten oder weiterer Personen möglich ist. In Arbeitsbereichen wie der Psychiatrie können diese Techniken jedoch sehr sinnvoll sein, da durch die Symptomatik der Patienten die kommunikativen Strategien oft zu kurz greifen.

Eine Checkliste zur Auswahl von Trainings- und Schulungsmaßnahmen bietet die Broschüre „Gewaltfreier Arbeitsplatz" der Initiative Neue Qualität der Arbeit (INQA), herausgegeben von der Bundesanstalt für Arbeitsschutz und Arbeitsmedizin.

→ Fairness im Arbeitsleben (S. 210); Angst und Aggression (S. 341)

Literatur

Berkel, K.: Konflikttraining. Konflikte verstehen, analysieren, bewältigen. Sauer, 2002

Bundesanstalt für Arbeitsschutz und Arbeitsmedizin (Hrsg.): Gewaltfreier Arbeitsplatz Handlungsempfehlung zur Implementierung einer Unternehmenspolicy, BAuA 2008

Europäische Agentur für Sicherheit und Gesundheitsschutz am Arbeitsplatz: Gewalt bei der Arbeit, Factsheet 24, 2002

Gehrke, A./Erb, R.: Präventionsmaßnahmen zum Schutz vor Übergriffen Dritter auf Mitarbeiter im Öffentlichen Personennahverkehr. In: Die BG, 1, 2006, S. 48-51

Weißgerber, B./Schatte, J.: Gewalt am Arbeitsplatz: Situation, Schwerpunkte, Maßnahmenkonzepte. In: sicher ist sicher, 1, 2003, S. 6-9

Windemuth, D.: Gewalt am Arbeitsplatz. In: Bundesarbeitsblatt, 3, 2005, S. 8-14

Weitere Literaturangaben sind bei der Autorin erhältlich.

Annegret Elisabeth Schoeller

Sexuelle Belästigung und Diskriminierung

Abstract
Sexuelle Belästigung war und ist zu jeder Zeit, allerdings in unterschiedlichen Ausprägungen, ein Phänomen der Gesellschaft. Der Betrieb ist als Teil der Gesellschaft somit auch mit dem Vorkommen von sexuellen Übergriffen konfrontiert. Ein guter Arbeitsplatz ist ein Arbeitsplatz mit einer Atmosphäre, in der sich Frauen und Männer respektiert fühlen und ihre Leistungen anerkannt und wertgeschätzt werden. Die Realität in Betrieben, Unternehmen und Organisationen sieht oft anders aus. Der Arbeitsplatz ist häufig ein Ort erzwungener Nähe zu anderen Menschen, bisweilen von Hektik und Stress geprägt. Häufig wurde sexuelle Belästigung am Arbeitsplatz als Kavaliersdelikt angesehen, im schlimmsten Fall sogar tabuisiert. Frauen sind am häufigsten von sexueller Belästigung betroffen – daher wird in diesem Beitrag in erster Linie auf die sexuelle Belästigung von Frauen eingegangen. Sie reagieren darauf individuell unterschiedlich. Häufig zeigen sie Reaktionen wie Ekelgefühl, Wut oder Erstarrung. In der Folge kann es zu körperlichen Reaktionen, Leistungsminderung, Fehlzeiten, Arbeitsunfähigkeit bis hin zu Arbeitslosigkeit führen. Durch das Inkrafttreten des Allgemeinen Gleichbehandlungsgesetzes (AGG) vom 18.8.2006 hat sich die Situation für die Betroffenen grundlegend verbessert. Die Einführung der Beweislastumkehr, das Leistungsverweigerungsrecht sowie das Recht auf Entschädigung und Schadensersatz gegenüber dem Arbeitgeber sind effektive Mittel, sich zur Wehr zu setzen. Die Kombination von rechtlichen Rahmenbedingungen, Diversity-Management und der Übernahme von Selbstverantwortung scheint ein geeignetes Mittel zu sein, die Unternehmenskultur sowie die Arbeitsmotivation der Arbeitnehmer und das Betriebsklima entscheidend zu verbessern.

Thematische Eingrenzung und Definition

Sexuelle Belästigung ist eine Form der sexuellen Gewalt und ist in über 90 Prozent der Fälle gegen Frauen gerichtet. Im Rahmen der nationalen und internationalen Forschungen wird sexuelle Gewalt sehr unterschiedlich definiert. Weitere Ausprägungen der sexualisierten Gewalt sind sexuelle Bedrängnis, ungewollte sexuelle Handlungen unter psychisch-moralischem Druck bis hin zu erzwungenen sexuellen Handlungen gegen den ausdrücklichen Willen der Person mit Anwendung von Drohungen oder körperlichem Zwang. Eine eindeutige und allgemein gültige Grenze, wo sexuelle Gewalt beginnt, gibt es nicht.

Die treffendsten Definitionen von sexueller Belästigung und Diskriminierung bietet auf nationaler Ebene das Allgemeine Gleichbehandlungsgesetz (AGG) vom 18.08.2006 sowie auf europäischer Ebene Artikel 2 der Gleichbehandlungsrichtlinie vom 23.09.2002.

§ 3 Abs. 3 bis 4 AGG besagt:

(3) Eine „Belästigung" ist eine Benachteiligung, wenn unerwünschte Verhaltensweisen […] bezwecken oder bewirken, dass die Würde der betreffenden Person verletzt und ein von Einschüchterungen, Anfeindungen, Erniedrigungen, Entwürdigungen oder Beleidigungen gekennzeichnetes Umfeld geschaffen wird.

(4) Eine „sexuelle Belästigung" ist eine Benachteiligung […], wenn ein unerwünschtes, sexuell bestimmtes Verhalten, wozu auch unerwünschte sexuelle Handlungen und Aufforderungen zu diesen, sexuell bestimmte körperliche Berührungen, Bemerkungen sexuellen Inhalts sowie unerwünschtes Zeigen und sichtbares Anbringen von pornografischen Darstellungen gehören, bezweckt oder bewirkt, dass die Würde der betreffenden Person verletzt wird, insbesondere, wenn ein von Einschüchterungen, Anfeindungen, Erniedrigungen, Entwürdigungen oder Beleidigungen gekennzeichnetes Umfeld geschaffen wird.

Artikel 2 der Gleichbehandlungsrichtlinie definiert:

(…)

(2) Im Sinne dieser Richtlinie bezeichnet der Ausdruck

- „unmittelbare Diskriminierung": wenn eine Person aufgrund ihres Geschlechts in einer vergleichbaren Situation eine weniger günstige Behandlung erfährt als eine andere Person erfahren hat, oder erfahren würde;
- „mittelbare Diskriminierung": wenn dem Anscheinen nach neutrale Vorschriften, Kriterien oder Verfahren Personen, die einem Geschlecht angehören, in besonderer Weise gegenüber Personen des anderen Geschlechts benachteiligen können, es sei denn die betreffenden Vorschriften, Kriterien oder Verfahren sind durch ein regelmäßiges Ziel sachlich gerechtfertigt und die Mittel sind zur Erreichung des Zieles angemessen und erforderlich;
- „Belästigung": wenn unerwünschte geschlechtsbezogene Verhaltensweisen gegenüber einer Person erfolgen, die bezwecken oder bewirken, dass die Würde der betreffenden Person verletzt und ein von Einschüchterungen, Anfeindungen, Erniedrigungen, Entwürdigungen und Beleidigungen gekennzeichnetes Umfeld geschaffen wird;
- „sexuelle Belästigung": jede Form von unerwünschtem Verhalten sexueller Natur, das sich in unerwünschter verbaler, nichtverbaler oder physischer Form äußert und das bezweckt oder bewirkt, dass die Würde der betreffenden Person verletzt wird, insbesondere, wenn ein von Einschüchterungen, Anfeindungen, Erniedrigungen, Entwürdigungen und Beleidigungen gekennzeichnetes Umfeld geschaffen wird.

Sexuelle Belästigung im Sinne der Richtlinie gilt als „Diskriminierung aufgrund des Geschlechts" und ist daher verboten. Die Zurückweisung oder Duldung solcher Verhaltensweisen durch die betreffende Person darf nicht als Grundlage für eine Entscheidung herangezogen werden, die diese Person berührt.

Art der Belastung und Belastungsbedingungen

Menschen reagieren auf sexuelle Belästigungen im Arbeitsleben individuell unterschiedlich. Bei Frauen zeigen sich häufig direkte Reaktionen wie Ekelgefühle, Empörung und Wut, Erstarrung, Verunsicherung und Rückzug. Dem ersten Schreck folgen Gefühle von Ohnmacht, Hilflosigkeit und Ausgeliefertsein. Hinzu kommen vielfach Selbstzweifel und Schuldgefühle, zum Beispiel sich möglicherweise falsch verhalten zu haben, sich nicht hinreichend gewehrt zu haben oder überzogen reagiert zu haben.

Viele Frauen schweigen aufgrund dieser Schamgefühle über die Tat. Die Verarbeitung sexueller Grenzverletzung führt außerdem zu einer Senkung der Frustrationstoleranz, einer höheren Reizbarkeit und einem sinkenden Selbstbewusstsein.

Sexuelle Belästigung als Form des Mobbings kann nicht nur seelisch belasten, sondern stellt auch Risikofaktoren für die Entstehung körperlicher Erkrankungen dar. Zu den körperlichen Krankheitsbildern gehören unter anderem Magen- und Kreislaufbeschwerden, Rückenschmerzen, allergische Reaktionen und Schlafstörungen. Auch über psychische Krankheitsbilder wie Angststörungen, die eine medizinische oder therapeutische Behandlung notwendig machen können, wird berichtet.

Für viele Frauen stellt die sexuelle Belästigung am Arbeitsplatz eine erhebliche Belastung dar, die sich auch negativ auf ihre Leistungsfähigkeit auswirkt. Nicht selten stellen Betroffene Anträge auf Versetzung, obwohl das nicht ihr eigentlicher Wunsch ist. Sie kündigen, geben ihren erlernten Beruf auf oder brechen ihre Karriere ab – so kann längerfristig Arbeitslosigkeit eine Folge sein.

Entstehung und Relevanz des Themas

Bei sexueller Belästigung fehlt das gegenseitige Einvernehmen der beteiligten Personen. Sexuelle Belästigung am Arbeitsplatz kann sich unterschiedlich ausdrücken. In einer 1991 vom damaligen Bundesministerium für Jugend, Familie, Frauen und Gesundheit in Auftrag gegebenen Studie wurden branchenübergreifend vor allem folgende Handlungen von der überwiegenden Mehrheit (75 bis 100 Prozent der Befragten) als sexuelle Belästigung erkannt und bewertet:

- Pornografische Bilder am Arbeitsplatz
- Anzügliche Bemerkungen über die Figur und über das sexuelle Verhalten der Frau im Privatbereich
- Unerwünschte Einladungen mit eindeutiger Absicht
- Kneifen oder Klapsen des Gesäßes
- Telefongespräche, Briefe mit sexuellen Anspielungen
- Androhung beruflicher Nachteile bei sexueller Verweigerung
- Versprechen beruflicher Vorteile beim sexuellen Entgegenkommen
- Aufgedrängte Küsse oder Umarmungen
- Berühren der Brust oder des Genitals
- Zurschaustellen des Genitals
- Aufforderung zu sexuellem Verkehr
- Erzwingen sexueller Handlungen, tätliche Bedrohung.

Männer und Frauen kamen zu ähnlichen Einschätzungen darüber, welche Handlungen als sexuelle Belästigung am Arbeitsplatz einzustufen sind. Daraus lässt sich schließen, dass diejenigen, die andere sexuell belästigen, wissen was sie tun. Sexuelle Belästigung am Arbeitsplatz ist also eine gezielte und bewusste Handlung.

Gesellschaftliche Auswirkungen

Die sexuelle Belästigung hat nicht nur für individuell betroffene Menschen Auswirkungen, es entstehen auch erhebliche Folgekosten für die Gesellschaft. Im Gegensatz zu den USA, die der Frage der sexuellen Belästigung am Arbeitsplatz erheblich mehr Aufmerksamkeit schenken, gibt es für Deutschland nur wenige Untersuchungen beziehungsweise Schätzungen über die Kostenbelastung bei sexueller Belästigung.

Im europäischen und US-amerikanischen Forschungskontext wurden bislang einige Studien zur sexuellen Belästigung von Frauen, insbesondere am Arbeitsplatz, erstellt. Der Vergleich der Studienergebnisse aus den frühen und mittleren 1990er-Jahren mit den Ergebnissen ab 2000 zeigt, dass sexuelle Belästigung ein substanzielles Problem in den meisten europäischen Ländern ist, obwohl ein klares Bild schwer darstellbar ist, da große Diskrepanzen zwischen den Ergebnissen bestehen.

Um das wahre Ausmaß der Gewalt und Belästigung am Arbeitsplatz in Europa zu erfassen, hat die europäische Stiftung zur Verbesserung der Lebens- und Arbeitsbedingungen in Dublin ein Projekt in Auftrag gegeben, dessen Ergebnisse in einem Report zusammengefasst wurden. Die Studie untersucht viele Aspekte der sexualisierten Gewaltausübung, wobei die sexuelle Belästigung einen Teilaspekt darstellt. Der Forschungsbericht zeigt, dass fast ein Zehntel der Arbeitnehmer angibt, Einschüchterungsversuchen am Arbeitsplatz ausgesetzt gewesen zu sein. Mehr als sieben Prozent der Arbeitnehmer in der EU sind sich des Vorkommens körperlicher Gewalt an ihrem Arbeitsplatz bewusst und zwei Prozent berichten von eigenen Erfahrungen. Die Auswertung von Studien aus elf Ländern zeigt, dass zwischen 30 und 50 Prozent der Frauen in Europa mit allen Formen der sexuellen Belästigung Erfahrungen gemacht haben, davon haben etwa ein bis sechs Prozent schwere Formen der sexuellen Gewalt erlebt (Di Martino, 2003). Sexuelle Belästigung wird in Europa zunehmend als Form von Gewalt und Angriff gegen die Würde des Einzelnen betrachtet, auch in den Ländern, in denen bisher Gewalt sexueller Art oft als wenig schwerwiegend angesehen wurde. Die Vielfalt an Definitionen von Schikanen am Arbeitsplatz sowie die kulturellen Faktoren, die dieses Problem umgeben, sind komplex. Bei jedem Versuch, das Problem zu beheben, müssen diese Faktoren berücksichtigt werden. Die Ergebnisse zeigen die Verwundbarkeit von Frauen am Arbeitsplatz ebenso wie die Kosten und Produktivitätseinbußen, die den Arbeitgebern durch dieses Phänomen entstehen. Diese Studie ist insofern interessant, da sie einen Überblick über alle europäischen Länder im Hinblick auf unterschiedliche Formen der sexuellen Gewalt und Belästigung am Arbeitsplatz einschließlich deren Rechtslage bietet.

In Deutschland gab die Bundesstudie zur sexuellen Belästigung am Arbeitsplatz aus dem Jahr 1991 einen wichtigen Anstoß für eine verbesserte Rechtssituation betroffener Frauen. Sie hat nicht nur das hohe Ausmaß sexueller Übergriffe deutlich gemacht, sondern auch gezeigt, dass straf- und arbeitsrechtliche Schutzvorschriften vor sexuellen Übergriffen zwar bestehen, jedoch in den Betrieben weder bekannt sind noch in der Rechtswissenschaft näher erörtert wurden. Diese Studie und Vorstudien waren Grundlage zur Schaffung des Beschäftigungsschutzgesetzes von 1994.

In der Studie „Beschäftigtenschutzgesetz in der Praxis" (2002) des Bundesministeriums für Familie, Senioren, Frauen und Jugend wurde erstmalig evaluiert, wie sich das Beschäftigungsschutzgesetz von 1994 in der betrieblichen Praxis und in der Rechtsprechung ausgewirkt hat. 1.000 Unternehmen wurden befragt. In 5 Prozent dieser Unternehmen wurden Vorfälle von sexueller Belästigung erinnert. Im Durchschnitt wurden seit dem Inkrafttreten des Beschäftigtenschutzgesetzes (1994) bis zur Befragung (2001) 5,97 Vorkommnisse pro Arbeitsstätte dokumentiert. Dies bedeutet, dass im Laufe der 8 Jahre von rund 300.000 Betroffenen auszugehen ist, wobei eine nicht unbeträchtliche „Dunkelziffer" hinzugezählt werden muss, da nur die registrierten Fälle gezählt wurden.

Der Bekanntheitsgrad des Beschäftigungsschutzgesetzes war bei allen Beteiligten und den Betroffenen gering. Schwächen des Beschäftigungsschutzgesetzes waren, dass zwar die Pflichten der Arbeitgeber betont wurden, aber gerade das im Gesetz nicht konkretisiert wurde. Die Personalverantwortlichen bestritten die Relevanz der Bekanntmachungspflicht im Betrieb und lehnten eine eigene Haftung für sexuelle Belästigung eher ab. Spezielle Ansprechstellen mit kompetenter Besetzung waren in den Unternehmen mit 1,1 Prozent so gut wie nicht vorhanden. Aufgrund dessen fanden auch Fortbildungen äußerst selten statt. Der geringe Mobilisierungsgrad des Beschäftigungsschutzgesetzes hatte offensichtlich zur Folge, dass dessen Anwendung im Bereich der Personalführung nicht die Regel, sondern die Ausnahme war.

Die Studie zeigt, dass der Anwendungsbereich des Gesetzes beispielsweise vor Gericht kaum geprüft wurde. Auch professionelle Verfahren im Umgang mit Belästigung existierten wegen mangelnder Routine nicht regelmäßig. Erstaunlicherweise wurde das Beschäftigungsschutzgesetz vor Gerichten nicht von Betroffenen, sondern von den Belästigern zuungunsten der Betroffenen herangezogen. Das Beschäftigtenschutzgesetz wird in den untersuchten gerichtlichen Verfahren häufiger angewendet, wenn der Belästiger mobilisiert (in erster Instanz in 53 von 85 Fällen, also 62,4 %), als wenn die Betroffene mobilisiert (in erster Instanz in 4 von 21 Fällen, als 19 %).

Das Allgemeine Gleichbehandlungsgesetz (AGG), welches das Beschäftigungsschutzgesetz im Jahr 2006 abgelöst hat, ist ein weitaus wirksameres Instrument gegen sexuelle Belästigung und Diskriminierung. Das Beschäftigungsschutzgesetz enthielt keine wirksamen Sanktionierungsregelungen, wie beispielsweise eine Schadensersatzregelung. Wichtige neue Merkmale, die in das AGG aufgenommen wurden, sind die Einführung der Beweislastumkehr (der Belästiger muss nachweisen, dass er *nicht* belästigt hat), das Leistungsverweigerungsrecht, das besagt, dass der Arbeitnehmer bei Fortbestehen einer belastenden Situation das Recht besitzt, vom Arbeitsplatz fernbleiben zu können, sowie das Recht auf Entschädigung und Schadensersatz gegenüber dem Arbeitgeber. Dies sind effektive Mittel für die Betroffenen, sich zur Wehr zu setzen.

Präventionsmöglichkeiten

Im Allgemeinen Gleichbehandlungsgesetz sind die Präventionsmöglichkeiten des Arbeitgebers in Form von Fortbildungsverpflichtungen, Einrichtung einer geeigneten Beratungsstelle und eine Aushangverpflichtung erfasst. Darüber hinaus lässt sich jedoch eine Vielzahl von Präventionsmöglichkeiten denken, wie

- die Wahl und Schulung von Ansprechpartnern und Vertrauenspersonen,
- Qualitätszirkel,
- Aufklärungskampagnen zur sexuellen Belästigung,
- Ausstellungen zum Thema,

- die Aufnahme von entsprechenden Bildungsbausteinen in die Fortbildungsarbeit,
- das Ansprechen des Themas auf Betriebs- und Personalversammlungen, bei Mitarbeiterbesprechungen und in der Öffentlichkeit.

Präventiv wirkt auch, den Gedanken des ausreichenden Schutzbereiches bei Bauvorhaben, zum Beispiel bei Firmenparkplätzen, der Anlage der Räumlichkeiten, bei Betriebsfeierlichkeiten et cetera, zu berücksichtigen.

Auch die Aufnahme des Verbots sexueller Belästigung in
- Arbeitsverträge,
- Dienst- und Betriebsvereinbarungen,
- Satzungen,
- Mitteilungen an die Belegschaft,
- Aushänge am Schwarzen Brett,
- entsprechende Artikel in den Mitarbeiterzeitschriften und
- Fachzeitschriften

dient dem präventiven Schutz ebenso wie eine Berücksichtigung des Themas bei der Gestaltung der Arbeitszeit und bei Schichtplänen.

Im Rahmen des Direktionsrechts hat zudem der Arbeitgeber vielfältige zusätzliche präventive Möglichkeiten, um beispielsweise ein frauenfeindliches Klima zu verhindern,
- zum Beispiel ein Alkoholverbot bei Betriebsfeiern, bei Betriebsausflügen, in der Kantine,
- die Aufnahme des Alkoholverbots in Arbeitsverträge oder Betriebsvereinbarungen.

Ein Arbeitgeber, der weiß, wie schädlich sich ein frauenfeindliches Klima auf den Betrieb auswirkt, kann selbstverständlich auch anordnen, dass bestimmte Darstellungen, zum Beispiel unbekleidete Frauen auf Plakaten, in Zeitungen und Zeitschriften et cetera, im Betrieb nicht geduldet werden. In den letzten Jahren nahm das Problem zu, dass Arbeitnehmer an ihren Arbeitsplätzen pornografische Seiten im Internet aufrufen.

Der Betriebsarzt wird dem Arbeitgeber und dem Arbeitnehmer beratend zur Seite stehen und für den Betrieb passende Vorschläge zur Prävention einer sexuellen Belästigung vorlegen. Wie auch andere Akteure im Arbeits- und im Gesundheitsschutz wird es seine Aufgabe sein, Konzepte zu entwickeln, damit Beschäftigte psychische Belastungen am Arbeitsplatz bewältigen können oder diese erst gar nicht entstehen.

Gewaltprävention, die Durchsetzung der politischen Forderungen nach Gleichheit, die Beachtung der Vielfältigkeit von Menschen und der Respekt vor der Andersartigkeit stehen in einem untrennbaren Zusammenhang. Ausdrücke wie „Geschlechtsdemokratie", „Geschlechtergerechtigkeit" oder „Gender-Mainstreaming" zeigen die Versuche, die Problematik der Gleichheit der Geschlechter umzusetzen und für die politische Kultur innerhalb und außerhalb des Betriebes fruchtbar zu machen.

Insbesondere der Diversity-Ansatz ist geeignet, die Geschlechterfrage mit der grundsätzlichen Frage von Vielfalt und Verschiedenartigkeit unter Menschen zu verknüpfen. Danach ist es für eine positive Unternehmenskultur unumgänglich, mögliche Diskriminierungen zu identifizieren, zu benennen und diese sowohl präventiv als auch bei der Konfliktbehandlung zu berücksichtigen. Kernaspekte sind dabei, dass alle Mitarbeiter eine gleichberechtigte wertschätzende Behandlung erwarten können. Gefordert sind Offenheit und Toleranz im Umgang miteinander. Dies erfordert ein Konfliktmanagement. Erfahrungen aus den Organisationen und Betrieben anderer Länder zeigen ebenfalls, dass ein solches Umsetzungskonzept, das das Ziel hat, Gleichstellung und Vielfalt zu gewährleisten, zu einer Steigerung der Mitarbeitermotivation und zu Zufriedenheit führt.

International tätige Unternehmen mit einem US-amerikanischen Hintergrund, wie zum Beispiel Hewlett-Packard oder Ford, sind mit der Forderung nach Diversity-Management sehr vertraut und bieten unterschiedliche Maßnahmen in den Bereichen Training, Mentoring, Netzwerkbildung und Kommunikation an. Daimler-Chrysler und die Deutsche Bank wurden im Rahmen von Unternehmenszusammenschlüssen mit den amerikanischen Standards des Diversity-Managements konfrontiert und erschließen sich jetzt diesem Handlungsfeld.

Personen, die am Arbeitsplatz sexuell belästigt werden/wurden, können folgende Schritte unternehmen:
Empfindungen ernst nehmen
Eine erste Schwierigkeit besteht häufig im Erkennen, dass es sich bei dem Erlebten tatsächlich um eine sexuelle Belästigung handelt. Zunächst ist es deshalb wichtig, die eigenen Empfindungen ernst zu nehmen und sich zu verdeutlichen, dass jeder Mensch ein Recht auf einen Arbeitsplatz hat, an dem er nicht belästigt wird. Es kann erst einmal schwierig sein, die „Peinlichkeit", die bei sexuellen Belästigungen häufig empfunden wird, zu überwinden und zu handeln.

Belästigungen energisch zurückweisen
Frauen neigen oft zu defensiven Formen der Gegenwehr, zum Beispiel durch den Versuch, die Annäherungsversuche zu ignorieren, den Versuch, den Belästiger zu meiden oder scherzhaft mit den Belästigungen umzugehen. Diese Formen der Gegenwehr sind selten erfolgreich. Von Vorteil ist es, die Belästigung unmittelbar und direkt beim ersten Vorfall energisch zurückzuweisen, zum Beispiel mit lauten Entgegnungen – auch wenn die Belästigung im Flüsterton erfolgt. Mit lauten Entgegnungen kann Belästigungssituationen das Vertrauliche und die Heimlichkeit genommen werden, und es besteht die Möglichkeit, dass andere Personen etwas von dem Vorfall mitbekommen.

Offensives und aktives Vorgehen
Ein offensives und aktives Vorgehen direkt und unmittelbar beim ersten Übergriff ist eindeutig von Vorteil. Den Belästiger zur Rede zu stellen und sich die Belästigungen zu verbitten, die Androhung einer Beschwerde oder eine tatsächliche Beschwerde, die Ankündigung, die Tat anderen zu erzählen oder den Belästiger zu verklagen, und auch die körperliche Gegenwehr sind gute Möglichkeiten einer ersten Reaktion.

Schriftliche Reaktionen
Auch schriftliche Reaktionen sind sinnvoll, vor allem dann, wenn die verbale Zurückweisung nicht gelingt beziehungsweise vom Belästiger ignoriert wird. In einem solchen Schreiben sollte sachlich und detailliert – das heißt mit Angabe von Datum, Ort, Tathergang und so weiter – das Verhalten des Belästigers kritisiert und zurückgewiesen werden. Zudem sollten Konsequenzen für den Fall aufgezeigt werden, dass der Belästiger die Belästigungen nicht einstellt. Es sollte eine Kopie des Schreibens angefertigt und das Schreiben möglichst in Gegenwart einer dritten Person übergeben oder per Einschreiben mit einem Rückschein verschickt werden.

Sich anderen anvertrauen

Entlastend kann ein Gespräch mit einer Vertrauensperson sein sowie Gespräche mit Kollegen, bei denen sich häufig herausstellt, dass ein Belästiger bereits schon mehrere Personen im Betrieb bedrängt und belästigt hat. Ein gemeinsames Vorgehen gegen den Täter kann sehr wirkungsvoll sein.

Zeugen/Zeuginnen

Sinnvoll ist zudem eine gezielte Suche nach Zeugen, die die Belästigungssituationen genau beobachten.

Professionelle Ansprechpartner

Frauennotrufe, Frauenbeauftragte, Gewerkschaften, Rechtsanwältinnen und -anwälte, Betriebsärzte und so weiter können über mögliche Maßnahmen der Gegenwehr informieren.

Tathergang schriftlich festhalten

In jedem Fall sollte der Tathergang direkt nach der Tat schriftlich aufgezeichnet werden, wie oben beschrieben. Diese Aufzeichnungen können mit einer eidesstattlichen Erklärung bei einer Anwältin oder einem Anwalt hinterlegt und für eine mögliche spätere offizielle Beschwerde verwendet werden.

Betriebsrat/Personalrat/Frauenbeauftragte

Ein vertrauliches Gespräch mit dem Betriebs- oder Personalrat oder der Frauenbeauftragten sollte spätestens dann geführt werden, wenn die Belästigungen wiederholt erfolgen und/oder der Täter die Belästigungen auch nach einer mündlichen oder schriftlichen Aufforderung nicht einstellt.

Beschwerde bei der Beschwerdestelle

Der Beschäftigte hat ein Beschwerderecht nach § 13 AGG und soll sich an die zuständige Beschwerdestelle des Betriebes wenden. Der Arbeitgeber ist verpflichtet, gegen sexuelle Belästigungen vorzugehen, ansonsten verstößt er gegen seine Fürsorgepflicht (§ 13 AGG, § 618 BGB).

Anzeige zur strafrechtlichen Verfolgung

Je nach Art der sexuellen Belästigung können verschiedene Straftatbestände des Strafgesetzbuches erfüllt sein, die auch unterschiedliche Verjährungsfristen haben. Strafanzeige kann die betroffene Person selbst oder der Arbeitgeber erstatten. Dem Entschluss einer Anzeigenerstattung sollte eine Rechtsberatung vorangehen.

Anzeige beim Arbeitsgericht

Gegenstand der Anzeige kann zum Beispiel die Kündigung der betroffenen Frau oder des Belästigers sein, ebenso wie Versetzungen oder Ähnliches. Häufig wird in diesen Verfahren versucht, einen Vergleich zu erwirken, das heißt, eine Einigung zu erzielen, die weder für die eine noch für die andere Seite einen vollständigen Sieg beziehungsweise eine vollständige Niederlage bedeutet. Dem Entschluss einer Anzeigenerstattung sollte eine Rechtsberatung vorangehen.

Praxisbeispiele

Ein mittelständisches Non-Profit-Unternehmen mit 100 Mitarbeitern nahm Kenntnis von dem Inkrafttreten des Allgemeinen Gleichbehandlungsgesetzes (AGG) vom 18.08.2006. Es wandte sich an die Betriebsärztin und bat sie um Beratung, wie das Allgemeine Gleichbehandlungsgesetz optimal im Betrieb umgesetzt werden kann.

Das Ergebnis der Beratung war, dass alle Mitarbeiter einschließlich der Führungsebene keine Fortbildungsveranstaltungen bevorzugten, sondern ein E-Learning-Programm. Derzeit werden nur wenige AGG-Fortbildungsprogramme zum Eigenstudium angeboten. Ein Programm wurde erworben. Die Unternehmensleitung legte fest, dass jeder Mitarbeiter dieses Programm bearbeiten musste. Im Frage- und Antwort-Verfahren lernten sie die Möglichkeiten des AGG kennen, und zwar mit dem eigenen Tempo. Das Programm kann beliebig oft wiederholt werden, bis der Test bestanden ist.

Nach korrekter Beantwortung aller Fragen, wurde automatisch ein Schulungszertifikat ausgedruckt, welches die erfolgreiche Absolvierung der Fortbildung bescheinigte. Dieses Zertifikat wurde in die Personalakte aufgenommen.

Darüber hinaus wurde das Allgemeine Gleichbehandlungsgesetz im Intranet des Hauses am virtuellen „Schwarzen Brett" ausgehängt sowie am „Schwarzen Brett" des Hauses. Des Weiteren wurde in der Personalabteilung eine Beschwerdestelle eingerichtet. Die betriebliche Beschwerdestelle hat folgende Aufgaben:
- Beratung der Betroffenen
- Entgegennahme und Bearbeitung der Beschwerden
- Eventuell Vermittlung an externe Stellen
- Dokumentation der Beratungsanlässe und Ergebnisse
- Transparenz über Stand, Schritt und Ausgang des Verfahrens gegenüber den betroffenen Personen
- Initiieren von vorbeugenden Maßnahmen und Fortbildungen, insbesondere Konfliktbewältigungstraining für alle Ebenen
- Maßnahmen zur Förderung der Kommunikation
- Kontakte und Vernetzung mit externen Stellen.

Die genannten Personen in der Beschwerdestelle sind auch über die Zeit ihrer Er-nennung hinaus zum Stillschweigen verpflichtet.

Qualifizierung als Präventionsmaßnahme: Kriterien für die Seminarauswahl

Zum Thema sexuelle Belästigung werden Qualifizierungsmaßnahmen angeboten. Zu diesem Thema werden derzeit allein 400 Fortbildungsveranstaltungen unterschiedlicher Anbieter für verschiedene überwiegend betriebliche Zielgruppen über das Internetportal *www.sophia24.com* angeboten.

Für die betriebliche Arbeit sind einige Punkte wichtig, die Fortbildungen beinhalten sollten. Diese sind insbesondere:
- Vermittlung juristischer Aspekte, Erklärung des Allgemeinen Gleichbehandlungsgesetzes
- Sachliche Darstellung des Themas
- Praktisches Üben von Gesprächen zwischen Opfern, Tätern, Arbeitnehmer- und Arbeitgebervertretern in verschiedenen Rollenkonstellationen
- Auseinandersetzen mit und Üben von Präventionsmaßnahmen.

→ Mobbing (S. 186), Fairness im Arbeitsleben (S. 210)

Literatur

Gesetz zur Umsetzung europäischer Richtlinien zur Verwirklichung des Grundsatzes der Gleichbehandlung – Allgemeines Gleichbehandlungsgesetz (AGG), Bundesgesetzblatt Jahrgang 2006 Teil I Nr. 39, 18.08.2006, S. 1897-1909 (www.gesetze-im-internet.de/agg/index.html)

Richtlinie 2002/73/EG des Europäischen Parlaments und des Rates vom 23. September 2002 zur Änderung der Richtlinie 76/207/EWG des Rates zur Verwirklichung des Grundsatzes der Gleichbehandlung von Männern und Frauen hinsichtlich des Zugangs zur Beschäftigung, zur Berufsbildung und zum beruflichen Aufstieg sowie in Bezug auf die Arbeitsbedingungen

(www.bmfsfj.de/RedaktionBMFSFJ/Abteilung4/Pdf-Anlagen/richtlinie-2002-73-eg,property=pdf,bereich=,rwb=true.pdf)

Braszeit, A./Holzbecher, M./Müller, U./Plogstedt, S.: Sexuelle Belästigung am Arbeitsplatz, Schriftenreihe des Bundesministers für Jugend, Familie, Frauen und Gesundheit, Band 260, Bonn 1991

Hansen, K./Dolff, M.: Von der Frauenförderung zum Management von Diversity. In: Cottmann, A./Kortendiek, B./Schildmann, U. (Hrsg.): Das undisziplinierte Geschlecht, Frauen und Geschlechterforschung – Einblick und Ausblick, Leske und Budrich, Opladen 2000, S. 151

Di Martino, V./Hoel, H./Cooper, C. L.: Preventing violence and harassment in the workplace. European Foundation for the Improvement of Living and Working Conditions, Wyattville Road Loughlinstown, Dublin 18, Ireland 2003

Kuner, C.: Das US-amerikanische Recht betreffend sexueller Belästigung – Ein Überblick für deutsche Unternehmen, WiB 1995, S. 421 ff.

Müller, U./Schöttle, M.: Lebenssituation, Sicherheit und Gesundheit von Frauen in Deutschland. Eine repräsentative Untersuchung zu Gewalt gegen Frauen in Deutschland. Hauptstudien des Bundesministeriums für Familie, Senioren, Frauen und Jugend (Hrsg.) 2004

Plogstedt, S./Bode, K.: Übergriffe, Sexuelle Belästigung in Büros und Betrieben, Eine Dokumentation der GRÜNEN Frauen im Bundestag, Rowohlt, Reinbek 1984

Pflüger, A./Baer, S./Schlick, G./Büchs, M./Kalender, U.: Beschäftigtenschutzgesetz in der Praxis. Bericht. Bundesministerium für Familie, Senioren, Frauen und Jugend (Hrsg.), NFO Infratest München, Rechtsforschung, 12, 2002, München, Berlin

Arbeitshilfen zum betrieblichen Umgang mit sexueller Belästigung und Diskriminierung werden im Internet insbesondere für die Erstellung von Musterlösungen für Dienst- und Betriebsvereinbarungen zur Verfügung gestellt.

Einige Beispiele sind:

Universität Salzburg: Betriebsvereinbarung über partnerschaftliches Verhalten sowie zur Verhinderung von Mobbing abgeschlossen zwischen der Universität Salzburg, vertreten durch den Rektor und dem Betriebsrat für das wissenschaftliche Universitätspersonal sowie dem Betriebsrat für das allgemeine Universitätspersonal
(www.uni-salzburg.at/pls/portal/docs/1/550929.PDF)

West LB: Betriebsvereinbarung – Fairness am Arbeitsplatz – für einen respektvollen, partnerschaftlichen Umgang gegen Diskrminierung, Mobbing, sexuelle Belästigung

Charta der Vielfalt: Muster-Betriebsvereinbarung zwischen Geschäftsleitung und Gesamtbetriebsrat zum „Schutz vor Diskriminierung, Mobbing und sexueller Belästigung und zur Förderung der Vielfalt am Arbeitsplatz" (www.charta-der-vielfalt.de/Muster_BV_Diversity.PDF)

Stadt Heidelberg: Dienstvereinbarung zum Schutz von Beschäftigten der Stadtverwaltung Heidelberg vor Belästigung, sexueller Belästigung und Stalking am Arbeitsplatz.
(www.heidelberg.de/servlet/PB/menu/1125854/index.html)

Thomas Rigotti

Fairness im Arbeitsleben

Abstract
Fairness stellt eine zentrale Komponente des sozialen Zusammenlebens dar. In der organisationalen Fairnessforschung wird unter Fairness die subjektive Bewertung der Verteilung von Ressourcen, der Verfahrensregeln sowie des zwischenmenschlichen Umgangs verstanden. Erlebte Unfairness stellt eine bedeutende psychische Belastung dar. Anhand verschiedener Theorien erklärt dieser Beitrag, warum Fairness von so großer Relevanz im Arbeitsleben ist und wie Fairnessurteile zustande kommen. Es werden Forschungsbefunde berichtet, die einen deutlichen Zusammenhang zwischen Fairnessurteilen und der Gesundheit bestätigen. Anhand verschiedener Phasen einer Arbeitsbeziehung werden Präventionsmöglichkeiten aufgezeigt, wobei insbesondere auf faire Verfahrensregeln sowie verschiedene Formen der Partizipation eingegangen wird.

Thematische Eingrenzung und Definition

Organisationale Gerechtigkeit beschreibt Bewertungen bezogen auf die faire Verteilung von Ressourcen (Distributive Fairness), auf Verfahrensprozesse (Prozedurale Fairness) sowie zwischenmenschliche Interaktionen (Interaktionale Fairness). Diese Bewertungen können, müssen aber nicht mit „objektiver" Gerechtigkeit, im Sinne allgemeiner Normen oder Gesetze, übereinstimmen. Fairness, wie sie in der organisationalen Gerechtigkeitsforschung verstanden wird, ist demnach abzugrenzen von normativen Ansätzen der Philosophie und (Unternehmens-)Ethik, die versuchen, allgemeingültige Regelwerke der Gerechtigkeit zu entwerfen. Die drei grundlegenden Dimensionen organisationaler Fairness werden im Folgenden näher definiert.

Distributive Fairness bezieht sich auf die Beurteilung der Verteilungsergebnisse materieller sowie immaterieller Güter. Es können allgemein drei grundlegende Prinzipien unterschieden werden (vgl. Deutsch, 1975): (1) Das Leistungsprinzip (equity), bei dem Ressourcen nach den Fähigkeiten oder dem eingebrachten Beitrag verteilt werden, (2) das Gleichheitsprinzip (equality), nach dem jede/r das Gleiche bekommt ungeachtet des gelieferten Beitrages, und (3) das Bedarfsprinzip (need), bei dem Ressourcen an jene vergeben werden, die sie am dringendsten benötigen.

Prozedurale Fairness bezeichnet die Einschätzung, ob das einer Verteilung zu

Grunde gelegte Verfahren als fair angesehen wird. Werden Ergebnisse einer Verteilung negativ beurteilt, so können negative Reaktionen durch prozedurale Fairness abgemildert werden – dies wird auch als fair-process-Effekt bezeichnet.

Interaktionale Fairness: Diese erst spät hinzugekommene Dimension (Bies/Moag, 1986) wird manchmal auch relationale Fairness genannt und lässt sich in die beiden Unterkategorien *interpersonale* und *informationale* Fairness aufteilen (vgl. Colquitt u. a., 2001). Dabei bezieht sich interpersonale Fairness auf den zwischenmenschlichen Umgangston. Ist dieser durch Respekt und Höflichkeit geprägt? Informationale Fairness bezieht sich auf das Kommunikationsverhalten. Inwiefern werden ausreichende und verständliche Informationen gegeben und Entscheidungen begründet?

Im Folgenden wird den Fragen nachgegangen, warum Fairness eine so wichtige Rolle im Arbeitsleben spielt, wie Fairnessurteile zustande kommen, welche Auswirkungen erlebte Unfairness, vor allem auf das Wohlbefinden, haben kann, warum erlebte Unfairness als psychische Belastung angesehen werden kann und schließlich, welche Präventionsmöglichkeiten bestehen.

Art der Belastung und Belastungsbedingungen

Wenn Menschen sich über ihre Arbeit unterhalten, sprechen sie oft über ihre eigenen Erfolge oder Misserfolge – noch häufiger jedoch vermutlich über Situationen und Begebenheiten, in denen sie sich ungerecht behandelt fühlten. Die Frage, warum Fairness so eine große Rolle spielt, kann unterschiedlich beantwortet werden. Dabei können drei große Erklärungsansätze unterschieden werden, in welchen jeweils wieder verschiedene theoretische Modelle entwickelt wurden:

(1) Instrumentalitätsannahme

Fairness ist relevant, um unsere Eigeninteressen durchzusetzen und in sozialen Tauschprozessen den bestmöglichen individuellen Gewinn zu erzielen, was langfristig nur durch Kooperation gelingt. Vertreter dieses Ansatzes gehen von rational handelnden Menschen aus (ökonomische Rationalität, vgl. Sullivan, 1989; Thibaut/Walker, 1975).

(2) Relationaler Ansatz

Dieser Ansatz geht davon aus, dass wir nach positiver sozialer Identität als Mitglied einer Gruppe streben. Faire Behandlung signalisiert, dass man ein respektiertes Mitglied der Gemeinschaft ist. Fairness ist demnach Grundbaustein kooperativen Handelns. In ihrem sogenannten group-value Modell postulierten Tyler/Lind (1992) drei Elemente fairer Behandlung: (a) Wohlwollen: Inwiefern kann den Motiven der Vorgesetzten getraut werden? (b) Neutralität: Inwiefern können Handlungen ohne Eigennutz oder Bevorteilung Einzelner oder Subgruppen bewertet werden? Und (c) Anerkennung: Inwiefern wird man respekt- und würdevoll behandelt?

(3) Deontologischer Ansatz

In diesem Ansatz wird davon ausgegangen, dass Fairness ein grundlegender moralischer Standard des Menschen ist. Gerechtigkeit geht über ökonomische oder sozial-kognitive Prozesse hinaus und basiert auf abstrakten moralischen Prinzipien. Gerechtigkeit ist selbst Zweck und nicht nur Mittel zum Zweck – wir verurteilen andere, die wir als unfair wahrnehmen, auch wenn wir nicht selbst betroffen sind (vgl. Kahneman/Knetch/Thaler, 1986; Turillo/Folger/Lavelle/Umpress/Gee, 2002). Erhaltene „Tauschgüter" materieller oder immaterieller Art in sozialen Tauschbeziehungen führen dazu, dass man sich verpflichtet fühlt, eine Gegenleistung zu erbringen. Dies wurde auch als Reziprozitätsnorm (norm of reciprocity) bezeichnet (Gouldner, 1960).

Ein integratives Modell legten Cropanzano, Byrne, Bobocel und Rupp (2001) vor, in dem sie vier basale menschliche Bedürfnisse benennen. Nach diesem Modell, haben wir das grundlegende Bedürfnis nach: (a) Zugehörigkeit, (b) Kontrolle, (c) Sinnhaftigkeit sowie (d) Selbstwert. Ungerechte Behandlung, so die Annahme, stelle einen Angriff auf diese Bedürfnisse dar und löst somit unmittelbar einen Ungleichgewichtszustand aus, den man als Stress bezeichnen kann.

Warum stellt erlebte Unfairness eine psychische Belastung dar?
Wie bei anderen Stressoren auch, dürften für die Entstehung langfristiger Gesundheitsfolgen aufgrund erlebter Unfairness bei der Arbeit die Kombination aus Expositionsdauer und -häufigkeit sowie personalen und situativen Ressourcen ausschlaggebend sein. Als vermittelnde Prozesse können zum einen negative Emotionen, die mit erlebter Unfairness einhergehen, angenommen werden, wie es bereits der Sprachgebrauch nahelegt: „Ich *fühle* mich unfair behandelt." So zeigten beispielsweise Weiss, Suckow und Cropanzano (1999) in einer Laborstudie, dass Gerechtigkeit einen Einfluss auf diskrete Emotionen wie Freude oder Ärger hat. In späteren Feldstudien konnten ebenfalls Zusammenhänge zwischen Fairness und Emotionen aufgezeigt werden (z.B. Barclay/Skarlicki/Pugh, 2005). Des Weiteren dürfte Unfairness auch zu einer verstärkten gedanklichen Beschäftigung mit der Situation führen. Eine solche fortwährende Beschäftigung mit Problemen – auch Rumination genannt – intensiviert und verlängert bereits vorhandene negative Emotionen (z.B. Lyubormirsky/Nolen-Hoeksema, 1993). Rumination kann wiederum zu Leistungsdefiziten beitragen und so zu generalisierten Erwartungsdefiziten, einer Vorstufe zu der von Seligman (1974) beschriebenen „erlernten Hilflosigkeit". Dies kann wiederum mit der Entwicklung beziehungsweise Verstärkung von Depressionen in Verbindung gebracht werden. Auch die Schlafqualität scheint zu leiden (vgl. Elovainio/Kivimäki/Vahtera/Keltinkangas-Järvinen, 2003; Thomsen/Mehlsen/Christensen/Zachariae, 2003) sowie generell die Erholungsfähigkeit (Glynn/Christenfeld/Gerin, 2002). Weitere Begleit- und/oder Folgeerscheinungen können ein schlechteres Gesundheitsverhalten (Elovainio u.a., 2003) sowie die Abnahme sozialer Unterstützung sein. Die Wirkungskette von erlebter Ungerechtigkeit bis hin zu gesundheitlichen Auswirkungen ist bei weitem nicht hinreichend erforscht. Ob es sich bei den hier beschriebenen Zusammenhängen um mögliche Begleiterscheinungen oder vermittelnde Prozesse handelt, bedarf daher weiterer Forschung.

Entstehung und Relevanz des Themas
Wie entstehen Fairnessurteile?
Im Folgenden wird eine Auswahl an theoretischen Modellen präsentiert, die verschiedene Erklärungsversuche dafür darstellen, wie Fairnessurteile entstehen.
(a) Soziale Tauschtheorien
Im Allgemeinen wird innerhalb dieser Theorienfamilie davon ausgegangen, dass Partner in sozialen Beziehungen nach einem Tauschgleichgewicht streben. In Beschäftigungsverhältnissen werden neben dem Austausch von Arbeitskraft gegen Lohnzahlung auch sozio-emotionale Inhalte getauscht. Diese Idee findet man beispielsweise im Konzept des Psychologischen Vertrages wieder, der gegenseitige, auf Versprechen basierende Verpflichtungen im

sozialen Austausch zwischen Arbeitnehmer und Arbeitgeber beschreibt. Werden diese Versprechen nicht eingehalten, stellt dies eine psychische Belastung dar mit Konsequenzen für das psychosoziale Wohlbefinden (für eine Übersicht siehe Rigotti/Otto/Mohr, 2007). Die grundlegende Idee, dass ein Tauschungleichgewicht als Stressor und damit als psychische Belastung aufgefasst werden kann, findet sich auch im Modell der Gratifikationskrisen.

Ein vielbeachtetes Modell stellt des Weiteren die sogenannte Equity-Theory dar (Adams, 1965). Nach dieser Theorie entsteht Ungerechtigkeit durch das wahrgenommene Verhältnis eigener Beiträge zu erhaltenen Anreizen im Vergleich zu dem beobachteten Verhältnis von Beiträgen anderer Personen zu deren Gewinnen. Demnach kann auf erlebte Unfairness entweder mit einer Reduktion eigener Beiträge, mit einer Erhöhung der eigenen Gewinne, durch die Wahl einer anderen Vergleichsperson oder durch das Verlassen der Situation reagiert werden.

(b) Fairness-Theorie

Nach der sogenannten Fairness-Theorie (Folger/Cropanzano, 2001) sind folgende drei Bewertungsprozesse ausschlaggebend, um eine Situation als unfair zu erleben: (1) Ungünstiger Zustand (wahrgenommene/antizipierte Alternativen wären besser gewesen) – **would**, (2) Verantwortliche/r hätte anders handeln können – **could**. (3) Die Benachteiligung wird als Verletzung ethischer/moralischer Normen zwischenmenschlichen Umgangs aufgefasst. Verantwortliche/r hätte anders handeln sollen – **should**.

(c) Kognitive Referenz-Theorie

Diese Theorie (Referent cognitions theory, Folger, 1987) geht davon aus, dass Menschen einen bestimmten Zielzustand antizipieren, der mit einer gewissen Wertigkeit oder Bedeutung versehen ist. Weicht das Verhalten anderer oder das eigene Ergebnis von diesen Erwartungen ab und wird zudem generell die Möglichkeit eines anderen Ergebniszustandes gesehen, so wird Unfairness erlebt, die mit negativen Emotionen einhergeht.

Fairnessurteile entstehen also aus einem Ungleichgewicht zwischen antizipierten Zielen und Ergebnissen und/oder aus dem Ungleichgewicht zwischen erbrachten und erhaltenen Leistungen im Vergleich mit anderen, wobei die Verantwortung zumindest zum Teil bei anderen Personen gesehen wird. Dabei sind nicht nur die individuellen Ergebnisse relevant, sondern vor allem auch, wie diese zustande gekommen sind.

Empirische Befunde zur Rolle von Fairness

Lange Zeit fand der Zusammenhang zwischen erlebter Unfairness und psychischer Beanspruchung sowie gesundheitlichen Folgewirkungen kaum Beachtung. Im Zentrum der Forschung standen Auswirkungen auf arbeitsbezogene Einstellungen und Verhaltensweisen. So konnten Metaanalysen (systematische statistische Zusammenfassung von Forschungsbefunden) deutliche Zusammenhänge des Fairnesserlebens mit zum Beispiel Arbeitszufriedenheit, affektivem Commitment, der Leistungsbereitschaft sowie tatsächlicher Leistung, der Kündigungsabsicht oder sogar deviantem Verhalten wie Diebstählen bestätigen (vgl. Colquitt u.a., 2001; Cohen-Charash/Spector, 2001).

Die Forschung zum Zusammenhang zwischen organisationaler Fairness und psychischer Beanspruchung und Gesundheit setzte erst Anfang dieses Jahrhunderts ein, dafür aber mit nahezu erstaunlich konsistenten und deutlichen Befunden. Erlebte Unfairness konnte unter anderem mit erhöhten Blutdruckwerten (Wager/Fieldman/Hussey, 2003) und gesteigerter systolischer Arteriendruckvariabilität (Elovainio u. a., 2006), mit psychischen und Verhaltensstörungen (Elovainio/Kivimäki/Vahtera, 2002; Kivimäki/Elovainio/Vahtera/Virtanen/Stansfeld, 2003), mit erhöhtem Absentismus (Elovaionio u. a., 2002; Head u. a., 2007) in Verbindung gebracht werden. Einen beeindruckenden Befund berichteten Elovainio/Leino-Arjas/Vahtera/Kivimäki (2006). Sie teilten eine Stichprobe von 804 finnischen Arbeitnehmern anhand von Angaben aus dem Jahr 1973 in zwei Gruppen mit niedrigen und hohen Fairnessurteilen ein („Meine Führungskraft behandelt mich fair"). Jene, die 1973 höhere Fairness angaben, zeigten unter Kontrolle weiterer Risikofaktoren ein um 45 Prozent geringeres Risiko aufgrund kardiovaskulärer Krankheit bis zum Jahr 2000 verstorben zu sein (Zusammenhänge zwischen Fairnessurteilen und anderen Sterbeursachen konnten nicht gefunden werden).

Überbetriebliche Einflussfaktoren

Die gesellschaftlichen Einflussfaktoren auf die faire Verteilung und Gestaltung von Arbeit sind vielfältig und können hier nur angerissen werden. Erwerbsarbeit stellt eine begrenzte Ressource dar. In Zeiten hoher Erwerbslosigkeit führt das Ungleichgewicht zwischen Angebot und Nachfrage bestimmter Qualifikationen auf dem Arbeitsmarkt zu einer Erhöhung des Machtungleichgewichts zwischen Arbeitgeber und Arbeitnehmern. Soziale Stereotype und kulturelle Normen und Werte sorgen darüber hinaus für Benachteiligungen auf dem Arbeitsmarkt. So besteht nach wie vor eine gravierende Lohnungleichheit zwischen Frauen und Männern. Frauen verdienten im Durchschnitt (unbereinigte Lohndifferenz) im Jahr 2006 um 24 Prozent weniger als Männer (in den neuen Bundesländern bei insgesamt niedrigeren Löhnen war „lediglich" ein Abstand von 6 Prozent zu verzeichnen, Statistisches Bundesamt, 2008). Gründe hierfür liegen, unter anderem, in niedrigeren Löhnen in von Frauen dominierten Berufen, in häufigeren erziehungsbedingten Erwerbsunterbrechungen von Frauen sowie dem geringeren Anteil an Frauen in Führungspositionen.

Mit zunehmender Globalisierung der Märkte erweitert sich die Perspektive von Fairness im Arbeitsleben. Der soziodemographische Wandel rückt Fragen nach der Verteilung und Gestaltung von Arbeit für ältere Arbeitnehmerinnen und Arbeitnehmer sowie der sozialen Alterssicherung vermehrt ins Blickfeld. In den vergangenen Jahren fanden einige Gesetzesnovellierungen statt, die mit dem Schlagwort Fairness in Verbindung stehen. Eine Auswahl der wichtigsten Regelungen sind unter „Literatur" ab Seite 217 unten genannt.

Präventionsmöglichkeiten

Da der prozeduralen Fairness ein besonderer Stellenwert zukommt, seien hier zunächst allgemeine Grundsätze für faire Prozeduren genannt, die von Leventhal (1980) entwickelt wurden. Diese beinhalten (vgl. Osterloh/Weibel, 2006, S. 134):

1. **Konsistenz:** Es wird für alle Personen und in allen vergleichbaren Situationen dasselbe Verfahren angewandt.
2. **Unparteilichkeit:** Die Stelle, die die Entscheidung über eine Verteilung fällt, ist unvoreingenommen.
3. **Korrigierbarkeit:** Es kann Einspruch erhoben werden, wenn gute Gründe dafür vorliegen.
4. **Genauigkeit:** Die Entscheidung wird auf Grundlage aller relevanten Informationen gefällt.

5. **Partizipation:** Die von der Entscheidung betroffenen Mitarbeiter haben eine Mitsprachemöglichkeit.
6. **Einhaltung ethischer und moralischer Standards:** Die Entscheidung verstößt nicht gegen allgemeine moralische Wertvorstellungen.

Darüber hinaus können für verschiedene Phasen eines Erwerbsverhältnisses, vom Einstieg in die Organisation (Personalauswahl) über die Gestaltung der Rahmenbedingungen und Entwicklungsmöglichkeiten (Personalmanagement und Personalentwicklung), insbesondere während Veränderungsprozessen (Change Management), bis hin zum Austritt (Kündigung, Entlassungen, Übergang in den Ruhestand), folgende Hinweise gegeben werden:

(1) Fairness in der Personalauswahl:
Bei der Personalauswahl sollten folgende verschiedene Ebenen der Fairness Beachtung finden (*siehe Tab. 1*):

Die DIN 33430 beschreibt die Anforderungen an Verfahren und deren Einsatz bei berufsbezogenen Eignungsbeurteilungen und stellt bei konsequenter Umsetzung die vorgenannten Fairnessaspekte sicher.

1. Statistische Fairness
▪ Verwendung tauglicher (vor allem prognostisch valider) Verfahren ▪ Quotenregelungen ▪ Sicherstellung gleicher Anteile Erfolgreicher in Prädiktor und Kriterium ▪ Regressionsprinzip (gleicher Verlauf der Regressionsgeraden für Angehörige verschiedener Gruppen) ▪ Vermeidung einseitiger Auswahl
2. Biografische Fairness (Konstruktvalidität)
▪ Prinzip der Eigenverantwortlichkeit (Verzicht auf nicht selbst zu verantwortende biografische Indikatoren wie etwa Beruf der Eltern) ▪ Einräumen einer „neuen Chance" (Verjährungsprinzip vor allem bei Vorliegen von Negativ-Indikatoren)
3. Anforderungsbezogene Fairness (Inhaltsvalidität)
▪ Beschränkung auf berufserfolgsrelevante Merkmale ▪ Repräsentativitätsprinzip (Erfassung einer ausreichenden Breite an Anforderungsaspekten)
4. Prozedurale Fairness (Soziale Validität)
▪ Information ▪ Transparenz ▪ Kontrolle ▪ Feedback
5. Gesellschaftliche Fairness (Austauschgerechtigkeit)
▪ Leistungsprinzip (leistungsgerechte Zuteilung von Ressourcen) ▪ Belohnung sozialen Engagements (z. B. Bonusregelungen für gemeinschaftsdienliches Verhalten wie Sozialdienste) ▪ Sozialprinzip (Ausgleich anderweitiger Benachteiligungen)

Tab. 1: Aspekte der Fairness in der Personalauswahl (Quelle: Görlich/Schuler, 2006, S. 828)

(2) Personalmanagement und -entwicklung:
Bei allen Instrumenten des Personalmanagements und der Personalentwicklung (z. B. Lohngestaltung, Leistungsrückmeldungen, Führungskultur, Qualifikationen etc.) erhält Partizipation eine zentrale Bedeutung für die Wahrnehmung der Fairness. Im Allgemeinen wird zwischen direkter und indirekter Partizipation (Betriebs- und Personalräte, Gewerkschaften) unterschieden. Partizipation kann auf verschiedenen Ebenen (Arbeitsplatz, Team, Organisation) stattfinden und sich auf unterschiedliche Reichweiten erstrecken (**operational:** Mitbestimmung in der Arbeitsgruppe und am Arbeitsplatz, **taktisch:** Beteiligung an Planungen und übergeordneten Entscheidungen, **strategisch:** Einfluss auf unternehmenspolitisch strukturierende Planungen und Entscheidungen). Allerdings kann eine reine Pro-forma-Mitsprache auch frustriert werden, wenn die Positionen bei der Entscheidung dann keine Berücksichtigung finden (Greenberg/Folger, 1983). Für den Erfolg von Partizipation ist die Motivation und Qualifikation der Mitarbeiter ausschlaggebend.

(3) Fairness im Change Management
Fairness ist besonders bei Unsicherheit relevant (Lind/van den Bos, 2002). Jede Veränderung, gleich ob es Organisationsstrukturen, Zuständigkeiten, Tätigkeitsprofile, Teamzusammensetzungen, Führungswechsel, Produktpaletten oder etwa Eigentümer betrifft, ist mit Unsicherheit des Zielzustandes und der Veränderungen des aktuellen Status quo verbunden. Die damit verknüpften Befürchtungen sind ernst zu nehmen und Mitarbeiter frühzeitig in die Veränderungsprozesse einzubeziehen. Auch wenn jede neue Konstellation, neu eingeführte Prozesse und Verfahren (z. B. auch Instrumente der Personalentwicklung) die Aushandlung spezifischer Prozessregeln verlangt, so ist es in Zeiten ständiger Veränderungen auch wichtig, sich über Metaregeln der Veränderung zu einigen (*siehe Tab. 2*).

(4) Fairness beim Trennungsmanagement
Entlassungen sollten die Ultima Ratio unternehmerischen Handelns sein. Denn diese zeigen nicht nur negative Auswirkungen auf die Entlassenen, sondern auch auf die im Unternehmen verbleibenden „Survi-

	Ebenen der Partizipation	Reichweite von Partizipation
Arbeitsplatz	Handlungsspielraum, Freiheitsgrade, Kontrolle	Mitbestimmung in der Arbeitsgruppe und am Arbeitsplatz (**operationale** Entscheidungsbereiche) Beteiligung an **taktischen** Planungen und Entscheidungen Beteiligung an **strategischen**, d. h. unternehmenspolitischen und -strukturierenden Planungen und Entscheidungen
Gruppe	Qualitätszirkel, betriebliche Problemlösegruppen, Gesundheitszirkel, Projektgruppen, Teilautonome Arbeitsgruppen	
Abteilungen	Partizipatives Management	
Betrieb/Unternehmen	Industrielle Demokratie	
Konzern	Konzern-, Betriebsrat, Aufsichtsrat	
Kunde	Partizipative Produktentwicklung	

Tab. 2: Fairness im Change Management – Ebenen und Reichweite von Partizipation (eigene Darstellung)

vors". Bonuszahlungen an Manager nach (Massen-)entlassungen sind aus Fairnessaspekten nahezu grotesk und werden dementsprechend auch mit einer Leistungsminderung der verbleibenden Belegschaft quittiert (Struck/Stephan/Köhler, 2006). Sind Entlassungen nicht zu vermeiden, so ist auf eine frühzeitige und ehrliche Kommunikation zu achten (Mitarbeiter sollten nicht aus der Presse über Betriebsschließungen erfahren). Programme zur Unterstützung bei der Suche neuer Stellen und Qualifikationsmaßnahmen können negative Folgen von Entlassungen deutlich abschwächen. Zu einem fairen Trennungsmanagement gehören auch flexible Formen des Übergangs in den Ruhestand (z. B. Altersteilzeit).

Praxisbeispiele
- Das deutsche Netzwerk für Wirtschaftsethik (DNWE) unterstützt und würdigt unter anderem global agierende Unternehmen, die sich selbst zum Beispiel durch eine Sozialagenda für humane und faire Arbeitsbedingungen auch im Ausland und bei ihren Zulieferbetrieben verpflichten. Beispiele sind auf der Webseite des DNWE zu finden.
- Ein Praxisbeipiel eines mittelständischen Unternehmens mit weitreichenden Mitbestimmungsrechten, Kapital- sowie Gewinnbeteiligung zeigt ein Film von Weber, Fesl, Reichl und Widmer (2005).
- Unter dem Motto „Faire Arbeit" unterstützt die Vereinte Dienstleistungsgewerkschaft (ver.di) lokale Initiativen. Neben „fairer Bezahlung" werden dort auch folgende Aspekte thematisiert: betriebsbedingte Kündigungen, betriebliche Gesundheitsförderung, familienfreundliche und altersgerechte Arbeitsbedingungen, betriebliche Förderung der fachlichen, methodischen und sozialen Kompetenz (Personalentwicklung).

Qualifizierung als Präventionsmaßnahme: Kriterien für die Seminarauswahl
Qualifizierungsmaßnahmen zum Thema Fairness können unterschiedliche Zielstellungen haben:
- Sensibilisierung für das Thema „Fairness" (Hinweise siehe unter Literatur)
- Kompetenzaufbau auf Ebene des **Fachwissens** (um an Entscheidungsprozessen teilhaben zu können, müssen die entsprechenden Informationen und Qualifikationen vorhanden sein), auf Ebene von **Methoden- und Sozialkompetenz** (z. B. Moderationsschulungen, Kommunikationstraining, Konfliktbewältigung)
- Schulung von Führungskräften (mögliche Themen: Führungsstile, Kommunikation, Leistungsbeurteilungen).

Zur Sicherung der Nachhaltigkeit von Qualifizierungsmaßnahmen ist generell auf den Transfer in den Arbeitsalltag zu achten. Statt wissenszentrierte Seminare sind vor allem der Einsatz von Workshops und Zirkelarbeit zu empfehlen. Die gemeinsame Aushandlung von Verfahrensregeln und wie Ressourcen im Unternehmen verteilt werden, stellt dabei bereits eine „Fairness"-Intervention dar. Hierfür ist insbesondere bei hoher Unsicherheit (wie etwa bei Restrukturierung, Mergers, Joint-Ventures) die Heranziehung betriebsexterner Moderatoren anzuraten.

→ Stresstheorie (S. 66); Change Management (S. 137)

Literatur
Allgemeines Gleichbehandlungsgesetz (AGG)
Anforderungen an Verfahren und deren Einsatz bei berufsbezogenen Eignungsbeurteilungen (DIN 33430)

Betriebsverfassungsgesetz (BetrVG)
Sozialgesetzbuch (SGB)
Teilzeit- und Befristungsgesetz (TzBfG)

Adams, J. S.: Inequity in social exchange. In: L. Berkowitz (Ed..): Advances in Experimental Social Psychology. New York 1965, S. 267–299

Barclay, L. J./Skarlicki, D. P./Pugh, S. D.: Exploring the role of emotions in injustice perceptions and retaliation. In: Journal of Applied Psychology 90, 2005, S. 629–643

Bies, R. J./Moag, J. F.: Interactional Justice: Communication criteria of fairness. In: R. J. Lewicki/B. H. Sheppard./M. H. Bazerman (Hrsg.): Research in Organizations. Greenwich, CT 1986, S. 43–55

Cohen-Charash, Y./Spector, P. E.: The role of justice in organizations: A meta-analysis. Organizational Behavior and Human Decision Processes 86, 2001, S. 278–321

Colquitt, J. A./Conlon, D. E./Wesson, M. J./Porter, C. O. L. H./Ng, K. Y.: Justice at the millennium: A meta-analytic review of 25 years of organizational justice research. In: Journal of Applied Psychology 86, 2001, S. 425–445

Cropanzano, R./Byrne, Z. S./Bobocel, D. R./Rupp, D. E.: Moral virtues, fairness heuristics, social entitities, and other denizens of organizational justice. In: Journal of Vocational Behavior 58, 2001, S. 164–209

Deutsch, M.: Equity, equality, and need: What determines which value will be used as a basis for distributive justice? In: Journal of Social Issues 31, 1975, S. 137-150

Elovainio, M./Leino-Arjas, P./Vahtera, J./Kivimäki, M.: Justice at work and cardiovascular mortality: a prospective cohort study. In: Journal of Psychosomatic Research 61, 2006, S. 271–274

Elovainio, M./Kivimäki, M./Vahtera, J.: Organizational Justice: Evidence of a new psychosocial predictor of health. In: American Journal of Public Health 92, 2002, S. 105–108

Elovainio, M./Kivimäki, M./Vahtera, J./Keltikangas-Järvinen, L.: Sleeping problems and health behaviors as mediators between organizational justice and health. In: Health Psychology, 2003, S. 287–293

Elovainio, M./Kivimäki, M./Vahtera, J./Virtanen, M./Keltikangas-Järvinen, L.: Personality as a moderator in the relation between perceptions of organizational justice and sickness absence. In: Journal of Vocational Behavior 63, 2003, S. 379–395

Folger, R./Cropanzano, R.: Fairness Theory: Justice as Accountability. In: J. Greenberg/R. Cropanzano (Hrsg.): Advances in Organizational Justice. Stanford, CA 2001, S. 1–55

Folger, R.: Reformulating the preconditions of resentment: A referent cognitions model. In: J. C. Masters/W. P. Smith (Eds.), Social comparison, justice, and relative deprivation: Theoretical, empirical, and policy perspectives. Hillsdale, NJ 1987, S. 183–215

Glynn, L. M./Christenfeld, N./Gerin, W.: The role of rumination in recovery from reactivity: Cardiovascular consequences of emotional states. In: Psychosomatic Medicine, 64, 2002, S. 714–726

Görlich, Y./Schuler, H.: Personalentscheidungen, Nutzen und Fairness. In: H. Schuler (Hrsg.): Lehrbuch Personalpsychologie. Hogrefe, Göttingen 2006, S. 797–840

Gouldner, A. W.: The norm of reciprocity: A preliminary statement. In: American Sociological Review 25, 1960, S. 161–178

Greenberg, J./Folger, R.: Procedural justice, participation, and the fair process effect in groups and organizations. In: P. Paulus (Hrsg): Basic group processes. New York 1983, S. 235–256

Head, J./Kivimäki, M./Siegrist, J./Ferrie, J.E./Vahtera, J./Shipley, M./Marmot, M.G.: Effort-reward imbalance and relational injustice at work predict sickness absence: The Whitehall II study. In: Journal of Psychosomatic Research 63, 2007, S. 433–440

Kahnemann, D./Knetsch, J. L./Thaler, R.: Fairness and the Assumptions of Economics. In: Journal of Business, 59, 1986, S. 285–300

Kivimäki, M./Elovainio, M./Vahtera, J./Virtanen, M./Stansfeld, S.A.: Association between organizational inequity and incidence of psychiatric disorders in female employees. In: Psychological Medicine, 43, 2003, S. 319–326

Leventhal, G. S.: What should be done with equity theory? New approaches to the study of fairness in social relationships. In: K. Gergen/M. Greenberg/R. Willis (Eds.): Social exchanges: Advances in theory and research. New York 1980, S. 27–55

Lind, E. A./Van den Bos, K.: When fairness works: Toward a general theory of uncertainty management. In: Research in Organizational Behavior 24, 2002, S. 181–223

Lyubomirsky, S./Nolen-Hoeksema, S.: Self-perpetuating properties of dysphoric rumination. In: Journal of Personality & Social Psychology 65, 1993, S. 339–349

Osterloh, M./Weibel, A.: Investition Vertrauen. Prozesse der Vertrauensentwicklung in Organisationen. Gabler Verlag, Wiesbaden 2006

Rigotti, T./Otto, K./Mohr, G.: Psychologische Verträge und ihr Zusammenhang zu psychosozialem Befinden von Arbeitnehmerinnen und Arbeitnehmern. In: Richter, P./Rau, R./Mühlpfordt, S. (Hrsg.): Arbeit und Gesundheit. Dustri, Lengerich 2007, S. 227–246

Seligman, M.: Depression and learned helplessness. In: M. Martin (Hrsg.): The psychology of depression. Oxford 1974, S. XVII, 318

Statistisches Bundesamt: Verdienstabstand zwischen Frauen und Männern (www.destatis.de/jetspeed/portal/cms/Sites/destatis/Internet/DE/Navigation/Publikationen/STATmagazin/2008/Verdienste2008__8,templateId=renderPrint.psml__nnn=true)

Struck, O./Stephan, G./Köhler, C.: Arbeit und Gerechtigkeit. Entlassungen und Lohnkürzungen im Urteil der Bevölkerung. VS Verlag, Wiesbaden 2006

Sullivan, J.J.: Self theories and employee motivation. In: Journal of Management 15, 1989, S. 345–363

Thibaut, J. W./Walker, L.: Procedural justice: A psychological analysis. Hillsdale, N. J 1975

Thomsen, D. K./Mehlsen, M. Y./Christensen, S./Zachariae, R.: Rumination-relationship with negative mood and sleep quality. In: Personality & Individual Differences 34, 2003, S. 1293–1301

Turillo, C. J./Folger, R./Lavelle, J. J./Umpress, E. E./Gee, J. O.: Is virtue its own reward? Self-sacrifical decisions for the sake of fairness. In: Organizational Behavior and Human Decision Processes 89, 2002, S. 839–865

Tyler, T. R./Lind, E. A.: A relational model of Authority in groups. In: Advances in Experimental Social Psychology 25, 1992, S. 115–191

Wager, N./Fieldman, G./Hussey, T.: The effects on ambulatory blood pressure of working under favourably and unfavourably perceived supervisors. In: Occupational Environmental Medicine 60, 2003, S. 468–474

Weiss, H. M./Suckow, K./Cropanzano, R.: Effects of justice conditions on discrete emotions. In: Journal of Applied Psychology 84, 1999, S. 786–794

Fachstelle für Gleichberechtigungsfragen des Kantons Zürich (Hrsg.): Der Lohngleichheitsreport. Ein Schulungsinstrument zur Förderung der Lohngleichheit [DVD]. vdf, Zürich 2007

Baitsch, C./Steiner, E.: Zwei tun das Gleiche. Kommunikation zwischen Frauen und Männern im Berufsalltag [DVD]. vdf, Zürich 2004

Weber, W. G./Fesl, S./Reichl, M./Widmer, L. : Organisationale Demokratie. (DVD-Film, 44 Min.). Leopold-Franzens-Universität, Institut für Psychologie, Innsbruck 2005

Prävention online (www.praevention-online.de)

Deutsches Netzwerk Wirtschaftsethik, DNWE (www.dnwe.de)

Vereinte Dienstleistungsgewerkschaft ver.di : Faire Arbeit für Menschen in Finanzdienstleistungen (http://fidi.verdi.de/faire_arbeit)

Sandra Wolf | Annett Hüttges | Julia E. Hoch | Jürgen Wegge

Führung und Gesundheit

Abstract
Der Beitrag widmet sich dem Einfluss von Führungsverhalten auf die Gesundheit von Mitarbeitern. Gesundheitsförderung wird als wichtige Führungsaufgabe mit vielfältigen Handlungsfeldern auf organisationaler, tätigkeitsbezogener und personaler Ebene begründet. Die Darstellung der empirischen Befundlage zum Zusammenhang von Führung und Gesundheit wird ergänzt durch eine Übersicht möglicher Messverfahren von Führungsqualität und durch Praxisbeispiele zum gesunden Führen in Unternehmen. Dabei werden Ansprüche an gesundheitsförderliches Führungsverhalten formuliert und konkrete Möglichkeiten der Ressourcenentwicklung und damit der Prävention psychosozialer Risiken durch Führungsarbeit aufgezeigt.

Relevanz der Thematik

Die moderne Arbeitswelt erfordert von Führungskräften die Nutzung innovativer Strategien, um Mitarbeiter zu befähigen, die ihnen übertragenen Aufgaben mit Engagement und hoher Qualität auszuführen und dabei gesund zu bleiben (Badura/Schellschmidt/Vetter, 2006; Richter, 2006). Arbeitsbezogener Stress ist in allen Mitgliedsstaaten der Europäischen Union allerdings weit verbreitet. Die Kosten für „Stresskrankheiten" werden auf durchschnittlich drei bis vier Prozent des Bruttoinlandprodukts geschätzt (International Labour Organization, 2000). Somit besitzt die Gestaltung gesundheitsförderlicher Arbeitsbedingungen nicht nur ideelle, sondern auch klare wirtschaftliche Anreize. Im Zuge steigender Quoten psychisch bedingter Arbeitsausfalltage wird eine neue Aufgabe für Führungskräfte deutlich: die Förderung der Gesundheit von Mitarbeitern sowie die aktive Gestaltung gesundheitsförderlicher Arbeitsumgebungsbedingungen und Organisationskulturen (Badura u. a., 2006).

Grundlegende Ansätze der Führungsforschung

Führung kann als die Gesamtheit von Interaktionsprozessen verstanden werden, in denen eine absichtliche Einflussnahme von Personen auf andere Personen zur Erfüllung gemeinsamer Aufgaben im Kontext einer strukturierten Arbeitssituation zugrunde liegt (Wegge, 2004).

Die Erkenntnisse der traditionellen Forschungsansätze zeigen, dass weder bestimmte Persönlichkeitseigenschaften von Führungskräften (Wegge/Rosenstiel, 2004) noch die alleinige Beschreibung von bestimmten Verhaltensstilen wie „Mitarbeiterorientierung vs. Aufgabenorientierung" (Judge/Piccolo/Ilies, 2004) Führungsverhalten in Organisationen zufriedenstellend abbilden können. Weitere Entwicklungen haben daher situative Einflüsse (Vroom, 2000) und die Bedeutung gegenseitiger Erwartungen zwischen Führungskräften und Mitarbeitern aufgegriffen (House, 1977). Darüber hinaus hat sich auch eine austauschtheoretische Sicht auf Führung etabliert, in der die Qualität der Austauschbeziehung zwischen der Führungskraft und dem einzelnen Mitarbeiter thematisiert wird (Leader-Member-Exchange; Graen/Uhl-Bien, 1995).

Einen integrativen Ansatz liefert das „Full Range of Leadership"-Modell von Bass (1985), welches die Effekte von erwartungsorientiertem und situationsorientiertem Führungsverhalten auf Motivation und Leistung der Geführten beschreibt (Felfe, 2006; Hetland/Sandal/Johnson, 2007; Judge/Piccolo, 2004). Die zentrale Aussage des Modells liegt in der Unterscheidung zwischen transaktionalem Führungsverhalten, das austauschbasiert ist und auf klaren Zielvorgaben beruht, und transformationalem Führungsverhalten, bei dem Mitarbeiter durch das Vermitteln von Werten, Vorbildverhalten der Führungskraft, Formulierung herausfordernder Ziele und durch individuelle Förderung zu hoher Leistung motiviert werden (Rowold/Heinitz, 2008).

Bedingt durch Globalisierung, stärkere geographische Verteiltheit und den vermehrten Einsatz von Teams (z.B. Bell/Kozlowski, 2003) sind in den letzten Jahren Prozesse der verteilten Führung stärker betrachtet worden (Day/Gronn u.a., 2006; Hoch, 2007; Pearce/Conger, 2003). *Geteilte Führung* beschreibt einen zielgerichteten Prozess in Gruppen, bei dem die Mitarbeiter eines Teams Führungsaufgaben ausüben. Die *Führung von unten* thematisiert eine Einflussnahme seitens der Mitarbeiter auf ihre Führungsperson, die dem Zweck dient, Prozesse zu optimieren, Fehler zu vermeiden oder Leistung zu steigern (Blickle/Solga, 2006).

Während der Zusammenhang von Führung und Leistung oder auch Zufriedenheit von Mitarbeitern gut bis sehr gut belegt ist (z.B. Judge/Piccolo, 2004), liegen bisher nur wenige empirische Befunde zum Zusammenhang von Führung mit Gesundheit vor (Rowold/Heinitz, 2008).

Führung als Belastungsquelle in der Arbeit

Führung als Belastungsquelle in der Arbeit spielt sowohl im positiven als auch negativen Sinn eine wichtige Rolle. So zeigten Zapf und Frese (1991), dass soziale Stressoren wie Ärgernisse und Spannungen mit Vorgesetzten und Kollegen einen eigenständigen Beitrag zur Erklärung von Befindensbeeinträchtigungen in der Arbeit leisten. Soziale Stressoren sind in ihrer Bedeutsamkeit mit arbeitsbezogenen Stressoren durchaus vergleichbar. In einer Tagebuchstudie berichten Schwartz und Stone (1993), dass negative emotionale Interaktionen mit Arbeitskollegen, Vorgesetzten und Kunden mit 15 Prozent die zweithäufigste Belastungskategorie darstellten (Zapf/Semmer, 2004). Auch van Knippenberg, De Cremer und van Knippenberg (2007) zeigen, dass als unfair erlebte Führungsprozesse entscheidende Indikatoren für sinkende Leistung und Motivation der Belegschaft sind.

Führungskräfte können aber auch im positiven Sinne soziale Unterstützung ausüben, indem sie ihren Mitarbeitern vielfältige emotionale und instrumentelle Ressourcen zur Bewältigung von Arbeitsanforderungen bereitstellen. Der förderliche Einfluss sozialer Unterstützung auf das Wohlbefinden der Mitarbeiter ist vielfach belegt worden (Richter, 2006), wobei soziale Unterstützung durch Vorgesetzte eine gesunde Bewältigung sozialer Stressoren besser ermögliche als soziale Unterstützung durch Kollegen (Dormann/Zapf, 1999). Ähnliche Ergebnisse zeigte Rau (1994) in ihren Untersuchungen zur Handlungssicherheit in Abhängigkeit von Team- oder Einzelarbeit. Die Ergebnisse zeigen, dass vor allem bei emotional stark belastenden Tätigkeiten Teamarbeit und die dadurch mögliche Kooperation und Kommunikation sowie soziale Unterstützung kompensierend für das Erleben von beruflichem Stress wirken.

Handlungsfelder für gesundes Führen auf organisationaler, tätigkeitsbezogener und personaler Ebene

Forschung und Praxis haben sich bisher vor allem auf eine „symptombezogene Reparaturstrategie" konzentriert. Es wurde an den Folgen fehlerhafter Führung und schlecht gestalteter Arbeitssituationen gearbeitet, nicht jedoch am Ursprung der Problematik (Antonovsky, 1997). Für neuere Ansätze, die auf eine Prävention negativer Folgen von Führung oder Arbeitssituation ausgelegt sind, konnte überzeugend gezeigt werden, dass sie der „Reparaturstrategie" in Effizienz und Dauerhaftigkeit deutlich überlegen sind (Badura u.a., 2006).

Antonovsky (1997) nutzt die Metapher eines Schwimmers im reißenden Fluss, um die Anforderungen an moderne Führungsarbeit und Arbeitsgestaltung zu beschreiben: Es gehe nicht darum, die Stelle im Fluss zu suchen, an der man den vom reißenden Wasser erschöpften und halb ertrunkenen Schwimmer an Land ziehen kann, sondern die Aufgabe sei, den Schwimmer so weit zu trainieren und zu unterstützen, dass er sich im Strom gut und sicher bewegen könne.

In diesem Zusammenhang verweisen Udris, Kraft, Mussmann und Rimann (1992) auf die Bedeutung von Ressourcen bei der gesunden Bewältigung von potenziell „krankmachenden" Arbeitsanforderungen. Es lassen sich drei Ressourcenquellen unterscheiden, die zur langfristigen Förderung von Leistungsfähigkeit und Wohlbefinden im Unternehmen genutzt werden können:

- *Die Organisation*: zum Beispiel durch die Bereitstellung gesundheitsförderlicher Arbeitsbedingungen, Fairness in der Beziehung zwischen Arbeitnehmer und Arbeitgeber, Gewährleistung von zeitlichen und inhaltlichen Freiheitsgraden in der Arbeitstätigkeit
- *Das soziale Umfeld:* zum Beispiel durch die Mobilisierung von Kooperation, sozialer Unterstützung und emotionaler Entlastung in partizipativen Arbeitsstrukturen
- *Die Person:* zum Beispiel durch individuelles Handeln auf der Grundlage von Kompetenzen und deren Weiterentwicklung, Grundeinstellungen und Wertvorstellungen wie Optimismus, spezifischen und hohen Zielen.

Das Zusammenspiel der drei Ressourcenquellen für gesundes Führen und deren vielfältige gesundheitliche Konsequenzen verdeutlicht die folgende Abbildung *(Abbildung 1, S. 223).*

Das breite Spektrum von Förder- und Entwicklungsmöglichkeiten mit einem gesundheitsorientierten Grundverständnis ist auch Kern der weltweit geltenden Definition von Gesundheit. Diese wird definiert als „Fähigkeit und Motivation, ein wirtschaftlich und sozial aktives Leben zu füh-

Handlungsfelder für Gesundes Führen	Gesundheitsbezogene Konsequenzen von Führung	
Organisation • Faire Gestaltung juristischer **und** psychologischer Verträge • Organisationale Gerechtigkeit • Gesundheitsbewusste Unternehmenskultur	**Gesundheitsverhalten** • Fehlzeiten • Pausenverhalten ...	Leistungsfähigkeit
Arbeitstätigkeit • Arbeitsanforderungen • Handlungsspielraum • Soziale Unterstützung • Verteilte Führung in Teams	**Emotionen** • Arbeitsbezogene Ängste • Burnout ... **Einstellungen** • Identifikation mit dem Unternehmen • Enttäuschte Erwartungen ...	Leistungsbereitschaft
Person • Vermittlung von Werten • Unterstützung bei der Entwicklung individueller Kompetenzen und Ressourcen • Zielsetzungsprozesse und Feedback	**Motivation** • Arbeitsbegeisterung • Lebenszufriedenheit ...	

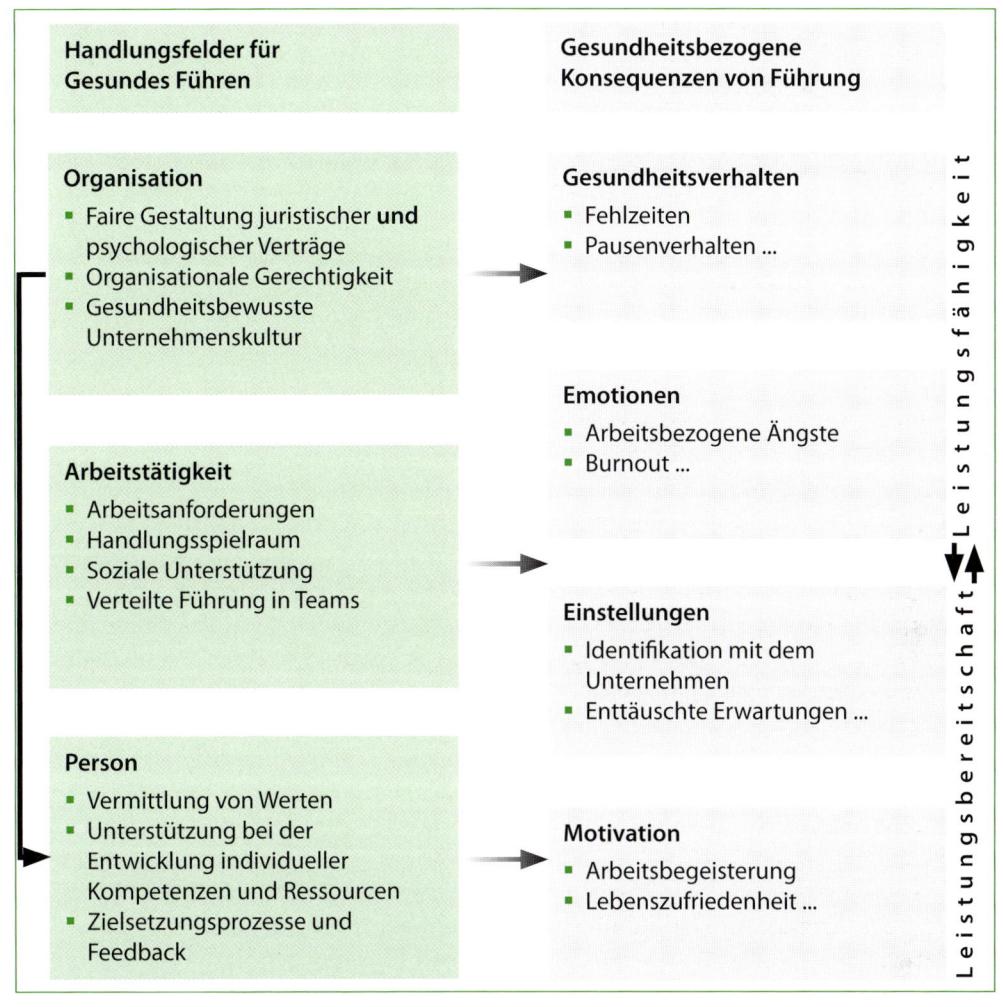

Abb. 1: Handlungsfelder und Konsequenzen von gesundheitsorientiertem Führen
(Quelle: eigene Darstellung)

ren" (WHO, 1986), und schließt damit eine reine „Abwesenheit von Krankheit" als Begriffsdefinition von Gesundheit aus.

Führungskräfte nehmen in der Beeinflussung der Gesundheit der Belegschaft eine entscheidende Rolle ein. Ihre Mitarbeit auf allen Ebenen der Organisation zur Neuausrichtung und Aufwertung betrieblicher Gesundheitspolitik ist erforderlich, um Unternehmen ein Mehr an Gesundheit und Leistung zu ermöglichen (Bandura u.a., 2006). Dabei ist die Gesundheit der Mitarbeiter nicht eindimensional zu verstehen, sondern als ein Wechselspiel von Leistungsbereitschaft (z.B. Motivation) und Leistungsfähigkeit (z.B. Kompetenz).

Stand der Forschung zum Zusammenhang von Führung und Gesundheit

Zum Zusammenhang zwischen Führung und Gesundheit der Mitarbeiter liegen bislang nur wenige empirische Erkenntnisse vor. Diese sollen im Folgenden gegliedert nach den unterschiedlichen Führungsansätzen berichtet werden.

Mitarbeiter- und Aufgabenorientierung von Führung

Für das Paradigma der Mitarbeiterorientierung wird angenommen, dass sich mitarbeiterorientierte Führungskräfte dem Mitarbeiter mit seinen persönlichen Bedürfnissen zuwenden und so soziale Unterstützung ausüben (Rowold/Heinitz, 2008). Sowohl für die soziale Unterstützung durch Führungskräfte als auch für das mitarbeiterorientierte Führungsverhalten konnten direkte und moderierende Effekte auf das Wohlbefinden von Mitarbeitern gezeigt werden (z.B. Bliese/Castro, 2000; Dormann/Zapf, 1999; Rowold/Heinitz, 2008; Zapf/Semmer, 2004). So fanden Frese und Semmer (1991) in einer Längsschnitt-Studie, dass Personen, die hohen Stressoren bei der Arbeit ausgesetzt waren, zu einem späteren Messzeitpunkt mit einem Anteil von 57 Prozent hohe psychosomatische Beschwerden berichten, wenn die soziale Unterstützung durch den Vorgesetzten als gering wahrgenommen wurde. Wurde hingegen eine hohe soziale Unterstützung durch den Vorgesetzten erlebt, betrug der spätere Anteil nur noch 17 Prozent und wich damit nicht signifikant von den Personen mit niedrigem arbeitsbezogenen Stresserleben ab. Nach Dormann und Zapf (1999) liegt die hohe Relevanz sozialer Unterstützung durch den Vorgesetzten im Vergleich zur sozialen Unterstützung durch Kollegen darin begründet, dass Vorgesetzte über wirkungsvollere Unterstützungsmöglichkeiten verfügen als das für die Kollegen der Fall ist. Wilde, Hinrichs und Schüpach (2008) fanden diesbezüglich, dass der Zusammenhang von sozialer Unterstützung durch die Führungskraft und dem Stresserleben durch die soziale Unterstützung durch Kollegen vermittelt wurde. Demnach wirkte sich das Unterstützungsverhalten der Führungskraft positiv auf das Unterstützungsverhalten in der gesamten Abteilung aus und führte in der Konsequenz zu einem positiven Befinden der Mitarbeiter. Diese Ergebnisse unterstreichen die hohe Relevanz kooperativer Arbeitsstrukturen und die Förderung von Teamentwicklungsmaßnahmen, um soziale Unterstützung für die Mitarbeiter untereinander zu mobilisieren.

Für die aufgabenorientierte Führung, welche Aufgaben klar vorstrukturiert und Rollenanweisungen vermittelt, konnten bislang weder eindeutig Stress reduzierende noch Stress induzierende Wirkungen gefunden werden (Rowold/Heinitz, 2008). Es kann aber angenommen werden, dass eine stärkere Strukturiertheit und Klarheit der Situation auch mit reduzierten Anforderungen und geringerem Stresserleben einhergeht.

Transaktionale und transformationale Führung

Erste Hinweise aus empirischen Studien zeigen, dass zwischen der transformationalen Führung und unterschiedlichen Stressindikatoren negative Zusammenhänge bestehen (Bono/Ilies, 2006; Rowold/Heinitz, 2008). Somit hat die transformationale Führung von Führungskräften eine positive Wirkung auf die Gesundheit der geführten Mitarbeiter, beziehungsweise ihr Ausbleiben ist mit einem geringeren Gesundheitsverhalten assoziiert. Dabei zeigen Gilbreath und Benson (2004), dass transformationale Führung auch über andere gesundheitsrelevante Faktoren hinaus, wie zum Beispiel Alter, soziale Unterstützung und Stress auslösende Lebens- und Arbeitsereignisse, einen eigenständigen Beitrag zur Aufklärung von Wohlbefinden leistet. Arnold, Turner, Barling, Kelloway und McKee (2007) konnten die erlebte Bedeutsamkeit der Arbeit als einen wichtigen vermittelnden Faktor zwischen transformationaler Führung und dem Wohlbefinden der Mitarbeiter ermitteln und bieten damit eine erste Erklärung an, warum transformationale Führung eine gesundheitsförderliche Wirkung entfaltet.

Sosik und Godshalk (2000) weisen in ihrer empirischen Studie auf Risiken hin, die mit transformationaler Führung verbunden sein können. Demnach wirkte sich entwicklungsorientiertes, partizipatives Führungsverhalten als Teilaspekt transformationaler Führung nur dann förderlich auf das Erleben von arbeitsbezogenem Stress aus, wenn die Führungskraft gleichzeitig weiterhin soziale Unterstützung ausübte. Verantwortung abzugeben darf demnach nicht bedeuten, in einen Laissez-faire-Stil zu verfallen. Das Engagement von Führungskräften in Form von sozialer Unterstützung bleibt weiterhin wichtig mit Blick auf die Gesundheit der Mitarbeiter. Rowold und Heinitz (2008) berichten Ergebnisse einer Längsschnittstudie, bei der transformationale Führung anders als erwartet nicht mit einem geringen, sondern mit einem hohen Stresserleben auf Seiten der Mitarbeiter verknüpft war. Die Autoren vermuten, dass durch Begeisterung, hohe Zielsetzungen und Motivation zwar kurzfristig zusätzliche Ressourcen und Energie zum Erreichen hoher Ziele freigesetzt, diese auf lange Sicht aber zu chronischem Stresserleben führen können.

In Bezug auf die transaktionale, belohnungs- und austauschbasierte Form des Führens sind die Befunde bislang uneinheitlich. Vermutlich können einige Aspekte des transaktionalen Führens, wie das Formulieren klarer Arbeitsaufträge oder das Reduzieren von Unsicherheit, eine Stress reduzierende Wirkung entfalten. Andere Aspekte, wie das aktive Kontrollieren der Arbeitsausführung, scheinen Stress eher auszulösen, da sie den Handlungsspielraum von Mitarbeitern einschränken (Rowold/Heinitz, 2008).

Neben diesen Befunden liegen auch Erkenntnisse aus Studien vor, in denen gutes Führungsverhalten durch verschiedene empirisch bestätigte Erfolgsfaktoren wie Motivieren, Planen oder Informieren gemessen wurde. Offermann und Hellmann (1996) zeigen, dass Führungskräfte ihre Wirkung auf die Gesundheit der Mitarbeiter systematisch unterschätzen. Während Führungskräfte ein hohes Maß an Kontrolle als Stress reduzierende Entlastung für die Mitarbeiter einschätzen, wirkt sich für die befragten Mitarbeiter gerade ein gegenteiliges Verhalten, das durch Delegation, Partizipation und ein Mehr an Verantwortung geprägt ist, positiv auf das Stressempfinden aus. Fritz, Richter und Wiedemann (2001) finden darüber hinaus, dass Führungsverhalten, das dem Beziehungsaufbau zu den Mitarbeitern dient, wie das Informieren oder Motivieren, positiv mit dem Wohlbefinden der Mitarbeiter verknüpft war, wohingegen Sachaspekte von Führung wie Kontrollieren, Planen und Entscheiden keine Zusammenhänge mit der Mitarbeitergesundheit aufweisen.

Führung „von unten" und shared leadership

Für die *geteilte Führung* und die *Führung von unten* werden ebenfalls Zusammenhänge zur Gesundheit und dem Wohlbefinden der Mitarbeiter und der Führungskräfte diskutiert (Blicke/Solga, 2006; Lovelace/Manz/Alves, 2007; Pearce/Conger, 2003). Bisher können in diesem relativ jungen Forschungsfeld aber nur wenige empirische Befunde berichtet werden. Es wird angenommen, dass Formen der verteilten und geteilten Führung, vermittelt über ein höheres Autonomie- und Kontrollerleben, sowie mehr geteilte Verantwortung und positives Flow-Erleben zu einer Steigerung des subjektiven Wohlbefindens und zu einer besseren Gesundheit der Arbeitnehmer führen. In ähnlicher Weise wird argumentiert, dass die Führung von unten (Blickle/Solga, 2006) und die geteilte Führung als Stress-Puffer wirken können (Lovelace u. a., 2007) und so der Führungskraft helfen, Fehler und Überlastung zu vermeiden, Gesundheit und Wohlbefinden zu steigern und gesundheitliche Belastung zu reduzieren (Hoch, 2007; Hoch, 2008; Hoch/Andressen/Konradt, 2007).

Organisationale Verbundenheit und Fairness

Führungsverhalten wirkt nicht nur direkt, sondern auch indirekt auf das Wohlbefinden der Mitarbeiter. So zeigten Wegge und Schmidt (2008), dass aktives und gesundheitsbewusstes Führen die Verbundenheit mit der Organisation und das Wohlbefinden der Belegschaft steigern kann und somit eine protektive Ressource im Stressbewältigungsprozess darstellt.

Van Knippenberg, de Cremer und van Knippenberg (2007) stellen die Bedeutung der Fairness von Führungskräften heraus. Andere Arbeiten zeigen, dass innovatives Arbeitshandeln nur dann mit erhöhtem Stresserleben verbunden ist, wenn die Mitarbeiter ihre Führungskräfte als eher unfair erleben. Dies ist beispielsweise bei der Ausgestaltung fairer psychologischer Verträge, also den gegenseitigen Versprechen und Verpflichtungen in der Arbeitgeber–Arbeitnehmer-Beziehung (Rigotti/Otto/Mohr, 2007), von besonderer Bedeutung.

Praxisbeispiele für gesundes Führen in Unternehmen

Im Folgenden sollen zwei Praxisbeispiele die vielfältigen Wirkungsmöglichkeiten von Führung auf die Gesundheit der Mitarbeiter verdeutlichen.

Das erste Praxisbeispiel zeigt, dass auf organisationaler Ebene das Entwickeln einer gesundheitsbewussten Unternehmenskultur ein lohnenswertes Anliegen sein kann. In einem großen schwedischen Versicherungsunternehmen wurde dazu über den Zeitraum eines Arbeitsjahres ein Führungskräfte-Entwicklungsprogramm durchgeführt und in seiner Wirksamkeit überprüft (Theorell/Emdad/Arnetz/Weingarten, 2001). Am Programm nahmen 42 Manager des Unternehmens im 14-täglichen Rhythmus teil. Neben der Vermittlung psychosozialen und gesundheitsbezogenen Managementwissens standen vor allem die Reflexion und Diskussion des vermittelten Wissens in den jeweils zweistündigen Sitzungen im Vordergrund. Zu den wichtigsten Wissensbausteinen des Programms zählte die Vermittlung von Wissen zu

- medizinischen und psychologischen Aspekten individueller Leistungsfähigkeit,
- sozialpsychologischen Prinzipien von Gruppen sowie
- einer erfolgreichen Gestaltung von organisationalem Wandel unter Berücksichtigung von Gesetzmäßigkeiten individueller Lern- und Entwicklungsprozesse.

Das Unternehmen befand sich während der Laufzeit des Programms in einer schwierigen, durch Arbeitsplatzunsicherheit und Konkurrenzdruck geprägten Umbruchphase.

Theorell u. a. (2001) verglichen die Mitarbeiter der teilnehmenden Manager mit einer Kontrollgruppe im gleichen Unternehmen zunächst vor Programmbeginn und erneut nach Beendigung des Programms mit erstaunlichen Ergebnissen: Die Mitarbeiter der trainierten Manager wiesen nach Beendigung des Entwicklungsprogramms eine signifikante Absenkung des Plasmakortisolspiegels im Blut auf. Der Plasmakortisolspiegel gilt als aussagekräftiger Indikator für dauerhafte Stresszustände. Darüber hinaus erlebten die Mitarbeiter der Kontrollgruppe im Verlauf des Jahres einen signifikant geringeren Entscheidungsspielraum, der wahrscheinlich durch die organisatorischen Veränderungen im Unternehmen erklärt werden kann. Die Mitarbeiter der trainierten Manager gaben hingegen im Anschluss an das Entwicklungsprogramm einen leicht erhöhten Entscheidungsspielraum im Vergleich zur Messung vor Programmbeginn an. Offensichtlich konnte das vermittelte Managementwissen erfolgreich in die Arbeitsgruppen der teilnehmenden Manager transferiert werden. Dies ist bemerkenswert, da das Führungskräfte-Entwicklungsprogramm mit Blick auf seine Intensität als lediglich moderat bezeichnet werden kann.

Das *zweite Praxisbeispiel* illustriert, wie gesundheitsförderliches Führungsverhalten auf individueller Ebene wirkt und gleichzeitig auch mit Eingriffsmöglichkeiten auf der tätigkeitsbezogenen Ebene verknüpft ist.

Im Rahmen des von der ehemaligen Berufsgenossenschaft Elektro Textil Feinmechanik (jetzt Berufsgenossenschaft Energie Textil Elektro Medienerzeugnisse) initiierten und von der Technischen Universität Dresden umgesetzten PREVA-Projektes (Prävention und Evaluation im Rahmen des erweiterten Gesundheitsschutzes) kann die vordergründig indirekte Wirkung von Führung auf Gesundheit und Motivation der Belegschaft gezeigt werden (Wolf/Nebel, 2008). Im Rahmen des Projektes wurde neben zahlreichen industriellen Stichproben auch eine Belastungs- und Ressourcenanalyse in einer staatlichen Behörde durchgeführt. Insgesamt nahmen 81 Mitarbeiter an der Untersuchung teil (Frauenanteil 57 %; Raucher 28 %; Bluthochdruck 23 %; regelmäßiger Sport 38 %; Altersgruppe 40 Jahre und älter 80 %). Es zeigte sich, dass mitarbeiterorientiertes, individuelles Führungsverhalten stärker auf psychische und soziale Gesundheitsaspekte wirkte als rein ausführungs- und kontrollorientiertes Führungsverhalten. Dieser Befund unterstreicht, dass Führungskräfte als Gesundheitsförderer im Unternehmen eine wichtige Rolle einnehmen können, wenn sie neben den grundlegenden Führungsaufgaben wie Arbeitsplanung und Kontrolle der Zielerreichung auch die individuellen Fähigkeiten und Bedürfnisse der Mitarbeiter gezielt berücksichtigen und fördern.

In einem zweiten Schritt wurde überprüft, welche Begleitfaktoren den Zusammenhang zwischen transformationalem Führungsverhalten und dem Wohlbefinden der Mitarbeiter erklären können. Dabei erwies sich die soziale Unterstützung durch Kollegen als signifikanter Mediator. Für Führungskräfte ist dieses Ergebnis ein wichtiger Hinweis darauf, dass neben ihrer direkten Einflussnahme ein besonderer Fokus auf die Gestaltung von kooperativen Tätigkeitsstrukturen gelegt werden sollte. In der Zusammenarbeit mit Kollegen kann soziale Unterstützung mobilisiert werden. Bei sozialer Unterstützung handelt es sich um eine zentrale Ressource zur gesunden Bewältigung von Arbeitstätigkeiten, deren positiver Einfluss auf das Wohlbefinden der Mitarbeiter vielfältig nachgewiesen werden konnte.

Dieser Effekt gilt in der hier erörterten Studie jedoch nur für psychisches Wohlbefinden und konnte für körperliches Wohlbefinden nicht belegt werden.

Messung von Führungsqualität im Unternehmen

Zur Diagnose des Führungsverhaltens in Organisationen stehen zahlreiche subjektive Verfahren zur Verfügung, mit denen in der Regel erfasst wird, wie Mitarbeiter ihre unmittelbare Führungskraft einschätzen. Daneben existieren Erhebungsinstrumente, die einen Abgleich von Fremdurteil und Selbsteinschätzung ermöglichen (Felfe/Liepmann, 2008). Eine Vielzahl von subjektiven Verfahren enthält die Toolbox der Bundesanstalt für Arbeitsschutz und Arbeitsmedizin; darüber hinaus seien beispielhaft folgende Verfahren zur Messung von Führungsqualität genannt:

- Fragebogen zur Vorgesetzten-Verhaltens-Beschreibung (FVVB; Fittkau/Fittkau-Garthe, 1971), mit dem die Aufgaben- vs. Mitarbeiterorientierung von Führungskräften gemessen werden kann
- Leader-Member-Exchange (LMX 7; Graen/Uhl-Bien, 1995; deutsche Version von Schyns, 2002), in dem die Qualität der Austauschbeziehung zwischen Führungskraft und Mitarbeiter thematisiert wird
- Multifactor Leadership Questionnaire (MLQ Form 5x Short; Bass/Avolio, 1995; deutsche Version von Felfe/Goihl, 2002), mit dem eine breite Palette von Führungsverhaltensweisen von Laissez-faire, transaktionaler Führung bis hin zu transformationaler Führung messbar gemacht wird
- Kurzfragebogen zum Führungsverhalten (Fritz/Richter/Wiedemann, 2001), mit dem ein Soll-Ist-Vergleich wichtiger Führungsfunktionen wie Planen, Entscheiden oder Motivieren möglich wird
- Kurzfragebogen zur Messung von geteilter und vertikaler Teamführung (shared und vertical leadership, basierend auf der Originalversion von Pearce und Sims, 2002, Deutsch von Hoch und Wegge, in Vorb.), mit dem unter anderem Transformationale, Transaktionale, Partizipative, und Befähigende Führung auf unterschiedlichen Ebenen gemessen werden kann.

Eine Unterstützung für die objektive Einschätzung von gesundheitsförderlichem Führungsverhalten im Betrieb kann auch mittels Beobachtungsinterviews erfolgen. Hierbei geht der geschulte Anwender mit Beobachtungsbögen oder Leitfragen durch das Unternehmen und schätzt neben Aspekten der Arbeitstätigkeit unter anderem auch das beobachtbare Führungsverhalten ein und befragt den Arbeitsplatzinhaber zusätzlich zu nicht beobachtbaren Führungsprozessen. Beobachtungsinterviews wie beispielsweise das „Screening Gesunde Arbeit (SGA; Buruck/Debitz/Rudolf, 2007) sind orientierende Instrumente, die sich auf die gesamte Arbeitstätigkeit beziehen, und können eine Detailanalyse des Führungsverhaltens nicht ersetzen. Objektive Unterstützung zur Einschätzung der Führungsqualität in Unternehmen ist auch möglich durch eine Reihe von Checklisten und Prüfverfahren wie beispielsweise den Selbstbewertungsbogen des BKK-Bundesverbandes (2002), Maßstäbe für Führungsqualität im Rahmen von Qualitätsmanagement-Maßnahmen (EFQM) oder Listen zur Gefährdungsbeurteilung, die von Berufsgenossenschaften, Unfallversicherern und der Bundesanstalt für Arbeitsschutz und Arbeitsmedizin zur Verfügung gestellt werden.

Möglichkeiten der Gesundheitsförderung durch Führungskräfte

Führungskräfte, die Gesundheit im Unternehmen fördern, nehmen viele Rollen ein: Sie sind nicht nur Vorgesetzte mit Weisungsberechtigung, sondern gleichzeitig auch Sicherheitsmanager und Präventionsbeauftragte, wachsame Beobachter, einfühlsame und verständnisvolle Zuhörer, Beschützer, Problemlöser und Ressourcenmanager. Handlungsmöglichkeiten eröffnen sich auf organisationaler und aufgabenbezogener Ebene sowie im persönlichen Kontakt mit dem Mitarbeiter, wobei Gesundheitsförderung häufig auch durch einfache Mittel möglich wird. Gesundheitszirkel helfen beispielsweise systematisch für die Belegschaft relevante Themen zu eruieren und schrittweise Verbesserungen einzuleiten. Weitere Möglichkeiten zur Gesundheitsförderung durch Führungskräfte bieten sich durch:

- Integration von Gesundheitsförderung in den Unternehmensleitlinien
- Entwicklung und kontinuierliche Verbesserung von finanziellen und ideellen Anreizsystemen
- Unterstützung von Kinderbetreuung
- Installation und Weiterentwicklung transparenter und als fair erlebter Zielsetzungs- und Feedbacksysteme
- Schaffen von Kommunikationsmöglichkeiten zwischen Mitarbeitern, Teams und der gesamten Belegschaft
- Übertragen von (Eigen-)Verantwortung an Mitarbeiter und Teams
- Pflege einer wertschätzenden Kommunikation und einer konstruktiven Fehlerkultur, die Fehler als Lernchance und nicht als Versagen begreift
- Förderung individueller Entwicklungen.

Mit Blick auf die Vielzahl der Handlungsmöglichkeiten, ihr Zusammenspiel auf verschiedenen Ebenen im Unternehmen und die Komplexität der empirischen Erkenntnisse zum Zusammenhang von Führung und Gesundheit der Mitarbeiter bleibt festzuhalten: Führungskräfte als Gesundheitsförderer im Unternehmen – keine leichte, aber eine lohnenswerte Aufgabe!

→ Stresstheorie (S. 66); Betriebliche Gesundheitsförderung (S. 86); Soziale Unterstützung (S. 324)

Literatur

Antonovsky, A.: Salutogenese. Zur Entmystifizierung der Gesundheit. dgvt Verlag, Tübingen 1997

Arnold, K. A./Turner, N./Barling, J./Kelloway, E. K./McKee, M. C.: Transformational leadership and psychological well-being: The mediating role of meaningful work. In: Journal of Occupational Health Psychology 12, 2007, S. 193–203

Badura, B./Schellschmidt, H./Vetter, C.: Fehlzeitenreport. Chronische Krankheiten. Berlin 2006

Bass, B. M.: Leadership and performance beyond expectations. New York 1985

Bass, B. M./Avolio, B.: MLQ Multifactor Leadership Questionnaire: Technical report. Redwood City, CA 1995

Blickle, G./Solga, M.: Einfluss, Konflikte, Mikropolitik. In: Schuler, H. (Hrsg.): Lehrbuch Personalpsychologie. Göttingen 2006, S. 612–646

Bliese, P. D./Castro, C. A.: Role clarity, work overload and organizational support: multilevel evidence of the importance of support. In: Work & Stress 14, 2000, S. 65–73

BKK Bundesverband: Gesunde Mitarbeiter in gesunden Unternehmen. Erfolgreiche Praxis betrieblicher Gesundheitsförderung in Europa: Qualitätskriterien für die betriebliche Gesundheitsförderung. Essen 2002

Bono, J. E./Ilies, R.: Charisma, positive emotions and mood contagion. In: The Leadership Quarterly 17, 2006, S. 317–334

Buruck, G./Debitz, U./Rudolf, M.: Screening Gesundes Arbeiten (SGA) – Erste Ergebnisse der Pilotstudien. In: Richter, P./Rau, R./Mühlpfordt, S. (Hrsg.): Arbeit und Gesundheit, Lengerich 2007, S. 73 ff.

Day, D. V./Gronn, P./Salas, E.: Leadership in team-based organizations: On the treshold of a new era. The Leadership Quarterly, 17, 2006, S. 211–216

Dormann, C./Zapf, D.: Social support, social stressors at work, and depressive symptoms: testing for main and moderating effects with structural equations in a three-wave longitudinal study. In: Journal of Applied Psychology 84, 1999, S. 874–884

Felfe, J.: Transformationale und charismatische

Führung – Stand der Forschung und aktuelle Entwicklungen. In: Zeitschrift für Personalpsychologie 5, 2006, S. 163–176

Felfe, J./Goihl, K.: Deutsche überarbeitete und ergänzte Version des „Multifactor Leadership Questionnaire" (MLQ). In: Glöckner-Rist, A. (Hrsg.): ZUMA-Informationssystem. Elektronisches Handbuch sozialwissenschaftlicher Erhebungsinstrumente, Version 5.00. ZUMA, Mannheim 2002

Felfe, J./Liepmann, D.: Organisationsdiagnostik. In: Petermann, F./Holling, H. (Hrsg.): Kompendien Psychologische Diagnostik, Bd. 10, Hogrefe, Göttingen 2008

Fittkau, B./Fittkau-Garthe, H.: Fragebogen zur Vorgesetzten-Verhaltens-Beschreibung (FVVB). Hogrefe, Göttingen 1971

Frese, M./Semmer, N.: Stressfolgen in Abhängigkeit von Moderatorvariablen: Der Einfluss von Kontrolle und Sozialer Unterstützung. In: Greif, S./Bamberg, E./Semmer, N. (Hrsg.): Psychischer Stress am Arbeitsplatz. Hogrefe, Göttingen 1991, S. 135 ff.

Fritz, S./Richter, P./Wiedemann, J.: Kurzfragebogen zum Führungsverhalten. TU Dresden Methodensammlung 2001

Gilbreath, B./Benson, P.: The contribution of supervisor behavior to employee psychological well-being. In: Work & Stress 18, 2004, S. 255-266

Graen, G. B./Uhl-Bien, M.: Relationship-based approach to leadership: Development of leader-member exchange (LMX) theory of leadership over 25 years: Applying a multi-level multi-domain perspective. In: Leadership Quarterly 6, 1995, S. 219–247

Gronn, S.: Distributed properties: a new architecture for leadership, Educational Management and Administration, 28 (3), 2000, S. 317–338

Gronn, S.: Distributed leadership as a level of analysis. Leadership Quarterly, 13, 2000, S. 423–451

Hetland, H./Sandal, G.M./Johnson, T. B.: Burnout in the information technology sector: Does leadership matter? In: European Journal of Work and Organizational Psychology 16, 2007, S. 58–75

Hoch, J. E./Wegge, J.: Messung von geteilter und vertikaler Teamführung (shared und vertikal leadership). Beitrag in Vorbereitung für ZAO. (in Vorb.)

Hoch, J. E.. Achievement or Power? The impact of individual motive disposition on the effectiveness of shared and vertical leadership in teams. Paper at XXIX. International Congress of Psychology. Berlin 2008, July

Hoch, J. E.: Verteilte Führung in virtuellen Teams: Zum Einfluss von struktureller, interaktionaler und teambasierter Führung auf den Teamerfolg, Dissertation an der Universität Kiel, 2007

Hoch, J. E./Andressen, P./Konradt, U.: E-Leadership und die Bedeutung verteilter Führung. Wirtschaftspsychologie, 9, 2007, S. 50–58

House, R. J.: A 1976 theory of charismatic leadership. In: Hunt, J. G./Larson, L. L. (Hrsg.): Leadership. The cutting edge. Carbondale, IL 1977, S. 189 ff.

International Labour Organization: Mental health in the workplace. Geneva 2000

Judge, T. A./Piccolo, R. F./Ilies, R.: The forgotten ones? The validity of consideration and initiating structure in leadership research. In: Journal of Applied Psychology 89, 2004, S. 36–51

Judge, T. A./Piccolo, R. F.: Transformational and transactional leadership: A meta-analytic test of their relative validity. In: Journal of Applied Psychology 89, 2004, S. 755–768

Lovelace, K. J./Manz, C. C./Alves, J. C.: Work stress and leadership development: The role of self-leadership, shared leadership, physical fitness and flow in managing demands and increasing job control. Human Resource Management Review 17, 2007, 374–387

Nielsen, K./Yarker, J.: The importance of transformational leadership style for the well-being of employees working with older people. In: Journal of Advanced Nursing 63, 2008, S. 465-475

Pearce, C. L./Conger, J. A. (Hrsg.): Shared leadership: Reframing the hows and whys of leadership. Thousand Oaks, CA, Sage 2003

Pearce, C. L./Sims Jr., H. P.: Vertical versus shared leadership as predictors of the effectiveness of change management teams: An examination of aversive, directive, transactional, transformational, and empowering leader behaviors. Group Dynamics, Theory, Research, and Practice, 6, 2002, S. 172–197

Pearce, C. L.: Follow the Leaders: You've created a team to solve a problem. Here's some advice: Don't put one person in charge. Wallstreet Journal, July 7, 2008

Pearce, C. L./Manz, C. C./Sims, H. P.: The roles of vertical and shared leadership in the enactment corruption: Implications for research and practice. The Leadership Quarterly, 19, 2008, S. 353–359

Rau, R.: Handlungssicherheit in Abhängigkeit von der Arbeitsform: Team versus Einzeln. In: Zeitschrift für Arbeits- und Organisationspsychologie 38, 1994, S. 62–70

Richter, P.: Occupational Health Psychology – Gegenstand, Modelle, Aufgaben. In: Wittchen, H.-U./Hoyer, J. (Hrsg.): Klinische Psychologie & Psychotherapie. Heidelberg 2006, S. 311 ff.

Rigotti, T./Otto, K./Mohr, G.: Psychologische Verträge und ihr Zusammenhang mit psychosozialem Befinden von Arbeitnehmerinnen und Arbeitnehmern. In: Richter, P./Rau, R./Mühlpfordt, S. (Hrsg.): Arbeit und Gesundheit. Pabst Science Publishers, Lengerich 2007, S. 227 ff.

Rowold, J./Heinitz, K.: Führungsstile als Stressbarrieren. Zum Zusammenhang zwischen transformationaler, transaktionaler, mitarbeiter- und aufgabenorientierter Führung und Indikatoren von Stress bei Mitarbeitern. In: Zeitschrift für Personalpsychologie 7, 2008, S. 129–140

Schyns, B.: Überprüfung einer deutschsprachigen Skala zum Leader-Member-Exchange-Ansatz. In: Zeitschrift für Differentielle und Diagnostische Psychologie 23, 2002, S. 235–245

Sosik, J. J./Godshalk, V. M.: Leadership styles, mentoring functions received, and job-related stress: a conceptual model and preliminary study. In: Journal of Organizational Behavior 21, 2000, S. 365–390

Theorell, T./Emdad, R./Arnetz, B./Weingarten, A.-M.: Employee effects of an educational program for managers at an insurance company. In: Psychosomatic Medicine 63, 2001, S. 724–733

Udris, I./Kraft, U./Mussmann, C./Rimann, M.: Arbeiten, gesund sein und gesund bleiben: Theoretische Überlegungen zu einem Ressourcenkonzept. In: Psychosozial 15, 1992, S. 9–22

van Dierendonck, D./Haynes, C./Borrill, C./Stride, C.: Leadership behavior and subordinate well-being. In: Journal of Occupational Health Psychology 9, 2004, S. 165–175

van Knippenberg, D./De Cremer, D./van Knippenberg, B. .Leadership and fairness: The state of the art. European Journal of Work and Organizational Psychology, 16, 2007, S. 113–140

V. Rosenstiel, L./Wegge, J.: Führung. In: Schuler, H. (Hrsg.): Enzyklopädie der Psychologie: Organisationspsychologie – Grundlagen und Personalpsychologie. Hogrefe, Göttingen 2004

Vroom, V.H.: Leadership and the decision-making process. In: Organizational Dynamics 28, 2000, S. 82–94

Wegge, J.: Führung von Arbeitsgruppen. Hogrefe, Göttingen 2004

Wegge, J./Schmidt, K.-H.: Organisationales Commitment, organisationale Identifikation und Gesundheit bei der Arbeit. In: Rohmann, E./Herner, M.J./Fetchenhauer, D. (Hrsg.): Sozialpsychologische Beiträge zur Positiven Psychologie. Eine Festschrift für Hans-Werner Bierhoff. Dustri, Lengerich 2008

Wilde, B./Hinrichs, S./Schüpach, H.: Der Einfluss von Führungskräften und Kollegen auf die Gesundheit der Beschäftigten – zwei empirische Untersuchungen in einem Industrieunternehmen. In: Wirtschaftspsychologie 1, 2008, S. 100–106

Wolf, S./Nebel, C.: The influence of transformational leadership on employees health and well-being. Congressional contribution at the Seventh International Conference on Occupational Stress and Health. In: Work, Stress, and Health, Washington, DC., USA, March 6.–8., 2008

World Health Organization: Ottawa Charta for Health Promotion. Geneva 1986

Yukl, G.: An evaluation of conceptual weaknesses in transformational and charismatic leadership theories. In: Leadership Quarterly 10, 1999, S. 285–305

Zapf, D./Frese, M.: Soziale Stressoren am Arbeitsplatz und psychische Gesundheit. In: Greif, S./Bamberg, E./Semmer, N. (Hrsg.): Psychischer Stress am Arbeitsplatz. Hogrefe, Göttingen 1991, S. 168 ff

Zapf, D./Semmer, N.: Stress und Gesundheit in Organisationen. In: Schuler, H. (Hrsg.): Enzyklopädie der Psychologie, Themenbereich D, Serie III, Band 3 Organisationspsychologie. Hogrefe, Göttingen 2004, S. 1007 ff.

Toolbox der Bundesanstalt für Arbeitsschutz und Arbeitsmedizin (www.baua.de → suche „Toolbox")

Technische Universität Dresden, Fakultät Mathematik und Naturwissenschaften, Institut für Psychologie III, Professur für Arbeits- und Organisationspsychologie, PREVA Projekt (www.preva-online.de)

Katrin Boege

Betriebliche Umstrukturierungen, Personalabbau und Arbeitsplatzunsicherheit

Abstract
Betriebliche Umstrukturierungen, Fusionen und Verlagerung von Unternehmensteilen ins Ausland gehen häufig mit Arbeitsplatzunsicherheit für die betroffenen Beschäftigten einher. Arbeitsplatzunsicherheit kann sich negativ auf die Gesundheit, die Arbeitmotivation und die Arbeitsleistung auswirken und zu einer Zunahme von Arbeitsunfällen und Reklamationen führen. Durch eine gezielte Vorbereitung, Begleitung und Nachbereitung von Umstrukturierungsprozessen können diese Folgen abgemildert werden. Qualifizierungsmaßnahmen sollten Teil einer Gesamtstrategie sein, die den Umstrukturierungsprozess begleitet.

Thematische Eingrenzung und Definition

Konzerne und mittelständische Unternehmen verlagern in zunehmendem Maße Teile ihrer Produktion ins Ausland. Auf die fortschreitende Deregulierung und Flexibilisierung der Arbeitsmärkte reagieren sie immer häufiger mit betrieblichen Umstrukturierungen, Stellenabbau und Verlagerung von Arbeitsplätzen. Für viele Arbeitnehmer ist das Vertrauen in sichere Beschäftigungsperspektiven erschüttert. Dies hat gravierende Auswirkungen auf die Beschäftigten und das Klima in den Unternehmen.

Von den Belastungen, die in Zusammenhang mit betrieblichen Umstrukturierungen, Personalabbau und Verlagerung von Arbeitsplätzen ins Ausland aus den betrieblichen Rahmenbedingungen entstehen, ist besonders die Arbeitsplatzunsicherheit zu nennen. In den Betrieben wissen Beschäftigte häufig nicht, ob und unter welchen Bedingungen ihr Arbeitsplatz verlagert wird und ob sie selbst betroffen sein werden. Im Hinblick auf Sicherheit und Gesundheitsschutz spielen die Beanspruchung und Beanspruchungsfolgen, die aus Arbeitsplatzunsicherheit entstehen, eine wichtige Rolle. Für Betriebe ist es wichtig zu wissen, wie sie in Zeiten betrieblicher Umstrukturierungen präventiv tätig werden können. Aus diesem Grund stehen Arbeitsplatzunsicherheit und der Umgang mit psychischen Belastungen, die sich aus betrieblichen Umstrukturierungen, Arbeitsplatzabbau und Verlagerung von Unternehmen oder Unternehmensteilen ins Ausland ergeben, im Zentrum dieser Betrachtungen.

Art der Belastung und Belastungsbedingungen

Die Wirkmechanismen zwischen dem Arbeitsmarkt, der wirtschaftlichen Lage eines Unternehmens und der subjektiv wahrgenommenen Arbeitsplatzunsicherheit einerseits und dem Arbeitsverhalten, der Arbeitseinstellung und der Gesundheit andererseits sind komplex und nicht immer leicht messbar.

Immer mehr internationale Studien weisen jedoch darauf hin, dass Arbeitsplatzunsicherheit negative Auswirkungen auf die Sicherheit, die Gesundheit und die psychische Gesundheit hat (z.B. Bourbonnais/Brisson/Vezina/Masse/Blanchette, 2005). Eine internationale Literaturstudie zur Auswirkung von Arbeitsplatzunsicherheit, Arbeitsplatzabbau und Umstrukturierungen (Bohle/Quinlan/Mayhew, 2001) hat gezeigt, dass in 88 Prozent der 68 Studien bei mindestens einem Merkmal negative Effekte gefunden wurden, darunter zum Beispiel ein gesteigertes Risiko von Arbeitsunfällen, Gewalt am Arbeitsplatz, Herzerkrankungen und psychische Beanspruchung der Mitarbeiter. Eine weitere Metastudie kam zu ähnlichen Ergebnissen (Sverke/Hellgren/Naswall, 2002). Zudem lassen sich auch Zusammenhänge zwischen Arbeitsplatzunsicherheit und der Arbeitseinstellung, zum Beispiel Verringerung von Arbeitszufriedenheit, Arbeitsmotivation und Arbeitsleistung (z.B. Arbeitsmenge und Qualität) feststellen (Jahn, 2005).

In der Stressforschung (z.B. Lazarus u.a., 1984) wird der Antizipation eines stressvollen Ereignisses, wie z.B. dem Arbeitsplatzverlust, eine wichtigere Bedeutung zugemessen als dem Ereignis selbst (Cobb u.a., 1977). Das heißt, dass es in der Regel weniger belastend ist zu wissen, dass man entlassen wird, als mit der Unsicherheit eines eventuell drohenden Arbeitsplatzverlustes zu leben. So zeigte zum Beispiel eine Metaanalyse verschiedener Studien, dass der Gesundheitszustand *vor* der tatsächlichen Entlassung schlechter ist als in der ersten Phase der Arbeitslosigkeit (Mohr, 1997). Allerdings gehen Mitarbeiter mit Arbeitsplatzunsicherheit – wie auch mit anderen Belastungssituationen – sehr unterschiedlich um. Je nach Ausmaß und persönlicher Bewertung kann Arbeitsplatzunsicherheit als Herausforderung oder als Bedrohung empfunden werden. Das Bedrohungsempfinden ist zum Beispiel abhängig von der zeitlichen Nähe des drohenden Arbeitsplatzverlustes sowie von der Bewertung der eigenen Chancen auf Wiederbeschäftigung (Jahn, 2005).

Arbeitsplatzunsicherheit, die sich über einen längeren Zeitraum erstreckt, kann zum psychischen Rückzug von der eigenen Arbeitstätigkeit bis hin zur inneren Kündigung führen. Zudem zeigen Betroffene oft einen Abfall der Arbeitsmotivation und der Arbeitsleistung.

Eine weitere Konsequenz von Arbeitsplatzunsicherheit kann Präsentismus sein, das heißt ein Erscheinen am Arbeitsplatz trotz Krankheit. So zeigte eine Umfrage der AOK, dass 91 Prozent der Arbeitnehmer auch dann zur Arbeit gehen, wenn es ihnen nicht gut geht. Eingeschränktes Wohlbefinden beziehungsweise eine akute Erkrankung beeinträchtigen die Konzentrationsfähigkeit und erhöhen das Unfallrisiko und generell das Risiko, dass Fehler gemacht werden. Aus diesem Grund führt Arbeitsplatzunsicherheit häufig zu einer Zunahme von Arbeitsunfällen und Kundenreklamationen aufgrund von fehlerhaften Produkten oder Dienstleistungen in den betroffenen Unternehmen. Im Hinblick auf die Prävention von Arbeitsunfällen und der Gesunderhaltung der Mitarbeiter ist es deshalb wichtig, dass Unternehmen Betroffenen so früh wie möglich mitteilen, welche Person(en) die Folgen der Umstrukturierungen treffen und sie dadurch die Phase der Arbeitsplatzunsicherheit so kurz wie möglich halten.

Entstehung und Relevanz des Themas

Wenn ein Unternehmen seinen Mitarbeitern ankündigt, dass Arbeitsplätze abgebaut werden, kommt es zunächst zu einer Phase des Schocks. Der Gruppenzusammenhalt unter den Mitarbeitern nimmt ab und das gegenseitige Misstrauen unter den Beschäftigten und gegenüber dem Vorgesetzten nimmt zu (Kieselbach, 2006). In dieser Phase reagieren Betroffene oft mit Wut, Aggression oder Rückzug. Häufig werden auch zunächst zum Selbstschutz Tatsachen, wie zum Beispiel definitiv bevorstehende Entlassungen, geleugnet. Je länger diese Phase andauert, desto stärker sind die negativen Auswirkungen auf die Gesundheit der Mitarbeiter.

Nachdem entschieden und kommuniziert wurde, wer entlassen wird, beginnt bei den Betroffenen eine Phase der Verarbeitung, die oft mit Trauer um den verlorenen Arbeitsplatz und um den Verlust von Kollegen einhergeht. Die Betroffenen werden sich allmählich der veränderten Situation bewusst. Die Sicherheit, nicht mehr beschäftigt zu sein, kann mit der Zeit dazu beitragen, den Blick langsam auf Alternativen zu richten.

Als letzte Phase wird die Phase der Neuorientierung beschrieben. Die entlassenen Mitarbeiter suchen sich, oft mit Hilfe des alten Arbeitgebers, eine neue Arbeit, werden in Auffanggesellschaften weiterbeschäftigt oder orientieren sich um. Die verbleibenden Mitarbeiter (Survivors) müssen sich an die veränderte Situation im Unternehmen anpassen, die oft mit einer höheren Arbeitsbelastung einhergeht, da ähnliche Arbeitsleistung nun von weniger Mitarbeitern gefordert wird. Auch verlangt die Gewöhnung an neue Kollegen und Teams, zum Beispiel bei internen Umstrukturierungen, Anpassungsleistungen. Oft müssen auch gerade die Survivors gut betreut werden, da diese die alten Kollegen nicht nur vermissen, sondern häufig auch unter Schuldgefühlen oder „schlechtem Gewissen" leiden, da sie selbst im Unternehmen verbleiben konnten, wohingegen die Kollegen entlassen wurden. Im Idealfall werden alle drei Phasen engmaschig durch das Unternehmen begleitet, sodass die negativen Auswirkungen des Personalabbaus so gut wie möglich aufgefangen werden.

Überbetriebliche Einflussfaktoren

Globalisierung und Flexibilisierung
Durch die Globalisierung ist die Situation vieler Betriebe in den Industrienationen seit Jahren durch die Zunahme von Unsicherheiten gekennzeichnet. Im Zuge der weltweiten wirtschaftlichen Verflechtungen steigen die Konkurrenz zwischen den Unternehmen, die Anforderungen an Flexibilität und Geschwindigkeit sowie an wettbewerbsfähige Preise. Oft können nur durch Outsourcing, Stellenabbau, Stellenverlagerung ins Ausland (Offshoring), dem Schließen oder dem Verkauf ganzer Unternehmensteile der Bankrott der Firma abgewendet und wettbewerbsfähige Produktionskosten erreicht werden.

Unternehmen mit 100 und mehr Beschäftigten haben nach Angaben des Statistischen Bundesamtes (Destatis) zwischen 2001 und 2006 mehr als 188.000 Arbeitsplätze im Zusammenhang mit Auslandsverlagerungen abgebaut. Der Anteil der Betriebe, die Unternehmensteile ins Ausland verlagert haben, war bei den Industriebetrieben mit 20 Prozent besonders hoch (Destatis). Für Unternehmen spielen bei der Auslandsverlagerung vor allem die Erschließung neuer Märkte sowie Kostenüberlegungen eine wichtige Rolle.

Die Motive für die Verlagerung ins Ausland der Unternehmen mit mehr als 100 Beschäftigten zeigt die *Abbildung 1*.

Die Wahrnehmung, dass vermehrt Arbeitsplätze ins Ausland verlagert werden, führt bei vielen Menschen zu Befürchtungen und Ängsten, besonders dann, wenn der eigene Arbeitsplatz gefährdet scheint. In Deutschland bestimmt die Furcht vor dem Verlust des eigenen Arbeitsplatzes und dem sozialen Abstieg zunehmend das gesellschaftliche Leben (R + V, 2008).

Shareholder Value

Jedoch lassen sich nicht alle Unternehmensverlagerungen ins Ausland auf die wirtschaftlichen Zwänge im globalen Wettbewerb zurückführen. Die 30 größten im Dax vertretenen Konzerne bauten trotz Gewinne im Jahr 2007 zirka 44.000 Stellen ab. Die Unternehmen erwirtschafteten Gewinne und verlagerten trotzdem Arbeitsplätze. Gerade im Hinblick auf Sicherheit und Gesundheit stellt sich die Frage, ob diese in Niedriglohnländern einen ähnlich hohen Standard haben wie in vielen Industrienationen und ob die höheren Gewinnmargen nicht auch auf Kosten des

Motive für Verlagerungen ins Ausland zwischen 2001 und 2006
Unternehmen mit 100 und mehr Beschäftigten

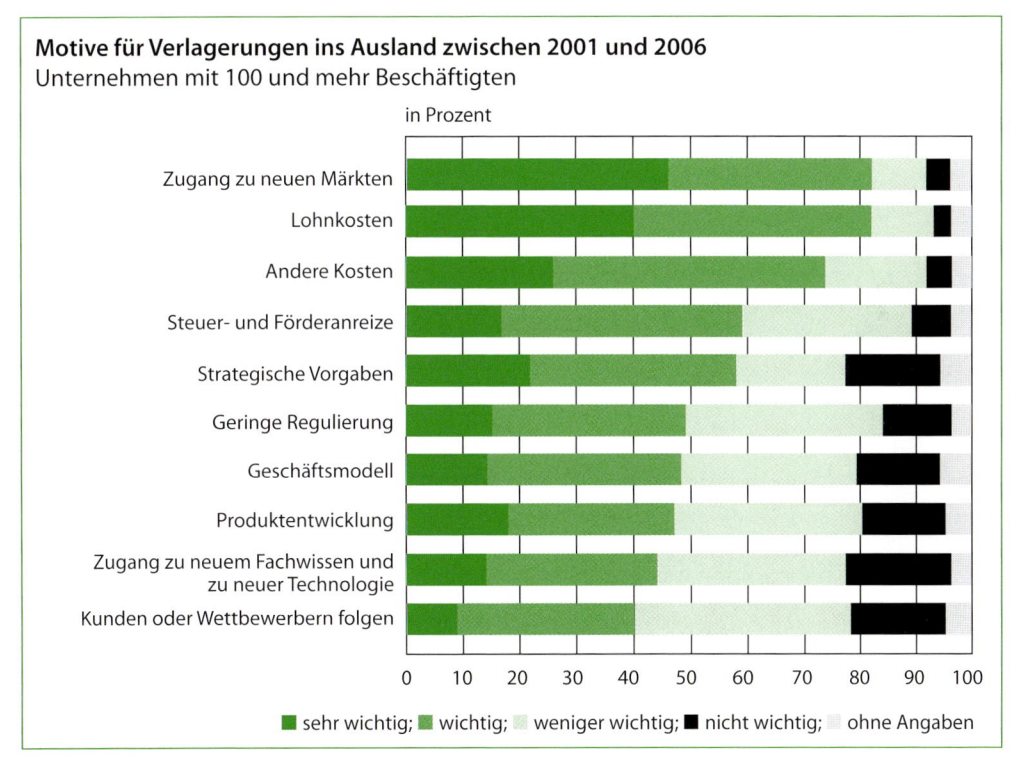

Abb. 1: Motive für Verlagerungen ins Ausland zwischen 2001 und 2006 (Quelle: Statistisches Bundesamt Wiesbaden, 2008)

Arbeits- und Gesundheitsschutzes gehen. Die Internationale Arbeitsorganisation plädiert mit ihrer Strategie „Decent Work" für angemessene weltweite Standards zur Arbeitssicherheit und Gesundheit (ILO, 2008). Damit soll ein „Wettlauf nach unten" vermieden werden, bei dem die Länder an Standards zur Arbeitssicherheit, bei Arbeitnehmerrechten und bei der Steuergesetzgebung sparen, um ihre Länder wirtschaftlich attraktiv zu machen.

Präventionsmöglichkeiten

Da es in diesem Kapitel vornehmlich um die Belastungen aus betrieblichen Rahmenbedingungen geht, soll bei den Präventionsmöglichkeiten vornehmlich auf diejenigen eingegangen werden, die von Seiten des Betriebes geleistet werden können. Dabei ist zu berücksichtigen, dass auch Mitarbeiter eine Eigenverantwortung dafür tragen, sich selbst gesund und arbeitsfähig zu erhalten und geeignete persönliche Präventionsstrategien zu ergreifen, um mit Arbeitsplatzunsicherheit und gegebenenfalls mit einem Arbeitsplatzwechsel angemessen umzugehen.

Entlassungen vermeiden

Auf betrieblicher Ebene ist als erste Präventionsmöglichkeit auf Unternehmensebene zu prüfen, inwiefern Personalabbau und Unternehmensverlagerungen ins Ausland wirklich notwendig und sinnvoll sind. Sind es nicht der drohende Bankrott, sondern vielmehr Überlegungen der Gewinnmaximierung, sollte die Entscheidung nochmals überdacht werden. So zeigte eine Studie von Tomasko (1993), dass von 1000 US-amerikanischen Firmen, die Personal abgebaut hatten, nur die wenigsten die damit verbundenen Ziele erreichten: 90 Prozent der Firmen planten eine Kostenreduktion, die nur von weniger als der Hälfte (40 %) erreicht wurde, 75 Prozent wollten eine Produktionssteigerung bewirken, nur weniger als ein Drittel (22 %) konnten dieses Ziel erreichen. Schnellere Entscheidungsfindung und Bürokratieabbau wurde von 50 Prozent angestrebt, nur 15 Prozent konnten hier Verbesserungen feststellen. So bringen Personalabbau und Verlagerungen ins Ausland oft nicht den erhofften Nutzen und sollten deshalb nicht zu schnell getroffen werden.

Steht die Entscheidung, sind vor allem transparente Unternehmenskommunikation, Fairness und Beteiligung von Betroffenen und verbleibenden Mitarbeitern am Downsizingprozess hilfreich.

Nachvollziehbare Entscheidungen

Transparenz bei den Kriterien, die zum Personalabbau führen, zum Beispiel Einsicht in die wirtschaftliche Notwendigkeit, hilft den Mitarbeitern, die Entscheidung nachzuvollziehen. Den Mitarbeitern hilft es, wenn sie die Perspektiven für die Organisation und die strategische Ausrichtung kennen und sie den Eindruck haben, dass Restrukturierungen gezielt implementiert wurden und nicht nur ein Versuch der Kostenreduzierung sind (Weiss u. a., 2005).

Klare Unternehmenskommunikation

Eine entscheidende Rolle in Zeiten betrieblicher Veränderungen spielt die Informationspolitik im Unternehmen. Unklare Informationen tragen zur Entstehung von Gerüchten und damit zu einem Anstieg der subjektiv empfundenen Arbeitsplatzunsicherheit bei. Verständliche und schnelle innerbetriebliche Informationen über Veränderungen können Unsicherheiten reduzieren. Häufig wird bei Personalabbauprozessen unzureichend oder sogar widersprüchlich kommuniziert, manchmal sogar mehr mit Aktionären und der Presse als mit den Betroffenen. Zur klaren Unternehmenskommunikation gehört es auch, die Mitarbeiter so früh wie möglich darüber zu informieren, ob sie von einer Entlassung betroffen sein werden oder nicht. Sicherheit, egal in welche Richtung sie geht, ist weniger belastend als ein lang andauernder Zustand der Unsicherheit.

Angekündigte Zeitpläne einhalten

Einige Firmen verschieben den Zeitpunkt, zu dem bekannt gegeben wird, wer entlassen werden soll, immer wieder, zum Beispiel, weil neue Aufträge eingehen und vermieden werden soll, dass Mitarbeiter von sich aus kündigen. Je länger jedoch Arbeitsplatzunsicherheit besteht, desto wahrscheinlicher ist das Auftreten von Unfällen, Reklamationen und gesundheitlichen Beeinträchtigungen.

Transparenz bei der Sozialauswahl

Klare Entscheidungen und Transparenz bei der Sozialauswahl, das heißt bei der Auswahl der Mitarbeiter, die letztlich entlassen werden, und solcher, die aufgrund sozialer Kriterien wie Familienstand oder Alter im Betrieb verbleiben, sind wichtig (Kieselbach, 2004).

Fairness

Negative Effekte des Personalabbaus können auch durch eine faire Behandlung der Betroffenen reduziert werden. Werden Mitarbeiter an Veränderungsprozessen beteiligt und empfinden sie, dass die Organisation nach fairen Kriterien entscheidet, wer gehen muss und wer bleibt, hat dies positive Effekte auf die Arbeitseinstellung, die Leistung und das Wohlbefinden der Betroffenen sowie auf das derjenigen, die bleiben (Brockner, 1990).

Diese Fairness bedeutet zum Beispiel auch, dass alle Hierarchieebenen, also auch das oberste Management, vom Abbau betroffen sind.

Beteiligung

Werden Mitarbeiter am Prozess des Downsizing beteiligt, zum Beispiel in Form von regelmäßiger Information und Partizipation, sind Arbeitszufriedenheit und Wohlbefinden bei der Arbeit höher als bei Mitarbeitern, die nicht beteiligt sind (Parker u.a., 1990). Eine mögliche Erklärung dafür ist, dass Mitarbeiter das Gefühl haben, durch Information und Beteiligung eine höhere Kontrolle über die Ereignisse zu haben, ihnen also nicht willkürlich ausgeliefert sind.

Unterstützung von Kollegen und Vorgesetzten

Werden Mitarbeiter in Zeiten von Umstrukturierungen und Personalabbau von Vorgesetzten unterstützt, so reduziert dies ebenfalls die negative Auswirkung der Arbeitsplatzunsicherheit auf die Organisation (Armstrong-Stassen, 1993). Auch die Unterstützung von Kollegen hat sich als moderierender Faktor auf die Beziehung zwischen Arbeitsplatzunsicherheit und den negativen Reaktionen der Betroffenen bewährt (Sverke u.a., 2005). Die dahinterliegende Logik der Stressforschung ist, dass soziale Unterstützung bei einer besseren Bewältigung des Stressors Arbeitsplatzunsicherheit helfen kann. Gerade für betriebliche Präventionskonzepte sind diese beiden Faktoren sehr wichtig.

Direkte Ansprache der Betroffenen

Sobald bekannt ist, wer betroffen sein wird, sollen die Mitarbeiter persönlich und von ihren direkten Vorgesetzten über die Entscheidung informiert werden. Beispiele aus Unternehmen, die langjährige Mitarbeiter über einen Zettel an der Bürotür darüber informieren, dass sie nicht länger beschäftigt sind, sind leider keine Ausnahme (Wiessmann, 2007; Caplan u. a., 1997).

Schulung von Führungskräften
Damit die Führungskräfte und Vorgesetzten transparent kommunizieren können, müssen sie über die anstehenden Veränderungen informiert sein. Nur so können sie diese auch vermitteln. Zudem müssen sie in Schulungen und Seminaren auf Entlassungsgespräche vorbereitet werden, denn diese sind auch für Führungskräfte belastend. Zudem fällt ihnen im Anschluss daran die undankbare Aufgabe zu, die verbleibenden Mitarbeiter zu motivieren mit den veränderten Bedingungen umzugehen.

Die oben geschilderten Präventionsstrategien können den Betrieben auch dabei helfen, zu vermeiden, dass gerade die Leistungsträger sich in Zeiten des Stellenabbaus frühzeitig eine neue Arbeit suchen. Spreitzer und Misha (2001) berichten, dass die Fluktuationstendenz umso geringer ist, je stärker die Betroffenen das Vertrauen in die Unternehmensführung, die Fairness, die Einflussnahme und die Selbstbestimmung bewerten (zitiert in Weiss, 2004). Investitionen in präventive Maßnahmen dienen somit bei Personalabbau nicht nur der Gesunderhaltung der Mitarbeiter und der Reduzierung von Arbeitsunfällen, sondern auch der Bindung der Leistungsträger.

Praxisbeispiele
Die Unfallversicherungsträger können Unternehmen unterstützen, zum Beispiel durch Beratungen in Krisensituationen wie betrieblichen Veränderungsprozessen. Bei Personalumschichtungen oder Personalabbau sind die speziellen Branchenerfahrungen besonders hilfreich, da nicht jede Berufsgruppe gleichermaßen von Arbeitsplatzunsicherheit betroffen ist und maßgeschneiderte Interventionskonzepte am besten wirken. In der Vergangenheit hat zum Beispiel das Institut für Arbeit und Gesundheit der Deutschen Gesetzlichen Unfallversicherung (IAG) Unternehmen bei der Moderation betrieblicher Veränderungsprozesse beraten sowie Trainings für die Bewältigung kritischer Situationen bei Personalabbau für Führungskräfte durchgeführt.

Beratung eines süddeutschen mittelständischen Betriebes bei steigenden Arbeitsunfällen und Kundenreklamationen nach der Ankündigung von Arbeitsplatzverlagerungen nach Tschechien
In einem süddeutschen Unternehmen wurde eine interne Arbeitsschutzkampagne für mehr Aufmerksamkeit bei der Arbeit entwickelt, nachdem die Unfallzahlen und die Kundenreklamationen angesichts einer bevorstehenden Arbeitsplatzverlagerung nach Tschechien stark gestiegen waren. Über die verantwortliche Berufsgenossenschaft wurde das Institut für Arbeit und Gesundheit der Deutschen Gesetzlichen Unfallversicherung (IAG) damit beauftragt, das Unternehmen bei der Umsetzung der Kampagne zu beraten und ein Konzept zur Schulung der innerbetrieblichen Multiplikatoren zu entwickeln (Boege, 2004). In dem Beratungsprozess wurde neben der Schulung der Multiplikatoren, bei der es vor allem um den Umgang mit Kritik von Kollegen an der Arbeitsschutzkampagne ging, auch die Beratung von Führungskräften in Hinblick auf mehr Transparenz in der internen Unternehmenskommunikation vorgenommen. Den Führungskräften wurde geraten, die Mitarbeiter möglichst früh wissen zu lassen, wer entlassen werden soll, und wer nicht, um den negativen Folgen von Arbeitsplatzunsicherheit entge-

genzuwirken. Da sich die Auftragslage des Unternehmens gegen Ende des Jahres wider Erwarten verbesserte, wurde der Zeitpunkt, zu dem die Namen der Betroffenen bekannt gemacht werden sollten, um weitere sechs Monate nach hinten verschoben. Das verlängerte die Arbeitsplatzunsicherheit. Die Zahl der Arbeitsunfälle und Kundenreklamationen, die mit der internen Arbeitsschutzkampagne leicht zurückgegangen waren, stiegen nach Bekanntgabe dieser Verschiebung wieder sprunghaft an. Das Beispiel zeigt, dass es einer noch engeren Verzahnung von arbeitspsychologischem Wissen und der betrieblichen Praxis, vor allem bis ins oberste Management hinein, bedarf, um Personalabbau sowohl menschenwürdig als auch wirtschaftlich sinnvoll zu gestalten.

Qualifizierung als Präventionsmaßnahme: Kriterien für die Seminarauswahl

In einer Zeit, in der Personalabbau und andere Formen organisatorischer Veränderungen, die Entlassungen zur Folge haben, eher zunehmen, ist es sinnvoll, einen adäquaten Umgang mit solchen Situationen in den Fächerkanon wirtschaftswissenschaftlicher Studiengänge mit aufzunehmen, um zukünftige Führungskräfte frühzeitig mit dem Thema in Kontakt zu bringen. Zwar bieten viele wirtschaftswissenschaftliche Fakultäten Veranstaltungen zur Unternehmensethik an, wenn allerdings Unternehmensfusionen und Auslagerungen behandelt werden, wird in den seltensten Fällen auf Faktoren eingegangen, die Mitarbeiter in dem Prozess arbeitsfähig und gesund erhalten.

In Seminaren für Führungskräfte zum Thema Personalabbau sollte klar vermittelt werden, welche Strategien ein Unternehmen befolgen kann, um den Abbau gut zu begleiten (z. B. klare und frühzeitige Kommunikation etc.). Darüber hinaus sollten Seminare Führungskräften die Möglichkeit bieten, Gespräche mit Betroffenen zu trainieren. Des Weiteren sollte der Umgang mit den eigenen Belastungsfaktoren thematisiert werden, denn Entlassungsgespräche zu führen und Survivors zu betreuen ist für die Verantwortlichen oft auch sehr belastend. Im Idealfall sind Seminare zu Umstrukturierungen und Personalabbau keine Einzelmaßnahmen, sondern Teil einer Unternehmensstrategie, die den Downsizingprozess begleitet.

Für Betroffene haben sich Seminare zum Umgang und zur Bewältigung der anstehenden Entlassung bewährt. Dabei sollte Raum sein für die Bewältigung des kritischen Lebensereignisses Entlassung sowie für die konkrete Ideenentwicklung zur beruflichen Neuorientierung beziehungsweise die Beratung zu sinnvollen Weiterbildungsmöglichkeiten. Häufig werden die Berufsgenossenschaften oder externe Dienstleister mit diesen Aufgaben betraut. So hat beispielsweise die Unfallkasse Post und Telekom eine Seminarreihe „Hilfe zur Selbsthilfe" entwickelt, die sich an Führungskräfte, Mitarbeiter im Vermittlungspool sowie an Sozialberater und Betriebsärzte richtet (Wiessmann, 2007).

Neben den konkreten Inhalten der Trainings ist es wichtig, dass die Maßnahmen Teil eines Gesamtpakets sind, das zum Beispiel auch individuelles Coaching für Betroffene oder eine komplette Transitionsberatung umfasst. Seminare für Betroffene wirken sich auch positiv auf diejenigen aus, die in der Firma verweilen, da ein Angebot von Qualifizierungsmaßnahmen als Signal aufgefasst wird, dass das Unternehmen sich auch um diejenigen kümmert, die gehen müssen (Kieselbach, 2006).

Zusammenfassend lässt sich sagen, dass Seminare zur Thematik im Rahmen der

Führungskräfteaus- und -weiterbildung sinnvoll sind. Vor, während und nach aktuellen Umstrukturierungsprozessen sollten Seminare gewählt werden, die an den Bedürfnissen des umstrukturierenden Unternehmens ausgerichtet und eng mit anderen Maßnahmen des Umstrukturierungsprozesses verzahnt sind.

→ Wirtschaftliche Rahmenbedingungen für Arbeit und Beruf (S. 16); Führung und Gesundheit (S. 220); Absentismus und Präsentismus (S. 355)

Literatur

Armstrong-Stassen, M.: Production workers reactions to a plant closing: the role of transfer stress and support. Anxiety, Stress and Coping: An international Journal, 6, 1993, S. 201–214

Boege, K.: Aus der Arbeit des BGAG – Arbeitsplatzunsicherheit. 2006 (www.dguv.de/bgia/de/pub/ada/pdf/bgag3023.pdf)

Bohle, P./Mayhew, C./Quinlan, M.: „The health and safety effects of job insecurity: an evaluation of the evidence" Economic and Labour Relations Review, 12. 1, 2001, S. 32–60

Brockner, J.: Scope of Justice in the workplace: How survivors react to co-worker layoff. In: Journal of Social Issues, 46, 1990, S. 95–106

Caplan, G./Teese, M.: Survivors. How to keep your best people on board after downsizing. Davies-Black, Palo Alto, USA 1997

Cobb, S./Kasl, S.: Termination: The consequences of job loss. NIOSH, Cincinnati 1977

ILO: Measurement of Decent Work, Discussion paper of the tripartite meeting of experts on the measurement of decent work

Mohr, G.: Erwerbslosigkeit, Arbeitsplatzunsicherheit und psychische Befindlichkeit. Wirtschaftspsychologie, Band 5. Lang, Frankfurt 1997

Jahn, F./Hacker, W.: Machen unsichere Arbeitsplätze krank? Sichere Arbeit, 2, 2004, S. 32–35

Jahn, F.: Arbeitsplatzunsicherheit – ein neuer Stressor. In: Die BG, 6, 2005, S. 364–366

Kieselbach, T./Beelmann, G. : Unternehmensverantwortung bei Entlassungen: Berufliche Transitionsberatung zur Sicherung von Beschäftigungsfähigkeit. In: Badura, B./Schellschmidt, H./Vetter, C. (Hrsg.): Fehlzeiten-Report 2005. Arbeitsplatzunsicherheit und Gesundheit. Springer, Berlin 2006, S. 185–204

Lazarus, R./Folkman, S.: Stress, appraisal, and coping, Springer, New York 1984

Parker, S./Chmiel, N./Wall, T. D.: Work characteristics and employee wellbeing within a context of strategic downsizing. In: Journal of Occupational Health Psychology, 4, 1997, S. 289–303

R+V Versicherungen: Die Ängste der Deutschen, 2008

STATmagazin Beitrag: „Engagement deutscher Unternehmen im Ausland", Statistisches Bundesamt (Hrsg.), Wiesbaden 2008

Statistisches Bundesamt: Verlagerung wirtschaftlicher Aktivitäten. Ergebnisse der Piloterhebung 2008, S. 9

Spreitzer, G. M./Misha, A. K.: Preserving employee morale during downsizing, Sloan Management Review, Winter, 2001, S. 83, R+V-Versicherungen 1995

Sverke, M./Hellgren, J./Näswall, K.: No Security: A Meta-Analysis and Review of Job Insecurity and its Consequences. In: Journal of Occupational Health Psychology, 3, 7, 2002, S. 242–264

Tomasko, R. M.: Rethinking the corporation, the architecture of change. Amacon, New York 1993

Weiss, V./Udris, I.: Downsizing in Organisationen. In: Badura, B./Schellschmidt, H./Vetter, C. (Hrsg.): Fehlzeiten-Report 2005. Arbeitsplatzunsicherheit und Gesundheit. Springer, Berlin 2005

Wiessmann, F.: Angst vor Arbeitsplatzverlust: Umgang mit Personal- und Stellenabbau. In: Bärenz/Metz/Rothe (Hrsg.): Tagungsband des 14. Workshops „Psychologie der Arbeitssicherheit": Arbeitsschutz, Gesundheit und Wirtschaftlichkeit vom 21.–23. Mai 2007. Asanger Verlag, Kröning

Imke König

Betriebsklima, Personalauswahl und Personalentwicklung

Abstract

In Zeiten ständiger Unruhe im Unternehmen spricht man wieder verstärkt vom Betriebsklima. Das darin enthaltene Wort Klima verweist auf die „Großwetterlage" im Unternehmen: Wie beschreibt und bewertet die Belegschaft die sozialen Strukturen und Beziehungen untereinander und damit vor allem die Führung und die kollegialen Beziehungen? Dass die Wetterfühligkeit Auswirkungen hat, liegt auf der Hand: Der Mensch als soziales Wesen reagiert auf gute oder schlechte soziale Bedingungen an seinem Arbeitsplatz, sei es mit Motivation und Identifikation auf der psychischen Ebene, sei es mit Produktivität und Qualität im wirtschaftlichen Ergebnis.

Der Blick auf das Betriebsklima und alle Aktivitäten zur Verbesserung desselben ist Organisationsentwicklung per se: Sind die Strukturen förderlich für das Miteinander oder nur für das Produkt? Nimmt man das Thema ernst, muss bereits Personalauswahl und folgend die Personalentwicklung darauf abzielen, ein produktives und Gesundheit, Motivation und Identifikation förderndes Betriebsklima sicherzustellen und zu erhalten.

Thematische Eingrenzung und Definition

Der Begriff „Betriebsklima" hat in der Alltagssprache seinen festen Platz. Ohne ihn näher umschreiben zu müssen, vermeint man sich darüber verständigen zu können. In Pressetexten und Artikeln zum Thema findet sich jedoch häufig eine Vermischung von Begrifflichkeiten wie Arbeitszufriedenheit, Betriebsklima und Organisationsklima.

Das Lexikon Personalpraxis fasst den Begriff Betriebsklima als „Qualität der sozialen Atmosphäre in einem Betrieb" (a.a.O., S. 58) zusammen. Die dort recht weit gefassten Determinanten des Betriebsklimas wie Mitarbeiterführung, Kommunikations- und Informationsbeziehungen, soziale Kontaktmöglichkeiten, Arbeitsorganisation und -bedingungen (immer mit Bezug auf das soziale Miteinander) weisen darauf hin, dass dieser Begriff vor allem auch alltagssprachlich und damit auch in der Sprache der Beschäftigten selbst als eine subjektive Zusammenfassung der Auswirkungen vieler in diesem Buch aufgeführten Arbeitsbedingungen verstanden wird.

Das arbeitswissenschaftliche Konzept des Betriebsklimas im deutschsprachigen Raum beschränkt sich – anders als das im angelsächsischen Sprachraum verwendete Konzept des Organisationsklimas – auf soziale Komponenten wie Führung und Kollegenbeziehungen (vgl. von Rosenstiel, 2007, S. 384). Das Betriebsklima wird somit vor allem durch soziale Strukturen und interpersonale Beziehungen einer Belegschaft bestimmt, die diese nicht nur beschreibt, sondern auch bewertet. Es ist also kein Merkmal einzelner Betriebsangehöriger, sondern das einer Gruppe und ist damit nicht gleichzusetzen mit dem Begriff der Arbeitszufriedenheit, bei deren Messung der Einzelne seinen Arbeitsplatz bewertet.

Was ist nun inhaltlich für das Betriebsklima relevant? Der Erhebungsbogen zur Erfassung des Betriebs- und Organisationsklimas des Bayerischen Staatsministeriums für Arbeit, Familie und Sozialordnung (von Rosenstiel, 1992) bildet die Beschreibung und Bewertung der sozialen Strukturen und Beziehungen nach ausführlichen Analysen der Literatur und vieler existierender Fragebögen mittels folgender Dimensionen ab:

- Übergreifender, allgemeiner Eindruck vom Betrieb bei der Belegschaft
- Kollegen
- Vorgesetzte
- Organisationsstruktur
- Information und Mitsprache
- Interessenvertretung
- Betriebliche Leistungen.

Einige beispielhafte Fragen machen deutlich, wie sich das oben genannte, relevante gemeinsame Erleben und Bewerten dieser Dimensionen des Betriebsklimas im Gegensatz zur Sichtweise des Einzelnen niederschlägt.

Die Dimension „Allgemeiner Eindruck" erfragt zum Beispiel: „Bei uns legt man Wert darauf, dass die Mitarbeiter gerne hier arbeiten" oder „Bei uns kommt man vor lauter Hektik nicht zum Verschnaufen". Beispielitems für den Bereich „Kollegen" lauten „Wenn einer Schwierigkeiten bei der Arbeit hat, wird ihm ganz sicher von den Kollegen geholfen" oder „Bei uns gibt es häufig Spannungen zwischen älteren und jüngeren Kollegen".

Fragen aus dem Bereich „Vorgesetzte" sind unter anderem „Wenn man mit etwas unzufrieden ist, kann man mit den Vorgesetzten ganz offen darüber sprechen" oder „Entscheidungen werden zwar mit den Mitarbeitern besprochen, hinterher sieht die Verwirklichung aber immer ganz anders aus, als wir uns das vorgestellt haben".

Beispielhafte Formulierungen zum Bereich „Organisation" sind „Bei uns sind die Aufgabengebiete in viele kleine Teile eingeteilt und jeder bearbeitet nur einen kleinen Teil" oder „Die beteiligten Bereiche und Arbeitsgruppen halten sich selten an getroffene Absprachen".

Die Dimension „Information und Mitsprache" beinhaltet Fragen wie „Es kommt oft vor, dass wir vor vollendete Tatsachen gestellt werden" oder „Die Informationen, die wir erhalten, sind oft recht widersprüchlich".

Der Bereich „Interessenvertretung" wird mittels Fragen wie etwa „Für die Durchsetzung eigener Interessen muss bei uns jeder für sich allein kämpfen" oder „Auch wenn Arbeitnehmer und Arbeitgeber unterschiedliche Interessen haben, erzielen sie bei uns immer eine Lösung, die letztlich allen dient" abgebildet.

Die Beschreibung „Betriebliche Leistungen" wird schließlich mittels Formulierungen wie „Bei uns gibt es Aufstiegsmöglichkeiten" oder „Wichtige Sozialleistungen, die woanders üblich sind, fehlen bei uns" erfasst.

Es wird also immer von „bei uns", „man ist ..." gesprochen und durch solche Formulierungen deutlich gemacht, dass der Betrieb als ganze soziale Einheit gemeint ist und vom Befragten beschrieben werden soll.

Auswirkungen eines schlechten Betriebsklimas

Wenn das Betriebsklima als belastend empfunden wird, gibt es in der betroffenen Organisation gemäß solchen Fragestellungen von den Beschäftigten wahrgenommene Probleme wie etwa Spannungen, Misstrauen und Konflikte zwischen Arbeitsgruppen, zum Beispiel über Arbeitsteilung, Kompetenzbereiche, geleistete Arbeitsqualität und -menge, unpersönliche Arbeitsbeziehungen, Vorgesetzte, die ihre Mitarbeiter unfair behandeln und sich nicht für deren Sorgen und Beschwerden interessieren, viele Überstunden, Arbeitsunterbrechungen und/oder widersprüchliche oder fehlende Informationen.

Diese Bewertungen beziehen sich beim Begriff Betriebsklima immer nur auf einen bestimmten Betrieb mit all seinen spezifischen Arbeitsbedingungen und der speziellen Situation.

So viele Bereiche, die das Betriebsklima in seiner Gesamtheit ausmachen, führen auch zu ebenso vielen belastenden und beeinträchtigenden Auswirkungen bei den Mitarbeitern. Als Folgen schlechten Betriebsklimas werden alle relevanten Stress-Symptome wie zum Beispiel Nervosität, Konzentrations- und Schlafstörungen, Herz-Kreislauf-Beschwerden und Kopfschmerzen diskutiert sowie eine Distanzierung zum Unternehmen, die oft mit dem Ausdruck der „inneren Kündigung" beschrieben wird. Die Folgen dieser negativen Befindlichkeit, die sich auch bis zu diagnosewertigen Erkrankungen und damit zu steigenden Fehlzeiten weiterentwickeln kann, sind – auch bei den noch anwesenden Arbeitskräften – Produktivitäts- und Qualitätsverluste und damit in letzter Konsequenz höhere Kosten für die Organisation.

Das Wissenschaftliche Institut der AOK (WIdO, 2000) befragte mehr als 20.000 Mitarbeiter aus 100 Betrieben zum Thema Arbeit und Gesundheit und kam dabei zu dem Schluss, dass ein schlechtes Betriebsklima und mangelnde Arbeitszufriedenheit Rückenbeschwerden fördern. Da Rückenbeschwerden das am weitesten verbreitete gesundheitliche Problem darstellen, das sowohl für den Arbeitgeber als auch die Krankenkassen erhebliche Kosten verursacht, versuchte die Studie zu ermitteln, welche Arbeitsbedingungen Rückenbeschwerden begünstigen. Neben körperlich belastenden Arbeitsbedingungen fiel auf, dass 59 Prozent der Befragten, die das Betriebsklima als schlecht einschätzten, unter häufigen Rückenschmerzen litten. Die fehlende Anerkennung durch Vorgesetzte wurde dabei als problematischer eingeschätzt als das Verhältnis zu den Kollegen. Entscheidend waren aber nicht einzelne Belastungen, sondern das Zusammenwirken verschiedener Faktoren.

Mittels Daten aus der sogenannten „10-Town-Study", einer Längsschnittstudie zu Verhaltensorientierungen und Einstellungen von Arbeitnehmern in staatlichen und kommunalen Betrieben Finnlands, wurden 2000 und 2004 mehr als 9.000 Beschäftigte hinsichtlich des Zusammengehörigkeitsgefühls im Betrieb, der gegenseitigen Anerkennung und Unterstützung, der Qualität der Zusammenarbeit mit anderen im Betrieb, dem Vertrauen in Vorgesetzte und der Qualität des Führungsstils einerseits und als abhängige Variable in dieser Studie der Selbsteinschätzung des Gesundheitszustandes andererseits befragt (Oksanen u.a., 2008, zit. nach Marstedt, 2007). Zwar werden in dieser Studie diese Einschätzungen unter dem Konzept des „Sozialkapitals" zusammengefasst, hängen aber gemäß der oben beschriebenen Fragebereiche eng zusammen mit dem deutschsprachigen Konzept des Betriebsklimas.

Die Ergebnisse zeigten, dass das Risiko gesundheitlicher Beeinträchtigungen bei denjenigen Arbeitnehmern, die durchgängig, also zu beiden Messzeitpunkten, über schlechtes Betriebsklima berichteten, doppelt so hoch war wie bei den Arbeitnehmern, die ein durchgängig positives Betriebsklima wahrnahmen. Dieses Risiko war ebenso höher bei den Beschäftigten, die zunächst positive, später negative Einschätzungen der genannten Variablen abgaben. Dies galt auch unter Berücksichtigung weiterer Einflussgrößen wie Alter, Geschlecht, Rauchen, körperliche Bewegung, Body-Mass-Index (als ein Maß für die Größe-Gewicht-Relation), Alkohol, berufliche Position und Verantwortung.

Entstehung und Relevanz des Themas

Ist das Betriebsklima heute schlechter als vor zehn Jahren? Interessanterweise wurde der Begriff des Betriebsklimas in den Dreißigerjahren das erste Mal eingeführt und blieb dann eine Domäne der Industriesoziologie der Sechzigerjahre (vgl. Rosenstiel, 2007, S. 381-382), einer Zeit, in der die Humanisierung der Arbeitswelt bei zunehmender Industrialisierung verstärkt in den Mittelpunkt der Arbeitswissenschaften rückte, allerdings auf dem Hintergrund steigender Produktivität und Vollbeschäftigung beziehungsweise Arbeitskräftemangels in Deutschland. Im ersten Jahrzehnt des neuen Jahrtausends nun erlebt der Begriff des Betriebsklimas eine weitere Renaissance, diesmal allerdings unter Bezugnahme auf neue Qualitäts- und Produktivitätskonzepte und ein stark erhöhtes Tempo bei betrieblichen Umstrukturierungen. Damit gehen Personalabbau und Flexibilisierung von Arbeitszeiten, Arbeitsorten und Arbeitsverhältnissen einher.

Um Motivation und Identifikation der Arbeitnehmer hierbei zu erhalten, wären ebenso temporeich zeitgemäße Führungs- und Organisationsstrukturen anzupassen, sie werden in der Realität aber selten mit berücksichtigt. Fusionen, Zu- und Verkäufe, Umorganisationen werden oft in großen Unternehmen von großen Unternehmensberatungen begleitet, der Aspekt des Betriebsklimas ist hier jedoch nicht so sehr Mittelpunkt der Aktivitäten und Aufmerksamkeit wie betriebswirtschaftliche Aspekte. Oft bringen erst steigende Krankenstände die Betriebsleitung in Handlungsdruck.

Überbetriebliche Einflussfaktoren

Die stattfindende Globalisierung hat das Arbeitsleben grundlegend verändert. Für den Arbeitgeber ist es durch internationale Konkurrenz mit völlig anderen Lohnstrukturen zu einem enormen Kostendruck gekommen, dem man neben Verlagerungen von Produktionsstätten auch mit der Flexibilisierung von Arbeitsverhältnissen Rechnung zu tragen versucht. Die Zunahme an befristeten Arbeitsverhältnissen führt mittlerweile in vielen größeren Betrieben zu einer Mischung der Belegschaft von „Stammmitarbeitern" in unbefristeter Anstellung und „Leiharbeitnehmern" in befristeten Arbeitsverhältnissen. Da Letztere unter anderen tarifrechtlichen und arbeitsvertraglichen Bestimmungen arbeiten, kann dies untereinander zu einer Wahrnehmung einer Zwei-Klassen-Gesellschaft führen.

Diese ist innerhalb der Kollegenbeziehungen zu bewältigen. Wer darf an was teilnehmen? Wo werden Leiharbeitnehmer verstärkt eingesetzt und wo nicht? Wo haben sie Mitspracherecht und wo nicht? Führen sie eher gering qualifizierte Tätigkeiten aus oder zieht sich ihr Einsatz durch alle Qualifikationen? Der innerbetriebliche Umgang mit befristet Beschäftigten hat unweigerlich Einfluss auf die Wahrnehmung und Bewertung des sozialen Klimas und Miteinanders.

Die Globalisierung und mit ihr die Expansion in internationale Märkte führt auch dazu, dass in vielen Unternehmen Teams nicht mehr vor Ort geführt werden können, sondern in internationaler Zusammensetzung und an weit voneinander entfernten Standorten. E-Mails, Videokonferenzen und Kurzbesuche vor Ort versuchen die direkte Kommunikation zu ersetzen, es bleibt aber die Frage, wie bei diesen wenigen Gelegenheiten etwas wie Führung und kollegiales Miteinander überhaupt erlebt wird. Das gleiche Problem gilt für Telearbeitsplätze, bei denen sich inzwischen herausgestellt hat, dass eine Mischung aus Vor-Ort- und Von-zu-Hause-Arbeiten in der Woche die besten Arbeitsergebnisse und die besten Ergebnisse hinsichtlich sozialer Kontakte am Arbeitsplatz und damit auch auf ein umfassendes Informiert-Sein und Informiert-Werden hat.

Das Arbeiten in wechselnden Projektteams statt in festen Abteilungen macht es schwerer, verbindliche soziale Beziehungen und Absprachen zu treffen. Es kann es aber bei konflikthaften Beziehungen auch einfacher machen, diesen einfach aus dem Weg zu gehen.

Ebenso wird die Wahrnehmung der Führung und der Hierarchisierung beeinflusst von vorherrschenden gesellschaftlichen Wertehaltungen. Das Infragestellen von Autoritäten im Zuge der gesellschaftlichen Liberalisierung in den Sechziger- und Siebzigerjahren hatte Auswirkungen auf das Verständnis und die Bewertung von Führung. Heute fällt in Coachings und Seminaren auf, dass es für Führungskräfte mittlerweile eine Aufgabe geworden ist, ihr Führungsverhalten zwischen Partizipation, das heißt Beteiligung und Mitspracherecht von Mitarbeitern, und Durchsetzen zu gestalten. Der rein autoritäre Führungsstil ist weniger geworden als noch vor 15 Jahren, als vielerorts noch der klassische „alte Meister" durch die Gänge brüllte. Dafür schaffen heute vor allem Vorgesetzte, die nicht genug oder zu spät informieren und delegieren, dann aber zu spät heftig kritisieren, schlechte Einflussfaktoren für das Betriebsklima.

Eine relevante gesellschaftliche Rahmenbedingung scheinen auch sich auflösende familiäre Strukturen zu sein. Hohe Scheidungsraten, Pendlerehen und -beziehungen bieten heute weniger sozialen Rückhalt und das Risiko vermehrten Stresserlebens im Privatleben als früher. Hier gewinnen als möglicher Ausgleich ein gutes Betriebsklima und damit der soziale Rückhalt, Zugehörigkeit, Verlässlichkeit und Kooperation in der Arbeitsgemeinschaft zusätzlich an Bedeutung.

Präventionsmöglichkeiten

Was muss vorhanden sein oder getan werden, um ein gutes Betriebsklima zu schaffen? Was fördert ein Miteinander, statt Gegeneinander oder Isolation?

Es gibt gemäß den oben genannten Dimensionen des Betriebsklimas Grundvoraussetzungen auf der allgemeinen Organisationsebene wie Gerechtigkeit und Fairness, aber auch Transparenz bei Aufgabenverteilung und Gehalt. Auch grundsätzliche Möglichkeiten zur Information und

Mitsprache, wie zum Beispiel ein ungehinderter Zugang zum Intranet, regelmäßige Strukturen zur Informationsweitergabe vor allem in der kleinsten Arbeitseinheit wie Teamsitzungen, Abteilungsbesprechungen und dergleichen und Befragungen (schriftliche, mündliche) sind Grundpfeiler eines guten Betriebsklimas (vgl. auch Bundesverband der Unfallkassen: Betriebsklima aus Sicht des Arbeits- und Gesundheitsschutzes, 2006/01).

Näher eingegangen werden soll hier vor allem auf Präventionsmaßnahmen, die direkt auf das soziale Miteinander und auf die soziale Unterstützung durch Vorgesetzte abzielen.

Das arbeits- und gesundheitsförderliche Miteinander aller Mitarbeiter und Führungskräfte kann grundsätzlich festgeschrieben sein in – gemeinsam erarbeiteten – **Unternehmensleitlinien,** denen sich alle verpflichten und an denen sich alle messen lassen. Dies können zum Beispiel Grundsätze zur Information (rechtzeitig, umfassend, auch Hintergründe betreffend) oder zum Umgang mit Konflikten sein (miteinander, nicht übereinander reden, Probleme offen ansprechen, bei Bedarf Hilfe Dritter hinzuholen). Bereits der Prozess der Erarbeitung solcher Leitlinien schafft durch gelungene Partizipation Voraussetzungen für ein besseres Betriebsklima („Unser Unternehmen interessiert sich für das, was wir zu sagen haben") als auch die Bereitschaft, sich diesen Leitlinien zu verpflichten.

Das Instrument der **Teamentwicklung** ist eine weitere Maßnahme zur Förderung eines guten Betriebsklimas. Teamentwicklung kann beispielsweise eingesetzt werden, um bei neu gegründeten Teams die zu leistende inhaltliche Arbeit vorzubereiten und Absprachen bezüglich Rollen, Arbeitsverteilung und Kommunikationsstrukturen zu treffen. Es kann auch einen Teamcheck zur kontinuierlichen Teampflege darstellen, eine Bilanzierung nach einer bedeutsamen Arbeitsphase oder eine partielle Prozessbegleitung (vgl. Gellert, 2007).

Eine so sauber definierte Teamentwicklung ist eine wirkliche Präventionsmaßnahme und nicht zu verwechseln mit einer oft als Teamentwicklung bezeichneten Teamberatung bei bereits bestehenden Konflikten.

Allerdings kann sekundär präventiv auch eine vorhandene Regelung zum Umgang bei Konflikten dem fairen Miteinander dienlich sein. Es geht ja nicht darum, dass keine Konflikte mehr auftreten, entscheidend für das Betriebsklima ist der zieldienliche Umgang mit Konflikten. Das Thematisieren und der Umgang mit Konflikten müssen trainiert werden.

Neben den Maßnahmen, die auf die sozialen Beziehungen der bereits vorhandenen Belegschaft abzielen, ist es Aufgabe einer gezielten **Personalauswahl,** durch sorgfältige Auswahl neuer Mitarbeiter ein bestehendes positives Betriebsklima nicht zu gefährden.

Wohl so gut wie jedes Unternehmen beziehungsweise die hiesige Personalabteilung wird auf Nachfrage betonen, dass bei der Besetzung einer neuen Stelle die „Passung" des Mitarbeiters von entscheidender Bedeutung ist. „Er war sehr gut qualifiziert, aber er hat nicht zu uns gepasst." Wie aber wird diese sichergestellt?

Stellenausschreibungen verweisen grundsätzlich auf allseits gewünschte Eigenschaften wie Teamgeist, Kooperations- und Kommunikationsfähigkeit in der Hoffnung, der Bewerber möge nicht nur gut ausgebildet sein, sondern auch „ins Team passen".

Nach dem Abgleich der Bewerbungsunterlagen mit dem gesuchten Anforderungsprofil bezüglich Qualifikation, Berufserfahrung oder ähnlicher harter, mittels

Zeugnissen und Zertifikaten belegbarer Faktoren wird durch verschiedene Techniken versucht, die vom Unternehmen gewünschten Eigenschaften eines Bewerbers zu erfassen.

Diese im Einstellungsgespräch zu überprüfen, ist allerdings in der Regel dem Bauchgefühl des das Gespräch führenden Vorgesetzten beziehungsweise des Personalreferenten überlassen. Oft werden hierfür Standardfragen wie „Beschreiben Sie sich bitte einmal selbst in wenigen Sätzen", „Nennen Sie mir drei gute und drei schlechte Eigenschaften" oder zirkuläre Fragen „Wie würden Ihre Freunde Sie beschreiben?" oder „Wie würden die Kollegen Ihrer letzten Stelle Sie uns beschreiben?" verwendet.

Es bleibt als Basis der Beurteilung ein nicht weiter überprüfbares Selbstbild des Bewerbers und ein subjektiver Eindruck, der natürlich immer auch geprägt ist von den Eigenschaften, Vorlieben und Abneigungen des Fragestellers. Es ist daher immer zu empfehlen, so ein Gespräch und die tatsächliche Auswahl von mindestens zwei Unternehmensvertretern vornehmen zu lassen.

Die Durchsprache der Bewerber soll auch in klein- und mittelständischen Unternehmen eine Vergleichbarkeit ermöglichen, die mittels Protokollbögen der Bewerbungsgespräche vorbereitet werden kann. Diese führen neben Qualifikation des Bewerbers vom Unternehmen vorab als bedeutsam definierte Eigenschaften wie etwa Konfliktfähigkeit und Kooperation auf. Diese können im Interview wiederum entweder mit Situationsabfragen wie „Beschreiben Sie eine konkrete Situation, in der Sie einen Konflikt hatten" oder Szenariofragen „Unter Kollegen bahnt sich ein Streit an" erkundet werden.

Nimmt man das Anliegen Betriebsklima ernst, müssen Kollegen nach Ende einer Probezeit mit befragt werden, ob diese auch aus sozialer Perspektive bestanden wurde und das Arbeitsverhältnis verlängert wird. Hier gilt es folglich auch zu beachten, dass eine Einarbeitung auch darin bestehen muss, die Regeln des kollegialen Umgangs kennen zu lernen – so sie offengelegt und beschrieben sind. Leider sieht die Realität oft so aus, dass man nach vielleicht mühevoller, zeitaufwändiger fachlicher Einarbeitung nicht mehr gewillt ist, solche soziale Passung als ein für die weitere Beschäftigung relevantes Kriterium mit einzubeziehen. Bewerbersuche und -auswahl scheinen dafür zu kosten- und zeitaufwändig, der neue Kollege wird ohnehin dringend benötigt. Die sozialen Folgekosten – sowohl für das neue Teammitglied als auch für das bestehende Team – sind in diesem Moment zu abstrakt und (scheinen) weit entfernt. Möglicherweise ist die Relevanz eines guten Betriebsklimas der zuständigen Führungskraft auch gar nicht klar oder kann vermeintlich nicht berücksichtigt werden – solange das kurzfristige produktive Ergebnis stimmt.

Das Assessment Center (AC) als ein bei der Bewerberauswahl verwendetes Instrument versucht, die Objektivität zu erhöhen, indem nicht nur Interviews geführt werden, sondern das Verhalten der Teilnehmer bei Übungen und Aufgaben wie Präsentation oder Feedback von einer gleichen Anzahl von vorab trainierten Beobachtern beurteilt und miteinander diskutiert wird, bis eine gemeinsame Beurteilung zusammengefasst werden kann. Aufgaben wie Gruppendiskussionen oder Gruppenarbeiten sollen dabei Aufschluss über das Gruppenverhalten des Einzelnen oder Kommunikations- und Entscheidungsvermögen geben. Auch hier verwenden die Beobachter standardisierte Beurteilungsbögen.

Wegen des hohen Aufwands eines solchen Assessment Centers wird es in der Regel nur bei der Besetzung höher qualifizierter Positionen oder bei der Auswahl von Teilnehmern für Führungsqualifikationsprogramme verwendet. Für klein- und mittelständische Unternehmen bleibt es finanziell und personell nicht oder nur schlecht umsetzbar.

Was kann nach erfolgter Einstellung und bestandener Probezeit die **Personalentwicklung** für ein gutes Betriebsklima leisten? Grundsätzlich umfasst die Personalentwicklung alle Maßnahmen, die das berufliche Weiterkommen fördern, wie etwa Versetzung, Beförderung, Laufbahnplanung oder Nachfolgeplanung und alle Weiterbildungsmaßnahmen, die die zur Wahrnehmung der jeweiligen Aufgaben erforderlichen Qualifikationen vermitteln (Mentzel/Dürr, 1997). In der Regel wird Personalentwicklung auf Führungskräfte und Führungskräftenachwuchs beschränkt. Bezieht man sich auf die Dimensionen von Führung im oben genannten Fragebogen von Rosenstiels, müssen also Verhaltensweisen wie Anerkennung, Partizipation und die Fähigkeiten zur Motivation und Konfliktlösung vermittelt werden. Inwiefern können diese sozialen Fähigkeiten erlernt werden? Kann der in sich gekehrte Informatikexperte durch Seminare und Trainings, die ja selten länger als eine Woche pro Jahr ausmachen, dazu gebracht werden, täglich mit seinen Mitarbeitern zu kommunizieren? Kann der technikorientierte Gruppenleiter durch Weiterbildungsmaßnahmen davon überzeugt werden, dass er sich um aufkeimende Konflikte unter seinen Mitarbeitern frühzeitig kümmern muss und es sich nicht von selbst erledigt?

Die Seminare zu gelungenem Feedback, Kritik und Anerkennung sind zahlreich, die Teilnehmer sind es auch. Was häufig unternehmensintern nicht konsequent umgesetzt wird, ist eine Leistungsbeurteilung an hierarchisch übergeordneter Stelle, die solche dort trainierten Fähigkeiten überhaupt mit einbezieht und sie vor allem auch honoriert. Wenn eine Betriebsleitung in keiner Form nachprüft, zum Beispiel durch systematische Führungskräftefeedbacks oder Mitarbeiterbefragungen, ob eine dem Betriebsklima zuträgliche Art der Führung gelebt wird, ist jeder in solche Seminare investierte Euro schlecht genutzt.

Dabei ist es in den Feedbacks und Befragungen wichtig, ziel- und lösungsorientiert danach zu fragen, was auf Seiten der Mitarbeiter für ein gutes Arbeitsergebnis gebraucht wird, nicht, wie Mitarbeiter ihre Führungskraft beurteilen. Dies ist bedeutsam, um Feedback nicht zu einer die Führungskraft herabwertenden Hau-drauf-Veranstaltung verkommen zu lassen. Eine solche Herangehensweise kann auch Mitarbeitern die Angst nehmen, dass ihre Beiträge gegenüber der Führungskraft hinterher gegen sie verwendet werden.

Praxisbeispiele

Viele Unternehmen haben bereits Betriebsvereinbarungen zur Verbesserung des Betriebsklimas erarbeitet, die oft auch der Vorbeugung von Mobbing entstammen. Die Volkswagen AG listet in einer Betriebsvereinbarung „Partnerschaftliches Verhalten am Arbeitsplatz" von 1996 sehr detailliert unerwünschte Verhaltensweisen von sexueller Belästigung, Mobbing und Diskriminierung sowie mögliche arbeitsrechtliche Konsequenzen auf. Auch Ansprechpartner, Fristen zur Beratung Betroffener und geplante Seminare wurden hier festgelegt.

Die oben genannten Kurzinformationen zum Betriebsklima des Bundesverbands der Unfallkassen (2006) beschreiben weitere

Praxisbeispiele aus den Bereichen Öffentliche Verwaltung, Krankenhaus und Handwerk. So hat die Stadt Weimar nach einer Befragung ebenfalls Leitlinien zum zwischenmenschlichen Miteinander und Verhältnis von Vorgesetzten und Mitarbeiterinnen formuliert. Diese Leitlinien sind jedoch nicht eine Negativliste unerwünschten Verhaltens, sondern beschreiben das für den einzelnen Mitarbeiter konkrete und nachvollziehbare Verhalten zum Beispiel hinsichtlich Kommunikation und Information. Hier ist die Rede von gegenseitiger umfassender und rechtzeitiger Information über betriebliche Angelegenheiten, regelmäßigen Dienstbesprechungen und Gelegenheit zu aktiver Einflussnahme auf anstehende Themen. Ebenso sind Leitlinien zum Führungskräfteverhalten und zum Umgang mit Konflikten festgelegt.

Ein nordrhein-westfälischer Sitzmöbelhersteller führt seit Jahren anhand von 100 Fragen zu den Grundwerten „Sicherheit und Fürsorge", „Initiative und Engagement", „Kundenorientierung", „Innovation" und „Verantwortung und Loyalität", der physischen Arbeitsumgebung und dem ganzheitlichem Management eine Erhebung zum Betriebsklima durch. Der resultierende „Arbeitsklimaindex" der verschiedenen Bereiche dient als Grundlage zur Planung notwendiger Verbesserungen. Zu Maßnahmen beziehungsweise Vereinbarungen wie dem „Willkommensfrühstück" für neue Mitarbeiter oder dem gemeinsamen Mittagessen als wichtigem Bestandteil der Unternehmenskultur wurden eigens Symbole kreiert.

Das Lehrreichste an diesem Praxisbeispiel ist wohl, dass gerade solche alltäglichen, manchmal kleinen und feinen Vereinbarungen einen guten Umgang miteinander schaffen, ein wahrgenommenes gutes Klima – und nicht nur zahlreiche Seminare zur Führungskultur.

Qualifizierung als Präventionsmaßnahme: Kriterien für die Seminarauswahl
Wie schon erwähnt, Seminare zu guter Führung im Sinne von partizipativem Führungsstil, Anerkennung, gesundheitsförderlicher Kommunikation und deren Anbieter sind zahlreich. Aus Praktikersicht seien daher an dieser Stelle grundsätzliche Kriterien für eine Seminarauswahl aufgeführt:

- Sind die Ziele des Seminars und die Wege dorthin ausreichend operationalisiert? Erschließt sich daraus für den Interessenten, was genau wie lange in welcher Form dort stattfinden wird? Oder bleibt es in der Seminarbeschreibung bei wortreichen Allgemeinplätzen zur Bedeutung guter Führung und Kommunikation?
- Ist der Seminaranbieter didaktisch professionell und kann eine passgenaue Lehrform anbieten? Kann er den Kunden, das heißt das interessierte Unternehmen, diesbezüglich beraten, ob eine interne Gruppe besser wäre als eine aus verschiedenen Unternehmen zusammengesetzte Teilnehmergruppe und wie viele Teilnehmer für das Fortbildungsziel überhaupt sinnvoll wären? Wünscht der Kunde ein Seminar, in dem eher Wissen vermittelt wird, nicht nur im Frontalunterricht, sondern auch in Gruppenarbeiten – jeweils in didaktisch sinnvollen Anteilen? Oder geht es eher um einen Workshop, der, wie der Name schon sagt, eine gemeinsame Erarbeitung zum Beispiel oben genannter betrieblicher Leitlinien für das soziale Miteinander zum Ziel hat? Soll ein Verhalten geübt werden, zum Beispiel ein Kritikgespräch oder ein Wiedereingliederungsgespräch, muss ein qualifizierter Seminaranbieter auf kleine Seminargruppen und Arbeit mit Videofeedback verweisen, um effektives Lernen zu ermöglichen.

- Ein weiteres für die Seminarauswahl relevantes Kriterium ist der betriebliche Kontext des Seminars. Existieren zum Beispiel bei gewünschten Seminaren zu Krankenrückkehrgesprächen oder Wiedereingliederungsgesprächen bereits grundsätzliche Regelungen und einvernehmliche Vereinbarungen darüber im Unternehmen wie etwa eine Betriebsvereinbarung? Ist diese bereits allen bekannt oder sind Informationen hierzu Teil einer Fortbildung? Ist noch Partizipation gewünscht, können die Fortbildungsteilnehmer noch Einfluss auf die Ausgestaltung solcher Instrumente nehmen? Sollen Seminare zu „Motivation und gesundheitsförderlicher Führung" in einer Organisation stattfinden, die gerade einen Stellenabbau verkündet hat? Es ist ein Qualitätsmerkmal eines guten Anbieters, solchen Kontext vorab mit dem Auftraggeber abzuklären und ihn hier bezüglich Zeitpunkt, Ziel und Umsetzung zu beraten.
- Wie wird ein Lerntransfer ermöglicht? Gibt es ausreichend Übungsmöglichkeiten im Seminar und auch später im Betrieb? Wer begleitet das Ausprobieren neuer Verhaltensweisen im Unternehmen? Gibt es Möglichkeiten für die Seminarteilnehmer, ihre neu erlernten Fähigkeiten und Verhaltensweisen entweder untereinander oder innerhalb des Unternehmens im Sinne einer Lerngruppe oder eines weiteren Coachings anhand von aktuellen Praxisbeispielen weiter zu reflektieren? Auch hier hilft ein professioneller Anbieter dem Kunden, eine Umsetzung und Verfestigung des Gelernten nach dem Seminar zu ermöglichen. Auf diese Art entfernt man sich im besten Fall von berüchtigten „Einmal im Jahr lernen wir etwas über gute Kommunikation"-Veranstaltungen, die von der Führungskraft eher als Zeitverschwendung oder als „Tropfen auf den heißen Stein" und ebenso von Mitarbeitern eher als Feigenblatt empfunden werden.
- Eine oft schriftliche Auswertung des Seminars bezüglich Methodik, Verständlichkeit und Praxisbezug durch die Teilnehmer ist mittlerweile Routine. Hat ein Unternehmen eine Veranstaltung, eine Seminarreihe – und hoffentlich nicht nur diese – gewählt, um Einfluss auf das Betriebsklima zu nehmen, kann eine Wirkung mittels wiederholter Befragungen zum Betriebsklima (von Rosenstiel, 1992) evaluiert werden. Es sollten sich dann bei den Fragen zum Bereich Vorgesetzte positive Veränderungen zeigen. Ebenso ist eine solche Evaluation von zum Beispiel systematischer Teamentwicklung und Teamberatung mittels der Fragen zum Bereich Kollegen durchführbar.

Es bleibt abschließend anzumerken, dass Seminare nur ein Teil von Maßnahmen zur Verbesserung beziehungsweise Pflege eines guten Betriebsklimas sein können. Ein Team kann nur unter guter Führung exzellente Arbeitsergebnisse erzielen. Die besten Seminare können eine schlecht ausgewählte Führungskraft nicht ändern, wenn dieser die notwendigen Voraussetzungen wie Selbstreflexion und Kritikfähigkeit fehlen oder ein negatives Menschenbild Vertrauen und damit Delegation und Information der Untergebenen behindern – eine Frage und Aufgabe der Personalentwicklung. Und die begabtesten Führungskräfte wiederum brauchen eine Betriebsleitung, die realistische Zielvorgaben macht, klare Arbeits- und Gehaltsstrukturen schafft und für die es zur Wertschöpfung dazugehört, überhaupt die Zeit für Absprachen und Kommunikation im Arbeitsprozess zu ermöglichen.

→ Führung und Gesundheit (S. 220); Betriebliche Umstrukturierungen, Personalabbau und Arbeitsplatzunsicherheit (S. 232)

Literatur

Bundesverband der Unfallkassen: Betriebsklima – aus Sicht des Arbeits- und Gesundheitsschutzes. Kurzinformation über Forschungsergebnisse zum Arbeits- und Gesundheitsschutz im öffentlichen Dienst, Forschung für die Praxis 01/2006. (www.dguv.de/inhalt/medien/bestellung/documents/FFDP1200640752.pdf)

Gellert, M./Nowak, C.: Teamarbeit, Teamentwicklung, Teamberatung. 3. Auflage. Limmer 2004

Marstedt, G.: Verschlechterungen im Betriebsklima beeinträchtigen die Gesundheit der betroffenen Arbeitnehmer, 2007. In: Forum Gesundheitspolitik

Mentzel, W./Dürr, C.: Lexikon der Personalpraxis. WRS, Planegg 1997

Oksanen, T./Kouvonen, A./Kivimäki, M./Pentii, J./Virtanen, M./Linna, A./Vahtera, J.: Social capital at work as a predicor of employee health: Multilevel evidence from work units in Finland. Social Science and Medicine, 3, 66, February 2008, S. 637–649

Rosenstiel, L. v.: Grundlagen der Organisationspsychologie. Schäffer Poeschel, Stuttgart, 2007

Rosenstiel, L. v./Bögel, R.: Betriebsklima geht jeden an! Bayrisches Staatsministerium für Arbeit und Sozialordnung, Familien, Frauen und Gesundheit (Hrsg.), 4. Auflage, München 1992

Wissenschaftliches Institut der Ortskrankenkassen: Materialienband „Gesundheit am Arbeitsplatz", Bonn 2001

ergo-online (www.ergo-online.de)

Forum Gesundheitspolitik (www.forum-gesundheitspolitik.de)

Personal – Arbeiten in der Volkswagenwelt (www.vw-personal.de/www/de/arbeiten/personalpolitik/partnerschaftliches.html)

Eberhard Ulich

Verantwortung und Gesundheit

Abstract
Im vorliegenden Beitrag wird unterschieden zwischen der Verantwortung der Unternehmensleitung beziehungsweise der von ihr beauftragten Instanzen für die Gesundheit der Beschäftigten einerseits und den Auswirkungen der Übernahme von Verantwortung durch die Beschäftigten andererseits. Zur Verantwortung der Unternehmensleitung beziehungsweise der dafür ‚zuständigen' Funktionsbereiche gehört unter anderem die Gestaltung von Arbeitstätigkeiten und Arbeitsabläufen unter Berücksichtigung der für den Schutz der Persönlichkeit und ihrer Gesundheit vorliegenden Richtlinien und Erkenntnisse. Persönlichkeits- und gesundheitsförderliche Arbeitsgestaltung bedeutet in erster Linie Aufgabengestaltung; deshalb ist in der Arbeitspsychologie auch die Rede vom ‚Primat der Aufgabe'.

Aufgabengestaltung
Die Arbeitsaufgabe verknüpft einerseits das soziale mit dem technischen Teilsystem, andererseits verbindet sie den Menschen mit den organisationalen Strukturen. Dabei kommt der Aufgabenverteilung zwischen Mensch und Technik, der Mensch-Maschine-Funktionsteilung also, eine entscheidende Bedeutung für die Rolle des Menschen im Produktionsprozess zu. Mit der Gestaltung der Arbeitsaufgaben werden zugleich Art und Umfang der dem Menschen zugedachten Verantwortung festgelegt. Damit stellt sich die Frage, wie Arbeitsaufgaben gestaltet werden sollen, damit die Bereitschaft und die Fähigkeit Verantwortung zu übernehmen gestärkt, die Entwicklung der dafür erforderlichen Ressourcen unterstützt und psychische Belastungen im Sinne von Fehlbeanspruchungen so weit wie möglich vermieden werden (*vgl. Tab. 1, S. 253*).

Aufgaben, die nach den dort beschriebenen Merkmalen gestaltet sind, können
- die Motivation und die Gesundheit,
- die fachliche Qualifikation und die soziale Kompetenz,
- die Selbstwirksamkeit und die Flexibilität

der Beschäftigten fördern und sind deshalb zugleich ein ausgezeichnetes Mittel, die Qualifikation und Kompetenz der Beschäftigten in – auch ökonomisch – sinnvoller Weise zu nutzen und zu ihrer Erweiterung beizutragen. Damit werden die Mitarbeitenden zugleich in die Lage ver-

Gestaltungsmerkmal	Angenommene Wirkung	Realisierung durch ...
Vollständigkeit	▪ Mitarbeiter erkennen Bedeutung und Stellenwert ihrer Tätigkeit ▪ Mitarbeiter erhalten Rückmeldung über den eigenen Arbeitsfortschritt aus der Tätigkeit selbst	... Aufgaben mit planenden, ausführenden und kontrollierenden Elementen und der Möglichkeit, Ergebnisse der eigenen Tätigkeit auf Übereinstimmung mit gestellten Anforderungen zu prüfen
Anforderungsvielfalt	▪ Unterschiedliche Fähigkeiten, Kenntnisse und Fertigkeiten können eingesetzt werden ▪ Einseitige Beanspruchungen können vermieden werden	... Aufgaben mit unterschiedlichen Anforderungen an Körperfunktionen und Sinnesorgane
Möglichkeiten der sozialen Interaktion	▪ Schwierigkeiten können gemeinsam bewältigt werden ▪ Gegenseitige Unterstützung hilft Belastungen besser zu ertragen	... Aufgaben, deren Bewältigung Kooperation nahe legt oder voraussetzt
Autonomie	▪ Stärkt Selbstwertgefühl und Bereitschaft zur Übernahme von Verantwortung ▪ Vermittelt die Erfahrung, nicht einfluss- und bedeutungslos zu sein	... Aufgaben mit Dispositions- und Entscheidungsmöglichkeiten
Lern- und Entwicklungsmöglichkeiten	▪ Allgemeine geistige Flexibilität bleibt erhalten ▪ Berufliche Qualifikationen werden erhalten und weiter entwickelt	... problemhaltige Aufgaben, zu deren Bewältigung vorhandene Qualifikationen eingesetzt und erweitert bzw. neue Qualifikationen angeeignet werden müssen
Zeitelastizität und stressfreie Regulierbarkeit	▪ Wirkt unangemessener Arbeitsverdichtung entgegen ▪ Schafft Freiräume für stressfreies Nachdenken und selbst gewählte Interaktionen	.... Schaffen von Zeitpuffern bei der Festlegung von Vorgabezeiten
Sinnhaftigkeit	▪ Vermittelt das Gefühl, an der Erstellung gesellschaftlich nützlicher Produkte beteiligt zu sein ▪ Gibt Sicherheit der Übereinstimmung individueller und gesellschaftlicher Interessen	... Produkte, deren gesellschaftlicher Nutzen nicht in Frage gestellt wird ... Produkte und Produktionsprozesse, deren ökologische Unbedenklichkeit überprüft und sichergestellt werden kann

Tab. 1: Merkmale persönlichkeits- und gesundheitsförderlicher Aufgabengestaltung
(Quelle: Ulich, © 2005, Schäffer-Poeschel Verlag für Wirtschaft – Steuern –Recht GmbH & Co. KG, Stuttgart)

> „Im Gestaltungsprozess muss der Konstrukteur
> a) die Erfahrung, Fähigkeiten und Fertigkeiten der bestehenden oder zu erwartenden Operatorenpopulation berücksichtigen ...
> b) sicherstellen, dass die durchzuführenden Arbeitsaufgaben als vollständige und sinnvolle Arbeitseinheiten mit deutlich identifizierbarem Anfang und Ende erkennbar sind und nicht einzelne Fragmente solcher Aufgaben darstellen ...
> c) sicherstellen, dass durchgeführte Arbeitsaufgaben als bedeutsamer Beitrag zum Gesamtergebnis des Arbeitssystems erkennbar sind ...
> d) die Anwendung einer angemessenen Vielfalt von Fertigkeiten, Fähigkeiten und Tätigkeiten ermöglichen ...
> e) für ein angemessenes Maß an Freiheit und Selbständigkeit des Operators sorgen ...
> f) für ausreichende, für den Operator sinnvolle Rückmeldungen in Bezug auf die Aufgabendurchführung sorgen ...
> g) ermöglichen, vorhandene Fertigkeiten und Fähigkeiten auszuüben und weiterzuentwickeln sowie neue zu erwerben ...
> h) Über- und Unterforderung des Operators vermeiden, die zu unnötiger oder übermäßiger Beanspruchung, Ermüdung oder zu Fehlern führen kann ...
> i) repetitive Aufgaben vermeiden, die zu einseitiger Arbeitsbelastung und somit zu körperlichen Beeinträchtigungen sowie zu Monotonie- und Sättigungsempfindungen, Langeweile oder Unzufriedenheit führen können ...
> j) vermeiden, dass der Operator alleine, ohne Gelegenheit zu sozialen und funktionalen Kontakten, arbeitet ...
>
> Diese Merkmale gut gestalteter Arbeitsaufgaben der Operatoren dürfen bei der Gestaltung von Maschinen nicht verletzt werden."

Kasten 1: Merkmale gut gestalteter Arbeitsaufgaben nach EN 614-2 (Quelle: DIN EN 614-2:2000+A1:2008)

setzt, Verantwortung zu übernehmen und verantwortlich zu handeln. Voraussetzung dafür sind allerdings entsprechende Handlungsspielräume beziehungsweise eine entsprechende Autonomie.

Unter den genannten Aufgabenmerkmalen kommt im Übrigen der Vollständigkeit insofern eine zentrale Bedeutung zu, als die Möglichkeit der Erfüllung oder Nichterfüllung einer Reihe der anderen Merkmale durch den Grad der Aufgabenvollständigkeit mit bedingt ist.

Die weitgehende Akzeptanz des in *Tabelle 1* wiedergegebenen Satzes persönlichkeits- und gesundheitsförderlicher Aufgabenmerkmale lässt sich nicht zuletzt daran ablesen, dass er sich nahezu vollständig in der Europäischen Norm EN 614-2 wiederfindet (*Kasten 1*).

Mit dieser Norm wird zugleich den für die Konstruktion von Maschinen zuständigen Instanzen eine klare Verantwortung für die Gesundheit der Beschäftigten zugeschrieben. Welche Folgen eine Nichteinhaltung der Vorschriften für psychische Belastungen haben kann, lässt sich am Beispiel mangelnder Vollständigkeit von Arbeitsaufgaben zeigen (*siehe Kasten 2, S. 255*).

In Untersuchungen von Richter und Uhlig (1998, S. 413) konnte konkret belegt werden, „dass das Erleben von Stress abhängig ist von der Aufgabengestaltung. Bei unvollständigen Aufgabenstrukturen ist das Erleben von Stress signifikant erhöht. Insbesondere für ältere Beschäftigte konnte gezeigt werden, dass eine Erweiterung des Arbeitsinhalts auf der Dimension der sequenziell-zyklischen Vollständigkeit

> „Vollständige Arbeitstätigkeiten bieten ganzheitliche, gesellschaftlich bedeutsame Aufgaben. Im Maße ihres Fehlens könnte ein Verlust des Sinns der Arbeit entstehen, erlebt als Unzufriedenheit mit der Tätigkeit und psychische Sättigung. Vollständige Arbeitstätigkeiten bieten Freiheitsgrade für selbstständige Zielsetzungen und für Entscheidungen. Sie sichern damit Durchschaubarkeit, Vorhersehbarkeit und Beeinflussbarkeit. Im Maße fehlender Freiheitsgrade für eigenständiges Zielsetzen und Entscheiden wären angstbetontes (Stress-)Erleben – etwa durch die Stressoren ‚Zeitdruck' oder ‚Kontrollverlust' (d. h. Verlust an Beeinflussbarkeit mangels Tätigkeitsspielraum für Zielsetzen und Entscheiden) – Monotonie-Erleben, erhöhter Medikamentenverbrauch und vermehrte Arbeitsunfähigkeit zu befürchten. Vollständige Arbeitstätigkeiten bieten Kooperations- und Kommunikationsmöglichkeiten, deren Entzug das Risiko depressiver Tendenzen erhöhen könnte" (Broadbent, 1982; Richter, 1985).

Kasten 2: Mögliche Wirkungen mangelnder Vollständigkeit (Quelle: Hacker, 1991)

das Stresserleben entscheidend zu vermindern vermag."

Die Bedeutung inadäquater Aufgabengestaltung für die Entwicklung psychischer Belastungen ist inzwischen vielfach belegt (z. B. Leitner, 1999; Oesterreich, 1999; Semmer/Udris, 2004; Semmer/Zapf, 2004; Zapf/Semmer, 2004; Semmer/McGrath/Beehr, 2005; Ulich/Wülser, 2009; Wieland, 2009). Psychische Belastungen können darüber hinaus auch durch Unklarheiten beziehungsweise Widersprüchlichkeiten bezüglich der Verantwortungsregelungen entstehen. Dies gilt in besonderer Weise für die von Moldaschl (2005) so genannten widersprüchlichen Arbeitsanforderungen. Bei Hamborg und Greif (2003) finden sich zusätzlich Hinweise auf Stress auslösende Merkmale des Einsatzes neuerer Technologien.

Technik als Rahmenbedingung

Fragen der angemessenen Nutzung menschlicher Potenziale und Qualifikationen durch entsprechende Aufgabengestaltung und damit verbunden der Möglichkeit, Verantwortung zu übernehmen, werden in Zusammenhang mit der Entwicklung und dem Einsatz neuer Technologien seit einiger Zeit in verschiedenen Industrieländern diskutiert. Als Konsequenz wird auf die Notwendigkeit der Entwicklung „anthropozentrischer" Produktions- und Dienstleistungssysteme hingewiesen. Dabei handelt es sich um Arbeitssysteme, bei deren Auslegung die Nutzung und Entwicklung der „Humanressourcen", das heißt des menschlichen Arbeitsvermögens, prioritär verfolgt wird und neue Technologien in erster Linie eingesetzt werden, um die menschlichen Fähigkeiten und Kompetenzen in geeigneter Weise zu unterstützen. Im Folgenden werden diese Gestaltungskonzepte als „arbeitsorientiert" bezeichnet und mit „technikorientierten" Konzepten verglichen (*vgl. Tab. 2, S. 256*).

Die Gegenüberstellung in *Tabelle 2* macht deutlich, dass den skizzierten Konzepten grundsätzlich verschiedene Auffassungen von der Rolle des Menschen und der Allokation der Kontrolle, das heißt auch der Zuschreibung von Verantwortung, im Arbeitssystem zugrunde liegen. Czaja (1987, S. 1599) hat die Unterschiede auf eine einfache Formel gebracht: „The difference lies in whether people are regarded as extensions of the machine or the machine is designed as an extension of people." Daraus

	Technikorientierte Gestaltungskonzepte → Technikgestaltung	Arbeitsorientierte Gestaltungskonzepte → Arbeitsgestaltung
Mensch-Maschine-Funktionsteilung	Operateure übernehmen nicht automatisierte Resttätigkeiten	Operateure übernehmen ganzheitliche Aufgaben von der Arbeitsplanung bis zur Qualitätskontrolle
Allokation der Kontrolle im Mensch-Maschine-System	Zentrale Kontrolle. Aufgabenausführung durch Rechnervorgaben inhaltlich und zeitlich festgelegt. Keine Handlungs- und Gestaltungsspielräume für Operateure	Lokale Kontrolle. Aufgabenausführung nach Vorgaben der Operateure innerhalb definierter Handlungs- und Gestaltungsspielräume
Allokation der Steuerung	Zentralisierte Steuerung durch vorgelagerte Bereiche	Dezentralisierte Steuerung im Fertigungsbereich
Informationszugang	Uneingeschränkter Zugang zu Informationen über Systemzustände nur auf der Steuerungsebene	Informationen über Systemzustände vor Ort jederzeit abrufbar
Zuordnung von Regulation und Verantwortung	Regulation der Arbeit durch Spezialisten, z. B. Programmierer, Einrichter	Regulation der Arbeit durch Operateure mit Verantwortung für Programmier-, Einricht-, Feinplanungs-, Überwachungs- und Kontrolltätigkeiten

Tab. 2: Vergleich unterschiedlicher Konzepte für die Gestaltung rechnergestützter Arbeitstätigkeiten (Quelle: Ulich, © 2005, Schäffer-Poeschel Verlag für Wirtschaft – Steuern – Recht GmbH & Co. KG, Stuttgart)

lässt sich die Annahme ableiten, dass technikorientierte Gestaltungskonzepte eine Reihe nachteiliger Folgen bewirken können, wie zum Beispiel
- Unternutzung beziehungsweise Verlust vorhandener Qualifikationen
- Verlust von Erfahrungswissen
- Mangelndes Selbstwirksamkeitserleben
- Abnehmendes Verantwortungsgefühl.

In diesem Zusammenhang ist den betrieblichen Produktionsplanungs- und -steuerungssystemen insofern besondere Beachtung zu schenken, als deren Auslegung die lokale Selbstregulation – und damit die Möglichkeiten der Übernahme von Verantwortung – unterstützen, aber auch entscheidend behindern beziehungsweise verhindern kann. Dies hat vor zwei Jahrzehnten auch die Vereinigung der Metallarbeitgeberverbände in Deutschland so gesehen: „Manchmal können einfachere Lösungen die besseren sein. Ein PPS-System zum Beispiel, das den Produktionsablauf in jedem Detail plant und steuert, benötigt eine Unmenge von Daten und schafft viele Informationsschnittstellen, die überbrückt werden müssen. Kleine qualifizierte Arbeitsgruppen, deren Mitglieder sich untereinander absprechen und die Arbeit richtig organisieren, können einem solchen hochtechnischen System überlegen sein" (Gesamtmetall, 1989, S. 15).

Damit stellt sich schließlich auch die Frage, welche Folgen mit der Übertragung weitgehender Verantwortung an derartige Gruppen verbunden sein können. Dies soll im Folgenden zunächst am Beispiel des Projekts „Gruppenarbeit in der Motorenmontage" skizziert werden.

Selbstregulation in Arbeitsgruppen

Das als Modell für die westdeutsche Autoindustrie konzipierte Projekt Gruppenarbeit in der Motorenmontage erstreckte sich über einen Zeitraum von drei Jahren (1975–1977). Gegenstand des Projekts war ein Vergleich verschiedener Arbeitsstrukturen, unter denen eine neu entwickelte Form der Gruppenarbeit im Mittelpunkt des Interesses stand (vgl. dazu Granel, 1980; Triebe, 1980; Ulich, 1980, 2005, 2009).

Auf Basis freiwilliger Meldungen wurden Gruppen von je sieben Werkern gebildet, denen als ganzheitliche Aufgabe die komplette Montage von Motoren, deren Prüfung im Einlaufstand sowie die Materialbereitstellung übertragen wurde. Um optimale Voraussetzungen für die gruppeninterne Verteilung und Rotation von Arbeitsrollen und -aufgaben zu ermöglichen, mussten alle beteiligten Werker lernen, die Komplettmontage und die Prüfung im Einlaufstand selbstständig durchzuführen. Dies bedeutete einen zeitlichen Aufgabenumfang von mehr als achtzig Minuten im Vergleich zu getakteten Bearbeitungszeiten von ein bis zwei Minuten in der konventionellen Fließbandmontage. Für die interne Koordination und die Vertretung nach außen wurden Gruppensprecher gewählt.

Alle beteiligten Werker waren nach knapp drei Monaten in der Lage, die Qualitätsanforderungen zu bewältigen und – bei positiv zu bewertender Veränderung der Belastungsstruktur (!) – einwandfreie Arbeit zu leisten. Dabei wurde eine vorher weit verbreitete resignative Form der Zufriedenheit als Folge einer Steigerung des Anspruchsniveaus weitgehend abgelöst durch eine eher progressive (Un-)Zufriedenheit oder eine konstruktive Unzufriedenheit (vgl. dazu Bruggemann, 1974; Bruggemann/Groskurth/Ulich, 1975). Die Analyse der Montagestrategien zeigte, dass bei der Komplettmontage Freiheitsgrade bestanden, die mit zunehmendem Lernfortschritt auch erkannt und genutzt wurden, und dass unterschiedliche Vorgehensweisen ohne erkennbare Unterschiede in der Effizienz möglich waren.

Unter dem *Ressourcenaspekt* lässt sich feststellen: Alle 28 an dem Versuch beteiligten Arbeiter konnten sich innerhalb von drei Monaten so weit qualifizieren, dass sie in der Lage waren, die mit der neuen Struktur verbundenen hohen Anforderungen zu bewältigen und qualitativ einwandfreie Arbeit zu leisten. Dementsprechend äußerte ein großer Teil von ihnen, dass ihnen mit der Gruppenarbeit zum ersten Mal die Möglichkeit geboten worden sei, ihre Fähigkeiten und Fertigkeiten im Arbeitsprozess „wirklich" einzusetzen, Neues dazuzulernen und sich selbst weiterzuentwickeln. Die Tätigkeit in der Gruppenmontage wurde im Vergleich zur hoch arbeitsteiligen Bandmontage als gründlichere Ausbildung und ständige fachliche Weiterbildung verlangend, als anspruchsvoll und häufig selbstständige Entscheidungen erfordernd beschrieben.

Unter dem *Belastungsaspekt* zeigten die Ergebnisse der Begleitforschung einerseits eine Verminderung unerwünschter Belastungswirkungen, vor allem durch den Abbau qualitativer Unterforderung. Korrespondierend dazu – und durchaus plausibel – deuteten sich Vermehrungen kognitiver Beanspruchungen an, die sich auf erhöhte Anforderungen an die Informationsverarbeitung zurückführen lassen. Erkennbar wurden auch Vermehrungen „sozialer Beanspruchungen" als Folge der mit der kollektiven Selbstregulation verbundenen, vergleichsweise hohen Anforderungen an soziale Kompetenzen. Damit erscheint auch plausibel, dass die Gruppenmontage weniger eine Verminderung der Gesamtbeanspruchung zur Folge hatte als eine Verlagerung von eher unerwünschten zu eher erwünschten Belastungswirkungen. Die in den beiden zum Vergleich herangezogenen hoch arbeitsteiligen Montagestrukturen „nachgewiesene Zunahme der Arbeitsermüdung im Verlaufe einer Schicht wurde bei der Gruppenmontage nicht beobachtet" (Granel, 1980, S. 40).

Zu den inhaltlich bedeutsamen Ergebnissen gehörten die belegbaren positiven Wirkungen höher qualifizierter Arbeit auf Leistungs- und Beanspruchungskennwerte, aber auch auf Interessenerweiterungen innerhalb und außerhalb der Arbeitstätigkeit. Von weiter reichender Bedeutung waren die unterschiedlichen Formen der Reaktion auf die und des Umgangs mit den neuen Arbeitsstrukturen, die schließlich zur Formulierung des Konzepts der „differentiellen Arbeitsgestaltung" führten (Ulich, 1978, 2005).

Die oben skizzierten Ergebnisse werden durch eine Reihe anderer Untersuchungen bestätigt. So fanden Wall und Clegg (1981) Zusammenhänge zwischen der Einführung von teilautonomen Arbeitsgruppen und vermindertem emotionalem Stress, erhöhter Motivation, Arbeitszufriedenheit und Leistung. Darüber hinaus konnte Lundberg (1996) zeigen, dass Muskel- und Skeletterkrankungen in Gruppenarbeitsstrukturen mit entsprechender Autonomie weniger häufig auftraten als in arbeitsteiligen Arbeitsstrukturen, in denen die gleichen Produkte beziehungsweise Dienstleistungen zu erstellen waren. Hier zeigte sich, dass physiologische Belastungsreaktionen und Selbsteinstufungen der erlebten Ermüdung in den arbeitsteiligen Strukturen während des Schichtverlaufes zunahmen und ihren Gipfel am Ende der Schicht erreichten, während in der flexiblen Gruppenarbeitsstruktur „a moderate and more stable level throughout the shift" gefunden wurde (Lundberg, 1996, S. 69). Nach den Untersuchungen von Schaubroeck, Lam und Xie (2000) hat insbesondere die Einschätzung der kollektiven Selbstwirksamkeit in derartigen Arbeitsgruppen einen Einfluss auf das Wohlbefinden der Mitglieder. Damit übereinstimmend fanden Zellars, Perrewe und Hochwarter (1999) bei Krankenschwestern mit ausgeprägtem kollektiven Selbstwirksamkeitserleben weniger Anzeichen von Burnout. Van Mierlo, Rutte, Seinen und Kompier (2001) konnten schließlich zeigen, dass insbesondere der Autonomieaspekt teilautonomer Arbeitsgruppen zu einem erhöhten Wohlbefinden der Gruppenmitglieder führte.

Die bei sorgsamer Vorbereitung und Einführung insgesamt zu erwartenden mehrheitlich positiven Ergebnisse der Arbeit in teilautonomen Gruppen lassen die Frage stellen, weshalb dieses Konzept bisher offenbar keine weitere Verbreitung gefunden hat und manchenorts sogar zugunsten aus anderen Kulturen stammender Produktionskonzepte aufgegeben wurde. Die Analyse der Ergebnisse zahlreicher Fallstudien lassen die Annahme gerechtfertigt erscheinen, dass die Infragestellung etablierter Machtstrukturen zu den wesentlichen Gründen für die vergleichsweise geringe Verbreitung dieser psychologisch und ökonomisch gleichermaßen sinnvollen und erfolgreichen Innovation gehört. So heißt es auch in einem Bericht über das Volvo-Werk in Uddevalla und dessen seinerzeit vorübergehende Stilllegung: „A self-managed production system that relies on the collective and individual skills of workers as in Uddevalla reduces the role of engineers and management in the control of production processes" (Hancké und Rubinstein, 1995, S. 193).

Fazit

Insgesamt lässt sich aus den bisher vorgelegten Untersuchungen zu den aus betrieblichen Rahmenbedingungen entstehenden psychischen Belastungen unabweisbar ableiten, dass das Verhalten und die Entscheidungen des Managements und der Führungskräfte eines Unternehmens für die Entwicklung der Gesundheit der Beschäftigten von erheblicher Bedeutung sein können. Über das Alltagsverhalten hinaus betrifft dies nicht zuletzt die – oft ohne sorgfältige Analyse der langfristigen Wirkungen zustande kommenden – Entscheidungen über die Gestaltung der Arbeitsabläufe und der Nutzung technologischer Optionen. Das heißt auch, dass betriebliches Gesundheitsmanagement als Bestandteil des Unternehmensmanagements und wichtiges Element der „Corporate Social Responsibility" auch in die Unternehmensbewertung einzubeziehen ist. Damit wird die Verantwortung der einzelnen Menschen, durch Lebensstil und Verhalten im Rahmen ihrer Möglichkeiten zum Erhalt und zur Förderung der eigenen Gesundheit – gegebenenfalls auch der der Familie – beizutragen, keineswegs in Frage gestellt. Dass viele auch dazu professioneller Unterstützung bedürfen, steht ebenfalls außer Frage.

→ Bewältigung von Belastungen, Aufbau von Ressourcen (S. 282); Stress (S. 334); Burnout (S. 364)

Literatur

Bruggemann, A.: Zur Unterscheidung verschiedener Formen von „Arbeitszufriedenheit". Arbeit und Leistung, 28, 1974, S. 281–284

Bruggemann, A./Groskurth, P./Ulich, E.: Arbeitszufriedenheit. Schriften zur Arbeitspsychologie. Hrsg. von Ulich, E., Band 17. Huber, Bern 1975

Czaja, S. J.: Human factors in office automation. In Salvendy, G. (Ed.): Handbook of Human Factors. Wiley, New York 1987, pp. 1587–1616

Deutsches Institut für Normung: Sicherheit von Maschinen – Ergonomische Gestaltungsgrundsätze, Teil 2: Wechselwirkungen zwischen der Gestaltung von Maschinen und den Arbeitsaufgaben. Deutsche Fassung EN 614-2:2000+A1:2008. Beuth, Berlin

Gesamtmetall: Mensch und Arbeit. edition agrippa, Köln 1989

Granel, M.: Zusammengefasster Abschlussbericht der Volkswagenwerk AG zum Forschungsvorhaben Vergleich von Arbeitsstrukturen in der Aggregatefertigung. In: Bundesminister für Forschung und Technologie (Hrsg.), Gruppenarbeit in der Motorenmontage. Schriftenreihe Humanisierung des Arbeitslebens, Band 3. Campus, Frankfurt 1980, S. 13–54

Greenglass, E. R./Burke, R. J.: Organizational restructuring: Identifying effective hospital downsizing processes. In: Burke, R. J./Cooper, C. L. (Eds.): The Organization in Crisis. Blackwell, London 2000, pp. 284–303

Hacker, W.: Aspekte einer gesundheitsstabilisierenden und -fördernden Arbeitsgestaltung. In: Zeitschrift für Arbeits- und Organisationspsychologie, 1991, 35, S. 48-58

Hamborg, K.-C./Greif, S.: New Technologies and Stress. In: Schabracq, M. J./Winnubst, J. A./Cooper, C.L. (Eds.): Handbook of Work and Health Psychology, 2nd ed., Wiley, Chichester 2003, pp. 209–235.

Leitner, K.: Kriterien und Befunde zu gesundheitsgerechter Arbeit – Was schädigt, was fördert die Gesundheit? In: Oesterreich, R./Volpert, W. (Hrsg.): Psychologie gesundheitsgerechter Arbeitsbedingungen, Schriften zur Arbeitspsychologie, hrsg. von Ulich, E., Band 59, Huber, Bern 1999, S. 63–139

Lundberg, U.: Work, stress and musculoskeletal disorders. In: Ullsperger, P./Ertel, M./Freude, G. (Hrsg.): Occupational Health and Safety Aspects of Stress at Modern Workplaces. Schriftenreihe der Bundesanstalt für Arbeitsmedizin, Tagungsbericht 11. Wirtschaftsverlag NW, Bremerhaven 1996, S. 66–78

Mierlo, H. van/Rutte, C.G./Seinen, B./Kompier, M.A.J.: Autonomous teamwork and psychological well-being. In: European Journal of Work and Organizational Psychology, 10 (3), pp. 291–302

Moldaschl, M.: Ressourcenorientierte Analyse von Belastung und Bewältigung in der Arbeit. In: Moldaschl, M. (Hrsg.): Immaterielle Ressourcen, Rainer Hampp, München 2005, S. 243–280

Oesterreich, R.: Konzepte zu Arbeitsbedingungen und Gesundheit – Fünf Erklärungsmodelle im Vergleich. In: Oesterreich, R./Volpert, W. (Hrsg.): Psychologie gesundheitsgerechter Arbeitsbedingungen, Schriften zur Arbeitspsychologie, 1999a. Band 59. Huber Bern, S. 141–215

Richter, P./Uhlig, K.: Psychische Belastungen und Ressourcen in der Arbeit und Herz-Kreislauf-Erkrankungen – Ansätze für eine betriebliche Prävention. In: Bamberg, E./Ducki, A./Metz, A.-M. (Hrsg.): Handbuch Betriebliche Gesundheitsförderung. Angewandte Psychologie. Hogrefe, Göttingen 1998, S. 407–422

Schaubroeck, J./Lam, S. S. K./Xie, J. L.: Collective Efficacy versus Self-Efficacy in Coping Responses to Stressors and Control: A Cross-Cultural Study. Journal of Applied Psychology, 4, 85, 2000, pp. 512–525

Semmer, N.K./Zapf, D.: Gesundheitsbezogene Interventionen in Organisationen. In: Schuler, H. (Hrsg.): Organisationspsychologie (Enzyklopädie der Psychologie, Band D III 4), (2. Aufl.). Hogrefe, Göttingen 2004, S. 773–843

Semmer, N.K./Mc Grath, J.E./Beehr, T.A.: Conceptual issues in research on stress and health. In: Cooper, C.L. (Ed.): Handbook of Stress Medicine and Health. 2nd ed., CRC Press, New York 2005, pp. 1–43

Triebe, J. K.: Untersuchungen zum Lernprozess während des Erwerbs der Grundqualifikation (Montage eines kompletten Motors). Arbeits- und sozialpsychologische Untersuchungen von Arbeitsstrukturen im Bereich der Aggregatefertigung der Volkswagenwerk AG. BMFT, Bonn 1980, HA 80–019

Ulich, E.: Über das Prinzip der differentiellen Arbeitsgestaltung. Industrielle Organisation, 47, 1978, S. 566–568

Ulich, E.: Bericht über die arbeits- und sozialpsychologische Begleitforschung. In: Bundesminister für Forschung und Technologie (Hrsg.): *Gruppenarbeit in der Motorenmontage*. Schriftenreihe Humanisierung des Arbeitslebens, Band 3, Campus, Frankfurt 1980, S. 97–142

Ulich, E.: Arbeitspsychologie. 6. Auflage, vdf Hochschulverlag, Zürich, Schäffer-Poeschel, Stuttgart 2005

Ulich, E./Wülser, M.: Gesundheitsmanagement in Unternehmen. Arbeitspsychologische Perspektiven. 3. Auflage. Gabler, Wiesbaden 2009

Ulich, E.: Erfahrungen aus dem VW-Projekt. In: Zeitschrift für Arbeitswissenschaft, 63, 2009, S. 119–122

Wall, T.D./Clegg, C.W.: A longitudinal field study of group work redesign. In: Journal of Occupational Behaviour, 2, S. 31–45

Wieland, R.: *Barmer Gesundheitsreport 2009. Psychische Gesundheit.* BARMER Ersatzkasse. Wuppertal 2009

Zapf, D./Semmer, N. K.: Stress und Gesundheit in Organisationen. In: H. Schuler (Hrsg.): Organisationspsychologie (Enzyklopädie der Psychologie, Band D III 3) (2. Aufl.), Hogrefe, Göttingen 2004, S. 1007–1112

Zellars, K./Perrewe, P./Hochwarter, W.: Mitigating burnout among high NA employees in health care: What can organizations do? In: Journal of Applied Social Psychology, 29, 1999, pp. 2250–2271

Claudia Nebel | Sandra Wolf | Peter Richter

Instrumente und Methoden zur Messung psychischer Belastung

Abstract

In Forschung, Arbeitswelt und Politik wird man sich zunehmend der weit reichenden Gesundheitsfolgen von psychischen Fehlbelastungen am Arbeitsplatz bewusst. Während die Forschung bemüht ist, wichtige Ressourcen und Fehlbelastungen und deren Wirkungszusammenhänge auszumachen, stehen viele interessierte Arbeitgeber- und Arbeitnehmervertreter vor der praktischen Frage: Wie finde ich heraus, wie es um meine Mitarbeiter bestellt ist, und wie kann ich das ökonomisch diagnostizieren? Dieses Kapitel soll deshalb einen Einblick in das Thema Messung psychischer Belastungen und Ressourcen am Arbeitsplatz geben. Dabei werden Antworten auf folgende Fragen gegeben: Welche Ressourcen und Fehlbelastungen sind relevant? Wie geht man bei der Messung von psychischen Belastungen und deren Folgen vor? Welche Messinstrumente stehen zur Verfügung?

Zunahme psychischer Fehlbelastungen

Gesundheitliche Folgen psychischer Fehlbelastungen weisen weltweit einen beunruhigenden Anstieg auf. In den letzten Jahren stiegen die Erkrankungstage durch psychische Krankheiten bei insgesamt gesenktem Krankenstand insbesondere bei Männern um 18,4 Prozent an (DAK-Gesundheitsreport 2008). Diskutiert wird allerdings, ob es sich um einen tatsächlichen Krankheitsanstieg oder nicht vielmehr um einen Behandlungsanstieg psychischer Erkrankungen handelt, aufgrund verbesserter Diagnostik und auch gesellschaftlicher Akzeptanz psychischer Störungen (Jacobi, 2009). Frühberentungen erfolgen bei Frauen mittlerweile zu 39,6 Prozent, bei Männern zu 28,5 Prozent aufgrund psychischer Erkrankungen (Stand: 2005, Deutsches Ärzteblatt, 105, 2008, S. 881). Geringer Tätigkeitsspielraum und fehlende Wertschätzung (Gratifikationskrisen) haben den stärksten Einfluss unter den beruflichen Faktoren (geringer Tätigkeitsspielraum: Männer 39 Prozent, Frauen 19 Prozent; Gratifikationskrisen: Männer 31 Prozent, Frauen 15 Prozent) (Bödeker, 2008). Überzeugende internationale Längsschnittstudien weisen nach, dass berufliche Fehlbelastungen die Entstehung von Depressionen, Herz-Kreislauf- und Muskel-Skelett-Erkrankungen mit verursachen (Semmer, 2006; Siegrist u.a., 2004). Aufgrund dieser Besorgnis erregenden Erkenntnisse sind unterschiedliche Ansätze entwickelt worden, die eine Abschätzung der tatsächlich vorhandenen Risiken, aber auch von Ressourcen am Arbeitsplatz erlauben sollen. Diese Ansätze beschäftigen sich zum einen mit den Beziehungen zwischen erlebter Belastung und Arbeitszufriedenheit (Handbuch „Gute Arbeit", 2007), zum anderen mit einer Einbindung der Erfassung psychischer Fehlbelastungen in die Gefährdungsbeurteilungen (§ 5 ArbSchG). Für den Nachweis hoher „Belastungen der Sinne und Nerven" ist sogar finanzieller beziehungsweise zeitlicher Ausgleich tarifrechtlich vereinbart worden (Entgeltrahmenabkommen ERA, IG Metall, Bezirk Küste, am 1. Januar 2008 in Kraft getreten). Offen bleibt hier die methodische Erfassung starker psychischer Fehlbelastungen. Hierfür werden häufig Befragungen eingesetzt. Es besteht dabei jedoch das methodische Problem, dass Fragebögen auch Unzufriedenheit mit dem Privatleben und Persönlichkeitsmerkmale der Befragten erfassen. Diese Informationen haben nichts mit der Gestaltungsqualität der Arbeit zu tun und können dadurch die Ergebnisse verzerren. Dieser Kritik (Hofmann/Keller/Neuhaus, 2002) ist am ehesten methodisch zu begegnen, indem solche Fragebögen durch so genannte „bedingungsbezogene Expertenbeobachtungsverfahren" ergänzt werden. Dabei handelt es sich um strukturierte Beobachtungsinterviews an typischen Arbeitsplätzen durch geschulte Fachkräfte (z. B. Arbeitswissenschaftler, Betriebsärzte, Sicherheitsfachkräfte). Diese Interviews können mit vertretbarem Aufwand durchgeführt werden und entsprechen den Forderungen des Arbeitsschutzgesetzes (§ 5 ArbSchG) sowie der DIN 10 075 „Psychische Belastung". Neuere Untersuchungen haben gezeigt, dass eine Kombination objektiver und subjektiver Analysemethoden sowie das Einbeziehen der Analyse von Bewältigungsstrategien der Mitarbeiter entscheidend dazu beitragen, Gesundheitsrisiken (Depressionen, Muskel-Skelett-Beschwerden) am Arbeitsplatz zu erkennen (Rau u.a., 2007; Meier u.a., 2008).

Definition psychischer Belastungen und Erfassungsmodi

Der 2003 in Kraft getretene Standard ISO EN DIN 10 075 „Psychische Belastung" steckt den Rahmen für die Förderung und Prävention psychischer Gesundheit in der Arbeitswelt ab. Diese DIN definiert in einem ersten Teil die negativen psychischen Kurzzeitfolgen von Fehlbelastungen: psychische Ermüdung, Monotonie, psychische Sättigung und herabgesetzte Wachheit. Der zweite Teil beinhaltet konkrete Möglichkeiten, wie durch eine günstige Arbeitsgestaltung solche negativen psychischen Kurzzeitfolgen vermieden werden können. Im dritten Teil werden methodische Anforderungen an Messverfahren formuliert. Insbesondere sind die Anforderungen an Zuverlässigkeit (Reliabilität) und Gültigkeit (Validität) sehr hoch gesteckt.

International umstritten ist die Verwendung des Begriffs „Stress". Im Oktober 2004 haben sich die europäischen Dachverbände der Arbeitgeber und Gewerkschaften in Brüssel auf eine „Rahmenvereinbarung zum Umgang mit arbeitsbedingtem Stress" geeinigt. Sie formulierten: „Stress ist ein Zustand, der von körperlichen, psychischen oder sozialen Beschwerden oder Funktionsstörungen begleitet ist und dazu führt, dass sich ein Individuum unfähig fühlt, den

Konflikt zwischen den Anforderungen oder Erwartungen und deren Erfüllungsmöglichkeiten zu bewältigen" (eigene Übersetzung, BG-Prävention, 2004).

Im Rahmen dieses Buches ist vor allem die Definition von psychischen Belastungen im DIN-Standard wesentlich. Psychische Belastungen sind demnach: „die Gesamtheit aller erfassbaren Einflüsse, die von außen auf den Menschen zukommen und psychisch auf ihn einwirken". Das heißt, der Begriff „psychische Belastung" schließt sowohl gesundheitsförderliche wie auch beeinträchtigende Sachverhalte ein. Für die Zwecke des Arbeitsschutzes hat es sich deshalb als sinnvoll erwiesen, den Begriff „Fehlbelastungen" für die Faktoren einzuführen, die nachweislich schädigende Gesundheitsauswirkungen haben. Im Rahmen der DIN sind dabei zunächst nur Kurzzeitfolgen vereinbart worden (z.B.: Ermüdung, Monotonie), nicht aber gesundheitliche Langzeitfolgen (z.B.: Depressionen, Herz-, Kreislauferkrankungen). Jedoch liegt inzwischen genügend evidenzbasiertes Wissen zu negativen Langzeiteffekten von Fehlbelastungen vor, dass eine Revision der DIN künftig auch derartige Auswirkungen berücksichtigen wird.

Nach der begrifflichen Abgrenzung muss im Folgenden bei der Analyse psychischer Belastungen überlegt werden, in welcher Tiefe und mit welcher Genauigkeit vorgegangen werden soll.

Eine für die betriebliche Praxis sehr brauchbare Einteilung der Analysetiefe besteht darin, Verfahren zur Messung von psychischen Belastungen nach Genauigkeitsgrad und Analysetiefe zu stufen. Im Folgenden wird ein Vorgehen von Debitz, Gruber und Richter (2007) vorgeschlagen, das in der betrieblichen Praxis häufig zum Einsatz kommt.

Es werden drei Stufen unterschieden. Auf der ersten Stufe findet eine orientierende Analyse statt, das heißt, mittels eines groben Screenings kann abgeleitet werden, ob Handlungsbedarf besteht. Auf der zweiten Stufe können dann durch den Einsatz spezieller arbeitspsychologischer Analyse- und Bewertungsverfahren kontextgestützt Gestaltungsvarianten abgeleitet werden. Die dritte Stufe stellt schließlich eine umfassende Bewertung dar. Hier können sowohl subjektive als auch objektive Verfahren zum Einsatz kommen, einschließlich psychophysiologischer Beanspruchungsmessungen. Ziel ist es, Arbeitstätigkeiten und Bedingungen der Arbeitsorganisation gesundheitsförderlich zu gestalten. Diese Drei-Stufen-Methodik ist in *Abbildung 1* schematisch dargestellt.

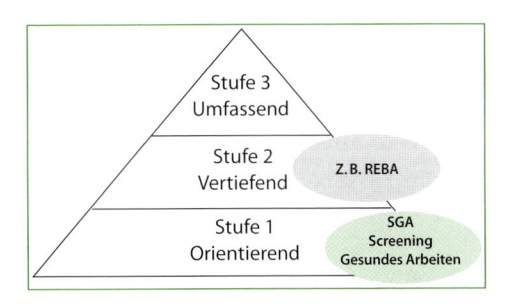

Abb. 1: 3-Stufen-Methodik (Quelle: Debitz/Gruber/Richter, 2007)

Klassifikation psychischer Belastungsfaktoren (Fehlbelastungen und Ressourcen)

Es gibt eine Vielzahl von unterschiedlichen arbeitsbedingten Belastungen. In *Tabelle 1, S. 264* sind Belastungsfaktoren zusammengestellt, die den Kern psychischer Fehlbelastungen ausmachen. Der Risikocharakter dieser Faktoren wurde in vielen Untersuchungen nachgewiesen.

Fehlbelastungen aus der Arbeitsaufgabe und der Arbeitsorganisation	Fehlbelastungen aus der sozialen Situation am Arbeitsplatz
• Zeitdruck • Qualitative Überforderung • Quantitative Überforderung • Ständige Konzentrationserfordernisse • Rollenunklarheit und -konflikte • Zielwidersprüche, unklare Ziele • Arbeitsunterbrechungen • Regulationsüberforderungen (zu hohe Komplexität, Variabilität)	• Soziale Konflikte mit Vorgesetzten und Kollegen • Ungerechtes Verhalten von Vorgesetzten und Kollegen • Soziale Isolation, sozialer Ausschluss • Mobbing • Konflikte mit Kunden beziehungsweise Klienten • Emotionale Dissonanz • Gratifikationskrisen • Statuskränkungen

Tab. 1: **Psychische Fehlbelastungen aus der Arbeitsaufgabe und der sozialen Situation am Arbeitsplatz** (Quelle: modifiziert nach Sonnentag/Frese, 2003; Zapf/Semmer, 2006; Richter, 2006)

Dem stehen jedoch auch zahlreiche Ressourcen für gesunde Arbeit gegenüber. Diese sind in *Tabelle 2* zusammengestellt. Unter Ressourcen werden Kompensations- und Schutzkomponenten verstanden, die es erlauben, trotz Risikofaktoren eigene Ziele zu verfolgen und unangenehme Einflüsse zu reduzieren (Udris/Rimann, 1999). Ressourcen lassen sich in organisationale, soziale und personale Ressourcen unterteilen. Die positive Wirkung von organisationalen und sozialen Ressourcen ist an personale Kompetenzen gebunden. So wirkt die Ressource Tätigkeitsspielräume nur dann protektiv, wenn ausreichende Qualifikation und Selbstwirksamkeitserwartungen vorhanden sind (Meier u.a., 2008).

Diese Fehlbelastungen (Stressoren) und Ressourcen sind zum Gegenstand gut etablierter Risikomodelle im erweiterten Arbeitsschutz geworden. So konnte gezeigt werden, dass erst die Wechselwirkung hoher Arbeitsanforderungen (Zeitdruck, Aufgabenkomplexität) mit eingeschränkten Tätigkeitsspielräumen und reduzierter sozialer Unterstützung mit erhöhtem Herz-

Organisationale Ressourcen	Soziale Ressourcen	Personale Ressourcen
• Aufgabenvielfalt • Tätigkeitsspielräume • Qualifikationsnutzung • Lernmöglichkeiten • Partizipationsmöglichkeiten	• Soziale Netzwerke • Unterstützung durch: – Vorgesetzte – Arbeitskollegen – Lebenspartner – andere Personen • Mitarbeiterorientierter Führungsstil	• Zukunftsorientiertheit • Optimismus • Kohärenzerleben • Selbstwirksamkeit, Selbstwert • Internale Kontrollerwartungen • Flexible Bewältigungsstile • Selbstregulationsfähigkeit • Erholungsfähigkeit

Tab. 2: **Klassifikation von Ressourcen im Arbeitsprozess** (eigene Darstellung)

infarktrisiko in kausaler Beziehung steht (Karasek/Theorell, 1990). Hohe Anforderungen werden erst dann zu einem Gesundheitsrisiko, wenn damit fehlende Anerkennungen (Gratifikationskrisen) verbunden sind (Siegrist, 1996).

Messung psychischer Belastungen

Das Erfassen psychischer Belastungen erfordert eine gründliche Ausbildung der mit der Analyse beauftragten Personen. Allgemein sind, ganz unabhängig davon, welche Verfahren dann im Einzelnen verwendet werden, die folgenden Sachverhalte zu berücksichtigen.

Vorbereitung:
Unterschiedliche Akteure im Unternehmen sollten einbezogen werden. Als sehr günstig hat sich die Bildung eines Steuerkreises erwiesen (neben der Unternehmensleitung werden auch die Führungskräfte, der Betriebsrat, der Betriebsarzt, Mitarbeiter der Personalabteilung, Sicherheitsbeauftragte und Sicherheitsfachkräfte mit einbezogen).
- Mitarbeiter sollten ausführlich informiert werden über Inhalt, Zeitpunkt, Personen der Durchführung und daraus abzuleitende Konsequenzen
- Anonymität der einzelnen Beschäftigten muss unbedingt gewährleistet sein. Der Modus der Rückmeldung (An wen? Wie? Welche Detailliertheit?) ist zu erläutern.

Durchführung:
Beschreibung des Messverfahrens und Ablauf der Messung:
- Wiederholung der Messung zur Gewährleistung der Zuverlässigkeit sichern
- Tag der Messung im Wochenverlauf festlegen
- Bei der geplanten Durchführung von Gestaltungsmaßnahmen ist es sinnvoll, Messungen auch in vergleichbaren Abteilungen durchzuführen, bei denen erst später Gestaltungen erfolgen (Kontrollgruppen bilden)
- Messprotokoll führen (vergleichbar der Messung arbeitshygienischer Faktoren), um störende Einflüsse kontrollieren zu können
- Bei Befragungen: Beschreibung der Stichprobe (Alter, Geschlecht, Qualifikation), Rücklaufquote und Repräsentativität der Befragten beziehungsweise der untersuchten Arbeitsplätze.

Nachbereitung:
- Rückmeldungen über Ergebnisse und geplante Maßnahmen unbedingt durchführen; Umfang und Personenkreis der Rückmeldungen vorher festlegen
- Erforderliche Maßnahmen nach der Messung müssen als zwingende Konsequenz durchgeführt werden
- Messung soll nicht nur einmal erfolgen, sondern kontinuierlich (z.B. in einem zweijährigem Abstand im Rahmen systematischer Mitarbeiterbefragungen).

Beim gegenwärtigen Entwicklungsstand von Messverfahren psychischer Belastungen können im deutschsprachigen Raum die in *Tabelle 3 auf S. 266* ausgewählten Verfahren empfohlen werden.

Diese entsprechen wenigstens annähernd den hohen methodischen Standards, welche im Teil 3 der „Prinzipien und Anforderungen für die Messung und Erfassung psychischer Arbeitsbelastungen" der ISO EN DIN 10 075 gefordert werden.

In den letzten Jahren hat sich eine Typologie der Methoden eingebürgert, der in der *Tabelle 3* gefolgt wird (Oesterreich/Volpert, 1987).

Bedingungsbezogene Methoden (Beobachtungsinterviews, Arbeitsanalysetechniken) erfassen organisatorische und

Bedingungsbezogen/objektiv	Personenbezogen/objektiv
Merkmale der Arbeit, unabhängig vom ausführenden Individuum (Beobachtungen, Beobachtungsinterview durch Externe) Beispiele: Arbeitsanalyseverfahren TBS/REBA 8.0, VERA/RHIA, SGA, KPB, SPA-S, SIGMA	Objektive Daten über die Beschäftigten Beispiele: Krankenstandsdaten, Fehlzeiten, Berufserkrankungen, psycho-physiologische Messungen
Bedingungsbezogen/subjektiv	**Personenbezogen/subjektiv**
Erlebte und bewertete Merkmale der Arbeit, abhängig vom ausführenden Individuum (Fragebögen, Interviews) Beispiele: ISTA, SALSA, FIT, KFZA, SPA-P, Psy.Risik®, CSS, ERI, COPSOQ	Angaben zu Befinden und Beanspruchungsfolgen (Fragebögen, Interviews) Beispiele: BMS, MBI-GS, WHO-5

Verfahrenserläuterungen:

BMS	Plath/Richter (1984): Fragebogen zur Erfassung negativer Beanspruchungsfolgen
COPSOQ	Nübling u. a. (2005): Copenhagen Psychosocial Questionnaire
CSS	Holz/Zapf/Dormann (2004): Fragebogen zur Erfassung sozialer Stressoren
ERI	Siegrist u. a. (2008): Effort-Reward-Fragebogen
FIT	Richter u. a. (2000): Screening-Fragebogen Arbeitsintensität und Tätigkeitsspielraum (Kurzverfahren zum Job Demand-Control Modell von Karasek & Theorell 1990)
ISTA	Semmer/Zapf/Dunckel (1999): Stressbezogene Tätigkeitsanalyse
KFZA	Prümper/Frese u. a. (1995): Kurz-Fragebogen zur Arbeitsanalyse
KPB	Hofmann/Keller/Neuhaus (2002): Kurzverfahren Psychische Belastung
MBI-GS	Schaufeli/Maslach/Leiter (1996): Burnout-Fragebogen
Psy.Risik®	Nagel (2008): 10-Faktorentest der psychischen Belastung in der Arbeit
REBA	Pohlandt u. a. (1999) : Rechnergestützte Belastungsanalyse
RHIA	Lüders (1999): Analyse psychischer Belastungen in der Arbeit
SALSA	Udris/Rimann (1999): Salutogenetische Subjektive Arbeitsanalyse
SGA	Buruck/Debitz/Rudolf (2007): Screening Gesunde Arbeit
SIGMA	Windel u. a. (2002): Screening zur Bewertung und Gestaltung menschengerechter Arbeitstätigkeiten
SPA	Metz/Rothe (2004): Screening psychischer Arbeitsbelastungen
VERA	Oesterreich (1999): Verfahren zur Ermittlung von Regulationserfordernissen
WHO-5	Brähler u. a. (2007): WHO-Wohlbefindensindex

Tab. 3: Klassifikation ausgewählter Messverfahren zur Bestimmung psychischer Belastungen und Beanspruchungsfolgen (eigene Darstellung)

technologische Bedingungen des Arbeitshandelns. Personenbezogene Verfahren (Fragebögen, biopsychologische Parameter) sind auf individuelle Reaktionen im Sinne von Einstellungen, Bewältigungsstilen und erlebten Beanspruchungsfolgen gerichtet. Methoden zur Erfassung erlebter Belastungsfaktoren werden häufig auch als subjektive Methoden bezeichnet.

Beispiele für objektive und subjektive bedingungsbezogene Verfahren

Bedingungsbezogenes objektives Verfahren – REBA 8.0

Das Verfahren „Rechnergestützte Bewertung und Gestaltung von Arbeitstätigkeiten – REBA" ermöglicht die arbeitswissenschaftliche Bewertung von Arbeitsinhalten und -bedingungen bereits in frühen Projektierungsphasen und in Reorganisationsprozessen (Pohlandt und Kollegen, 1999). REBA wurde auf der konzeptionellen Grundlage des Tätigkeitsbewertungssystems TBS der Forschergruppe um Hacker (1995) entwickelt.

Im REBA-Verfahren werden Arbeitstätigkeiten bezüglich 22 Aufgabenmerkmalen bewertet. Auf der Grundlage eines umfangreichen Datensatzes wird dann die Qualität der Tätigkeitsgestaltung mit potenziellen Risiken in Verbindung gesetzt und Gestaltungsempfehlungen werden abgeleitet.

Ein Beispiel aus der Gestaltung von Call-Center-Aufgaben soll zur Demonstration herangezogen werden (Richter/Debitz/Pohlandt, 2009).

Das Ziel bestand darin, die Tätigkeit von Frontoffice-Agenten neu zu gestalten, da ein hoher Krankenstand, Fluktuation und große Arbeitsunzufriedenheit eine stabile Arbeitsorganisation erschweren. Arbeitsanalytisch wurde ermittelt, dass 75 Prozent der Arbeitszeit mit (Inbound-)Telefonaten ausgefüllt war. Ergonomisch schlecht gestaltete Sitzarbeitsplätze, ein erhöhter Lärmpegel und ungeeignete Beleuchtung wurden festgestellt. Das Ergebnis der Arbeitsanalyse ist in *Abbildung 2* zu sehen: Eingeschränkte Ergonomie, Befindensbeeinträchtigungen, die jedoch noch nicht kritisch waren, und deutliche normative

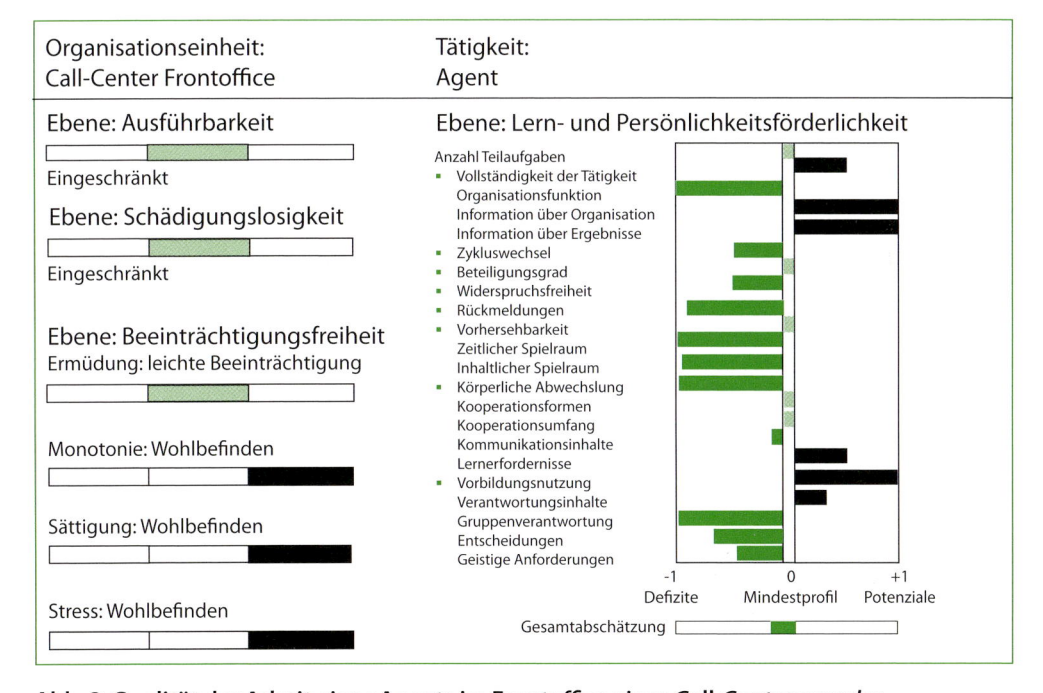

Abb. 2: Qualität der Arbeit eines Agents im Frontoffice eines Call-Centers *vor der Umgestaltung* der Arbeit (Quelle: REBA-Profil, Debitz/Gruber/Richter: Erkennen, Beurteilen und Verhüten von Fehlbeanspruchungen. InfoMedia Verlag e. K., 2007)

Mängel des Arbeitsinhaltes (keine Organisationsaufgaben, fehlende zeitliche und inhaltliche Spielräume, kaum Eigenverantwortung) lagen vor. Die Gesamteinschätzung war eindeutig mangelhaft.

Die dargestellten Ergebnisse entsprechen den vier Bewertungsebenen der Arbeitswissenschaft (Hacker u.a., 1995). Schwarz zeigt gute Gestaltung an, Hellgrün gibt Gestaltungsprobleme im Grenzbereich an und Dunkelgrün signalisiert dringenden Gestaltungsbedarf. Die *Abbildung 2* weist auf bestehende Mängel auf den Ebenen der Ausführbarkeit (Haltungsmängel) und Schädigungslosigkeit (Lärm) hin. Eine große Anzahl von Tätigkeitsmerkmalen auf der Ebene der Lern- und Persönlichkeitsförderlichkeit befindet sich im kritischen (dunkelgrünen) Bereich. Die integrative Gesamtabschätzung des Gestaltungsniveaus über alle diese 22 Elemente ist negativ. Dennoch sind die Mängel nicht so gravierend, dass bereits negative Beanspruchungsfolgen (Ermüdung, Montonie, psychische Sättigung, Stress) auftreten (schwarz). Diese Beanspruchungsfolgen werden nicht durch Fragebögen ermittelt, sondern resultieren aus multiplen Regressionsmodellen der Vorhersage aus dem Niveau der Tätigkeitsgestaltung. Die Modellgültigkeit genügt den methodischen Forderungen der ISO EN DIN 10 075-Teil 3. Dieses mathematische Modell erlaubt eine Verwendung von REBA für die Projektbegutachtung in frühen Projektierungsstadien. Die Software enthält ein umfangreiches Gestaltungs-Tool der arbeitswissenschaftlichen Bewertungsebenen.

Im Rahmen von partizipativen Gestaltungsworkshops wurden im Verlaufe eines halben Jahres durch Organisationsveränderungen erweiterte Arbeitsinhalte für die

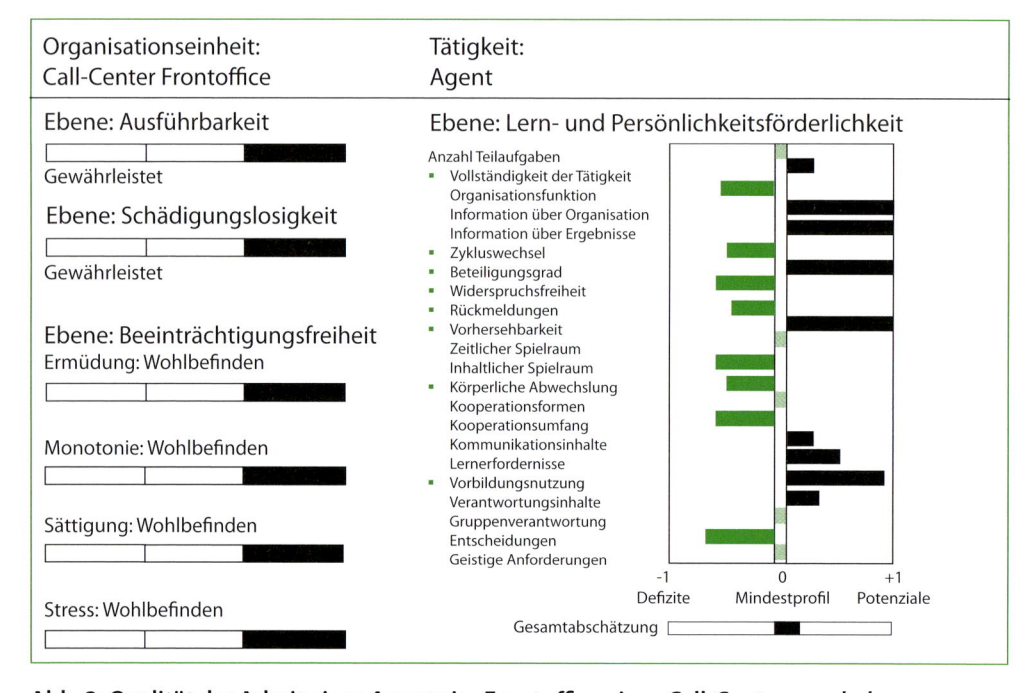

Abb. 3: Qualität der Arbeit eines Agents im Frontoffice eines Call-Centers *nach der Umgestaltung* der Arbeit (Quelle: REBA-Profil, Debitz/Gruber/Richter: Erkennen, Beurteilen und Verhüten von Fehlbeanspruchungen. InfoMedia Verlag e.K., 2007)

Agents entwickelt und eingeführt. Durch die Delegierung von bislang im Backoffice angesiedelten Aufgaben (Rechnungen, Kündigungen) wurden zirka 15 Prozent der Arbeitszeit ins Frontoffice umgelagert. Dadurch gelang es, die reine Telefonie-Zeit von 75 Prozent auf 60 Prozent der Arbeitszeit zu reduzieren. Zudem waren jetzt auch anspruchsvollere Outbound-Aufgaben zu bewältigen. Entsprechend stellte sich das REBA-Tätigkeitsprofil positiver dar, zumal auch die ergonomischen Mängel beseitigt worden waren *(Abbildung 3)*. Die Gesamtabschätzung der Tätigkeit liegt nun durch die Aufgabenbereicherungs- und Rotationsmaßnahmen im grünen Bereich.

Nach der Umgestaltung der Arbeitstätigkeiten waren die erlebten Tätigkeitsspielräume größer, ebenso verhielt es sich mit der Aufgabenvielfalt und der sozialen Unterstützung. Nicht zu übersehen war jedoch, dass psychosomatische Beschwerden und Gratifikationskrisen ebenfalls angestiegen waren – wahrscheinlich zurückzuführen auf eine erhöhte Arbeitsintensität. Diese Ergebnisse verdeutlichen, dass bedingungsbezogene Verfahren stets mit dem Einsatz personenbezogener Fragebogenmethoden verbunden werden sollten, um die Gefahr von Fehlbeurteilungen zu minimieren. Der Einsatz eines derartigen bedingungsbezogenen Fragebogens zur Belastungsanalyse (SALSA) wird im folgenden Abschnitt demonstriert.

Bedingungsbezogenes subjektives Verfahren SALSA

Anhand von Ergebnissen des Projektes „PREVA – Prävention und Evaluation psychischer Fehlbeanspruchungsfolgen im Rahmen des erweiterten Gesundheitsschutzes" soll der Einsatz und die Auswertung von subjektiven bedingungsbezogenen Verfahren demonstriert werden. Mit Hilfe einer komplexen Methodenbatterie aus standardisierten, validierten und zum Teil international genutzten Verfahren werden im PREVA-Projekt Belastungs- und Beanspruchungsanalysen im Unternehmen durchgeführt, um im Anschluss Interventionen abzuleiten und durchzuführen.

Ein zentraler Platz innerhalb dieser Methodik kommt der Salutogenetischen Subjektiven Arbeitsanalyse (SALSA) von Udris und Rimann (1999) zu. Für dieses theoriegeleitet entwickelte und umfangreich auf Gültigkeit untersuchte Instrument ist in einer Re-Analyse für Zwecke des ökonomischen Routineeinsatzes eine Kurzversion entwickelt worden (Richter/Nebel/Wolf, 2006).

Mit dieser Kurzversion können zuverlässig Fehlbelastungen und Ressourcen in der Arbeit diagnostiziert werden.

Folgende Merkmale der Arbeit werden mit der SALSA-Kurzversion gemessen:
- Ganzheitlichkeit der Arbeitsaufgabe (Ressource)
- Aufgabenvielfalt (Ressource)
- Tätigkeitsspielraum (Ressource)
- Überforderung (Fehlbelastung)
- Belastung durch „äußere" Tätigkeitsbedingungen (Fehlbelastung)
- Belastendes Sozialklima (Fehlbelastung)
- Mitarbeiterorientiertes Vorgesetztenverhalten (Ressource)
- Soziale Unterstützung durch den Vorgesetzten (Ressource).

Beschreibung der Analysestichprobe

Die Stichprobe setzte sich aus 97 Ingenieuren eines großen Produktionsunternehmens zusammen.

Insgesamt 75,1 Prozent der Stichprobe war der Altersgruppe „30–39 Jahre" und der Altersgruppe „40–49 Jahre" zuzuordnen. Davon waren 77,3 Prozent der Befragungsteilnehmer männlich und 22,7 Prozent weiblich.

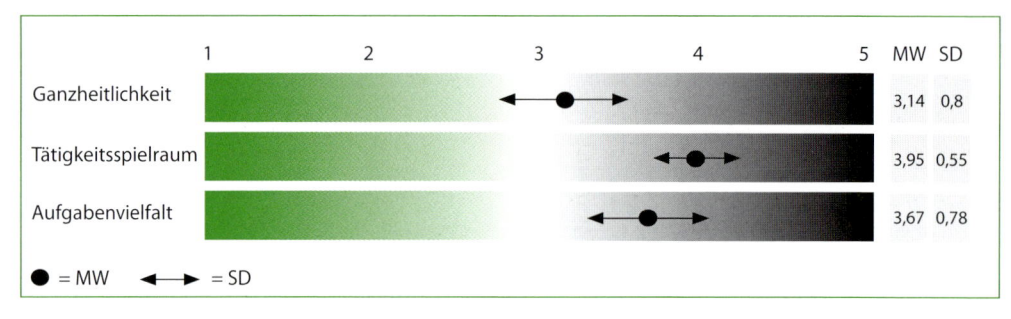

	1	2	3	4	5	MW	SD
Ganzheitlichkeit			●			3,14	0,8
Tätigkeitsspielraum				●		3,95	0,55
Aufgabenvielfalt				●		3,67	0,78

● = MW ↔ = SD

Abb. 4: Mittelwerte (MW) und Standardabweichungen (SD) der Tätigkeitsressourcen – eine hohe Ausprägung des Mittelwerts spricht für eine günstige Ausprägung der Ressource (eigene Darstellung)

Mess- und Auswertungsmethoden
In der Untersuchung wurde die PREVA-Basisdiagnostik (Nebel/Wolf, 2007) eingesetzt. Diese Batterie besteht aus standardisierten und validierten Instrumenten und liefert einen umfassenden Überblick über Fehlbelastungen, Arbeitsressourcen und Beanspruchungsfolgen.

Um das Vorgehen bei der Analyse von Arbeitsbelastungen und Beanspruchungsfolgen näher zu beschreiben, sollen folgend nur ausgewählte Skalen (unter anderem SALSA-Verfahren) beschrieben und deren Ergebnisse dargestellt werden.

Dem Unternehmen werden die Ergebnisse mittels farbiger Diagramme dargestellt. Dabei drücken die Farben „Dunkelgrau", „Hellgrau" und „Grün" die Dringlichkeit des Handlungsbedarfs aus (grün = sehr dringlicher Handlungsbedarf).

Die *Abbildung 4* zeigt die Ausprägungen von Tätigkeitsressourcen.

Der *Abbildung 5* sind die Mittelwerte und Standardabweichungen der Fehlbelastungen zu entnehmen.

Aus den Grafiken wird deutlich, dass die Ganzheitlichkeit der Aufgabe von den Befragten im mittleren Bereich eingeschätzt wurde. Weiterhin sind in der Abbildung zu den Fehlbelastungen Tendenzen in Richtung Überforderung und zunehmender Arbeitsintensität sichtbar. Hier gilt es, Ressourcen, wie den Tätigkeitsspielraum und die Aufgabenvielfalt, weiter auszubauen und Fehlbelastungstendenzen weiter zu beobachten oder, noch besser, präventiv tätig zu werden.

	1	2	3	4	5	MW	SD
Überforderung			●			2,56	0,58
Belastung durch äußere T.-bedingungen		●				2,33	0,44
Arbeitsintensität		●				2,51	0,54

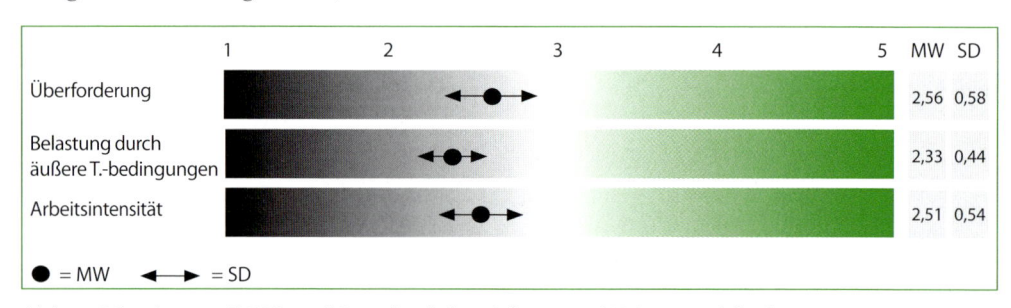

● = MW ↔ = SD

Abb. 5: Mittelwerte (MW) und Standardabweichungen (SD) von Fehlbelastungen – eine niedrige Ausprägung des Mittelwerts spricht für eine günstige Ausprägung der Belastung (eigene Darstellung)

Methoden-Vorschlag für eine Belastungs-Beanspruchungs-Analyse in der betrieblichen Praxis

In einer Vielzahl von Projekten in industriellen Unternehmen, aber auch im Humandienstleistungssektor und der Verwaltung haben sich ein gestuftes Vorgehen (*siehe Abb. 1*) und die Kombination von Belastungs- und Beanspruchungserfassungen als günstig erwiesen. Eine detaillierte Methodenzusammenstellung ist nachlesbar (Richter/Hacker, 1998).

In *Tabelle 4* ist abschließend ein derartiger Vorschlag mit zur Auswahl empfohlenen Methoden zusammengestellt worden.

Abschließend ist zu sagen, dass bei der Messung von psychischen Belastungs- und Beanspruchungsfaktoren verantwortungsbewusst vorgegangen werden sollte. Es gibt eine große Bandbreite von brauchbaren Verfahren, welche hinsichtlich der Qualität und Zielsetzung ausgewählt werden sollten (z. B. mit Unterstützung der Tool-Box der BAuA).

Analysestufen	Objektive Verfahren	Subjektive Verfahren
1. Orientierend	• Überblick über Fehlbelastung durch Externe: SGA, KPB, SPA-S	• Diagnostik von Risikomodellen a) Karasek, FIT b) Gratifikationskrisen ERI c) Allgemein: KFZA, SPA-P
2. Vertiefend	• Gestaltungsorientierte Analyse: TBS, REBA, VERA, RHIA, SIGMA • Projektbegutachtung: REBA	• Ressourcen vs. Fehlbelastungen: SALSA, ISTA • Führungsstil: MLQ • Soziale Stressoren: CSS
Beanspruchungs-analyse	Kardiovaskuläre Parameter, Speichel-Cortisol, Dynamik von Leistungsparametern	• Wohlbefinden: WHO-5 Index • Psychosomatische Beschwerden: GBB • Burnout: MBI-GS • Arbeitsengagement: UWES • Depressionen, Ängste: DASS
Evaluation	Methode: • Wiederholungsmessungen vor und nach Interventionen • Kontrast zu Kontrollgruppe nachweisen • Reliable und valide Befunde ermitteln Bei vorliegenden Effekten deren ökonomische Bewertung durchführen (Fritz, 2006)	

Zusätzliche Verfahrenserläuterungen:
ERI – Siegrist (1996), Siegrist u. a. (2008): Fragebogen zur Effort-Reward-Imbalance
MLQ – Felfe/Goihl (2002): Multifactor Leadership Questionnaire
UWES – Schaufeli/Bakker (2003): UWES – Utrecht Work Engagement Scale
DASS – Lovibond/Lovibond (1995): Manual for the Depression Anxiety Stress Scales

Tab. 4: Methodenvorschlag für orientierende und vertiefende Messung psychischer Belastungen (eigene Darstellung)

→ Stresstheorie (S. 66); Die Aufgabe des Betriebsarztes bei der Erfassung und Verhütung psychischer Fehlbelastungen (S. 275); Stress (S. 334)

Literatur

Gesetz über die Durchführung von Maßnahmen des Arbeitsschutzes zur Verbesserung der Sicherheit und des Gesundheitsschutzes der Beschäftigten bei der Arbeit (Arbeitsschutzgesetz)

BG-Prävention: Frame work agreement on work-related stress. Oktober 8, 2004. In: BG-Prävention Aktuell 4, 2004, S. 2–5

Brähler, E./Scheer, J. W.: Der Gießener Beschwerdebogen. Handbuch (2. überarb. u. ergänzte Aufl.). Huber, Bern 1995

Brähler, E./Mühlan, H./Albani, C./Schmidt: Teststatistische Prüfung und Normierung der deutschen Versionen des EUROHIS-QOL Lebensqualität-Index und des WHO-5 Wohlbefindens-Index. In: Diagnostica 53, 2007, S. 83–96

Buruck, G./Debitz, U./Rudolf, M.: Screening Gesundes Arbeiten (SGA) – Erste Ergebnisse der Pilotstudien. In: Richter, P. G./Rau, R./Mühlpfordt, S. (Hrsg.): Arbeit und Gesundheit. Zum aktuellen Stand in einem Forschungs- und Praxisfeld. Festschrift aus Anlass der Emeritierung von Prof. Dr. Peter Richter. Pabst Science, Lengerich 2007, S. 73 ff.

Debitz, U./Gruber, H./Richter, G.: Erkennen, Beurteilen und Verhüten von Fehlbeanspruchungen. Reihe Psychische Gesundheit am Arbeitsplatz, Teil 2. InfoMedia Verlag e.K., Bochum 2007

Dunckel, H. (Hrsg.): Handbuch psychologischer Arbeitsanalyseverfahren. vdf Verlag, Zürich 1999

Fritz, S.: Ökonomischer Nutzen „weicher" Kennzahlen. (Geld-)Wert von Arbeitszufriedenheit und Gesundheit. 2. Auflage. vdf Verlag, Zürich 2006

Hacker, W./Fritsche, B./Richter, P./Iwanowa, A.: Tätigkeitsbewertungssystem TBS: Verfahren zur Analyse, Bewertung und Gestaltung von Arbeitstätigkeiten. vdf Verlag, Zürich 1995

Hofmann, A./Keller, K. J./Neuhaus, R.: Die Sache mit der psychischen Belastung – Eine praxisnahe Handlungshilfe für Unternehmen. Leistung und Lohn. In: Zeitschrift für Arbeitswirtschaft 367, 2002, S. 3–57

Holz, M./Zapf, D./Dormann, C.: Soziale Stressoren in der Arbeitswelt: Kollegen, Vorgesetzte und Kunden, Arbeit, 3, 2004, S. 278–291

IG Metall Küste: Entgeltrahmenabkommen (ERA) 2006

IG Metall: Projekt Gute Arbeit (Hrsg.): Handbuch „Gute Arbeit". Handlungshilfen und Materialien für die betriebliche Praxis. VSA-Verlag, Hamburg 2007

ISO EN DIN 10 075 Ergonomische Grundlagen bezüglich psychischer Arbeitsbelastung. Berlin 2004

Jacobi, F.: Nehmen psychische Störungen zu? report psychologie, 34, 2009, S. 16–28

Karasek, R./Theorell, T.: Healthy work, stress, productivity, and the reconstruction of working life, New York 1990

Leschke, J./Watt, A./Finn, M.: Putting a number on job quality? Constructing an European Job Quality Index. European Trade Union Institute for Research, Education and Health Safety (ETUI-REHS)

Lovibond, S. H./Lovibond, P. F.: Manual for the Depression Anxiety Stress Scales, Sydney 1995

Lüders, E.: Analyse psychischer Belastungen in der Arbeit: Das RHIA-Verfahren. In: Dunckel, H. (Hrsg.): Handbuch psychologischer Arbeitsanalyseverfahren. vdf Verlag, Zürich 1999, S. 365 ff.

Meier, L. L./Semmer, N. K./Elfering, A./Jacobshagen, N.: The double meaning of control: Three way interaction between internal resources, job control, and stressors at work. In: Journal of Occupational Health Psychology 13, 2008, S. 244–258

Metz, A.-M./Degener, M./Pitack, J.: Erfassung psychischer Fehlbelastungen unter den Aspekten Ort und Zeit. FB 1026 der BAuA. Wirtschaftsverlag NW, Bremerhaven 2004

Nagel, U.: Psychische Belastungen in der Arbeit. In: Moderne Unfallverhütung 52, 2008, S. 21–30

Nübling, M./Stößel, U./Hasselhordn, H.-M., Michaelis, M./Hofmann, F.: Methoden zur Erfassung psychischer Belastungen – Erprobung eines Messinstrumentes (COPSOQ), Wirtschaftsverlag NW, Bremerhaven 2005

Oesterreich, R./Volpert, W.: Handlungstheoretisch orientierte Arbeitsanalyse. In: Rutenfranz, J./Kleinbeck, U. (Hrsg.): Arbeitspsychologie (Enzyklopädie der Psychologie, Themenbereich D, Serie III, Band 1), Hogrefe, Göttingen 1987, S. 43 ff.

Oesterreich, R.: VERA: Verfahren zur Ermittlung von Regulationserfordernissen. In: Dunckel, H. (Hrsg.): Handbuch psychologischer Arbeitsanalyseverfahren. vdf Verlag, Zürich 1999, S. 539 ff.

Pohlandt, A./Jordan, P./Richter, P./Schulze, F.: Die rechnergestützte psychologische Bewertung von Arbeitsinhalten REBA. In: Dunckel, H. (Hrsg.): Handbuch psychologischer Arbeitsanalyseverfahren. vdf Verlag, Zürich 1999, S. 341 ff.

Rau, R./Hoffmann, K./Morling, K./Roesler, U.: Ist der Zusammenhang zwischen Arbeitsbelastung und Depression ein Ergebnis beeinträchtigter Wahrnehmung? In: Richter, P. G./Rau, R./Mühlpfordt, S. (Hrsg.): Arbeit und Gesundheit. Pabst Science, Lengerich 2007, S. 55ff

Resch, M.: Analyse psychischer Belastungen. Verfahren und ihre Anwendung im Arbeits- und Gesundheitsschutz. Huber, Bern 2003

Richter, G.: Psychische Belastung und Beanspruchung. Stress, psychische Ermüdung, Monotonie, psychische Sättigung. Schriftenreihe der Bundesanstalt für Arbeitsschutz und Arbeitsmedizin. FA 36, Wirtschaftsverlag NW, Dortmund/Berlin 2000

Richter, P./Hemmann, E./Merboth, H./Fritz, S./Hänsgen, C./Rudolf, M.: Das Erleben von Arbeitsintensität und Tätigkeitsspielraum – Entwicklung und Validierung eines Fragebogens zur orientierenden Analyse (FIT). In: Zeitschrift für Arbeits- und Organisationspsychologie 44(3), 2000, S. 129–139

Richter, P.: Occupational Health Psychology – Gegenstand, Modelle, Aufgaben. In: Wittchen, H.-U./Hoyer, J. (Hrsg.): Lehrbuch der Klinischen Psychologie und Psychotherapie. Springer, Heidelberg 2006, S. 311 ff.

Richter, P./Nebel, C./Wolf, S.: Ressourcen in der Arbeitswelt – Replikationsstudie zur Struktur und zur Risikoprädiktion des SALSA-Verfahrens. In: Wirtschaftspsychologie 2/3, 2006, S. 14–21

Richter, P./Hacker, W.: Belastung und Beanspruchung. 2. Auflage. Asanger, Heidelberg 2008

Richter, P./Debitz, U./Pohlandt, A.: Evaluation of the quality of job design with the action-oriented software tool REBA – recent developments and applications. In: Schlick, C. M. (Ed.): Methods and Tools of Industrial Engineering and Ergonomics for Engineering Design, Production and Service-Tradition, Trends and Vision, Heidelberg 2009

Rödel, A./Siegrist, J./Essel, A./Brähler, E.: Fragebogen zur Messung beruflicher Gratifikationskrisen: Psychometrische Testung einer repräsentativen deutschen Stichprobe. In: Zeitschrift für Differentielle und Diagnostische Psychologie 25, 4, 2004, S. 227–238

Schaufeli, W. B./Leiter, M. P./Maslach, C./Jackson, S. E.: Maslach Burnout Inventory-General Survey. In: Maslach, C./Jackson, S. E./Leiter, M. P. (Hrsg.): Maslach Burnout Inventory-Test manual (3. Auflage), Palo Alto, CA, 1996, S. 22 ff.

Schaufeli, W. B./Bakker, A. B.: UWES – Utrecht Work Engagement Scale. Preliminary Manual. Occupational Health Psychology Unit, Utrecht 2003

Semmer, N./Zapf, D./Dunckel, H.: Instrumente zur stressbezogenen Tätigkeitsanalyse. In: Dunckel, H. (Hrsg.): Handbuch psychologischer Arbeitsanalyseverfahren. vdf Verlag, Zürich 1999, S. 179 ff.

Semmer, N.K./Zapf, D.: Gesundheitsbezogene Interventionen in Organisationen. In: Schuler, H. (Hrsg.): Enzyklopädie der Psychologie (2. Aufl.). Hogrefe, Göttingen 2004, S. 773 ff.

Semmer, N.: Job stress interventions and the organization of work. In: Scandinavian Journal of Work Environment Health 32 (6, Spezialausgabe), 2006, S. 515–527

Siegrist, J.: Soziale Krisen und Gesundheit, Hogrefe, Göttingen 1996

Siegrist, J./Wege, N./Pühlhofer, F./Wahrendorf, M. (2008): A short generic measure of work stress in the era of globalization: effort-reward imbalance. International Archives of Occupational and Environmental Health. DOI 10.1007/s00420-008-0384-3. (online)

Sonnentag, S./Frese, M.: Stress in organization. In: Borman, W.C./Illgen, D.R./Klimoski, R.J. (Hrsg.): Handbook of psychology, Vol. 12, Industrial and organizational psychology, New York 2003, S. 454 ff.

Udris, I./Rimann, M.: SAA und SALSA: Zwei Fragebögen zur subjektiven Arbeitsanalyse. In: Dunckel, H. (Hrsg.): Handbuch psychologischer Arbeitsanalyseverfahren. vdf Verlag, Zürich 1999, S. 397 ff.

Windel, A./Salewski-Renner, M./Hilgers, S./Zimelong, B.: Screening-Instrument zur Bewertung und Gestaltung von menschengerechten Arbeitstätigkeiten – SIGMA-Handbuch, Bochum 2002

Wolf, S./Nebel, C.: PREVA – Analyse psychosozialer Ressourcen und Risiken in der Arbeit – ein Analysebeispiel an Gymnasiallehrern. In: Richter, P.G./Rau, R./Mühlpfordt, S. (Hrsg.): Arbeit und Gesundheit. Zum aktuellen Stand in einem Forschungs- und Praxisfeld. Pabst Science, Lengerich 2007, S. 145 ff.

Internetseite der Zeitschrift „Gute Arbeit" (www.gutearbeit-online.de)

Internetseite des Projektes „PREVA – Prävention und Evaluation psychischer Fehlbeanspruchungsfolgen" (www.preva-online.de)

Toolbox der Bundesanstalt für Arbeitsschutz und Arbeitsmedizin (www.baua.de/de/Informationen-fuer-die-Praxis/Handlungshilfen-und-Praxisbeispiele/Toolbox/Toolbox.html?__nnn=true&__nnn=true)

Dirk-Matthias Rose | Detlev Jung

Die Aufgabe des Betriebsarztes bei der Erfassung und Verhütung psychischer Fehlbelastungen

Abstract
Die in diesem Buch beschriebenen psychischen Belastungen müssen bei ihrem konkreten Auftreten auch erkannt und erfasst werden, um mögliche negative Auswirkungen zu verhindern. Die Interventionsansätze dazu betreffen die Ebenen der Primär-, Sekundär- und Tertiärprävention. Es bestehen gesetzliche und verordnungsmäßige Vorgaben, die die Betriebe zur Analyse und eventuellen Abhilfe bei entsprechenden Belastungen verpflichten. Der Betrieb muss sich strukturell auf diese Aufgaben einstellen. Dem Betriebsarzt wird insbesondere im Feld der Sekundär- und Tertiärprävention eine Sonderstellung zugewiesen, die sich unter anderem in der im Arztgeheimnis fundierten Schweigepflicht begründet. Hiermit sind die Voraussetzungen eines Vertrauensverhältnisses institutionalisiert, in dem die unter Umständen sehr prekären und intimen Problematiken überhaupt angesprochen werden können. Betriebsärztliche Aufgabe ist es, mithilfe eines entsprechenden fachlichen Methodeninventars professionell mit diesen Belastungen und Beanspruchungen umzugehen. In Absprache mit den Betroffenen müssen alle Institutionen mit einbezogen werden, die bei der Lösung solcher problematischer Situationen hilfreich sein können. Hierzu gehören zuerst und vor allem die Vorgesetzten, zudem aber auch die Fachkraft für Arbeitssicherheit, die Personalbereiche, Betriebs- oder Personalrat, Arbeitspsychologen, weitere Sozialbereiche in den Betrieben und gegebenenfalls zusätzlich externe Spezialisten.

Entstehung und Relevanz des Themas
Psychische Fehlbeanspruchungen als Mit-Ursache unterschiedlicher Krankheitsbilder sind in den letzten Jahrzehnten epidemiologisch gut belegt. Das Risiko für eine koronare Herzkrankheit erhöht sich darunter um zirka 50 Prozent (Kivimäki, 2006). Psychomentale Fehlbeanspruchungen erhöhen das Risiko des Auftretens von Angststörungen, Gemütserkrankungen und Depressionen um zirka 20–80 Prozent (Stansfeld u.a., 2006). Das Auftreten von Magen-Darm-Erkrankungen, insbesondere Gastritis und Magen- oder Duodenalgeschwüren, wird ursächlich mit psychischen Fehlbeanspruchungen in Verbindung gebracht. Das Ri-

siko für Rückenbeschwerden steigt deutlich unter psychischen Beanspruchungen (Stadler 2/2009).

Die psychischen Belastungen in den Betrieben, insbesondere aber auch daraus folgende psychische Fehlbeanspruchungen, sind aufgrund ökonomischer, demografischer und sozialer Veränderungen seit Jahren im Steigen begriffen. Die ökonomischen Veränderungen sind von Albrod detailliert zusammengefasst. Sie betreffen Aspekte der Globalisierung mit erhöhten Wettbewerbsansprüchen und daraus folgender Arbeitsverdichtung, der Flexibilisierung von Arbeitszeiten mit dem immer häufiger gestellten Anspruch auf eine prinzipielle Verfügbarkeit der Arbeitnehmer über die vereinbarte Arbeitszeit hinaus (Bereitschaft), Arbeitsplatzunsicherheit insbesondere aufgrund von zeitlich begrenzten Arbeitsverhältnissen, permanente Flexibilität bezüglich der Arbeitsinhalte und vieles andere mehr. Eine Trennung von Beruf und Freizeit (Work-Life-Balance) gelingt daher immer weniger, zumal durch moderne Medien (Mobiltelefone, Internet etc.) die strikte Trennung von Arbeitsplatz und Freizeit zunehmend verwischt wird. Die aus volkswirtschaftlichen Gründen der demografischen Entwicklung folgende Verlängerung der Lebensarbeitszeit auf das jetzt 67. Lebensjahr verstärkt bekannte Problematiken wie Schicht- und Nachtdienst im Alter und bringt durch die schnelleren Innovationszyklen in der Industrie neue Belastungen durch die geforderte, aber bisher nicht ausreichend geförderte Fähigkeit des lebenslangen Lernens auch im Alter. Zunehmende Erfordernisse bei Selbstmanagement und Kommunikation kollidieren mit hierarchisch orientierten Führungsstrukturen. Solche Konstellationen sind prädestiniert als Basis psychischer Fehlbeanspruchungen. Dies kann auf der individuellen Seite gesundheitlichen Beeinträchtigungen, auf der anderen Seite über Ausfallzeiten wie auch über verminderte Leistungsfähigkeit bei Präsenz im Betrieb erheblichen ökonomischen Einbußen Vorschub leisten. Hinzu kommen vermehrt Belastungssituationen aus dem privaten Bereich (Scheidungen, Verschuldungen u.v.a.m.), die auf die Leistungsfähigkeit im Beruf negativ wirken und damit auch zu einem betrieblichen Problem werden.

Überbetriebliche Einflussfaktoren

Unterschiedliche gesetzliche Vorgaben betreffen die psychische Belastung und Beanspruchung am Arbeitsplatz. Nach § 3 des Arbeitsschutzgesetzes (ArbSchG) muss der Arbeitgeber die erforderlichen Maßnahmen des Arbeitsschutzes unter Berücksichtigung der Umstände treffen, die Sicherheit und Gesundheit der Beschäftigten bei der Arbeit beeinflussen. „Sowohl der Abbau von psychischen Belastungen, die zu psychischer Über- oder Unterforderung führen, als auch die Durchführung von Maßnahmen zur menschengerechten Arbeitsgestaltung, die in einer Belastungsoptimierung bestehen, tragen dazu bei" (Bundesanstalt für Arbeitsschutz und Arbeitsmedizin). Im Gesetz über Betriebsärzte, Sicherheitsingenieure und andere Fachkräfte für Arbeitssicherheit (Arbeitssicherheitsgesetz, ASiG) werden die Betriebsärzte verpflichtet, den Arbeitgeber in arbeitsphysiologischen, arbeitspsychologischen und sonstigen ergonomischen sowie arbeitshygienischen Fragen, insbesondere bezüglich des Arbeitsrhythmus, der Arbeitszeit und der Pausenregelung, der Gestaltung der Arbeitsplätze, des Arbeitsablaufs und der Arbeitsumgebung, der Beurteilung der Arbeitsbedingungen sowie zu Fragen des Arbeitsplatzwechsels sowie der Eingliederung und Wiedereingliederung behinderter Menschen in den Arbeitsprozess zu beraten. Nach der Bildschirmarbeitsverordnung (BildschArbV) hat der Arbeitgeber bei Bildschirmarbeitsplätzen die Sicherheits- und Gesundheitsbedingungen insbesondere hinsichtlich einer möglichen Gefährdung des Sehvermögens sowie körperlicher Probleme und psychischer Belastungen zu ermitteln und zu beurteilen. Nach der Maschinenrichtlinie (MRL) müssen bei bestimmungsgemäßer Verwendung Belästigung, Ermüdung und psychische Belastung (Stress) des Bedienpersonals unter Berücksichtigung der ergonomischen Prinzipien auf das mögliche Mindestmaß reduziert werden.

Präventionsmöglichkeiten

Durch den Gesetzgeber ist dem Arbeitgeber die Pflicht zur Erfassung und Prävention psychischer Fehlbelastungen auferlegt. Nicht nur die Betroffenen, sondern auch die Vorgesetzten müssen von der Wichtigkeit der Auswirkungen psychischer Fehlbelastungen überzeugt sein.

Primärprävention

Als Initiator der Primärprävention zur Vermeidung psychischer Fehlbelastungen am Arbeitsplatz, die zu negativen Beanspruchungsfolgen führen können, sind der Betrieb und seine Leitung prädestiniert. Fachkompetenz ist in der Betriebsmedizin, der Arbeits-, Betriebs- und Organisationspsychologie und anderen Sozialbereichen zu finden. Primärprävention ist unabhängig von konkret betroffenen Individuen zu sehen. Es geht hier um Verhältnisprävention, um die Vermeidung von psychischen Stressoren am Arbeitsplatz wie etwa Termin- und Zeitdruck bei gleichzeitig geringer Entscheidungskompetenz, fehlende Transparenz von Entscheidungen et cetera (siehe auch VDBW, S. 6). Für die Erfassung von potenziellen Fehlbelastungen (DIN EN ISO 10075) im Rahmen der Primärprävention bietet sich in Abhängigkeit von Komplexität und Relevanz der Situation sowie vorhandenen Ressourcen ein gestuftes Verfahren an (siehe auch VDBW, S. 8).

1. Erfahrungsdaten zu einem Arbeitsplatz können an verschiedenen Stellen im Betrieb, so etwa bei Vorgesetzten und Mitarbeitern, Personalverwaltungen, Personal- oder Betriebsrat, beim Betriebsarzt und der Sicherheitsfachkraft vorliegen und abgerufen werden. Diese müssen in Zusammenarbeit die weitere Arbeitsplatzanalyse und mögliche Interventionen festlegen.

2. Betriebsintern können spezielle (Screening-)Fragebögen zum Einsatz kommen beziehungsweise Arbeitssituationsanalysen moderiert werden.

3. Gegebenenfalls moderiert von externen Anbietern können betriebsinterne Arbeitskreise Gesundheit oder Gruppeninterviews von Mitarbeitern besonders betroffener Abteilungen helfen, Belastungssituationen zu identifizieren und angemessene Lösungswege zu finden.

4. Schließlich sind vertiefende von externen Anbietern durchgeführte arbeitswissenschaftliche Analysen möglich. Auf die einzelnen Erfassungsmethoden wird an anderer Stelle des Buches eingegangen. Zur Verhältnisprävention kann aber außer dem Abbau von Stressoren auch die konzeptionelle Planung des Aufbaus von Ressourcen wie etwa berufliche und tätigkeitsspezifische Weiterbildung (z. B. Seminare zum Umgang mit (schwierigen) Kunden) gezählt werden. Es ist sinnvoll, diese Maßnahmen einzubetten in das Gesamtkonzept des Betrieblichen Gesundheitsmanagements, was daher als Teil des betrieblichen Risikomanagements zu betrachten ist.

Sekundärprävention

Im Kontext der psychischen Fehlbelastungen ist die Sekundärprävention wohl die häufigste Aufgabenstellung im betrieblichen Alltag. Hier wie auch in der Tertiärprävention sind konkret betroffene Personen mit ihren individuellen Arbeitsplatzvoraussetzungen, ihren Ressourcen, ihren Copingmöglichkeiten und -strategien mit im Spiel. Der Anstoß geht in der Regel von den betroffenen Mitarbeitern, dem Personal- oder Betriebsrat oder auch den Bereichen aus. Häufig ist der Betriebsarzt der erste betriebliche Ansprechpartner, der von der Problematik Kenntnis erhält. Durch die Schweigepflicht des Arztes sind die Voraussetzungen eines Vertrauensverhältnisses institutionalisiert, in dem die unter Umständen sehr prekären und intimen Problematiken überhaupt angesprochen werden können. Oft sind betriebliche und private Gegebenheiten miteinander verwoben. Um adäquat beraten und handeln zu können, muss der Betriebsarzt die betrieblichen Abläufe, die Einstellung des Betriebs zu der Thematik und die möglichen kooperierenden Akteure im Betrieb kennen.

Zu seinen Aufgaben gehören:
- Die kompetente Erläuterung der Entstehungsmechanismen psychischer Belastungen
- Die Unterstützung bei der Analyse dieser Mechanismen in der konkreten betrieblichen Situation. Hierzu gehört die Kenntnis strukturierender Analyseverfahren. Es sei hier beispielhaft die SOFT-(SWOT-)Analyse erwähnt, die eine einfache und auch für Lösungsansätze wirkungsvolle Gliederung der Informationen in **S**ources (Stärken), **O**pportunities (Möglichkeiten), **F**aults, **W**eaknesses (Schwächen), **T**hreats (Gefährdungen) ermöglicht. Durch solch eine Strukturierung kann eine als (zu) komplex empfundene und damit nicht bewältigbare Problematik in einzelne, besser handhabbare Themenkomplexe unterteilt werden (siehe unter Beispiele).
- Die Einbeziehung aller Institutionen, die bei der Lösung solcher problematischer Situationen hilfreich sein können. Hierzu gehören zuerst und vor allem die Vorgesetzten, zudem aber auch die Fachkraft für Arbeitssicherheit, die Personalbereiche, Personal- beziehungsweise Betriebsrat, Arbeitspsychologen, weitere Sozialbereiche in den Betrieben und gegebenenfalls weitere externe Spezialisten.

Ziel der gemeinsamen Anstrengungen sind eine Verhältnis-, hilfsweise eine Verhaltensänderung, also entweder die Kontrolle, Verminderung und Beseitigung von Gesundheitsrisiken in den beruflichen Umweltbedingungen oder eine Veränderung gesundheitsgefährdender Gewohnheiten, Lebensstile und Einstellungen.

Tertiärprävention

Die Ansatzmöglichkeiten der Tertiärprävention sind prinzipiell dieselben wie die der Sekundärprävention. Oft entsteht der erste Kontakt durch ein ärztliches Gespräch nach einer Erkrankung. Der Zugang kann aber erleichtert und offiziell implementiert sein durch die Vorgaben des § 84 Abs. 2 SGB IX zum Betrieblichen Eingliederungsmanagement (BEM). Danach hat der Arbeitgeber mit Beschäftigten, die innerhalb eines Jahres länger als sechs Wochen ununterbrochen oder wiederholt arbeitsunfähig sind, die Möglichkeiten zu klären, wie die Arbeitsunfähigkeit möglichst überwunden werden und mit welchen Leistungen oder Hilfen erneuter Arbeitsunfähigkeit vorgebeugt und der Arbeitsplatz erhalten werden kann. Soweit erforderlich wird der Werks- oder Betriebsarzt hinzugezogen.

Diese Möglichkeit des Zugangs muss als Chance begriffen werden, bei der Analyse psychischer Fehlbelastungen, die für die Arbeitsfähigkeit relevant sind, weitere Verzögerungen im Rahmen eines ohnehin meist schon langwierigen psychischen Krankheitsgeschehens möglichst zu vermeiden.

Praxisbeispiele

Anhand der folgenden Beispiele wird die Spannbreite der betriebsärztlichen Erfassungs- und Interventionsmöglichkeiten bei psychischen Belastungen im betrieblichen Alltag angedeutet. Gleichzeitig soll mit ihnen auch darauf hingewiesen werden, dass

- strukturiertes thematisches und methodisches Know-how hierfür notwendig ist,
- dieses nötigenfalls von außen beziehungsweise in Kooperation mit anderen Fachgebieten hinzugezogen werden muss,
- in aller Regel die Vorgesetzten mit einbezogen werden sollten und
- ein wesentliches Ziel die Erhaltung beziehungsweise Schaffung der aktiven Handlungsmöglichkeit der Betroffenen sein sollte.

1. Beispiel: Der Informatiker fürchtet um seinen Beruf

Eingangsbeschwerde: „Ich bin als Informatiker tätig. Ich komme mit dem PC, den Programmen und dem Programmieren nicht mehr zurecht. Ich muss meinen Beruf aufgeben." Es wird beschlossen, die Situation gemeinsam strukturiert mittels SOFT-Analyse zu betrachten.

SOFT-Analyse

- S(ources): Meine Hauptaufgabe ist die Realisierung diverser Projekte, dies macht mir Freude.
- Die Aufgaben werden zielorientiert gestellt.
- Die Arbeit ist abwechslungsreich.
- Ich kann recht eigenständig arbeiten.
- O(pportunities): Ich kann mir einen Zeitplan selbstständig erstellen.
- F(aults): Ich habe so viele verschiedene Aufgaben (Leitung einer Arbeitsgruppe, Administration, Kundenservice, Meetings, Organisation, Einzelprojekte), dass ich mit keiner zu Ende komme.
- Jeden Abend zweifle ich an mir, weil ich wieder nicht alles geschafft habe, was ich mir vorgenommen habe.
- Mein Chef kommt laufend und fragt nach dem Stand einzelner, anscheinend besonders eiliger Projekte. Daraufhin unterbreche ich dann jeweils die aktuelle Arbeit und beginne, das nachgefragte Projekt zu bearbeiten.
- T(hreats): Ich erfülle meinen Arbeitsauftrag damit nicht mehr.

Als Hauptproblematik wird die fehlende zeitliche Strukturierung insbesondere bei der Vielzahl unterschiedlicher Projektarbeiten erkannt. Es fehlen die Transparenz des Zeitaufwandes und die (Absprache der) Priorisierung. Daraufhin wird (unter Einbeziehung entsprechender Pufferzeiten) erarbeitet, wie viel Zeit neben den Routineaufgaben für die Projektarbeit bleibt, welches Projekt welche Priorität hat und wann es fertig gestellt sein kann. Diese Prioritätenliste wird mit dem Vorgesetzten abgesprochen und von diesem abgesegnet. Der Vorgesetzte kommuniziert die Zeitperspektiven an die Kunden. Der Effekt: Der Mitarbeiter bearbeitet die Projekte entsprechend den Vereinbarungen und kommt mit der Arbeitsaufgabe wieder zurecht. Auch nach einem halben Jahr ist von der Notwendigkeit einer Berufsaufgabe keine Rede mehr.

2. Beispiel: Reduktion der psychischen Belastungen und Beanspruchungen in einer Abteilung

Die Arbeit einer bestimmten Abteilung ist durch eine Vielzahl von belastenden Faktoren wie zum Beispiel Arbeit unter Zeitdruck, hohe Verantwortung, Umgang mit komplexer, sich ständig ändernder Technik, Schichttätigkeit, hohe Anforderung an Konzentration und Problemlösekompetenz gekennzeichnet. Ziel der vom Bereich erbetenen betriebsärztlichen Intervention ist, aus der Analyse der psychomentalen Belastung und Beanspruchung praxisorientierte und wirtschaftliche Gestaltungsvorschläge zur Verbesserung der Situation am Arbeitsplatz und zum Erhalt der Gesundheit und Leistungsfähigkeit der Beschäftigten abzuleiten. Aufgrund des Umfangs und der Komplexität der Maßnahme werden die zuständige Berufsgenossenschaft und ein arbeitswissenschaftliches Institut mit einbezogen.

Die Tätigkeiten werden analysiert und die einzelnen Belastungen schichtbezogen erhoben. Die subjektive Beanspruchung wird mittels Fragebögen (modifizierter NASA Task Load Index Test, Erfassung von Effort-Reward-Imbalance (ERI) nach Siegrist und Work Ability Index (WAI)) und anhand physiologischer Parameter (Herzschlagfrequenz, 24-Stunden-Blutdruckmonitoring) beschrieben.

Aus den Ergebnissen (u.a. zeigen Beschäftigte mit behandelter arterieller Hypertonie wie auch solche ohne bekannter Hochdruckerkrankung unter Arbeitsbelastung ein Blutdruckverhalten außerhalb des von der Deutschen Gesellschaft für Arbeits- und Umweltmedizin (DGAUM) definierten Normbereiches) sind die Notwendigkeit und Möglichkeit von Gestaltungsmaßnahmen ableitbar, nämlich

- der Überprüfung, Intensivierung und Verbesserung der Kommunikation zwischen Vorgesetzten und Beschäftigten, um soziale Reibungsverluste zu minimieren,
- der verbesserten Transparenz und Abstimmung der Arbeitsabläufe der Abteilung und der Kunden, um Belastungsspitzen zu entzerren,
- betrieblicher Schulungen zum Thema Stressbewältigung sowie zum gesundheitsgerechten Umgang mit Nacht- und Schichtarbeit,
- baulicher Veränderungen zur Verbesserung konzentrierten Arbeitens,
- engerer ärztlicher Betreuung zur Reduktion insbesondere kardiovaskulärer Risikofaktoren.

Qualifizierung als Präventionsmaßnahme: Kriterien für die Seminarauswahl

Die Deutsche Gesellschaft für Arbeits- und Umweltmedizin (DGAUM) hat 2004 definiert, dass die Arbeitsmedizin sich auf eine ganzheitliche Betrachtung des arbeitenden Menschen mit Berücksichtigung somatischer, psychischer und sozialer Prozesse stützt. Dementsprechend sind die psychische Belastung und Beanspruchung bei der Arbeit als Lernziele der Arbeitsmedizin im Rahmen des Medizinstudiums definiert. In die Weiterbildungsordnung ist der Erwerb von Kenntnissen der Arbeits- und Betriebspsychologie einschließlich psychosozialer Aspekte integriert. Die Akademien für Arbeitsmedizin als die entsprechenden Weiterbildungszentren räumen den psychischen Belastungen und Beanspruchungen dementsprechend zunehmend Platz ein.

→ Wirtschaftliche Rahmenbedingungen für Arbeit und Beruf (S. 16); Instrumente und Methoden zur Messung psychischer Belastung (S. 261)

Literatur

Arbeitsschutzgesetz (ArbSchG)

Bildschirmarbeitsverordnung (BildschArbV)

Maschinenrichtlinie (MRL)

Albrod, M.: Bedeutung psychomentaler Belastungen im betrieblichen Kontext. Arbeitsmedizin Sozialmedizin Umweltmedizin 43, 2008, S. 608–617

Kivimäki M. u.a.: Work stress in the etiology of coronary heart disease – a meta-analysis. In: Scandinavian journal of work, environment and health 32, 2006, S. 431–442

Priester, K.: Psychische Erkrankungen sind immer häufiger Ursache für Frühverrentung wegen Erwerbsminderung, In: Gute Arbeit 19, 2007, S. 33–39

Semmer, N. K.: Job stress interventions and the organization of work. In: Scandinavian journal of work, environment and health. 32, 2006, S. 515–527

Stadler, P./Spieß, E.: Arbeit – Psyche – Rückenbeschwerden. Einflussfaktoren und Präventionsmöglichkeiten. In: Arbeitsmed. Sozialmed. Umweltmed. 44, 2009, S. 68–76

Stansfeld, S./Candy, B: Psychosocial work environment and mental health – a meta-analytic review. In: Scandinavian journal of work and environment and health, 32, 2006, S. 443–462

VDBW Psychische Gesundheit im Betrieb – ein Leitfaden für Betriebsärzte und Personalverantwortliche. 2008

Zur Erläuterung der SOFT-(SWOT-)Analyse (http://www.rapidbi.com/created/SWOTanalysis.html)

Toolbox zur Erfassung psychischer Belastungen der BAuA (www.baua.de/de/Informationen-fuer-die-Praxis/Handlungshilfen-und-Praxisbeispiele/Toolbox/Einfuehrung.html?-nnn=true&-nnn=true)

Sonja Berger

Bewältigung von Belastungen, Aufbau von Ressourcen

Abstract
Persönliche Ressourcen moderieren den Prozess der Belastungsverarbeitung im Menschen hin zur Beanspruchung. Es wird erläutert, was eine Person tun kann, um die Belastungen optimal zu bewältigen. Der Prozess der gedanklichen Veränderung wird sowohl theoretisch wie auch praktisch erläutert. Methoden der Lösungsorientierung wie spezielle Fragen und Zielformulierungen werden nachvollziehbar dargestellt.

Thematische Eingrenzung und Definition

Entgegen der üblichen Frage nach den Belastungen, ihrer Stärke und der Möglichkeit sie zu reduzieren, wird im Folgenden die Frage beantwortet, was – unabhängig von der Stärke der Belastungen – hilft, diese zu bewältigen. Manche Menschen bleiben gesund und entspannt trotz widriger äußerer Bedingungen. Andere Menschen brechen unter den erlebten Belastungen zusammen trotz bester Umweltbedingungen. Der Grund für diese Unterschiede liegt im einzelnen Menschen selbst. In diesem Unterkapitel soll der Blickwinkel weg von den Belastungen gehen hin zu den Faktoren, die in einer Person wirksam sind.

Die Belastungen der betrieblichen und gesellschaftlichen Ebene wirken auf den Menschen im Innersten ein. Jede Erfahrung der Sinne (Sehen, Hören, Riechen, Schmecken, Spüren/Fühlen) wird im Menschen selbst, in seinem kognitiven und sensorischen System verarbeitet. Im Individuum findet der Prozess statt, der aus einer Belastung eine Beanspruchung macht. Die Belastungen werden verarbeitet und führen zu einer Veränderung in der Person, sie wird beansprucht. Je nachdem, wie die Beanspruchungsfolge bewertet wird, handelt es sich dabei um eine gute oder schlechte Bewältigung der Belastung. Die Bewältigung ist zu verstehen als ein Prozess, der ständig in der Person stattfindet. Eine gute Bewältigung ist keine Eigenschaft, die einmal erreicht für immer erhalten bleibt, sondern ein kontinuierlicher positiver Anpassungsprozess an die Anforderungen des Lebens. Es ist eine Balance, die immer wieder aufs Neue gefunden werden muss. Sogar das Ausbleiben von Anforderungen und Reizen kann zu einer Beanspruchung werden. Dieser Sachverhalt verdeutlicht, wie sich der Mensch fortlaufend im Prozess der Anpassung und dem Finden seiner Balance befindet. Im Kontext der Bewältigung sind Ressourcen oder Stärken einer Person alle Eigenschaften und Verhaltensweisen, die es der Person ermöglichen, Belastungen so zu bewältigen, dass sie dabei langfristig gesund bleibt und sich weiterentwickeln kann. Im Folgenden werden die Ressourcen in einer Person betrachtet, die eine positive Bewältigung von Belastungen wahrscheinlich machen. Die beschriebenen Ressourcen bilden die Basis für die Entwicklung und den Aufbau weiterer Ressourcen. Das Spektrum der erlernbaren Stärken reicht von Stressbewältigung, Inanspruchnahme von Unterstützung (z. B. Coaching), Bewegung, Sport, Ernährung, Gesundheitsverhalten über Kreativität bis hin zum Aufbau eines persönlichen sozialen Netzwerks.

Auswirkungen von Ressourcen auf die Beanspruchung

Als Grundlage für den Ressourcenaufbau müssen die Denkgewohnheiten einer Person betrachtet werden. Unabhängig vom aktuellen Ereignis findet innerhalb der Person eine Bewertung des Ereignisses statt. Diese spontanen Bewertungen sind zwar häufig unbewusste, aber bewusst steuerbare Denkgewohnheiten. Kann eine zuvor negative Bewertung zu einer positiven hin verändert werden, hat das Einfluss auf die von der Person erlebte Beanspruchung. Nehmen wir zum Beispiel an, eine Person empfindet Zeitdruck. Der Zeitdruck entsteht bei der Betrachtung der wahrgenommenen Zeit für eine Aufgabe und deren persönlichen Bewertung als zu kurz, um diese Anforderung angemessen zu erledigen. Diesem Gedanken schließt sich unter Umständen die Angst vor einer Rüge oder einem Arbeitsplatzverlust an. Wie ein entsprechender kognitiver Erlebensprozess ablaufen könnte, wird in den Praxisbeispielen dargestellt.

Eine Grundbedingung für den aktiven Aufbau von Ressourcen ist, dass die Person sich selbst in der Verantwortung für ihr eigenes Wohlbefinden sieht und die Möglichkeit wahrnimmt, durch die Steuerung der eigenen Gedanken auf das eigene Wohlergehen Einfluss zu nehmen. Im Vordergrund steht die Veränderung der Gedanken und nicht die Veränderung der realen Situation. Das hat folgenden Grund: Hat eine Person nicht die Möglichkeit, auf passende Ressourcen zurückzugreifen, bedeutet das, dass sie keine alternativen Verarbeitungsmöglichkeiten für eine Belastung hat und sie in genau dieser Form erdulden müsste. Das Fehlen von Alternativen führt häufig zum Gefühl der Hilf- oder Auswegslosigkeit. Dieses Gefühl führt bereits ohne zusätzliche Belastungen zu einer negativen Beanspruchung der Person. Die Veränderung des primären Fokus – weg von den nicht zu beeinflussenden und zu verändernden Belastungen hin zu der immer vorhandenen Möglichkeit, die eigenen Gedanken zu verändern – schafft die Möglichkeit, das Erleben der Situation zu verändern (auch wenn die Veränderung ausschließlich in der Veränderung der Bewertungen, also der Gedanken, besteht). Die Veränderung des primären Fokus ist ein kleiner, aber wesentlicher Unterschied, der sich auf Menge und Qualität der erlebten Beanspruchung auswirkt.

Entstehung und Relevanz des Themas

Analysen sind üblicherweise auf die Identifizierung von Problemen, Ursachen und Schuldigen ausgerichtet. Beim Blick auf die Ressourcen geht es um das Erkennen der Faktoren, die eine Person bei der Bewältigung von Belastungen unterstützen. Die Anwendung der Ressourcenorientierung bedeutet, die erste Ebene, also die betroffene Person, steht in voller Verantwortung für ihre Beanspruchung. Dies mag einerseits eine Last sein, kann aber auch als Anschubhilfe zum Handeln gesehen werden.

Der Konstruktivismus (nach Paul Watzlawick) stellt die These auf, dass die Welt im Kopf entsteht. Überträgt man diese Aussage in ein Bild, könnte die Realität einem Schwarz-Weiß-Stummfilm entsprechen. Die Gedanken und Bewertungen der Person machen daraus einen Farbfilm mit Ton und Musik. Erst durch diese Erweiterung wird aus dem schwarz-weißen Stummfilm eine Komödie, ein Drama oder eine Dokumentation. Unterstellt man jedem Menschen die Fähigkeit, dass er seine Gedanken beeinflussen und lenken kann, bedeutet das, dass jeder Mensch die Fähigkeit hat, aus seinem persönlichen schwarz-weißen Leben einen glücklichen, traurigen oder belastenden Film zu machen.

Da während des Erlebens der Realität die Situation von der Person fast ohne Unterlass bewertet wird, kann in Anlehnung an das Zitat Watzlawicks „Man kann nicht nicht kommunizieren" (auch Nicht-Kommunikation ist eine Form der Kommunikation!) formuliert werden: „Man kann seine Realität nicht nicht erschaffen." Man kann sich der Schaffung der eigenen Realität durch die eigenen Gedanken und Bewertungen mehr oder weniger bewusst sein, aber man kann sich ihr nicht entziehen.

Verschiedene Arten der Psychotherapie, wie zum Beispiel die kognitive Verhaltenstherapie oder die lösungsorientierte Kurzzeittherapie, stellen Methoden und Anleitungen zur Verfügung, wie neue Arten des Denkens und des Bewertens erlernt werden können. Dabei geht es in keinem Fall um einfaches positives Denken, sondern um die Entwicklung persönlicher Veränderungen von Gedankenreaktionen und Bewertungen auf unangenehme beziehungsweise negative Ursprungsgedanken. Psychotherapie kann damit eine neue (subjektive) Realität durch neue Gedanken und Situationen erschaffen. Diese neuen Gedankenmöglichkeiten werden teilweise durch den Therapeuten eingeführt, oder durch die Fragen des Therapeuten werden neue Denkmöglichkeiten eröffnet. Auf diese Weise können neue Ideen entwickelt werden.

Überbetriebliche Einflussfaktoren

Betrachtet man die „Verhältnisse" genauer, wird deutlich, dass die Verhältnisse aus dem Verhalten einzelner Menschen gebildet werden. Selbst eine große Menschenmenge setzt sich aus vielen Einzelpersonen zusammen. Damit bilden sich auch die Verhältnisse großer Organisationen aus dem Verhalten aller Beteiligten.

Zum einen produzieren gesellschaftliche und betriebliche Gegebenheiten die erlebten Belastungen. Sie stellen den Möglichkeitsraum dar, in dem jede Person gefordert ist, den Prozess hin zu einem positiven oder negativen Beanspruchungserleben vollziehen zu müssen.

Zum anderen wirken Gesellschaft und Betriebe auch in der Form auf den Einzelnen ein, dass derzeit Mitarbeitern selten Methoden vermittelt werden, wie passende Ressourcen aufgebaut und erhalten werden können.

Diese Ausführungen sollen die Verhältnisprävention nicht abwerten. Wie in den vorhergehenden Artikeln dargestellt, gibt es Verhältnisse, die für eine Vielzahl von Menschen mit einer hohen Wahrscheinlichkeit eine größere (oder auch zu große) Anpassungsleistung erfordern.

Präventionsmöglichkeiten

Neben Vorschlägen für Fragen, die helfen Ressourcen aufzubauen und zu entdecken, wird sowohl eine Methode zur Gedankenänderung als auch eine zur Zielformulierung im Folgenden dargestellt.

Fragen nach Ressourcen

Ganz allgemein sind Fragen Instrumente für den Aufbau von Ressourcen und zur Gedankensteuerung. Wenn nach Problemen und Ursachen gefragt wird, wird der Gesprächspartner (oder der Fragende selbst, falls er die Fragen an sich selbst richtet) seine Denkprozesse auf die Suche nach Antworten zu diesen Fragen ausrichten. Dieser Prozess kann mit Fragen, die nach Lösungen, Ressourcen und Stärken forschen, genutzt werden. Beispielsweise können bei einem scheinbar übermächtigen und dauerhaften Problem **Ausnahmefragen** gestellt werden. Beispiele für Ausnahmefragen sind: „Wann (!) war es schon einmal anders?", „Was haben Sie anders gemacht?", „Wann haben Sie (der Betroffene) ein vom Problem (Das Problem konkret einsetzen!) abweichendes Verhalten gezeigt?". Sehr wichtig ist in diesem Zusammenhang eine offene Formulierung der Frage, das heißt, es muss eine Frage formuliert werden, die sich nicht mit „Ja", „Nein" oder einer einfachen Information beantworten lässt. Sollte nämlich die Frage „Gab es schon einmal eine Ausnahme?" gestellt werden, wird der Befragte einfach „Nein" sagen. Bei der offen formulierten Frage hingegen kommt ein gedanklicher Suchprozess in Gang. Gut ist die in der Frage implizierte Unterstellung, dass der Betroffene schon einmal das gewünschte Verhalten gezeigt hat.

Um den Befragten in einen positiven Möglichkeitsraum zu bringen, sind **Wunderfragen** geeignet. Der Befragte soll sich in eine Zukunft versetzen, in der das Problem gelöst sein wird, und aus dieser Perspektive Handlungsalternativen vorschlagen. Beispiel: „Stellen Sie sich vor, Sie kommen heute Abend heim, essen Ihr Abendessen und tun die üblichen Dinge, die Sie am Abend tun. Sie schlafen ein und in der Nacht war eine Fee da, die Ihr Problem gelöst hat. Sie wissen aber nichts von der Fee, da Sie ja geschlafen haben. Woran werden Sie merken, dass das Problem gelöst ist? Was wird anders sein? Woran werden es andere (z. B. Partner, Kinder, Mitarbeiter) merken?"

Eine weitere Möglichkeit ist es, Fragen zu stellen, die die Suche nach kleinen machbaren Schritten verdeutlichen. „Was könnten Sie als ersten kleinen Schritt tun, der in die Richtung Ihres Ziels geht?" Es kann nach Verhaltensweisen, die jemand tun kann, gefragt werden (z. B. „Die Kollegen am Morgen einzeln begrüßen."). Es wird nicht gefragt, wie der Befragte oder andere sein sollen (z. B. „Ich will freundlicher sein."). Mit Hilfe dieser Fragen kann der Gedankenfokus auf Ressourcen, Lösungen und Stärken gerichtet werden. Der Kreativität sind bei der Entwicklung lösungsorientierter Fragen keine Grenzen gesetzt. Außerdem gibt es umfangreiche Fachliteratur, die bei der Entwicklung dieser Fragemethode weiterhilft. Die Fragen sind hilfreich, den Prozess der Gedankenänderung zu unterstützen.

Gedanken ändern

Um Gedanken zu verändern, sind folgende Voraussetzungen nötig: Am Anfang muss die **Einsicht** stehen, dass Gedanken positive und negative Gefühle auslösen können. Die ausgelösten Gefühle entstehen als Folge positiver oder negativer Gedanken. Im nächsten Schritt ist das **Bewusstsein** notwendig, dass jeder Mensch seinen

Gedanken nicht hilflos ausgeliefert ist, sondern seine Gedanken steuern und verändern kann. Der Maßstab zur Veränderung der Gedanken ist nicht die Veränderung der Realität, sondern das Gefühl im Augenblick des Denkens eines bestimmten Gedankens. Die **Leitfrage** für die Veränderung von Gedanken lautet: „Welcher Gedanke fühlt sich besser an?"

Um Gedanken verändern zu können, muss zu Beginn analysiert werden, welche Gedanken gedacht werden und wie sich diese Gedanken anfühlen. Wenn sich ein Gedanke schlecht anfühlt, kann mit anderen Gedanken experimentiert werden, die dem ursprünglichen Gedanken ähnlich sind, sich aber etwas besser anfühlen. Dieses *etwas besser* ist sehr wichtig, da eine einfache Umkehrung des Gedankens ins Gegenteil nicht funktioniert. Ein Gedanke, der zu weit weg ist von dem ursprünglichen Gedanken, löst eher ein Gefühl des „Sich-selbst-Anlügens" aus. Dann konzentriert man sich eine gute Minute auf den neuen, *etwas besseren* Gedanken. Dieser Prozess kann im Anschluss mit dem neuen Gedanken wiederholt werden, oder es kann ein anderer Gedanke verändert werden.

Ziele wohl formulieren

Die Formulierung von erreichbaren Zielen ist eine weitere konkrete Präventionsmöglichkeit. Um Ziele und Pläne erfolgreich und attraktiv zu formulieren, ist die Beachtung von fünf Kriterien bedeutsam. Das erste Kriterium ist die **positive Formulierung** des Ziels. Beschreiben Sie, was bei der Zielerreichung sein wird und was nicht („Ich werde Autogenes Training täglich zehn Minuten praktizieren." Nicht: „Ich arbeite nicht mehr so viel."). Im zweiten Schritt achten Sie auf eine **kurz- und mittelfristige Planung**. Gestalten Sie die Planung konkret mit Terminen: „Was wird wann erledigt?" Idealerweise enthält diese Planung Anteile, was heute, morgen und in der folgenden Woche schon zur Zielerreichung getan werden kann. Im dritten Schritt betonen Sie, was der Formulierer des Ziels **selbst tun** kann, um sein Ziel zu erreichen. Bei diesem Schritt ist es besonders wichtig, dass keine Abhängigkeiten enthalten sind, die das Handeln verschieben, bis irgendein bestimmtes Ereignis eingetreten ist, welches der Beschreiber des Ziels dann nicht selbst beeinflussen kann. Der vierte Aspekt ist eine Beschreibung des **Zustands der Zielerreichung mit allen Sinnen**. Was kann gehört, gesehen, geschmeckt, gerochen und gefühlt werden, wenn das Ziel erreicht sein wird? Durch diese sinnliche Beschreibung des Ziels soll die Anziehungskraft des Ziels gesteigert werden. Im fünften und letzten Schritt müssen die **Vor- und die Nachteile der Zielerreichung** gegeneinander abgewogen werden. Dieser Schritt ist wichtig, da Ziele oft deswegen nicht verfolgt werden, da die Nachteile der Zielerreichung ihre Vorteile nicht aufwiegen. So kann der Nachteil der Zielerreichung „Abgabe der Diplomarbeit" eines Studenten sein, dass er damit sein Studium abgeschlossen hat und sich dann auf Arbeitssuche mit ungewissem Ausgang begeben muss.

Praxisbeispiele
Aktivierung von Ressourcen einer Einzelperson

Zurück zum Beispiel einer Person, die Zeitdruck empfindet. Wie schon erläutert, entsteht dieser Zeitdruck bei der Betrachtung der wahrgenommenen Zeit einer zu erledigenden Aufgabe und deren Bewertung als zu kurz, um diese Aufgabe nach den eigenen Maßstäben angemessen erledigen zu können. Diese Bewertung kann mit Ängsten vor einer Rüge oder dem Arbeitsplatzverlust verbunden sein. Wie ein präventiver positiver Bewältigungsprozess in der Person ablaufen könnte, wird im Folgenden dargestellt.

Das Szenario soll zeigen, wie Ressourcen bei einer Belastung zur Anwendung kommen könnten. Es soll verdeutlichen, wie der Zugriff auf mehrere Ressourcen die Bewältigung von Belastungen in positive oder zumindest neutrale Beanspruchungen beeinflusst und wie effektiv es ist, wenn eine Person auf mehrere Ressourcen zurückgreifen kann. Der oben beschriebene Zeitdruck kann unter Rückgriff auf verschiedene Ressourcen folgendermaßen bewältigt werden.

Am Anfang steht die kognitive Veränderung der Situation: die Suche nach **alternativen Gedanken(abfolgen).** Es besteht die Möglichkeit, die Situation als Herausforderung zu sehen oder so, dass man sich selbst besonders gut qualifiziert für diese Aufgabe fühlt und denkt, wenn man selbst nicht in der Lage sei, die Aufgabe in dieser Zeit zu bewältigen, wären eine Rüge oder der Arbeitsplatzverlust unlogische Konsequenzen. Im Weiteren könnte der Gedanke verfolgt werden, dass in Angst und Sorge schlechter gearbeitet werden kann als in einem entspannten Zustand und dass man sich deswegen erst einmal entspannen könne, um dann das Beste zu geben und einfach zu schauen, wie weit man kommt. Es könnte auch die Betrachtung folgen, ob die Arbeitsaufgabe reduziert oder komprimiert und so die Arbeitsaufgabe in der vorgegebenen Zeit erledigt werden kann. Diese kognitive Umstrukturierung ist bereits eine Form der **Stressbewältigung** und wird insbesondere durch die Inanspruchnahme von **Supervision, Therapie** oder **Coaching** unterstützt. An dieser Stelle kommen weitere Ressourcen ins Spiel: Die Selbsterkenntnis, was kann in welcher Zeit erledigt werden und wie viel Druck kann jemand akzeptieren und trotzdem seine Aufgaben gut erledigen. Dies bedeutet, die **Grenzen der eigenen Leistungsfähigkeit zu kennen,** zu achten und zu vertreten. Die Person übernimmt damit Eigenverantwortung für ihr Wohlbefinden. Im nächsten Schritt könnten – wie zusätzlich aktivierte Zahnräder – die Ressourcen **Kommunikation** und **Konfliktfähigkeit** ins Spiel kommen. Eine Chance ist es, mit den Menschen das Gespräch zu suchen, die diese Vorgaben gemacht haben. Ihnen den eigenen Standpunkt, die eigenen Grenzen und die persönlichen Argumente darzulegen und sich damit in die Möglichkeit zu begeben, einen Konflikt auszutragen. Eine weitere Möglichkeit, die Kommunikation zu nutzen, ist es, um Hilfe zu bitten. Das **soziale Netzwerk** – in oder außerhalb der Arbeit – um Unterstützung und Entlastung zu bitten und die gewährte Unterstützung anzunehmen. Wenn jemand gut für seine **Gesundheit** sorgt, sich ausreichend **bewegt** und **Sport** betreibt, kann dies in einer Phase des besonderen Zeitdrucks für einen notwendigen Ausgleich sorgen.

Beratung eines Teams in einem mittleren Unternehmen – Innerbetriebliche Organisationsentwicklungsprozesse
Anlass der Beratung ist die derzeitige Überforderung der Mitglieder des Teams. Die Arbeit des anstehenden Jahres scheint alle an die Grenze der Überforderung zu bringen. Gemeinsam mit allen Teammitgliedern werden die anstehenden Aufgaben im Sinne der wohl formulierten Zielformulierung (s. o.) gesammelt. Im Anschluss wird auf dem Fußboden eine Ein-Jahres-Zeitlinie ausgelegt. Alle Teammitglieder begeben sich auf dieser Zeitlinie virtuell ein Jahr in die Zukunft und ordnen aus dem Blickwinkel, dass das Jahr schon hinter ihnen liegt,

die Teilziele auf dem „zurückliegenden" Jahr ein. Abhängigkeiten von unterschiedlichsten Zielen werden ebenso offensichtlich wie das notwendige Setzen von Prioritäten einzelner Aufgaben, um zu einem gemeinsamen Jahresziel zu kommen. Bei der Betrachtung einzelner Teilziele wird erkannt, dass sie ohne großen Schaden zurückgestellt werden können. So ergibt sich eine neue Ziellogik für das gesamte Jahr. Alle Teammitglieder wissen nun, welches die Stellschrauben sind, von denen das gemeinsame Jahresziel abhängig ist, und sind motiviert, ihren Teil dazu beizutragen. Andererseits haben sich durch die erkannte Nicht-Dringlichkeit einzelner Aufgaben neue Freiräume ergeben, die das neue Jahr als Herausforderung und nicht mehr als Überforderung einordnen lassen. Die Teilnehmer haben erkannt, dass es hilfreich ist, über die Bedenken der Überforderung zu sprechen und gemeinsam einen Weg zu beschreiten, der für alle befriedigend ist.

Kriterien für die Auswahl von Weiterbildungsmaßnahmen
Die Themen, die für Mitarbeiter zum Aufbau ihrer Stärken und somit langfristig für das Unternehmen effektiv wirken, sind vielfältig:
- Personalentwicklung
- Kommunikation
- Stressmanagement und Entspannung
- Zeitmanagement und Arbeitstechnik.

Achten Sie bei der Auswahl von Fortbildungen und Beratungsangeboten auf die Erfüllung der folgenden Kriterien:
- Eine lösungs- und ressourcenorientierte Grundhaltung der Seminaranbieter unterstützt den Aufbau von Stärken zur Bewältigung von Belastungen. Das Bestreben des Anbieters und Trainers muss weg von der Problemanalyse hin zur Lösungsgestaltung gehen.
- Eine Statusbestimmung und Selbstreflexion sollte für jeden/von jedem Kursteilnehmer durchgeführt werden.
- Konkretisierung und Übung der Veränderung der Denkgewohnheiten und -möglichkeiten müssen Teil des Seminarinhalts sein.
- Vermeidung von Großgruppen- und Informationsveranstaltungen – bei diesen Veranstaltungsformen ist ein Transfer unwahrscheinlich.

Neben der Unterstützung ganzer Organisationseinheiten oder ganzer Betriebe sollte auch beachtet werden, dass sich bei ausreichender Motivation zur Veränderung und Persönlichkeitsentwicklung auch Einzelmaßnahmen anbieten. Coaching und Beratungsangebote für Einzelpersonen können ebenso zweckmäßig und effektiv sein. Insbesondere gemessen am zeitlichen Aufwand für die Einzelperson sind sie effizienter als Gruppenmaßnahmen.

→ Coaching und Supervision (S. 290); Sport und körperliche Bewegung (S. 304)

Literatur
BGI 7010 Arbeiten: entspannt – gemeinsam – besser
BGI 7010-1 Arbeiten: entspannt – gemeinsam – besser; So geht's mit Ideen-Treffen
Berg, I. K./De Jong, P.: Lösungen (er)finden. Das Werkstattbuch der lösungsorientierten Kurztherapie. Verlag Modernes Lernen, Dortmund 1999
de Shazer, S.: Der Dreh: überraschende Lösungen und Wendungen in der Kurzzeittherapie, 5. unveränderte Auflage. Carl-Auer-Systeme, Heidelberg 1997
Kanfer, F. H./Reinecker, H./Schmelzer, D.: Selbstmanagement-Therapie: Ein Handbuch für die klinische Praxis. Springer, Berlin 2004
Lazarus, A./Lazarus, C. N.: Der kleine Taschentherapeut. Klett-Cotta, Stuttgart 1999
Lazarus, A./Lazarus, C. N./Fay, A.: Fallstricke des Lebens: Vierzig Regeln, die das Leben zur Hölle

machen und wie wir sie überwinden. Klett-Cotta, Stuttgart 1996

Lazarus, R. S.: Stress und Stressbewältigung – ein Paradigma. In: S. H. Filipp (Hrsg.): Kritische Lebensereignisse. Urban, München 1981

Rosenberg, M. B.: Gewaltfreie Kommunikation. Aufrichtig und einfühlsam miteinander sprechen. Junfermann-Verlag, Paderborn 2001

Schwarzer, R.: Psychologie des Gesundheitsverhaltens. Hogrefe, Göttingen 2004

Watzlawick, P.: Anleitung zum Unglücklichsein. Piper-Verlag, München 2005

Watzlawick, P.: Wenn du mich wirklich liebtest, würdest Du gern Knoblauch essen. Piper-Verlag, 2007

Zum Aufbau von Nichtraucherverhalten (www.stop-simply.de)

Für mehr Bewegung und eine gesunde Ernährung (www.heute-anfangen.de)

Arbeitsblätter zur Gedankenänderung mit Hilfe von Byron Katies „The Work" (www.thework.at)

Software zur Stressbewältigung aus dem Projekt „Verbesserung der Beschäftigungsfähigkeit" (www.vbf.arbeitswissenschaft.de)

Günther Mohr

Coaching und Supervision

Abstract
Das Leben der Menschen und auch der Organisationen verändert sich zurzeit fundamental. Die Entwicklung in Technik und Gesellschaft hat in einer weltumspannenden Weise eine hohe Dynamik in Beruf und Arbeit gebracht. Überall dort, wo Menschen die Verantwortung für komplexe Prozesse und insbesondere für die Arbeit mit anderen Menschen tragen, stehen sie vor hohen Anforderungen. Deshalb brauchen sie Unterstützung. Coaching und Supervision finden dabei als Unterstützungsformen immer größere Verbreitung.

Thematische Eingrenzung und Definition

Coaching und Supervision stellen vereinbarte Entwicklungsbeziehungen dar, in denen ein Mensch bezüglich seines persönlichen Handelns und Erlebens im Beruf mithilfe professioneller Beratungstechniken unterstützt wird. Dies kann eine andere Person als Coach oder Supervisor tun. Langfristig und bis zu einem gewissen Grade kann und sollte jeder aber den eigenen Coach in sich entwickeln.

Coaching

Ein professioneller Coach gestaltet in einem beratenden Lernkontext eine Entwicklungsbegleitung auf Zeit. Er gibt und initiiert in Lehr- und Lernsituationen passende Impulse für den Coachee. Im Rahmen einer vereinbarten spezifischen Zielsetzung steuert er die Entwicklung über die Beratung, Begleitung, Reflexion und Unterstützung relevanten Handelns, Denkens und Fühlens (Mohr, 2008).

Coaching hat in den letzten Jahren einen enormen Boom erlebt. Coachingangebote und -ausbildungen schießen wie Pilze aus dem Boden. Als eine mit zwanzig Jahren noch recht junge Disziplin zeigt der Coachingmarkt heute noch relativ viel Wildwuchs. Der Begriff suggeriert durch seine Tradition im Sport (z.B. bei amerikanischen Football- und Baseballtrainern oder auch mittlerweile europäischen Fußballtrainern) Höchstleistungserwartungen. Gleichzeitig ist für viele Laien die Differenziertheit des guten Coachings nicht wahrnehmbar, weil sich gerade gute Coaches dadurch auszeichnen, dass sie ihre Veränderungsimpulse in einer normalen Sprache und gut umsetzbar formulieren. Das verführt manchmal dazu anzunehmen, dass es sich um etwas Einfaches, auch für Laien Durchführbares handelt. Dass ein guter Coach über mindestens zehn Jahre Ausbildung hinter seinem Tun verfügt, bleibt dem Laien oft verborgen. Er merkt die Differenziertheit erst, wenn er selbst in der Rolle des Gecoachten ist und wenn es für ihn effektiv und effizient ist. Modernes Coaching wie auch modernes Management orientiert sich an den Kriterien evidenzbasierten Arbeitens (Brodbeck, 2008; Pfeffer, 2008). Es braucht wissenschaftliche Belege für Vorgehensweise und Wirksamkeiten.

Der Deutsche Bundesverband Coaching (DBVC) definiert demzufolge Coaching als die „professionelle Beratung, Begleitung und Unterstützung von Personen mit Führungs- und Steuerungsfunktionen und von Experten in Organisationen" (DBVC 2007, S. 19). Darüber hinaus sieht der DBVC Coaching „auch auf die entsprechenden sozialen Gruppen und organisationalen Systeme" gerichtet. „Sowohl im Einzel- wie auch im Mehrpersonen-Coaching wird dieser soziale und organisationale Kontext immer berücksichtigt" (ebenda, S. 19).

Der Entwicklungsfokus des Coachings kann in unterschiedlichen Bereichen liegen:
- Persönliche Entwicklung (z.B. Übernahme einer Führungsrolle)
- Methoden und Vorgehensweisen (z.B. „Technik" der Leistungsbeurteilung)
- Konzepte und Theorien (z.B. der transformationale Führungsstil)
- Kontext, Einordnung und Vernetzung (z.B. vertikale Teamstrukturen).

Die Entwicklungsfelder des Coachings beziehen sich auf:
- Einzelfallsituationen im Arbeitsleben (z.B. Projekte managen oder mit schwierigen Situationen umgehen)
- Rollen und Beziehungen im beruflichen Kontext (z.B. Veränderungen und neue Rollen annehmen, Beziehungen zu Kunden oder organisatorische Veränderungen gestalten)
- Persönliche Auswirkungen der beruflichen Tätigkeit (z.B. eigene persönliche Ressourcen managen, Work-Private Life-Balance leben).

Supervision

Zwischen Coaching und Supervision gibt es wesentliche Gemeinsamkeiten. Beiden gemeinsam ist die Verwurzelung in der Beratungswissenschaft (Thiel, 1996; Schneider, 2000; Nestmann/Sickendiek/Engel, 2006; Hagehülsmann, 2007; Fatzer, 2008; Mohr, 2008). Auch Supervision bezieht sich auf eine professionelle Begleitung eines hier Supervisand genannten Klienten zu Fragen seiner beruflichen Entwicklung. Der Unterschied zum Coaching liegt in den meisten Begriffsabgrenzungen und auch in der Praxis darin, dass Supervision in der Regel nicht so eindeutig auf einen inhaltlich und zeitlich genau begrenzten Zielvertrag, sondern an einer Begleitungsbeziehung ausgerichtet ist (Schmidt-Tanger, 1998; Raddatz, 2002; Rauen, 2004; Vogelauer, 2005; Schmidt, 2005). Supervision gibt es demzufolge von einmaliger bis hin zu regelmäßiger Fallsupervision, bei der die Arbeit eines Supervisanden, die dieser mit seinen Klienten leistet, betrachtet wird. Supervisand kann auch eine Führungskraft sein, die Mitarbeiter führt. Supervision existiert aber auch als regelmäßige Teamsupervision in Institutionen. Dann liegt der Fokus auf der Zusammenarbeit der Supervisanden untereinander. Supervision wird häufig noch mit den sozialen Berufsgruppen in Verbindung gebracht. Aber auch Supervision hat sich in andere Berufsbereiche hineinentwickelt, meist mit der Bedeutung, dass eine regelmäßige Reflexionsveranstaltung für das berufliche Tun institutionalisiert wird. Dies betrifft auch Führungskräfte. Supervision ist damit auf zwei Ebenen gerichtet: die Beratung zu Arbeitsaufgaben und die Beziehungs- und Teamebene. Diese zweite Ebene geht sogar häufig in eine Organisationssupervision über, die Struktur und Kultur einer Organisation adressiert (Schreyögg, 1994). Festzuhalten bleibt, dass der Unterschied zwischen Coaching und Supervision trotz vielfältiger Differenzierungsbemühungen oft nur in der Etikettierung liegt, nicht zuletzt imagebezogene Ursachen (Coaching in der Wirtschaft, Supervision im sozialen Bereich) hat und sich vor allem die eingesetzten Methoden absolut überschneiden.

Positive Auswirkungen
Der persönliche Nutzen
Coaching und Supervision sind weit mehr als die Anwendung von einigen in Abendkursen erlernten Kommunikationstechniken. Diese Lernformen verkörpern eine Haltung, eine Einstellung, die eine hohe übergeordnete Professionalisierung erfordert. Technik und Haltung wirken nur zusammen, nicht allein. Im Folgenden habe ich daher versucht, die aus meiner Sicht wesentlichen Aspekte darzustellen. Coaching und Supervision werden in Unternehmen oft mit dem Ziel der Leistungssteigerung eingesetzt. Ein unmittelbarer, direkter Effekt auf das Verhalten eines Menschen ist jedoch nicht möglich. Die moderne Neurobiologie hat dies mit dem Satz „Es gibt keine instruktive Interaktion" (Maturana/Varela, 1987) beschrieben. Der Mensch bestimmt als lebendes System immer selbst, was er aus Impulsen von außen macht. Er lässt sich nicht direkt linear instruieren oder umstrukturieren. Der Mensch ist keine Maschine. Selbst wenn er sich als abhängig Beschäftigter in Unternehmen bei vielem anpassen muss, ist er ein sich selbst steuerndes, lebendes System und entscheidet über sein Verhalten, auch sein Leistungsverhalten selbst. Wir wissen aus der modernen Kommunikationsforschung, dass zirka 80 Prozent der kommunikativen Inhalte erst im Empfänger der Kommunikation gebildet werden. Erst der interne Verarbeitungsprozess des Klienten schafft den relevanten Inhalt sowie den Willen und die Fähigkeit zur Veränderung.

Integrierte persönliche Professionalität
Aus der Erkenntnis der Selbststeuerung jedes lebenden Systems gilt, dass Coaching und Supervision effektiv sind, wenn sie dem Beratenen ein Mehr an integrierter Professionalität geben (Hewitt, 2003; Mohr, 2008).

Integrierte persönliche Professionalität ist durch Aufmerksamkeit, Flexibilität, Beziehungsfähigkeit und deren Integration charakterisiert (*siehe Abb. 1*).

Abb. 1: Persönlicher Nutzen integrierter Professionalität (Quelle: Mohr: Charakter integrierter Professionalität, 2008)

Aufmerksamkeit ist das Gewahrsein dessen, was aktuell passiert. Es betrifft die wesentlichen Aspekte, die zurzeit im Zentrum der Aufmerksamkeit stehen. Dies beinhaltet auch die Bewusstheit über den Kontext. Nur mit Bewusstheit sind viele Lernprozesse möglich. Zu dieser Achtsamkeit zählt auch die Selbst-Bewusstheit in dem Sinne, dass man sein eigenes „Persönlichkeitskostüm", das heißt die eigenen Gewohnheitsmuster, für normale Situationen wie auch für Stresssituationen kennt. Aufmerksamkeit und Achtsamkeit bedeuten nicht verklärtes Selbstbewusstsein. Sie bedeuten Abstand zu den eigenen Mustern. So tendiert man im Zweifelsfall auch eher zur bescheideneren Variante des Sichselbst-Sehens.

Flexibilität bedeutet, dass der Mensch nicht auf nur *eine* Weise des Verhaltens oder *einen* Ausgang der Situation festgelegt ist. Es gibt eine Art Wahlmöglichkeit, die der Tatsache Rechnung trägt, dass es manchmal anders kommt, als man erwartet, und dass es nicht immer nur der eine Weg sein muss. Die Realität lebender Humansysteme, ob einzelner Menschen, Gruppen oder Organisationen, ist immer auch die nicht endgültige Überschaubarkeit der relevanten Einflussfaktoren und Szenarien. Darauf ist Flexibilität die Antwort. Zur Flexibilität tragen beispielsweise auch verarbeitete Erfahrungen des Scheiterns bei.

Beziehungsfähigkeit ist die Fähigkeit, mit anderen Menschen und mit Themen in eine der Situation angemessene Beziehung treten zu können. Das enthält Kontaktfähigkeit, das heißt, die Lust mit Menschen in Kontakt zu treten und die Fähigkeit für beide Seiten erfüllende Beziehungen herzustellen. Vielfach liegt im Organisationskontext eine Beziehungskonstellation aus mehreren Menschen und Themen vor. Das erfordert die Kompetenz zu balancierten Beziehungen.

Integration ist die vierte Disziplin. Erst wenn Aufmerksamkeit, Flexibilität und Beziehungsfähigkeit zusammenwirken, ist ein tatsächlich schöpferischer Prozess möglich.

Dann kann man von einem Professionalisierungsfortschritt sprechen, der wenig mit vorgestanzten Lösungen gemein hat.

Ein Teil der integrierten persönlichen Professionalität ist eine Autonomie im Freisein von entwicklungspsychologisch bedingten Einschränkungen, die nicht für die aktuelle Situation angemessen sind. Dies hat Eric Berne, der Begründer der Transaktionsanalyse, als Ziel formuliert (Berne, 1972). Ein anderer Teil davon ist das Sichentwickeln auf etwas hin. Die Coaches Bernd Schmid und Joachim Hipp sprechen hier von „professioneller Individuation" (Schmid/Hipp, 1999). Sie übernehmen damit den von Carl Gustav Jung geprägten Begriff der Individuation, der ein zunehmendes Zu-seinen-eigenen-Möglichkeiten-Finden beschreiben soll.

Begreift man Coaching und Supervision als Begleitung bei beruflichen Entwicklungsprozessen, so geht es um das Vorankommen in den drei Einzeldisziplinen und deren Integration. Alle weiteren Ziele wie Leistungssteigerung, mehr Zufriedenheit oder das Aufgeben hinderlicher und störender Verhaltensweisen werden über zunehmend integrierte Professionalität erzielt.

Der wirtschaftliche Nutzen
Coaching und Supervision minimieren Transaktionskosten

Unter welchen Bedingungen können sich Coaching und Supervision längerfristig als Angebot und Kulturimpuls in Organisationen etablieren? Es reicht nicht, wenn ein Verfahren interessant ist („nice to have"). In marktwirtschaftlichen Ökonomien gilt: Institutionen entwickeln sich, wenn sie helfen, Transaktionskosten zu sparen. Transaktionskosten sind Kosten, die um die Transaktionen in Geschäftsprozessen herum als Reibungsverluste, Risikokosten oder Qualitätsverluste entstehen. Institutionen halten sich solange, wie sie einen Mehrwert erzeugen, indem sie beispielsweise diese Transaktionskosten minimieren. Auf diesem Hintergrund muss eine neue Institution, wie sie auch diese Unterstützungsmaßnahmen darstellen, einen Return on Investment versprechen. Sie müssen andere Transaktionskosten entscheidend vermindern. Das tun sie, wenn sie präventiv Schaden verhindern, langfristig wirklich anwendbare Kompetenz schaffen und in Akutsituationen konstruktive Lösungen ermöglichen (*siehe Abb. 2*).

Abb. 2: Interventionsmöglichkeiten (Quelle: Mohr, 2008)

Coaching und Supervision bringen Qualitätszuwachs

Als Weiteres leisten diese Methoden einen Qualitätszuwachs. Dazu zählt auch die Reduzierung von Risiken, wie sie heute nach den Anforderungen des internationalen Basel-II-Abkommens immer mehr in Firmen beachtet werden müssen und wie sie durch die Finanzkrise überaus deutlich geworden sind. Es schaut noch mal einer drüber, der einen „läuternden" Blick hat. Beispielsweise in der Dienstleistung „Führung von Mitarbeitern" stellt sich die Herausforderung der Qualität heute zunehmend, da die Anforderungen an Führung größer geworden sind. Diese Ergänzung des Qualitätsbegriffs wird heute in Wirtschaftsunternehmen zunehmend gesehen, da die Spielräume auf der technischen und Hard-Fact-Ebene oft ausgereizt sind oder zumindest nicht ohne Fortschritte im organisationskulturellen Bereich zu realisieren sind. Gerade in Umstrukturierungszeiten sind die Transaktionskosten hoch. Coaching bringt dabei die notwendige Kultur der flexiblen und situationsbezogenen Problemlösung in ein Unternehmen ein (Raddatz, 2002; Rauen, 2004; Vogelauer, 2005; Höher, 2007).

Coaching und Supervision entwickeln eine neue Lernkultur

Ein weiterer Aspekt ist die Ergänzung zu Veränderungen im Managementinstrumentarium. Fortschritte im Controlling, die die EDV möglich machen, haben zeitweise zu einer neuen Distanz im Führen geführt. Der Vorgesetzte kann in Distanz zum Mitarbeiter gehen und wie ein Jury-Mitglied über dessen Zielerfüllung urteilen. Management lässt sich aber nicht auf das Zahlenabfragen reduzieren. Der Weg, den eine Führungskraft mit Mitarbeitern von einem Ist-Zustand zu einem Soll-Zustand zu leisten hat, wird durch Coaching und Supervision exemplarisch begleitet. Diese Wegbegleitung ist dabei gleichzeitig das Modell für die Aufgabe der Führungskraft (Haberleitner u.a., 2001). Dies wirkt als ein so genannter positiver Parallelprozess. Es bedeutet: Das, was die Führungskraft ihren Mitabeitern gegenüber in der Beziehung zeigen soll, erlebt sie selbst modellhaft in der Beziehung vom Coach. In einem ganzen Unternehmen praktiziert, werden so gesamtunternehmerische Veränderungsprozesse begleitet, wie es der Managementberater Peter Höher aus der Praxis beschreibt (Höher, 2007).

Alles Lernen geschieht in Beziehung. Wir lernen nie alleine. Selbst, wenn wir am Computer einen neuen Inhalt lernen, stehen internalisierte Lernpartner Pate. Lernen und Sichentwickeln hat beim Menschen immer eine persönliche Beziehungsgeschichte. Schon die ersten Lernprozesse (gehen, essen, sprechen lernen) passieren im Beziehungskontakt. Das führt dazu, dass die besondere Art und die Haltung der Bezugspersonen auch verinnerlicht werden. Der Kontext und das „Wie" sind bei den frühen Lernprozessen wichtiger als das „Was". Die „frühen" Beziehungserfahrungen aus den ersten Lebensjahren eines Menschen sind außerordentlich prägend. Sie werden zu den wesentlichen Rahmen- und Begleitbedingungen jedes späteren Lernprozesses, ob innerpsychologisch oder durch die Wahl der Lernpartner.

Praktisch heißt das: Wenn wir später am Computer quasi alleine lernen, sind wir dennoch nicht alleine. Internalisierte Stimmen unserer früh erlebten „Lernbegleiter" sind unbewusst mit dabei und lassen sich auf Befragen auch sehr schnell identifizieren. Nach heutigen Erkenntnissen sind die inneren Lernbegleiter ausschlaggebend für den Erfolg des Lernprozesses bei Erwachsenen. Der innere Dialog mit dem Lernbegleiter erleichtert oder erschwert das Lernen, macht es manchmal gar unmöglich. In der Entwicklung, Veränderung und Korrektur dieses internalisierten Lernkontextes liegt die wesentliche Herausforderung im Coaching. Dies ist nur in einer entsprechend professionell gestalteten Beziehung möglich. Es bedeutet auch die Einnahme einer Coachinghaltung für Führungskräfte, die durch den professionellen Coach dann ergänzt wird, wenn es nötig ist.

Coaching und Supervision erzeugen Kompetenzmehrwert

Führungskräfte haben eine gesellschaftliche Funktion. Manager werden heute vielfach als gestaltende Faktoren nicht nur der Wirtschaft, sondern auch der Gesellschaft angesehen. Bei Managern ist dabei nicht an das öffentlichkeitswirksame Topmanagement zu denken. Die Effizienz eines Unternehmens hängt vielmehr vom mittleren Management ab (Katzenbach, 2002; Aburdene, 2008). Zudem müssen Manager gesellschaftliche Veränderungen in die Wirtschaft übersetzen. Andererseits bekommen sie sehr schnell die Dynamik wirtschaftlicher Veränderungen zu spüren. Ihre Aufgabe ist es, darauf angemessen zu reagieren. Die aktuellen Veränderungen betreffen vor allem den Prozessaspekt, die Art, wie sich Entwicklungen heute vollziehen. Die Geschwindigkeit von Entwicklungen in Gesellschaft und Wirtschaft hat sich beschleunigt. Früher unvereinbare Elemente treten heute gleichzeitig auf wie wirtschaftliche Aufschwungdynamik bei zunehmender Gefährdung der Arbeitsplätze. Zusätzlich bleiben Begrenzungen wirtschaftlicher Aktivität durch die Belastung der ökologischen Systeme. Dies ergibt unklarere Zukunftsszenarien. Überhaupt lassen sich Trends weniger gut fortschreiben. Szenarien mit relativ gesicherter Auftretenswahrscheinlichkeit gibt es nur noch für kurze Zeiträume. Persönliche Erfahrungen aus früheren Situationen erscheinen weniger anwendbar. Altbewährtes Denken und Verhalten verliert seine Rolle als tragfähiges Konzept für eine gesunde Entwicklung. War es über einige Generationen günstig, Führungsqualität als Aufbau eines stabilen Bezugsrahmens mit festen Grundsätzen für relativ konstante Umfeldbedingungen zu verstehen, ist heute Flexibilität, ständige Gefasstheit auf Veränderungen für Manager gefordert. Insgesamt sind stetige Veränderungsprozesse immer mehr die Regel als die Ausnahme. Gleichzeitig Kontinuität herzustellen ist die Herausforderung der heutigen Zeit. Diese Umkehrung von Basisprozess und Zusatz wird gerade für Manager in Branchen zum Problem, deren Produkte durch Konstanz und Kontinuität ihren Wert bekamen (Öffentliche Verwaltung, Banken etc.). Auf diesem Hintergrund wird die ganzheitliche methodische und persönliche Kompetenz des Umgehens mit den heutigen wirtschaftlichen und gesellschaftlichen Veränderungen zum Markenzeichen guter Führungskräfte. Komplexitätsmanagement ist davon ein Stichwort. Lösungen sollen einerseits systemangemessen, andererseits für den einzelnen wesensgemäß sein. Effizienz setzt hier einen längeren kontinuierlichen persönlichen Entwicklungsprozess voraus. Dazu wird die Begleitung durch Coaching oder Supervision als gute Unterstützung und damit passende Dienstleistung erlebt.

Betriebliche Praxisbeispiele

Im Folgenden finden Sie drei Beispiele zur konkreten Anwendung von Coaching und Supervision im beruflichen und betrieblichen Bereich. Das erste Beispiel betrachtet eine Coaching und Supervision kombinierende Maßnahme in Gruppenform. Der Coachingaspekt kommt in klaren Zielverträgen mit den Teilnehmern zum Ausdruck, der Supervisionsaspekt in der langfristigen Begleitung der Teilnehmer. Das zweite Beispiel fokussiert auf Einzelcoaching von im Betrieb Tätigen. Hier wird zur Verbesserung der Stressbewältigungskompetenzen als konzeptionelle Grundlage das Antreiber-Modell von Kahler (1977) eingesetzt. Als Drittes folgt ein Beispiel von Coaching zur Unterstützung der Organisationsentwicklung. Es beschreibt ein modernes Diagnose- und Interventionssystem für Bereiche von Organisationen bis hin zu ganzen Organisationen.

Beispiel für Einzelcoaching und -supervision zur Personenqualifizierung – Supervisionsgruppen: „Führung und Management"

- Spätnachmittags um 17.00 Uhr treffen sich fünf Führungskräfte zur Praxisberatungsgruppe „Führung und Management" mit einem Coach im Bildungszentrum einer Regionalbank.
- Am Anfang stellt der Coach vier Fragen: „Was ist aus dem vom letzten Mal geworden? Was beschäftigt Sie zurzeit in Ihrer Führungsrolle, was beschäftigt Ihre Mitarbeiter? Gibt es ein Anliegen, das Sie heute ausführlicher besprechen wollen?" In der folgenden Anfangsrunde gibt es schon persönlich-professionelle Feedbacks seitens des Coaches.
- Einer von den Führungskräften will heute erfahren, wie er von Teamgesprächen, in denen er bisher fast ständig in die Rolle des Alleinunterhalters kommt, hin zu mehr Beteiligung und Verantwortungsübernahme der Mitarbeiter kommt.
- Ein anderer hat in den nächsten Tagen ein schwieriges Gespräch mit einem Mitarbeiter zu führen, bei dem er diesem quasi „die gelbe Karte" zeigen muss.
- Ein dritter möchte gerne wissen, wie er den jüngsten Controllingbericht in seiner Vertriebseinheit interpretieren kann und wie er mit der Rückmeldung seines Chefs, er sei „einfach zu zahm", umgehen kann.
- Zusätzlich steht heute ein Theoriethema auf dem Plan: „Zeitstrukturierung unter Beziehungsaspekten". Es nimmt mit Übung etwa eine halbe Stunde in Anspruch.

- Nach der Anfangsrunde erfolgen die Zeitplanung und die nach passenden Methoden vorgehende Bearbeitung der Fallsituationen mit Lerneffekt für alle, aber auch mit entsprechenden persönlichen Anregungen für den Fallgeber.
- Kurz vor 19.00 Uhr gibt es eine Auswertungsrunde, ein neuer Termin wird vereinbart und die Teilnehmer nehmen einen aktuellen Artikel über Wettbewerbstheorie zur Lektüre mit.

Für die Firmierung der Coaching und Supervision kombinierenden Maßnahme wurde der Begriff „Praxisberatung" gewählt, weil der Einstieg zu einem Zeitpunkt stattfand, als Supervision in Unternehmen noch zu fremd klang. Die Rahmenbedingungen der Praxisberatungsgruppen sind:
- Gruppengröße: vier bis fünf Personen
- Dauer: zwei bis zweieinhalb Stunden
- Kollegen, die nicht direkt zusammenarbeiten, vergleichbare Hierarchiestufe
- Regelmäßiger Turnus, zehn bis zwölf Termine im Jahr
- Professionelle Leitung und Steuerung.

Die Erfolge dieses Coaching-Systems lassen sich sehen (Mohr, 2000; Mohr, 2008). Menschen lernen Problemlösekompetenz, Selbstsicherheit und professionelle Urteilsfähigkeit (Schulz von Thun, 1996). Das Unternehmen profitiert durch die Bindung guter Mitarbeiter und den stetigen Kompetenzzuwachs.

Beispiel Einzelcoaching zur Personenqualifizierung –
Präventives Coaching bei Stresssituationen – Antreiber-Coaching
Personenqualifizierung ist das Lernen und die professionelle Entwicklung jedes einzelnen Mitarbeiters. Was ist zu lernen? Beispielsweise ist es, wenn es um Stressbewältigungsfähigkeiten geht, der Umgang mit den eigenen „Antreibern", relativ gut untersuchter innerer Stressoren (Dehner, 2001; Kahler, 1977; Köster, 1999; Mohr, 2003; Preukschat, 2003; Schneider, 2006; Schmid/Hipp 2000; Kreyenberg, 2003; Schmid, 2004; Kreyenberg, 2008), die zur Verschärfung äußerer Anforderungen und zu mangelndem Eigenschutz führen. Einzel-Coaching, das die Antreiber als ein relevantes Thema bei einem Coachee diagnostiziert, wird diese Thematik mit dem Coachee lösungsorientiert bearbeiten. Das findet in einer bewussten Ansprache des Themas sowie in einer antreiberfreien Beziehungsgestaltung des Coaches zum Coachee statt. So wird der Coach, wenn es beispielsweise um den „Beeil Dich immer"-Antreiber geht, den Coachee auf dieses Thema bei ihm aufmerksam machen, die Möglichkeiten des Umgangs damit erörtern, konkrete Lösungen sowohl der Nutzung dieses Persönlichkeitszuges als auch des Stoppens unguter Dynamiken einbeziehen. Vor allem wird der Coach eine Alternative in der konkreten Beziehung mit dem Coachee leben, das heißt, dem anderen die angemessene Zeit geben und auch selbst eine guten Umgang mit Zeit und Raum vorleben, indem er auf sich selbst, andere und die Sache achtet und nicht über die Substanz von Situationen hinweghuscht, wie es für das Beeil-Dich-Muster typisch ist. Man nennt dies auch Erlaubnisgebung, weil jeder die Fähigkeit in sich hat, die angemessene Zeit und den Raum für seine Arbeit zu finden. Oft ist dies aber durch fehlleitende Selbstinstruktionen überlagert. Im Coaching werden die Ressourcen beim Einzelnen freigelegt und zur professionellen Nutzung entwickelt.

Weitere Richtungen für die Arbeit mit Antreibern zeigt die *Tabelle 1 (Seite 298)*.

Antreiber	Erlaubnis	Was braucht der Antreiber?
„Beeil dich"	„Nimm dir Zeit"	▪ Achte auf – dich – andere – die Sache ▪ Nimm dir Zeit (Gut Ding will Weile haben; Alles braucht/hat seine Zeit)
„Sei perfekt"	„Du bist gut genug, so wie du bist"	▪ Die Chancen in Fehlern sehen ▪ Perspektiven wechseln ▪ Kundennutzen sehen ▪ Wertschätzung erleben/holen bei 80 % ▪ Feiere Erfolge ▪ Gönn dir Spaß
„Mach's recht"	„Gefalle dir selbst"	▪ Konflikte problemlösend und sachbezogen angehen ▪ Aufwand-Nutzen berücksichtigen ▪ Eigene Wünsche/Bedürfnisse artikulieren ▪ Offenes Angehen von Problemen
„Streng dich an"	„Tu's und habe Erfolg"	▪ Kräfte einschätzen ▪ Zuverlässig sein ▪ Ergebnisorientiert arbeiten ▪ Kontinuität ▪ Auf das Wesentliche konzentrieren
„Sei stark"	„Sei offen und drücke deine Wünsche aus"	▪ Gefühle ausdrücken ▪ Grenzen überschreiten, anderes ausprobieren ▪ Sich fragen: Was brauche ich, was tut mir gut?

Tab. 1: Arbeit mit Antreibern (Quelle: Mohr, 2009)

Beispiel Coaching und Supervision zur Systemqualifizierung
Im dritten Beispiel liegt im Zielkorridor des Coachings ein gesamter Bereich oder eine gesamte Organisation. Zunächst gilt es zu erfassen, wo der Schuh genau drückt. Diese diagnostische Kompetenz wollen Unternehmensinterne gerne dem Coach oder Supervisor abnehmen, indem sie sagen: Wir brauchen ein Kommunikationstraining oder eine Teamentwicklung. Diese Kompetenz ist aber dem Profi-Coach oder -Supervisor vorbehalten, sodass er erst eine sorgfältige Analyse des Unternehmens vorschicken muss. Damit werden wesentliche Entwicklungsfelder identifiziert. Man kann davon ausgehen, dass die Identifikation von drei der zehn folgenden Dimensionen (Mohr, 2006) ausreicht, um wirksame Interventionen anzuschließen. Sie werden die anderen Dimensionen ebenso in Bewegung bringen *(Tab. 2, S. 299)*.

Daraufhin geht es darum, Interventionen für einzelne Dimensionen festzulegen. Der Coach oder Supervisor braucht, wenn er auf dieser Ebene arbeitet, Fertigkeiten im Bereich Organisationsentwicklung. Die *Tabelle 3 auf Seite 300* zeigt Interventionsmöglichkeiten.

Somit zeigt sich ein breites Spektrum zur Anwendung von Coaching und Supervision. Gemeinsam ist den verschie-

Dynamik-felder	Die zehn Systemdynamiken	Einzelfragen zu den Dynamiken
System-struktur	1. Dynamik der Aufmerksamkeit	▪ Womit beschäftigen sich die Leute in der Organisation(seinheit) am meisten? ▪ Wie verhält sich das, was im Moment die Hauptaufmerksamkeit genießt, zu dem, was eigentlich Ziel der Einheit ist?
	2. Dynamik der Rollen	▪ Welche Rollen gibt es momentan im System? ▪ Welche Merkmale haben die Rollen? ▪ Verändern die sich zurzeit und wenn ja, dann wie?
	3. Dynamik der Beziehungen	▪ Wie stehen die Rollen und die Personen miteinander in Beziehung? ▪ Welche Grundbotschaften gibt es zwischen den Rollenakteuren?
System-prozesse	4. Kommunikationsdynamiken	▪ Was charakterisiert die Art, wie man miteinander kommuniziert?
	5. Problemlösedynamiken	▪ Was sind zurzeit „Probleme"? ▪ Wie geht man damit um?
	6. Erfolgsdynamiken	▪ Wie erreicht oder vermeidet man Erfolge?
System-balancen	7. Dynamik der Gleichgewichte	▪ Welches Gleichgewicht würde wer gerne erhalten? ▪ Welches Gleichgewicht wird angestrebt?
	8. Dynamik der Rekursivität	▪ Wie sind ähnliche Prinzipien auf unterschiedlichen Ebenen der Organisation verwirklicht?
System-pulsation	9. Dynamik „Äußere System-Pulsation" (Äußere Grenzlinien/ Offenheit/ Geschlossenheit)	▪ Wie entwickelt sich zurzeit die äußere Grenzlinie des Systems? ▪ Welche Maßnahmen braucht es, um eine „angemessene" Offenheit und Geschlossenheit herzustellen?
	10. Dynamik „Innere System-Pulsation" (Innere Grenzlinien/ Subsysteme)	▪ Welche relevanten Subsysteme lassen sich in der Organisation zurzeit unterscheiden und wie wirken sie sich aus?

Tab. 2: Identifikation der Dimensionen (Quelle: Mohr, 2006)

denen Feldern die professionelle Orientierung an den organisatorischen und den menschlichen Erfordernissen. Näheres zu den spezifischen Methoden wie Appreciative Inquiry (Wertschätzende Befragung) von Copperrider und Srivasta (1987) oder Syntegrity von Beer (1994) sind im Workbook zu Coaching und systemischer Organisationsanalyse enthalten (Mohr, 2009a).

Kriterien für die Auswahl von Weiterbildungsmaßnahmen

Wenn Sie sich selbst coachen, dann sind Sie Coach und Coachee in einem. Dies setzt vor allem die Fähigkeit voraus, sich selbst mit Abstand betrachten zu können. Denn es gilt, in eine Selbstbeobachterposition zu gehen und genau zu analysieren, was man braucht. Viele werden sagen, das

Dynamik-felder	Die zehn Systemdynamiken	Mögliche Interventionen
System-struktur	1. Dynamik der Aufmerksamkeit	• Mitarbeiter befragen • Aufmerksamkeit der Realität anpassen • Kaskadische Kommunikation im Betrieb nutzen • Systeminterventionen evaluieren
	2. Dynamik der Rollen	• Rollen klären • Jobdesign verbessern • Rollenkompetenz aufbauen
	3. Dynamik der Beziehungen	• Systeme aufstellen und bewegen • Vertragsbeziehungen klären • Persönlich und privat unterscheiden • Hier- u. Jetzt-Beziehungen fördern
System-prozesse	4. Kommunikations-dynamiken	• Regelkommunikation verbessern (Führungsgespräche, Führungsfeedback, Zielvereinbarung, Leistungsfeedback, 360°-Feedback) • Regeln für die Kommunikation vereinbaren
	5. Problemlöse-dynamiken	• Problemlösungen üben
	6. Erfolgsdynamiken	• Appreciative Inquiry praktizieren, Best practice, Konsequenzen realisieren
System-balancen	7. Dynamik der Gleichgewichte	• Status auf der Veränderungskurve ermitteln und entwickeln
	8. Dynamik der Rekursivität	• „Syntegrity" aufbauen
System-pulsation	9. Äußere System-Pulsation (Äußere Grenzlinien/ Offenheit/ Geschlossenheit)	• Grenzdefinition verändern • Vertragsklarheit verbessern
	10. Innere System-Pulsation (Innere Grenzlinien/ Subsysteme)	• Aufwandsschätzung

Tab. 3: Möglichkeiten der Intervention (Quelle: Mohr, 2006)

ist gar nicht möglich. Aber auch das Ziel des Coachings mit einer anderen Person als Coach ist das Erlernen des Selbstcoachings. Warum also nicht gleich damit beginnen? Inwieweit Sie sich selbst coachen können, hängt von Ihrem Lerntyp ab: Wie gehen Sie mit sich selbst beim Lernen um?

Wie erfahren sind Sie mit sich selbst als eigener Lernbegleiter? Wer bei diesen Fragen Zweifel hat, ob er selbst eine positive Haltung und entsprechende Erfahrung in der Selbstentwicklung hat, sollte auf jeden Fall einen professionellen Coach konsultieren.

Die Zukunft

Professionelles Coaching und professionelle Supervision von gut ausgebildeten Fachleuten bieten schon heute eine gute Möglichkeit, Umgangsweisen für die Anforderungen und die Veränderungen in Wirtschaft und Gesellschaft zu erwerben. In Zukunft wird hier, folgt man den heute sichtbaren Megatrends der „Ausdehnung des Lebens", der „einen Welt", der „Frauenpower", der „Ressourcenbeanspruchung", der „technischen und kognitiven Komplexität" und der „Individualisierung und emotionalen Komplexität" (Mohr, 2009), noch stärker der gut ausgebildete Begleiter an bestimmten Lebenspunkten gefragt sein. Die berufliche und auch die gesellschaftliche Welt verändern sich mit hoher Dynamik. Um den Veränderungen angemessen begegnen zu können, werden zunehmend Lernformen benötigt, die an der individuellen Struktur des einzelnen Menschen ansetzen. Diese Art des Lernens kann nicht standardisiert erfolgen, wenn das Individuum wirklich erreicht werden soll. Auch die zeitliche Umsetzbarkeit des Gelernten ist zu berücksichtigen. Dies spricht nicht dagegen, Menschen schon früh in Sozialkompetenzen und persönlichen Kompetenzen zu schulen. Dazu gehört gerade in der Schule schon das Lernen von „Supportkompetenz", das heißt, wie man eigenes verantwortliches Handeln durch Unterstützungssettings ergänzt und ermöglicht. Gerade dann können später die auf den Bühnen des Lebens auftauchenden Fragen in der konkreten Situation, wenn nötig durch Begleitung in Form von Coaching oder Supervision, mit sinnvollen Umgangsweisen beantwortet werden.

→ Führung und Gesundheit (S. 220); Bewältigung von Belastungen, Aufbau von Ressourcen (S. 282)

Literatur

Aburdene, P.: Megatrends 2020. Kamphausen, Bielefeld 2008

Beer, S.: Beyond dispute: The invention of team Syntegrity (Managerial cybernetics of organization). Wiley, New York 1994

Berne, E.: Was sagen Sie, nachdem Sie Guten Tag gesagt haben? Fischer, Frankfurt a.M. 1983

Berne, E.: Games People Play, N.Y. 1964; dt.: Spiele der Erwachsenen, Hamburg 1970

Brodbeck, F. C.: Evidenzbasiertes (Veränderungs-) Management. In: Organisationsentwicklung 1, 2008, S. 23–28

Copperider, D. L./Srivasta, S.: Appreciative Inquiry in Organizational Life. In: Pasmore, W./Woodman, R. (Hrsg.): Research in Organization Change and Development 1, S. 129–169, JAI Press, Greenwich, Conneticut 1987

Dehner, U.: Die alltäglichen Spielchen im Büro. Campus, Frankfurt a. M. 2001

Deutscher Bundesverband Coaching (DBVC): Leitlinien und Empfehlungen für die Entwicklung von Coaching als Profession, Kompendium mit den Professionsstandards des DBVC, 2007

Fatzer, G.: Interview mit Prof. Dr. Gerhard Fatzer. In: Coaching-Magazin 3, 2008, S. 12–17

Haberleitner, E./Deistler, E./Engvari, R.: Führen, Fördern, Coachen. Ueberreuter, Frankfurt 2001

Hagehülsmann, H. (Hrsg.): Beratung zu professionellem Wachstum, Die Kunst transaktionsanalytischer Beratung. Jungfermann, Paderborn 2007

Hewitt, G.: Cycles of supervision, Presentation at the ITAA-Conference, in Oaxaca, Mexico 2003

Höher, P.: Coaching als Organisationslernen, EHP, Bergisch-Gladbach 2007

Kahler, T.: The Miniscript. In: Barnes, G. (Hrsg.): Transactional Analysis after Eric Berne. Teaching und practices of three TA schools. N.Y. 1977, 223–256, dt.: Das Miniskript. In: Barnes, G., u.a.: Transaktionsanalyse seit Eric Berne, Band 2; Berlin 1977, S. 91–132

Katzenbach; J.: Die Leistungsträger. Pioniere des Wandels als Garanten der Wettbewerbsfähigkeit. Übereuter, München 2002 (Orig. Peak Performance, Harvard Business School Press 2000)

Kohlrieser, G.: Leadership, Vortrag im Rahmen einer Veranstaltung des IMD, Lausanne, in Basel, Dezember 2005

Köster, R.: Von Antreiberdynamiken zur Erfüllung grundlegender Bedürfnisse. In: Zeitschrift für Transaktionsanalyse 4, 16, 1999, S. 145–169

Kreyenberg, J.: 99 Tipps zum Coachen von Mitarbeitern. Cornelsen, Berlin 2008

Küng, H.: Weltethos für Weltpolitik und Weltwirtschaft. Piper, München 1997

Maslow, A.: Motivation and personality. Harper, 2. Auflage, New York 1970

Maturana, H./Varela, F.: Der Baum der Erkenntnis. Scherz, Hamburg 1987

Mautsch, F.: Vertragsarbeit – Wie kommen wir zu einem gemeinsamen Arbeitsbündnis? In: Rauen, C. (Hrsg.): Coaching-Tools. manager-seminare-Verlag, Bonn 2004, S. 65–71

McClelland, D.: The achievement motive, New York 1953

Mohr, G.: Lebendige Unternehmen führen. FAZ-Buchverlag, Frankfurt 2000

Mohr, G.: Das innere Team der Ich-Zustände. In: Zeitschrift für Transaktionsanalyse, 2003

Mohr, G.: Systemische Organisationsanalyse, Grundlagen und Dynamiken der Organisationsentwicklung. EHP-Verlag, Bergisch-Gladbach 2006

Mohr, G.: Systemdynamiken als anonyme Fehlerquellen. In: Zeitschrift Organisationsberatung-Supervision-Coaching, 3, 14, 2007, S. 235–242

Mohr, G.: Coaching und Selbstcoaching mit Transaktionsanalyse. Professionelle Beratung zu beruflicher und persönlicher Entwicklung. EHP-Verlag, Bergisch-Gladbach 2008

Mohr, G.: Wirtschaftskrise und neue Orientierung. Pro Business, Berlin 2009

Mohr, G.: Workbook. EHP, Bergisch-Gladbach 2009 a

Nestmann, F./Sickendiek, U./Alzina, R. B.: Herausforderungen an Beratung in Bildung, Beruf und Beschäftigung. In: Verhaltenstherapie und psychosoziale Praxis. DGVT 4, 2006, S. 799–816

Pfeffer, J.: Jeffrey Pfeffer über Evidenzbasiertes Management und Organisationsentwicklung. In: Organisationsentwicklung, 1, 2008, S. 28–29

Preukschat, O.: Warum gerade fünf?, Zeitschrift für Transaktionsanalyse, 1, 2003, S. 5–35

Raddatz, S.: Beratung ohne Ratschlag, Systemisches Coaching für Führungskräfte und BeraterInnen. Verlag Systemisches Management Wien 2002

Rauen, C. (Hrsg.): Coaching-Tools. manager-seminare-Verlag, Bonn 2004

Rosenberg, M.: Gewaltfreie Kommunikation. Junfermann, Paderborn 2002

Rückle, H.: Coaching. Moderne Industrie, Landsberg 2000

Schenk, H.: Glück und Schicksal. Wie planbar ist unser Leben? Beck, München 2000

Schmid, B./Jäger, K.: Zwickmühlen. Oder: Wege aus dem Dilemma-Zirkel. In: Zeitschrift für Transaktionsanalyse 1, 3, 1986, S. 5–16

Schmid, B.: Systemisches Coaching und Persönlichkeitsberatung. EHP-Verlag, Bergisch Gladbach 2004

Schmid, B.: Professionelle Kompetenz für Transaktionsanalytiker – das Toblerone-Modell. In: Zeitschrift für Transaktionsanalyse, 1, 1990

Schmid, B./Hipp, J.: Individuation und Persönlichkeit als Erzählung. In: Zeitschrift für systemische Therapie 1, 1999, S. 33–42

Schmid, B./Hipp, J.: Antreiberdynamiken – Persönliche Inszenierungsstile und Coaching, Institutsschriften des Instituts für Systemische Beratung, Wiesloch 2000, www.systemische-professionalitaet.de

Schmidt, G.: Einführung in die hypnosystemische Therapie und Beratung. Carl Auer, Heidelberg 2005

Schmidt-Tanger, M.: Veränderungscoaching. Junfermann, Paderborn 1998

Schneider, J.: Supervision, Supervidieren und beraten lernen. Junfermann, Paderborn 2000

Schneider, J.: Dreistufenmodell transaktionsanalytischer Beratung und Therapie von Bedürfnissen und Gefühlen. In: Zeitschrift für Transaktionsanalyse, 1–2, 14, 1977

Schneider, J.: Das dynamische Handlungspentagon, Zeitschrift für Transaktionsanalyse, 1, 2006, S. 15–35

Schreyögg, A.: Supervision, Didaktik und Evaluation. Junfermann, Paderborn 1994

Schulz von Thun, F.: Praxisberatung. Beltz, Weinheim 1996

Secretan, L. H. K.: Soul Management, Der neue Geist des Erfolgs – die Unternehmenskultur der Zukunft, München 1997

Senge, P.: Das Fieldbook der fünften Disziplin. Klett-Cotta, Stuttgart 1994

Sprenger, R.: Mythos Motivation. Campus, Frankfurt 2003

Thiel, H.-U.: Supervision als spezifische Form der Beratung. In: Verhaltenstherapie und psychosoziale Praxis, DGVT, 1, 96, S. 37–48

Vogelauer, W.: Methoden-ABC im Coaching. Luchterhand, Neuwied 2005

Zweig, J.: Gier – Neuroökonomie: wie wir ticken, wenn es ums Geld geht. Hanser, München 2007

Susanne Brandstetter | Jürgen M. Steinacker

Sport und körperliche Bewegung

Abstract
Sportliche und körperliche Aktivität beeinflussen neben der physischen auch die psychische Gesundheit positiv. Die Wirkmechanismen sind vielfältig: Sowohl hormonell als auch psychisch vermittelte Wirkungen sind bekannt. Angesichts zunehmender Prävalenzen von psychischen Erkrankungen und eines geringen Anteils der arbeitenden Bevölkerung, die ausreichend körperlich aktiv ist, zeigt sich, dass das gesundheitsfördernde Potenzial von Sport und körperlicher Bewegung nur unzureichend genutzt wird. Die Herausforderungen, denen sich unter anderem Maßnahmen unter dem Dach der beruflichen Gesundheitsförderung stellen müssen, bestehen darin, auch Risikogruppen zu erreichen und Modelle zu entwickeln, die eine langfristige Verhaltensänderung ermöglichen.

Thematische Eingrenzung und Definition

Sport, Bewegung und körperliche Aktivität werden in der Alltagssprache oft synonym verwendet. Während unter körperlicher Aktivität jegliche Form strukturierter und unstrukturierter Bewegung, die mit Energieverbrauch verbunden ist, zu verstehen ist, zeichnet sich Sport durch Absichtlichkeit und Zielgerichtetheit aus. Das Konzept der körperlichen Aktivität wird oft auch als Gegenpol zu körperlicher Inaktivität oder einem bewegungsarmen Lebensstil beschrieben.

Körperliche Inaktivität ist ein wichtiger Faktor bei der Entstehung von Übergewicht und Fettleibigkeit und dem dadurch entstehenden metabolischen Syndrom mit Zucker- und Fettstoffwechselstörung, Bluthochdruckerkrankungen, Erkrankungen des Haltungs- und Bewegungsapparates (Arthrosen und degenerative Wirbelsäulen-Erkrankungen) sowie depressiven Erkrankungen und Schmerzsyndromen.

Insgesamt haben die durch körperliche Inaktivität verursachten Erkrankungen eine große Bedeutung für die Morbidität der berufsfähigen Bevölkerung, insbesondere für ältere Arbeitnehmer, und damit große ökonomische Auswirkungen.

Sport und körperliche Aktivität spielen auch bei der Prävention psychischer Fehlbelastungen eine Rolle, die sowohl durch ein Zuwenig als auch durch ein Zuviel an Anforderung entstehen können: Unterforderung durch monotone Arbeitsabläufe auf der einen Seite, Überforderung durch hoch anspruchsvolle, permanent wechselnde Betätigungen auf der anderen Seite stellen die kritischen Tätigkeitsmerkmale dar.

Nach dem Gesundheitsreport der Betriebskrankenkassen in Deutschland gehen im Jahr 2008 immerhin 9,3 Prozent der Krankheitstage auf psychische Störungen zurück, bei stark steigender Tendenz (BKK Bundesverband 2008).

Knapp 40 Prozent der Beschäftigten in Deutschland treiben keinerlei Sport, weitere 19 Prozent betätigen sich pro Woche weniger als eine Stunde sportlich (Studie an einer für Deutschland repräsentativen Stichprobe von 18- bis 65-jährigen Arbeitnehmern; Schneider/Becker 2005). In ihrer Freizeit besonders wenig sportlich aktiv sind Personen, die einem körperlich anstrengenden Beruf nachgehen, sowie Personen mit einem niedrigen sozioökonomischen Status.

Die hohen Prävalenzen und steigenden Inzidenzen psychischer Störungen bei Arbeitnehmern und der gleichzeitig geringe Anteil körperlich aktiver Menschen weisen auf ein hohes ungenutztes Potenzial zur effektiven Prävention psychischer Fehlbelastungen am Arbeitsplatz hin.

Positive Auswirkungen von Sport und körperlicher Bewegung auf die Beanspruchung

Die Haupteffekte von Sport und körperlicher Bewegung sind klar in einer körperlichen Leistungssteigerung und daraus resultierend in der Primärprävention körperlicher Erkrankungen zu sehen.

Es scheint so zu sein, dass der Kontext, in dem man sportlich aktiv ist, keinen Einfluss auf den protektiven Effekt ausübt. Wenn der energetische Gesamtverbrauch der Tätigkeiten ähnlich ist, dann scheint auch der protektive Nutzen vergleichbar. Demnach ist es eher nicht wichtig, ob Personen spazieren gehen, Sport treiben oder im Garten arbeiten, sondern die körperliche Aktivität selbst und die damit verbundenen Effekte wie Anregung des Stoffwechsels, Entspannung und psychische Empfindungen sind wichtig.

Körperliche Bewegung hat ganzheitliche Effekte, die Stoffwechsel, Körperkomposition, kardiovaskuläre Funktionen und auch Wohlbefinden sowie physische und psychische Leistungsfähigkeit umfassen.

Die positiven Auswirkungen von Sport und Bewegung auf den Umgang mit oder die Prävention von psychischen Belastungen gehören so zu den erwünschten „Nebenwirkungen".

Psychische Belastungen am Arbeitsplatz können bezüglich ihrer Quellen unterteilt werden in Belastungen durch:
- Arbeitstätigkeiten
- Verhalten des Vorgesetzten
- Verhalten der Kollegen
- Fehlende Gestaltungsmöglichkeiten (nach BKK Bundesverband 2008).

Diese Aufteilung macht deutlich, dass Sport und körperliche Aktivität direkt nur auf die Belastungen durch Arbeitstätigkeiten wirken können, dass sie aber durch ihre psychisch stabilisierende Wirkung sehr wohl dazu beitragen können, Beanspruchungen durch das Verhalten von Vorgesetzten und Kollegen sowie fehlende Gestaltungsmöglichkeiten besser kompensieren zu können.

Verschiedene Modelle versuchen zu erklären, auf welche Art und Weise sich Sport und körperliche Aktivität auf die psychische Gesundheit auswirken können.

Physiologisch orientierte Modelle betonen die hormonell vermittelte Wirkung: Körperliche Aktivität führt zur Freisetzung von zentralen Stresshormonen wie Endorphinen, Serotonin, Dopamin. Diese Neurotransmitter stehen in Zusammenhang mit gehobener Stimmung, Motivation, Flow-Erleben und Glück. Periphere Zellen etwa in Muskulatur oder Fettgewebe verfügen vermittelt durch Botenstoffe über direkte Rückkopplungsmechanismen auf das Gehirn. Es finden sich im Hypothalamus unter anderem Rezeptoren für Insulin, Il-6, Leptin, Adiponectin, Cortisol und Katecholamine, die letztlich die neuronale Erregungslage beeinflussen. Zusätzlich senkt Training die intrinsische sympathische neuronale Aktivität und vermindert auch eine inaktivitätsbedingte chronische Inflammation (Harbach u.a., 2006; Steinacker u.a., 2005).

Psychologisch orientierte Modelle gehen von den positiven Begleiterscheinungen aus, die bei körperlicher Aktivität auftreten. Diese spielen insbesondere beim organisierten Sporttreiben eine wichtige Rolle: Strukturierung des Alltags durch regelmäßige Termine, kurzfristige Ablenkung, die das Durchbrechen negativer Gedankenketten ermöglicht, das Erleben von Erfolgen, das Gefühl, sich etwas Gutes zu tun, und der Kontakt mit anderen stellen Effekte dar, die das psychische Wohlbefinden stärken.

Umfassendere Modelle, wie zum Beispiel die salutogenetisch orientierten, sehen körperliche Aktivität und Sport als eine mögliche Tätigkeit an, mittels derer gesunderhaltende Ressourcen erworben und verstärkt werden können. Durch Sport werden auch mögliche passive im Berufsleben geprägte Verhaltensweisen durchbrochen und eine aktive Lebensgestaltung wird gefördert.

Aber auch die eingangs erwähnte Hauptwirkung von Sport und Bewegung, die Verbesserung der körperlichen Gesundheit, trägt zur Prävention psychischer Belastungen bei, genau genommen zur Prävention der Belastungen, die sich infolge körperlicher Beschwerden ergeben können. Als Beispiel seien durch Bewegungsmangel und Fehlhaltungen bedingte chronische Schmerzen genannt. So finden sich Zusammenhänge zwischen dem Auftreten von Rückenschmerzen und dem Erleben von Stress (Schneider u.a., 2005), wobei Stress nicht nur als eine mögliche Ursache, sondern auch als eine mögliche Folge von Rückenschmerzen betrachtet wird. Somit bietet sich ein Ansatzpunkt, wie durch Sport und Bewegung zur Prävention oder Therapie von Rückenschmerzen zugleich positive psychische Effekte erreicht werden können.

Forschungsstand

Eine umfassende und aktuelle Übersicht über den Forschungsstand zu den Effekten von Sport und körperlicher Aktivität auf die psychische Gesundheit oder Faktoren, die die psychische Gesundheit beeinflussen, geben Wagner und Brehm (2008). Sie kommen zu der Schlussfolgerung, dass „… die derzeitigen Forschungsergebnisse einen Zusammenhang zwischen körperlich-sportlicher Aktivität und ausgewählten physischen, psychischen und sozialen Merkmalsbereichen von Gesundheit [nahelegen] …" (S. 571).

Diese vorsichtige Formulierung ist den zum Teil nicht ganz einheitlichen Forschungsbefunden zur Wirkung körperlicher Aktivität auf das psychische Befinden geschuldet: Die Spannweite körperlicher Aktivität von wenig anstrengender Bewegung im Alltag bis hin zu hochintensiven Trainingseinheiten sowie eine Vielzahl an Zielvariablen, die wiederum in unterschiedlichen Versuchsanordnungen mit verschiedenen Instrumenten erfasst werden, machen die Befunde unübersichtlich und kaum vergleichbar. Unter den regelmäßig untersuchten Variablen finden sich sehr allgemein gehaltene, umfassende Konstrukte, wie die subjektiv empfundene Lebensqualität oder das Befinden im Allgemeinen, aber auch sehr differenzierte, wie beispielsweise das Körperselbstbild oder Symptome von Angststörungen und Depressionen.

Zur Veranschaulichung seien zwei Studien genannt:

(1) Der Zusammenhang zwischen „kleiner" alltäglicher Bewegung und dem psychischen Befinden wurde in einer Studie an 124 erwachsenen Versuchspersonen untersucht. Schwerdtfeger, Eberhardt und Chmitorz (2008) konnten zeigen, dass bedeutsame Korrelationen zwischen Bewegungsphasen und darauf folgendem positivem Affekt und einem Gefühl energetischer Aktiviertheit bestehen. Die Probanden der Studie trugen über 12 Stunden ein Gerät zur Aktivitätsmessung und einen kleinen, tragbaren Computer, durch den sie stündlich zu ihrem Befinden befragt wurden. Selbst die alltäglichen kleinen Bewegungsepisoden (z. B. Treppensteigen) scheinen folglich einen zumindest kurzfristigen positiven Einfluss auf die Stimmung zu haben.

(2) In einer kontrolliert randomisierten Studie untersuchten Knubben und Mitarbeiter (2007) die Wirkung eines 10-tägigen Ausdauertrainings bei depressiven Patienten. Die Patienten, die an dem Training teilnahmen, profitierten signifikant hinsichtlich ihrer depressiven Symptomatik verglichen mit den Patienten in der Kontrollbedingung (Dehnungs- und Entspannungsübungen).

Zusammenfassend kann festgehalten werden, dass über eine allgemeine positive Wirkung körperlicher Aktivität auf die psychische Gesundheit kaum Zweifel bestehen. Wenn es aber darum geht, dieses Wissen in zielgerichtete Maßnahmen umzusetzen, bleiben noch Fragen offen:

Welche Personen profitieren durch welche Art körperlicher Aktivität bezüglich welcher Zielvariablen?

Betriebliche Praxisbeispiele

Viele Arbeitgeber haben die Notwendigkeit betrieblicher Gesundheitsförderung erkannt und Verantwortung für die Gesundheit, aber auch für die langfristige Leistungsfähigkeit ihrer Angestellten übernommen.

In der betrieblichen Förderung von Sport und körperlicher Aktivität sind bezüglich der Rolle, die der Betrieb einnimmt, unter anderem die folgenden Modelle zu unterscheiden.

Unterstützen des privaten Sporttreibens:
- Durch vergünstigte Konditionen bei der Teilnahme an außerbetrieblichen Kursen oder beim Training in Fitnessstudios oder in Sportvereinen
- Durch finanzielle Anreize („incentives") bei erfolgreicher, längerfristiger Teilnahme an bestimmten Maßnahmen.

Ermöglichen des innerbetrieblichen Sporttreibens:
- Durch das Anbieten klassischer Betriebssportgruppen
- Durch Trainingsmöglichkeiten auf dem Betriebsgelände
- Durch Trainingsmöglichkeiten zumindest teilweise innerhalb der Arbeitszeit.

Erleichtern und Fördern körperlicher Aktivität im Arbeitsalltag (activity seeking):
- Zum Treppensteigen anregen
- Auf Telefongespräche innerhalb des Hauses verzichten und den Gesprächspartner aufsuchen.

Schaffen von gesundheitsförderlichen Rahmenbedingungen:
(um präventiv gegen Überlastungen durch einseitige oder stark beanspruchende körperliche Aktivität vorzugehen):
- Ergonomische Ausstattung von Arbeitsplätzen
- Integration sinnvoller körperlicher Tätigkeiten in monotone Arbeitsabläufe
- Rückenschule, aktives Sitzen
- Kompensatorischer Muskelaufbau für Personen mit stark beanspruchenden körperlichen Tätigkeiten.

In der Praxis kommt es vermehrt zu umfassenden Ansätzen, die aus Kombination der verschiedenen Bausteine bestehen. Sie haben den Vorteil, dass sie wegen ihrer Vielfältigkeit von verschiedensten Gruppen von Beschäftigten akzeptiert werden.

Faktoren, hinsichtlich derer sich Programme unterscheiden beziehungsweise die für den Erfolg in der praktischen Umsetzung ausschlaggebend sein können, sind die Zielgruppenorientierung, Inhalte und Zielsetzung des Angebotes und die Berücksichtigung psychologischer Variablen.

Zielgruppenorientierung

Man unterscheidet Angebote, die sich an bestimmte Risikogruppen (z.B. Personen in stark beanspruchender Tätigkeit, Personen in der beruflichen Wiedereingliederung) beziehungsweise an die gesamte Belegschaft eines Betriebes richten. Zudem erscheint es wichtig, die verschiedenen Bedürfnisse der verschiedenen Gruppen von Beschäftigten zu berücksichtigen: Dabei spielen sowohl praktische Aspekte (z.B. Schwierigkeiten von Schichtarbeitern, an regelmäßig stattfindenden Angeboten teilzunehmen) als auch inhaltliche Präferenzen eine Rolle.

Befragt nach Gründen, die für sie die Teilnahme an betrieblichen Maßnahmen zur Förderung der körperlichen Aktivität erschweren oder sie ganz daran hindern, antworteten Beschäftigte in einer US-amerikanischen Untersuchung mit Fokus-Gruppen am häufigsten mit dem Argument der fehlenden Zeit, wobei die Schwierigkeiten bei Büroangestellten eher in konkurrierenden Terminen, die bei Arbeitern in der Schichtarbeit lagen. Für beide Gruppen galt, dass sie eine gute körperliche Gesundheit als wichtige Voraussetzung für eine Teilnahme an betrieblichen Programmen zur Steigerung der körperlichen Aktivität sahen (Fletcher u.a., 2008). Demzufolge sind flexible zeitliche Lösungen und Angebote, die körperliche Fitness nicht schon voraussetzen, Ansatzpunkte, die Teilnahmequoten an solchen Programmen zielgruppenübergreifend zu erhöhen.

Inhalte und Zielsetzung des Angebotes

Die meisten Maßnahmen der betrieblichen Gesundheitsförderung, die eine Steigerung der körperlichen Aktivität vermitteln wollen, zielen explizit auf die Erhaltung und Förderung der körperlichen Gesundheit beziehungsweise auf die Prävention von lebensstilbedingten Erkrankungen ab. Im Mittelpunkt stehen dabei Herz-Kreislauf- und Muskel-Skelett-Erkrankungen. Für bestimmte Zielgruppen mögen aber andere Aspekte körperlicher Aktivität bedeutender und damit auch für eine Teilnahme motivierender sein: zum Beispiel motorische Fertigkeiten zu fördern, gezielten Muskelaufbau zu betreiben, die Stressresistenz zu erhöhen, die Figur positiv zu beeinflussen, eine attraktive Sportart zu erlernen oder auch neue Kontakte aufzubauen.

Berücksichtigung psychologischer Variablen

Klare Zielsetzungen und Selbstverpflichtungen (z.B. in Form von Verträgen) erhöhen die Chance, dass Beschäftigte sich längerfristig in Maßnahmen zur Steigerung der körperlichen Aktivität engagieren.

Besonders wenn es darum geht, Anfangshürden zu überwinden, sind in gewissem Maße auch externe Anreize von Nutzen. Allerdings wirken solche „incentives" nicht auf Dauer; sie können im schlechtesten Fall eine ursprünglich innere Motivation für ein Verhalten negativ beeinflussen. Als hilfreich erweist es sich, wenn Beschäftigte in eine Gruppe Gleichgesinnter eingebunden sind und so soziale Unterstützung erfahren. Hier kann die eigene Arbeitsgruppe im Betrieb wirksame Unterstützung bieten. Voraussetzung dafür ist allerdings die Freiwilligkeit der Teilnahme und die Attraktivität der Gruppe.

Die Sichtbarkeit von Ergebnissen und die Wahrnehmung kleiner Erfolge ist ebenfalls wichtig; damit Teilnehmer bei vermeintlichem Ausbleiben von positiven Resultaten nicht aufgeben – schließlich sind die angestrebten Konsequenzen körperlicher Aktivität auf die psychische Belastbarkeit sehr langfristiger Natur –, müssen kleine, aufeinander aufbauende und vor allem merkbare Ziele gesetzt werden. Der Einsatz von Monitoring-Instrumenten wie zum Beispiel Protokoll-Bögen oder Schrittzählern stellt eine angemessene Methode dar.

Bei einer Studie an Polizisten in Deutschland hat sich gezeigt, dass besonders an den Tagen, an denen körperliche Aktivität im Sinne von Ausgleichssport zur Kompensation von psychischer Belastung durch den Arbeitstag als notwendig empfunden wird, weniger Zeit mit körperlicher Aktivität verbracht wird und stattdessen (körperlich) anstrengungsarme Tätigkeiten vorgezogen werden. Die Autoren vermuten, dass zur Selbstregulation (also zum Sichüberwinden, nach dem Arbeitstag aktiv zu werden) nötige Ressourcen während des stressigen Arbeitstages bereits „aufgebraucht" wurden (Sonnentag/Jelden, 2009).

Dieses Dilemma mag durch eine gezielte Förderung von Strategien zur Stärkung der Selbstregulationsfähigkeiten lösbar sein: Übungen zur Selbstwahrnehmung, zur Verbesserung der Planungs- und Zielsetzungsfähigkeiten und zum Einholen sozialer Unterstützung sind besonders wichtig und haben sich verschiedentlich als erfolgreich erwiesen, wenn es darum geht, Personen zu einer nachhaltigen Verhaltensänderung zu führen (Cullen u.a., 2001; Schwarzer, 2001).

Evaluationsergebnisse für betriebliche Maßnahmen

Insgesamt haben betriebliche Programme zur Gesundheitsförderung das Potenzial, das psychische Wohlbefinden der beteiligten Mitarbeiter zu steigern. Zu diesem Schluss kommen Kuoppala u.a. (2008) in ihrer aktuellen metaanalytischen Übersichtsarbeit. Vor allem Programme, die auf eine Steigerung der körperlichen Aktivität abzielen, zeigen sich hinsichtlich psychischen und körperlichen Wohlbefindens erfolgreich. Koffman u.a. (2005) betonen in einer ökonomischen Metaanalyse, dass solche Maßnahmen auch für die Arbeitgeber effektiv sind und das „return on investment" (ROI) in Gesundheitsförderung für einen Zeitraum von 2 bis 6 Jahren bei 2 bis 5 Dollar pro Dollar Investment liegt. Unter ROI wird hier die betriebliche Gesamtbilanz von Kosten und alle darauf bezogenen Gewinne wie vermiedene Krankheitskosten und Fehltage, teilweise auch Produktivitätsgewinne verstanden.

Brand u.a. (2005) berichten, dass die Teilnahme an einem 13-wöchigen Trainingsprogramm, das aus einem zwei Mal wöchentlich angeleiteten Training im Fitnessstudio bestand, bei den Teilnehmern zu einer signifikant verbesserten Lebensqualität führte. Besonders in der empfundenen Lebensqualität bezüglich körperlicher und auch psychischer Gesundheit profitierten die Teilnehmer. Eine nur aus 4 Terminen bestehende Intervention, in der Strategien, körperlich aktiv zu sein, und Entspannungstechniken gelehrt wurden, zeigte bei „gestressten" Angestellten Erfolg: Sowohl direkt als auch 6 Monate nach der Intervention berichteten die Teilnehmer signifikant weniger psychische Beschwerden (Van Rhenen u.a., 2005).

Besonders Studien, die die Wirkung von Interventionen zur Förderung körperlicher Aktivität im Feld, das heißt zum Beispiel im betrieblichen Setting, untersuchen, haben das Problem, dass sie die körperliche Aktivität nicht isoliert von den begleitenden Umständen wie zum Beispiel dem Erleben positiver Bestätigung, dem Aufbau sozialer Kontakte oder der Strukturierung und abwechslungsreicheren Gestaltung des Arbeitstages erfassen können. Nichtsdestotrotz leisten sie einen wichtigen Beitrag zur Frage, ob körperliche Aktivität präventiv gegen psychische Belastungen wirken könnte. Schließlich sind auch die Begleitumstände körperlicher Aktivität, wenn sie denn präventiv wirksam sind, wünschenswert. Bei der Etablierung einer Intervention zur Förderung von körperlicher Aktivität und Sport im Rahmen der betrieblichen Gesundheitsförderung eines Unternehmens stellt das Hauptproblem aber nicht die Frage nach den Wirkmechanismen einer solchen Intervention dar oder inwieweit durch körperliche Aktivität tatsächlich eine Verbesserung der psychischen Ressourcen erzielt werden kann. Vor allem die Fragen nach der praktischen Umsetzung stehen im Vordergrund: nämlich, wie es gelingen kann, die Bereitschaft zu körperlicher Aktivität zu erhöhen, und wie diese Motivation langfristig aufrechterhalten werden kann. Geringe Partizipations- und hohe Drop-out-Raten trotz eines hohen Aufwandes, der von Seiten des Unternehmens betrieben wird, sind eher die Regel als die Ausnahme. Auch die Personen zu erreichen, die wegen ihres geringen Ausmaßes an körperlicher Aktivität oder ihrer Gefährdung für psychische Belastungen zu den Risikogruppen zählen, ist eine Herausforderung. Typischerweise fühlen sich Personen mit einem hohen Bildungsniveau, einem gesunden Lebensstil und einer positiven Einstellung zur Gesundheit im Allgemeinen eher von Programmen zur Gesundheitsförderung angesprochen (Zimolong u.a., 2008).

Praxisbeispiel „Werkbank"
Beschreibung:
Am Beispiel des Projektes „Werkbank" der Wieland-Werke AG mit Hauptsitz in Ulm soll detaillierter auf die Etablierung und Implementierung eines Programms der Betrieblichen Gesundheitsförderung eingegangen werden (Hirmke, 2007). Bei den Wieland-Werken handelt es sich um ein Unternehmen der Metallbranche, dessen Mitarbeiter hauptsächlich im gewerblichen Bereich, oft im Schichtbetrieb, tätig sind. Deshalb besteht die Herausforderung unter anderem darin, gerade die Mitarbeiter, die sowohl durch die Arbeitsgegebenheiten als auch durch ihre persönliche Einstellung bedingt eher „gesundheitsfern" sind, für eine Teilnahme zu motivieren und diese Motivation über einen längeren Zeitraum aufrechtzuerhalten.

Primäres Ziel von „Werkbank" ist die Prävention von muskulär bedingten Erkrankungen, vor allem im Bereich des Rückens. Diese eng ausgerichtete Maßnahme ist allerdings eingebettet in einen Katalog von allgemein gesundheitsfördernden Maßnahmen innerhalb des Unternehmens. „Werkbank" bietet allen Mitarbeitern, auch während der Nachtschicht, pro Woche ein 10-minütiges hochintensives Gerätetraining unter Anleitung eines Physiotherapeuten. Damit das Angebot ohne Arbeitsausfall auch von Mitarbeitern aus der Produktion genutzt werden kann, sind die Rahmenbedingungen so gestaltet, dass die Mitarbeiter ihr Training in der (teils auch stark verschmutzten) Arbeitskleidung durchführen können.

Evaluationsergebnisse

Das Projekt „Werkbank" konnte gute Erfolge bei den Mitarbeitern hinsichtlich der Akzeptanz und der Nutzungshäufigkeit erzielen.

Der Einsatz von „Werkbank" führte bei den beteiligten Mitarbeitern zu einer Kräftigung der Muskulatur und einer verbesserten Mobilität. Über dieses Ergebnis hinaus berichteten die Teilnehmer von geringerer Häufigkeit und niedrigerer Intensität von Schmerzen. Interessanterweise zeigte sich ohne eine direkt auf das psychische Befinden ausgerichtete Intervention ein Einfluss auf die psychische Befindlichkeit. Die Frage „Wie stufen Sie heute Ihre psychische (seelische) Fitness ein?" (nicht verankerte 10-stufige Antwortskala von „sehr gut" bis „sehr schlecht") wurde durchschnittlich nach dem „Werkbank"-Training um eine Kategorie positiver beantwortet.

Fazit

Die beschriebene Pilot-Auswertung des Projektes „Werkbank" der Firma Wieland zeigt, wie auch vermeintlich schwierig zu erreichende Zielgruppen in eine Maßnahme der betrieblichen Gesundheitsförderung erfolgreich miteinbezogen werden können. Zum Erfolg haben vermutlich die enge Betreuung durch die Physiotherapeuten sowie die gut gelungene Integration in den Arbeitsablauf beigetragen. Die positiven „Nebenwirkungen" auf die psychische Gesundheit bestätigen die umfassende Wirkung körperlicher Aktivität. Gerade bei einer Zielgruppe, die erfahrungsgemäß klassischen psychoedukativen Trainings und Maßnahmen gegenüber eher kritisch gesinnt ist, mag eine Intervention, die auf Sport abzielt, eine Alternative darstellen, die sehr viel besser akzeptiert wird, folglich besser genutzt wird und letztendlich so präventiv gegen das Überhandnehmen psychischer Belastungen wirkt.

→ Betriebliche Gesundheitsförderung (S. 86); Soziale Unterstützung (S. 324)

Literatur

BKK Bundesverband (Hrsg.): BKK Gesundheitsreport 2008, Essen 2008

Brand, R./Schlicht, W./Grossmann, K./Duhnsen, R.: Effects of physical exercise on employees' perception of quality of life: a randomized controlled trial. In: Sozial- und Präventivmedizin, 51, 2006, S. 14–23

Cullen, K. W./Baranowski, T./Smith, S. P.: Using goal setting as a strategy for dietary behavior change. In: Journal of the American Dietetic Association, 101, 2001, S. 562–566.

Fletcher, G. M./Behrens, T. K./Domina, L.: Barriers and enabling factors for work-site physical activity programs: a qualitative examination. In: Journal of Physical Activity and Health, 5, 2008, S. 418–429

Harbach, H./Hempelmann, G./Matejec, R.: Differenzierte hypophysäre Proopiomelanocortin-Reaktion bei Stress. In: Deutsche Zeitschrift für Sportmedizin, 57, 2006, S. 73–81

Hirmke, R.: Kosten-Nutzen-Analyse von Maßnahmen der Betrieblichen Gesundheitsförderung am Beispiel „Werkbank®". Unveröffentlichte Diplomarbeit 2007

Knubben, K./Reischies, F. M./Adli, M./Schlattmann, P./Bauer, M./Dimeo, F.: A randomised, controlled study on the effects of a short-term endurance training programme in patients with major depression. In: British Journal of Sports Medicine, 41, 2007, S. 29–33

Koffman, D. M./Goetzel, R. Z./Anwuri, V. V./Shore, K. K./Orenstein, D./LaPier, T.: Heart Healthy and Stroke Free. Successful Business Strategies to Prevent Cardiovascular Disease. In: American Journal of Preventive Medicin 29, 2005, S. 113–121

Kuoppala, J./Lamminpää, A./Husman, P.: Work health promotion, job well-being, and sickness absences – a systematic review and meta-analysis. In: Journal of Occupational and Environmental Medicine, 50, 2008, S. 1216–1227

Schneider, S./Becker, S.: Prevalence of physical activity among the working population and correlation with work-related factors: results from the first german national health survey. In: Journal of Occupational Health, 47, 2005, S. 414–423

Schneider, S./Schmitt, H./Zoller, S./Schiltenwolf, M.: Workplace stress, lifestyle and social factors as correlates of back pain: a respresentative study of the German working population. In: International Archives of Occupational and Environmental Health, 78, 2005, S. 253–269

Schwarzer, R.: Social-cognitive factors in changing health-related behaviors. In: Current Directions in Psychological Science, 10, 2001, S. 47–51

Schwerdtfeger, A./Eberhardt, R./Chmitorz, A.: Gibt es einen Zusammenhang zwischen Bewegungsaktivität und psychischem Befinden im Alltag? Eine Methodenillustration zum ambulanten Monitoring in der Gesundheitspsychologie. In: Zeitschrift für Gesundheitspsychologie, 16, 2008, S. 2–11

Sonnentag, S./Jelden, S.: Job stressors and the pursuit of sport activities: A day-level perspective. In: Journal of Occupational Health Psychology, 14, 2009, S. 165–181

Steinacker, J. M./Brkic, M./Simsch, C./Nething, K./Kresz, A./Prokopchuk, O./Liu Y.: Thyroid hormones, cytokines, physical training and metabolic control. In: Hormonal and Metabolic Research, 37, 2005, S. 538–544

Van Rhenen, W./Blonk, R. W. B./van der Klink, J.J.L./van Dijk, F. J. H./Schaufeli, W. B.: The effect of cognitive and a physical stress-reducing programme on psychological complaints. In: International Archives of Occupational and Environmental Health, 78, 2005, S. 139–148

Wagner, P./Brehm, W.: Körperlich-sportliche Aktivität und Gesundheit. In: Beckmann, J./Kellmann, M. (Hrsg.): Enzyklopädie der Psychologie. Anwendungen der Sportpsychologie. Hogrefe, Göttingen 2008, S. 544–608

Zimolong, B./Elke, G./Bierhoff, H.-W.: Den Rücken stärken. Grundlagen und Programme der betrieblichen Gesundheitsförderung. Hogrefe, Göttingen 2008

Jennifer Gunkel

Kreativität und Gesundheit[1]

Abstract
In diesem Beitrag geht es um die Frage, wie Kreativität und Gesundheit im Arbeitskontext gleichermaßen gefördert werden können. Neben dem Stand der Forschung werden eigene empirische Ergebnisse aus Interview- und Fragebogenstudien vorgestellt. Die Forschungsergebnisse lassen darauf schließen, dass in Bezug auf viele Arbeitsplatzmerkmale eine kreativitäts- und gesundheitsförderliche Arbeitsgestaltung durchaus machbar ist.

Thematische Eingrenzung und Definition

„Es gibt in unserer Zeit die unbedingte Notwendigkeit – man kann fast sagen, den Zwang – zum Kreativen" (Bundeskanzlerin Angela Merkel auf dem Weltwirtschaftsforum 2006 in Davos).

Kreativität und Innovation sind im heutigen Wirtschaftsleben ein „must have", wie das Zitat zeigt. Die Förderung von Kreativität und Innovation ist somit ein wichtiges strategisches Ziel für moderne Unternehmen, um sich im Wettbewerb beweisen zu können. Gerade vor dem Hintergrund der demografischen Entwicklung sollte außerdem die langfristige Sicherung der psychischen und körperlichen Gesundheit der Mitarbeiter gewährleistet werden. Zur kreativitäts- *oder* gesundheitsförderlichen Arbeitsgestaltung gibt es eine Vielzahl von wissenschaftlichen und praktisch orientierten Veröffentlichungen und Methoden (z. B. de Bono, 1996; Bamberg/Ducki/Metz, 1998). Jedoch hat sich bislang kaum jemand mit der Frage beschäftigt, wie Kreativität *und* Gesundheit gleichzeitig gefördert werden können. Es scheint naheliegend, dass Kreativität und Gesundheit zusammengehören, sich gegenseitig bedingen. Aber ist das auch so, wenn Kreativität zur Forderung, zum „Zwang" wird? Steht der „Zwang zum Kreativen" nicht im Widerspruch zur Gesundheitsförderung, wenn er eine zu hohe Anforderung für die Mitarbeiter darstellt? Dieser Beitrag befasst sich mit der Frage, ob und wie Kreativität und Gesundheit gleichzeitig gefördert werden können. Hierzu muss man erst ein-

---

[1] Herzlichen Dank an Jürgen Glaser, Ruth Klendauer und Kostanija Petrovic für ihre konstruktive Kritik zu früheren Versionen dieses Beitrags, an Britta Herbig und Jürgen Glaser für die produktive Zusammenarbeit im Rahmen des Projektes „Create Health!" sowie an Susann Paulisch und Tobias Holzner für ihre Hilfe bei den Interviewstudien. Nicht zuletzt sei allen Firmen gedankt, die an den empirischen Studien teilgenommen haben.

mal wissen, welche Arbeitsplatzmerkmale im klassischen Sinne als kreativitäts- beziehungsweise gesundheitsförderlich gelten. Im Rahmen des an der TU München durchgeführten Projektes „Create Health" („Kreativität und Gesundheit im Arbeitsprozess – Bedingungen für eine kreativitätsförderliche Arbeitsgestaltung im Wirtschaftsleben"[2]) wurde zu dieser Frage der internationale Forschungsstand aufgearbeitet. Im Rahmen von Fallstudien wurden außerdem die Erfahrungen von kreativ arbeitenden Teams herangezogen, um die Ergebnisse aus der Literaturarbeit mit Leben zu füllen (siehe auch Gunkel/Herbig/Glaser, 2007). Ebenso wurde durch Good-Practice-Beispiele verdeutlicht, wie Kreativität und Gesundheit im Unternehmensalltag zugleich gefördert werden können. In diesem Beitrag werden ausgewählte Ergebnisse aus dem Projekt „Create Health" zusammengefasst. Zusätzlich werden neue Umfragedaten einer Fragebogenuntersuchung zum Thema Kreativität und Gesundheit vorgestellt, die bisher nicht veröffentlicht wurden.

Als Grundlage sollen aber zuerst die Begriffe Kreativität, Innovation und Gesundheit erläutert werden. Kreativität lässt sich definieren als die Generierung neuer und nützlicher Ideen durch einzelne Mitarbeiter oder Teams (Amabile 1998). Eine kreative Idee ist also nicht nur neuartig, sondern sie muss auch einen Gewinn, einen Nutzen oder eine sinnvolle Weiterentwicklung eines Produktes oder Prozesses für eine bestimmte Zielgruppe bedeuten. Innovation ist noch weitreichender und bedeutet die Umsetzung dieser neuen und nützlichen Ideen (West/Farr 1990). Frei nach dem Erfinder Edison kann man sich nun denken, dass Innovation „1 Prozent Inspiration und 99 Prozent Transpiration" ist, das heißt, eine neue, nützliche Idee allein verspricht noch keinen Erfolg, solange nicht die Rahmenbedingungen für eine erfolgreiche Umsetzung gegeben sind. Bis zur Umsetzung einer neuen Idee kann eine Menge Kraft und Anstrengung notwendig sein. In diesem Beitrag geht es jedoch nicht um die Umsetzung bereits vorhandener Ideen, sondern darum, wie überhaupt Kreativität entsteht, wie Mitarbeiter zu neuen Ideen kommen. Zusätzlich ist die langfristige Gesundheit der Mitarbeiter von Interesse. Gesundheit lässt sich nach WHO (1986) definieren als „ein Zustand vollkommenen körperlichen, geistigen und sozialen Wohlbefindens und nicht allein das Fehlen von Krankheit und Gebrechen". Ist also dieser Zustand mit der betrieblichen Förderung von Kreativität vereinbar? Der Beitrag fokussiert im ersten Teil kreativitätsförderliche Arbeitsbedingungen und integriert im zweiten Teil empirische Ergebnisse zu kreativitäts- und gesundheitsförderlicher Arbeitsgestaltung. Für einen detaillierteren Überblick zu gesundheitsförderlichen Aspekten der Arbeit siehe G. Richter in diesem Band.

Kreativität und Gesundheit fördern – Das Projekt „Create Health"
Stand der Forschung
Im Projekt „Create Health" wurde zunächst eine Literaturrecherche über die Jahre 1996–2006 zum Thema Kreativität und Gesundheit durchgeführt. Ausgewählt wurden nur wissenschaftlich anspruchsvolle Studien, in denen Kreativität und Gesundheit gemeinsam untersucht wurden. Wir konnten in dem betreffenden Zeitraum drei Studien identifizieren, die den Kriterien genügten. Ein interessantes Ergebnis der ersten Stu-

---

[2] gefördert durch die Bundesanstalt für Arbeitsschutz und Arbeitsmedizin von 2005-2007, Herbig/Glaser/Gunkel, 2008a, 2008b

die (Van Dyne/Jehn/Cummings, 2002) ist, dass Mitarbeiter, die privaten Stress hatten, bei der Arbeit weniger kreativ waren. Für Mitarbeiter, die bei der Arbeit Stress hatten, konnte dieses Ergebnis nicht bestätigt werden. Eine gute Beziehung zum Vorgesetzten schwächte den negativen Zusammenhang zwischen Privatstress und Kreativität bei der Arbeit etwas ab. In der zweiten Studie (Wright/Walton, 2003) wurde ein positiver Zusammenhang zwischen Wohlbefinden (allgemeiner mentaler Gesundheit, Fröhlichkeit) und Kreativität gefunden, das heißt, kreativere Mitarbeiter waren in einer psychisch gesünderen, fröhlicheren Verfassung als weniger kreative Mitarbeiter. Die dritte Studie (Janssen, 2004) untersuchte arbeitsbezogene Ängstlichkeit, Burnout und Kreativität. Kreativere Personen gaben in dieser Studie eher an, ängstlich zu sein oder an Burnout zu leiden, als weniger kreative Personen. Dieser Zusammenhang zeigte sich aber nur, wenn die Personen sich zugleich bei der Arbeit unfair behandelt fühlten. Zusammenfassend lässt sich also sagen, dass sehr unterschiedliche Befunde zum Zusammenhang zwischen Kreativität und Gesundheit existieren. Kreativität und Wohlbefinden scheinen positiv zusammenzuhängen und privater Stress kann sich negativ auf die Kreativität bei der Arbeit auswirken. Ebenso kann Kreativität bei der Arbeit aber auch stressig sein, wenn man sich vom Arbeitgeber nicht ausreichend unterstützt beziehungsweise unfair behandelt fühlt. Insgesamt ist die Befundlage zum direkten Zusammenhang zwischen Kreativität und Gesundheit noch gering.

Zusätzlich identifizierten wir im Projekt „Create Health" auch solche Studien, die den Zusammenhang zwischen Arbeitsplatzmerkmalen und Kreativität untersuchten. In diesen stehen folgende Merkmale des Arbeitsplatzes eindeutig im positiven Zusammenhang mit Kreativität:
- Autonomie beziehungsweise Handlungsspielraum und
- Arbeitskomplexität.

Autonomie bei der Arbeit, das heißt Entscheidungsfreiheit darüber, wie oder in welcher Reihenfolge Dinge getan werden, oder darüber, welche Aufgaben bearbeitet werden, gewährt den nötigen Spielraum für Kreativität. Mit dem Wissen, Freiheiten bei der Ausführung der eigenen Arbeit zu haben, gehen kreative Ideen leichter von der Hand. Hat man hingegen das Gefühl, in den eigenen Entscheidungen eingeschränkt zu sein, wird man kaum selbst mitdenken und neue Ideen generieren, sondern eher „Dienst nach Vorschrift" machen. In Jobs mit komplexen, sich immer wieder verändernden Aufgaben und viel Abwechslung muss man immer wieder die eigene Perspektive wechseln, wodurch sich viele Gelegenheiten für Kreativität ergeben. Komplexe Aufgaben zu lösen bedeutet oft, dass man Wege zum Ziel oder sogar die Zielkriterien selbst nicht kennt (Dörner 1976). Man muss also neue Wege finden und das Ergebnis des eigenen Tuns selbst festlegen beziehungsweise bewerten. Bei dieser Art von komplexen Anforderungen können und müssen kreative Problemlösungen und Neuerungen entstehen. Autonomie und Arbeitskomplexität lassen beim Mitarbeiter den Eindruck entstehen, dass kreative Ideen von ihm verlangt werden. Diese „kreative Anforderung" signalisiert, dass kreative Vorgehensweisen im Gegensatz zum Routinevorgehen stark erwünscht sind.

Auch die folgenden Arbeitsplatzmerkmale spielen eine wichtige Rolle im Zusammenhang mit Kreativität:
- Verhalten der Führungskraft
- Teamatmosphäre und
- Zeitdruck.

Der positive Einfluss einer unterstützenden Führungskraft auf die Kreativität der Mitarbeiter konnte in einigen Studien belegt werden. Hier spielt vor allem die transformationale Führung eine Rolle (die Führungskraft stellt ein Vorbild für ihre Mitarbeiter dar, stimuliert ihr Interesse, entwickelt Visionen und Missionen, fördert das individuelle Potenzial der Mitarbeiter und motiviert sie durch Inspiration). Eine strenge Kontrolle durch den Vorgesetzten kann hingegen die Kreativität behindern.

In einigen Studien konnte bestätigt werden, dass bei kreativen Teams ein Gefühl von Sicherheit und Vertrauen in der Gruppe sowie ein innovationsförderliches Klima herrschen. Faktoren wie offene Kommunikation, Teilen von Wissen und Informationen oder die Betonung von Leistung innerhalb der Gruppe scheinen sich förderlich auf die Kreativität in Teams auszuwirken.

Für den Faktor Zeitdruck wurden widersprüchliche Ergebnisse gefunden: Mal waren Personen bei Zeitdruck kreativer, mal behinderte Zeitdruck die Kreativität.

Am häufigsten wurde jedoch ein umgekehrt U-förmiger Zusammenhang zwischen Zeitdruck und Kreativität gefunden – das heißt, Personen sind bei sehr wenig oder sehr viel Zeitdruck weniger kreativ und bei mittlerem, optimalen Zeitdruck am kreativsten.

Interviewstudien in der Pharmabranche

Um die Ergebnisse der Literaturarbeit mit praktischem Inhalt anzureichern, wurden exemplarische Fallstudien in der Pharmabranche durchgeführt, wo kreative Ideen besonders von Belang sind. In diesem Rahmen wurden zwei Teamstudien in zwei KMU (je 20 bis 30 Mitarbeiter am Standort) der pharmazeutischen Auftragsforschung in Bayern durchgeführt. Es wurden jeweils eine Gruppendiskussion mit einem Arbeitsteam und getrennt davon ein Interview mit der Gruppenleitung sowie mit der Geschäftsführung geführt. Hierzu wurde ein halbstandardisierter Interviewleitfaden genutzt. Wichtige Fragen waren: „Was bedeutet Kreativität in Ihrem Unternehmen?" und „Welche Arbeitsbedingungen brauchen Mitarbeiter, um kreativ zu sein?". Beispielzitate aus den Gruppendiskussionen und Interviews sind in *Tabelle 1 (S. 317)* ersichtlich.

Die Zitate in *Tabelle 1* können im Groben den beiden Kategorien Autonomie und Arbeitskomplexität zugeordnet werden. Diese exemplarischen Zitate betonen nochmals die Bedeutung dieser Faktoren für die Mitarbeiterkreativität. Ebenso gelten Autonomie und Arbeitskomplexität klassischerweise als gesundheitsförderlich. Bei geringer Autonomie und Arbeitskomplexität droht das Wohlbefinden sich zu verschlechtern; es kann zu erhöhten Fehlzeiten und zu Verlernvorgängen kommen (Hacker, 2005).

Autonomie	Arbeitskomplexität
„[…] dass jemand die Möglichkeit hat, selbstständig zu arbeiten. Das impliziert, dass die hierarchischen Strukturen nicht so ausgeprägt sind." (Mitarbeiter aus Unternehmen 1) → wenig Hierarchien	„Da wir relativ teuer sind, kommen die nicht nur mit Routineproblemstellungen, sondern mit irgendwas, was sie gern gelöst hätten. (Teamleiter in Unternehmen 2 über die Kunden) → vielfältige Problemstellungen
„Also es schreibt mir jetzt einer nicht was vor, sondern ich kann eigentlich auch die Entscheidung selber treffen." (Mitarbeiter aus Unternehmen 1) → Entscheidungsfreiheit	„Neue Sponsoren, neue Auftraggeber, das ist immer eine neue Person, mit neuen Wünschen und Vorstellungen und so." (Mitarbeiter aus Unternehmen 1) → vielfältige Anforderungen durch unterschiedliche Akteure
„Sie haben […] die Möglichkeit, einfach zuhause zu bleiben, einen Tag, und zuhause zu arbeiten, wenn man mehr Ruhe braucht. Ruhe und die Zeit sich selbst einteilen können." (Teamleiter aus Unternehmen 2) → freie Zeiteinteilung, Telearbeit	„Kreativität bedeutet […] nicht die Forschungssachen, die ich den ganzen Tag machen muss." (Mitarbeiter aus Unternehmen 2) → wenig Routine

Tab. 1: Beispielzitate aus den Interviewstudien in der Pharmabranche (Antworten auf die Frage: „Welche Bedingungen brauchen Mitarbeiter, um kreativ zu sein?") (eigene Darstellung)

Neue Umfrageergebnisse von Mitarbeitern und Vorgesetzten

Die Umfrage – Durchführung und Ergebnisse

Zusätzlich zur Literaturarbeit und den qualitativen Untersuchungen wurde eine Fragebogenstudie durchgeführt. Den teilnehmenden Firmen oder Arbeitsgruppen wurden Mitarbeiterfragebögen und zusätzlich Fragebögen für den direkten Vorgesetzten gesandt. Die Mitarbeiterfragebögen enthielten Fragen über die Arbeitsbedingungen sowie zur Selbsteinschätzung der eigenen Kreativität und körperlichen sowie psychischen Gesundheit. Die Vorgesetztenfragebögen dienten dazu, die Mitarbeiterkreativität zusätzlich durch den direkten Vorgesetzten einschätzen zu lassen. *Tabelle 2 (S. 318)* zeigt, welche Themen in den Fragebögen erfasst wurden.

Jeder teilnehmende Mitarbeiter konnte auf freiwilliger Basis den Vorgesetztenfragebogen zur Kreativitätsbeurteilung an seinen direkten Vorgesetzten weiterleiten, der diesen dann, bezogen auf den jeweiligen Mitarbeiter, ausfüllte. Ein Matching von Mitarbeiter- und Vorgesetztenfragebögen durch Codewörter sicherte die Anonymität der erhobenen Daten. Vorgesetzte hatten keine Einsicht, was die einzelnen Mitarbeiter antworteten, und die Mitarbeiter hatten keine Einsicht in die Kreativitätsbeurteilungen durch ihre Vorgesetzten. 248 Mitarbeiter und 197 direkte Vorgesetzte füllten die Fragebögen aus. Die Rücklaufquote für die Mitarbeiterfragebögen beträgt 55,86 Prozent und die für die Vorgesetztenfragebögen 44,37 Prozent. Alle Firmen, aus denen mehr als fünf Mitarbeiter teilnahmen, erhielten eine individuelle Rückmeldung der Ergebnisse im Vergleich zur Ge-

Themenbereich (Anzahl der Fragen in Klammern)	Beschreibung/Beispiele
Autonomie (3)	Ausmaß, in dem man selbst entscheiden kann, wie man bei der Arbeit vorgeht und Eigenständigkeit und Initiative einbringen kann
Arbeitskomplexität (3)	Ausmaß, in dem viele verschiedene komplexe Fähigkeiten gefordert sind
Zeitdruck (4)	Häufig schnelles Arbeiten, zu spät in die Pause oder in den Feierabend kommen
Teamklima (20)	Informationen werden geteilt, Ideen dürfen geäußert werden, gegenseitiges Vertrauen und Verständnis, gegenseitige Akzeptanz
Aufgabenorientierte Führung (10)	Verhalten des/der Vorgesetzten: Er/sie definiert seine/ihre Rolle und die der Mitarbeiter, ist zielorientiert und richtet einheitliche Prozeduren und Kommunikationskanäle ein
Mitarbeiterorientierte Führung (10)	Verhalten des/der Vorgesetzten: Er/sie ist freundlich, zugänglich, sucht Kontakt, stimmt sich mit der Gruppe ab
Körperliche Gesundheit (18)	Wenige oder keine körperlichen Beschwerden, z. B. Schmerzen, Magen-Darm-, Herz-Kreislauf-Beschwerden
Psychische Gesundheit (8)	Wenige oder keine psychischen Beschwerden wie Gereiztheit, Anspannung, nicht abschalten können
Kreativität – Selbsteinschätzung (13) und Einschätzung durch Vorgesetzten (13)	Zum Beispiel Grad der Zustimmung zu der Aussage: „Ich zeige Originalität, probiere neue Ideen, denke mir kreative Lösungen für Probleme aus, …" (Selbsteinschätzung) „Er/sie zeigt Originalität, probiert neue Ideen, denkt sich kreative Lösungen für Probleme aus, …" (Einschätzung durch den/die Vorgesetzte/n)

Tab. 2: Überblick über Themen der Fragebogenuntersuchung (eigene Darstellung)

samtstichprobe. Über diese 210 Personen in 22 unterschiedlichen Firmen wird hier berichtet. *Tabelle 3 (S. 319)* gibt Informationen zur Beschreibung der Stichprobe und zeigt, wie die befragten Mitarbeiter sich auf unterschiedliche Branchen aufteilen.

Die Ergebnisse der Umfrage sind in *Abbildung 1 und 2 auf S. 320* ersichtlich. In *Abbildung 1* ist dargestellt, wie die erhobenen Arbeitsplatzmerkmale mit Kreativi- tät zusammenhängen und in *Abbildung 2*, wie Arbeitsplatzmerkmale mit Gesundheit zusammenhängen. Angegeben ist jeweils die prozentuale Varianzaufklärung (R^2 Prozent) der betreffenden Arbeitsplatzmerkmale an Kreativität beziehungsweise Gesundheit. Die Abbildungen sind wie folgt zu lesen: Auf der x-Achse sind Stärke und Richtung des statistischen Zusammenhangs abgetragen. Ein Balken auf der lin-

Branche	Anzahl Firmen	Anzahl befragter Personen	Anzahl der Kreativitäts-beurteilungen durch Vorgesetzte	Anteil männlicher Befragter in %	Anteil der Personen mit Hochschulabschluss in %	Durchschnittliches Alter in Jahren	Durchschnittliche Berufserfahrung in Jahren	Durchschnittliche Dauer der Betriebszugehörigkeit in Jahren
Ingenieure und Architekten (Ingenieur-, Architektur- und Konstruktionsbüros)	8	87	57	64	72	37	10	6
Informations- und Telekommunikationstechnologie (Software, Hardware, Internet, Werbung, Marketing, PR, Marktforschung)	12	99	72	56	43	35	8	5
Sonstige (Pharmabranche, Aussteller)	2	24	24	25	67	38	7	5
Insgesamt	22	210	153	56	58	36	9	6

Tab. 3: Beschreibung der Stichprobe (eigene Darstellung)

ken Seite der Abbildung bedeutet, dass das betreffende Arbeitsplatzmerkmal im negativen Zusammenhang mit Kreativität beziehungsweise Gesundheit steht (negatives R), das heißt als „kreativitätshinderlich" oder „gesundheitsbeeinträchtigend" interpretiert werden könnte. Ein positiver Wert bedeutet, dass das betreffende Arbeitsplatzmerkmal im positiven Zusammenhang mit Kreativität beziehungsweise Gesundheit steht (positives R), das heißt als „kreativitätsförderlich" oder „gesundheitsförderlich" interpretiert werden könnte. Ein fett gedruckter Wert bedeutet, dass der Zusammenhang signifikant beziehungsweise statistisch bedeutsam ist. Im Folgenden werden nur statistisch signifikante Zusammenhänge interpretiert. Ein Lesebeispiel lautet: Personen, die viel Arbeitskomplexität angeben, schätzen sich selbst (signifikant) kreativer ein und werden von ihren Vorgesetzten (signifikant) kreativer eingeschätzt als Personen, die wenig Arbeitskomplexität angeben.

Abbildung 1 bestätigt die Ergebnisse der Literaturarbeit und der Interviews: Autonomie und Arbeitskomplexität stehen im positiven Zusammenhang mit Kreativität, das heißt, Mitarbeiter mit viel Autonomie und komplexen Arbeitsaufgaben schätzen sich selbst als kreativer ein und werden von ihren Vorgesetzten als kreativer eingeschätzt als Personen, die wenig Autonomie und Arbeitskomplexität berichten. Auch für Zeitdruck gibt es insgesamt einen positiven Zusammenhang, der aber weniger stark ist als der zwischen Autonomie beziehungsweise Arbeitskomplexität und Kreativität.

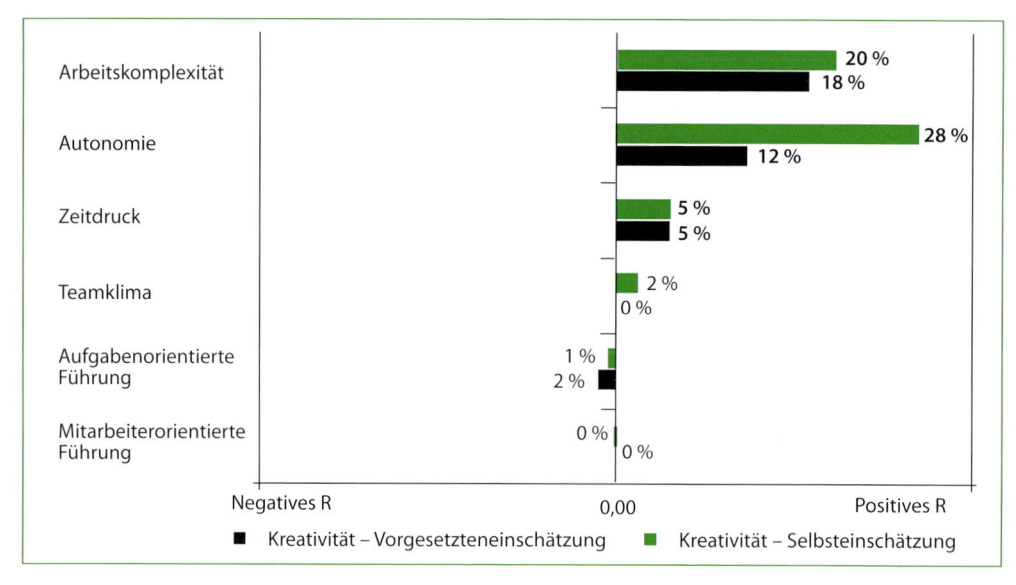

Abb. 1: Zusammenhang (Varianzerklärung R^2 %) von Arbeitsplatzmerkmalen und Kreativität als Selbsteinschätzung (n = 210) bzw. Einschätzung durch den Vorgesetzten (n = 153) (eigene Darstellung)

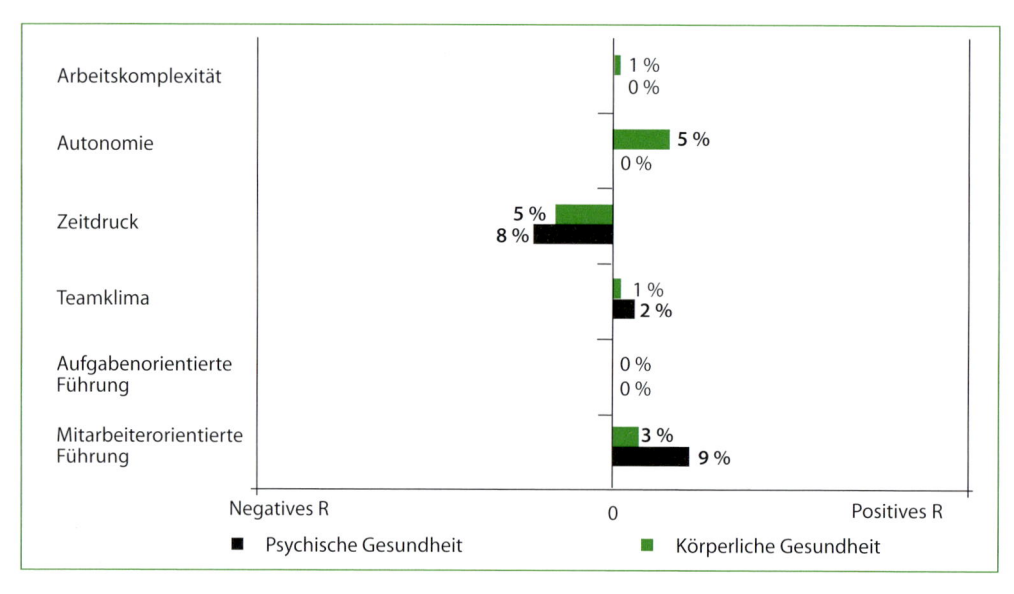

Abb. 2: Zusammenhang (R^2 %) von Arbeitsplatzmerkmalen und Gesundheit (n = 210) (eigene Darstellung)

In *Abbildung 2* ist ersichtlich, dass Autonomie „gesundheitsförderlich" ist, zumindest in Bezug auf die körperliche Gesundheit. Zeitdruck hingegen kann eher der „ungesunden" Seite zugeordnet werden. Eine mitarbeiterorientierte Führungsweise scheint „gesundheitsförderlich" zu sein, und zwar sowohl körperlich als auch psychisch, das heißt Mitarbeiter mit Vorgesetzten, die ihnen persönlich zugewandt sind, sind körperlich und psychisch ausgeglichener als Kollegen mit weniger mitarbeiterorientierten Vorgesetzten.

Schlussfolgerungen aus den Umfrageergebnissen

Die *Abbildungen 1 und 2* können Hinweise darauf geben, an welchen Stellschrauben gedreht werden kann, um Kreativität und Gesundheit zu fördern. Lohnenswert erscheint in jedem Fall die Förderung von Autonomie und Arbeitskomplexität, da positive Zusammenhänge mit Kreativität und (im Fall von Autonomie zumindest körperlicher) Gesundheit gefunden wurden. Zeitdruck ist, wenn hier überhaupt Empfehlungen gegeben werden können, nur extrem vorsichtig als Mittel zur Förderung von Kreativität einsetzbar: Scheinbar kann Zeitdruck kreativitätsförderlich wirken, jedoch steht er klar im negativen Zusammenhang mit dem körperlichen und psychischen Wohlbefinden. Das heißt, Zeitdruck sollte kein Dauerzustand sein, um Mitarbeitern möglichst viele kreative Ideen zu entlocken. Dieser Ansatz kann die Mitarbeiter auf Dauer gesundheitlich beeinträchtigen. Dies wiederum kann zu Abwesenheit oder mehr Fehlern bei der Arbeit führen und ist weder im Sinne der Vorgesetzten noch der Mitarbeiter. Für das Teamklima wurde ein positiver Zusammenhang zur psychischen Gesundheit gefunden. Zur Kreativität wurde kein signifikanter Zusammenhang gefunden. Vor dem Hintergrund anderer Studien, die positive Zusammenhänge zwischen Teamklima und Kreativität bestätigen konnten, scheint dennoch die Förderung des Teamklimas ein guter Ansatz, um Kreativität und Gesundheit zu verbessern. Mitarbeiterorientierte Führung scheint mit körperlicher und psychischer Gesundheit der Mitarbeiter im Einklang zu stehen. Das heißt, in Bezug auf eine gesundheitsförderliche Arbeitsgestaltung empfiehlt sich ein den Mitarbeitern freundlich zugewandter Führungsstil mit viel Kontakt, Kommunikation und Abstimmung mit der Arbeitsgruppe ohne stark hierarchische Strukturen. Mit Kreativität hängt dieser Führungsstil zumindest nicht (signifikant) negativ zusammen. Bei der Interpretation der Daten ist zu beachten, dass die Zusammenhänge Korrelationen in einer Querschnittsuntersuchung sind, das heißt, alle Daten wurden zu demselben Zeitpunkt gemessen und es lassen sich keine Schlüsse auf die Wirkrichtung des Zusammenhangs ziehen. Ein hoher Zusammenhang zwischen Kreativität und Autonomie kann also in diesem Fall auch heißen, dass Kreativität die Illusion einer großen Autonomie hervorruft oder dass Kreativität dazu beiträgt, das Ausmaß der eigenen Autonomie zu erkennen. Außerdem sind die Ergebnisse vor dem Hintergrund des hohen Ausbildungsniveaus der untersuchten Personen zu interpretieren. Kreativitäts- und gesundheitsförderliche Arbeitsbedingungen können für Fachkräfte mit spezifischer Ausbildung andere sein als für Mitarbeiter in einfacheren, ausführenden Tätigkeiten.

Praktisch relevante Schlussfolgerungen

Die Literaturstudie und die qualitativen und quantitativen Befragungsergebnisse stellen fünf wichtige Bereiche heraus, durch die Gesundheit und Kreativität positiv beeinflusst werden können:

- Weitgehende Autonomie
- Eine relativ große Arbeitskomplexität mit vielfältigen Anforderungen
- Ein moderater (nicht dauerhaft zu hoher) Zeitdruck
- Ein Vertrauen förderndes Teamklima
- Ein eher mitarbeiterorientierter als aufgabenorientierter Führungsstil.

Was kann man konkret tun, um diese Bereiche zu fördern? Zur Förderung der Autonomie gibt es unterschiedliche Ansätze, wie zum Beispiel teilautonome Arbeitsgruppen, denen weitreichende eigene Entscheidungsmöglichkeiten eingeräumt werden. Klassische Konzepte der Arbeits- und Organisationspsychologie wie zum Beispiel Job-Rotation können die Anforderungsvielfalt und somit die Arbeitskomplexität erhöhen. Der Zeitdruck ist nicht immer durch eigene Mittel beeinflussbar, sondern oft durch externe Termine vorgegeben (z.B. Start der Produktion in der Entwicklung, Abgabetermine für Konzepte). Außerdem tragen Fachkräftemangel und Wettbewerbsdruck dazu bei, dass weniger qualifizierte Mitarbeiter in kürzerer Zeit dasselbe leisten sollen wie früher mehr Mitarbeiter in einem längeren Zeitraum. Diese Umstände lassen den Wunsch nach Methoden entstehen, mit dem Thema Zeitdruck konstruktiv umgehen zu können. Auch wenn es hier aufgrund externer Einflüsse scheinbar kaum eigene Handlungsmöglichkeiten gibt, kann doch versucht werden, durch gezieltes Projektmanagement den Zeitdruck nicht zum dauerhaften Problem werden zu lassen (z.B. Schelle/Ottmann/Pfeiffer, 2005). Für die Förderung eines kreativen, vertrauensvollen Teamklimas gibt es zahlreiche Möglichkeiten, allem voran gemeinsame Aktivitäten wie zum Beispiel Betriebsausflüge, gemeinsame Feiern, Outdoor-Trainings etc. Durch regelmäßige Teammeetings werden der Informationsaustausch gefördert und Missverständnissen vorgebeugt. Oft genügt ein wöchentliches Treffen im Team. Auch Methoden zur Kreativitätsförderung, wie zum Beispiel die bei de Bono (1996) beschriebene Sechs-Hüte-Methode, können ein positives Teamklima unterstützen. Hier nehmen Gruppenmitglieder beim Ideengenerieren jeweils unterschiedliche Rollen ein (sie setzen „Hüte" auf, z.B. kritischer Denker, optimistischer Denker, analytischer Denker) und tauschen diese der Reihe nach. Dadurch, dass jedes Gruppenmitglied einmal jede Perspektive einnimmt, können gegenseitiges Verständnis und somit ein positives Teamklima gefördert werden. Schließlich bedeutet ein mitarbeiterorientierter Führungsstil ein echtes Bewusstsein für die Probleme und Belange der Mitarbeiter. Hierzu muss die Führungskraft in den direkten Dialog mit ihren Mitarbeitern/-innen treten. Dies kann zum Beispiel durch regelmäßige Mitarbeitergespräche geschehen. Wichtig ist bei solchen Gesprächen, dass der Redeanteil der Führungskraft nicht zu hoch ist. Nur so kann die Führungskraft genügend Informationen sammeln, um zu wissen, wie sie beim einzelnen Mitarbeiter Kreativität und Gesundheit fördern kann. Echte mitarbeiterorientierte Führung beinhaltet schließlich auch Fairness. Mitarbeiter, die sich unfair behandelt fühlen, investieren weniger Anstrengung in ihre Arbeit (Ramamoorthy/Flood/Slattery/Sardessai, 2005). Investieren sie Anstrengung trotz fehlender Fairness, leidet das Wohlbefinden (Janssen, 2004).

Grundsätzlich ist, so zeigen Theorie und Empirie, eine gleichzeitige Förderung von Kreativität und Gesundheit möglich. Dennoch gibt es keine Programme oder Methoden, die explizit darauf ausgelegt sind, beides gleichzeitig zu fördern. Hier besteht also Nachholbedarf. Führungskräfte sind gefordert, bei der Förderung von Kreativität und Gesundheit selbst kreativ zu sein.

→ Gesundheitsförderliche Aspekte der Arbeit (S. 76); Führung und Gesundheit (S. 220); Stress (S. 334)

Literatur

Amabile, T. M.: How to kill creativity. In: Harvard Business Review, September-October 1998, S. 77–87

Bamberg, E./Ducki, A./Metz, A.-M.: Handbuch Betriebliche Gesundheitsförderung. Psychologie und innovatives Management, Hogrefe, Göttingen 1998

de Bono, E.: Serious Creativity. Die Entwicklung neuer Ideen durch die Kraft lateralen Denkens, Schäffer-Pöschel, Stuttgart 1996

Dörner, D.: Problemlösen als Informationsverarbeitung, Stuttgart 1976

Gunkel, J./Herbig, B./Glaser, J.: Kreativität und Gesundheit im Arbeitsprozess. In: Wirtschaftspsychologie, 9, 2007, S. 4–15

Hacker, W.: Allgemeine Arbeitspsychologie – psychische Regulation von Wissens-, Denk- und körperlicher Arbeit. Huber, Bern 2005

Herbig, B./Glaser, J./Gunkel, J.: Create Health! Arbeit kreativ, gesund und erfolgreich gestalten, Dortmund 2008a

Herbig, B./Glaser, J./Gunkel, J.: Kreativität und Gesundheit im Arbeitsprozess. Bedingungen für eine kreativitätsförderliche Arbeitsgestaltung im Wirtschaftsleben. Dortmund 2008b

Janssen, O.: How fairness perceptions make innovative behavior more or less stressful. In: Journal of Organizational Behavior, 25, 2004, S. 201–215

Ramamoorthy, N./Flood, P. C./Slattery, T./Sardessai, R.: Determinants if innovative work behaviour: Development and test of an integrated model. In: Creativity and Innovation Management, 14, 2005, S. 142–150

Schelle, H./Ottmann, R./Pfeiffer, A.: Projektmanager. Nürnberg 2005

Van Dyne, L./Jehn, K. A./Cummings, A.: Differential effects of strain on two forms of work performance: individual employee sales and creativity. In: Journal of Organizational Behavior, 23, 2002, S. 57–74

West, M. A./Farr, J. L.: Innovation at work. In: West, M. A./Farr, J. L. (Hrsg.): Innovation and creativity at work: Psychological and organizational strategies. Chichester 1990, S. 3 ff.

WHO: Ottawa-Charta zur Gesundheitsförderung. Gamburg 1986

Wright, T. A./Walton, A. P.: Affect, psychological well-being and creativity: Results of a field study. In: Journal of Business and Management, 9, 2003, S. 21–32

Abschlussbericht des Projektes „Create Health" (www.baua.de/nn_11598/de/Publikationen/Fachbeitraege/F1961,xv=vt.pdf)

Die Praxisbroschüre „Create Health! Arbeit (www.baua.de/nn_21604/de/Publikationen/Broschueren/A61,xv=vt.pdf)

Beispiele guter Praxis in der INQA Datenbank Gute Praxis:
Firma Enterprise Technologies Systemhaus GmbH (www.inqa.de/Inqa/Navigation/Gute-Praxis/datenbank-gute-praxis,did=248008.html
Firma GKM Gesellschaft für Therapieforschung mbH (www.inqa.de/Inqa/Navigation/Gute-Praxis/datenbank-gute-praxis,did=226068.html)

Frank Nestmann

Soziale Unterstützung

Abstract
Soziale Unterstützung (Social Support) aus persönlichen sozialen Netzwerken ist eine zentrale Voraussetzung für Gesundheit und Wohlbefinden. Soziale Unterstützung fördert die Gesundheit – als emotionaler Rückhalt, praktische und materielle Hilfe, Information und Beratung sowie als versichernde Rückmeldung zur eigenen Person – und sichert sie gegen Belastungen, Stresserfahrungen und deren krankmachende Folgen. Diese präventiven und Stress mildernden Funktionen hat soziale Unterstützung auch im beruflichen Leben und am Arbeitsplatz. Sie fördert persönliches Wohlbefinden und moderiert krankmachende Belastungen ebenso wie sie organisationsbezogene Störungen (Fehlzeiten, Motivationsmangel etc.) vermindert und berufliche Leistungen verbessert. Das Konzept der „wahrgenommenen Organisationsunterstützung" verweist auf die Bedingungen und Konsequenzen dieser Zusammenhänge und lässt Ansatzpunkte für eine betriebliche Unterstützungsförderung identifizieren.

Was ist soziale Unterstützung?
Menschen führen und meistern ihr privates und berufliches Leben, ihren Alltag sowie Herausforderungen und Krisen nicht *nur* auf der Grundlage ihrer persönlichen individuellen Handlungs- und Bewältigungskompetenzen. Sie tun dies meist nicht allein, isoliert und individuell, sondern eingebettet in die förderlichen Beziehungen und Interaktionen mit anderen Menschen. Sie werden sozial unterstützt. „Soziale Unterstützung" (engl. Social Support) ist zum einen der emotionale und eher „psychologische" Rückhalt, den Mitmenschen, oft die Mitglieder des persönlichen sozialen Netzwerks, geben. Sei es, dass sie generell und unabhängig von einer spezifischen Belastungssituation einem Individuum das Bewusstsein und die Sicherheit vermittelt, dazuzugehören, wertgeschätztes Mitglied einer Gemeinschaft zu sein, angenommen, anerkannt und als Person gewürdigt zu werden. Sei es, dass angesichts einer Stresssituation – also einer belastenden und bedrohlichen Konstellation, die mit den eigenen individuellen Möglichkeiten und Ressourcen nicht bearbeitbar und lösbar scheint und deshalb unangenehme psychische und physiologische Spannung nach sich zieht – die Gewissheit vermittelt wird, „Die Anforderung ist lösbar", „Das schaffst du" und „Wir wer-

den dir, wenn es nötig sein sollte, hilfreich zur Seite stehen". Menschen erhalten über Mitmenschen also wichtige implizite und explizite Hinweise und Rückmeldungen zu sich selbst, zur spezifischen Lebenslage und zur Anforderungssituation, mit der sie konfrontiert sind, und sie finden darin emotionalen Halt. Zuwendung im Zuhören und Gespräch, das mitfühlende Eingehen auf Befürchtungen und Sorgen, körperliche Nähe, Zuspruch, Trost, Ermunterung und Mutmachen, aber auch die Ablenkung und das „Auf neue Gedanken bringen" in Geselligkeit und gemeinsamer Aktivität sind mögliche Bestandteile sozialer Unterstützung in vielen alltäglichen und krisenhaften Bewältigungssituationen.

Soziale Unterstützung umfasst zudem eine Vielzahl an möglichen informatorischen, praktischen und materiellen Hilfen, die andere bereitstellen können, wenn eine Person hilfebedürftig scheint oder explizit um Hilfe bittet. Eine Information, ein Tipp, ein Ratschlag oder gemeinsame problembezogene Überlegungen, eine vermittelte Erfahrung oder ein modellhaftes Beispiel können helfen, eine Anforderung (besser) zu meistern. Handgreifliche instrumentelle Hilfe, kleine alltägliche Handreichungen, ein unterstützender Handgriff, Mitanpacken, Transport von hier nach da, bis zum intensiven Versorgen und zu Pflegeleistungen wie Hilfen beim Waschen, Ankleiden, Essen und der Körperpflege bilden ein riesiges Spektrum gegenseitiger alltäglicher Hilfeleistungen, die ergänzt werden durch materielle Hilfen, wie das Bereitstellen von Materialien und Gütern, vor allem aber von finanziellen Ressourcen.

„Haupt-" und „Puffer"effekte sozialer Unterstützung

Soziale Unterstützung trägt dazu bei, dass Wohlbefinden und Gesundheit hergestellt und gesichert werden. Mitglied eines unterstützenden sozialen Netzwerks zu sein heißt, soziale Gemeinschaft und Geselligkeit in ihren für das Wohlbefinden förderlichen Funktionen erleben zu können und andererseits Einsamkeit und Isolation sowie deren schädigende Folgen nicht erfahren zu müssen. So werden durch soziale Unterstützung sowohl die Auftretenswahrscheinlichkeit von Risiken und Belastungen reduziert, als auch die Entwicklung von persönlicher Identität, von positivem Selbstbild und Selbstvertrauen, von Optimismus und Kontrollbewusstsein über sich und das eigene Leben aufgebaut und gestärkt. Dies ist der *„direkte"* oder *„Haupt"*effekt sozialer Unterstützung aus sozialen Netzwerken.

Außerdem ist soziale Unterstützung eine der wichtigsten Moderatorvariablen im Stressbewältigungsprozess. Das heißt, sie rückt *„interaktiv"* wie ein *„Puffer"* zwischen den Stressor (die Stressursache), die Stresserfahrung sowie die schädigenden Stressfolgen für unser Wohlbefinden und unsere Gesundheit. Emotionale, praktische, informationsbezogene und rückversichernde Hilfeleistungen dämpfen die Wirkungen von aufgetretenen Belastungen, denen wir uns nicht entziehen können und sie moderieren unser Stresserleben. Oft genug sind sie auch die entscheidende Voraussetzung für eine Aktivierung und Stärkung der individuellen Selbsthilfe und Selbstheilungskräfte der Einzelnen. Sie ermöglichen die Überwindung von unterschiedlichen zwischenmenschlichen, gesundheitlichen, ökonomischen et cetera Problemen in allen Ausprägungen, in allen Bereichen und in allen Phasen unseres Lebens.

Die Bedeutung sozialer Unterstützung

Seit den Anfängen der Social-Support-Forschung Mitte der 1970er-Jahre in den USA hat eine inzwischen nicht mehr überschaubare soziale Unterstützungsforschung mit tausenden von Einzeluntersuchungen die gesundheitsförderlichen und -schützenden Wirkungen nachweisen können. Unterstützung aus sozialen Beziehungen führt zum Beispiel zu höheren Quoten unkomplizierter Schwangerschaften und problemlosen Geburten, zu höheren Geburtsgewichten der Babys. Bessere soziale Unterstützung von Eltern und Familien führt zu weniger Gewalt gegen Kinder und zu mehr positiver Interaktion mit den Kindern, zu gesünderer Ernährung und weniger Krankheiten. Soziale Unterstützung reduziert gesundheitsgefährdendes Risikoverhalten im Jugendalter. Die Untersuchungen zu gesundheitsschützenden und -fördernden Effekten sozialer Unterstützung auf verschiedenste Krankheiten sind Myriaden. Die ganze Bandbreite von Herz-Kreislauf-Krankheiten, aber auch Verläufe von Krebserkrankungen, Arthritis, Multiple Sklerose, Depressionen, Ängste und andere psychische Störungen, die schnellere und bessere Erholung nach Unfällen, das Leben mit stark stigmatisierten Krankheiten wie Aids et cetera werden durch soziale Unterstützung positiv beeinflusst. Alte Menschen – auf Grund ihrer Definition als Risikogruppe schon früh im Fokus der Supportforschung – leben und ernähren sich gesünder, sind aktiver und optimistischer, sind besser gegen Alterserkrankungen und Demenz geschützt, verarbeiten gesundheitliche Beeinträchtigungen leichter und arrangieren sich besser mit nicht mehr rehabilitierbaren Einschränkungen, wenn sie in supportive Bindungen und unterstützende Netzwerke eingebunden sind, als wenn das nicht der Fall ist.

Vom Tierexperiment über kontrollierte Laborstudien und Felduntersuchungen mit unterschiedlichsten Personengruppen, von einer Unzahl von Kontrollgruppenvergleichen, prospektiven wie retrospektiven Studien, über Beobachtungsstudien, Projektevaluationen und auch Längsschnittuntersuchungen mit mehreren Messpunkten bis zu heute vorliegenden Sammelreviews und Metaanalysen reichen die Belege, dass soziale Unterstützung Gesundheit fördert und sichert.

Wie wirkt soziale Unterstützung?

In einem bio-psycho-sozialen Modell wird heute davon ausgegangen, dass interagierende physiologische, psychologische und soziale Prozesse gesundheitliche Unterstützungswirkungen erklären lassen.

- *Physiologisch* beeinflusst soziale Unterstützung bio-psychische Zustände, die selbst wiederum schädigende physische Prozesse hemmen, sei es, dass das Immunsystem gestärkt wird oder dass physiologische Stressreaktionen gedämpft werden. Immunologische, humorale und neuronale Prozesse sind hierbei entscheidend. Soziale Unterstützung bremst hämodynamische und neuroendokrine Abläufe. In Tierversuchen wie in Humanexperimenten war nachzuweisen, dass zum Beispiel positive Unterstützungserfahrungen bei Stress zu Pulsregulierung und zur günstigen Beeinflussung von Herz-Kreislauf-Werten inklusive des Blutdrucks führen. Positiv erlebte Gemeinsamkeit und die Erfahrung von Rückhalt und Unterstützung fördert das Immunsystem über eine erhöhte Lymphozytenreaktion, eine Erhöhung von Killerzellen und Antikörpern und eine Senkung von Serum-Kortisol und Harnsäure. Biochemische und neurophysiologische Befunde demonstrieren

eine Erhöhung von Motivationsbotenstoffen wie Dopamin und eine erhöhte Freisetzung von Betaendorphinen und Oxytocin.
- *Psychologische* Unterstützungseffekte fördern Wohlbefinden durch die Erfahrung von Integration, Zugehörigkeit, Aufgehobensein, Akzeptanz, Bestätigung und Wertschätzung. Emotionales Wohlbefinden, Selbstwert und Selbstbewusstsein werden erhöht, optimistische Stimmung wird geschaffen. Durch Bindung und Eingebettetsein in soziale Beziehungen werden Sicherheit und die Reduktion von Angst erfahrbar. Menschen erleben in reziproken Beziehungen auch Bestätigung dadurch, dass andere sie brauchen und sie anderen helfen können, das heißt durch positive Selbstkontroll- und Kontrollerfahrungen. Unterstützende Interpretationsprozesse, emotionaler Beistand oder die Erfahrung einer gelungenen Bewältigung, wenn individuelle Copinganstrengungen durch die sozialen Hilfebezüge aktiviert, gefördert und unterstützt werden, sind psychologisch stressreduzierend.
- *Sozial* werden Gesundheitsbeeinträchtigung und Krankheit sowohl über die Befriedigung sozialer Bedürfnisse wie auch durch die praktischen, informativen und materiellen Hilfen aus den Netzwerken vermindert oder vermieden. Die alltagsmedizinischen Versorgungs- und Pflegeleistungen für gesunde und kranke Netzwerkmitglieder nehmen direkten Einfluss auf unsere Gesundheit. Die soziale Beeinflussung von Gesundheitsverhalten ist hier ein entscheidendes Agens, ebenso wie die soziale Regulation von Gefahren- und Risikoverhalten, Ernährungsgewohnheiten, körperliche Aktivitäten. Zudem sind viele gemeinsame und gesellige soziale Aktivitäten in Privatheit und Beruf gesundheitsförderlich und -erhaltend.

Soziale Unterstützung im Beruf

Für viele Menschen sind die berufliche Tätigkeit und der Arbeitsplatz wichtige soziale Interaktions- und Beziehungsorte. Viele Beschäftigte verbringen oft mehr Zeit mit Kolleginnen und Kollegen im Beruf als im Familienkreis und unter Freunden, insbesondere dann, wenn sie in Schicht oder am Wochenende arbeiten oder Überstunden machen.

Kolleginnen werden zu Freundinnen, Kollegen zu Freunden, mit denen man oft mehr Alltag, mehr Aufgaben, mehr Erfahrungen und Erlebnisse teilt und mehr Gemeinschaft erlebt als im Privatleben. Kolleginnen und Kollegen sind also wichtige Sektoren im sozialen Unterstützungsnetzwerk vieler Menschen.

Die Ergebnisse zahlreicher Untersuchungen zu den Folgen beruflicher Belastungen und Arbeitsstress und dem Einfluss sozialer Unterstützung auf die Gesundheit belegen durchgängig und konsistent die These, dass soziale Unterstützung auch Arbeitsbelastungen (Stressoren), Stresserfahrungen im Beruf und deren negative Folgen auf Wohlbefinden und Gesundheit reduziert. Support vermindert Stress, verbessert Gesundheit und puffert den negativen Einfluss von Stress auf Gesundheit auch im Beruf und am Arbeitsplatz. Die Ergebnisse zahlreicher Studien (bis zu Repräsentativuntersuchungen und vermehrten Sekundär- und Metaanalysen) der letzten 25 Jahre weisen nach, dass eine große Bandbreite beruflicher Stressarten (wie z.B. quantitative Belastungen, Zeit- und Fallzahldruck, Über- und Unterforderung von Beschäftigten, Rollenüberlastung und -konflikt in beruflichen Funktionen, unsichere Berufszukunft, Organisationsveränderung, hohe Kontrolle und wenig Partizipation der Beschäftigten, Konfrontation mit Leid und Krankheit in Gesundheitsberufen etc.) durch soziale Unterstützung verhindert oder abgepuffert werden. Verschiedene Dimensionen von Stresserfahrungen und -folgen für den Einzelnen, aber auch organisationsbezogene Konsequenzen werden so moderiert. Das gilt zum Beispiel für psychisch-affektive Folgen beim Einzelnen (Unsicherheit, Ängste, Desorientierung, Depression, emotionale Erschöpfung, Burnout) wie auch physiologisch-organisch-somatische Wirkungen (Psychosomatik, Blutdruck, Rückenbeschwerden, Herz-Kreislauf-Beschwerden etc.). Aber auch negative organisationsbezogene Konsequenzen wie Arbeitsunzufriedenheit, Fehlzeiten, Absentismus, Fluktuation, mangelnde Leistungsbereitschaft, Langeweile, mangelnde Identifikation mit der Organisation et cetera werden durch Support am Arbeitsplatz offenbar verhindert oder vermindert.

Quellen und Wirkungen sozialer Unterstützung im Beruf
Als wichtige Supportquellen für Belastungen im Beruf erweisen sich am Arbeitsplatz vor allem Vorgesetzte und Kolleginnen und Kollegen; im Privatbereich Partner, Familie oder Freunde, die (in Grenzen) auch berufliche Belastungen und ihre Folgen für den Einzelnen durch soziale Unterstützungsleistungen mindern können.

Die vornehmlich gefundenen Unterstützungsarten sind hierbei emotionale und praktische Unterstützungsleistungen. So ist davon auszugehen, dass *Haupt*effekte, also direkte Wirkungen sozialer Unterstützung, wie (weniger) Stressoren, (geringer) wahrgenommener Stress sowie (bessere) Gesundheit und Wohlbefinden im Beruf unzweifelhaft gegeben sind. Sie beziehen sich ganz besonders auf affektive psychische Beeinträchtigungen der Beschäftigten und auf generelle Gesundheit und somatische Gesundheitsfolgen. Aber auch die berufs- und organisationsbezogenen Aspekte wie das Engagement und die Identifikation mit dem Unternehmen, die erbrachte Leistung, die Arbeitszufriedenheit und der Berufserfolg werden durch soziale Unterstützung gefördert.

Weniger eindeutig konnten hingegen die moderierenden *Puffer*effekte von sozialer Unterstützung am Arbeitsplatz gefunden werden. Wahrgenommene Unterstützung scheint zwar ebenfalls die Wirkung von Arbeitsstressoren und erfahrenem Stress auf Depressionen, Desorientierung, affektive Störungen und Ängste sowie (etwas weniger ausgeprägt) auf die generelle und somatische Gesundheit abzupuffern. Was hingegen kaum positiv beeinflusst scheint sind die berufsbezogenen Belastungs- und Stressfolgen wie fehlende Berufsidentifikation, Langeweile, Fehlzeiten et cetera. Man vermutet hier, dass arbeitsbezogene Stressfolgen, also zum Beispiel geringe Leistungsbereitschaft und Arbeitsunzufriedenheit, von den Betroffenen wie von potenziell unterstützenden Kolleginnen und Kollegen gar nicht als unterstützungs-„bedürftige" Anlässe gesehen werden. Sie scheinen vielmehr als „normal" betrachtet zu werden. Deutliche Stresswirkungen auf affektive Gesundheitszustände, wie Ängste und Depressionen des Einzelnen, werden hingegen mitfühlend registriert und auch emotional unterstützt und somit abgepuffert. Bezüglich weiter gehender organisch-somatischer Folgen betrachten sich die potenziellen „Laien"-Helfer scheinbar nicht als kompetent und deshalb lösen solche Störungen auch keine spezifischen Unterstützungsanstrengungen aus.

Die Grenzen von Privatheit und Beruf

Trotz einer immer wieder nachgewiesenen Verflechtung von Belastungen, die im Beruf und im Privatleben erlebt werden, bleiben doch die Grenzen der Lebenssphären offenbar markiert: So tangiert Arbeitsstress primär Wohlbefinden im Beruf sowie Berufszufriedenheit, während Belastungen in Familie und Privatleben primär Wohlbefinden in der Familie sowie die Familienzufriedenheit beeinflussen. Soziale Unterstützung im Beruf durch Vorgesetzte und Kollegen ist eine *zentrale Voraussetzung* für das Wohlbefinden und die Zufriedenheit im Beruf. Soziale Unterstützung durch die Partnerin/den Partner und die Familie ist hingegen von zentraler Bedeutung für Familienzufriedenheit und privates Wohlbefinden. Im jeweils anderen Bereich scheinen die jeweils anderen Supportquellen weniger bedeutsam und nicht so wirkungsvoll. So werden Arbeitsstressoren und -stress in ihrer Wirkung auf Gesundheit zuallererst von arbeitsbezogenen Unterstützungsquellen positiv beeinflusst, wobei die überwiegende Anzahl von Studien hier die Bedeutung der Unterstützung durch Vorgesetzte hervorhebt. Emotionaler Rückhalt und die weniger häufig untersuchte *praktische* Unterstützung durch Vorgesetzte scheinen zentrale Unterstützungsbedingungen zur Sicherung und Förderung von Gesundheit und Wohlbefinden im Beruf. Insbesondere der *direkte* Vorgesetzte hat offenbar einen großen Einfluss auf die Erfahrung von positiver Gestimmtheit und Berufszufriedenheit, auf die Arbeitsplatzidentifikation und das Engagement der Beschäftigten, auf niedrige Fehlzeiten und auch auf ein geringeres Burnout. Diese Unterstützungsquelle im Beruf kann auch dafür Sorge tragen, dass berufliche Anforderungen als weniger ängstigend und verunsichernd wahrgenommen werden. Die soziale Anerkennung durch den Vorgesetzten fördert zudem das Selbstwertgefühl und verringert persönliche Verunsicherungen der Beschäftigten.

Berufsbedingungen, die schnell zu Burnout und zu emotionaler Erschöpfung führen (z. B. in bestimmten Gesundheitsberufen, IT-Berufen oder spezifische berufliche Funktionen, vor allem Leitungsfunktionen mit einem hohen Maß an Rollenkonflikten, Rollenambiguität und rollenabhängiger Anforderung und Stress) werden durch berufsbezogene soziale Unterstützung besser und konstruktiver bewältigbar. Dort, wo diese Funktionen und Arbeitsbelastungen selbst nur begrenzt veränderbar sind, das heißt, wo die damit verknüpften Stressoren kaum reduzierbar sind, können über die Steigerung von sozialer Unterstützung im Beruf und am Arbeitsplatz Stress und negative Stressfolgen reduziert werden.

Wichtig für alle Stress reduzierenden und gesundheitsförderlichen Unterstützungswirkungen im Beruf ist allerdings, dass Unterstützung gewünscht und gebraucht wird. Soziale Unterstützung darf hier nicht als aufgezwungen und unnötig erlebt werden. Alle diesbezüglichen Studien zeigen, dass Support in eine generell positive persönliche Beziehung eingebettet sein muss und dass der Stress sich sogar erhöhen kann, wenn die Belastungsquelle (z. B. der Vorgesetzte) auch die Unterstützungsquelle (der gleiche Vorgesetzte) ist. Der Inhalt unterstützender Interaktion und Kommunikation muss zudem zu einer positiveren und zuversichtlicheren Beurteilung der Anforderungen führen, nicht aber zu einer noch bedrohlicheren Wahrnehmung der Belastung. Sind diese Vorbedingungen nicht gegeben, führen Unterstützungsleistungen möglicherweise sogar zu höheren Belastungen, häufigeren Stresserfahrungen und einer stärkeren psychischen Beeinträchtigung der Beschäftigten und ihrer Gesundheit.

Insofern zeigt sich, wie stark der gesamte Kooperations- und Organisationskontext, in dem die berufliche Tätigkeit eingebunden ist, die potenziellen Wirkungen von sozialer Unterstützung am Arbeitsplatz beeinflusst.

Das Konzept der „wahrgenommenen Organisationsunterstützung"

Soziale Unterstützung durch Vorgesetzte (sowie durch Kolleginnen und Kollegen) ist ein Kernelement des „wahrgenommenen Organisationssupports" (Perceived Organizational Support, POS). Sie wird ergänzt durch gute Arbeitsbedingungen, erlebte Belohnungen und Fairness unter den Organisationsmitgliedern. Die wahrgenommene Organisationsunterstützung ist eng verknüpft mit der Arbeitszufriedenheit und mit der positiven Stimmung der Beschäftigten sowie mit einem engeren affektiven Bezug zum Unternehmen, mit höherer Leistung und geringerem Rückzug gegenüber der Organisation. Im Konzept der wahrgenommenen Organisationsunterstützung wird davon ausgegangen, dass Beschäftigte die unterstützenden Leistungen der Organisation als gezielt und beabsichtigt erleben. Diese Unterstützungsleistungen werden weitgehend in den Interaktionen mit ihren Vorgesetzten „personifiziert" und mit diesen assoziiert.

So entstehen reziproke, das heißt gegenseitige Verpflichtungsgefühle und Beschäftigte identifizieren sich stärker mit den Zielen der Organisation. Sozio-emotionale Bedürfnisse der Beschäftigten wie Belohnungserwartungen für Leistung werden erfüllt, wenn diese sich entsprechend gewürdigt sehen. Wahrgenommener Organisationssupport wird von den Beschäftigten auch als eine Versicherung erlebt, dass von der Institution Hilfe und Unterstützung zu erwarten ist, wenn man sie braucht, um den Beruf effektiv auszuüben und um in Stresssituationen konstruktive Bewältigungswege zu finden. Diese Prozesse führen zu positiven Effekten sowohl bei den Beschäftigten wie bei der Organisation. Wahrgenommene Organisationsunterstützung zieht – nach allen heute vorliegenden Erkenntnissen – eine generell positiv affektive Einstellung der Beschäftigten zum Beruf und zum Arbeitsplatz nach sich. Die Arbeitszufriedenheit und die Identifikation mit der eigenen Arbeit steigen und können ebenso nachgewiesen werden wie ein längerer Verbleib im Unternehmen und niedrige Fluktuationsraten, Fehl- und Verspätungszeiten. Bei den Beschäftigten führt die Unterstützung vor allem zu einer positiven Gestimmtheit und zu einem generell niedrigeren Stressniveau während der Arbeit (bei hoher wie bei niedriger Belastung). Erreicht werden die Reduzierung negativer psychischer und somatischer Reaktionen auf Belastungen und Stresserfahrungen, geringere Erschöpfung und geringere Burnout-Quoten, weniger Ängste und Kopfschmerzen, das heißt bei vielen Indikatoren für Gesundheit und Wohlbefinden ein besserer Gesundheitszustand. Beschäftigte, die ein hohes Maß an Organisationsunterstützung erleben, finden ihre Arbeit angenehmer, sind in besserer Stimmung und motivierter bei der Arbeit und leiden an weniger Stresssymptomen und Gesundheitsbeeinträchtigungen. In der Erfahrung von emotionalem Rückhalt, positiver Bezogenheit und Würdigung durch Vorgesetzte wie Kolleginnen und Kollegen werden sie zudem in ihrem Selbstwert signifikant gefördert.

Möglichkeiten der sozialen Unterstützungsförderung im Beruf

Wie in allen Sektoren eines persönlichen sozialen Netzwerks kann eine Förderung sozialer Unterstützungsverhältnisse und Interaktionen im Beruf an unterschiedlichen Punkten ansetzen.

- Da *Individuen* soziale Unterstützung austauschen, sind sie sowohl potenzielle Bereitsteller wie potenzielle Empfänger von Support. Beschäftigte können einerseits motiviert werden und lernen, eigenen Unterstützungsbedarf zu erkennen und zu artikulieren, geeignete Hilfequellen zu identifizieren, Hilfe zu suchen, Hilfe anzunehmen und sie adäquat zu würdigen. Alles unter der Voraussetzung, dass dies ohne negative Konsequenzen erfolgt und vielmehr institutionell erwünscht und „belohnt" wird. Andererseits können die gleichen Personengruppen – verstärkt jedoch Beschäftigte mit leitenden Funktionen – motiviert werden und lernen, Unterstützungsbedarf bei Kolleginnen und Kollegen wahrzunehmen, angemessene und auf die Anforderungen wie die Bedürfnisse „passende" Hilfe zum richtigen Zeitpunkt und im richtigen Ausmaß zur Verfügung zu stellen, wenn diese gewünscht wird. Auch hier muss die Unterstützung konsequenzenfrei annehmbar und im besten Falle sogar potenziell reziprok sein, um wirklich gesucht und in Anspruch genommen zu werden. Dies setzt eine generell von persönlicher Zuneigung (zumindest nicht von Abneigung) getragene Beziehung der Beteiligten voraus.
- Eine (professionelle) *„Unterstützung der Unterstützer"* fördert betrieblichen Social Support in der Schulung, Beratung und Supervision von Personen, die entweder über ihre betrieblichen Funktionen (z. B. in der Leitung, im Betriebsrat etc.) oder über ihre informellen Rollen als *Schlüsselpersonen* einer Organisation vermehrt als Hilfe- und Unterstützungsquellen genutzt werden (alltägliche Helfer, die gesuchten Zuhörer und Ratgeber in einer Abteilung etc.). Sie bedürfen einer besonderen Aufmerksamkeit hinsichtlich ihrer vielfältigen und oft übersehenen Unterstützungsleistungen für viele andere und hinsichtlich eigener Entlastungsmöglichkeiten in diesen stark beanspruchenden Anforderungen.
- Über Einzelpersonen hinaus kann sich betriebliche Unterstützungsförderung auf die nächste Ebene von *Gruppen und Netzwerken* beziehen. Das Konzept der wahrgenommenen Organisationsunterstützung verweist auf die Bedeutung, die ein stützendes Team, eine supportive Abteilung, eine integrierende Arbeitsgruppe eines Unternehmens für die Gesundheit und das Wohlbefinden seiner Mitarbeiter wie für die Organisationsleistung in allen ihren Fassetten einnehmen kann. Konkurrente, Konflikt generierende und mobbingträchtige Betriebs- und Arbeitsstrukturen sind diesen Kooperations- und gegenseitigen Unterstützungsidealen diametral entgegengesetzt. Supportinterventionen können sich hier auf die strukturell-organisatorische wie auch auf die qualitativen human-prozessualen Dimensionen der Kooperation beziehen und versuchen, Arbeitssettings und Arbeitsbedingungen zu schaffen, die in Gruppen und Teams gegenseitige Unterstützung erlauben oder besser noch fordern und fördern (z. B. die Schaffung von Möglichkeiten zu sozialer Kommunikation und Interaktion, Unterstützung und Belohnung von produktiver Kooperation und gemeinsamer Leistung etc.). Die Vorbildfunktion sozial unterstützender Vorgesetzter scheint von besonderer Bedeutung für die gegenseitigen Unterstützungsinteraktionen in Teams. Die Gruppenebene der Supportförderung ermöglicht stärker noch als die Ebene der

Individuen den Austausch und die Erfahrung unterschiedlichster gegenseitiger Unterstützungsressourcen, -formen und -qualitäten. In spezifischen Weiterbildungsprogrammen und Support orientierten Organisationsberatungsprozessen können Teams und Arbeitsgruppen für eine Optimierung gegenseitiger sozialer Unterstützungssensibilität und -interaktion weiterentwickelt werden. Auch die Entwicklung organisierter Gruppen (z. B. Selbsthilfegruppen oder Aktivitätsgruppen) in Organisationen gilt als eine vielversprechende Strategie betrieblicher Supportförderung. Dies ist insbesondere dann der Fall, wenn entstehende persönliche Unterstützungsbeziehungen in den beruflichen und privaten Alltag der Beteiligten diffundieren können.

→ Gesundheitsförderliche Aspekte der Arbeit (S. 76); Bewältigung von Belastungen, Aufbau von Ressourcen (S. 282); Stress (S. 334); Burnout (S. 364)

Literatur

Adams, G. A./King, L. A./King, D. W.: Relationships of Job and Family Involvement, Family Social Support, and Work-Family Conflict With Job and Life Satisfaction. In: Journal of Applied Psychology 81, 1996, S. 411–420

Billings, A. G./Moos, R. H.: Work stress and the stress-buffering roles of work and family resources. In: Journal of Occupational Behaviour, 3, 1982, S. 215–232

Casper, W. J./Martin, J. A./Buffardi, L. C./Erdwins, C. J.: Work-Family Conflict, Perceived Organizational Support, and Organizational Commitment Among Employed Mothers. In: Journal of Occupational Health Psychology, 7, 2002, S. 99–108

Cohen, S./Wills, A. P.: Stress, Social Support and the Buffering Hypothesis. In: Psychological Bulletin 98, 1985, S. 310–357

Deelstra, J. T. (u. a.): Receiving Instrumental Support at Work: When Help Is Not Welcome. In: Journal of Applied Psychology, 85, 2003, S. 324–331

Ducharme, L. J./Martin, J. K.: Unrewarding Work, Coworker Support, and Job Satisfaction. A Test of the Buffering Hypothesis. In: Work and Occupations, 27, 2000, S. 223–243

Fenlason, K. J./Beehr, Terry A.: Social support and occupational stress: Effects of talking to others. In: Journal of Organizational Behavior 15, 1994, S. 157–175

Fielden, S. L./Davidson, M. J.: Social support during unemployment: are women managers getting a fair deal? In: Women in Management Review 13, 1998, S. 264–273

Gill, S./Davidson, M. J.: Problems and pressures facing lone mothers in management and professional occupations – a pilot study. In: Women in Management Review 16, 2001, S. 383–399

Gmelch, W. H./Gates, G.: The impact of personal, professional and organizational characteristics on administrator burnout. In: Journal of Educational Administration 36, 1998, S. 146–159

Harris, J. I. (u. a.): The Comparative Contributions of Congruence and Social Support in Career Outcomes. In: The Career Development Quarterly, 49, 2001, S. 314–323

House, J. S.: Work Stress and Social Support. Reading, Addison-Wesley 1981

Kaufmann, G. M./Beehr, T. A.: Interactions Between Job Stressors and Social Support: Some Counterintuitive Results. In: Journal of Applied Psychology, 71, 1986, S. 522–526

Keita, G. P./Hurrell, J. J.: Job Stress in a Changing Workforce. Investigating Gender, Diversity and Family Issues. Washington 1996

Kirrane, M./Buckley, F.: The Influence of Support Relationships on Work-Family Conflict: Differentiating Emotional from Instrumental Support. In: Equal Opportunities International, 23, 2004, S. 78–96

LaRocco, J. M./House, J. S./French, J. R. P.: Social Support, Occupational Stress and Health. In: Journal of Health and Social Behavior, 21, 1980, S. 202–218

Lim, V. K. G./Teo, T. S. H.: Gender differences in occupational stress and coping strategies among IT personnel. In: Women in Management Review, 11, 1996, S. 20–28

Nabi, G. R.: The relationship between HRM, social support and subjective career success among men and women. In: International Journal of Manpower, 22, 2001, S. 457–474

Nestmann, F.: Netzwerkintervention und soziale Unterstützungsförderung. In: Lenz, K./Nestmann, F. (Hrsg.): Handbuch Persönliche Beziehungen. Juventa, Weinheim 2009, S. 955–979

Parasuraman, S./Greenhaus, J. H./Granrose, C. S.: Role stressors, social support, and well-being among two-career couples. In: Journal of Organizational Behavior, 13, 1992, S. 339–356

Peeters, M. C./Le Blanc, P. M.: Towards a match between job demands and sources of social support: A study among oncology care providers. In: European Journal of Work and Organizational Psychology, 10, 2001, S. 53–72

Rhoades, L./Eisenberger, R.: Perceived Organizational Support: A Review of the Literature. In: Journal of Applied Psychology, 87, 2002, S. 698–714

Röhrle, B.: Soziale Netzwerke und soziale Unterstützung. Beltz, Weinheim 1994

Thomas, L. T./Ganster, D. C.: Impact of Family – Supportive Work Variables on Work – Family Conflict and Strain: A Control Perspective. In: Journal of Applied Psychology, 80, 1995, S. 6–15

Yang, C.-L./Carayon, P.: Effect of job demands and social support on worker stress: a study of VDT users. In: Behaviour & Information Technology, 14, 1995, S. 32–40

Dirk Windemuth

Stress

Abstract

„Stress" ist ein klar definierter Begriff und bezeichnet eine bestimmte, individuelle Reaktionsform von Menschen auf Situationen. Er äußert sich auf den Ebenen der Kognition (Wahrnehmen und Denken), der Emotion und des Körpers und verändert das Verhalten. Stress kann nicht durch das Vorliegen einer bestimmten Situation alleine ausgelöst werden; erst recht nicht können andere körperliche oder psychische Erkrankungen (wie Depressionen) durch Stress alleine ausgelöst werden, was zum Beispiel aus Modellen zur Krankheitsentstehung abgeleitet wird. In diesem Beitrag wird deshalb auch auf private Stressoren eingegangen. Darüber hinaus wird vorgestellt, wie Stress in der Stresskammer gemessen werden kann. Die Empfehlungen für die Auswahl von Seminaren zum Thema Stress gehen insbesondere dahin, dass die Teilnehmer Seminarinhalte selbst erleben müssen, damit ein Praxistransfer wahrscheinlich ist.

Thematische Eingrenzung und Definition

Auch wenn der Begriff Stress uneinheitlich gebraucht wird, gibt es doch eine im Arbeitsschutz weitgehend akzeptierte Definition. Die Europäische Kommission definierte 2001 arbeitsbedingten Stress als die „[...] Gesamtheit emotionaler, kognitiver, verhaltensmäßiger und physiologischer Reaktionen auf widrige und schädliche Aspekte des Arbeitsinhalts, der Arbeitsorganisation und der Arbeitsumgebung. Dieser Zustand ist durch starke Erregung und starkes Unbehagen, oft auch durch ein Gefühl des Überfordertseins charakterisiert."

Stress ist danach eine individuelle Reaktion, also eine Beanspruchung beziehungsweise Beanspruchungsfolge und keine Belastung beziehungsweise Fehlbelastung. In der englischen Sprache ist dies umgekehrt: „psychological stress" bezeichnet dort die Belastungen, die Beanspruchungen werden als „strain" bezeichnet. Bei Stress handelt es sich nach dieser Definition auch immer um eine negative Beanspruchung (starkes Unbehagen, Gefühl des Überfordertseins), „positiven Stress", von dem manchmal noch gesprochen wird, gibt es also nicht! Stress äußert sich auf drei Ebenen, die üblicherweise und auch in der obigen Definition unterschieden werden: die kognitive, die emotionale und die körperliche Ebene. Stress hat Auswirkungen auf das Verhalten.

Kognitive Ebene

Besonders die Bereiche Wahrnehmung, Denken und Problemlösen/Entscheiden sind auf der kognitiven Ebene betroffen. Im Stress-Zustand ist die Wahrnehmung eingeschränkt (sogenannter Tunnelblick), für die Aufgabenbewältigung wichtige Informationen außerhalb des Fokus der Aufmerksamkeit werden nicht beachtet. Das Denken ist weniger flexibel und kreist oftmals um das Problem oder die Aufgabe. Aus der Veränderung der Wahrnehmung und des Denkens resultiert eine veränderte, in der Regel schlechtere Problemlösung. Typisch ist die Wahl einer Lösung, die zwar naheliegend ist, nicht aber das beste Ergebnis liefert. Ein Beispiel für die Veränderungen auf der kognitiven Ebene zur Verdeutlichung: Das Autofahren unter Stress bewirkt eine Einschränkung der optischen Wahrnehmung auf die Straße selbst. Das Geschehen links und rechts davon wird ausgeblendet. Dies bewirkt eine verzögerte und somit verschlechterte Gefahrenerkennung für all die Ereignisse, die im Umfeld der Straße vor sich gehen und erst zeitlich geringfügig verzögert das Verkehrsgeschehen beeinträchtigen. Zum Beispiel werden dann spielende Kinder, die von Grundstücken auf die Straße laufen, Radfahrer, die aus kleinen Nebenstraßen auf die Straße einbiegen, oder Wild, das plötzlich auf der Straße auftaucht und unter Umständen kurz vorher hätte gesehen werden können, verzögert bewusst gesehen. Vorausschauendes Fahren ist bei einem Tunnelblick nicht möglich, da dafür gerade die Aufnahme und Nutzung vieler Umweltinformationen erforderlich ist.

Emotionale Ebene

Auf der emotionalen Ebene ist „[...] starkes Unbehagen, oft auch durch ein Gefühl des Überfordertseins [...]" (s. o.) zentral. Aufgaben werden nicht mehr als Herausforderung angenommen, sondern als unangenehm oder sogar als Bedrohung erlebt. Die Aufgabenbewältigung ist dementsprechend auf Fehlervermeidung ausgerichtet und nicht auf Erfolg. Dies beeinträchtigt die Leistung entscheidend. Emotionen bis hin zu Angst (vor dem zu erwartenden Misserfolg) sind möglich. Je stärker die emotionale Reaktion ist, desto stärker ist auch die resultierende Leistungsbeeinträchtigung und desto geringer ist das Wohlbefinden.

Körperliche Ebene

Die stresstypischen Veränderungen auf der körperlichen Ebene werden in der Definition der Europäischen Kommission als „starke Erregung" bezeichnet. Auf dieser Ebene kommt es im Zustand von Stress unter anderen zu folgenden messbaren Veränderungen: Pulsfrequenz, Blutdruck, Muskelaktivität und andere Werte steigen an; sogenannte Stresshormone wie Cortisol und Adrenalin werden vermehrt ausgestoßen; die Feuchtigkeitsabsonderung in den Handflächen nimmt zu.

Verhalten und Leistung

Da das Wahrnehmen, Denken, Entscheiden und Problemlösen im Zustand von Stress verändert ist, bleibt eine Veränderung des Verhaltens nicht aus. Neben Fehlentscheidungen und resultierendem Fehlverhalten (was z. B. bei Fahr- und Steuerungstätigkeiten folgenschwere Unfälle auslösen kann) ist häufig die Zunahme von Konflikten, Streit und Aggressionen zu beobachten. Die Leistung lässt qualitativ und quantitativ nach. Oftmals ist das Leistungsniveau von Beschäftigten nicht mehr so stabil wie gewohnt. Konzentration und Aufmerksamkeit lassen nach. Durch Hast und Ungeduld wird ein sorgfältiges Abwägen der angemessenen Vorgehensweise unmöglich und die Leistung sinkt weiter.

Stress ist keine automatische Reaktion einer Person auf eine Situation. Nicht nur zwischen den Menschen bestehen Unterschiede darin, ob sie auf diese Einflüsse mit Stress reagieren oder nicht (auf einen Verkehrsstau reagieren manche Menschen schnell mit Stress, andere langsam oder gar nicht). Auch ein und dieselbe Person kann auf ein Ereignis einmal mit Stress reagieren und ein anderes Mal nicht (auf dem Weg zur Arbeit bewirkt der Stau eher Stress als auf dem Weg in den Urlaub).

Entstehung und Relevanz des Themas

Der Tagespresse zufolge macht Arbeit krank und depressiv. Fast wöchentlich kann man in Tageszeitungen Überschriften wie „Krank durch Arbeitsdruck", „Die Depression ist der Arbeitsunfall der Postmoderne", „Immer mehr Arbeitnehmer sind psychisch krank" und so weiter finden. Der Tenor der meisten Artikel lautet: Arbeit führt zu Stress und dadurch werden Beschäftigte krank. Zumindest aber wird die Gesundheit durch Stress gefährdet. Dies wird bereits als Slogan auf T-Shirts gedruckt.

Quelle: Meffert, K., Institut für Arbeitsschutz der Deutschen Gesetzlichen Unfallversicherung.

So modern die Verurteilung der Arbeit als krank machend auch sein mag: Werden die Zusammenhänge genauer betrachtet, ergibt sich ein anderes Bild. Dies verdeutlicht zum einen der Vergleich von Gesundheitsdaten Erwerbstätiger und Erwerbsloser; zum anderen wird dies unterstützt durch die Betrachtung der Entstehungsbedingungen (Ätiopathogenese) von psychischen und körperlichen Erkrankungen sowie von Stress.

Ausgehend von einer Studie, die 1930 in Marienthal, einem kleinen Ort bei Wien, durchgeführt wurde, entstand ein Forschungszweig, der sich mit den Folgen von Arbeitslosigkeit befasst. Durch die Weltwirtschaftskrise wurde in diesem Ort um 1930 fast jeder Erwachsene arbeitslos. Die Folgen, die von einer Forschergruppe um Marie Jahoda systematisch beobachtet wurden, waren vielfältig. Der Verlust des regelmäßigen Lohns war schwerwiegend. Es waren aber noch weitere Folgen – wie der Verlust von Sozialkontakten oder ein vermindertes Selbstwertgefühl – zu verzeichnen. Insgesamt kann die Stimmung in Marienthal zu jener Zeit als resignativ bezeichnet werden.

Diese Folgen von Arbeitslosigkeit werden seit mehr als 15 Jahren in der Wissenschaft immer wieder bestätigt und ergänzt um Belege dafür, dass der Gesundheitszustand und die Lebenszufriedenheit bei Erwerbslosen deutlich schlechter beziehungsweise geringer sind als bei Erwerbstätigen. Offensichtlich kann die Arbeit, wenn sie gut gestaltet ist, Menschen gesund und zufrieden erhalten. Oder können die Ergebnisse auch anders interpretiert werden?

Grundsätzlich ja, denn die bessere Gesundheit und Zufriedenheit Erwerbstätiger gegenüber Erwerbslosen könnte auch dadurch erklärt werden, dass kranke oder krankheitsanfällige und unzufriedene

Menschen eher ihre Arbeit verlieren, sodass sich in der Gruppe der Erwerbstätigen die gesunden und in der Gruppe der Erwerbslosen die kranken Menschen sammeln. Diese Frage, ob Arbeit gesund hält oder aber gesunde Menschen eher eine Beschäftigung behalten, kann nur durch Langzeitstudien überprüft werden. Eine solche Langzeitstudie liegt zumindest für das Ausmaß psychischer Belastung und subjektiver Gesundheit vor (Förster u. a., 2004). Sie gibt deutliche Hinweise darauf, dass beide Erklärungen zutreffen: Personen, die psychisch belastet und subjektiv weniger gesund sind, haben deutliche Nachteile auf dem Arbeitsmarkt. Wiederholte Arbeitslosigkeit bewirkt aber auch starke psychische Belastungen und Gesundheitsprobleme, was zukünftig wiederum zu einer Benachteiligung auf dem Arbeitsmarkt führt.

Den Aussagen wie „krank durch Arbeitsdruck" liegen – wie zahlreichen anderen Aussagen dazu, dass Arbeit krank macht – monokausale Verursachungsmodelle zugrunde. Eine Krankheit kann danach durch das Eintreffen einer Bedingung entstehen. Dass diese Betrachtung vereinfacht ist, ist bereits seit den 1970er-Jahren bekannt und kann an einfachen Beispielen erläutert werden: Depressionen weisen eine multifaktorielle Genese auf. Neben psychoreaktiven Auslösern, dazu gehören zum Beispiel Bedingungen der Arbeit, sind zum Beispiel genetische Faktoren (50 Prozent der Kinder, deren Eltern depressiv sind, leiden später selbst an Depressionen), körperliche Bedingungen, frühkindliche Erfahrungen, privater Stress und so weiter ebenfalls wichtig für die Entstehung von Depressionen. Oder anders ausgedrückt: Ohne das Vorhandensein weiterer Gegebenheiten für die Erkrankung können psychoreaktive Auslöser (von denen wiederum nur ein Teil am Arbeitsplatz zu finden ist, ein anderer Teil im Privatleben der Beschäftigten) Depressionen gar nicht hervorrufen. Auf der anderen Seite: Bei vorhandenen Voraussetzungen kann der arbeitsbedingte Stress tatsächlich das Fass zum Überlaufen bringen und die Krankheit auslösen. Auch für die Entstehung von Stress sind zum Beispiel frühere Erfahrungen mit Stressoren sowie der individuelle Verarbeitungsstil relevant. Das bedeutet, dass sogar die Frage, ob eine Person am Arbeitsplatz Stress erlebt oder nicht, durchaus von den Arbeitsbedingungen abhängt, zugleich aber auch von weiteren Faktoren. Die Tatsache, dass arbeitsbedingte Stressoren Krankheiten auslösen können, zeigt die große Bedeutung, die der Verhütung arbeitsbedingter Gesundheitsgefahren (in diesem Fall Stress) zukommt.

Überbetriebliche Einflussfaktoren

Ausgeblendet wird also allzu häufig, dass Menschen auch in ihrer Freizeit massivem Stress ausgesetzt sind. Dieser Stress wird ebenso mit zur Arbeit genommen wie arbeitsbedingter Stress mit in die Freizeit genommen wird. Neben den kleineren Stressoren des Alltags (Konflikte in der Familie, kleine Verkehrsunfälle, Streit mit Freunden usw.) hat die Wissenschaft insbesondere die großen Stressoren, die sogenannten Kritischen Lebensereignisse, betrachtet (*Tabelle 1, S. 338*). Diese beziehen sich überwiegend auf Veränderungen in der Lebenssituation und es gibt Belege dafür, dass mit zunehmender Anzahl solcher Lebensereignisse, die eine Person in einer begrenzten zeitlichen Frist erlebt, das Risiko für Erkrankungen ansteigt. Unter diesen Ereignissen sind auch an sich positive zu finden. Sie bewirken aber auch starke Lebensveränderungen, sodass daraus oftmals negative Beanspruchungen resultieren.

Ereignis	Gewichtung
Tod eines nahen Angehörigen	100
Tod eines engen Freundes	73
Scheidung der Eltern	65
Gefängnisaufenthalt	63
Schwere Krankheit oder Verletzung	63
Eheschließung	58
Verlust des Arbeitsplatzes	50
Durchfallen in einem wichtigen Prüfungsfach	47
Schwangerschaft	45
Schwerwiegender Streit mit engem Freund	40
Wechsel des Hauptstudienfaches	39
Probleme mit den Eltern	39
Neuer Freund/neue Freundin	38
Überragende Studienleistung	36
Erstes Semester an der Uni	35
Schlechtere Noten als erwartet	29
Ständige Probleme mit dem Auto	26
Wechsel der Ausbildungsstelle	24
Kleinere Übertretungen der Verkehrsregeln	20

Tab. 1: Kritische Lebensereignisse und ihre Gewichtung auf der Basis von Einschätzungen (in Anlehnung an Insel/Roth, 1985, zitiert nach Zimbardo/Gerrig, 1996)

Diese kritischen Lebensereignisse wirken umso stärker, wenn sie zusammentreffen mit anderen Belastungen, die aus dem Dreiebenenmodell resultieren. Hier sind aus der äußeren Ebene besonders die Vereinbarkeit von Familie und Beruf, die allgemeine Wirtschaftssituation (Armut, Arbeitslosenquoten), die Globalisierung verbunden mit der Erfordernis zu räumlicher Flexibilität und auch der Umgang mit der Zeit zu beachten.

Praxisbeispiele

Wenn es um das Thema Stress im Betrieb geht, dann sind das Bereitstellen von Informationsmaterial und die Durchführung von Schulungen oder Trainings besonders häufige Formen der betrieblichen Gesundheitsförderung. Die Effekte solcher Maßnahmen sind mehr als fraglich. Bei anderen Interventionen wird besonderer Wert darauf gelegt, dass die Zielgruppen der Maßnahmen beziehungsweise die Teilnehmer nicht nur informiert werden, sondern im Sinne der Gesundheitserziehung durch eigene Erfahrungen und aktive Teilnahme zur umfassenden Verhaltensänderung motiviert werden.

In der „Stresskammer" erfolgt eine Konfrontation von Personen mit ihren persönlichen Stressreaktionen durch die Stressmessung. Diese Stressmessung ist in zwei

Phasen unterteilt. In der ersten Phase erhält die Testperson eine Reaktionsaufgabe ohne simulierte psychische Belastungen. Sie führt diese Aufgabe über zirka 2 Minuten durch. In der zweiten Phase muss die Reaktionsaufgabe mit simulierten Belastungen für etwa 3 Minuten durchgeführt werden. Diese Belastungen sind Lärm, Blendung, Ablenkung, Zeitdruck und Platzmangel. Während die Testperson diese Aufgabe zweimal durchführt, werden psychophysiologische, Empfindens- und Verhaltensmaße erfasst (vgl. Windemuth/Müller-Gethmann/Bindzius/Eckhardt, 2001).

Die physiologischen Maße werden mit Hilfe eines Physiologgers erhoben. Diese Maße sind die Herzrate, die Herzratenvariabilität, die Muskelaktivität im Unterarm der dominanten Hand sowie im gegenüberliegenden Schulter-Nacken-Bereich. Als letztes Maß wird die Hautleitreaktion in der nicht dominanten Hand erhoben. Das Verhalten beziehungsweise die Leistung wird über die Anzahl richtiger, falscher, verzögerter und ausgelassener Reaktionen im Reaktionszeittest bestimmt. Das Empfinden wird mit Hilfe einer einfachen Schiebeskala erhoben. Diese Schiebeskala gibt der Testperson die Möglichkeit einzustellen, wie sie sich auf der Skala von „gar nicht belastet" über „kaum belastet" bis zu „stark belastet" jeweils nach den beiden Durchgängen fühlt.

Ein typisches Datenprotokoll zeigt an, dass in der zweiten Testphase die Herzrate steigt, die Herzratenvariabilität sinkt, die Muskelaktivität sowohl im Unterarm der dominanten Hand als auch im gegenüberliegenden Schulter-Nacken-Bereich stark ansteigt. Einen solchen Anstieg verzeichnet man in der Regel auch für die Hautreaktionen, wobei diese unzuverlässig sind, da sie in sehr hohem Maße auch durch andere Faktoren, wie zum Beispiel Körpertemperatur, beeinflusst werden.

Nach der Durchführung der Stressmessung werden die Ergebnisse mit den Teilnehmern persönlich besprochen. Durch die Erzeugung der persönlichen Betroffenheit sind die Teilnehmer empfänglich für Empfehlungen zur Stressprävention und Stressbewältigung und für Hinweise darauf, wie ihnen verschiedene Institutionen bei komplexeren Maßnahmen behilflich sein können.

Stressmessungen dieser Art werden sowohl in Seminaren als auch auf Gesundheitstagen in Betrieben, auf Messen und Ausstellungen durchgeführt.

Präventionsmaßnahme: Kriterien für die Seminarauswahl

Die Anzahl der Seminarangebote zum Thema Stress und Stressbewältigung ist unüberschaubar groß. Die Inhalte der Seminare sind in einigen Punkten in den meisten Seminaren gleich. So wird zumeist der Begriff Stress geklärt und die Beziehung zwischen Stress und Gesundheit sowie Möglichkeiten der Stressprävention werden vorgestellt. In einigen wichtigen Details unterscheiden sich die Seminarangebote jedoch erheblich.

Aus der Forschung zum Lerntransfer ist bekannt, dass die Chance, dass das in Seminaren Gelernte im betrieblichen Alltag umgesetzt wird, besonders hoch ist, wenn das Gelernte bereits im Seminar erprobt und angewendet werden kann und wenn persönliche Erfahrungen mit den Seminarinhalten gesammelt werden. Darauf muss auch ein Seminar zum Thema Stress beziehungsweise Stressprävention ausgerichtet sein. Möglichkeiten hierzu bestehen zum Beispiel darin, mit den Seminarteilnehmern

- persönliche Stressreaktionen zu messen (s. o.),
- Möglichkeiten der Messung von Stress in Betrieben zu entwickeln und im Betrieb einzusetzen,
- im Betrieb anwendbare Stressbewältigungstechniken zu erproben (dazu gehören z. B. nicht das Autogene Training oder Tai Chi, da diese zwar grundsätzlich effektiv sein können, im Verhältnis zum Beispiel zur progressiven Muskelentspannung in Betrieben aber kaum anwendbar sind) oder
- stressbedingtes Fehlverhalten (zum Beispiel im Straßenverkehr) über Simulationen zu erfahren.

Stressseminare, die nicht eine Vielzahl solcher Elemente beinhalten, können nicht effektiv sein.

→ Bewältigung von Belastungen, Aufbau von Ressourcen (S. 282); Angst und Aggression (S. 341)

Literatur

Europäische Kommission: Stress am Arbeitsplatz – ein Leitfaden; „Würze des Lebens – oder Gifthauch des Todes?" 2001

Förster, P./Berth, H./Brähler, E.: Arbeitslosigkeit und Gesundheit. Ergebnisse der Sächsischen Langzeitstudie 17. Welle 2003. Otto-Brenner-Stiftung, Berlin 2004

Insel, P. L./Roth, W. T.: Core concepts in health. Mayfield, Palo Alto 1985

Zimbardo, P. G./Gerrig, R. J.: Psychologie. Springer, Berlin 1996

Weitere Literaturangaben sind beim Autor erhältlich.

Rolf Manz

Angst und Aggression

Abstract

Angst und Aggression gewinnen im beruflichen Kontext stark an Bedeutung. Beide Themen haben gemeinsame physiologische Wurzeln und sind eng mit der Stressthematik verwandt.

Ängste werden passiv erlebt beziehungsweise erduldet. Sie beeinflussen die individuellen Leistungsvoraussetzungen negativ und wirken sich auf ein breites Spektrum von beruflichen Anforderungen aus. Eine Trennung in arbeitsplatzspezifische und individuumsspezifische Ängste und damit klare Anforderungen an Arbeits- und Gesundheitsschutz ist nicht immer möglich. Ängste können sich bis hin zu behandlungsbedürftigen Krankheitsbildern steigern. In diesen Fällen ist neben der Prävention auch das betriebliche Disability-Management gefordert.

Aggression begegnet uns im beruflichen Kontext in vielfältiger Form. Sie kann von außen, zum Beispiel durch Kunden einwirken, sie kann aber auch innerhalb des Betriebes in Form von Konflikten oder Mobbing vorhanden sein. Zunehmend treten aggressive Auseinandersetzungen im Zusammenhang mit Serviceleistungen auf, vor allem, wenn Kundenwünsche nicht erfüllt werden können. Daneben bestehen traditionelle Risiken, Opfer von Straftaten zu werden in Branchen, die mit Werten zu tun haben, wie etwa das Bankgewerbe oder Werttransporte. Neuerdings werden auch Fälle von beziehungsmotivierten Straftaten wie Stalking beobachtet. Hier werden Angestellte stellvertretend für eine harte Gesetzgebung oder aus persönlichen Motiven der Kunden-Mitarbeiterbeziehung heraus bedroht. Der Arbeits- und Gesundheitsschutz ist hier vor vielfältige Aufgaben gestellt. Die Präventionskonzepte reichen von technischen über organisatorische bis hin zu personbezogenen Maßnahmen. Generell ist aber auch der Opferschutz in Form angemessener Nachbetreuung zu berücksichtigen.

Einleitung

Angst und Aggression als Beanspruchungsfolgen haben einen verwandten Ausgangspunkt: Stress. Lazarus' bekannte psychologische Stresstheorie (Lazarus/Launier, 1978) ist ursprünglich eine Angsttheorie und Neuropsychologische Studien mit Reizungen des Diencephalons (Zwischenhirn) zeigen, dass je nach Außenkonstellation (Situation) alternativ auch aggressives Verhalten ausgelöst werden kann. Für das Individuum bedrohliche Reize werden im Zwischenhirn (Amygdala und Hippocampus) interpretiert und schnelle Verhaltensmuster (flight or fight) zum Schutz des Organismus ausgelöst. Allen Säugetieren gemeinsam ist der agonistische Verhaltenskomplex, zu dem

- Angriff (Aggression),
- Flucht (Angst) und
- Erstarrung (Todstellreflex)

zählen. Sie resultieren aus reflexhaften Entscheidungen, also aus solchen ohne Beteiligung des Bewusstseins. Vor allem für das Angriffs- und Fluchtverhalten wurde durch Hans Selye (1956) das physiologische Korrelat der Aktivierung als Stresskorrelate beschrieben: (Nor-)Adrenalinausschüttung, Beschleunigung der Herzrate, Erhöhung des Blutzuckerspiegels, verstärkte Durchblutung der Muskulatur, erhöhter Blutdruck, blasse Haut, trockener Mund, vermehrtes Schwitzen.

Sie sind im Sinne einer Bereitstellungsreaktion zu verstehen, die den Organismus auf Flucht (Angst) oder Kampf (Aggression) vorbereiten. Der agonistische Verhaltenskomplex und das physiologische Stressmodell nach Selye können als Paradigma der Verhaltensgrundformen Angst und Aggression verstanden werden. Beide Reaktionsformen sind jedoch phylogenetischen (stammesgeschichtlichen) und ontogenetischen (individuellen) Modifikationen unterworfen, die eine beachtliche Anzahl abgeleiteter Verhaltensformen produzieren.

Angst[1]

Angst stellt im Sinne eines Schutzmechanismus eine notwendige normale Emotion als Reaktion beziehungsweise Hinweis auf Gefahr dar. In der Regel führt sie zu einem Vermeidungs- beziehungsweise Fluchtverhalten. Ein bedrohliches Objekt oder eine bedrohliche Situation werden vermieden, um Schaden vom Organismus abzuwenden. Da Angst eine Schutzfunktion innehat, ist sie sehr leicht an Hinweisreize zu konditionieren. Die Preparedness-Hypothese geht sogar von phylogenetisch erworbenen Angstneigungen aus, zum Beispiel gegenüber Reptilien, die der Arterhaltung dienen und das Erlernen von Auslösesituationen und Objekten begünstigen. Individuell werden Ängste neben klassischen Konditionierungen vor allem durch soziale Vererbung weitergegeben. Hierunter fällt vor allem der Mechanismus des Modelllernens. Das Kind übernimmt Verhaltensweisen zum Beispiel von den Eltern, damit auch deren Reaktionen auf Reize, Situationen und dergleichen (ängstliche, unsichere Mutter oder Vater). Hinzu kann auch operantes Konditionieren kommen, dadurch, dass den Erwachsenen ähnliche Reaktionen durch diese bekräftigt werden. Angst kann auch als Persönlichkeitsmerkmal auftreten, wenn Personen sich durch eine allgemeine Ängstlichkeit auszeichnen. Diese Personen reagieren auf viele Situationen mit Angst, sind unsicher und schreckhaft. Auf konkrete Objekte oder Situationen bezogene Ängste werden als Furcht bezeichnet. Angst geht mit charakteristischen körperlichen Begleitsymptomen einher wie Herzklopfen, Pulsbeschleunigung, Schwindel, Schweißausbruch, Zittern, Beben, Mundtrockenheit, Hitzewallungen, Sprachschwierigkeiten, Atembeschwerden, Beklemmungsgefühl, Brustschmerzen, bis hin zu Übelkeit, Erbrechen und Durchfall.

Angst als Krankheit

Die Diagnose einer pathologischen Angst orientiert sich an den Kriterien Unangemessenheit und Intensität. Wenn mögliche

---

[1] Die folgenden Ausführungen lehnen sich überwiegend an Kapfhammer (2000) an.

oder tatsächliche Bedrohungen in ihrer Gefährlichkeit überschätzt werden (z.B. bei Herzphobie und Agoraphobie) oder Angst ohne konkrete Gefahr und Bedrohungswahrnehmung auftritt (z.B. bei Panikattacken), ist sie unangemessen. Die Intensität macht sich an der Symptomausprägung, wie Angstintensität, Angstpersistenz, abnorme Angstbewältigung sowie subjektiver und körperlicher Beeinträchtigungsgrad fest. Oft zu beobachten ist auch eine zunehmende Erwartungshaltung, Angst zu erleben, und bei der Panikstörung auch die Angst vor dem Auftreten einer erneuten Angstattacke.

Die Formen von Angststörungen reichen von einfachen Phobien bis hin zur Panikstörung. Die ICD-10 (Dilling u.a., 1993) kennt folgende Angststörungen:

F40.0   Agoraphobie
F40.1   Soziale Phobien
F40.2   Spezifische (isolierte) Phobien
F40.8   Sonstige phobische Störungen
F40.9   Phobische Störung, nicht näher bezeichnet
F41.0   Panikstörung (episodisch paroxysmale Angst)
F41.1   Generalisierte Angststörung
F41.2   Angst und depressive Störung, gemischt.

Die Posttraumatische Belastungsstörung ist hier nicht aufgeführt. Sie wird unter den Anpassungsstörungen codiert. Dennoch zählt die Posttraumatische Belastungsstörung hinsichtlich des zugrunde liegenden pathologischen Mechanismus zu den Angststörungen. Im Rahmen dieses Handbuches wird diese Störung im Beitrag „Traumatische Erlebnisse" besprochen.

Ängste und Arbeit

Ängste und Angststörungen sind in vielfältiger Weise mit Beruf und Arbeit verbunden. Ängste stellen für viele Berufe behindernde Faktoren dar, da sie unmittelbar Einfluss auf die Leistungsvoraussetzungen haben. Andererseits können Ängste auch aus den Arbeitsbedingungen selbst oder mit der Arbeit zusammenhängenden Umständen resultieren. *Tabelle 1 auf S. 344* gibt einen Überblick über Ängste im Zusammenhang mit Arbeit und Beruf. Dabei wird nicht unterschieden in pathologische und normale Ängste, beide sind dazu in der Lage, die Leistungsvoraussetzungen der Berufstätigen zu beeinträchtigen. Auch ist nicht bei allen Ängsten die primäre Ursache in der Person oder in den Arbeitsumständen zu lokalisieren.

Ängste können im Rahmen der Berufstätigkeit durch einfache und operante Konditionierung erworben werden (z.B. nach Überfällen). Weitaus häufiger werden aber bestehende Dispositionen durch Veränderungen am Arbeitsplatz aktiviert, so zum Beispiel bei unklaren Umstrukturierungen, die mit der Angst vor Kompetenzverlust einhergehen können, oder der Ankündigung von Entlassungen. Schnell werden hieraus existenzielle Bedrohungen, die die Leistungsfähigkeit der Mitarbeiter drastisch beeinträchtigen, ohne dass von Angststörungen gesprochen werden könnte.

Die Angst vor Arbeitsplatzverlust kann prinzipiell bei allen Beschäftigten auftreten, sie stellt eine ambivalente Situation dar: Die Handlungsmöglichkeiten sind eingeschränkt, die Betroffenen schwanken zwischen Hoffen und Bangen. Die Uneindeutigkeit der Situation führt oft zur Passivität und verhindert aktive Problemlösungen. Die Situation wird als extrem unangenehm erlebt, die Leistungsfähigkeit ist deutlich reduziert. Auch Veränderungen in der Organisation, wie Umstrukturierungen, Fusionen und dergleichen können Ängste auslösen. Dazu zählen Ängste vor Versetzung, Degradierung, Kompetenzentzug, Über-

Ausgangspunkt Individuum	Sowohl als auch	Ausgangspunkt Arbeit
Soziale Phobie (Redeangst, Prüfungsangst etc.)	Angst vor Arbeitsplatzverlust	Angst aufgrund diffuser Bedrohung durch: Strahlen, Viren, Bakterien, Chemikalien, Schimmel, Gase, Stäube, Nanopartikel etc.
Angst vor bestimmten Tätigkeiten	Angst vor Veränderung	Angst vor Überfällen
Angst vor der Benutzung bestimmter Verkehrsmittel	Angst vor Kompetenzverlust	Angst vor Übergriffen
Angst vor Blut	Angst vor Statusverlust	Angst vor sozialer Ausgrenzung (z. B. durch Mobbing)
Flugangst	Angst vor Ansteckung	
Angst vor Fahrstühlen, Höhenangst	Angst vor Anlagen und Maschinen	

Ängste haben ihren Ausgangspunkt immer auch in der betroffenen Person. Der Arbeitsplatz schafft aber spezifische Risiken, die mehr oder weniger wirkungsvoll kontrolliert werden können. Der Person sind hier diejenigen Formen zugeordnet, die ohne Arbeitsbezug beobachtbar sind. Die unter Arbeit subsumierten Formen setzen spezifisch mit dem Arbeitsumfeld zusammenhängende Faktoren voraus (z. B. Kontakt mit radioaktivem Material).

Tab. 1: Ängste im Zusammenhang mit Arbeit und Beruf (eigene Darstellung)

forderung, Unterforderung et cetera. Betriebliche Veränderungsprozesse sind keine individuellen Schicksale, daher führen die damit verbundenen Ängste auch zu starker Affiliation, das heißt einem intensiven Austausch zwischen den Mitarbeitern in Gruppen. Bei unklarer Informationslage entstehen schnell Gerüchte, die oft die Situation noch verschlimmern.

Die Angst vor Übergriffen, das heißt vor physischer Bedrohung, psychischer Bedrohung und Ausgeliefertsein wird dagegen als persönliches Risiko erlebt. Sie führt zu einer Verunsicherung gegenüber bestimmten, als bedrohlich wahrgenommenen Kunden, kann aber auch generalisieren und zur Dienstunfähigkeit führen. Besonders ausgeprägt treten Ängste nach tatsächlich erlebten Übergriffen und Überfällen auf. Geschahen diese noch in Verbindung mit Waffen und kam es zur körperlichen Verletzung, so treten massive Verunsicherungen und starkes Misstrauen gegenüber Unbekannten sowie ein Verlust des allgemeinen Sicherheitsgefühls auf. Von Gewalttaten Betroffene erlangen oft keine Arbeitsfähigkeit mehr.

Vielfältige Beeinträchtigungen ergeben sich vor allem aus Phobien. Personen mit Höhenphobie oder Fahrstuhlphobie haben zum Beispiel diverse Schwierigkeiten in Hochhäusern zu arbeiten, sie vermeiden den Blick aus dem Fenster beziehungsweise die Benutzung des Fahrstuhls, was insbesondere ab 6–8 Stockwerken leicht zum Problem werden kann. Nicht immer hilft der Verweis auf das persönliche Fitnesstraining als Begründung, warum man nicht im

Fahrstuhl mitfährt. Auch die Vermeidung von Verkehrsmitteln kann oft nur schwer kaschiert werden. Personen mit Flugphobie können gegebenenfalls innerhalb Deutschlands noch Gründe für die Benutzung von Pkw oder Bahn finden. Spätestens aber bei Reisen über den Atlantik müssen sie sich ihrer Flugphobie stellen. Besonders beeinträchtigend sind soziale Phobien.

Soziale Phobie

Eine besonders häufige und für das Berufsleben teilweise sehr beeinträchtigende Form der Angststörungen stellt die Soziale Phobie dar. Bei der Sozialen Phobie bezieht sich die angstbesetzte Situation auf Kontakte mit anderen Menschen. Schon die Interaktion mit einem anderen Menschen kann eine Überforderung darstellen. Epidemiologische Studien zeigen, dass zirka 8 Prozent der Erwachsenen eine Soziale Phobie aufweisen (Perkonigg/Wittchen, 1995). Typische Symptome sind:

- Starke Ängste, sich in bestimmten sozialen Kontexten zu zeigen
- Angst vor sozialen oder Leistungssituationen, im Mittelpunkt stehen, durch andere beurteilt werden, sich blamieren oder versagen zu können
- Extreme Angst, in dieser Angst erkannt und öffentlich beschämt zu werden
- Starke körperliche Reaktionen (Herzrasen, Schwitzen, Übelkeit, Atemnot, Stimmversagen u.a.) vor und in der angstbesetzten Situation
- Starkes Vermeidungsverhalten, dadurch sekundär oft ausgeprägte Defizite beim „normalen" Reifungsprozess und Defizite bei der Wahrnehmung sozialer Verantwortung
- Häufig in der Folge sehr schlechtes Selbstbewusstsein, Versagensgefühle, Unterlegenheitsgefühle, Furcht vor Kritik

- In sozialen Situationen Erröten, Zittern der Hände, Vermeidung von Blickkontakt, Übelkeit, auch Harndrang.

Leistungsbeeinträchtigungen sind immer dann zu erwarten, wenn öffentliche Auftritte, zum Beispiel das Halten einer Rede, eines Referats oder der Empfang von Gästen anstehen. Auch die Führung einer Abteilung lässt sich mit einer Sozialen Phobie kaum vorstellen. Dieses Krankheitsbild hat daher enorme Auswirkungen auf die Berufswahl und die berufliche Entwicklung. Berufliche „Risikogruppen" sind:

- Führungskräfte
- Servicemitarbeiter
- Kundenbetreuer
- Ausbilder
- Lehrer
- Alle Berufe, die mit internen und/oder externen direkten Kundenkontakten einhergehen.

Die *Abbildung 1, S. 346* zeigt schematisch, welche Krankheitskarriere bei einer Sozialen Phobie auftreten kann, die durchaus als Wechselspiel zwischen Person und beruflichen Anforderungen zu verstehen ist.

Über mehrere Stadien erfolgt das Wechselspiel zwischen beruflichen Anforderungen, persönlichen Leistungsdefiziten und entsprechenden Reaktionen der beruflichen Umwelt. Da die Betroffenen starke Scham erleben und dazu gerade die Angst vor der Reaktion des Gegenüber Kennzeichen ihrer Störung ist, ist es ihnen nahezu unmöglich, sich aus diesem Dilemma zu befreien. Entweder sie geben ihre beruflichen Ambitionen auf oder sie laufen Gefahr, an den Reaktionen der Umwelt auf ihre Leistungseinschränkungen zu scheitern.

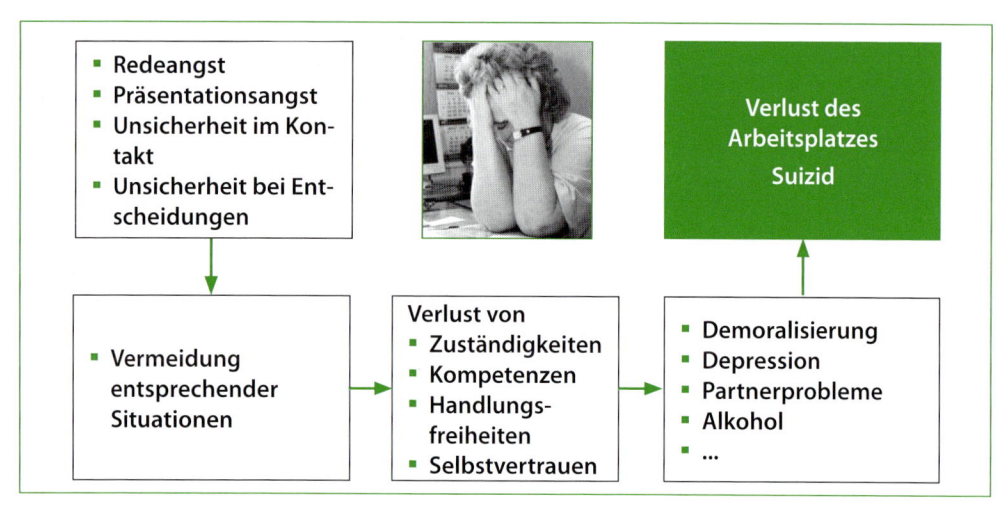

```
┌─────────────────────────────┐                    ┌──────────────────┐
│ • Redeangst                 │                    │  Verlust des     │
│ • Präsentationsangst        │                    │  Arbeitsplatzes  │
│ • Unsicherheit im Kon-      │                    │  Suizid          │
│   takt                      │                    │                  │
│ • Unsicherheit bei Ent-     │                    └──────────────────┘
│   scheidungen               │                              ▲
└─────────────────────────────┘                              │
              │
              ▼
┌──────────────┐   ┌─────────────────────┐   ┌──────────────────┐
│ • Vermeidung │   │ Verlust von         │   │ • Demoralisierung│
│ entsprechender│──▶│ • Zuständigkeiten  │──▶│ • Depression     │
│ Situationen  │   │ • Kompetenzen       │   │ • Partnerprobleme│
│              │   │ • Handlungs-        │   │ • Alkohol        │
│              │   │   freiheiten        │   │ • ...            │
│              │   │ • Selbstvertrauen   │   │                  │
└──────────────┘   └─────────────────────┘   └──────────────────┘
```

Abb. 1: Mögliche Krankheitskarriere aufgrund einer Sozialen Phobie (eigene Darstellung)

Prävention von Ängsten am Arbeitsplatz oder Intervention

Die Prävention von Ängsten am Arbeitsplatz ist nur begrenzt möglich. Einerseits liegen bei vielen Ängsten und Angststörungen die Ursachen in der Person, ihrer Biographie und Genetik begründet. Es gibt umfangreiche Ansätze zu einer Primärprävention von Angststörungen, die zeigen, dass eine Teilnahme an Präventionsprogrammen umso wahrscheinlicher ist, je stärker bereits subklinische Symptomausprägungen vorliegen (Manz, 1995). Andererseits zeigen die Betroffenen eine starke Tendenz, ihre Ängste zu verbergen. Der phobische Mechanismus selbst (Vermeidung der Konfrontation mit dem Angstauslöser) trägt bereits hierzu bei. Angststörungen und ängstliches Verhalten lassen sich oft nur schwer erkennen, können als mögliche Ursachen aber immer in Betracht gezogen werden, wenn Mitarbeiter (vor allem plötzlich) auffällige Verhaltensmuster zeigen. Gut bekannte Beispiele sind Wach- und Sicherungsdienstmitarbeiter, die plötzlich keinen Nachtdienst mehr machen, ebenso Busfahrer oder andere Beschäftigte an Alleinarbeitsplätzen, die anscheinend grundlos krank werden. Auch nach außergewöhnlichen Ereignissen wie Überfällen, Katastrophen, Unfällen et cetera können Verhaltensänderungen auftreten, die zunächst nicht auffallen, die aber als Vermeidungsverhalten verstanden werden können. Für solche Fälle sollte der Betrieb über eine „Kommstruktur" verfügen, das heißt, die Möglichkeit für Mitarbeiter, sich im Bedarfsfalle an eine Vertrauensperson zu wenden, wenn bisher nicht bekannte beunruhigende Beeinträchtigungen beobachtet werden. Solche Strukturen können im Rahmen eines allgemeinen Disability-Managements eingeführt werden und erlangen mit der Zeit gute Resonanz. Im vertrauten Gespräch kann dann über individuelle Schwierigkeiten und Beeinträchtigungen berichtet werden mit dem Ziel, seitens des Unternehmens Hilfen anzubieten. Dabei richten sich die konkreten Maßnahmen nach den individuellen Anforderungen, ganz im Gegensatz zu unspezifischen Maßnahmen der Gesundheitsförderung. Hierzu gehören zum Beispiel Fragen der Umsetzung im Betrieb, des speziellen Weiterbildungsbedarfs, der Entlastung bei besonders belastenden Tätigkeiten oder Arbeitsinhalten. Drohende Betriebsschließungen oder Entlassungen erfordern eine offene Kommunikation seitens des Managements, um Ängsten und Gerüchten entgegenzuwirken. Es gibt aber auch nachvollziehbare Gründe, genau dies nicht zu tun, zum Beispiel, wenn um eine Übernahme durch Investoren verhandelt wird und die Verhandlungsstrategie auch zum Wohle der Belegschaft besser nicht offengelegt wird.

Aggression

Aggression ist eine Bezeichnung für eine Vielzahl von Verhaltensweisen, die das Ziel verfolgen, einen Konflikt zwischen Individuen oder Gruppen dadurch zu entscheiden, dass der Gegner unter Gewaltanwendung oder -androhung zur Änderung seiner Ziele gezwungen wird. Aggression wird mit unangepasstem, zerstörerischem und destruktivem Verhalten in Verbindung gebracht. Sie ist beim Menschen meist durch folgende Faktoren gekennzeichnet: die Schädigung, die Intention (Absicht, Gerichtetheit) und die Normabweichung (Otten/Mummendey, 2002). Aggressivität ist die Bereitschaft zur gegnerischen Auseinandersetzung, sie kann situativ oder als Persönlichkeitsmerkmal überdauernd beobachtet werden. Unter Aggression lassen sich vielfältige Ausdrucks- und Verhaltensformen subsumieren, die ebenso wie die Angst nicht prinzipiell negativ sind, sondern dem Erhalt des Individuums und der Art dienen. Aggressionen lassen sich verhaltensbiologisch verschiedenen Funktionskreisen zuordnen, so dem Nahrungserwerb, dem Schutz vor Feinden oder der Bestimmung von Rangordnungen. Sie dienen dem Wettbewerb um Ressourcen. Aggressionen innerhalb einer Art (beim Menschen innerhalb einer Gruppe) werden ritualisiert, das heißt, es werden zur Festlegung von Rangordnungen, Verteilungsordnungen et cetera Auseinandersetzungsformen zwischen Artgenossen benutzt, die bestimmten Regeln genügen und vor allem die Vernichtung oder Verletzung des Gegners ausschließen. Diese finden sich in Form von Drohgebärden, Kampfspielen und weiter sublimiert als sportliche Wettkampfveranstaltungen. In diesem Sinne ist auch das „Imponiergehabe" von Teammitgliedern in Besprechungen oder von Referenten oder Zuhörern bei Vorträgen zu verstehen, sie dienen letztlich auch der „Reviermarkierung" und sind sozial weitgehend akzeptiert. Für den Menschen typische Sonderformen sind die Aggression aus Gehorsam, aus Nachahmung oder aus rationalen Gründen („kalter Berechnung"). Massive Formen wie Mobbing gehen hinsichtlich Ziel und Handlungen deutlich über ritualisierte Formen hinaus und stellen sozial nicht mehr akzeptable Angriffe dar. Bei Unterschreiten einer kritischen Distanz durch einen Angreifer kann es auch zur Aggression aus Angst kommen, wenn eine Flucht nicht mehr möglich ist. Für den Humanbereich können hier aggressive Handlungen unter Bedrohung summiert werden wie zum Beispiel die Notwehr, panikartiges „Um-sich-Schlagen" oder verbale Wutausbrüche gegenüber schikanierenden Kollegen. Gerade unter Jugendlichen werden diese Notfallreaktionen auch benutzt, um ein Opfer als Aggressor hinzustellen.

Aggression und Gewalt

Gewalt, zum Beispiel in Form von Übergriffen, ist eine spezielle Ausdrucksform von Aggression. Sie wird vorzugsweise mit aktiven Handlungen assoziiert. Nach Buss (1961) sind aber auch weitere Formen zu

beobachten. Seine Taxonomie von Gewalt umfasst drei Dimensionen. Gewalt kann
- direkt/indirekt,
- physisch/verbal,
- aktiv/passiv

ausgeübt werden. Passive Ausdrucksformen von Aggression sind oft erst als solche zu erkennen, wenn man ein entsprechendes Motiv unterstellt, beispielsweise die Behinderung durch eine Sitzblockade (Manz u.a., im Druck). In der Regel wird der Gewalt eine Handlungsrationalität unterstellt, das heißt ein Ziel, das damit erreicht werden soll. Häufig wird Gewalt als Reaktion auf einen scheinbaren oder tatsächlichen Macht- oder Kontrollverlust beobachtet. Sie kann aber auch durch die Handlungssituation selbst mit bedingt und damit für den Handelnden, im Sinne einer Planung, wenig kontrollierbar sein (Sutterlüty, 2007). Übergriffe sind dann besonders häufig zu erwarten, wenn sowohl das Täter- als auch das Opferverhalten gemeinsam dies begünstigen. In der Interaktion zwischen Opfer und Täter kommt es zum Beispiel zu gegenseitigen Provokationen. Oft werden auch unbewusst Aggressions-Trigger durch das spätere Opfer gesetzt. Gerade im Kundenverkehr können gelegentlich solche unbewussten und unbeabsichtigten Aggressionsverstärker seitens der Mitarbeiter beobachtet werden („…das habe ich ihnen doch schon fünf Mal erklärt, oder verstehen sie das nicht?"), die beim Täter zu einer weiteren Steigerung von Wut und Aggression bis hin zum Übergriff führen. Besonders betroffen sind Sozial-, Ausländer- oder Arbeitsverwaltungen, da die Mitarbeiter hier die „strukturelle Gewalt" der Sozialgesetzgebung vertreten.

Stalking
Stalking ist eine noch relativ neue Form der Gewalt gegenüber Individuen, sie kann als Beziehungstat umschrieben werden. Inzwischen sind auch Stalkingfälle aus dem Arbeitskontext heraus bekannt geworden. Stalking bezeichnet in der Jägersprache das Heranpirschen an ein Tier. Im Gegensatz zu den meisten Aggressionshandlungen tritt diese Form der Gewalt in der Regel als Beziehungstat auf. Das Opfer ist ganz gezielt ausgewählt. Motive können eine zurückgewiesene Beziehung, eine beendete Beziehung und gekränkte Liebe sein. Zunehmend tritt das Nachstellen einer Person auch aus dem Arbeitsbezug heraus zutage. Der Schutz der Privatsphäre wird hierbei regelmäßig missachtet und Betroffene werden bis ins Privatleben hinein verfolgt. Erste Fälle sind bekannt, in denen es dem Stalker nicht um eine Beziehungsaufnahme im partnerschaftlichen Sinne, sondern um die Verunsicherung und damit Bedrohung einer Person als solches geht. Die Motive können zum Beispiel als Racheaktion für abgewiesene Leistungsansprüche oder eine stellvertretende „Bestrafung" für als ungerecht empfundene Gesetzgebung verstanden werden. Damit ist potenziell jeder im Servicebereich Arbeitende der Gefahr ausgesetzt, Opfer eines Stalkers zu werden.

Aggression und Ärger
Nach Weber (1999) ist es ein weit verbreitetes Stereotyp, dass ein enger Zusammenhang zwischen Ärger und Aggression besteht. Aggressives Verhalten kann außer durch Ärger auch durch andere Emotionen begünstigt werden. Ob es durch affektive Erregung zu Aggression kommt, hängt entscheidend von der gelernten Regulation affektiver Erregung ab. Neben verbal-aggressiven Reaktionen sind hier auch nicht-aggressive, sogar konstruktive Verhaltensformen, die der Aufrechterhaltung sozialer Normen dienen, wie zum Beispiel Widerstand gegen Ungerechtigkeit, weit verbreitet.

Häufigkeit von Gewalt am Arbeitsplatz

Gewalt am Arbeitsplatz tritt vorwiegend in Form von Bedrohungen, Belästigungen, Beleidigungen, aber auch als tätliche Angriffe auf Beschäftigte auf. Bedrohungen und Übergriffe am Arbeitsplatz durch Kunden oder Mitarbeiter haben EU-weit deutlich zugenommen (OSHA, 2007). Die Unfallmeldungen aus der öffentlichen Verwaltung haben durchschnittlich 5,9 Prozent psychisch extrem belastende Ereignisse zum Gegenstand (DGUV, 2008a); die Mehrzahl ist verursacht durch Gewalttaten. In einzelnen Branchen in den Dienstleistungsbereichen liegt der Anteil durch Gewaltereignisse verursachter Unfallmeldungen inzwischen im zweistelligen Bereich. Besonders betroffen sind Sparkassen, Bahnen, Organisationen der Hilfeleistung, psychiatrische Kliniken, Ausländer-, Justiz-, und Sozialverwaltungen.

Ursachen von Aggression

Die endogene Aggressionstheorie (Lorenz, 1963) geht von der Annahme eines angeborenen Aggressionsinstinkts aus, der beim Menschen die gleichen Funktionen wie bei Tieren erfüllt. Innerhalb einer Art ist dies die Verteidigung der Nachkommenschaft, Auslese und Bildung einer sozialen Rangordnung. Die Impulse zu aggressivem Verhalten entstehen aus einer inneren Triebquelle nach dem „Dampfkesselprinzip": Spannungsaufladung und Spannungsentladung.

Die „Frustrations-Aggressions-Hypothese" (Dollard u.a., 1939) sieht Gewalt als Reaktion. Jeder Aggression liegt eine Frustration zugrunde. Frustration als Triebblockade, die eine zielgerichtete Aktivität verhindert, führt zu Wut, Zorn, Ärger und Aggression mit dem Ziel, diese Blockade zu beseitigen. Gegen diese Hypothese spricht, dass nicht jede Frustration ein aggressives Verhalten nach sich zieht. Reaktionsformen können auch konstruktive Lösungsmöglichkeiten, Flucht, Ersatzhandlungen oder Neubewertung der Situation (Neueinschätzung, humorvolle Verarbeitung) sein. Auch liegt nicht jeder Aggression eine Frustration zugrunde. Das Ausleben oder Entladen der aggressiven Impulse kann, zum Beispiel bedingt durch einen Erfolg und Gewöhnung an das Verhalten, dessen Anreiz noch steigern, anstatt es zu löschen.

Lerntheoretisch (Bandura, 1979) wird aggressives Verhalten wie jedes soziale Verhalten durch Lernen erworben, durch die Beobachtung aggressiven Verhaltens (Modelllernen) und durch den Erfolg aggressiven Verhaltens (Verstärkungslernen).

Die kognitive Neoassoziationstheorie (Berkowitz, 1994) nimmt an, dass emotionale Zustände als assoziatives Netzwerk fungieren, in welchem spezifische Gefühle, physiologische Prozesse, motorische Reaktionen, Gedanken und Erinnerungen miteinander verknüpft sind (assoziatives Gedächtnis). Aversive Ereignisse führen zu negativem Affekt, der seinerseits entweder Kampf- oder Fluchttendenzen auslöst. Werden die aggressionsbezogenen Tendenzen aktiviert, breitet sich die Aktivierung über die Verknüpfungen im Netzwerk aus und führt zu einem Priming der entsprechenden Knoten, das heißt, einer aggressiven Verhaltensbereitschaft, die gleichzeitig Gedanken, Emotionen und motorische Reaktionen auslösen kann. Die Aktivierung jeder einzelnen dieser Komponenten (z.B. feindselige Gedanken) kann die Aktivierung der beiden anderen Komponenten hervorrufen.

Novum dieser Theorie ist, dass sie aggressives Verhalten erklären kann, ohne dass es je zu einer Verstärkung gekommen sein muss, oder dass es in einem erkennbaren Zusammenhang mit Handlungen eines

Opfers stehen müsste. Beispiele sind die erhöhte Aggressivität bei unangenehm hohen oder tiefen Temperaturen. Die Theorie sagt ebenfalls voraus, dass das Betrachten aggressiver Szenen in Filmen oder in der Realität aggressive Gedanken und Gefühle sowie aggressive Verhaltenstendenzen begünstigt und so zumindest kurzfristig die Wahrscheinlichkeit für aggressives Verhalten erhöht. Ob ein aversiver Affekt zu Vermeidungs- oder aggressiven Handlungen führt, hängt nach Berkowitz von drei Faktoren ab:

- Stabile Persönlichkeitseigenschaften
- Vorherige Lernerfahrungen (z.B. sensu Bandura)
- Wahrnehmung situativer Aspekte wie Hinweisreizen (cues), die als Trigger für Gewalthandlungen fungieren können.

Prävention aggressiven Verhaltens
Da Aggression nicht generell und in jeder Form negativ ist und zum großen Teil dieselben Prinzipien gelten, werden wir uns auf die Betrachtung der Prävention von Gewalt beschränken.

Anwendung verhaltenstheoretischer Erkenntnisse

Grundsätzlich wird aggressives Verhalten durch Bestrafung oder Androhung von Gewalt lediglich unterdrückt oder gehemmt. Es kommt in der Regel zu einer negativen Verstärkung oder zur Bestrafung. Alternativ werden daher im Rahmen von Anti-Aggressionstherapien Begleitemotionen und Verhaltensweisen wie Ärger, Jähzorn, Wutausbrüche abgebaut durch Einübung nicht-aggressiver Verhaltensalternativen (Humor, Rationalisierung, Themenwechsel etc.). Hierbei werden unter anderem neuropsychologische Mechanismen der Impulskontrolle genutzt, denn die Stimulierung des frontalen Kortex kann eine emotionale Reaktion wie aggressives Verhalten unterbinden.

Dieses Prinzip lässt sich auch auf Trainings für Kundenbetreuer übertragen, um die Setzung von Aggressionstriggern zu unterbinden und allgemein deeskalierend einzuwirken. Ein wichtiges Prinzip hierbei kann aus den Selbstsicherheitstrainings übernommen werden: die Differenzierung in selbstsicheres, unsicheres und aggressives Verhalten (Ullrich/Ullrich, 1978). Aggressivem Verhalten soll mit selbstsicherem Verhalten begegnet werden. Die Lösung von Konflikten wird gefördert, da die Kommunikation von versteckten aggressiven Botschaften befreit und dem Gegenüber ein Modell für eine konstruktive Situationsbewältigung angeboten wird. Unsicheres Verhalten seitens des Kundenbetreuers setzt keine klaren Grenzen und verstärkt die Aggression auch dadurch, dass er sich als potenzielles Opfer anbietet. Aggressives Verhalten eskaliert die Situation auf jeden Fall. Ergänzt um eine empathische Grundhaltung seitens des Kundenbetreuers, wenn es zum Beispiel um existenzielle Belange geht, kann so einer Eskalation weitgehend vorgebeugt werden. Um dieses Verhalten umsetzen zu können, bedarf es aber entsprechender Rahmenbedingungen am Arbeitsplatz und in der Situation. Die Prävention von Gewalt am Arbeitsplatz lässt sich in mehrere Hierarchiestufen unterteilen (*vgl. Tab. 2, S. 351f.*).

Tabelle 2 beinhaltet neben übergreifenden Vorkehrungen im Sinne einer Unternehmenspolitik (Manz/Krapohl-Wolff, 2008) umfassende Programme zur Prävention, Akut- und Nachbetreuung. Diese schließen die aufgeführten Einzelmaßnahmen ein, die bei externer Gewalt noch nach technischen, organisatorischen und individuellen Maßnahmen unterteilt werden können. Der aufgeführte Maßnahmenkatalog

Interne Gewalt (z. B. Mobbing)	Externe Gewalt (Übergriffe, Überfälle)		
Übergeordnete Strategien			
Unternehmens-Policy gegen Gewalt durch Mitarbeiter (Betriebsvereinbarungen)	Unternehmens-Policy gegen Gewalt durch Dritte		
Einzelmaßnahmen			
	Technik	Organisation	Person
Konfliktgespräche	Präventive Technikgestaltung	Leitbilder	Unterweisung
Versetzungen	Gefährdungsbeurteilung (Technik)	Gefährdungsbeurteilung (Organisation), Risikobewertung durch Externe wie z. B. Polizei	Gefährdungsbeurteilung (Tätigkeit)
	Bauliche und technische Maßnahmen	Sicherheitsorganisation	Individuelle Schulung und regelmäßige Weiterbildung
	Notrufsysteme	Arbeitsorganisation (z. B. Trennung von Sprechzeiten und Aktenarbeit, klare Regelungen, Handlungsspielräume, Vertretungen etc.)	Deeskalationstraining
	Schutzeinrichtungen	Personalauswahl	Stressmanagement
		Führung, Führungsstil	
	Zugangskontrollen	Schulung des Personals (z. B. durch Kriminalpolizei, Präventionsexperten)	
	Weitere Maßnahmen (z. B. effektive EDV, angenehme Gestaltung von Warteräumen und dergleichen)	Quantitative und qualitative Anforderungen	
	Einsehbare Einzelarbeitsplätze	Vermeidung von Einzelarbeitsplätzen	

Interne Gewalt (z. B. Mobbing)	Externe Gewalt (Übergriffe, Überfälle)		
Disziplinarverfahren	Videoüberwachung	Mitarbeiterarbeitskreis zur Ableitung von Präventionsmaßnahmen	
Disabilitymanagement		Disabilitymanagement	Psychologische Erste Hilfe

Tab. 2: **Überblick über Präventions- und Interventionsmöglichkeiten durch das Unternehmen gegen interne und externe Gewalt** (eigene Darstellung)

ist nicht vollständig, er soll aufzeigen, wie differenziert der Umgang mit Gewalt am Arbeitsplatz möglich ist. Je nach Erfordernissen und konkreten Umständen lässt er sich beliebig erweitern.

Hinweise für die Gefährdungsbeurteilung

Ein Arbeitskreis Gewalt kann zur Umsetzung der Gefährdungsbeurteilung, einschließlich der Ableitung von Maßnahmen, gegründet werden. Seine Aktivitäten umfassen Datenüberprüfungen, Prüfung der Arbeitssicherheit und Mitarbeiterbefragung. Typische Risiken für die jeweilige Branche lassen sich zu einem Katalog zusammenfassen und beurteilen. Wesentlich ist die Erarbeitung von Maßnahmen zur Kontrolle und Prävention der Gefährdungen am Arbeitsplatz, die sich zunächst an dem Grobschema TOP (Technik – Organisation – Person) orientieren. Hier werden technische, bauliche und organisatorische Gestaltungsmaßnahmen diskutiert und schließlich Fragen der Aus-, Fort- und Weiterbildung des Personals im Umgang mit schwierigen Klienten und Aggressionen thematisiert. Die Durchführung von Maßnahmen wird protokolliert und die Maßnahmen werden auf ihre Effektivität hin überprüft.

Führungskräfte sowie der Führungsstil in Unternehmen können einen stark moderierenden Effekt auf das psychische Befinden von Mitarbeitern ausüben. Insbesondere ängstliche Mitarbeiter leiden sehr stark unter einem autokratischen, rigiden oder kontrollierenden Führungsstil und einer Schuld zuweisenden Fehlerkultur. Wohingegen ein partnerschaftlicher Führungsstil, der Rückhalt bietet, eine offene Fehlerkultur und gegenseitige Unterstützung gerade für Personen hilfreich sind, die eine erhöhte Vulnerabilität für psychische Störungen aufweisen.

Generell trägt der Abbau von Stress dazu bei, das Risiko für den Ausbruch von psychischen Störungen, aber auch von psychischen Beeinträchtigungen ohne Krankheitswert zu verringern. Vom viel zitierten Handlungsspielraum profitieren indes nicht alle Personen, wie Untersuchungen zur Bewertung von Maßnahmen zur Gesundheitsförderung und Organisationsentwicklung gezeigt haben (vgl. Manz, 2007). Das richtige Maß an Handlungsspielraum ist auch abhängig von den Leistungsvoraussetzungen der Person (Qualifikation, Kompetenz) und ihren Bedürfnissen (z.B. nach Autonomie bei der Arbeit oder strukturierenden Vorgaben).

Gerade für ängstliche Personen können große Handlungsspielräume und damit verbundene Verantwortung leicht zu Überforderung führen.

Einzelmaßnahmen

Des Weiteren sind in *Tabelle 2* Einzelmaßnahmen der Akut- und Nachbetreuung aufgeführt, da Übergriffe nie sicher verhindert werden können. Hierbei handelt es sich um die Psychologische Erste Hilfe durch Kollegen oder externe Anbieter (DGUV, 2008b). Auch ein Disability-Management-System[2] zur Nachbetreuung und zur Wiedereingliederung in den Arbeitsprozess nach Übergriffen ist empfehlenswert. Dies greift zwar über Präventionsmaßnahmen im engeren Sinne hinaus. Im Zusammenhang mit psychischen Störungen ist eine enge Verzahnung von präventiven, interventiven und rehabilitativen Maßnahmen aber besonders wichtig, da psychische Beeinträchtigungen oft mit Störungen der Selbststeuerung der Betroffenen verbunden sind. Äußere Strukturen können hierfür vorübergehend zumindest Unterstützung bieten.

→ Traumatische Erlebnisse und Notfallpsychologie (S. 95); Konflikte und Gewalt (S. 194)

Literatur

Bandura, A.: Sozial-kognitive Lerntheorie. Klett-Cotta, Stuttgart 1979

Buss, A. H.: The psychology of aggression. Wiley & Sons, New York 1961

Deutsche Gesetzliche Unfallversicherung DGUV (Hrsg.): Unfallstatistik für den öffentlichen Dienst 2007, St. Augustin 2008a

Deutsche Gesetzliche Unfallversicherung DGUV (Hrsg.): Empfehlungen der Gesetzlichen Unfallversicherung zur Prävention und Rehabilitation von psychischen Störungen nach Arbeitsunfällen. St. Augustin 2008b

Dilling, H./Mombour, W./Schmidt, M. H.: Internationale Klassifikation psychischer Störungen. Huber, Bern 1983

Dollard, J./Doob, L. W./Miller, N. E./Mowrer, O. H./Sears, R. R.: Frustration and Aggression. Yale University-Press, New Haven 1939

ILO: Code of practice on workplace violence in services sectors and measures to combat this phenomenon, Geneva 2003

Kapfhammer, H.-P.: Angststörungen. In: H.-J. Möller, G. Laux, H.-P. Kapfhammer (Hrsg.): Psychiatrie und Psychotherapie. Springer-Verlag, Heidelberg 2000, S. 1185ff.

Lazarus, R. S./Launier, R.: Stress-related transactions between person and environment. In: Pervin, L. A./Levis, M. (Hrsg.): Perspectives in interactional psychology. Plenum, New York 1978, S. 287–327

Lorenz, K.: Das sogenannte Böse. Borotha-Schoeler, Wien 1963

Manz, R.: Primäre Prävention psychischer Störungen. Verhaltensprävention von Angst und Depression bei Jugendlichen und jungen Erwachsenen. Unveröffentlichte Habilitationsschrift, Universität Dresden 1995

Manz, R.: Stress und betrieblicher Arbeitsschutz. In: von Lengerke, Th. (Hrsg.): Public Health-Psychologie: Eine Einführung. Juventa-Reihe „Grundlagentexte Gesundheitswissenschaften". Juventa, Weinheim 2007, S. 136–147

Manz, R./Hetmeier, J./Päßler, K./Laskus, S./Erckens, V./Arndt, H./Boden, D. (im Druck): Tatort Jobcenter: Bedrohungen und Übergriffe in Arbeitsgemeinschaften nach HARTZ IV. Trauma und Gewalt

Manz, R./Krapohl-Wolf, K.: Handlungsempfehlung zur Implementierung einer Unternehmenspolicy – „Gewaltfreier Arbeitsplatz". Bundesanstalt für Arbeitsschutz und Arbeitsmedizin Dortmund 2008

Mummendey, A.: Aggressives Verhalten. In: Stroebe, W./Hewstone, M. u.a. (Hrsg.): Sozialpsychologie. Eine Einführung. Springer, Berlin 1996, S. 421–452

OSHA: Expertenbefragung zu neu auftretenden psychosozialen Risiken für Sicherheit und Gesundheitsschutz bei der Arbeit. Factsheet 74 der Europäischen Agentur für Sicherheit und Gesundheitsschutz am Arbeitsplatz 2007 http://osha.europa.eu/publications/factsheets

Otten, S./Mummendey, A.: Sozialpsychologische Theorien aggressiven Verhaltens. In: Frey, D./Irle, M. (Hrsg.): Theorien der Sozialpsychologie (Band 2). Verlag Hans Huber. Bern, Göttingen, Toronto, Seattle 2002

---

2 Das Wiedereingliederungs- oder Disabilitymanagement ist nach § 84 SGB IX für Unternehmen verpflichtend.

Perkonigg, A./Wittchen, H. U.: Epidemiologie von Angststörungen. In: Kasper, S.; Möller H.-J. (Hrsg.): Angst- und Panikerkrankungen. Fischer, Jena, Stuttgart 1995, S. 137–156

Selye, H.: Stress of life. McGraw-Hill, New York 1956

Sutterlüty, F.: Gewalt und suspendierte Handlungsrationalität. Trauma und Gewalt, 1, 2007, 12-22

Ullrich, R./Ullrich, R. (Hrsg.): Soziale Kompetenz. Pfeiffer, München 1978

Frauke Jahn

Absentismus und Präsentismus – zwei Seiten einer Medaille

Abstract
Am Arbeitsplatz präsent sein heißt noch nicht produktiv sein. Präsentismus ist kein neues Phänomen, aber in konjunkturschwachen Zeiten ein aktuelles. Krankheitsbedingter Absentismus und Präsentismus sind zwei Seiten einer Medaille. Beide resultieren aus gesundheitlichen Beeinträchtigungen und verschieben sich je nach Situation des Arbeitsmarktes, des Unternehmens und der Person auf die eine oder andere Seite. Beide Phänomene beeinträchtigen die Produktivität eines Unternehmens entweder durch krankheitsbedingte Abwesenheit oder durch krankheitsbedingte Leistungseinschränkungen.

Thematische Eingrenzung und Definition

Was unterscheidet Präsentismus von Absentismus? Absentismus ist das Fehlen des Mitarbeiters am Arbeitsplatz. Das kann verschiedene Gründe haben: Krankheit, fehlende Motivation oder private Probleme. Wir beschränken uns hier auf den krankheitsbedingten Absentismus.

Verzichten Beschäftigte darauf, sich krankzumelden und gehen zur Arbeit, obwohl sie sich krank fühlen und ein Arzt mit hoher Wahrscheinlichkeit ihre Arbeitsunfähigkeit bestätigen würde, so spricht man von Präsentismus. Auch der Präsentismus hat verschiedene Formen. Zum einen zeigt sich Präsentismus als Ausdruck einer exzessiven Arbeitshaltung, die sich in einer dauerhaften, über die arbeitsvertraglichen Vereinbarungen hinausgehenden Präsenz am Arbeitsplatz manifestiert (Chapman, 2005). Zum anderen tritt Präsentismus im Sinne von „Sickness presenteeism" auf. Er bezeichnet die Anwesenheit des Beschäftigten am Arbeitsplatz trotz krankheitsbedingter Leistungseinschränkungen. Der Schwerpunkt soll hier auf der letzteren Form des Präsentismus – dem krankheitsbedingten Präsentismus – liegen. Krankheit bedeutet dabei eine Beeinträchtigung körperlicher oder auch geistig-seelischer sowie sozialer Fähigkeiten, durch die die Leistungsfähigkeit und das Wohlbefinden der betroffenen Person eingeschränkt sind. Nicht jede Erkrankung schränkt die Leistungsfähigkeit so stark ein, dass die betroffene Person arbeitsunfähig ist. Arbeitsunfähig ist ein Beschäftigter, wenn er aus gesundheitlichen Gründen nicht in der Lage ist, seine Arbeitstätigkeit auszuführen oder sie nur mit dem Risiko der Verschlechterung seines Zustandes verrichten kann. Von Präsentismus spricht man, wenn der Beschäftigte seiner Arbeit gegen den ärztlichen Rat nachgeht oder wenn ein Arzt ihm mit hoher Wahrscheinlichkeit Arbeitsunfähigkeit bescheinigen würde. Dagegen darf Präsentismus nicht mit der Tatsache verwechselt werden, dass ein motivierter Mitarbeiter seine Arbeit trotz vorübergehendem Unwohlsein (z. B. bei leichter Erkältung oder vorübergehenden, leichten Kopfschmerzen) fortsetzt. Er darf auch nicht verwechselt werden mit betrieblicher Wiedereingliederung, die eine frühere Rückkehr unter an den Gesundheitszustand angepassten Arbeitsbedingungen fördert (*www.groupemutuel.ch*). Bei bestimmten Erkrankungen, wie zum Beispiel Rückenschmerzen oder psychischen Erkrankungen, wird von Arbeitsruhe weitgehend abgeraten beziehungsweise ein möglichst langes Verweilen am Arbeitsplatz und eine schnelle Wiederaufnahme der Arbeit angeraten (Bödeker/Hüsing, 2007).

Präsentismus wird komplementär zu Absentismus verstanden. Beides zusammen beschreibt die krankheitsbedingte Beeinträchtigung der Arbeitsfähigkeit mit den Auswirkungen auf Fehlzeiten und Produktivität (Bödeker/Hüsing, 2007). Gesundheitliche Probleme können sich unabhängig vom Arbeitsplatz entwickeln oder durch beziehungsweise in Kombination mit arbeitsbedingten Fehlbelastungen entstehen.

Ursachen und Auswirkungen

Bei schweren akuten Erkrankungen ist Präsentismus unwahrscheinlich. Es können hier nur weniger schwere Krankheitssymptome eine Rolle spielen. Verschiedene Analysen zeigen, dass Präsentismus vor allem in Verbindung steht mit chronischen Erkrankungen, mit wiederkehrenden Erkrankungen, wie Allergien, Asthma und Magen-Darm-Erkrankungen, mit chronischen Schmerzen, wie zum Beispiel Kopfschmerzen, und mit psychischen Erkrankungen, wie zum Beispiel Depressionen (vgl. z. B. Hemp, 2005).

Chronische Krankheiten senken nachweislich die Produktivität (Baase, 2006). Bei den psychischen Erkrankungen (vor allem Depressionen und Angststörungen) ist eine Zunahme zu beobachten (Sockoll, 2008). Zusätzlich gibt es Hinweise dafür, dass die fehlende Akzeptanz dieser Erkrankungen im Umfeld der Betroffenen mitverantwortlich ist, dass die Betroffenen der Arbeit nicht fernbleiben. Die Ergebnisse des DAK-Gesundheitsreports belegen, dass 56 Prozent der Befragten große Bedenken haben, wegen einer psychischen Erkrankung bei der Arbeit zu fehlen. Nur jeder Fünfte glaubt, dass eine psychische Erkrankung als Ursache für das Fehlen am Arbeitsplatz genauso akzeptiert ist wie eine körperliche Erkrankung. Insgesamt 30 Prozent der Befragten glauben, dass der Vorgesetzte „wenig Verständnis dafür hat, wenn ein Mitarbeiter wegen psychischer Probleme fehlt". Ähnlich hoch ist die Skepsis gegenüber der Haltung der Kollegen. Fast ein Drittel der Befragten geht davon aus, dass auch den Kollegen das Verständnis fehlt, wenn jemand wegen psychischer Probleme am Arbeitsplatz fehlt. Diese Haltung spiegelt sich auch in der Zustimmung von 26 Prozent der Befragten bei der Aussage wieder, „dass psychische Erkrankungen oft als Vorwand für „Blaumacherei" missbraucht werden".

Für die Zunahme psychischer Erkrankungen sind die verstärkt auftretenden psychischen Fehlbelastungen möglicherweise mitverantwortlich, während gleichzeitig traditionelle Belastungen wie Lärm,

Klima und Zwangshaltungen an Bedeutung verlieren. In Zeiten hoher Arbeitslosigkeit und wirtschaftlichen Wandels, aber auch in Umbruchsituationen in einem Unternehmen (z. B. Umstrukturierung oder Fusion) kann die Arbeitsplatzunsicherheit zu einer weiteren psychischen Fehlbelastung werden. Ob eine psychische Fehlbelastung tatsächlich krank macht, ist jedoch auch von den persönlichen Ressourcen abhängig. Diese bestimmen maßgeblich mit, wie der Betroffene Belastungen bewältigt. Empirische Studien zeigen, dass eine als sinnvoll erlebte und anerkannte Arbeit die persönlichen Ressourcen stärkt.

Durch Präsentismus entstehen weniger direkte Kosten als bei Absentismus, da der Arbeitnehmer weiterhin seiner Arbeitstätigkeit nachgeht. Die indirekten Kosten als Folgen von eingeschränkter Produktivität, geringerer Arbeitsqualität und höherem Unfallrisiko können durch Präsentismus jedoch viel höher sein (Schultz,/Edington, 2007). Durch gesundheitsbedingten Absentismus und Präsentismus gehen laut einer Meta-Studie zehn bis 15 Prozent der Gesamtproduktivität verloren (Fissler, 2008). Zwei Drittel davon werden durch Präsentismus verursacht, nur ein Drittel durch Absentismus. Einzelstudien belegen ein deutlich ungünstigeres Verhältnis von direkten zu indirekten Kosten. In die Meta-Studie sind auch die Ergebnisse der Befragung durch die Initiative Gesundheit und Arbeit (iga-Barometer 2007) eingeflossen, die im Folgenden näher beschrieben werden. Beim iga-Barometer handelt es sich um eine repräsentative Befragung von 2000 Erwerbstätigen in Deutschland.

Wie wird Präsentismus gemessen und in welchem Ausmaß tritt er auf? In welchem Verhältnis stehen Absentismus und Präsentismus?

In Mattke und andere befindet sich eine Übersicht (englischsprachiger) Erhebungsinstrumente für Präsentismus und Produktivitätsverluste. Die meisten Fragebögen erheben gleichzeitig auch Absentismus. Im iga-Barometer 2007 (Bödeker/Hüsing, 2007) wurde die deutsche Form des Work Productivity and Activity Impairment Questionnaire (WPAI) verwendet. Der WPAI ist einfaches, valides und reliables Instrument und wird international angewendet. Mit nur fünf Fragen werden vier Dimensionen erhoben: Absentismus, Präsentismus, Produktivitätsverluste und Aktivitätsbeeinträchtigungen. Das Verfahren ermöglicht eine Normierung und einen Gesamtwert. 27 Prozent der Befragten geben an, zum Zeitpunkt des Interviews unter einem gesundheitlichen Problem zu leiden. Von den Befragten mit gesundheitlichen Problemen geben nur 15 Prozent an, in den letzten sieben Tagen wegen Krankheit am Arbeitsplatz gefehlt zu haben. Ein höherer Prozentsatz (59 Prozent der Befragten mit gesundheitlichen Problemen) sieht sich dagegen aus gesundheitlichen Gründen in der Produktivität beeinträchtigt (*siehe Tab. 1, S. 358*).

Männer unterscheiden sich von Frauen insofern, dass sie jeweils zu einem höheren Prozentsatz sowohl wegen Krankheit am Arbeitsplatz fehlen als auch sich selbst aus gesundheitlichen Gründen für unproduktiver halten. Im Vergleich der unterschiedlichen Altersgruppen zeigt sich ebenfalls ein deutlicher Trend. Bei den unter 30-Jährigen geben nur elf Prozent der Befragten an, wegen Gesundheitsproblemen bei der Arbeit zu fehlen, während es bei den über 60-Jährigen 36 Prozent sind. Umgekehrt ist es bei den empfundenen Produktivitätseinbußen. Bei den bis zu 29-Jährigen geben 74 Prozent an, aufgrund von Gesundheitsproblemen ihre Arbeit eingeschränkt ausgeübt zu haben, während dies nur für die Hälfte der über 60-Jährigen gilt.

Interessant ist auch ein Vergleich zwischen den Unternehmensgrößen. In Großunternehmen geben 25 Prozent der Beschäftigten mit gesundheitlichen Problemen an, in den letzten sieben Tagen aufgrund von Gesundheitsproblemen nicht am Arbeitsplatz gewesen zu sein. Im Gegensatz hierzu sind es nur fünf Prozent der Befragten aus Kleinunternehmen und circa 15 Prozent aus Kleinst- und mittleren Unternehmen. Die Kleinunternehmen stellen hier eine Ausnahme dar, die möglicherweise auch aufgrund kleiner Fallzahlen zustande kommt. Auffällig jedoch ist die deutlich höhere Betroffenheit der Großunternehmen. Das gleiche Ergebnis zeigt sich auch bei den eingeschätzten Produktivitätseinbußen. Im Großunternehmen wird dies von mehr als zwei Dritteln der Befragten mit gesundheitlichen Problemen angegeben, während sich in Kleinstunternehmen lediglich die Hälfte in ihrer Produktivität eingeschränkt fühlt *(Tab. 1)*.

	Fehlen wegen Krankheit (Absentismus)	Unproduktiv wegen Krankheit (Präsentismus)
Gesamt	15	59
Männer	22	63
Frauen	10	56
Bis 29 Jahre	11	74
30 - 39 Jahre	9	56
40 - 49 Jahre	13	53
50 - 59 Jahre	18	61
60 - 65 Jahre	36	50
Kleinstunternehmen	15	53
Kleinunternehmen	5	60
Mittleres Unternehmen	16	56
Großunternehmen	25	67
Landwirtschaft, Bergbau	15	62
Fertigungsberufe	20	57
Technische Berufe	24	64
Warenkaufleute und Banken	12	55
Sonstige Dienstleistungsberufe	18	65
Büroberufe	12	55
Gesundheitswesen	10	57
Lehrer und Sozialarbeit	13	65

Tab. 1: Beeinträchtigung der Arbeit bei Befragten mit Gesundheitsproblemen (= 27 Prozent aller Befragten) in Prozent (Quelle: Bödeker, Hüsing, 2007)

Der Blick auf die Berufe, denen die Befragten angehören, zeigt ebenfalls eine relativ große Variabilität. Die kleinste Anzahl krankheitsbedingter Fehltage geben Erwerbstätige in Gesundheits- und Büroberufen an. Während hier nur zehn bis zwölf Prozent der Befragten mit gesundheitlichen Problemen in den vergangenen sieben Tagen wegen Krankheit am Arbeitsplatz fehlten, sind es in den technischen Berufen und in den Fertigungsberufen 24 beziehungsweise 20 Prozent. Entsprechend unterschiedlich ist auch die durch gesundheitliche Probleme empfundene Einschränkung der Produktivität bei der Arbeit. Die höchsten Werte geben hier ebenfalls Erwerbstätige in technischen Berufen an, aber auch Lehrer und Sozialarbeiter. Am geringsten sind die Produktivitätseinbußen in Büroberufen (55 Prozent).

Der WPAI erhebt neben den Beeinträchtigungen der Arbeit auch, in welchem Ausmaß außerberufliche Aktivitäten aufgrund von Gesundheitsproblemen eingeschränkt sind. Insgesamt geben hier die befragten Erwerbstätigen mit gesundheitlichen Problemen an, dass ihre außerberuflichen Aktivitäten durchschnittlich zu 35 Prozent beeinträchtigt waren. Damit liegen die Beeinträchtigungen der außerberuflichen Aktivitäten deutlich über den Beeinträchtigungen der Arbeit, die mit dem WPAI als durchschnittlich 21 Prozent berechnet wurden (Bödeker/Hüsing, 2007).

Zusammenhang zwischen Belastungsart und Beanspruchungsfolge

Im Zusammenhang mit sinkendem Absentismus und der Problematik des Präsentismus werden drei Hypothesen diskutiert (Ulbricht, 2006):

1. Die Präventionshypothese: Maßnahmen der Prävention und Gesundheitsförderung wirken sich positiv auf die Entwicklung des Krankenstandes bei Beschäftigten aus.

2. Die Selektionshypothese: In Zeiten geringen wirtschaftlichen Wachstums und Zeiten wachsender Arbeitslosigkeit werden Arbeitnehmer mit gesundheitlichen Risiken aus der Erwerbsarbeit verdrängt. Die im Prozess der Erwerbsarbeit verbleibenden gesünderen Arbeitnehmer verursachen weniger Krankheitstage.

3. Die Präsentismushypothese: Beschäftigte suchen unter bestimmten Bedingungen auch dann ihren Arbeitsplatz auf, wenn ihre Leistungsfähigkeit krankheitsbedingt beeinträchtigt ist.

Es liegt nahe, dass nicht eine dieser Hypothesen alleine gültig ist, sondern sich ein Kreislauf in Richtung Gesundheit oder Krankheit schließt. So ist zum Beispiel empirisch belegt, dass Maßnahmen der betrieblichen Prävention und Gesundheitsförderung, wie sie insbesondere in größeren Unternehmen in den letzten Jahren etabliert wurden, dazu beitragen, arbeitsbezogenen Belastungen entgegenzuwirken und Gesundheit zu fördern (Präventionshypothese) (Ulich, E./Wülser, M., 2004; Sockoll/Kramer/Bödeker, 2008). Eine im Fehlzeitenreport 2009 der AOK vorgestellte Studie unter knapp 2.000 Arbeitnehmern zeigt, dass 71 Prozent der befragten Arbeitnehmer in den letzten zwölf Monaten trotz Krankheit zur Arbeit gegangen sind (Präsentismushypothese). 70 Prozent gaben an, bis zum Wochenende gewartet zu haben, um dann etwas für ihre Genesung zu tun. 30 Prozent berichteten, auch dann zur Arbeit zu gehen, wenn der Arzt ihnen ausdrücklich davon abgeraten hatte. 13 Prozent hatten zur Genesung Urlaub genommen *(Abb. 1, S. 360).* Diese Ergebnisse finden sich bereits auch schon in der 2007 durchgeführten Bevölkerungsumfrage des Gesundheitsmonitors

"Ist es in den letzten 12 Monaten vorgekommen, dass Sie ...

- ... krank zur Arbeit gegangen sind?" — 71,7
- ... zur Genesung bis zum Wochenende gewartet haben?" — 70,2
- ... gegen den Rat des Arztes zur Arbeit gegangen sind?" — 29,9
- ... zur Genesung Urlaub genommen haben?" — 12,8

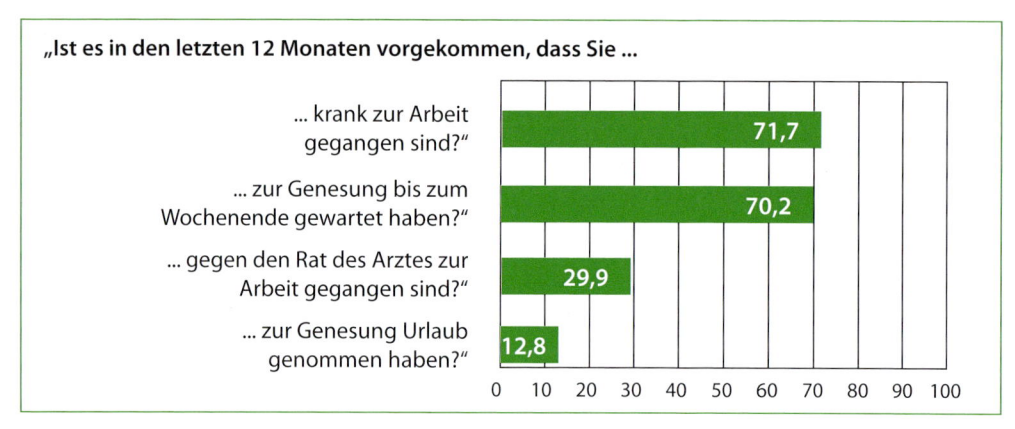

Abb. 1: Wie verhalten sich Arbeitnehmer im Krankheitsfall? (Quelle: Wissenschaftliches Institut der AOK (WIdO), 2009)

der Bertelsmann Stiftung. Zudem ist der Anteil der Personen, die krank zur Arbeit gehen, in befristeten Arbeitsverhältnissen größer als bei Personen in unbefristeten Arbeitsverhältnissen (Zok, 2007).

Andere empirische Analysen zeigen darüber hinaus, dass bei Personen, die trotz Krankheit ihrer Arbeit nachgingen, das Risiko innerhalb von drei Jahren an schweren Herz-Kreislauf-Störungen zu erkranken um das Doppelte erhöht war gegenüber Beschäftigten, die bei Erkrankungen nicht auf der Arbeit erschienen (Sverke/Hellgren/Naswall, 2002). Aus der Forschung zu Folgen psychischer Erkrankungen ist zudem bekannt, dass nicht adäquat behandelte depressive Erkrankungen bei herzgesunden Personen das Langzeitrisiko für koronare Herzkrankheiten und Herzinfarkt um das 1,7- bis 2,1-fache erhöhen (Ulbricht, 2006). Und Arbeitslose haben nachgewiesenermaßen einen schlechteren Gesundheitszustand als Erwerbstätige (Sächsische Längsschnittstudie: Berth/Förster/Balck/Brähler/Stöbel-Richter, 2007). Wobei auch hier die Kausalität nicht eindeutig ist: Sind Arbeitslose weniger gesund, weil sie aufgrund ihres Gesundheitszustands aus dem Erwerbsleben verdrängt wurden (Selektionshypothese) oder weil sie arbeitslos sind (in der Arbeitslosenforschung auch Kausalitätshypothese genannt)? Langzeitarbeitslose haben statistisch gesehen ein vier Mal höheres Sterberisiko als Beschäftigte. Schon kurz nach Eintritt in die Arbeitslosigkeit ist sie bereits doppelt so hoch.

Empirische Belege zum Zusammenhang zwischen arbeitsbedingten Belastungen und Präsentismus existieren bislang kaum. Erste Studien liefern jedoch Hinweise. Befragungen von über 4000 Beschäftigten in den Niederlanden ergaben, dass 63 Prozent auch dann ihrer Arbeit nachgingen, obwohl sie sich krank fühlten. Bei geringen Belastungen berichteten nur 50 Prozent der Befragten über Präsentismus, bei hohen Belastungen waren dies über 90 Prozent (Ulbricht, 2006). Ähnliche Unterschiede belegt auch eine aktuelle skandinavische Studie (Elstad/Vabo, 2008). Bei niedrigem Belastungslevel liegen krankheitsbedingter Absentismus und Präsentismus in moderater Höhe. Mit steigenden selbst berichteten Arbeitsbelastungen (z.B. Zeitdruck, hohe Arbeitsintensität) erhöhen sich Absentismus und Präsentismus. Der krankheitsbedingte Präsentismus nimmt dabei deutlich stärker zu als der Absentismus.

Außerbetriebliche Einflussfaktoren

Einen Einfluss auf Gesundheit und Verhalten im Krankheitsfall haben Veränderungen auf dem Arbeitsmarkt, verbunden mit Arbeitsplatzunsicherheit (Jahn, 2006), geringe Antizipationsweite beruflicher Entwicklungen und Begrenzungen in der Freiheit der Wahl von bevorzugter Beschäftigungsform und Beschäftigungsumfang (vgl. Ulbricht, 2006). Diese hängen nur mittelbar mit dem beschäftigenden Unternehmen zusammen. Die Arbeitsmarktsituation (wirtschaftliche Lage) ist als psychischer Belastungsfaktor in die EN ISO 10075-1 aufgenommen worden. Die ISO-Norm beschreibt die Belastung als gesellschaftlichen Faktor.

Bei der Frage nach den Gründen für die niedrigen Krankenstände in deutschen Unternehmen nennen 77 Prozent der befragten Arbeitnehmer die Angst um den Arbeitsplatz (Zok, 2007). Die Zustimmungsquote ist hier seit 2003 um drei Prozent gestiegen und besonders hoch bei Beschäftigten mit befristeten (83 Prozent) und Teilzeit-Arbeitsverhältnissen (81 Prozent). Arbeitsplatzunsicherheit steht mit Präsentismus in einem signifikantem Zusammenhang (Caverley/Cunningham/MacGregor, 2007).

Arbeitsplatzunsicherheit beeinträchtigt den Gesundheitszustand bei gleichzeitig erhöhter Präsenz am Arbeitsplatz. Im Vergleich zu anderen Belastungen in der Arbeit wird Arbeitsplatzunsicherheit als „chronischer Stressor" bezeichnet. Arbeitnehmer mit geringem Ausbildungsstand leiden stärker unter der Angst, ihren Arbeitsplatz zu verlieren, weil sie befürchten, schlechtere Wiedereinstiegschancen am Arbeitsmarkt zu haben. Männer fühlen sich durch Arbeitsplatzunsicherheit wie auch durch Arbeitslosigkeit stärker beeinträchtigt (De Witte, 1999). Bei stark leistungsorientierten Beschäftigten wirkt der drohende Verlust des Arbeitsplatzes besonders gesundheitsbeeinträchtigend. Erwartungsgemäß steigt Arbeitsplatzunsicherheit mit zunehmendem Alter an (Pröll, 2004). Langandauernde Unsicherheitserfahrungen führen zum psychischen Rückzug von der eigenen Arbeitstätigkeit bis hin zur „inneren Kündigung" verbunden mit negativen Konsequenzen auf Motivation, Leistung und Gesundheit. In betrieblichen Veränderungsprozessen ist deshalb die Arbeitsplatzunsicherheit die Variable, die Befindensbeeinträchtigungen am besten aufklärt (Varianzaufklärung 10 Prozent, Sonntag/Benz/Edelmann/Kipfmüller, 2001).

Verschiedene empirische Untersuchungen (Sverke/Hellgren/Naswall, 2002; Jahn/Hacker, 2004; Jahn, 2006) zeigen wiederholt Zusammenhänge zwischen Arbeitsplatzunsicherheit und Gesundheit (z.B. Stress, Angst, Depression, psychosomatische Beschwerden, Bluthochdruck) beziehungsweise Arbeitseinstellung (z.B. Verringerung von Arbeitszufriedenheit und Arbeitsmotivation) und Arbeitsleistung (Reduktion von Arbeitsmenge und Qualität). Präsentismus wird genau mit diesen Beschwerdebildern und mit reduzierter Arbeitsleistung in Zusammenhang gebracht.

Dabei gilt auch hier: Arbeitnehmer gehen mit Belastungen in Abhängigkeit von ihren persönlichen Ressourcen sehr unterschiedlich um. Zu einem Risiko für Gesundheit wird Arbeitsplatzunsicherheit nur dann, wenn die eigenen Chancen auf Wiederbeschäftigung bei Arbeitsplatzverlust gering bewertet werden.

Möglichkeiten der Prävention

Ein Weg, Präsentismus entgegenzuwirken, ist, Führungskräfte für das Phänomen des Präsentismus zu sensibilisieren (Ulbricht, 2006). Ein umfassendes betriebliches Gesundheitsmanagement, in dem Mitarbeiter als wichtiger Unternehmenswert und als Basis des Unternehmenserfolgs gesehen und geschätzt werden, trägt dazu bei, dass Präsentismus in seinen negativen Auswirkungen nicht entsteht. Mit anderen Worten: Arbeit kann auch zur Stabilisierung von Gesundheit beitragen. Voraussetzung dafür ist allerdings, dass Vorgesetzte und Mitarbeiter Arbeitsbedingungen so gestalten, dass krankheitsbedingte Leistungseinschränkungen akzeptiert und im Prozess der Arbeitsgestaltung berücksichtigt werden.

Ausgangspunkt für Präventionsmaßnahmen ist die Analyse der krankheitsbedingten Produktivitätsverluste im Rahmen einer anonymen Mitarbeiterbefragung mit einem validierten Absentismus-Präsentismus-Fragebogen. Vergleiche mit Absentismusdaten und mit objektiven Produktivitätsbarometern haben die Zuverlässigkeit der Fragebogenerhebungen bestätigt (Iversen, Krause, 2007).

Produktivitätsverluste und Fehlzeiten durch Erkrankungen, die mit Präsentismus in Zusammenhang stehen, lassen sich zwar auch durch umfassende gesundheitsfördernde Maßnahmen nicht völlig vermeiden, die hohe Prävalenz und die Summe der direkten und indirekten Kosten stellen jedoch für Unternehmen einen wichtigen Anlass dar, die Produktivität durch Gesundheitsförderungsmaßnahmen zu erhöhen. Die Ergebnisse der Präsentismusforschung der letzten Jahre legen nahe, dass eine verminderte Arbeitsfähigkeit bei gleichzeitiger Präsenz am Arbeitsplatz einen viel größeren Produktivitätsverlust als Arbeitsunfähigkeit mit sich bringt. Diese Erkenntnis setzt neue Schwerpunkte für zusätzliche Maßnahmen in der Prävention.

→ Betriebliche Gesundheitsförderung (S. 86); Betriebliche Umstrukturierungen, Personalabbau und Arbeitsplatzunsicherheit (S. 232)

Literatur

Baase, C. M.: Auswirkungen chronischer Krankheiten auf Arbeitsproduktivität. In: Badura, B./Schellschmidt, H./Vetter, C.: Fehlzeiten-Report 2006. Springer, 2006, S. 45–59

Badura, B./Schröder, H./Klose, J./Macco, K. (Hrsg.): Fehlzeiten-Report 2009, Arbeit und Psyche, Springer, Berlin 2010

Berth, H./Förster, P./Balck, F./Brähler, E./Stöbel-Richter, Y.: Gesundheitsfolgen von Arbeitslosigkeit. Ergebnisse der Sächsischen Längsschnittstudie. psychosozial, 109, 2007, S. 73–83

Bödeker, W./Hüsing, T.: IGA-Barometer 2. Welle. IGA-Report 12, Essen 2007

Caverley, N./Cunningham, J. B./MacGregor, J. N.: Sickness Presenteeism, Sickness Absenteeism, and Health Following Restructuring in a Public Service Organization. Journal of Management Studies, 44, 2, 2007, S. 304–319

Chapman, L. S.: Presenteeism and its role in worksite health promotion. American Journal of Health Promotion, 19, 2005, S. 1–8

Cobb, S./Kasl, S.: Termination: The consequences of job loss, NIOSH, Cincinnati 1977

De Witte, H.: Job insecurity and psychological well-being: Review of the literature and exploration of some unresolved issues. In: European Journal of Work and Organizational Psychology, 8, 2, 1999, S. 155–177

Elstad, J. I./Vabo, M.: Job stress, sickness absence and sickness presenteeism. In: Nordic elderly care. Scandinavian Journal of Public Health, 2008, 36, S. 467–474

Fissler, E. R.: HDP Whitepaper Präsentismus. Health Development Partners. Königstein 2008

Hemp, P.: Krank am Arbeitsplatz. In: Havard Business manager. Januar 2005, S. 47–60

Iversen, D.C./Krause, R.: Produktivitätsräuber Präsentismus. Personal, 12, 2007, 46–48

Jahn, F.: Arbeitsplatzunsicherheit – ein neuer Stressor? In: Die BG, 05, 2006, S. 189–200

Jahn, F.: Beschäftigungssicherung. In: Kohstall, T. (Hrsg.): Gesundheit im Total Management.

Universum Verlag, Wiesbaden 2006, S. 153–160

Jahn, F./Hacker, W.: Machen unsichere Arbeitsplätze krank? In: Sichere Arbeit, 2, 2004, S. 32–35

Lazarus, R./Folkman, S.: Stress, appraisal, and coping. Springer, New York 1984

Mattke, S./Balakrishnan, A./Bergamo, G./Newberry, S. J.: A Review of Methods to Measure Health-related Productivity Loss. American Journal of Managed Care, 2007, 13, S. 211–217

Pröll, K.: Arbeitsmarkt und Gesundheit. Schriftenreihe der BAuA. Dortmund 2004

Schultz, A. B./Edington, Dee. W.: Employee Health and Presenteeism: A Systematic Review. In: Journal of Occupational Rehabilitation, 17, 2007, S. 547–579

Seibel, H. D.: Stressfaktoren erhöhen Fehlzeiten, In: Der Arbeitgeber, 37, 4, 198, S. 5120–5121

Sockoll, I.: Psychische Gesundheit im Erwerbsleben. IGA-Fakten 1, Essen 2008

Sonntag, Kh./Benz, D./Edelmann, M./Kipfmüller, K.: Gesundheit, Arbeitssicherheit und Motivation in betrieblichen Restrukturierungen. In: Katner, M. u. a. (Hrsg.), Gesundheit und Sicherheit in Arbeits- und Organisationsformen der Zukunft. Wirtschaftsverlag NW, Bremerhaven 2001, S. 327–395

Sockoll, I./Kramer, I./Bödeker, W.: Wirksamkeit und Nutzen betrieblicher Gesundheitsförderung und Prävention, IGA-Report 13, Essen 2008

Sverke, M./Hellgren, J./Näswell, K.: No Security: A Meta-Analysis and Review on Job Insecurity and its Consequenses. In: Journal of Occupational Health Psychology, vol. 3, 2002, S. 242–264

Ulbricht, S.: Krank und trotzdem am Arbeitsplatz präsent? Arbeitsschutz besser managen, 2006, S. 1–24

Ulich, E./Wülser, M.: Gesundheitsmanagement in Unternehmen. Gabler, Wiesbaden 2008

Zok, K.: Krank zur Arbeit: Einstellung und Verhalten von Frauen und Männern. In: Badura, B./Schröder, H./Vetter, C.: Fehlzeiten-Report 2007. Springer 2007, S. 121–144

Rolf Manz

Burnout[1]

Abstract
Burnout ist ein viel gebrauchtes Konstrukt zur Beschreibung von Zuständen körperlicher und emotionaler Erschöpfung im Zusammenhang mit der Berufstätigkeit. Der vorliegende Beitrag führt in die Begrifflichkeit des Burnout ein, zeigt seine historischen Wurzeln und die Entwicklung bis heute auf und gibt Hinweise auf Risikofaktoren sowie Präventions- und Behandlungsmöglichkeiten.

Einleitung

Burnout (dt. „Ausgebrannt sein") wurde als Begriff durch den Psychoanalytiker Herbert Freudenberger (1974) geprägt. Zahlreiche Autoren haben sich des Begriffs bedient und eine Fülle von Beschreibungen und Definitionen geliefert. Nach Burisch (2006) sind über 6.000 Publikationen zu diesem Thema erschienen, die weitaus meisten davon allerdings ohne akademischen Anspruch und konzeptionelle Weiterentwicklung, eine Situation, die zu Recht beklagt wird und zu Kritik am Praxis- und Forschungskonzept Burnout geführt hat (Rösing, 2003). Die Frühphase der Burnout-Forschung hat ganz wesentlich die mit diesem Begriff assoziierten Vorstellungen geprägt, wonach vor allem Helferberufe betroffen seien und die Betroffenen eine unbefriedigende Bilanz zwischen beruflichem Engagement und Erfolg erlebten. Inzwischen werden diese Zusammenhänge, vor allem aufgrund methodischer Fortschritte, differenzierter gesehen. Wenngleich Berufe der Humandienstleistung häufiger betroffen sind als andere, tritt das Phänomen auch in Berufen auf, bei denen der (öffentliche) Leistungsaspekt im Vordergrund steht, wie zum Beispiel bei Leistungssportlern.

Burnout – Zustand oder Prozess?

Nach Freudenberger (1974) beschreibt Burnout den Endzustand einer Entwicklung, in dem der Betroffene sich in körperlicher und emotionaler Erschöpfung befindet. Diese stehen in Zusammenhang mit langfristiger Überbelastung in der Regel am Arbeitsplatz und treten nicht selten nach einer Phase idealistischer Begeisterung und großem Engagement auf. Unschwer ist die Parallele zur Erschöp-

---

1 Der Begriff wird in den einschlägigen Publikationen unterschiedlich geschrieben. Wir verwenden hier die eingedeutschte Schreibweise Burnout statt der englischen burn-out.

fungsphase im Rahmen des allgemeinen Adaptationssyndroms (General Adaptation Syndrome, GAS) nach Selye (1956) zu erkennen und damit die Nähe zum Stresskonzept.

Damit einher gehen eher unspezifische Symptome wie chronische Müdigkeit, Konzentrationsprobleme, Ängstlichkeit, Gereiztheit, innere Unruhe, Schlafstörungen, Kopfschmerzen, Verspannungen, Herz- und Kreislaufbeschwerden et cetera. Oft werden diese Beschwerden im Zusammenhang mit beruflicher Belastung, Arbeitsunzufriedenheit, gelegentlich auch Widerwillen gegen die Arbeit berichtet.

Burnout als Zustandsbild wurde sehr stark geprägt durch die Vorstellungen Maslachs. Maslach/Jackson (1986) haben das Syndrom mit emotionaler Erschöpfung, Depersonalisierung und reduzierter persönlicher Leistungsfähigkeit umschrieben:

- „Emotionale Erschöpfung" umfasst das Gefühl, durch den Kontakt mit anderen Menschen emotional überanstrengt und ausgelaugt zu sein.
- „Depersonalisierung" bezeichnet die gefühllose und abgestumpfte Reaktion auf die Empfänger eigener Dienste oder Fürsorge.
- „Reduzierte persönliche Leistungsfähigkeit" meint den wahrgenommenen Verlust an Kompetenz und Effektivität in der Arbeit mit Menschen.

Deutlich ist der Definition von Maslach und Jackson der Bezug zu Berufsgruppen der Humandienstleistungen anzumerken. Die weitaus meisten Untersuchungen zum Burnout wurden und werden mit dem Maslach Burnout Inventory (MBI) durchgeführt, das die hier dargestellten Konstrukte erfasst.

Vieles spricht dafür, Burnout als **Prozess** zu verstehen, beginnend mit ersten Auffälligkeiten, denen noch keine Bedeutung als Symptom beigemessen werden kann, alltäglichen, normalen Reaktionen auf Beanspruchungen und Belastungen wie Erschöpfungsgefühle im Zusammenhang mit Phasen erhöhter beruflicher Aktivität. Werden zugrunde liegende Ursachen wie zum Beispiel berufliches Überengagement nicht beseitigt, so treten diese Zustände häufiger auf. Eine Erholung fällt zunehmend schwerer, und selbst längere Urlaube führen nicht mehr zur erhofften Entspannung. Auf die mit der Überlastung verbundene zunehmende Ineffizienz der eigenen Leistungsfähigkeit reagieren die Betroffenen mit noch mehr Anstrengung und Verausgabung. Sie geraten in eine Spirale aus Leistungsineffektivität und erhöhtem Energieeinsatz mit Überstunden, Verzicht auf Urlaub und der Zurückstellung privater Bedürfnisse hinter die beruflichen Interessen. In Berufen der Humandienstleistung kommen zunehmende Lieblosigkeit und Zynismus des Helfenden hinzu. Der Prozess mündet in Motivationsverlust und Resignation. Nach Müller (2004) kann er zu Entfremdung von sich selbst, völligem Rückzug von anderen Menschen und schließlich Depression und körperlicher Erkrankung führen.

Der Burnout-Prozess wird von einer Reihe von Autoren in Phasen unterteilt, die unterschiedlich differenziert beschrieben werden. *Tabelle 1, S. 366* gibt einen Überblick über Phasenmodelle zum Burnout. Sie betonen mehr oder weniger differenziert den Prozesscharakter von Burnout.

Die Aufstellung in der *Tabelle 1* zeigt, wie heterogen die mit Burnout zusammenhängenden Merkmale und Symptome sind. Auch das Phasenkonzept selbst ist nicht unumstritten. Zwar kann man davon ausgehen, dass die Entwicklung hin zu einem Zustand der physischen und psychischen

Freuden-berger	Cherniss	Lauderdale	Edelwich	Maslach	Burisch
Phase 1 Empfindendes Stadium	Phase 1 Berufsstress	Phase 1 Verwirrung	Phase 1 Idealistische Begeisterung	Phase 1a Emotionale Erschöpfung	Phase 1 Warnsymptome in der Anfangsphase
Phase 2 Empfindungsloses Stadium	Phase 2 Stillstand	Phase 2 Frustration	Phase 2 Stillstand	Phase 1b Physische Erschöpfung	Phase 2 Reduziertes Engagement
	Phase 3 Defensive Bewältigungsversuche	Phase 3 Verzweiflung	Phase 3 Frustration	Phase 2 Dehumanisierung	Phase 3 Emotionale Reaktionen
			Phase 4 Apathie	Phase 3 Terminales Stadium	Phase 4 Abbau
					Phase 5 Verflachung
					Phase 6 Psychosomatische Reaktionen
					Phase 7 Verzweiflung

Tab. 1: **Phasenkonzeptionen des Burnout verschiedener Autoren** (Quelle: Burisch: Das Burnout-Syndrom, 2006, S. 39-40)

Erschöpfung sich in vielen Fällen über längere Zeit hinzieht, doch spiegelt sich in der komplexen Beschreibung von Phasen auch die unterschiedliche Tiefe der Betrachtung, die das Konzept auch wieder als beliebig erscheinen lässt (Burisch, 2006). Da das Konzept eine Vielzahl an psychischen Auffälligkeiten auf kognitiver, emotionaler, behavioraler und physischer Ebene umfasst, ohne diese ein- beziehungsweise auszugrenzen, genügt es nicht den Kriterien, die man an eine diagnostische Einheit stellen würde.

Epidemiologie des Burnout

Da es sich bei Burnout nicht um eine klar definierte Krankheit mit eindeutigen Kriterien handelt, gibt es kaum wissenschaftlich seriöse Angaben über die Häufigkeit des Phänomens. Eine umfangreiche epidemiologische Querschnittsstudie der arbeitenden Bevölkerung in Finnland (Ahola u.a., 2005) fand eine Prävalenz von 25 Prozent für mildes und von 2,4 Prozent für schweres Burnout, ohne Geschlechtsunterschied. Mit zunehmendem Schweregrad des Burnouts stieg das Risiko des Auftretens von Depressionen an.

Inzwischen sind mehr als 30 Berufsgruppen untersucht worden, von denen alle ein Burnout-Risiko aufweisen. Das Spektrum reicht von den klassischen Helferberufen wie Krankenschwestern und -pflegern, Ärzten, Sozialarbeitern und Therapeuten über Berufe der Hilfeleistung wie Rettungskräfte, des Bildungswesens und allgemeiner Dienstleistung bis hin zu Verwaltung und Wirtschaft. Aber auch bei Arbeitslosen, Sportlern, Ingenieuren und Studenten wurden Personen mit Burnout-Syndrom aufgefunden. Es gibt Hinweise, dass Personen auch außerhalb eines Berufes ausbrennen können (z.B. Hausfrauen). Wenngleich das Risiko für Berufe der Humandienstleistung erhöht ist, so ist es doch nicht spezifisch für diese. Allerdings sind die Auswirkungen des Syndroms, insbesondere Zynismus und Kälte im Umgang mit Menschen, im Bereich der Humandienstleistungen für die Schutzbefohlenen besonders massiv.

Burnout-Diagnostik

Es gibt kein Messinstrument, das verlässlich eine Diagnose stellen könnte, aber die Fachwelt ist sich einig, dass es sich beim Burnout um einen Prozess handelt. Die weitaus meisten Studien zum Burnout wurden mithilfe des Maslach Burnout Inventars (MBI) durchgeführt. Die Definition von Burnout und die Messung fallen dabei zusammen: Burnout ist das, was das MBI misst. Das wäre für sich schon bedenkenswert. Hinzu kommt aber, dass das MBI kein Kriterium und keine Normwerte aufweist, nach denen eine „Diagnose" erfolgen könnte. So verwendet nahezu jeder Autor seine „private Messvorschrift" als multiples Cut-off-System der drei Skalen. Implizit wird davon ausgegangen, dass höhere Skalenwerte eine stärkere Ausprägung der Symptomatik bedeuten, offen bleibt aber, ab welchen Skalenwerten das Syndrom vorliegt. Auch sollten alle drei Skalen „erhöht" sein, was immer dann an seine Grenzen stößt, wenn Untersuchungen außerhalb des Humandienstleistungsbereichs erfolgen, da die typischen Reaktionen auf Klienten wie Zynismus und Gleichgültigkeit nicht mehr stimmig sind und eigentlich andere Reaktionen wie Gleichgültigkeit gegenüber der Arbeit oder den Kollegen typisch sind.

Eine solche Vorgehensweise eignet sich für die klinische Diagnostik nicht. Hinzu kommt, dass aufgrund der umfangreichen Symptomlisten, die mit Burnout in Zusammenhang gebracht werden, eine Einigung auf Expertenebene schwierig ist. Folgerichtig behandeln die verbindlichen Diagnosesysteme ICD 10 (Dilling u.a., 1993) und DSM IV (APA, 1996) das Syndrom nicht als eigenständige Krankheit. Während Burnout im DSM IV nicht auftaucht, wird es im ICD-10 der Störungsgruppe Z zugerechnet. Unter Z 00 bis Z 99 werden Faktoren aufgeführt, die den Gesundheitszustand beeinflussen und zur Inanspruchnahme von Gesundheitsdiensten führen. Die Gruppe Z 73 umfasst „Probleme und Schwierigkeiten bei der Lebensbewältigung" und Z 73.0 das „Erschöpfungssyndrom (Burnout)". Der Diagnostiker ist also angehalten, eine definierte Diagnose zu stellen und bei Vorliegen entsprechender Hinweise auf ein Burnout-Syndrom die Zusatzkategorie Z 73.0 zu codieren. Die Zuordnung erfolgt nach klinischem Eindruck.

Burnout und psychische Erkrankungen

Die dem Burnout beziehungsweise Burnout-Syndrom zugeordneten Symptome sind nicht sehr spezifisch, was Konsequenzen für die Einordnung des Syndroms im Rahmen der Diagnostik hat. Da kaum jemals alle im Zusammenhang mit Burnout genannten Symptome bei einem Individuum zu beobachten sein werden, liegt es nahe, dass sich hinter dem Konzept mehrere Erkrankungsbilder verbergen können.

In der medizinischen und klinisch-psychologischen Fachwelt gibt es verschiedene Krankheitsbilder mit einer ähnlichen Symptomatik:
- Die „Nicht differenzierte somatoforme Störung" (ICD-10 F 45.1), unklare körperliche Beschwerden ohne erkennbare organische Ursache
- Die „Neurasthenie" (ICD-10 F 48.0), ein Zustand anhaltender übersteigerter Müdigkeit und Erschöpfung, für den Z.73.0 aber ein Ausschlusskriterium darstellt
- Die „Depression" (F 32.X, F 33.X)
- Das „Depersonalisations- und Derealisationssyndrom" (F 48.1)
- Die „Anpassungsstörung" (F 43.2)
- Eine (andere) „Angststörung" (F 41.X)
- „Angst und depressive Störung gemischt" (F 41.2)
- Oder das „Chronic Fatigue Syndrom" (CFS) (ICD-10 G93.3), im Deutschen chronisches Müdigkeitssyndrom genannt, bei dem eine chronische Müdigkeit verbunden mit körperlichen Beschwerden vorliegt.

Personen, die aufgrund eines Burnout erkranken oder gar berentet werden, weisen in aller Regel eine der genannten Diagnosen (außer F48.0) auf, kombiniert mit der Angabe Z 73.0 als Hinweis auf die Genese der Erkrankung.

Ursachen des Burnout

Beim Burnout können wir so lange nicht von einer Ätiologie sprechen, solange es kein umschriebenes Krankheitsbild darstellt. Die Ursachen des Phänomens und seine innere Dynamik im Sinne des Verlaufs (*vgl. auch Tabelle 1, S. 366*) sind eng an die Vorstellungen zum Stress angelehnt. Dabei scheinen vor allem psychologische Prozesse eine entscheidende Rolle zu spielen. Die ursprüngliche Beschränkung des Phänomens auf den Humandienstleistungsbereich kann nicht länger aufrechterhalten werden, das ergaben die zahlreichen Studien zu unterschiedlichen Berufsgruppen und Personen ohne Berufszugehörigkeit. Auch die Erbringung von Leistung in der Öffentlichkeit (z.B. bei Sportlern) ist nicht so offensichtlich, dass sie als Spezifikum gelten könnte. Typisch scheint allerdings das deutlich erhöhte Engagement zu sein, mit dem berufliches, privates oder künstlerisches Handeln verfolgt wird. Dies scheint eines der verbindenden Elemente zu sein, das Burnout-Betroffenen gemeinsam ist.

Der zugrunde liegende psychologische Prozess ist motivationaler Natur: Das Individuum zeichnet sich durch eine hohe Leistungsmotivation aus. Im Sinne Heckhausens steht die Hoffnung auf Erfolg im Vordergrund des Handelns. Die extrem hohe Bedeutung, die der Zielerreichung beigemessen wird, lässt aber zugleich auf eine wichtige Funktion der Leistungsfähigkeit für das Individuum schließen.

Leistung und Leistungsfähigkeit werden tiefenpsychologisch gesehen vermutlich zur Kompensation eines mangelnden Selbstwertgefühls[1] benutzt. Damit wird die Fähigkeit, Leistung zu erbringen, im Beruf oder auch in anderem Handeln erfolgreich, überdurchschnittlich, gegebenenfalls sogar außergewöhnlich zu sein, zur notwendigen Voraussetzung für persönliche Zufriedenheit. Leistung muss geradezu zwanghaft erbracht werden, um die eigenen Selbstwertzweifel zu kompensieren. Dieser Mechanismus erklärt auch das fortgesetzte Leistungsverhalten, wenn wichtige Ziele objektiv längst erreicht sind.

---

1 Wir benutzen hier im Gegensatz zur klassischen psychoanalytischen Terminologie die moderneren Begriffe Selbstwertzweifel beziehungsweise mangelndes Selbstwertgefühl statt des klassischen Begriffs der Minderwertigkeit.

Der innere Standard wächst mit dem Erreichen mit, da nicht definiert ist, ab wann ein mangelndes Selbstwertgefühl objektiv kompensiert sein könnte, und lässt die Person nicht zur Ruhe kommen. Die erlebten Selbstwertzweifel können durch die erbrachten Leistungen nicht wirklich kompensiert werden.

Lerntheoretisch betrachtet steht die konkrete oder symbolische Belohnung für Leistungsverhalten im Vordergrund. Leistung wird erbracht aus materiellen und ebenso aus sozialen Gründen wie die Erlangung von Prestige, Anerkennung und Wertschätzung, die alle als Verstärker fungieren. Aufrechterhalten wird der Prozess durch das Erleben persönlicher Kompetenz bis hin zur Ausbildung eines Selbstbildes des „Machers", der vor allem schwierige Probleme lösen kann und dafür die Beachtung der Umwelt erfährt. Mit Leistungserbringung einhergehende gesundheitliche Probleme werden dabei als „Opfer" in Kauf genommen und sind sogar mit noch mehr Anerkennung und sozialer Zuwendung verbunden. Auch der sogenannte positive Stress (Eustress) kann mit diesem Verhaltensmuster in Verbindung gebracht werden. Berichtete Zustände des Gefühls, alles liefe wie von selbst, eines Flow-Erlebnisses bei der Arbeit, können als starke Motivatoren für erhöhte Leistungs- und Verausgabungsbereitschaft interpretiert werden. Die Parallelen zur „Managerkrankheit" als Risikofaktor für Herz-Kreislauf-Erkrankungen sind nicht zu übersehen. Denn die längerfristig positive Wirkung von Eustress ist nicht nachgewiesen, im Gegenteil, es gibt deutliche Hinweise darauf, dass sie ebenso schädlich für das Individuum ist wie Distress (Manz, 2007), denn nach dem Flow kommen in der Regel die mentale und körperliche Erschöpfung.

Organisationstheoretisch gibt es ebenfalls Ansätze, Burnout zu erklären. Kahn (1964) beschreibt die Entstehung von Stress in Organisationen, er rekurriert auf die soziologische Rollentheorie. Stress entsteht aus Rollenkonflikten und Rollenambiguität. Überforderung und Stress können aus Rollenkonflikten resultieren. Hierzu zählen:
- Inkompatible Rollenerwartungen
- Person-Rollen-Konflikte
- Inter-Rollenkonflikte
- Rollenüberlastung
- Unklare Rollendefinition (vgl. Manz, 2005).

Es ist naheliegend, dass weder das tiefenpsychologische, das lerntheoretische noch das organisationstheoretische Modell alle denkbaren Konstellationen erklären, die zu einem massiven Erschöpfungszustand führen können. Der Prozess des Ausbrennens geht aber auf jeden Fall mit dem Verlust von persönlichen und sozialen Ressourcen einher und kann daher auch als Ressourcenverlust nach Hobfoll (1989) verstanden werden. Das Konzept des Ressourcenverlusts beschreibt einen Prozess der Erodierung von Ressourcen, wie der Fähigkeit zur Erholung, sozialer Aktivitäten, familiären Rückhalts, sozialer Unterstützung, und zunehmender mentaler Beeinträchtigungen wie Konzentrations- und Gedächtnisproblemen. Die zunehmende Fixierung auf berufliche Themen lässt schon mental zunehmend weniger Raum für andere Interessen. Mehrarbeit in Form von Überstunden, permanente Verfügbarkeit (z. B. Rufbereitschaft) und neuerdings elektronische Hilfsmittel wie Handys und PDAs machen es leicht, sich auch fern des Arbeitsplatzes mit beruflichen Dingen zu beschäftigen. Hierunter leiden andere soziale Aktivitäten wie Freizeitbeschäftigungen und Sport sowie soziale Verpflichtungen in Familie und Gemeinde. Damit können neue Belastungen entstehen wie der Verlust von Freundschaften, Probleme mit der Erziehung oder Partnerkonflikte. Vom zunehmenden Ressourcenverlust sind die Leistungsvoraussetzungen ebenso betroffen wie die gesund erhaltenden Faktoren. Die Folgen sind ein Verlust an Leistungsfähigkeit und Gesundheit.

Prävention des Burnout

Die wichtigste Faustregel lautet: Je früher Maßnahmen gegen das Ausbrennen beginnen, desto seltener kommt es zur Erkrankung und umso milder ist der Verlauf. Prävention ist von großer Wichtigkeit, sie kann zu jedem Zeitpunkt im Burnout-Prozess sinnvoll einsetzen *(vgl. Kasten 1, S. 371f.)*.

Als Mythos kann die weit verbreitete Auffassung gelten: „Wer ausbrennt, muss einmal entflammt gewesen sein." Und dass es vor allem die Helfer sind, die ihren Beruf voller Begeisterung begannen, um nach Jahren erfolglosen Engagements festzustellen, dass Motivation und Arbeitseffizienz deutlich nachlassen. Dass diese Annahmen nicht zutreffen, zeigen neuere Ergebnisse einer groß angelegten Verlaufsstudie in Deutschland. Hier wurden spätere Lehrer schon zu Beginn des Studiums und währen der Ausbildung bis in den Schulalltag hinein mehrfach untersucht. Ein Fazit lautet, dass viele später ausgebrannte Lehrer nie gebrannt haben. Ein Teil der Personen hatte bereits vor Beginn des Studiums Probleme mit den Leistungsanforderungen, die sich wie ein roter Faden durch Ausbildung und Beruf zogen. Nicht die unerfüllten Erwartungen an Ausbildung und Beruf, sondern eigene unklare Berufsvorstellungen sind für deren Scheitern verantwortlich (vgl. Rauin, 2008).

Präventive Bemühungen haben bisher vor allem im **Bereich des Individuums** angesetzt, also in der Stärkung individueller Bewältigungskompetenzen, zum Beispiel durch Vermittlung von Stressregulationsstrategien oder Zeitmanagement- und Konfliktlösetechniken. Der Abbau unrealistischer Erwartungen an den Beruf ist ebenso wichtig. Die Erwartungen an den Beruf müssen regelmäßig reflektiert und mit der Realität abgeglichen werden. Der Austausch mit Kollegen oder Freunden, die ähnliche Erfahrungen teilen, ist hier hilfreich. Salutogene Quellen kann der Einzelne auch im privaten Bereich finden, Kontakte zu Freunden, der Familie, Hobbys, Sport oder Entspannungstechniken sind geeignet, Belastungen im Beruf abzupuffern.

Wie die Studie von Rauin zeigt, ist oft auch eine verfehlte **Berufswahl** entscheidend für den Misserfolg im Berufsalltag. Ebenso wichtig sind Fragen der Eignung zum Beispiel im Umgang mit Menschen, als Führungskraft, im Umgang mit schwierigen Entscheidungen, unklaren Informationen et cetera. Viele Berufe bringen chronisch unangenehme Nebenaspekte mit sich, die häufig vor dem Berufseintritt nicht erkannt werden.

Effektive Primärprävention ist jedoch nur dann möglich, wenn auch potenziell pathogene **Arbeitsplatzstrukturen** verändert werden, also Zeitdruck genommen wird, angemessene Ressourcen zur Verfügung gestellt werden und die Beschäftigten mehr Autonomie erhalten, eigene Arbeitsprozesse kontrollieren zu können. Klare Aufgabenbeschreibungen, klare Zuständigkeiten und Erwartungen an den Arbeitsplatzinhaber sind ebenso nützlich wie die Unterstützung durch die Führung und das Team. Auch eine realistische Rückmeldung über Einsatz und Ertrag des persönlichen Engagements sind für die potenziell Betroffenen hilfreich. Das hohe Engagement einzelner Mitarbeiter wird – oft un-

Coaching als Intervention zur Burnout-Prophylaxe

Fallbeispiel:
Peter B. ist leitender Angestellter in einer Maschinenfabrik. Seit dem BA-Studium hat er sich kontinuierlich hochgearbeitet, eine Familie gegründet und eine Eigentumswohnung gekauft. Seit ein bis zwei Jahren leidet er zunehmend an Insuffizienzgefühlen, Selbstzweifeln und neuerdings auch an depressiven Episoden. Er fühlt sich dann erschöpft, hat Mühe aufzustehen und – etwas was er bisher nicht kannte – keine rechte Lust, arbeiten zu gehen. In seinen Urlauben mit der Familie findet Peter B. keine Erholung mehr.

Peter B. vertraut sich einem guten Freund in der Personalabteilung an, der ihm rät, zunächst seine Beschwerden abklären zu lassen. Ein Besuch beim Hausarzt bestätigt die Erschöpfung, eine depressive Erkrankung wird aber ausgeschlossen. Der Bekannte empfiehlt ihm einen Coach, der bereits mehrfach erfolgreich für das Unternehmen tätig war.

Der Coach, ein Diplom-Psychologe, interviewt Peter B. ausführlich, um sich ein Bild von dessen Zustand zu verschaffen. Er erklärt ihm, dass er keine Therapie im klassischen Sinne mit ihm vorhabe, sondern mit ihm zusammen wichtige Ziele identifizieren wolle, die dann systematisch erreicht werden sollten. Hierfür seien seine aktive Mitarbeit über mehrere Wochen, unter Umständen auch einige Monate, erforderlich.

Gemeinsam erarbeitete Ziele des Coachings:

- **Arbeitsorganisation, Selbst- und Stressmanagement**

Peter B. weist ein chaotisches System der Arbeits- und Zeitorganisation auf. Viele Tätigkeiten erfolgen ungeplant, auf Anfrage. Peter B. verliert so leicht die Kontrolle über seine Arbeit. Auch verlegt er Unterlagen, findet sie nicht rechtzeitig und verbringt viel Zeit damit, Vorgänge zu suchen.

Gemeinsam erarbeiten Coach und Coachee ein System zur Zeitplanung, mit Setzung von Prioritäten in terminlicher und sachlicher Hinsicht. Auch die Arbeitsorganisation, wie der Zugang zu Arbeitsunterlagen und die Ablage werden neu gestaltet und systematisiert.

- **Umgang mit Konflikten am Arbeitsplatz**

Peter B. setzt sich selbst unter großen Erfolgsdruck. Gleichzeitig arbeitet er am Rande seiner Möglichkeiten. In der Folge werden Aufgaben nicht termingerecht fertig und es hagelt Kritik, die er nicht akzeptieren kann. Mehrfach hat er schon gedroht, alles hinzuschmeißen. Gleichzeitig gelingt es ihm nicht, Arbeit abzulehnen, um sich vor Überforderung zu schützen.

Peter B. muss lernen, zu erkennen, wann Kritik gerechtfertigt ist und wann nicht. Vor allem muss er sein Verhalten hinterfragen und versuchen, angemessen zu reagieren.

- **Bewältigungsstrategie**

Die Hintergründe für die oben beschriebenen Verhaltensweisen liegen tief in der Persönlichkeit von Peter B. verankert. Nicht nein sagen können, Selbstwert aus Leistung beziehen, alles gleichzeitig machen wollen: Diese Einstellungen, Denk- und Verhaltensmuster zeichnen Peter B. aus.

Der Coach greift auf Techniken der Cognitiv-Behavioralen-Therapie zurück, um diese Denk- und Verhaltensmuster aufzulösen.

> - **Festigung des Erreichten**
> Erfolge stellen sich in der Regel nicht sehr schnell ein, aber schnell ist Erreichtes wieder verspielt. Daher werden Techniken zur Sicherung der Erfolge eingeführt. Bereits die Vergabe von „Hausaufgaben" diente der Festigung von Inhalten, indem sie in der Praxis angewandt wurden und erste Erfolge zeigten. Weitere Maßnahmen sind die Vorbereitung auf Reaktionen der Umwelt auf geändertes Verhalten, die Auseinandersetzung mit eigenen Ambivalenzen in Bezug auf Wünsche und Erwartungen und die Besprechung von „Notfallstrategien", wenn nicht alles so läuft wie geplant, und schließlich der Umgang mit Rückschlägen.
>
> - **Zukunftsstrategie**
> Der Abschluss des in der Regel mehrwöchigen Coachings wird begleitet von der Entwicklung einer Zukunftsstrategie für den Klienten. Hier werden Werte, Erwartungen und Wünsche thematisiert, die die Zukunft mit sich bringen soll. Auch Veränderungen im sozialen Umfeld, Veränderungen im Umgang mit anderen wie Grenzsetzungen und die entsprechenden Konsequenzen werden hier beleuchtet. Ziel ist die Weiterentwicklung der Person in Richtung auf eine aktive Auseinandersetzung mit der Umwelt unter Berücksichtigung eigener berechtigter Interessen.
> Peter B. hat nach mehreren Monaten intensiver Auseinandersetzung mit sich und seinen Wertvorstellungen einen Weg gefunden, der zunehmenden Unzufriedenheit mit seiner Situation zu entrinnen und sein Arbeitsleben wieder aktiv zu gestalten. Die chronische Erschöpfung verliert er nur langsam und es ist wichtig für ihn zu wissen, dass dies vollkommen normal ist. Anderenfalls bestünde die Gefahr, dass sich Peter B. auch bei der Überwindung seiner Burnout-Entwicklung wieder mächtig unter Druck setzt und das Erreichte zu verschenken riskiert.

Kasten 1: Coaching als Intervention zur Burnout-Prophylaxe (eigene Darstellung)

reflektiert – gerne in den Dienst des Unternehmens gestellt. Gerade der **Umgang mit Personal** erfordert Fingerspitzengefühl und kann nicht nach den Maßgaben der Materialwirtschaft erfolgen. Geänderte Einsatzbedingungen, Ziele und Erwartungen müssen mit den Betroffenen besprochen werden. Nur deren explizite Zustimmung zu Änderungen ihrer Tätigkeit bewahrt vor Frustration und Enttäuschung.

Berufliche **Entfaltungsmöglichkeiten** verhindern Routine und Langeweile und fördern die Kreativität und Schaffenskraft der Mitarbeiter. Regelmäßige Aus- und Weiterbildung sollte Pflicht sein, sie ist ein wirksames Mittel, um dem beruflichen Ausbrennen vorzubeugen. Auch die Flexibilisierung von **beruflichen Entwicklungen** ist noch nicht weit verbreitet, könnte aber ein probates Mittel sein, einen eingesetzten Burnout-Prozess zu unterbrechen. Gerade im öffentlichen Dienst und vor allem bei Beamten besteht ein enorm hohes Risiko, auf einem ungeeigneten Arbeitsplatz sitzen zu bleiben. Resignation führt hier zum „Dienst nach Vorschrift", inneres Aufbegehren zu Enttäuschung und Burnout.

Therapie des Burnout

Therapeutisch stehen im Vordergrund zunächst die Begleit- oder Folgestörungen des Burnout-Prozesses. Das sind in der Regel depressive Syndrome, Angststörungen, Anpassungsstörungen, gegebenenfalls auch Süchte. Als klar umschriebene Symptomkomplexe sind diese einer Therapie besser zugänglich als die *unspezifischen* Symptome des Burnout-Syndroms, die Antriebsstörung, innere Widerstände, die chronische Erschöpfung und die Müdigkeit. Diese unspezifischen Störungen wirken sich oft besonders nachteilig auf die berufliche und soziale Rehabilitation und Arbeitsfähigkeit aus, da sie schlecht definiert sind und kaum geeignete Standardtherapien vorhanden sind. Gelingt eine nachhaltige Beeinflussung nicht, wirken sie invalidisierend und führen zur Berufsunfähigkeit.

→ Führung und Gesundheit (S. 220); Stress (S. 334); Angst und Aggression (S. 341)

Literatur

Ahola, K./Honkonen, T./Isometsä, E./Kalimo, R./Nykyri, E./Aromaa, A./Lönnqvist, J.: The relation-ship between job-related burnout and depressive disorders – results from the Finnish Health 2000 Study. In: Journal of Affective Disorders, 88, 2005, S. 55–62

American Psychiatric Association: Diagnostisches und Statistisches Manual Psychischer Störungen (DSM IV). Deutsche Herausgeber: Saß, H./Wittchen, H. U./Zaudig, M., Hogrefe, Göttingen 1996

Burisch, M.: Das Burnout-Syndrom. Springer, Heidelberg 2006

Dilling, H./Mombour, W./Schmidt, M. H.: Internationale Klassifikation psychischer Störungen. Huber, Bern 1993

Freudenberger, H. J.: Staff burnout. In: Journal of Social Issues, 30, 1974, S. 159–165

Hobfoll, S. E.: Conservation of resources. A new attempt at conceptualizing stress. In: American Psychologist, 44, 1989, S. 513–524

Kahn, R.L./Wolfe, D.M./Quinn, R.P./Snoek, J.D./Rosenthal, R.A.: Organisational stress: Studies in role conflict and ambiguity. Wiley & Sons, New York 1964

Manz, R.: Arbeitsorganisation. In: Bundesverband der Unfallkassen (Hrsg.): Psychische Belastungen am Arbeits- und Ausbildungsplatz – ein Handbuch. München 2005, S. 17–30

Manz, R.: Stress und betrieblicher Arbeitsschutz. In: von Lengerke, Th. (Hrsg.): Public Health-Psychologie: Eine Einführung. Juventa-Reihe „Grundlagentexte Gesundheitswissenschaften", Juventa, Weinheim 2007, S. 136–147

Maslach, C./Jackson, S. E.: Maslach Burnout Inventory. Consulting Psychologists Press, Palo Alto, CA 1986.

Müller, E.: Ausgebrannt. Wege aus der Burnout-Krise. Herder Verlag, Freiburg 2004

Rauin, U.: Im Studium wenig engagiert – im Beruf schnell überfordert. Studierverhalten und Karrieren im Lehrerberuf – Kann man Risiken schon im Studium prognostizieren? Forschung Frankfurt, 3, 2008, S. 60–63

Rösing, I.: Ist die Burnout-Forschung ausgebrannt? Asanger, Heidelberg 2003

Selye, H.: Stress of life. McGraw-Hill, New York 1956

Siegrist, J.: Adverse health effects of effort-reward imbalance at work: theory, empirical support, and implications for prevention. In: C. L. Cooper (Hrsg.): Theories of organizational stress. Oxford University Press. Oxford 2000, S. 190–204

Stefan Poppelreuter

Stoffungebundene Süchte in Arbeit und Beruf – Erkennen, Vermeiden, Vorbeugen

Abstract
Der vorliegende Beitrag fasst Erkenntnisse und Ergebnisse zum Phänomen der stoffungebundenen Sucht, hier unter besonderer Berücksichtigung der stoffungebundenen Suchtformen Spielsucht, Kaufsucht und Arbeitssucht, zusammen. Bei den stoffungebundenen Süchten handelt es sich dabei um eine individuell wie gesamtgesellschaftlich zunehmend bedeutsam werdende Problematik, die aufgrund ihrer – teilweise fatalen – Auswirkungen auf die Betroffenen, aber auch auf deren näheres und weiteres Umfeld besonderer Aufmerksamkeit bedarf.

Thematische Eingrenzung und Definition

Alkohol-, Medikamenten- oder Drogenkonsum sind häufige Folgen einer als belastend, überfordernd und häufig auch nicht bewältigbar angesehenen Arbeitssituation. Das Auftreten von süchtigen Verhaltensweisen kann ebenfalls eine Reaktion auf Stress- und Überforderungssituationen am Arbeitsplatz sein. Dass Alkohol und Drogen die physische und psychische Leistungsfähigkeit eines Menschen beeinflussen und dadurch auch erhebliche Auswirkungen auf sein Arbeitsverhalten haben können, ist vielfach dokumentiert worden und gilt heute als uneingeschränkt nachvollziehbar. Dass aber auch die so genannten „neuen Süchte" wie Kaufsucht, Spielsucht, Arbeitssucht, Onlinesucht entsprechende Folgen und damit ebenfalls eine Relevanz für den Arbeitsschutz haben können, ist längst noch nicht zum Allgemeingut geworden (Poppelreuter/Gross, 2000; Grüsser/Thalemann, 2006).

Die Weltgesundheitsorganisation (WHO) definierte ursprünglich Sucht als einen Zustand periodischer oder chronischer Vergiftung, der für das Individuum und/oder für die Gesellschaft schädlich ist. Bereits im Jahr 1964 ließ die WHO die Begriffe „Drogensucht" und „Drogengewöhnung" jedoch fallen und ersetzte diese durch den Terminus „Drogenabhängigkeit". Unter Drogenabhängigkeit wird ein Zustand seelischer und/oder körperlicher Abhängigkeit von einer Droge mit zentralnervöser Wirkung verstanden, der durch die periodische oder ständig wiederholte Einnahme der Substanz charakterisiert ist und dessen Merkmale je nach Art des Suchtstoffes unterschiedlich sind (Eddy/Halbach/Isbell/Seevers, 1965; WHO Expert Committee on Dependence Producing Drugs, 1965). Die Abhängigkeit wird aufgespalten in einen physischen und einen psychischen Bereich. Der Nachweis der physischen Abhängigkeit von einer psychotropen Substanz ist in der Regel vergleichsweise leicht, nämlich durch das Auftreten des Entzugssyndroms bei abruptem Absetzen der Substanz zu erbringen (Vogt, 1990). Die psychische Abhängigkeit ist dagegen weitaus schwieriger feststellbar. Dies gilt umso mehr, als dass Gewöhnungen beziehungsweise Gewohnheiten (in Form von psychischen Abhängigkeiten) nicht nur im Zusammenhang mit stofflichen Substanzen, sondern auch in Bezug auf Personen, Dinge, Situationen usw. auftreten können. Solche „Abhängigkeiten" gehören zum Alltagsrepertoire des Menschen; sie machen zu einem erheblichen Teil menschliche Existenz überhaupt erst möglich (Vogt, 1990).

Schumacher (1986), der sich explizit auf süchtiges Spielverhalten bezieht, die Merkmale aber als allgemeingültig auch für andere nicht-stoffgebundene Süchte betrachtet, nennt unter anderem als Indikatoren für eine nicht-stoffgebundene Sucht:

- Die Exzessivität (eine qualitative und quantitative Steigerung bei der Ausführung des Verhaltens)
- Den Verfall an das Verhalten (die Zentrierung des gesamten Vorstellungs- und Denkraumes auf das infrage kommende Verhalten)
- Kontinuierlich oder periodisch auftretende Drang- und Spannungszustände in Richtung der Verhaltenssituation
- Den Kontrollverlust (die Unfähigkeit, Dauer und Umfang des Verhaltens zu bestimmen)
- Die Abstinenzunfähigkeit (es wird subjektiv als unmöglich erlebt, sich kürzere oder längere Zeit des Verhaltens zu enthalten)
- Das Auftreten von Entzugserscheinungen bei gewollter oder erzwungener Enthaltung (die sich – auch bei stoffungebundenen Suchtformen – in vegetativen Symptomen äußern können)
- Das Auftreten psychosozialer und psychoreaktiver Störungen.

Nach wie vor fehlt es jedoch an einheitlichen Kriterien für die Diagnose stoffungebundener Suchtformen (Poppelreuter/Gross, 2000). Während stoffgebundene Abhängigkeiten gut charakterisiert und die klinischen Erscheinungsbilder gut beschrieben sind und es in diesem Bereich auch ein breites und sehr differenziertes Hilfsangebot für Betroffene und deren Angehörige gibt, gibt es im Bereich der Verhaltenssüchte bislang weder entsprechende diagnostische Klassifikationen noch entsprechende Hilfsangebote.

Ursachen und Auswirkungen

Da stoffungebundene Süchte in unterschiedlicher Form als Kaufsucht, Spielsucht, Arbeitssucht et cetera auftreten können, sind sowohl ihre Ursachen als auch ihre Auswirkungen nicht pauschal zu benennen beziehungsweise zu beschreiben. Zudem ist die Entwicklung eines süchtigen Verhaltensmusters immer auch auf individueller Ebene zu erforschen und zu analysieren.

Spielsucht

Glücksspiele sind Spiele um Werte mit ungewissem, vom Zufall bestimmtem Ergebnis. Sind sie anfangs auf den Gewinn ausgerichtet, so werden sie im Laufe einer pathologischen Entwicklung zum Selbstzweck, das heißt, Spiele werden aufgrund ihrer erregenden/beruhigenden Wirkung gespielt. Laut der Deutschen Hauptstelle für Suchtfragen wird derzeit von zirka 80.000 bis 150.000 beratungs- und behandlungsbedürftigen pathologischen Spielern ausgegangen.

Die diagnostischen Kriterien für pathologisches Spielen nach DSM-IV-TR (2003) sind vielfältig. Mindestens fünf der folgenden Merkmale müssen zutreffen, damit eine entsprechende Diagnose gestellt werden kann. Die betroffenen Menschen

1. sind stark eingenommen vom Glücksspiel (z.B. starke Beschäftigung mit gedanklichem Nacherleben vergangener Spielerfahrungen),
2. müssen mit immer höheren Einsätzen spielen, um die gewünschte Erregung zu erreichen,
3. haben wiederholt erfolglose Versuche unternommen, das Spielen zu kontrollieren, einzuschränken oder aufzugeben,
4. sind unruhig und gereizt beim Versuch, das Spielen einzuschränken oder aufzugeben,
5. spielen, um Problemen zu entkommen oder um eine dysphorische Stimmung zu erleichtern,
6. kehren, nachdem sie beim Glückspiel Geld verloren haben, oft am nächsten Tag zurück, um den Verlust auszugleichen,
7. belügen Familienmitglieder, Therapeuten oder andere, um das Ausmaß ihrer Verstrickung in das Spielen zu vertuschen,
8. haben illegale Handlungen wie Fälschung, Diebstahl oder Unterschlagung begangen, um das Spielen zu finanzieren,
9. haben wichtige Beziehungen, ihren Arbeitsplatz oder Aufstiegschancen wegen des Spielens gefährdet oder verloren,
10. verlassen sich darauf, dass andere ihnen Geld bereitstellen, um die durch das Spielen verursachte hoffnungslose finanzielle Situation zu überwinden.

Eine Spielsucht wird mitunter auch für den Arbeitgeber zu einem zusätzlichen Problem, da neben der nachlassenden Konzentration und der zunehmend fehlenden Arbeitsbereitschaft und -leistung des Spielsüchtigen Straftaten zur Finanzierung der Spielsucht, auch am Arbeitsplatz, nicht ausgeschlossen werden können.

Kaufsucht

Unter Kaufsucht wird ein wiederholt auftretendes, impulsives und exzessives Kaufen von Dingen, die nicht unbedingt gebraucht werden, verstanden. Was die Prävalenz von Kaufsucht angeht, so gehen unterschiedliche Studien von unterschiedlichen Belastungsraten aus. Für den deutschsprachigen Raum kommen Neuner und Reisch (2002) zu einem Anteil von 6,5 Prozent kaufsüchtigen Konsumenten in den neuen und 8 Prozent in den alten Bundesländern.

Auffällige Merkmale des süchtigen Kaufens sind:

- Die Zweckentfremdetheit des Verhaltens: Kaufsüchtige verfolgen mit dem Kaufen nicht die Verwirklichung von Aufgaben/Zielen, sondern es geht um die Befriedigung, die mit dem Kaufen verknüpft ist. Mit anderen Worten: Kaufsüchtige sind nicht auf den Erwerb eines Produktes oder einer Dienstleistung aus, um in den Genuss der erworbenen Güter zu gelangen, sondern ihnen geht es um das Erwerben an sich.
- Innerer Druck: Das Kaufverhalten ist durch einen wachsenden inneren Druck gekennzeichnet, der erst beim Kauf der Ware endet. Dem Kaufimpuls kann nicht widerstanden werden.
- Soziale Probleme: Bei vielen Kaufsüch-

tigen kommt es aufgrund des überzogenen Kaufverhaltens und der damit verbundenen negativen Konsequenzen (vor allem Verschuldung, also die Aufnahme von Geld zur Finanzierung der Kaufsucht, und mit fortschreitender Sucht auch Überschuldung, also die Unfähigkeit, Kredite auch zurückzahlen zu können) zu persönlichen und sozialen Stresssituationen. In diesem Zusammenhang spielen auch Probleme am Arbeitsplatz, die sich aufgrund von Unkonzentriertheit, Überziehen von Pausen, Unterschlagung und Diebstahl am Arbeitsplatz, Online-Shopping und vielem anderen mehr ergeben können, eine wesentliche Rolle. Bei vielen Kaufsüchtigen kommt es in aller Regel zur Überschuldung bis hin zur vollständigen Insolvenz. Nicht wenige Betroffene versuchen die Insolvenz mit illegalen Taten wie Diebstahl oder Unterschlagung von Geld zu verhindern. Die euphorische Stimmung während des Kaufens und unmittelbar danach wird schnell durch Scham-/Schuldgefühle verdrängt. Der Leidensdruck wird häufig durch die erfahrene Einengung und Vereinsamung erhöht. Es kommt zu massiven Vorwürfen der Familie und/oder am Arbeitsplatz. In besonders gravierenden Fällen kann es auch zum Selbstmord kommen.

Was die Behandlung von Kaufsucht angeht, so gibt es bislang noch keine spezifischen Kaufsuchttherapien. Müller, Müller, Silbermann, Reinecker, Bleich, Mitchell und de Zwaan (2008) stellen die Ergebnisse eines ersten gruppentherapeutischen Ansatzes im Rahmen der Kaufsuchttherapie vor. Generell gibt es unter anderen folgende Handlungsmöglichkeiten, um einen von Kaufsucht Betroffenen in der Überwindung seiner Kaufsuchtproblematik zu unterstützen:

- Abgabe der EC-Karte/Kreditkarte
- Anlegen eines Sparbuchs mit einem monatlich festen verfügbaren Betrag
- Besuch einer Schuldnerberatungsstelle
- Schulung der Selbstbeobachtung durch Haushaltspläne
- Verbesserung der Selbstwahrnehmung: frühzeitiges Erkennen von Frühwarnzeichen (Unruhe, Angespanntheit, Konzentrationsstörungen, Angst, Gereiztheit)
- Selbsthilfegruppen: Es ist wichtig zu wissen, dass man mit der Sucht nicht allein ist und dass man z. B. mit jemanden Kontakt aufnehmen kann, wenn die Kauflust unwiderstehlich wird
- Verbesserung des Selbstwertgefühls.

Arbeitssucht

Zunehmend mehr Menschen klagen über ihre Arbeitsbelastungen, über die gewichtige Rolle, die die Arbeit in ihrem Leben spielt, aber auch über ihre Unfähigkeit abzuschalten und sich auch einmal eine Auszeit zu nehmen. Von diesen (Über-)Beanspruchungen sind häufig auch Partner oder Kinder von Arbeitssüchtigen betroffen, die unter deren Einstellungs- und Verhaltensmustern zunehmend leiden. Und schließlich setzt sich auch auf Seiten der Unternehmen die Erkenntnis mehr und mehr durch, dass es zwar erstrebenswert ist, motivierte Angestellte zu haben, dass aber der Workaholic aufgrund zahlreicher Probleme und Schwierigkeiten, die er in Unternehmen, Organisationen und Verwaltungen hineinträgt, längst nicht das Idealbild des Mitarbeiters darstellt. Dass entsprechende Interventionsmaßnahmen der Unternehmen eher als „Work-Life-Balance"-Maßnahmen deklariert werden denn als Strategien zur Bekämpfung von Arbeitssucht, ändert nichts an der Tatsache, dass die Einsicht in die Notwendigkeit eines ausgewogenen – und damit in keiner

Weise süchtigen, also auch nicht arbeitssüchtigen – Lebensstils auch auf Seiten der Unternehmen zunehmend spürbar ist. Allerdings hat Meißner (2005) gezeigt, dass Unternehmen in Bezug auf die Arbeitssucht noch weit davon entfernt sind, dieser Problematik mit den gleichen Maßstäben und Instrumenten des Personalrisikomanagements zu begegnen wie es bei anderen Sucht- und Abhängigkeitserkrankungen beziehungsweise generell Krankheiten der Mitarbeiterinnen und Mitarbeiter üblich ist. Dabei sind die Personalrisiken sowie die betriebs- und personalwirtschaftlichen Wertschöpfungsverluste im Zusammenhang mit Arbeitssucht vielfältigster und weitreichender Natur. Meißner (2005) unterscheidet Engpassrisiken (Risiken aufgrund fehlender Mitarbeiter, die nicht oder nur schwer am Arbeitsmarkt zu rekrutieren sind), Austrittsrisiken (plötzliche, vom Unternehmen nicht gewollte Austritte von Mitarbeitern), Anpassungsrisiken (Risiken aufgrund falscher Qualifizierung von Mitarbeitern bzw. durch nicht anpassungsfähige Mitarbeiter) sowie Motivationsrisiken (Risiken durch die Zurückhaltung von Leistungen aufgrund psychischer und physischer Belastungen). Meißner (2005) zeigt auf, dass potenziell alle genannten Risiken im Zusammenhang mit arbeitssüchtigen Mitarbeitern relevant sein können, da qualifizierte Mitarbeiter selbst, wenn sie arbeitssüchtig sind oder werden, den entsprechenden Risiken unterliegen oder aber, beispielsweise als arbeitssüchtige Vorgesetzte, durch ihr Führungsverhalten solche Risiken bei anderen Mitarbeitern begünstigen. Alleine schon deswegen sollten Unternehmen einer arbeitssuchtförderlichen Unternehmenskultur ebenso entgegenwirken wie individuell beobachtbaren Fehlentwicklungen beim einzelnen Mitarbeiter.

Versucht man den Begriff Arbeitssucht zu definieren, so muss man sich zurzeit noch auf der deskriptiven Ebene bewegen. Bonebright, Clay und Ankenmann (2000) ziehen drei maßgebliche Kriterien zur Erkennung einer Arbeitssucht heran, nämlich:

- den erhöhten Zeitaufwand, den Arbeitssüchtige betreiben, um ihrer Arbeit nachgehen zu können,
- die Aufgabe wichtiger sozialer Kontakte oder Freizeitaktivitäten bei Arbeitssüchtigen,
- die Aufrechterhaltung des Arbeitsverhaltens, obwohl es wegen des Arbeitens zu körperlichen oder psychischen Schäden kommt/gekommen ist.

Über die Prävalenz der Arbeitssucht kann angesichts der defizitären Forschungslage bislang also nur spekuliert werden. Angaben aus US-amerikanischen Studien, wonach 5 Prozent bis 10 Prozent der berufs- beziehungsweise erwerbstätigen Bevölkerung von Arbeitssucht betroffen sind (Machlowitz, 1978; Naughton, 1987), müssen nach gegenwärtigem Forschungsstand allerdings als übertrieben betrachtet werden.

Eigene Untersuchungen in Deutschland kommen zu dem als realitätsnäher zu betrachtenden Ergebnis, dass – legt man bestimmte, aufgrund empirischer Erkenntnisse definierte Kriterien zur Diagnose von Arbeitssucht an – zirka 13 Prozent der untersuchten Mitarbeiterinnen und Mitarbeiter (N = 185) zweier großer deutscher Industrieunternehmen als zumindest arbeitssuchtgefährdet gelten können (Poppelreuter/Windholz, 2001).

Die Zahl der betroffenen Arbeitssüchtigen in Deutschland dürfte bei zirka 200.000 bis 300.000 Personen liegen.

Zusammenhang zwischen Belastungsart und Beanspruchungsfolge

Die alltäglichen Belastungen am Arbeitsplatz nehmen zu. Arbeit soll zwar einerseits durch zunehmende Automatisierung und zeitliche wie räumliche Flexibilisierung entlastet werden, auf der anderen Seite steigen die Anforderungen an den Einzelnen jedoch deutlich an. Etwa die Hälfte der Arbeitnehmer beurteilt ihre Arbeit als oft oder fast immer intellektuell fordernd (und zwar im negativen Sinne der „Forderung"), knapp 40 Prozent zudem als emotional fordernd, so ein Ergebnis der repräsentativen EU-Erhebung zu den Arbeitsbedingungen in 27 europäischen Ländern (European Foundation for the Improvement of Living and Working Conditions, 2007). Viele der insgesamt 27.000 Befragten klagen über einschlägige psychische Belastungssymptome wie Stress und Müdigkeit (je 22 Prozent), arbeitsbedingte Kopfschmerzen (15 Prozent), etwa jeder zehnte Befragte klagt über arbeitsbedingte Reizbarkeit und Schlafprobleme. Angeführt wird die Liste der Symptome von Rücken- und Muskelschmerzen. Jeder vierte Befragte leidet darunter. Insbesondere Rückenprobleme und muskuläre Verspannungen stehen oft mit Stress und weniger mit körperlicher Belastung in Verbindung. Trotz des allgemeinen Trends hin zur Dienstleistungs- und Informationswirtschaft zeigt diese vierte EU-Studie im Längsschnitt-Vergleich auch, dass sich körperliche und psychische Belastungen in den letzten 15 Jahren nicht nennenswert reduziert haben.

Auswirkungen von Überforderung sind die typischen Vorboten ernsthafter Herz-Kreislauf-Erkrankungen wie erhöhte Herzfrequenz, Bluthochdruck und erhöhte Adrenalinausschüttung, aber auch Anspannung, Kopfschmerz und allgemeine psychosomatische Beschwerden wie beispielsweise Magenprobleme. Die Folgen von Unterforderung sind auf der anderen Seite das Erleben psychischer Sättigung, Monotonie und Ermüdung sowie Frustration und

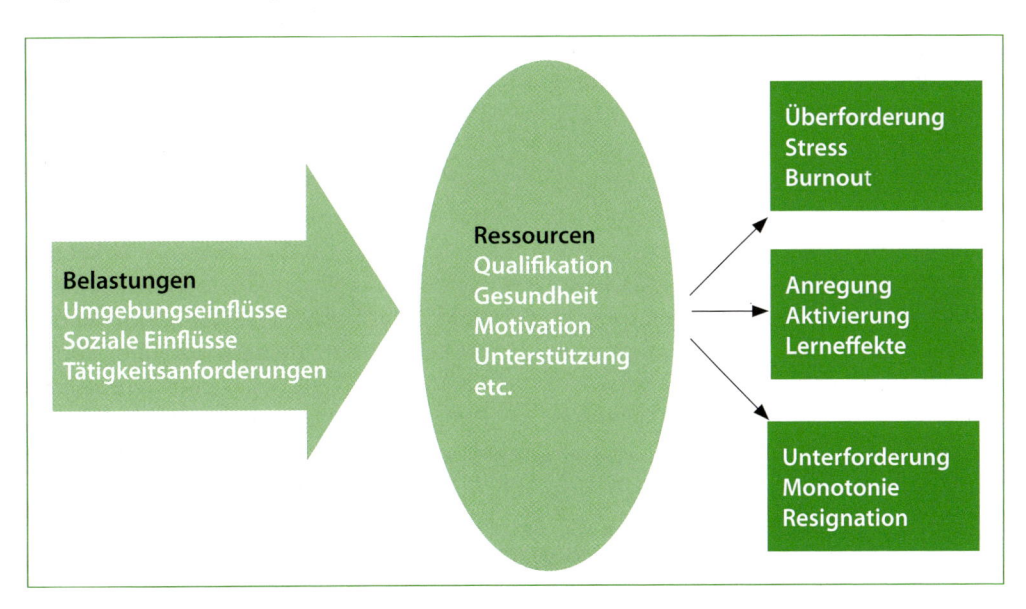

Abb. 1: Belastungen, Ressourcen und deren Beanspruchungsfolgen (Quelle: Mierke/Poppelreuter: Mehr als sicher. In: sicher ist sicher. Erich Schmidt Verlag, Berlin 2008)

Resignation bis hin zu depressiven Erkrankungen. Sucht- und Abhängigkeitserkrankungen spielen in diesem Zusammenhang eine ganz zentrale Rolle. Sie sind oftmals Resultat einer als belastend und nicht zufriedenstellend erfahrenen Lebenssituation, häufig sowohl innerhalb als auch außerhalb des Arbeitslebens. Über süchtige Verhaltensmuster sollen Kompensationen von erlebten oder realen Defiziten, von Belastungen oder ausweglos erscheinenden Situationen oder aber auch die Meidung als aversiv erlebter Lebensumstände erreicht werden.

Außerbetriebliche Einflussfaktoren
Die Ursachen süchtigen und abhängigen Verhaltens sind nicht nur im innerbetrieblichen Bereich, sondern auch und gerade im privaten Lebensumfeld der Betroffenen zu suchen. Hier ist eine Vielzahl von Faktoren denkbar, die süchtiges und abhängiges Verhalten begünstigen können. So berichten verhaltenssüchtige Menschen (und zwar oftmals unabhängig von der tatsächlich vorliegenden Verhaltenssucht) über einen überfordernden Erziehungsstil ihrer Eltern, über unbewältigte Angst- und Defizitbereiche oder auch über fehlende soziale Unterstützung. Gerade in Zeiten wirtschaftlicher Krisen besteht eine Neigung, aus kompensatorischen Gründen eine als bedrohlich erlebte Situation durch ausweichendes Verhalten, eben süchtiges Verhalten, man könnte auch sagen, flüchtendes Verhalten zu vermeiden. Hierfür bieten sich süchtige Verhaltensmuster auch deswegen an, weil sie nicht nur eine physische, sondern auch eine psychische Ablenkung bieten.

Möglichkeiten der Prävention
Süchtige Verhaltensmuster können zu erheblichen körperlichen, seelischen und sozialen Problemen führen, die den betroffenen Menschen nachhaltig beeinträchtigen und schädigen können. Die Tatsache, dass das süchtige Verhalten auch im Arbeits- und Berufsleben sichtbar wird, stellt hinsichtlich der Prävention und Intervention insbesondere an Vorgesetzte und Führungskräfte, aber auch an Kollegen und Mitarbeiter sowie Personalverantwortliche und Betriebsmediziner besondere Anforderungen.

Individuelle Maßnahmen
Bei jeder Form von stoffungebundener Sucht ist eine zumindest ansatzweise Problemeinsicht des Betroffenen vonnöten, um zu Präventions- und Interventionsmaßnahmen zu gelangen. Ist eine solche erste Einsicht auf Seiten des Betroffenen vorhanden, dass mit dem eigenen Spiel-, Kauf- oder Arbeitsverhalten etwas „nicht stimmt" und man „etwas tun" möchte, so sind gute Voraussetzungen zur Bewältigung der Problematik gegeben. Umgekehrt ist ohne diesen „Leidensdruck" kaum zu erwarten, dass ein Süchtiger erfolgreich therapiert werden kann. Die Aufnahme einer individual- oder gruppentherapeutischen Maßnahme oder auch der Besuch einer Selbsthilfegruppe für Personen mit Suchtstörungen dürfte jedoch in jedem Fall hilfreich und auch unumgänglich sein, um sich der persönlichen Suchtproblematik und insbesondere den dahinterstehenden Gründen und Ursachen anzunähern, um dann darauf aufbauend zu einer Einstellungs- und Verhaltensänderung im Problembereich zu gelangen.

Maßnahmen auf organisationaler Ebene
Die Gründe dafür, eine süchtige Belegschaft zu vermeiden, sind vielfältig:
- Sucht hat einen negativen Einfluss auf die Aufgabenerfüllung: Betroffene Mitarbeiter können sich nicht konzentrie-

ren, sind abgelenkt oder halten sich – im Falle der Arbeitssucht – nicht an Arbeitsteilungen und Kompetenzzuweisungen, sie mischen sich in alles ein, glauben, alles besser zu können.
- Sucht hat einen negativen Einfluss auf das Interaktionsverhalten: Betroffene Mitarbeiter werden zunehmend kommunikationsunfähig, sie ziehen sich zurück, als arbeitssüchtige Vorgesetzte überfordern sie ihre Mitarbeiter, sie delegieren nicht.
- Sucht hat einen negativen Einfluss auf die individuelle Leistungsfähigkeit: Der problematische Verhaltensstil führt mit fortschreitender Zeit zu physischen und psychischen Auffälligkeiten, die krankheitsbedingte Abwesenheit nimmt zu, längere Arbeitsunfähigkeit und/oder Frühinvalidität drohen.

Zunächst sollten Unternehmen daher ihre Personalauswahlverfahren und ihre Anforderungsprofile bei Stellenbesetzungen überdenken, um zu vermeiden, dass eine Organisationsumgebung entsteht, die süchtiges Verhalten fördert.

Zusätzlich sollten – speziell zur Prävention arbeitssüchtigen Verhaltens – die Anreizsysteme, aber auch Arbeitszeit-, Pausen- und Urlaubsregelungen im Hinblick auf suchtfördernde Aspekte untersucht werden. Die zugesagten Urlaubstage sollten beispielsweise auch tatsächlich genommen, und nicht ausbezahlt werden.

Schließlich sollten Unternehmen sich bemühen, Süchtige in ihrer Organisation zu identifizieren, die Mitarbeiter insgesamt für die Problematik zu sensibilisieren und geeignete Maßnahmen zur Prävention und Rehabilitation bei stoffungebundener Sucht zu realisieren. Durch Maßnahmen wie Rollenanalysen, Zielvereinbarungen, soziale Unterstützung und Teamentwicklung können zudem die Arbeitsplatzbeziehungen verbessert werden. Schließlich können Mitarbeiter darin unterstützt werden, zu einer angemesseneren Koordination von Arbeitsanforderungen und persönlichen Bedürfnissen zu gelangen. Entspannungstrainings, körperliche Übungen und Coaching sind beispielsweise zielführend.

Kriterien für die Auswahl von Interventionsmöglichkeiten

Unabhängig davon, um welche stoffungebundene Sucht es sich handelt, geht es im Betrieb immer darum, möglichst früh Hinweise, Warnsignale und auffällige Verhaltensweisen oder Verhaltensänderungen wahrzunehmen und darauf zu reagieren. Hierfür notwendig ist eine Kultur des „Hinschauens". Führungskräften ebenso wie Mitarbeiterinnen und Mitarbeitern kommt die Aufgabe zu, sensibel und zugewandt auf möglicherweise betroffene Personen zuzugehen. Die Personalabteilung sollte durch Schulungen oder andere Methoden der Informationsvermittlung auf die möglichen Probleme durch stoffungebundene Süchte hinweisen. Idealerweise gibt es eine Betriebsvereinbarung zum Thema „Sucht am Arbeitsplatz". Diese ist in Bezug auf stoffliche Drogen vielfach schon vorhanden. Eine Erweiterung auf den Bereich der stoffungebundenen Süchte stellt in aller Regel kein Problem dar.

Sollte ein Betroffener Kontakt zu seinem Kollegen, dem Vorgesetzten oder der Personalabteilung suchen und sich offenbaren oder sollten Anhaltspunkte für eine Suchtproblematik vorliegen, die sich auch negativ auf das Arbeits- und Leistungsverhalten des Betroffenen auswirken, so sollte nicht versucht werden, den Betroffenen zu „therapieren". Weder Kollegen, noch Führungskräfte oder Mitarbeiter der Personalabteilung sind geeignete (und in der Regel auch nicht ausgebildete) Experten für eine solche professionelle und systematische Unterstützung des Betroffenen. Vielmehr sollten erste Kontakte zu Selbsthilfegruppen (z.B. Anonyme Spieler, Workaholics Anonymus etc.), zu Sucht- und Familienberatungsstellen, Gesundheitsämtern, Ärzten oder – falls vorhanden – den sozialen Diensten von Betrieben hergestellt werden. In der Regel sind solche „ersten Schritte" sehr wichtig und hilfreich, um dann zu entscheiden, inwieweit eine längerfristige ambulante Behandlung erforderlich ist, die auch in Selbsthilfegruppen, Suchtberatungsstellen oder bei spezialisierten Therapeuten stattfinden kann. Daneben gibt es auch für stoffungebundene Suchtformen spezialisierte stationäre Behandlungsangebote.

→ Bewältigung von Belastungen, Aufbau von Ressourcen (S. 282); Soziale Unterstützung (S. 324)

Literatur

Bonebright, C. A./Clay, D. L./Ankenmann, R. D.: The relationship of workaholism with work-life conflict, life satisfaction, and purpose in life. In: Journal of Consulting Psychology, 47, 2000, S. 469–477

Diagnostisches und Statistisches Manual Psychischer Störungen DSM-IV-TR. Übersetzt nach der Revision der vierten Auflage des Diagnostic and Statistical Manual of Mental Disorders der American Psychiatric Association. Deutsche Bearbeitung und Einführung von H.-U. Wittchen/H. Saß/M. Zaudig, Göttingen 2003

Eddy, N. B./Halbach, H./Isbell, H./Seevers, M.: Drug dependence: its significance and characteristics. In: Bulletin of the WHO, 32, 1965, S. 721–733

European Foundation for the Improvement of Living and Working Conditions: Fourth European Working Conditions Survey. Luxembourg: Office for Official Publications of the European Communities 2007 (auch verfügbar unter www.eurofound.europa.eu)

Grüsser, S. M./Thalemann, C. N.: Verhaltenssucht – Diagnostik, Therapie, Forschung. Huber, Bern 2003

Machlowitz, M.: Determining the effects of workaholism. Unveröffentl. Dissertation, Yale University, New Haven 1978

Meißner, U. E.: Die „Droge" Arbeit: Unternehmen als „Dealer" und als Risikoträger – personalwirtschaftliche Risiken der Arbeitssucht. Lang, Frankfurt 2005

Mierke, K./Poppelreuter, S.: Mehr als sicher – Auch psychische Belastungen gefährden die gesunde Leistungsfähigkeit. In: sicher ist sicher – Arbeitsschutz aktuell, 10. Erich Schmidt Verlag, Berlin 2008, S. 452–454

Müller, A./Müller, U./Silbermann, A./Reinecker, H./Bleich, S./Mitchell, J.E./de Zwaan, M.: A Randomized, Controlled Trial of Group Cognitive-Behavioral Therapy for Compulsive Buying Disorder: Posttreatment and 6-Month Follow-Up Results. In: The Journal of Clinical Psychiatry, 69, 2008, S. 1131–1138

Naughton, T. J.: A conceptual view of workaholism and implications for career counseling and research. In: Career Development Quarterly, 35, 1987, S. 180–187

Neuner, M./Reisch, L.: Zur Entwicklung der Kaufsucht in Deutschland: Bericht über eine laufende Studie. In: Die Sparkasse, 1, 2002, S. 40–43

Poppelreuter, S./Gross, W.: Nicht nur Drogen machen süchtig. Entstehung und Behandlung stoffungebundener Süchte. Beltz, Weinheim 2000

Poppelreuter, S./Windholz, C.: Arbeitssucht in Unternehmen – Formen, Folgen, Vorkehrungen. In: Wirtschaftspsychologie, 4, 2001, S. 62–69

Schumacher, W.: Untersuchungen zur Psychodynamik des abhängigen Spielverhaltens. In: Feuerlein, W. (Hrsg.), Theorie der Sucht. Springer Verlag, Berlin 1986, S. 165 ff.

Vogt, I.: Abhängigkeit und Sucht: Anmerkungen zum Menschenbild in Suchttheorien. In: Drogalkohol, 14, 1990, S. 140–148

Jürgen Zulley

Montagsmüdigkeit

Abstract
Der Montag ist bei vielen Menschen durch eine schlechtere Leistungsfähigkeit und Stimmung sowie erhöhte Müdigkeit gekennzeichnet. Dieser „blaue" Montag hat eine alte Tradition. Hervorgerufen wird er durch die Veränderung der Tagesstruktur am Wochenende, welche zu einer Verschiebung der biologischen Rhythmen führt. Die meisten Menschen weichen am Wochenende von ihrem gewohnten Tag-Nacht-Rhythmus ab: Sie gehen später ins Bett und stehen später auf. Dadurch verschieben sich die biologischen Rhythmen und der Montag beginnt mit einem Wochenend-Jetlag. Weitere psychologischen Faktoren in Erwartung der neuen Arbeitswoche spielen ebenfalls eine Rolle. Mittels bestimmter Strategien kann dieses Problem reduziert werden.

Thematische Eingrenzung und Definition

„Am siebten Tag vollendete Gott das Werk, das er geschaffen hatte, und an diesem Tag ruhte er" (Genesis 2,4b-25). Das bedeutete aber, dass am achten Tag wieder gearbeitet wurde. Der achte Tag stellt in den meisten europäischen Ländern den Beginn der Arbeitswoche dar. Als solcher ist er für die meisten Berufstätigen ein markanter Einschnitt in der Abfolge des Arbeitsalltags. Nach dem meist arbeitsfreien Wochenende wird die Arbeit im Rhythmus der vorgegebenen Arbeitszeiten wieder aufgenommen. Seit der Industrialisierung ist für eine effektive Ausnutzung der Maschinen eine kontinuierliche Arbeitszeit erforderlich. Diese kollidiert jedoch mit dem biologischen System Mensch, welches Regenerationsphasen benötigt, um die erforderliche Leistung zu erbringen. Die für Gesundheit, Wohlbefinden und Leistungsfähigkeit wichtige Unterbrechung des Arbeitsrhythmus am Wochenende kann sich kurzfristig negativ auf die Leistungsfähigkeit und Befindlichkeit am Montag auswirken. Begriffe wie „blauer Montag" oder das „Montagsauto" und im englischsprachigen Raum „Monday morning blues" (Lewy, 2001) weisen auf diesen Aspekt hin.

Ursachen und Auswirkungen
Der „blaue" Montag
Der Montag spielte schon sehr lange eine Sonderrolle innerhalb der Arbeitstage. Im Mittelalter herrschte der Aberglaube, dass der Montag ein Unglückstag sei. Es war traditionell üblich, am Montag nicht mit

vollem Engagement zu arbeiten. Im Mittelalter wurde der Montag als „guter" oder „fauler" bezeichnet. Einige Montage im Jahr waren früher oft arbeitsfreie Tage. Dies schien im Zusammenhang zu stehen mit den Montagen in der Fastenzeit oder nach Feiertagen (z.B. Ostern und Pfingsten), an denen nicht gearbeitet werden musste. Hier könnte auch das Bedürfnis nach einer Erholungsphase nach anstrengendem Feiern eine Rolle gespielt haben. Offenbar bestand auf Seiten der Arbeitnehmer eine starke Tendenz, diesen Brauch auf alle Montage auszudehnen, sodass schon im Mittelalter von der Obrigkeit darauf gedrängt werden musste, dass auch am Montag gearbeitet wurde. Dieser Druck wurde erheblich verstärkt, als neben dem freien Montag auch immer häufiger ein freier Dienstag angestrebt wurde. Noch heute gibt es arbeitsfreie Montage im Friseurhandwerk und lange war es auch bei Bäckereien üblich. Auch Restaurants haben häufig am Montag einen Ruhetag, ein Relikt im Zusammenhang mit der „Sonntagsersatztheorie", wonach die zusätzliche Arbeit am Wochenende durch einen freien Montag ausgeglichen wurde.

Der Hintergrund der Bezeichnung „blauer" Montag scheint nicht ganz klar zu sein. Sie könnte aus der Sitte, während der Fastenzeit mit ihren arbeitsfreien Montagen die Kirchen mit blauen Fahnen zu schmücken, entstanden sein. Eine andere Erklärung wären die arbeitstechnisch notwendigen Ruhephasen für das Färben von Stoffen, meist für einen blauen Farbton. Möglicherweise entstand aus dieser Bedeutung die Umkehrung, dass „blau machen" für „nicht arbeiten" oder „nicht zur Schule gehen" entstand.

Gerade auch mit zunehmender Industrialisierung erhielt der Montag noch eine Sonderstellung, da im Wochenrhythmus gearbeitet wurde und die am Wochenende abgeschalteten Maschinen wieder neu gestartet wurden, welches oft zu Reparaturarbeiten genutzt wurde. Auch fand am Montag die Wochenplanung statt und am Dienstag setzte erst der eigentliche Arbeitsprozess ein (Wikipedia).

Auswirkungen des Wochenendes
Offenbar spielte damals bei der Praxis, einen blauen Montag einzuhalten, auch eine Rolle, dass die Leistungsfähigkeit des Arbeitenden nach den freien Tagen des Wochenendes nicht der der restlichen Arbeitstage entsprach. Die Unterbrechung des Arbeitsrhythmus am Wochenende führt meistens zu einer anderen Tagesplanung an diesen freien Tagen. Im Durchschnitt gehen die Menschen später zu Bett, stehen später auf und schlafen länger. Der Ablauf des Wochenendes wird nicht in dem Maße strukturiert wie der Wochentag. Auch wenn dies nur einen Zeitraum von zwei Tagen umfasst, so ist doch schon von einer Verschiebung der biologischen Rhythmen auszugehen.

Eine Verschiebung der biologischen Rhythmen durch das Wochenende ist in verschiedenen Studien bestätigt worden (Yang u.a., 2001). Die Studien befassen sich zwar überwiegend mit Schülern und Studenten, sind aber wohl auf die gesamte berufstätige Bevölkerung zu verallgemeinern. Die Studien belegen, dass unter anderem Studenten ihren Schlaf-Wach-Rhythmus um 1,5 Stunden am Wochenende nach hinten verlagern. Dies trifft auf epidemiologische aber auch auf experimentelle Studien zu. Auch konnte gezeigt werden, dass diese Verschiebung zu einer verringerten Leistungsfähigkeit am Montag führte. Die Wochenend-Verschiebung führte auch zu Einschlafstörungen am Sonntagabend, wenn versucht wurde, wieder zu einem früheren

Zeitpunkt schlafen zu gehen. Im Wochenvergleich passieren am Montag die meisten Arbeits- und Maschinenunfälle, die Selbstmordrate ist am höchsten, bei Männern übersteigt die Herzinfarktrate deutlich den Wochendurchschnitt (Hildebrandt/Moser/Lehofer, 1998).

Neben psychologischen Faktoren, die in Erwartung der kommenden Arbeitswoche zu einer erhöhten Anspannung am Sonntagnachmittag und -abend führen, muss als wesentlicher Faktor für die schlechtere Arbeitsleistung eine Phasenverschiebung der biologischen Rhythmen angesehen werden.

Biologische Rhythmen

Biologische Rhythmen geben ein Zeitraster vor, welches praktisch alle Funktionen erheblich beeinflusst. Diesem Rhythmus sind alle lebenden Organismen ausgesetzt. So zeigen die Leistungsfunktionen beim Menschen neben einem absoluten Tief um 3 Uhr nachts ein weiteres, wenn auch schwächer ausgeprägt um 13:00 bis 14:00 Uhr. Höhepunkte der Leistungsfunktionen liegen um 10:00 bis 11:00 Uhr vormittags und um 17:00 bis 18:00 Uhr nachmittags. Weitere typische rhythmische Veränderungen finden sich im Blutdruck, der morgens und abends hoch ist, um dazwischen abzufallen. Die Schmerzempfindung ist nachmittags nur ein Drittel so hoch wie morgens. Medikamente wirken ganz unterschiedlich, je nach Tageszeit der Einnahme, Schmerzmittel abends stärker als morgens (Zulley/Knab, 2008).

Die ausgeprägteste biologische Periodik beim Menschen scheint der circadiane (in etwa ein Tag; 24 Std.) Rhythmus zu sein. Neben kürzeren (ultradianen) und längeren (infradianen) Rhythmen ist im Zusammenhang dieser Arbeit auch ein circa 7-Tages-Rhythmus (circaseptan) von Bedeutung. Ein Problem bei der Frage, ob dies ein endogener Rhythmus sei, der nicht von außen induziert wird, ist durch die ständig präsente typische Wochenstruktur gegeben. In den entsprechenden wissenschaftlichen Arbeiten wird dieses Thema kontrovers diskutiert (Hildebrandt al. 1998).

Mit biologischen Rhythmen befasst sich die Chronobiologie. Sie untersucht mit streng wissenschaftlichen Methoden die Grundlagen und Beeinflussbarkeit dieser Rhythmen, um mit den Ergebnissen auch Aussagen über Abweichungen und Störungen sowie deren Behandlung machen zu können. Die Chronobiologie darf nicht verwechselt werden mit der sogenannten „Biorhythmik" des Berliner Arztes Wilhelm Fließ, die als völlig unwissenschaftlich zu werten ist.

Die Innere Uhr

Der Frage nach der Steuerung biologischer Rhythmen wurde vor allem durch Isolationsexperimente Anfang der 1960er-Jahre am Max-Planck-Institut für Verhaltensphysiologie in Andechs bei München unter einem der Pioniere der Chronobiologie, Jürgen Aschoff, nachgegangen. Freiwillige Versuchspersonen blieben für 4 Wochen völlig isoliert von der Umwelt in einem unterirdischen Versuchsraum und konnten so ihren eigenen spontanen „inneren" Rhythmus leben. Schlafen und Wachen, wie alle anderen gemessenen Funktionen wie Körpertemperatur oder Leistungsfähigkeit, verliefen weiterhin sehr regelmäßig, auch wenn der Rhythmus nicht mehr 24 Stunden betrug wie in unserem Alltag, sondern systematisch abwich – im Mittel 25 Stunden. Aus diesem Ergebnis ließ sich folgern, dass sogenannte „Innere Uhren" festlegen, wie biologische Rhythmen verlaufen, wann Schlafen und Wachen stattfindet. Da die innere Uhr nicht im genauen 24-Stunden-

Takt läuft, muss sie durch bestimmte Reize justiert werden. Nach anfänglichen Irrtümern wusste man Mitte der 1980er-Jahre, dass das Tageslicht unser wichtigster Zeitgeber ist, der die Inneren Uhren synchronisiert. Die Helligkeit muss über 2500 Lux betragen, blaues Licht scheint effektiver in dieser Wirkung zu sein. Neben dem Licht wirken aber noch weitere Zeitgeber auf den Menschen ein. Hierzu gehören neben dem Zeitpunkt verschiedener Aktivitäten auch soziale Faktoren.

Eine wichtige Schaltstelle der Inneren Uhren stellt der Nukleus Suprachiasmatikus (SCN) dar, ein winziger Kern bestehend aus zwei Neuronenbündeln über der Kreuzung der optischen Sehnerven (Chiasma opticum). Die Signale der Außenwelt erhält der SCN über das Auge, die von der Retina empfangenen Lichtsignale werden über den retinohypothalamischen Trakt zum SCN weitergeleitet, der dann an die Zirbeldrüse, auch Pinealorgan genannt, die Anweisung gibt, die Produktion eines bestimmten Hormons (Melatonin) zu unterbinden. Dem Melatonin kommt die Bedeutung zu, synchronisierend auf die verschiedenen Rhythmen im Organismus einzuwirken. Gleichzeitig werden die Rhythmen über die Tageslicht-Information in Einklang mit dem Tag-Nacht-Wechsel gebracht. Die inneren Uhren sind in praktisch jeder Zelle des Organismus zu finden. Der circadiane Mechanismus läuft auf zellulärer Ebene ab.

Synchronisation der biologischen Rhythmen

Innere Uhren dirigieren, gehalten von dem Zeitgeber „Licht", im richtigen 24-Stunden-Takt den Organismus. Licht ist ein universeller Zeitgeber, welcher bei praktisch allen lebenden Organismen die Rhythmen beeinflusst. Bei Menschen lassen sich in Isolationsexperimenten über Lichtsignale die „Tage" auf 31 Stunden verlängern und die biologischen Rhythmen ziehen mit. Das Licht muss aber hell genug sein, mindestens 2500 Lux (Raumbeleuchtung ist circa 300–500 Lux). Im Alltag erfolgt jeden Morgen dieser Zeitgebereinfluss, wenn auf die Augen Tageslicht einwirkt. Veränderungen dieses Rhythmus machen sich bemerkbar, wenn zum Beispiel am Wochenende später aufgestanden wird. Dann verschiebt sich die Uhr und der erste Arbeitstag wird zu einem „blauen" Montag. Die biologischen Rhythmen müssen erst wieder vorgeschoben werden, um wieder in den richtigen Arbeitstakt zu kommen. Ähnlich der Verschiebung auf die Sommerzeit: Plötzlich eine Stunde früher aufstehen fällt vielen nicht so leicht und viele Menschen – und Tiere – haben für ein bis zwei Tage Probleme. Übrigens ist die Zahl der Verkehrsunfälle am Montagvormittag nach der Umstellung auf die Sommerzeit höher als an jedem anderen Montag.

Licht am Morgen wirkt phasenvorverlagernd. Dies bedeutet, dass die biologischen Rhythmen durch diesen Lichtreiz ihren Lauf verändern, indem sie ihre Periode für diesen „Tag" verkürzen. So die Synchronisation des 25-Stunden-Uhr-Rhythmus auf den 24-Stunden-Tag. Zusätzlich „lernt" der Organismus durch ein morgendliches regelmäßiges Aufstehen bei Licht, sich auf den 24-Stunden-Tag einzustellen. Dieser Konditionierungsprozess bedeutet eine weitere Zeitgeberwirkung durch körperliche Aktivität. Aus Tierversuchen ist bekannt, dass sich die Rhythmen nicht nur durch Licht, sondern auch durch induzierte Aktivität beeinflussen lassen. Werden Hamster zu ihrer normalen Ruhezeit in ein neues Laufrad gesetzt, müssen sie spontan sofort losrennen. Hierdurch wird nicht nur kurzfristig ein Aktivitätsschub ausgelöst, sondern auch die innere Uhr sehr schnell verschoben. Das Verhalten scheint also eine große Rolle als Zeitgeber zu spielen, ein Ergebnis, welches vor allem beim Menschen bisher wenig beachtet wurde (Zulley/Knab, 2008).

Fehlen Zeitgeber oder sind sie zu schwach, zeigen die biologischen Rhythmen unter dem Druck der inneren Uhren einen verlängerten circadianen Rhythmus. Diese Phasenverschiebung ist einem „Jetlag" vergleichbar, da biologische Rhythmen und der 24-Stunden-Tag eine veränderte Phasenbeziehung einnehmen. Dieser Wochenend-Jetlag erzeugt somit die schlechtere Leistungsfähigkeit am Montag.

Psychologische Faktoren

Sind nicht auch rein psychologische Ursachen für das Montagstief verantwortlich? Das hängt sehr von der Einstellung zur Arbeit ab. Wird sie als belastend erlebt, dann fällt der Einstieg nach einem selbstbestimmten Wochenende natürlich schwerer. Aber auch bei positiver Einstellung zur Arbeit: Eine gewisse Anspannung baut sich bei jedem Menschen bereits am Sonntag auf. Das Wissen um das frühere Aufstehen am Montag, die Planung der Woche wird ungewollt vorweggenommen. Nicht von ungefähr kommt der Spruch: Das Schönste am Sonntag ist der Samstag. Diese sonntägliche Anspannung führt offensichtlich auch dazu, dass die meisten Menschen von Sonntag auf Montag am schlechtesten schlafen. Mit Folgen für das ohnehin jetzt ungewöhnlich frühe Aufstehen am Montag und vor allem der Arbeitsleistung am Montagvormittag.

Möglichkeiten der Prävention
Empfehlungen für den Umgang mit der Montagsmüdigkeit

Vor allem zwei Aspekte scheinen bei der Montagsmüdigkeit eine Rolle zu spielen: die Störung der biologischen Rhythmen (Wochenend-Jetlag) und psychologische Faktoren in Erwartung der kommenden Arbeitswoche.

Eine Vermeidung der Phasenverschiebung des Schlaf-Wach-Rhythmus wäre eine Möglichkeit. Dies würde aber bedeuten, am Wochenende zur gleichen Zeit zu Bett zu gehen und aufzustehen wie während der Arbeitswoche. Weiterhin auch die Hauptmahlzeiten durchgehend zur gleichen Zeit einzunehmen. Eine solche Strukturierung würde sicher weitgehend dem Erholungskonzept des Wochenendes widersprechen. Auch erlauben soziale Verpflichtungen oft nicht, einen strengen durchgehenden Schlaf-Wach-Rhythmus einzuhalten. In Fällen, in denen eine Verbesserung der Montags-Situation gefordert wäre, stellt dies sicher eine Möglichkeit dar. Wenn aber die Rhythmusverschiebung durch das Wochenende erfolgt ist, sind einige Strategien möglich, die am Sonntagabend oder Montag früh greifen könnten. Für Montag früh könnte helles Licht helfen, die biologischen Rhythmen schneller auf den Arbeitsrhythmus hin zu verschieben. Während des Frühstücks oder in der Früh am Arbeitsplatz könnten sogenannte Lichttherapiegeräte helfen, eine beschleunigte Rhythmusanpassung durchzuführen. Je nach Helligkeit der Lampe (mindestens 2500 Lux am Auge) kann dies in 20 bis 60 Minuten erfolgen. Das helle Licht soll während dieser Zeit ins Auge fallen können. Zumindest im Sommer gibt es die Möglichkeit, durch einen frühmorgendlichen Aufenthalt im Freien, das notwendige Licht zu erhalten.

Eine weitere Möglichkeit wäre es, durch die Einnahme von Melatoninpräparaten am Sonntagabend die Rhythmusverschiebung des Wochenendes wieder rückgängig zu machen. In einer Studie (Yan u.a., 2001) konnte belegt werden, dass schon eine einzelne Dosis Melatonin den Wochenend-Drift der biologischen Rhythmen rückgängig machen konnte. Da Melatonin in Deutschland bisher nur in einem zugelassenen Medikament enthalten ist, welches die Indikation für Schlafstörungen bei älteren Menschen hat, ist es nicht immer einfach, eine solche Medikation durchzuführen. Die im Ausland erhältlichen Präparate sind eher nicht zu empfehlen.

Eine Erleichterung der montäglichen Anpassung an die Arbeitszeiten stellt auch der Umgang mit den psychologischen Faktoren durch die erhöhte Anspannung in Erwartung des Montags dar. Vor allem ist eine bewusste Freizeitplanung für das Wochenende und den Sonntag erforderlich, um eine notwendige Distanz zum Arbeitsleben zu gewinnen. Weiterhin sollte bereits am Freitag eine Vorausplanung des Arbeitsbeginns am kommenden Montag erfolgen. Durch eine möglichst konkrete Planung des Arbeitsablaufs für den Montag, schriftlich fixiert, mit einer Festlegung des Arbeitsverlaufs für die Woche, kann eine Entlastung erreicht werden. Für den Sonntag und vor allem den Sonntagabend ist besonderer Wert auf die Einhaltung der schlafhygienischen Regeln zu legen (Zulley, 2005).

Schlafhygiene
Körperliche Bewegung
Um körperlich zu ermüden ist Bewegung in Form von Sport oder Spaziergängen am Sonntag, der hierfür genügend Gelegenheit bieten sollte, angesagt. Dies gilt auch für Sport am Abend, zumindest in moderater Form.

Koffein
Nicht nur Kaffee, auch andere Getränke oder Speisen regen an; dazu gehören Tee, Cola, Schokolade, koffeinhaltige Torten und andere Süßigkeiten, Energy-Drinks und Ähnliches. Von Aufputschmitteln gar nicht zu reden. Ab Sonntagnachmittag sollte hierauf geachtet werden.

Mahlzeiten
Das Abendessen kann einen deutlichen Einfluss auf den Schlaf ausüben, der oft unterschätzt wird. Vier Stunden vor dem Schlafengehen sollte die letzte Hauptmahlzeit eingenommen werden. Ideal wäre 18 oder 19 Uhr. Leicht Verdauliches, eher Warmes ist hier gefragt. Nichts Fettes, Blähendes und möglichst auch keine Rohkost. Aber auch nicht hungrig ins Bett gehen. Das macht unruhig und stört den Schlaf. Dann lieber noch ein kleiner Snack.

Alkohol
Alkohol entspannt und hat, in kleinen Mengen genossen, eine einschlaffördernde Wirkung. Als Einschlafmittel sollte er nicht benutzt werden.

Ruhe
Die Entspannung ist der Königsweg in den Schlaf. Kommen Sie zur Ruhe, bevor Sie zur Ruhe gehen. Gönnen Sie sich die Muße, vor dem Schlafengehen zu entspannen und zur Ruhe zu kommen. Den Sonntagabend mit Musik, ruhigen Gesprächen oder Entspannungsübungen ausklingen lassen.

Tagebuch führen
Grübeln oder plötzlich einschießende Ideen können wach halten. Besser aufschreiben und beiseitelegen. Auch wenn dies in der Nacht vorkommt: aufschreiben und auf den Nachttisch legen. Das macht den Kopf frei.

Zu Bett gehen
Möglichst immer das gleiche Einschlafri-

tual einhalten. Vielleicht etwas lesen, Musik hören. Am Sonntagabend nicht früher zu Bett gehen, eher sogar etwas später, um eine stärkere Müdigkeit für das Einschlafen zu nutzen.

Einschlafen
Entspannung als Weg in den Schlaf. Gezielte Entspannung, ob über Entspannungstraining oder leichte Musik. Das Grübeln aktiv stoppen, lieber gezielt schöne Erinnerungen hervorholen – aber keine aufregenden. Im Bett nicht arbeiten, fernsehen oder essen.

Wachliegen
Bei körperlicher Unruhe aufstehen und irgendetwas tun, was jederzeit beendet werden kann: aufräumen oder lesen, Musik hören oder Duschen gehen. Möglich ist auch, ein wenig zu essen oder zu trinken. Ansonsten entspannt liegen bleiben. Irgendwann kommt der Schlaf.

Grübeln
Nächtliches Wachliegen bedeutet für die meisten Menschen Grübeln. Und diese Gedanken, die sich aufdrängen, sind meist belastender, als die des Tages. Die Nacht ist denkbar schlecht geeignet, um Probleme zu lösen. Hier sollte aktiv eingegriffen und gezielt angenehme Erinnerungen ins Gedächtnis gerufen werden. Es helfen aber auch Musik oder Hörbücher, auf die man sich konzentriert. Oder Entspannungstraining.

→ Nacht- und Schichtarbeit (S. 119); Bewältigung von Belastungen, Aufbau von Ressourcen (S. 282)

Literatur
Hildebrandt, G./Moser, M./Lehofer, M.: Chronobiologie und Chronomedizin. Hippokrates, Stuttgart 1998

Lewy, A. J.: Using Melatonin to chase away the Monday morning blues. Sleep, Band 24, 2001, S. 271

Yang, C. M./Spielman, A. J./DÁmbrosio, P./Sreizawa, S./Nunes, J./Birnbaum, J.: A single dose of Melatonin prevents the phase delay associated with a delayed weekend sleep pattern. Sleep, Band 24, 2001, S. 272–281

Zulley, J.: So schlafen Sie gut! Zabert Sandmann, München 2008

Zulley, J./Knab, B.: Unsere Innere Uhr. Mabuse Verlag, Frankfurt 2008

Blauer Montag (http://de.wikipedia.org/wiki/Blauer_Montag)

Schlafmedizinisches Zentrum der Klinik und Poliklinik für Psychiatrie, Psychosomatik und Psychotherapie (www.schlaf-medizin.de)

Die Herausgeber

Prof. Dr. phil. Dirk Windemuth hat Psychologie und Germanistik an der Universität Duisburg studiert. Nach dem ersten Staatsexamen folgte die Promotion im Fach Psychologie über eine verhaltensmedizinische Fragestellung. Später absolvierte er eine Ausbildung in Public Health (MPH) an der Universität Dresden und in Klinischer Hypnose (MEG). Nach zehnjähriger Tätigkeit überwiegend im klinischen Bereich erfolgte 1999 der Wechsel in den Bereich der Prävention.

Er ist Leiter der Abteilung Forschung und Beratung des Instituts für Arbeit und Gesundheit der Deutschen Gesetzlichen Unfallversicherung (IAG) und stellvertretender Institutsleiter. Zudem ist er Professor für Case Management/Psychologie an der Hochschule Bonn-Rhein-Sieg.

Priv.-Doz. Dr. med. Detlev Jung absolvierte sein Studium der Medizin in Mainz, Idar-Oberstein und London. Die Promotionsarbeit behandelt das Thema der Funktion der Zirbeldrüse, die Habilitationsarbeit die Immuntoxizität von Mischexpositionen. Er ist Facharzt für Innere Medizin und für Arbeitsmedizin, Zusatzbezeichnungen Umweltmedizin und Sozialmedizin.

Dem Institut für Arbeits-, Sozial- und Umweltmedizin der Universität Mainz gehört er seit 1989 an. Seine Arbeitsgebiete sind Beanspruchungen des Immunsystems sowie psychische und Kombinationsbelastungen.

Seit 2002 ist er als Leitender Betriebsarzt des Zweiten Deutschen Fernsehens tätig.

Olaf Petermann arbeitete als Jurist ohne Ambitionen auf eine Justizkarriere zunächst für verschiedene Verlage.

1986 startete er seine Karriere im Bereich Arbeitsschutz bei der Berufsgenossenschaft der Feinmechanik und Elektrotechnik.

2002 wurde er zum Hauptgeschäftsführer dieser Berufsgenossenschaft gewählt.

Nach drei erfolgreichen Fusionen ist er inzwischen Vorsitzender der Geschäftsführung der Berufsgenossenschaft Energie Textil Elektro Medienerzeugnisse.

Prävention ist sein Steckenpferd: Als Vorsitzender des Besonderen Ausschusses für Prävention der IVSS (Internationale Vereinigung für Soziale Sicherheit) setzt er sich mit Bedingungen für Arbeitsschutz und Arbeitssicherheit weltweit auseinander.

Autorenverzeichnis

Dr. rer. nat. Dipl.-Psych. Ingo Aberle
Wissenschaftlicher Mitarbeiter am Institut für Pädagogische Psychologie und Entwicklungspsychologie, Technische Universität Dresden

Dipl.-Psych. Sonja Berger
Systemisch-lösungsorientierte Supervisorin und Organisationsberaterin; Iyengar-Yogalehrerin (internationale Zertifizierung und Sebastian-Kneipp-Akademie); Datenverarbeitungskauffrau; Referentin im Zentralreferat „Arbeitsmedizin, arbeitsbedingte Gesundheitsgefahren" bei der BG BAU – Berufsgenossenschaft der Bauwirtschaft; kommissarische Leiterin des Sachgebiets „Psyche und Gesundheit in der Arbeitswelt" im Fachausschuss „Einwirkungen und arbeitsbedingte Gesundheitsgefahren" der Deutschen Gesetzlichen Unfallversicherung (DGUV)

Katrin Boege, M.Sc., M.A., B.A.
Referentin im Bereich „Internationale Kooperationen und internationale Trainings" am Institut für Arbeit und Gesundheit der Deutschen Gesetzlichen Unfallversicherung (IAG)

Dipl.-Psych. Susanne Brandstetter
Wissenschaftliche Mitarbeiterin in der Arbeitsgruppe Prävention, Sektion Sport- und Rehabilitationsmedizin des Universitätsklinikums Ulm, in der Gruppe URMEL-ICE und im Projekt „Komm mit in das gesunde Boot" für Grundschulen der Landesstiftung Baden-Württemberg

Dipl.-Soz. Michael Ertel
Wissenschaftlicher Mitarbeiter an der Bundesanstalt für Arbeitsschutz und Arbeitsmedizin (BAuA) in Berlin, Gruppe 3.5 „Psychische Belastungen, Arbeitszeitgestaltung, Betriebliches Gesundheitsmanagement"

Dr. rer. nat. Dipl.-Psych. Yvonne Ferreira
Wissenschaftliche Mitarbeiterin am Institut für Arbeitswissenschaft der Technischen Universität Darmstadt; Redakteurin der „Zeitschrift für Arbeitswissenschaft"

Dipl.-Psych. Anne Gehrke
Referentin im Bereich „Gefährdungsbeurteilung bei psychischen Belastungen am Arbeitsplatz" am Institut für Arbeit und Gesundheit der Deutschen Gesetzlichen Unfallversicherung (IAG)

Dr. phil. Dipl.-Psych. Michael Geiler
Leiter des Dezernats Verkehrssicherheit im Geschäftsbereich Prävention der Berufsgenossenschaft Nahrungsmittel und Gaststätten (BGN)

Dipl.-Psych. Jennifer Gunkel
Wissenschaftliche Mitarbeiterin am Lehrstuhl für Soziologie der Technischen Universität München

Dr. phil. Dipl.-Psych. Julia E. Hoch
Wissenschaftliche Mitarbeiterin an der Professur für Arbeits- und Organisationspsychologie der Technischen Universität Dresden

Dipl.-Psych. Marlen Hupke
Wissenschaftliche Mitarbeiterin am Institut für Arbeitsforschung der Technischen Universität Dortmund

Dipl.-Psych. Annett Hüttges
Wissenschaftliche Mitarbeiterin an der Professur für Arbeits- und Organisationspsychologie der Technischen Universität Dresden; jetzt an der Universität Potsdam

Dr.-Ing. Dipl.-Psych. Frauke Jahn
Leiterin des Bereichs „Projektmanagement und -marketing" am Institut für Arbeit und Gesundheit der Deutschen Gesetzlichen Unfallversicherung (IAG)

Priv.-Doz. Dr. med. Detlev Jung
Leitender Betriebsarzt, Zweites Deutsches Fernsehen (ZDF); Privatdozent am Institut für Arbeits-, Sozial- und Umweltmedizin der Johannes Gutenberg-Universität Mainz

Johannes Jung
Stud. phil. (Latein, Philosophie), Johannes Gutenberg-Universität Mainz

Prof. Dr. phil. Matthias Kliegel
Direktor des Instituts für Pädagogische Psychologie und Entwicklungspsychologie, Technische Universität Dresden

Prof. Dr.-Ing. Peter Knauth
Leiter der Abteilung Arbeitswissenschaft am Institut für Industriebetriebslehre und Industrielle Produktion, Karlsruher Institut für Technologie (KIT)

Dipl.-Psych. Imke König
Psychotherapeutin (systemisch-lösungsorientiert); Trainerin und Beraterin in den Bereichen Personalentwicklung und betriebliches Gesundheitsmanagement, Berlin

Priv.-Doz. Dr. phil. et rer. nat. habil. Rolf Manz
Referatsleiter Verwaltung und Psychische Gesundheit in der Abteilung Sicherheit und Gesundheit der Deutschen Gesetzlichen Unfallversicherung (DGUV), München

Dipl.-Psych. Dipl.-Volksw. Günther Mohr
Lehrender Transaktionsanalytiker, Supervisor BDP / Senior Coach DBVC; Institut für Coaching, Training und Consulting, Hofheim am Taunus

Dipl.-Psych. Claudia Nebel
Wissenschaftliche Mitarbeiterin an der Professur für Arbeits- und Organisationspsychologie der Technischen Universität Dresden

Prof. Dr. phil. habil. Frank Nestmann
Inhaber der Professur für Beratung und Rehabilitation und Direktor des Instituts für Sozialpädagogik, Sozialarbeit und Wohlfahrtswissenschaften an der Technischen Universität Dresden

Dipl.-Soz. Eberhard Pech
Wissenschaftlicher Mitarbeiter an der Bundesanstalt für Arbeitsschutz und Arbeitsmedizin (BAuA) in Berlin, Gruppe 3.4 „Mentale Gesundheit und Kognitive Leistungsfähigkeit"

Olaf Petermann
Vorsitzender der Geschäftsführung der Berufsgenossenschaft Energie Textil Elektro Medienerzeugnisse; Vorsitzender des Besonderen Ausschusses für Prävention der IVSS (Internationale Vereinigung für Soziale Sicherheit)

**Dr. phil. Dipl.-Psych.
Stefan Poppelreuter**
Kompetenzcenterleiter bei der TÜV Rheinland Consulting GmbH in den Bereichen „Personal- und Organisationsentwicklung" sowie „Change Management"

**Dr. rer. nat. Dipl.-Psych.
Gabriele Richter**
Wissenschaftliche Mitarbeiterin an der Bundesanstalt für Arbeitsschutz und Arbeitsmedizin (BAuA), Gruppe 3.5 „Psychische Belastungen, Arbeitszeitgestaltung, Betriebliches Gesundheitsmanagement"

Prof. em. Dr. rer. nat. habil. Peter Richter
Bis 2007 Professor für Arbeits- und Organisationspsychologie an der Technischen Universität Dresden; gegenwärtig Forschungen zu Erwerbslosigkeit und gemeinnützigen Tätigkeiten sowie zur Entwicklung psychosozialer Methoden der Gefährdungsbeurteilung im erweiterten Arbeitsschutz

Dr. rer. nat. Dipl.-Psych. Thomas Rigotti
Wissenschaftlicher Mitarbeiter am Lehrstuhl für Arbeits- und Organisationspsychologie, Institut für Psychologie II, Universität Leipzig

Prof. Dr. med. Dirk-Matthias Rose
Vorstand Medizin und Technik der IAS-Stiftung, Karlsruhe; Lehrbeauftragter für Flugmedizin an der Johannes Gutenberg-Universität Mainz

Dipl.-Psych. Isabel Rothe
Präsidentin der Bundesanstalt für Arbeitsschutz und Arbeitsmedizin (BAuA)

Heiko Rüger, M.A.
Wissenschaftlicher Mitarbeiter am Bundesinstitut für Bevölkerungsforschung (BiB) in Wiesbaden und am Institut für Arbeits-, Sozial- und Umweltmedizin an der Universitätsmedizin der Johannes Gutenberg-Universität Mainz

Dipl.-Soz. Silvia Ruppenthal
Wissenschaftliche Mitarbeiterin am Bundesinstitut für Bevölkerungsforschung (BiB) in Wiesbaden; Lehrbeauftragte am Institut für Soziologie der Johannes Gutenberg-Universität Mainz

**Univ.-Prof. Dr. rer. pol. habil.
Norbert F. Schneider**
Direktor des Bundesinstituts für Bevölkerungsforschung (BiB) in Wiesbaden; Gastprofessor an der Universität Wien; bis 2009 Professor für Soziologie an der Johannes Gutenberg-Universität Mainz

Dr. med. Annegret Elisabeth Schoeller
Fachärztin für Arbeitsmedizin und Umweltmedizin; Mitglied der Geschäftsführung der Bundesärztekammer; dort Bereichsleiterin und Pandemiebeauftragte; Mitglied in Ausschüssen verschiedener Bundesministerien

Univ.-Prof. Dr. phil. Johannes Siegrist
Direktor des Instituts für Medizinische Soziologie an der Heinrich-Heine-Universität Düsseldorf

Dr. rer. pol. Dipl.-Ök. Reinhold Sochert
Geschäftsstellenleiter des Europäischen Netzwerkes für Betriebliche Gesundheitsförderung (ENWHP), BKK Bundesverband

Prof. Dr. med. Jürgen M. Steinacker
Arzt für Innere Medizin, Kardiologie, Sportmedizin, Rehabilitationswesen; Ärztlicher Leiter der Sektion Sport- und Rehabilitationsmedizin und Leiter der

ambulanten kardiologischen Rehabilitationsklinik am Universitätsklinikum Ulm; Projektleiter der Präventionsstudien URMEL-ICE und „Komm mit in das gesunde Boot" für Grundschulen

Prof. Dr. phil. habil., Dr. rer. nat. h.c. Eberhard Ulich

Bis 1997 Ordinarius für Arbeits- und Organisationspsychologie an der ETH Zürich, Direktor des Instituts für Arbeitspsychologie; bis 2007 wissenschaftlicher Leiter des Europäischen Unternehmensnetzwerks „Enterprise for Health"; Seniorpartner des Instituts für Arbeitsforschung und Organisationsberatung, Zürich; Präsident der Stiftung Arbeitsforschung

Dr. med. Stefanie Wagner

Ärztin für Allgemeinmedizin, Arbeitsmedizin, Umweltmedizin, Flugmedizin; Medizinischer Dienst, Deutsche Lufthansa AG

Prof. Dr. habil. Dipl.-Psych. Jürgen Wegge

Inhaber der Professur für Arbeits- und Organisationspsychologie an der Technischen Universität Dresden; stellvertretender Sprecher der Fachgruppe Arbeits- und Organisationspsychologie in der Deutschen Gesellschaft für Psychologie (DGPs)

Dipl.-Psych. Barbara Weißgerber

Wissenschaftliche Mitarbeiterin an der Bundesanstalt für Arbeitsschutz und Arbeitsmedizin (BAuA) in Dresden, Gruppe 6.7 „Branchenschwerpunkte, regionales Transferzentrum"

Dr. rer. nat. Dipl.-Psych. Annekatrin Wetzstein

Leiterin des Bereichs „Evaluation von Präventionsmaßnahmen" am Institut für Arbeit und Gesundheit der Deutschen Gesetzlichen Unfallversicherung (IAG)

Dipl.-Ing. Jörg Weymann

Stellvertretender Leiter der Abteilung Prävention, BG BAHNEN bis 31.12.2009; ab 01.01.2010 Technischer Aufsichtsbeamter, VBG, Branche ÖPNV/Bahnen

Prof. Dr. phil. Dirk Windemuth, M.P.H.

Leiter der Abteilung „Forschung und Beratung" am Institut für Arbeit und Gesundheit der Deutschen Gesetzlichen Unfallversicherung (IAG) und stellvertretender Institutsleiter; Professor für Case Management/Psychologie an der Hochschule Bonn-Rhein-Sieg

Dir. u. Prof. Dr. rer. nat. Dipl.-Psych. Armin Windel

Wissenschaftlicher Leiter des Fachbereichs 2 „Produkte und Arbeitssysteme" an der Bundesanstalt für Arbeitsschutz und Arbeitsmedizin (BAuA), Dortmund

Dipl.-Psych. Sandra Wolf

Wissenschaftliche Mitarbeiterin an der Professur für Arbeits- und Organisationspsychologie der Technischen Universität Dresden

Prof. Dr. rer. soc. Dipl. Psych. Dipl. Ing. Jürgen Zulley

Leiter des Schlafmedizinischen Zentrums, Universität und Bezirksklinikum Regensburg; Präsident der Deutschen Akademie für Gesundheit und Schlaf (DAGS)

Stichwortverzeichnis

A

Absentismus 91, 214, 328, **355 ff.**
Aggression, Aggressivität 97, 194, 195, 196, 197, 234, 335, **341 ff.**
Agonistischer Verhaltenskomplex 342
Allgemeines Gleichbehandlungsgesetz (AGG) 50, 200, 201, 204, 207, 208
Ältere Arbeitnehmer, Ältere Beschäftigte 44, 45, 46, 47, 48, 49, 50, 51, 52, 53, 54, 76, 105, 106, 168, 214, 254, 304
Anforderungs-Kontroll-Modell **66 ff.**
Angst 14, 97, 104, 131, 140, 152, 182, 183, 188, 190, 248, 283, 287, 327, 335, 341 ff., 361, 368, 377, 380
Ängste 139, 223, 235, 271, 286, 326, 328, 330, 341, 342, 343, 344, 345, 346, 347
Angststörungen 46, 202, 275, 307, 343, 345, 346, 356, 368, 372
Anpassungsstörung 96, 97, 343, 368, 372
Arbeitsgestaltung 9, 76, 77, 78, 81, 89, 107, 109, 133, 161, 178, 222, 252, 256, 258, 262, 276, 313, 314, 321, 362
Arbeitslosigkeit 20, 37, 39, 190, 196, 200, 202, 233, 336, 337, 357, 359, 360, 361
Arbeitsplatzabbau 232, 233
Arbeitsplatzunsicherheit 72, 78, 139, 157, 159, 160, 226, **232 ff.**, 276, 357, 361
Arbeitsschutzgesetz (ArbSchG) 18, 23, 26, 27, 76, 98, 262, 276
Arbeitssucht 374, 375, 377, 378
Arbeitstakt 103, 104, 105, 106, 107, 109, 110, 386
Arbeitsumgebung 13, 14, 111, 112, 113, 115, 119, 172, 249, 276, 334

Arbeitsunfähigkeit 92, 189, 200, 255, 278, 355, 362, 381
Arbeitsunfall, -unfälle 11, 18, 22, 23, 24, 25, 27, 28, 82, 96, 101, 170, 197, 198, 232, 233, 234, 238, 239, 336
Autonomie 42, 72, 73, 77, 87, 160, 179, 226, 253, 254, 258, 293, 315, 316, 317, 319, 320, 321, 352, 370

B

Beanspruchung 26, 27, 28, 33, 58, 62, 63, 117, 139, 140, 142, 143, 144, 168, 213, 232, 233, 254, 258, 276, 280, 282, 283, 284, 305, 334
Berufsgenossenschaften 17, 19, 22, 24, 25, 26, 27, 28, 191, 228, 238, 239, 280
Betriebliche Gesundheitsförderung 12, 70, 76, 81, **86 ff.**, 217, 307, 308, 310, 311, 338
Betriebliche Umstrukturierungen 232 ff., 244
Betriebsklima 77, 99, 129, 200, **241 ff.**
Betriebsrat 25, 89, 191, 192, 207, 209, 216, 265, 275, 277, 278, 331
Betriebsvereinbarungen 98, 191, 192, 193, 205, 209, 248, 250, 351, 381
Bundesanstalt für Arbeitsschutz und Arbeitsmedizin (BAuA) 23, 105, 127, 178, 198, 228, 271, 276, 314,
Burnout 12, 14, 40, 58, 176, 178, 181, 182, 183, 223, 258, 315, 328, 329, 330, **364 ff.**, 379

C

Change Management **137 ff.**, 215 f.
Chronic Fatigue Syndrom 368
Circadianer Rhythmus 119, 123, 385, 386, 387

Coaching 81, 239, 245, 250, 283, 287, 288, **290 ff.**, 371 f.

D

Deeskalation, deeskalierend einwirken 196, 197, 350
Demografischer Wandel, demografische Veränderungen/Entwicklung 13, 14, 44 ff., 66, 76, 106, 161, 186, 190, 214, 276, 313
Depression, Depressionen 71, 97, 188, 212, 262, 263, 271, 275, 307, 326, 328, 334, 336, 337, 346, 356, 361, 365, 366, 368,
Deutsche Gesellschaft für Arbeitsmedizin und Umweltmedizin e.V. (DGAUM) 280
Deutsche Gesetzliche Unfallversicherung (DGUV) 101, 191
Disability-Management 341, 346, 353
Diversity-Management 200, 206
Dreiebenenmodell 12, **13 ff.**, 70, 72, 138, 338

E

Emotionale Dissonanz **176 ff.**, 264
Emotionsarbeit **176 ff.**
Ergonomie **111 ff.**, 267

F

Fairness 210 ff., 222, 226, 236, 237, 238, 245, 322, 330
Flexibilität 61, 63, 66, **155 ff.**, 184, 234, 252, 253, 276, 292, 293, 295, 338
Führung 19, 24, 40, 90, 155, **220 ff.**, 241, 242, 245, 248, 249, 250, 294, 296, 316, 317, 319, 320, 321, 322, 345, 351, 370
Führungsverhalten 54, 72, 73, 187, 220, 221, 224, 225, 226, 227, 228, 245, 378

G

Gebrauchstauglichkeit **111 ff.**
Gesprächstechniken 186

Gestaltung rechnergestützter Arbeitstätigkeiten 256
Gesundheitsförderung 12, 70, 76, 77, 81, 82, 84, **86 ff.**, 217, 220, 228, 229, 304, 307, 308, 309, 310, 311, 313, 338, 346, 352, 359, 362
Gesundheitszirkel 88, 89, 90, 92, 216, 229
Gewalt 34, 37, 95, 96, **194 ff.**, 200, 201, 203, 233, 326, 344, 347, 348, 349, 350, 351, 352, 353
Gewaltprävention 197, 198, 205, 350
Globalisierung 13, 14, 16, 22, 23, 57, 69, 72, 73, 106, 186, 190, 214, 221, 234, 244, 245, 276, 338
Gratifikationskrisen **66 ff.**, 213, 264 f., 269, 271

H

Handlungsregulationstheorie 157
Herz-Kreislauf-Beschwerden 243, 317, 328
 -Krankheiten, -Erkrankungen 9, 27, 71, 122, 262, 263, 308, 326, 369, 379
 -Störungen 360
Herzrate 339, 342

I

Innovation 141, 249, 258, 313, 314
Institut für Arbeit und Gesundheit der Deutschen Gesetzlichen Unfallversicherung (IAG) 198, 238

K

Kaufsucht 374, 375, 376, 377
Konflikte 13, 30, 39, 48, 49, 57, 58, 59, 60, 62, 109, 170, 172, 187, 188, 190, 191, 192, **194 ff.**, 243, 246, 247, 248, 249, 262, 264, 287, 298, 337, 341, 347, 350, 369, 371
 -Rollenkonflikte 57, 156, 157, **181 ff.**, 264, 327, 329, 369
 -Zielkonflikte 89, 156, 157
Kreativität 14, **313 ff.**

M

Magen-Darm-Beschwerden 317
- -Erkrankungen 27, 122, 275, 356

Marktwirtschaft 16, 19, 20, 21, 24, 42, 293

Maslach Burnout Inventar (MBI) 266, 271, 365, 366, 367

Mensch-Maschine-Funktionsteilung 252, 256

Messung psychischer Belastungen und Ressourcen am Arbeitsplatz **261 ff.**

Mobbing 13, **186 ff.**, 202, 209, 248, 264, 331, 341, 344, 347, 351, 352

Mobilität 22, 39, 69, **146 ff.**, 168, 311

Modell beruflicher Gratifikationskrisen **66 ff.**

Monotonie, monotone Arbeit 69, 103, 104, 105, 106, 107, 108, 109, 110, 114, 158, 171, 254, 255, 262, 263, 267, 268, 304, 308, 379

Müdigkeit 120 ff., 169 ff., 365, 368, 372
- Montagsmüdigkeit **383 ff.**

N

Notfallpsychologie **95 ff.**

O

Opferschutz 341
Outsourcing 17, 234

P

Partizipation 87, 140, 141, 144, 155, 162, 171, 210, 215, 216, 225, 237, 245, 246, 248, 250, 328

Partizipationsmöglichkeiten 77, 159, 170, 264

Partizipative Führung 81, 225, 228, 249

Personalabbau 72, **232 ff.**

Personalentwicklung 72, 81, 163, 215, 216, 217, 241 ff., 288

Personalrat 89, 207, 275

Posttraumatische Belastungsstörung 96, 97, 343

Präsentismus 233, **355 ff.** 360, 361, 362

Priming 349

Psychische Belastung, Psychische Belastungen 9, 11, 12, 13, 14, 15, 16, 25, 26, 27, 28, 29, 33, 98, 104, 112, 113, 114, 115, 117, 137, 139, 155, 157, 186, 190, 205, 210, 211, 212, 213, 252, 254, 255, 261, 262, 263, 266, 276, 277, 280, 305, 310, 337, 339, 379

Psychische Beanspruchung, Psychische Beanspruchungen 26, 27, 28, 30, 33, 45, 51, 58, 119, 157, 213, 233, 276, 280

Psychische Fehlbelastung, Psychische Fehlbelastungen 9, 11, 12, 18, 21, 23, 24, 26, 27, 28, 111, 112, 141, 261, 262, 263, 264, **275 ff.**, 304, 305, 356, 357

R

Ressourcen 12, 13, 23, 41, 51, 52, 57, 59, 61, 76, 77, 78, 79, 80, 81, 119, 138, 142, 155, 156, 157, 167, 190, 195, 210, 212, 214, 215, 217, 222, 223, 225, 226, 252, 255, 261, 262, 263, 264, 269, 270, 271, 277, 278, **282 ff.**, 291, 297, 306, 309, 310, 324, 325, 332, 347, 357, 361, 369, 370, 379

Rollen- und Zielkonflikte 156, 157

Rückenbeschwerden, -schmerzen 202, 243, 276, 306, 328, 356, 379

S

SALSA 266, 269, 270, 271
Salutogenese 78
Schichtarbeit **119 ff.**, 156, 179, 280, 308
Schlafstörungen 46, 59, 71, 97, 119, 120, 139, 188, 202, 243, 365, 384, 388
Selbstmordgedanken 188
Selbstorganisation 61, **155 ff.**
Selbstsicherheitstrainings 350
Selbstwertgefühl 68, 70, 71, 73, 253, 329, 336, 368, 369, 377
Sexuelle Belästigung **200 ff.**
Soziale Netzwerke 264, 324, 325
Soziale Phobie 343, 344, 345

Soziale Unterstützung 77, 78, 81, 139, 143, 184, 212, 221, 222, 223, 224, 225, 227, 237, 246, 264, 269, 309, **324 ff.**, 369, 380, 381
Soziale Vererbung 342
Spielsucht 374, 375, 376
Sport 62, 82, 92, 227, 283, 287, **304 ff.**, 369, 370, 388
Stalking 341, 348
Stress 23, 27, 33, 58, 63, 67, 77, 81, 112, 122, 128, 129, 131, 132, 138, 147, 151, 154, 162, 172, 179, 200, 212, 220, 222, 224, 225, 226, 243, 254, 255, 258, 260, 262, 267, 268, 272, 273, 277, 289, 306, 315, 324, 326, 327, 328, 329, **334 ff.**, 341, 352, 361, 368, 369, 373, 374, 379
Stresskammer 334, 338
Stressoren 67, 68, 130, 147, 149, 158, 169, 172, 179, 190, 212, 213, 221, 222, 224, 237, 255, 264, 266, 271, 277, 297, 325, 327, 328, 329, 334, 337, 361
Stresstheorie **66 ff.**, 341
Sucht, Süchte **374 ff.**
Suizid, Suizidalität 97, 346
Supervision 179, 287, **290 ff.**, 331
System Straßenverkehr 166

T

Teilautonome Arbeitsgruppen/Gruppenarbeit/Teams 63, 163, 216, 258, 321
Transaktionsanalyse 293
Traumatische Erlebnisse, Traumatisierung **95 ff.**, 194, 195

U

Unfallkassen 24, 27, 239, 246, 248
Unfallzahlen 19, 24, 25, 166, 167, 238

V

Verantwortung 9, 40, 59, 60, 79, 83, 99, 109, 155, 156, 213, 225, 226, 229, 244, 249, **252 ff.**, 280, 283, 284, 290, 307, 345, 352
Verband Deutscher Betriebs- und Werksärzte e. V. (VDBW) 277
Vereinbarkeit von
- Familie und Beruf 13, 14, 107, 153, 186, 190, 338
- Berufstätigkeit und Privatleben **57 ff.**
- Erwerbstätigkeit und anderen Lebensbereichen 156
Verkehrssicherheit **166 ff.**
Vollständigkeit 159, 253, 254, 255, 267, 268

W

Wahrgenommener Organisationssupport 330
Wegeunfall, Wegeunfälle 24, 169, 170, 171
Work-Life-Balance 29, 42, 57, 58, 62, 63, 276, 377
Work Productivity and Activity Impairment Questionnaire (WPAI) 357, 359

Z

Zeitdruck, zeitliche Bindungen 52, 69, 78, 79, **103 ff.**, 129, 156, 158, 167, 168, 169, 171, 172, 255, 264, 277, 280, 283, 286, 287, 315, 316, 317, 319, 320, 321, 322, 339, 360, 370
Zeitmanagement 33, 34, 135, 152, 156, 162, 163, 288, 370